中国电力工业志丛书

四川省电力工业志

(1991～2002)

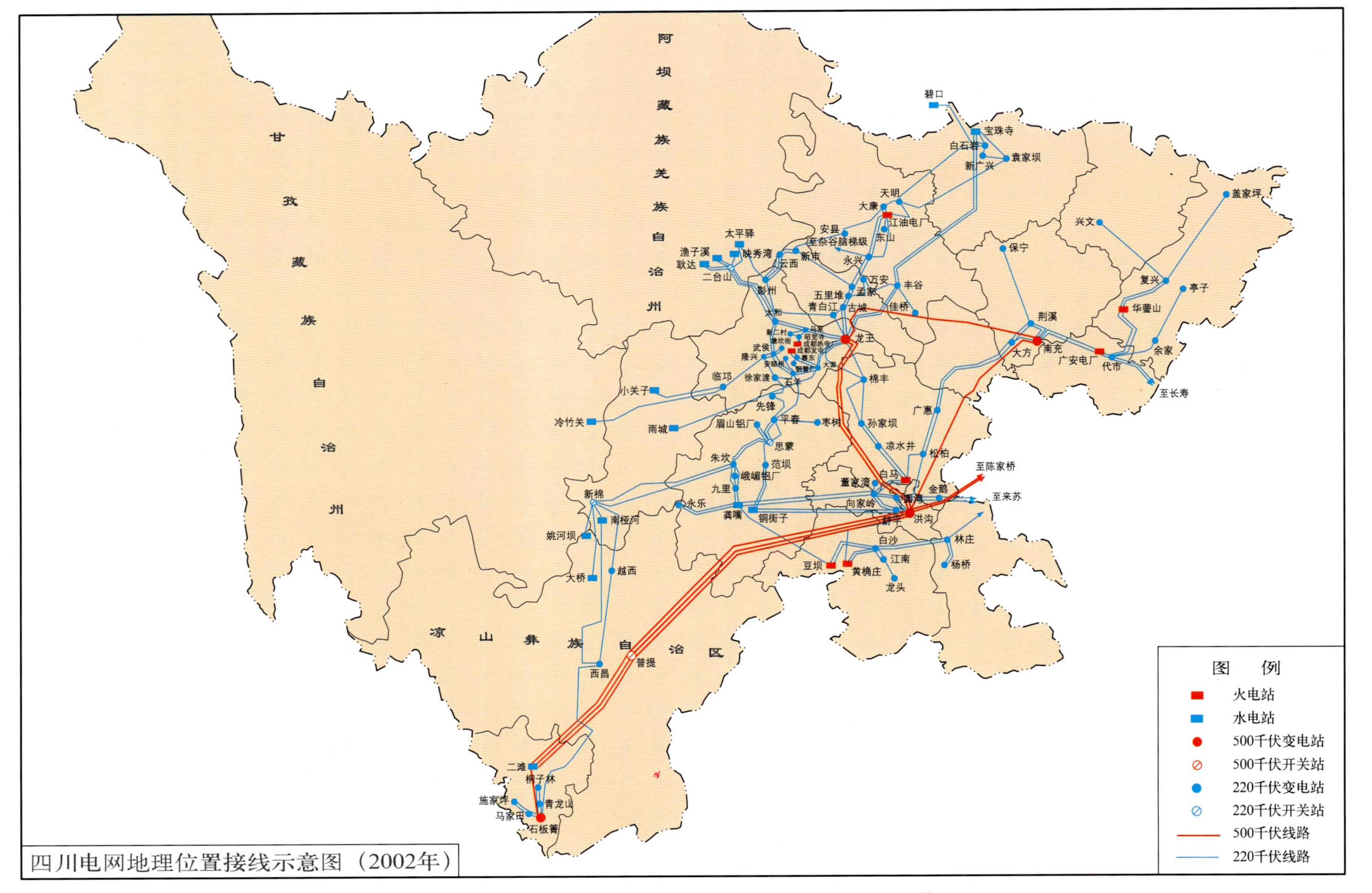

四川电网地理位置接线示意图（2002年）

2001年3月全国人民代表大会期间，中共中央主席、中华人民共和国主席、中央军委主席江泽民（右）听取中共四川省委书记周永康（中）作关于四川省电力工业的发展规划汇报

2002年5月20日，中共中央主席、中华人民共和国主席、中央军委主席江泽民(中)在四川省党政主要领导周永康陪同下，视察紫坪铺水电站工地

2000年10月7日，全国人大常务委员会委员长李鹏视察向家坝水电站

1994年，全国政协副主席钱正英（中）考察金沙江向家坝水电站坝址

2002年3月，国家计委副主任张国宝（中）带队考察金沙江溪洛渡和向家坝水电站坝址

2002年9月10日，国家电力公司副总经理赵希正（右）在中共四川省电力公司党委书记石万俭（左）陪同下视察四川省电力公司

2002年，国家电网公司副总经理、党组副书记刘振亚（左），四川省副省长邹广严（右）出席四川省电力公司领导干部任职大会，并分别作重要讲话

金沙江溪洛渡水电站效果图

溪洛渡水电站坝肩开挖工程一角

单机容量55万千瓦的二滩水电站机房

1999年12月4日，总装机容量330万千瓦，6台机组全部建成投产的二滩水电站大坝

1992年第一台机组发电，1994年12月全部竣工的铜街子水电站（总装机容量60万千瓦）

1998年全部建成并网发电的宝珠寺水电站大坝［总装机容量70(4×17.5)万千瓦］

2001年3月29日开工建设的装机容量76万千瓦的紫坪铺水利枢纽工程于2005年9月30日下闸蓄水

2002年11月23日，紫坪铺水电站截流

紫坪铺水利枢纽库区一角

水电十局承建的姜射坝水电站发电机组厂房

邓小平题写站名的凉滩水电站

三台县文峰水电站

总装机容量240万千瓦的广安发电厂，一期工程2×30万千瓦于1997年开工建设，2002年2月投产发电；二期扩建工程2×30万千瓦机组于2003年动工建设，2004年建成投产；三期扩建工程2×60万千瓦机组于2005年6月动工建设。上图为该厂外景；中图为该厂二期扩建4号机组施工现场；下图为该厂二期扩建施工现场

江油发电厂2×33万千瓦扩建工程于1991年12月12日建成投产后，全厂总发电装机容量达到88.4万千瓦，为20世纪四川省装机容量最大的火电厂。上图为江油发电厂33万千瓦机组厂房外景；中图为电厂办公区一角；下图为33万千瓦机组吊架安装现场

内江发电总厂所属白马发电厂

内江发电总厂白马发电厂21号机组改造

内江发电总厂白马发电厂中心控制室

宜宾发电厂全景

宜宾发电厂老厂烟囱于2001年11月1日爆破拆除

2001年7月20日，宜宾发电有限公司正式成立并举行挂牌仪式

宜宾发电厂一期工程10万千瓦机组

500千伏自贡—重庆线路施工现场

中国第一条高海拔、重冰区500千伏输电线路——四川二滩送出工程的500千伏输电线路跨越大凉山重冰区

穿越大凉山的500千伏二滩—自贡1回线路

500千伏六分裂导线放线施工

采用飞艇放线施工

四川500千伏环网工程放线施工现场

500千伏南(南充)万(万州)线放线施工现场

乐山220千伏
范坝变电站

500千伏德阳变电站

500千伏眉山东坡变电站

500千伏攀枝花石板箐变电站检修

资阳电业局进行变电站标准化检修

500千伏自贡洪沟变电站设备检修

阿坝州少数民族地区的220千伏银杏变电站

220千伏内江变电站

500千伏南充变电站

500千伏眉山东坡变电站

500千伏线路串补施工

地下电缆敷设

线路维护检修

建设四川电网的送变电建设队伍

电网改造

德阳电业局职工在农网改造工程施工现场

广安电业局邻水变电站维修

广元电业局职工在群众的支持下为山区农村电网建设运送电杆

绵阳电业局职工在城乡电网建设与改造现场

内江电业局召开专门会议研究城乡电网建设与改造工作，加强对电网建设与改造的领导

220千伏攀枝花马店河变电站

攀枝花市城市电网改造施工

四川省电力公司遂宁公司领导在农村电网建设与改造中到220千伏射洪变电站现场进行选址工作

西昌电业局职工为农网建设搬运输变电设备

农电人员为农村安装变压器

宜宾电业局对职工进行电网改造现场培训

宜宾电业局在电网改造中采用飞艇放线

自贡电业局职工在电网改造中施工

江油发电厂引进先进的DCS系统，提高安全生产的科技含量

华蓥山发电厂职工精心操作，确保安全发电

宝珠寺发电厂领导深入生产现场与职工一道研究安全生产

二滩水电站出线站——强大的电流从这里输送到四川省、重庆市、以及华中和华东地区

江油发电厂职工检查发电设备健康状况，确保发电机组稳定运行

国电川渝公司加强发电设备维护，确保发电设备安全运行

火电厂职工精心检修设备，确保安全发电

水电站加强蓄水管理，确保安全满发

映秀湾发电总厂加强安全生产基础建设，有计划地对设备定期检修

嘉陵江桐子壕航电枢纽中央控制室

华能自一里水电站加强蓄水，安全稳发

四川华能水电开发公司宝兴河流域梯级调度中心

成都热电厂运行中的发电车间

成都热电厂主控室

华蓥山发电厂中心控制室

二滩水电站中央控制室

60万千瓦汽轮机转子生产现场

都江电力设备厂的高频焊管绕制生产线

都江电力设备厂生产的4063米^3 高炉生产的热管换热器

都江电力设备厂生产的60万千瓦亚临界机组省煤器

都江电力设备厂制造的20万千瓦双水内冷发电机线棒

都江电力设备厂制造的6.3千伏6000千瓦机组线圈

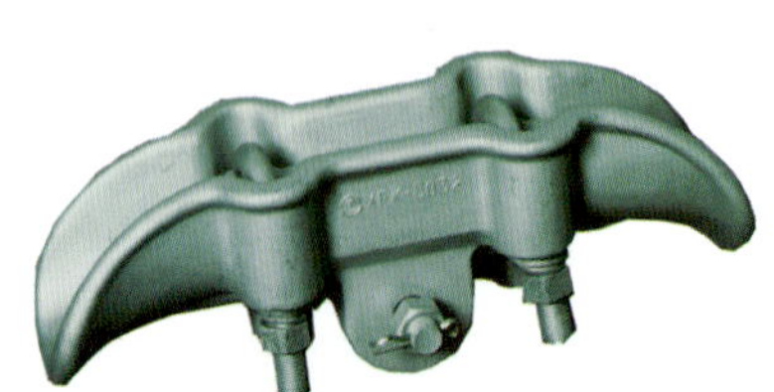

成都电力金具总厂生产的防晕型悬垂线夹

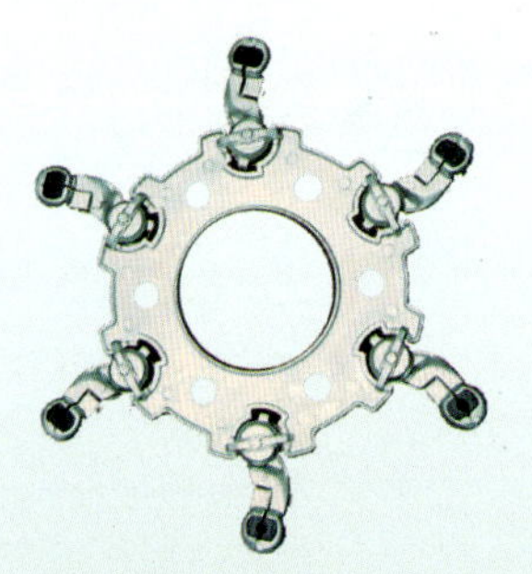

成都电力金具总厂生产的六分裂间隔棒

成都电力机械厂生产的AN系列轴流风机

成都铁塔厂生产的重冰区直线塔

成都铁塔厂生产现场一角

成都铁塔厂生产的变电站构架

成都铁塔厂生产的同塔双回铁塔

成都铁塔厂生产的高压输电铁塔

科技发展

四川省电力公司召开年度电力新技术交流会

四川电力试验研究院技术人员在500千伏变电站做试验

水电仿真系统

四川电力试验研究院朱康总工程师同技术人员一起进行500千伏变电站试验

四川电力试验研究院对水电站运行人员进行仿真培训

20万千瓦火电仿真机（四川电力试验研究院提供）

水电仿真机

技术人员在现场调试

500千伏带电作业培训

高压试验厅

四川省电力公司广泛深入地开展优质服务活动，所属各供电企业均组建了“共产党员服务队”，并开通了用电服务热线，热心为广大电力用户服务。图为整装待发的德阳电业局党员服务队

电力营销部门经常组织电力行业优质服务宣传，以更好地接受群众监督，不断提高供电服务水平。图为绵阳电业局开展优质服务宣传现场

供电人员主动为用户提供用电业务咨询服务

电力营销人员经常深入用户征求意见，不断改进服务质量。图为西昌电业局职工走访用电客户，听取用户对供电部门的意见

宜宾电业局领导和职工一道上街宣传优质服务和行风监督

乐山电业局共产党员服务队整装待发，为用户提供优质服务

整洁明亮的用电服务大厅

四川省电力公司深入开展“优质服务是国家电网的生命线”主题宣传活动。图为巴中电业局举办的宣传栏

电力营销人员深入城乡电力用户，认真听取用户意见。图为自贡电业局营销人员与用户座谈，听取意见

四川省电力公司不断加强行业作风建设，主动接受社会监督。图为聘请的行风监督员

广元电业局供电职工在街头宣传用电知识

农电管理人员在街头宣传安全用电常识

攀枝花电业局党员服务队深入农村为用户服务

巴中电业局职工深入社区为群众服务

深入田间检查高温保电安全工作

用电客户为供电部门赠送锦旗

2001年3月，四川省电力公司培训中心正式成立，为职工职业教育创造良好环境

四川省电力公司与加拿大蒙特利大学高等商业学院合作举办EMDP高级培训班

1991年11月15日，中共四川省电力工业局委员会党校正式成立

四川省电力公司培训中心举行能源行业管理研究生毕业典礼

全日制普通高等专科学校——四川电力职业技术学院

四川电力职业技术学院温江校区二教学楼

青峰岭电厂培训楼夜景

四川省电力公司举行“启明星”奖助学计划启动暨捐赠仪式

四川电力职工疗养院坐落在风景秀丽的青城山下，常年为全省及全国电力职工提供治疗休养服务

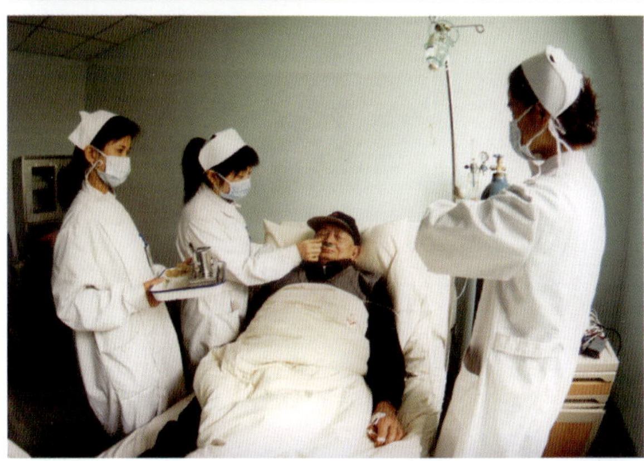

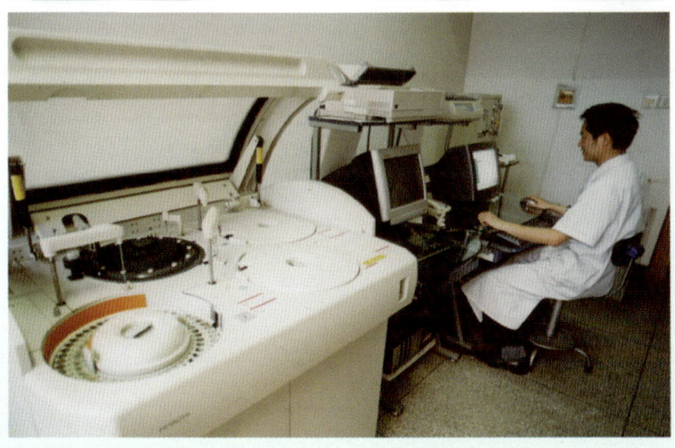

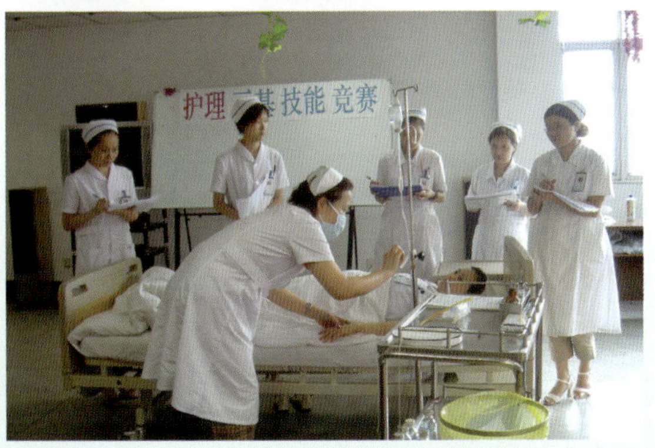

拥有相当数量优秀医务工作人员和先进医疗设备的四川电力职工医院为四川省电力公司职工提供医疗保健服务

开展丰富多彩的电力职工文体活动，不断增强职工身体素质，活跃文化生活

四川省电力公司石万俭、朱长林等领导会见参加电力职工业余演出的演职人员

2008年10月30日，华中片区电力志协作组对中国电力工业志丛书《四川省电力工业志(1991～2002)》初审，图为初审会会场一角

华中片区电力志协作组的专家们对《四川省电力工业志》进行评议，并一致通过《四川省电力工业志(1991～2002)评审会纪要》

中国电力工业史志编辑委员会成员名单

中国电力工业史志编辑室

四川省电力工业史志编纂委员会

《四川省电力工业志》编辑部

《四川省电力工业志》
（1991～2002）
资料提供人员
（按姓氏笔画排列）

丁蘅英　万承金　于利军　马树清　尤小如　王　玮　王　晋
王　霞　王小川　王小明　王小通　王开恒　王建中　邓晴云
邓德佑　代雪芳　冉开金　卢　静　卢良臣　史洪德　叶　青
左　炬　左华根　帅仕超　甘　露　田　琦　田卫东　白仲泉
石小林　石长清　刘　冰　刘　杨　刘　炜　刘　洋　刘　峰
刘　聪　刘吉祥　刘国金　刘建华　刘俊俊　刘彦卿　刘树桐
刘祖雄　吉恒周　向　彪　向晓蕾　皇传刚　吕　媛　孙宜征
朱　虹　汤志华　过洪洋　严　彬　何　英　何春雨　余学如
吴　刚　吴小东　吴世勇　吴克丁　宋　景　宋锡章　张　凌
张　钰　张小铭　张凤霞　张玉惠　张生顺　张兴建　张明银
张泽武　张茂生　张勇林　张重远　张海燕　张烈华　张维平
张蕴华　李　刚　李　杰　李　春　李　靖　李中寿　李其道
李招银　李昊东　李郑刚　李高一　李福兵　李燕辉　杨　俊
杨　荣　杨　桦　杨　靖　杨文军　杨克华　杨志林　杨德贵
肖军红　肖保林　苏全州　邹　平　邹锡华　陆远兴　陆艳萍
陈　烈　陈　缨　陈小青　陈代军　陈先良　陈明才　陈绍忠
陈胜利　陈雄才　卓正昌　周　永　周　军　周　强　周　麟
周小平　周序红　周明德　周俊华　周显光　孟　斌　屈行果
易本胜　林　宏　罗　跃　罗晋军　范天定　侯　丽　姚龙泉

姚国寿　胡翠薇　胥怀旭　荣　超　贺立芳　赵　婧　赵为华
赵光银　赵建平　钟　光　钟荣奎　钟甜甜　骆　新　唐　兰
唐　勇　唐　曼　唐世明　唐幼勤　唐劲松　唐忠春　夏　燕
徐超敏　涂锦毅　袁　兰　袁　愈　袁廷敏　袁纯和　郭　阳
郭芙军　钱德源　顾功开　高荣成　高锦峰　崔慧斌　曹江涛
曹海泉　梁雪玲　梁明星　黄　健　黄安维　彭　勇　彭秋杰
彭雪松　曾宪模　曾群英　游俊刚　程官华　程彦韬　程树其
董　缨　董振英　蒋光祥　蒋渝铭　覃秀华　谢　红　廉敏敏
蒲志平　蒲益成　赖　敏　雷军辉　雷新春　熊映诗　谭　群
鲜其军　樊岳林　潘永红　薛万璋　魏秀云

总　　序

《中国电力工业志》（1991～2002）丛书的陆续出版，是全行业电力史志工作者辛勤耕耘、通力合作的结果。这套续志丛书的出版，标志着在新的电力管理体制格局下，电力行业精神文明建设取得的丰硕成果。

中国电力工业第一部志书记述了自中国有电开始至1990年，百余年中国电力工业发展的历史。由于时间跨度大，为了填补国内尚无一部系统记述电力事业发展的专业志书的空白，修志人员以拓荒和补救的方式来收集濒临泯没的资料，经过近20年的努力，这套38卷丛书到1995年已经全部出版。从整体上看，第一部《中国电力工业志》丛书资料丰富、内容翔实、体例严谨，可供后人借鉴，受到史学界和广大读者的好评。

从第一部志书的下限至2002年，正处在国家经济建设突飞猛进，也是电力工业发展最快的时段。2002年底，又恰逢电力体制改革进入了重组国有电力资产，组建电网、发电公司，实行厂网分开的重要时期。为了记录电力资产重组前的这段历史，续修1991～2002年电力工业志丛书的任务便被提上了日程。根据上届修志的经验，这届续修电力工业志，继续由中国电力企业联合会领导，各网、省、自治区、直辖市电力史志编委会组织实施。

1991年以来，中国电力工业进入高速发展时期，发电装机容量、发电量持续增长。全国发电装机容量继1987年突破1亿千瓦后，到1995年超过了2亿千瓦，2000年又跨上3亿千瓦的台阶，2002年底达到3.56亿千瓦。发电量在1995年超过了1万亿千瓦·时，2002年底达到1.65万亿千瓦·时。12年间，全国发电装机容量和发电量年均增长率分别达到8.4％和8.5％，从1996年底开始一直位居世界第二位。与此同时，中国电力工业已经步入大机组、大电网、西电东送、南北互济、跨区联网，实现更大范围资源优化配置新的发展时期，中国电力工业正向高效、环保、安全、经济的更高目标迈进。

12年间，电力工业作为关系国家经济发展全局的重要基础产业，为满足国民经济发展和人民群众需求，保障全面建设小康社会奋斗目标的实现，为贯彻落实科学发展观，充分体现国家能源发展战略的要求，逐步转变电力增长方式，实现电力工业持续、稳定、健康发展作出了重要贡献，取得了举世瞩目的成绩。但是，与发达国家相比，全国人均拥有的发电装机容量和电力消费占能源消费的比重还很低，因此，把这一时期电力工业发展过程中积累的经验、教训如实记录下来，力求为现在和未来的电力工业发展提供有益的借鉴是续志的重要责任。

修志是一项千秋大业，必须经世之用。在续志过程中我们以邓小平理论和“三个代表”重要思想为指导，以辩证唯物主义和历史唯物主义为准则，力求把12年里电力工业所走过的道路，客观、真实地反映出来。既突出时代特点、全面记述，又继承延续、据实创新地编纂，使续志成为一部具有资料性著述的丛书，提高续志的可读性和适用性，为广大读者学志、用志提供帮助。

电力工业志是以电力生产力的发展为主线，全面记述对电力工业发展有影响、起推动作用的有关事件和人物。修志，既是总结昨天的记录，又是把握今天、创造明天的导向，不仅有助于当代人认识现实世界，而且能使后代人在用志过程中得到启迪。希望这套《中国电力工业志》（1991～2002）丛书的面世，能使国内广大读者从中得益，以便更好地为电力工业发展服务。

中国电力工业史志编辑委员会

序 言

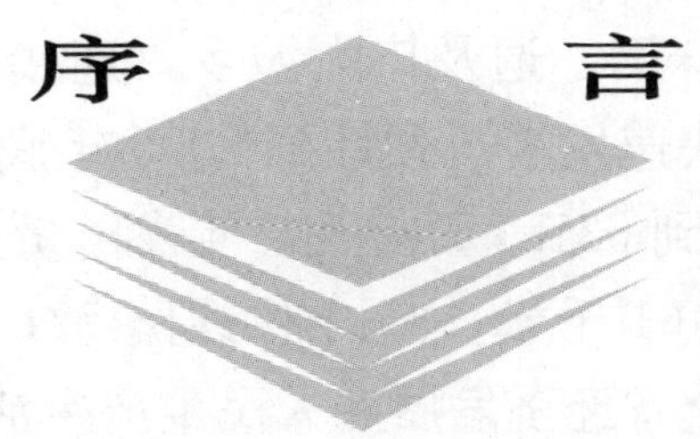

四川省素有“天府之国”美喻，地处中国西南，山川雄峙，千河奔流，沃野千里，物产丰富，具有发展电力得天独厚的资源。

四川省有电始于1905年，到1949年的45年间，由于社会动荡、日本入侵、经济凋敝、民生困苦、科技落后，四川省电力工业在艰难曲折中迈步。1949年，四川省全省（含重庆市）仅有发电装机容量4.57万千瓦，年发电量为1.47亿千瓦·时，共有输电线路259.66千米，变电容量为2.02万千伏安，最高电压等级为33千伏。

1949年10月1日，中华人民共和国成立后，四川省电力工业获得了新生。经过第一个五年计划到第七个五年计划（1955～1990年）的建设，四川省电力工业有了很大的发展。到1990年底，全省装机容量达到748.98万千瓦，建成10万千瓦及以上骨干电厂14个（其中火电10个、水电4个），35千伏及以上输电线路2.96万千米（其中220千伏4043千米、110千伏7682千米、35千伏17892千米），35千伏及以上公用和自备变压器容量增加到1925万千伏安（其中220千伏507万千伏安、110千伏796万千伏安、35千伏622万千伏安），形成了全省统一电网，并分别与甘肃、贵州两省的220千伏电网，以及云南省的110千伏电网连接。

1991～2002年，四川省的电力工业建设快速发展，取得了巨大的进步。到2002年底，全省发电装机容量为1800.64万千瓦，其中水电1145.63万千瓦，火电630.01万千瓦，年发电量为733亿千瓦·时。全省变电容量为4071.52万千伏安，其中500千伏300万千伏安、220千伏1168.5万千伏安、110千伏1867.33万千伏安、35千伏735.69万千伏安。全省输电线路49081千米，其中500千伏1826千米、220千伏7547千米、110千伏14500千米、35千伏25171.30千米。预计到2005年底，四川省发电装机容量将达到2245.88万千瓦，年发电量将达到1018.76亿千瓦·时，四川省主网将有35～500千伏输电线路29674千米。有500千伏变电站11座，变电容量1165万千伏安；220千伏变电站106座，变电容量248万千伏安；110千伏及以下变电站更多。配电网络密如蛛网，遍及广大城乡，连接千家万户。在主网大力发展的同时，地方电力亦快速发展。预计到2005年底，全省农村水电将建成电站4213座，装机容量达到631.3万千瓦，年发电量达到238.9亿千瓦·时；新建和改造110千伏线路461千米，35千伏线路721千米。全省已建成完整的电力工业体系，以适应全省经济发展和人民生产生活的需要。

进入21世纪后，面对国际市场能源价格节节攀升和节能减排的繁重任务，国家根据全国煤炭、石油、天然气储量有限的实际，从确保能源安全和可持续发展出发，将大力发展水电作为重要战略举措。四川省是千河之省，水电资源列全国之首。中共四川省委、四川省人民政府根据省内水力资源十分丰富的情况，将水电作为全省主要支柱产业之一。新组成的中国华电集团公司、中国国电集团公司、中国华能集团公司、中国大唐集团公司、长江三峡工程总公司几大发电集团公司入驻川内的大江大河。金沙江溪洛渡电站、大渡河瀑布沟电站、雅砻江锦屏一级电站三个巨型水电站已经正式开工。金沙江向家坝电站、大渡河官地电站、雅砻江锦屏二级电站几个巨型水电站即将正式开工建设。其他江河的水电开发也在紧锣密鼓进行，将四川省水电开发规模推向了历史高峰。

在1991～2002年的12年间，四川省电力工业一路腾飞，主要的特点有以下十个方面：一是火电方面，20万千瓦、30万千瓦高温高压、大容量、高参数、科技含量高的大机组成为主力机组，单机容量60万千瓦大型火电机组也在金堂、泸州等地计划陆续建设。二是水电方面，继单机容量55万千瓦、总装机容量330万千瓦的二滩水电站建成后，又有一批新的单机容量70万千瓦的巨型水电站如溪洛渡电站、锦屏一级水电站计划开始建设，代表了中国水电建设的新水平。三是继500千伏二（二滩）自（自贡）线建成后，又相继建成了自（自贡）渝（重庆陈家桥）线、洪龙线、成南线、南（南充）万（万县）线，形成了四川电力高速公路。另外还有一批新的500千伏站、线正在规划建设中，并且正在规划建设±800千伏直流、1000千伏交流特高压输电线路，为川电外送建设强大通道。作为“西电东送”的重要部分，川电外送已在进行。四是国家投入巨资进行城网、农网改造，进一步完善了城乡的配电网络，为城乡居民用上放心电，为发展农村经济、广大农民致富奔小康和建设社会主义新农村创造了条件。五是电力科研事业、教育事业欣欣向荣，创造了一批科技成果，促进了电力进步，为电力生产、建设培养了大批人才。六是电力设备制造行业以市场为导向，不断开发新产品，大大提高了电力建设的装备水平。七是水电、火电建设队伍不断发展壮大，施工水平不断提高，水电施工队伍成为省内外水电建设的主力军。八是水电、火电设计研究水平和设计能力大大提高，特别是水电已完全能够承担具有世界水平的大型、巨大型电站设计。九是代表电力建设综合实力的核电站建设已在规划，将要起步。十是电力建设更加注重生态环境保护，注重水电建设与自然和谐共处，与人和谐共处、有序发展。

四川省电力工业蓬勃的发展过程，十分需要一本志书记载下来，总结其中的经验教训。国家和各级政府十分重视电力志的编纂工作，从全国到各省都着手电力志的编纂出版工作。1994 年，《四川省志·电力工业志》和《中国电力工业志丛书　四川省电力工业志（1905～1990）》正式出版发行。进入 21 世纪后，四川省人民政府以法律法规的形式将编史、修志、编年鉴纳入各级政府和部门的经常性工作。四川省人民政府和中国电力企业联合会分别对续修《四川省电力工业志》提出了具体工作的目标和要求。

编史修志是中国一项重要的、公益性很强的文化事业，是一项为各级领导、各部门、各行业提供地情信息资料服务的工作。《四川省电力工业志》以全面、翔实、准确的资料，科学地记述四川省电力工业发展的历程，客观地反映四川省电力工业在发展过程中的光辉业绩和经验教训。《四川省电力工业志》已成为全面反映四川省电力行业综合情况的重要载体，成为联系全省电力系统的重要纽带，为四川省电力行业积累重要的历史资料，为后人研究四川省电力工业的发展提供依据。

此次续修《四川省电力工业志》中所记载的时间跨度为 12 年（1991～2002 年）。四川省地方志编纂委员会牵头建立了良好的修志体制；四川省电力公司从修志经费、办公条件、编纂人员等几个方面为修志工作提供了良好的保障；四川省各电力单位高度重视，通力合作，指定专人负责资料收集和初稿编写工作，从而确保了《四川省电力工业志（1991～2002）》编纂工作得以顺利完成。在此志书即将出版之际，仅向所有关心、支持本志编纂工作的单位和个人表示衷心感谢。

四川省电力工业史志编纂委员会

2011 年 7 月

凡　例

一、本志是根据中国电力企业联合会关于续修志书的统一部署编纂的；是中国电力工业志丛书的一个组成部分，独立成书，单独出版；是《四川省电力工业志》的首次续修。

二、本志以马列主义、毛泽东思想、邓小平理论和“三个代表”重要思想为指导，运用辩证唯物主义和历史唯物主义观点，实事求是地对四川省的电力工业发展历史进行客观、科学的记述。

三、为保持志书的连续性，本志断限时间为：上限从上部志书下限的次年即1991年起，下限到全国电力体制改革之前的2002年止。为保持资料的系统性、完整性，主要经济指标等内容以展望形式适当延伸到2005年。

四、本志体裁有志、记、述、传、图、表、录。诸体并用，以志、记为主。

五、本志采用篇、章、节、目、子目结构，子目只视内容需要与否而设。全志书内容由卷首、正文、卷末三部分组成。其中，正文有概述、电源建设、电网建设、规划与设计、基建管理与施工企业、发电、供电、用电、电网管理与电力调度、地方电力、设备修造、科技与教育、多种经营与医疗卫生、管理、党群工作等十四篇；卷首有图片、总序、序言、凡例；卷末有人物、大事记、专记、附录和编后记。

六、本志记述地域范围，以2002年四川省行政区划为准。个别电源点、供电区域涉及省外而又必须记述者，择要记述。

七、本志纪年方法采用公元纪年。均省去“公元”二字。

八、历史上的地名均按当时称谓记述，必要时以今名加注。

九、凡简称的使用，均在首次出现时以全称加注简称方式予以说明。

十、本志资料，主要由各电力主管单位提供。

十一、本志使用度量衡单位，均按国务院1984年2月27日颁布的《中华人民共和国法定计量单位》规定执行，其中电力行业专用计量单位按中国电力工业史志编辑委员会颁发的《中国电力工业志行文规范》执行。

十二、本志数字用法，按国家技术监督局1995年12月公布的《出版物上数字用法的规定》执行。

十三、本志标点符号用法，按国家文字工作委员会、国家技术监督局1995年12月发布的《标点符号用法》执行。

十四、本志用字，以国家语言文字工作委员会1986年10月10日重新发表的《简化字总表》为准。

十五、本志引文，凡引用原文均加引号，转述大意则不加引号。引文注释均用脚注，即注在本页下端。

目　录

概　述

四川省位于中国西部，长江上游，地处中国腹心偏西的亚热带地区。东西部分为四川盆地和川西高原。盆地面积约20万千米^2，盆地的西北部约6000千米^{2}为成都平原，其余多为丘陵地带，盆周则多为高山深谷。盆地气候温和，物产丰富，素有“天府之国”的美称。

四川省东邻重庆市，南接云南省、贵州省，西倚西藏自治区，北连青海省、甘肃省、陕西省。幅员在1997年前为56.7万千米^2，1997年行政区划调整时重庆市从四川省划分出去，全省幅员为48.5万千米^2。辖21个市、州，181个县、市、区，人口8750多万，有56个民族。少数民族人口653.6万人，占全省总人口的7.5%。少数民族自治州、县的辖区面积30.5万千米^2，占全省土地面积的62.9%。少数民族中人数在1万人以上的有9个，分别为彝族、藏族、羌族、苗族、回族、蒙古族、土家族、傈僳族、满族。

四川省国内生产总值约占中国西部十省区的1/3。

电力是国民经济的基础产业，又是社会公用事业，受国家大政方针和经济宏观调控政策指导，随着国民经济的发展而发展。1991～2002年，四川省电力工业坚持改革与发展方针，励精图治，一路腾飞，铸造辉煌。

1990年底，中国共产党十三届七中全会提出了今后5～10年国民经济和社会发展的基本任务及各项方针、政策。1991年1月4日，全国能源工作会议召开，会议的中心议题是紧紧围绕“眼睛向内，挖掘潜力，提高两效”找差距、定目标、拟措施。2月初，四川省电力工作会议召开，要求广大干部职工，认真学习贯彻党的七中全会和全国能源工作会议精神，贯彻四川省委、省政府工作部署，坚持物质文明、精神文明一起抓的方针，深化企业改革，加强企业管理和技术改造，进一步挖掘内部潜力，大力提高劳动生产率和经济效益，进一步加强电力建设，加强思想政治工作和廉政建设，继续纠正行业不正之风，促进四川省电力工业持续、稳定、协调发展，为国民经济发展作出贡献。随即四川省的电力建设步伐迅速加快，装机330万千瓦的雅砻江二滩水电站和2×20万千瓦黄桷庄电厂于1991年9月4日正式开工；装机70万千瓦的宝珠寺水电站于1991年正式开工建设；江油电厂2×33万千瓦发电机组于1991年建成投产。

1992年，中央工作会议专门部署搞活全国大中型企业，先后出台了一系列具体措施。全国能源工作会议要求继续坚持改革开放、深化企业改革。4月，邓小平同志巡视南方并发表重要讲话，要求思想再解放一点，胆子再大一点，改革的步子再快一点。四川省电力系统按照中央工作会议和全国能源工作会议精神、四川省政府的工作部署，认真学习邓小平同志讲话精神，进一步提高认识，深化企业内部改革，转换企业经营机制，眼睛向内，强化管理，挖掘潜力，提高经济效益和劳动生产率，建立自我发展约束机制和竞争激励机制，打破“三铁一大”（铁饭碗、铁工资、铁交椅，大锅饭），着手劳动、人事、工资三项制度改革，完善企业内部经营承包责任制，充分调动了广大职工积极性。电力生产建设进一步发展，大渡河铜街子水电站首台机组发电，黄桷庄电厂首台机组并网。

1993年，随着经济的发展，电力的供需矛盾日益突出。为确保电力需求，四川省电力系统在中共十四大和邓小平南巡谈话精神的鼓舞下，进一步解放思想，抓住机遇，深化改革，加快发展，取得了一系列改革和发展的新成就：四川省发电装机容量投产50万千瓦，二滩水电站配套工程500千伏洪（洪沟）陈（陈家桥）线正式动工兴建，四川省电力系统的“三改”即劳动、人事、工资三项制度改革取得阶段性成果，人事制度开始引入竞争机制，工资制度打破平均主义、大锅饭的分配格局，确立了劳动合同和保险制度。主业“三改”的推进，促进了多经的兴起和发展，从而为主业的“减人增效、下岗分流”创造了条件。

1994年，是中共中央召开十四届三中全会作出《关于建设社会主义市场经济若干问题的决定》（简称《决定》）后的第一年。四川省电力系统在认真学习《决定》精神中，不断解放思想，加深对市场经济的理解和认识，特别是对电力改革走市场化道路坚定了信心，有了一些必要的思想准备。

是年，四川省电力工业局确立了四川省电力工业超前发展的根本出路在于贯彻落实“以水电为主、火电为辅”的发展方针，这是一条四川省电力工业可持续发展之路。1994年成为四川省电力系统开始谋划市场化改革，走公司化道路起步的一年，也是市场经济这一重要的理论课题开始被解读的一年。

是年，国家实行新税制后，地方电力系统原有的“以电养电”政策自然终止。经四川省政府批准，由省水电厅和财政厅联合发文，激发和巩固了地方小水电的快速发展势头。

1995年是“八五”计划最后一年，也是四川省电力系统继续坚持改革和发展方针，深化电力改革，大力抓好安全文明生产，抓紧电力基本建设取得可喜成就的一年。1995年，二滩水电开发公司改组为有限责任公司，建立起现代企业制度，推动了二滩水电站的建设进程；四川省电力工业局胜利完成了西藏自治区昌都电网改造工程。

“八五”（1991～1995年）计划期间，四川省进一步拓宽电力建设资金渠道，大力进行集资办电，资金来源更加广阔，自筹资金比例进一步提高。5年间，国家对四川省电力建设的拨款减少至265万元（占全省5年电力建设实际总投资金额的0.01%）；实际完成的电力基本建设投资金额共计194.06亿元，来源多达13项，比“七五”计划时期增加了3.14倍；利用外资金额由6.20亿元上升到了24.92亿元；地方集资金额由3.35亿元上升到27.31亿元；债券金额由6.47亿元下降到2.98亿元；自筹资金金额由7.56亿元上升到18.45亿元；贷款和拨改贷金额由21.40亿元上升到114.18亿元；其他投资金额也有较大增长。新增发电设备容量510.70万千瓦。

1996年是“九五”计划开局的关键年。面对宏观经济调控给电力企业带来的一些暂时困难，四川省各电力企业从自身的实际情况出发，以改革为动力，同步推进“两个根本性转变”和“两个文明建设”。

1995年12月28日，全国人大常委会通过的《中华人民共和国电力法》（简称《电力法》），是电力行业步入法制化管理最重要的一步，四川省各电力企业认真学习、宣传、贯彻《电力法》，并以此为契机，积极稳妥地推行“政企分开”的改革，稳定实施“公司化改组、商业化运营、法制化管理”，不断提高经济增长质量和增长效益。

1996年末，全省地方发电装机总容量达398万千瓦，年发电量168亿千瓦·时，分别占全省总装机容量和发电量的29%和27%。全省国家电网直供区内实现乡乡通电。

1996年，四川省电力企业改革有了新进展，还本付息电价在年内到位，各发电企业减人增效的力度加大。四川省电力工业局的文明单位创建也取得了显著成就，到“八五”期末，全局所有单位已建成文明单位，其中省级文明单位30个，占局属单位56%；四川省最佳文明单位6个，全国电力系统双文明单位8个。四川省电力工业局的文明单位建设位居四川省各行业和全国电力系统各省局的前列。

1997年是四川省电力企业全面推行“两个根本性转变”的重要一年。这一年，党的十五大召开，并对进一步深化改革，特别是深化国有大中型企业的改革（包括对垄断行业）作了新的部署，对发展市场经济问题作出了许多新概括、新论断。

是年6月，四川省行政区划调整，重庆市电力工业局（公司）正式成立，原四川电网从此分为四川和重庆两个电网。

1998年，缺电长达26年的四川省，电力出现了相对富余。电力从“卖”方市场转变为“买”方市场。“卖”与“买”的转变，促使电力企业在思想观念、工作方式、管理方式及企业的经营机制等方面都随之相应转变，从而迫使电力企业从“垄断”走向“竞争”。针对这一特定形势，四川省电力公司于1998年出台了9条增供扩销措施，并于同年四季度对71家高耗能企业实行了优惠电价，同时推行营销人员优化配置战略，电业局、供电局纷纷深入客户，深入农村，搞市场调研，以提高服务能力和水平。

1998年，四川省开始大规模进行城市电网建设与改造（简称“城网改造”），重点是改造110千伏及以下输配电网络，以增加用电量和提高网络供电可靠性。

1998年8月，二滩500千伏输变电一期工程正式并网运行，四川省超高压输电网形成，二滩水电站首台55万千瓦发电机组正式并网发电。

1999年，中共十五届四中全会审议通过了《中共中央关于国有企业改革和发展若干重大问题的决定》（简称《决定》），强调推进国有企业改革和发展。

《决定》发表后，国有企业的改革进入到攻坚阶段，许多企业出现生产不景气现象，形成四川省电力相对富余且难找外销出路。四川省电力局大胆探索，推出了“内部模拟电力市场”、“发电厂竞价上网”、“实行优惠电价”、“关停小火电机组”，以及“上网发电企业置换电量市场交易”等一系列举措。电力生产的低谷期，促使发电厂强化内功，两眼向内挖潜力降成本，供电企业转变观念主动服务。

1999年1月4日，国务院以国发2号文件明确规定，要在改造农村电网、改革农电管理体制的基础上，力争用三年时间，统一城乡用电价格，实现同网同价。四川省主网有12个县被列入试点，从而拉开了四川省“两改一同价”的序幕，加快了乡镇电管站改组为供电所的工作步伐。

2000年，《国务院关于实施西部大开发若干政策措施的通知》正式颁发，明确指出：实施西部大开发，不仅是一个重大的经济决策，也是一个重大的政治决策，是关系中华民族长远发展的战略之举。

中共四川省委、四川省政府决定把“西电东送”列为西部大开发战略五大基础产业之首。四川省电力公司随即将“西电东送”的宏伟工程，逐步由图表、文字向现实推进。

2000年，四川省电力公司逐步由政府管电部门转化为企业，其企业主体行为有所显现，如多经产业结构的大调整，供电局客户服务中心标准化建设等，市场观念逐步增强。在安全生产方面更是取得近20年来首次生产、基建系统无人身伤亡事故的好成绩。城乡电网改造全面铺开进行，使部分农民享受到了网改的真实利益。2000年底，四川省已建成初级电气化县104个，超额40%完成国家下达给四川省建设74个初级电气化县的指标，成为全国电气化县建设最多的省份。四川省地方电网共有输电线路12.1万千米，35千伏及以上供电变电站591处，变电容量593万千伏安。全省城市家用电器销售额比上年同期增长20%以上。

“九五”（1996～2000）计划期间，四川省全省电力项目总投资达560亿元，净增发电装机容量784.18万千瓦，先后建成二滩水电站330万千瓦、宝珠寺水电站70万千瓦、广安发电厂60万千瓦、嘉陵成都电厂28.40万千瓦等一批大中型水、火电项目。装机容量比“八五”计划期末增长84.74%，年均增长17%，是四川省电力工业有史以来发展最快的时期。

2001年，国务院下发了《关于整顿和规范市场经济秩序的决定》，国家电力公司系统开展了市场整顿和优质服务年活动。四川省电力公司通过实施“光明工程”，扎扎实实提高了优质服务水平，也从根本上改变了电力职工的观念，想客户所想、急客户所急的事多了，受社会赞许的人和事多了。在开展“光明工程”活动中形成的规章制度已形成常态机制，成为职工的自觉要求。四川省出台了加快水电支柱产业发展的政策，组织开展了保护电力设施和反窃电集中整治行动，有力支持了四川省电力工业的生产和发展。四川省电力公司推出电网侧内部电力市场，使发电企业和供电企业在电量和电价上直接见面，进行交易。四川省电力公司优质服务、安全生产确保供电，又促进了四川省的经济发展。

国务院批准“十五”期间在全国建设400个水电农村电气化县，四川省有60个县被正式列为水电农村电气化试点县，17个县被列为农村电气化县备选县。2001年3月，西部大开发重点工程之一，岷江紫坪铺水利枢纽工程正式开工。

2002年四川省电力建设中最为突出的事件主要是：“川电东送”于5月27日正式投运，首日送电400万千瓦·时；四川省电力公司深入开展“优质服务年”活动，服务质量得到明显提升，同时四川省电力公司建成省级文明行业；四川电网出现第二次缺电高峰，枯水期出现拉闸限电；溪洛渡、向家坝巨型水电站于10月经国务院批准立项，金沙江水电基地建设正式拉开帷幕。

根据规划，“十五”（2001～2005）计划期间，四川省选定65个电气化县将投入162.93亿元用于水电农村电气化建设，其中：电源完成投资86.39亿元，占53%；电网完成投资60.94亿元，占37.4%；调度自动化及技术改造完成投资15.59亿元，占9.56%；国家累计投资27.2亿元（含农网改造资金），占全部投资的16.69%（其中电气化专项投资2.229亿元，占全部投资的1.37%）。届时，四川电网将实现与华中、华东电网联网运行，进入到“川电东送、丰枯互济、跨大区优化资源配置”的新阶段。预计五年将完成川电东送电量 192.56 亿千瓦·时，累计从华中、华东和西北购电 54.97 亿千瓦·时。

回顾四川电力十二年的发展历史，既有丰富的经验，也有深刻的教训。

一、正确认识电力工业在国民经济中的重要地位，树立电力建设超前意识

从 20 世纪 70 年代初到 90 年代中期，四川省陷入了连续 20 多年严重缺电的困境。究其原因，最主要的还是在此前较长时间内未能充分认识电力在国民经济发展中的重要地位，缺乏电力建设适度“超前”意识，致使电源和电网建设跟不上日益增长的用电需求，严重制约了四川省经济的发展。同时，由于在单一的计划经济条件下，国家对电力建设资金投入有限，形成电力建设资金严重不足，从而使项目的前期准备工作不足，造成可供建设的电源点不多，不能形成“建一看二备三”的正常状况，错过了不少电力建设机遇，也是造成缺电的重要原因之一。

从 20 世纪 90 年代开始，四川省加强了电源、电网的建设和项目前期准备工作，使电力工业以前所未有的速度发展。20 世纪 90 年代末，随着二滩等大型电站的投产，四川省终于从长期严重缺电的困境中摆脱出来，工农业生产用电得到了保证，社会经济也步入了健康、快速发展的轨道。

二、按照自身电力资源实际，制定协调发展的电力建设方针

四川省是一个一次能源资源十分丰富的地区，可用于发电的常规能源主要有水力、煤炭和天然气等。其中，水能资源可开发理论蕴藏量达 1.43 亿千瓦，经济可开发量为 1.03 亿千瓦。煤炭累计探明储量占全国总储量的 1.16%，居全国第十四位，可开发量为 83.58 亿吨。但是，在新中国成立后相当长的一段时间里，四川省由于没有处理好“水、火”、“水、火、气”和“煤、电”、“气、电”之间的关系，曾经脱离实际，争论不休，以至丧失机遇，使四川省这个“能源大省”一度成为全国闻名的“缺电大省”。

改革开放以后，四川省通过认真总结过去多年的历史经验，对自身资源情况进行了再次勘测。20 世纪末，随着国家西部大开发战略的实施，在国家有关部门的指导下，四川省提出了“优先开发调节性能好的水电站，适当发展火电厂建设；适时加大西电东送和西电东送中部通道的建设，大力推进全国联网，使水电成为四川经济发展的支柱产业”的电力建设方针，加强了水电的开发和建设，并明确提出“大力发展具有调节能力的水电站，鼓励流域、梯级滚动开发，控制径流式水电”的水电发展方针。随着即将陆续开工的瀑布沟、溪洛渡、向家坝、锦屏等一批巨型水电站的建设，必将揭开新世纪四川省水电建设崭新的一幕。

三、坚持电源、电网配套建设，确保电力工业全面正常、健康发展

电力是一种特殊商品，其生产、输送、消费过程在同一时间完成。基于这一特点，电源点、输变电设施和用电设施必须配套建设，同步进行，才能确保电力生产、输送和使用的安全、可靠、正常进行。但是，四川省电力工业在新中国成立后 55 年的发展历程中，由于种种原因，曾经出现过电力建设“重电源建设，轻电网建设”的倾向，导致有的地区有电送不出，有的地区用电需求因电网建设滞后而无法满足。

改革开放以来，四川省紧紧抓住国家经济建设大发展的机遇，在大力发展电源点的同时，加大对电网建设的投资，特别是以二滩水电站送出工程为契机，逐渐形成了以500千伏为主，覆盖全省大部分地区，并与西北、重庆、贵州、云南等电网连接的跨省区的大型电网。不仅基本解决了电网“卡脖子”问题，也为实现“西电东送”、“川电外送”战略目标打下了一定基础。

四、坚持统一规划，投资多元化，有利于电力事业的发展

坚持统一规划，就是必须遵循国家的产业发展政策和中共四川省委、省政府制定的四川省中、长期电力发展规划和电力建设方针，在“资源平衡”和“能力平衡”等基础上，积极、有序地开展电力建设。

新中国成立后，电力工业管理体制一直处于高度垄断，由国家“独家办电”。随着国家经济建设发展和电力工业的发展，这种由国家“独家办电”的弊端就不断显现出来。由于国家对电力建设拨款有限，不仅导致建设项目受到限制，也使工程前期准备费用不足，严重地制约了电力事业的发展。1985年根据国务院有关集资办电要求实行征收电力建设基金和多渠道集资办电。为了充分发挥社会各方面的办电积极性，四川省根据国家《集资办电管理办法》和投资体制改革精神，结合自身实际采取了一系列措施筹集电力建设资金，较早实行了“集资办电、多家办电、新电新价、还本付息”的政策，走出了一条加快电力建设的新路。随着建设资金渠道的不断拓宽，打破了原来由国家“独家办电”的格局，形成了投资多元化、市场化的局面，促进了四川省电力建设快速发展。

为了进一步提高基建管理水平和投资效益，加快电力建设步伐，适应逐步建立的市场经济体制，四川省还对电力基建体制进行了一系列改革。从1988年开始，在二滩水电站工程建设中开始引进国外经验，推行业主负责制、招投标制和监理制等现代管理模式。“八五”计划以后的工程均设立有限公司或股份公司，并在业主负责制的基础上实行项目法人责任制，不断完善基建管理体制，以适应市场经济的需要。

进入21世纪后，国家对原有的电力体制进行了“厂网分开”的改革，把原国家电力公司的发电资产，按照现代企业制度组建为5个发电公司。四川省电力建设主体开始形成以四川省投资集团有限责任公司（简称川投集团）、中国国电集团公司、中国华电集团公司、中国华能集团公司、中国三峡总公司、二滩水电开发有限责任公司等为主的“多元化”投资主体，四川省的电力建设又迎来了一个新的高潮。

五、电力体制改革和市场化有利于电力事业的发展

2002年2月，国务院印发了《电力体制改革方案》（国发办〔2002〕5号）。《电力体制改革方案》遵循了电力工业发展规律和市场经济原则，总结和借鉴了国内外电力体制改革的经验和教训，其核心是要实现政企分开，打破垄断，引入竞争，优化配置，加强监管，对于充分发挥市场配置资源的基础作用，建立与社会主义市场经济体制相适应的电力管理体制具有重要意义。

电力体制改革有利于竞争机制的形成和市场化的建设。该次电力体制改革的第一步是实施“厂网分开”。在国家统一部署下，四川省经过几年的努力，在省内开始形成以川投集团、国电集团、华电集团、华能集团、中国三峡总公司、二滩水电开发公司等为主的几个规模相当的竞争主体和投资主体，为建立完全竞争、开放的电力市场，开展“竞价上网”打好了基础。

电力体制改革和市场化有利于四川省电源结构调整。四川省电源存在着“没有调节能力的水电多”、“中小机组多”等结构问题。电力体制改革和市场化有利于具有调节能力的大型水电的发展，有利于高效、大型机组的发展，有利于风能、太阳能、核能等多种新能源的发展。

电力体制改革和市场化有利于“西电东送”战略的实施。四川省是水力资源大省，是“西电东送”的重要电源基地。要实现“西电东送”，就必须实现四川电网与东部电网的联网。电力体制改革实施以后，四川省加快了电力送出通道的建设，已初步实现了与重庆电网、华中电网乃至华东电网的联网。2002 年 6 月，四川省迈出了“西电东送”、“川电东送”的第一步，当年外送电量 15 亿千瓦·时。随着瀑布沟（330 万千瓦）、锦屏（840 万千瓦）、溪洛渡（1260 万千瓦）、向家坝（600 万千瓦）等巨型水电站的投产，预计到 2020 年，四川省外送电力将达 1800 万千瓦。

六、坚持科学发展观是电力发展的正确方向

进入 21 世纪，四川省电力工业坚持以人为本、全面协调、可持续发展的科学发展观，注重处理好电力发展与国民经济的关系，电力建设与生态环境保护和移民稳定致富的关系，电力发展与社会发展的关系，坚持“在保护中开发，在开发中保护”的建设方针，努力做到电力与自然的和谐。开展电力惠民行动和爱心帮扶活动，拉动当地经济发展，助推社会和谐。着力打造和谐水电、和谐工程、和谐电网、和谐电厂，取得了丰硕成果和成功经验，加快了四川省电力工业发展的步伐。

七、坚定不移地开发水电，促进电力可持续发展

四川省电力建设史上曾一度出现过水电、火电“谁先谁后”、“谁主谁辅”之争，以后个别地区又出现了“无序开发”现象，对水电开发造成了一定障碍，影响了电力发展。

水电是可再生清洁能源，国家从调整能源产业结构和维护国家能源安全、电力可持续发展出发，提出“在保护生态环境前提下有序发展水电”的战略计划。中共四川省委、四川省人民政府将水电作为全省的主要支柱主业之一，坚定不移地开发水电，各个建设单位认真贯彻执行国家和四川省关于大力开发水电的部署，坚定不移、奋发努力进行水电开发，加快了四川省水电开发和四川省电力建设的步伐。

随着国家“西部大开发”、“西电东送”战略的实施以及电力体制改革的深化，四川省电力建设呈现出蓬勃发展的大好局面。面对加快发展的历史机遇，四川省电力工业与时俱进，按照“适度超前”、“可持续发展”的原则，健康、有序地发展，以适应国民经济和社会发展的需要，为实现四川省经济跨越式发展当好“先行官”，为四川省全面建设小康社会提供电力保障。

第一篇 电 源 建 设

第一篇　电　源　建　设

1991～2002 年，四川省的电源建设主要由四川省电力工业局（公司）和二滩水电开发有限责任公司、华能四川公司、四川省投资集团公司、国电大渡河流域开发公司、四川省地方电力局等建设和管理。2002 年国家实施电力体制改革后，四川省电力公司负责经营和管理电网，四川省的电源建设则由各个电源建设项目业主负责建设和管理。

1991～2002 年，四川省的电源建设迅速发展，特别是水电建设出现了跨越式发展，发电装机容量大幅度提高。

第一章　发　电　资　源

四川省是中国的能源大省，可用于发电的常规能源主要有水能、煤炭、石油和天然气。其中水电资源最为丰富，可开发量约占全国的 1/4，居全国首位；天然气已探明储量居全国第一位；煤炭可开发资源约 83.58 亿吨，列全国第十四位，是火力发电的主要资源；石油的探明储量和年开发量都较少，成品主要靠外省调进；核能、风能资源较少。核能发电尚未起步，风能发电规模较小。植物能（沼气）主要分散在广大农村，多为村民烧水、煮饭燃料，用于发电尚处于试验阶段。

第一节　水　能　资　源

四川省境内江河纵横，全省共有大、中、小河流 2000 余条，除西北部的红原、若尔盖草地有少数河流注入黄河外，其余均属长江流域。四川省西部处于青藏高原向东部平原的过渡地带，雪山巍峨，山高谷深，森林茂密，水量丰沛、落差很大，蕴藏着巨大的水能资源。

一、水能资源普查

2001 年 4 月，国家计委在四川省都江堰市召开全国水力资源复查工作会议，布置再次开展全国水力资源复查任务。会后，四川省迅速成立了由四川省计委副主任李亚平为组长，四川省水利厅副厅长朱家清、国家电力公司成都勘测设计研究院院长郑声安为副组长，以及四川省计委、省水利厅、省电力公司、省地电局、成都勘测设计研究院、省水利院相关部门领导为成员的四川省水力资源复查领导小组。领导小组下设办公室，办公室在四川省水电产业办公室的基础上组建，成员有艾明建、陈五一、唐荣斌等，办公室设在国家电力公司成都勘测设计研究院。

四川省水力资源复查领导小组及相关组织机构成立后，随即开始进行水资源复查工作大纲的编制，以及水力资源经济可开发量评价方法、原则的制订工作。2001 年 9 月提出四川省水力资源经济可开发量评价方法、原则，提交全国水力资源复查第二次会议（贵阳）研讨。2001 年 11 月提出四川省水力资源复查工作大纲。

根据此次水力资源复查成果，全省水力资源理论蕴藏量为 1.03 万千瓦及以上河流共 781 条，水力资源理论蕴藏量为 14351.47 万千瓦，年发电量 12571.89 亿千瓦·时，技术可开发装机容量 12004.00 万千瓦（较 1997 年普查成果 10345.9 万千瓦增加 1658.0 万千瓦）、年发电量 6121.59 亿千瓦·时，经济可开发装机容量 10327.07 万千瓦、年发电量 5232.89 亿千瓦·时。全省复查河流上，单站装机容量 500 千瓦及以上的技术可开发水电站 2019 座，其中界河电站 27 座；经济可开发水电站 1855 座，其中界河电站 19 座。经济可开发水电站装机容量和年发电量分别占技术可开发量的 86.0%和 85.5%。技术可开发水电站分规模统计，大型电站 61 座（其中界河电站 13 座），装机容量 8566.0 万千瓦，年发电量 4296.97 亿千瓦·时；中型电站 198 座（其中界河电站 9 座），装机容量 2200.7 万千瓦，年发电量 1141.02 亿千瓦·时；小型电站 1760 座（其中界河电站 5 座），装机容量 1237.3 万千瓦，年发电量 683.60 亿千瓦·时。

2001 年末，全省已开发水电站约 400 余座、总装机容量 1153.15 万千瓦、年发电量 428.38 亿千瓦·时，装机容量和年发电量分别占技术可开发量的 9.6%和 7.0%，占经济可开发量的 11.2%和 8.2%。开发利用率仅为全国平均水平的 1/2。

四川省水力资源复查成果、技术可开发量、经济可开发量、已建和在建电站等情况分别见表 1-1-1～表 1-1-6。

表 1-1-1 四川省水力资源复查成果汇总

资源类别	电站总数目（座）	界河电站数目（座）	装机容量（万千瓦）	装机容量占上项比重（%）	年发电量（亿千瓦·时）	年发电量占上项比重（%）
理论蕴藏量			14351.47		12571.89	
技术可开发量	2019	27	12004.00	83.64	6121.59	48.70
经济可开发量	1855	19	10327.07	86.03	5232.89	85.48
已开发、正开发量	758	2	1630.12	15.78	860.83	16.45

表 1-1-2 四川省水力资源技术可开发量分规模统计

电站规模	电站总数目（座）	界河电站数目（座）	装机容量（万千瓦）	装机容量占总量比重（%）	年发电量（亿千瓦·时）	年发电量占总量比重（%）
大型	61	13	8566.00	71.36	4296.97	70.19
中型	198	9	2200.70	18.33	1141.02	18.64
小型	1760	5	1237.30	10.31	683.60	11.17
合计	2019	27	12004.00	100.00	6121.59	100.00

表1-1-3 四川省水力资源经济可开发量分规模统计

电站规模	电站总数目（座）	界河电站数目（座）	装机容量（万千瓦）	装机容量占总量比重（%）	年发电量（亿千瓦·时）	年发电量占总量比重（%）
大型	43	6	7383.00	71.49	3676.13	70.25
中型	171	9	1814.15	17.57	929.68	17.77
小型	1641	4	1129.92	10.94	627.08	11.98
合计	1855	19	10327.07	100.00	5232.89	100.00

表1-1-4 四川省水力资源技术可开发量分类统计

电站规模	电站总数目（座）	界河电站数目（座）	装机容量（万千瓦）	装机容量占总量比重（%）	年发电量（亿千瓦·时）	年发电量占总量比重（%）
一类	758	2	1630.12	13.58	860.83	14.06
二类	277	5	3006.24	25.04	1574.01	25.71
三类	609	11	4105.27	34.20	1988.46	32.48
四类	185	1	1713.65	14.28	909.55	14.86
五类	190	8	1548.72	12.90	788.74	12.88
合计	2019	27	12004.00	100.00	6121.59	100.00

表1-1-5 四川省水力资源经济可开发量分类统计

电站规模	电站总数目（座）	界河电站数目（座）	装机容量（万千瓦）	装机容量占总量比重（%）	年发电量（亿千瓦·时）	年发电量占总量比重（%）
一类	758	2	1630.12	15.78	860.83	16.45
二类	276	5	3002.94	29.08	1572.35	30.05
三类	598	11	3945.40	38.20	1909.15	36.48
四类	165	1	1278.61	12.38	635.73	12.15
五类	58		470.00	4.55	254.83	4.87
合计	1855	19	10327.07	100.00	5232.89	100.00

表1-1-6 四川省2005年已建和在建电站分规模统计

电站规模	电站总数目（座）	界河电站数目（座）	装机容量（万千瓦）	装机容量占总量比重（%）	年发电量（亿千瓦·时）	年发电量占总量比重（%）
大型	7		972.00	59.63	502.75	58.40
中型	28		336.31	20.63	181.30	21.06
小型	723	2	321.81	19.74	176.79	20.54
合计	758	2	1630.12	100.00	860.83	100.00

二、水能资源分布

四川省水能资源按地理特征，可以岷江为界分为东西两部分：岷江以西（含岷江上游）为西部，岷江以东（含岷江中下游）为东部。西部为高原与山区，属横断山脉，山峦重叠，海拔多在3000米以上。地势自西北向东南逐渐降低，相对高差多在2000米以上。东部为四川盆地和盆周山区。盆地南部为大凉山、龙门山，盆地北部为米仓山、大巴山，海拔在1000～3000米，盆地海拔300～600米，多为连绵起伏的丘陵。由于东西两部分地形和降水情况各异，因而形成资源分布上西部多、东部少的特点。

西部地区的金沙江、雅砻江、大渡河、青衣江及岷江上游段由高原山区流向丘陵盆地，落差大，水量丰沛，水电资源极为丰富，技术可开发量占全省技术可开发量的77.3%。东部地区河流主要有岷江中下游段、沱江、涪江、嘉陵江、赤水河及长江干流四川段，各河流落差相对较小，水力资源较少。东部技术可开发量共约占全省技术可开发总量的15.45%。

四川省水电资源按水系划分，则以金沙江、雅砻江、大渡河为最丰富。这三条河流的技术可开发量共有8277.69万千瓦，占全省技术可开发量的80%。不但资源量大，而且相当集中。干流梯级电站规模多在百万千瓦以上，个别水电站为千万千瓦级的巨型电站，是全国乃至全世界少有的水电“富矿”。

（一）金沙江

1. 金沙江干流

金沙江是西南地区第一大河流，也是中国水电资源最为富集的河流。长江在宜宾市以上干流全长3464千米，全河道天然落差5100米。从青海省玉树县至四川省宜宾市，通称金沙江，河段全长2330千米，天然落差3279米。金沙江是长江上游的一段（四川省境内落差2261米），流域面积47.3万千米^2，河口多年平均流量为4570米^3/秒。金沙江水系在四川省境内共有蕴藏量1万千瓦以上河流152条，水电资源理论蕴藏3309.43万千瓦，占全省蕴藏量的23.19%。技术可开发装机容量1000千瓦以上水电站（176＋16/2）座，总装机容量3111.60万千瓦，占全省30.08%，年发电量1495.4亿千瓦·时，占全省26.85%。经济可开发电站（140＋6/2）座，总装机容量2361.15万千瓦，占全省31.02%，年发电量1130.44亿千瓦·时，占全省28.13%。经济开发的装机容量占技术开发装机容量的75.88 %。

金沙江干流在云南省石鼓县以上为上段，石鼓县以下至四川省攀枝花市为中段，攀枝花市以下至宜宾市为下段。上段处于横断山区中心，一般山岭海拔4500米，河谷深切至海拔2000～3000米，是世界罕见的大峡谷地区。该河段大部分为四川省和西藏自治区的界河。四川省境内部分人烟稀少，交通闭塞，远离电力负荷中心，尚处于规划阶段。中段绝大部分位于云南省境内。下段从攀枝花市新庄县至宜宾市，河长835千米，历来是金沙江开发研究的重点河段，电站规模大，具有建筑高坝的地形地质条件，河谷区居民耕地稀少，水库淹没很小，距离负荷中心和公路、铁路相对较近，技术经济指标优越，开发条件有利。该河段大部为四川与云南两省的界河，计入四川省的水力资源蕴藏量共有2051.49万千瓦，占全水系（四川省境内）的62%。该河段开发方案，有经济可开发大型电站5个，全部在干流上，合计装机容量4230万千瓦，年发电量1952.50亿千瓦·时。这些电站分别为：观音岩水电站300万千瓦，乌东德水电站870万千瓦，白鹤滩水电站1200万千瓦，溪洛渡水电站1260万千瓦，向家坝水电站600万千瓦。除观音岩水库在云南省、坝址在四川省外，其余均在川滇界河上。

2. 金沙江支流

金沙江支流众多，水量丰沛，水电开发十分有利，其主要开发任务是发电，仅部分支流的局部河段有灌溉要求。

上段支流开发正在勘测之中，下段支流开发条件较好，可开发量大的有西溪河、美姑河和黑水河。

(1) 西溪河。西溪河发源于越西县南部磨姑山。从羊毛组到河口，河长141.7千米，落差1770米，流域面积2858千米^2。按6级开发方案，从上至下依次为：库依电站（为该河龙头水库，装机容量3.6万千瓦，调节库容2.19亿米^3），联补电站（12.8万千瓦）、尔掜渡（12万千瓦）、依鲁觉（5.1万千瓦）、白银厂（12.4万千瓦）、日谷村（10.2万千瓦）5座引水式电站，共计装机容量56.1万千瓦，年发电量35.62亿千瓦·时。

(2) 美姑河。美姑河发源于美姑县洪溪乡阿米特洛山南坡。从维其沟至坪头段河长104千米，落差1393米，控制集雨面积2423千米^2。按6级开发方案，即觉洛电站（3.4万千瓦）、牛牛坝电站（5.4万千瓦）2座混合式电站，以及瓦洛电站（4.8万千瓦）、瓦吉吉电站（3.9万千瓦）、柳洪电站（15万千瓦）、坪头电站（13.2万千瓦）4座引水式电站。美姑河6级开发，共计装机容量45.7万千瓦，年发电量26.0亿千瓦·时。

(3) 黑水河。黑水河发源于昭觉县三岗乡。从布恩到俱乐河口段，河长120.8千米，落差1742米，控制集雨面积2895千米^2，共规划15级引水式小型水电站，总装机容量17.56万千瓦。其中单站装机容量在1万千瓦以上的电站有9座，分别为拉青（1.89万千瓦、已建成）、英雄坡（3万千瓦）、营盘（1.6万千瓦）、苏家湾（1.6万千瓦）、龚得房（1.4万千瓦）、松新（1.5万千瓦）、王坤田（1.2万千瓦）、瓦房子（1.3万千瓦）和俱乐河口（1.3万千瓦）。以上9级电站，装机容量共14.79万千瓦，年发电量9.90亿千瓦·时。

（二）雅砻江流域水能资源

1. 雅砻江干流

雅砻江是金沙江最大支流，发源于青海省玉树县境内的巴颜喀拉山南麓，自西北向东南流，在呷依寺附近进入四川省。干流由北向南流经四川省甘孜藏族自治州、凉山彝族自治州，在攀枝花市的倮果汇入金沙江。期间，干流理塘河口以下因受锦屏山阻挡，流向骤然拐向北东，至九龙河口附近又转向南流至巴折，形成长达150千米的著名雅砻江大河湾，湾道颈部最短距离仅16千米，落差高达310米。

雅砻江水量丰沛、落差大，干支流蕴藏了丰富的水力资源。从河源至河口，干流全长1571千米，流域面积约13.6万千米^2，天然落差3830米，其中四川省境内流域面积为

12.5万千米^2，天然落差3180米。河口多年平均流量为1930米^3/秒，年径流量609亿米^3。

雅砻江水力资源技术可开发容量3461.96万千瓦，技术可开发年发电量1840.36亿千瓦·时，其中雅砻江干流技术可开发容量约3000万千瓦，技术可开发年发电量约1500亿千瓦·时，占四川省全省的24%，占雅砻江干流可开发量的88.9%，为我国能源发展规划的十三大水电基地之一。

雅砻江干流尼达至河口河段长1421千米，天然落差3183米。根据历次查勘、复勘，以及中、下游河段规划工作情况，干流采用21级开发，其中尼达至两河口段长624千米，天然落差1268米，拟有温波寺电站（15万千瓦）、仁青岭电站（30万千瓦）、热巴电站（25万千瓦）、阿达电站（25万千瓦）、格尼电站（20万千瓦）、通哈电站（20万千瓦）、英达电站（50万千瓦）、新龙电站（50万千瓦）、共科电站（40万千瓦）、龚坝沟电站（50万千瓦）等10级开发，装机容量325万千瓦。

两河口至卡拉河段长385千米，天然落差985米，规划有两河口电站（300万千瓦）、牙根电站（150万千瓦）、楞古电站（271.8万千瓦）、孟底沟电站（184万千瓦）、杨房沟电站（150万千瓦）、卡拉电站（100万千瓦）等6级开发，其中两河口梯级电站为雅砻江干流中下游段"龙头"水库，具有多年调节能力，总装机容量1155.8万千瓦，年发电量约为500亿千瓦·时。

卡拉至江口河段长412千米，规划了锦屏一级电站（360万千瓦）、锦屏二级电站（480万千瓦）、官地电站（240万千瓦）、二滩电站（已建，330万千瓦）、桐子林电站（60万千瓦）等5级开发。其中锦屏一级电站为该河段控制性水库，具有年调节能力，总装机容量为1470万千瓦，年发电量726亿千瓦·时。

雅砻江干流两河口至江口河段开发任务为发电，拟定的干流11级水电梯级开发方案中有两河口、锦屏一级和二滩3座水库，总库容分别为101.54亿米^3、77.6亿米^3、58亿米^3，调节库容分别为65.6亿米^3、49.1立方米和33.7亿米^3。3座水库总库容237亿米^3，总调节库容达148.4亿米^3，对雅砻江干流径流具有很好的调节能力。3座水库建成后可使雅砻江干流梯级水电站群实现多年调节，使该河段成为四川省水电开发中水能指标最优越的河段之一。

2. 雅砻江支流

（1）九龙河。九龙河是雅砻江中下游左岸一级支流，发源于九龙县境北与康定县交界处，河源海拔高程约4360米，南至文家坪下游约0.7千米处注入雅砻江锦屏大河湾弧顶段（亦即锦屏二级电站"脱水段"），河长132千米，河口高程1524.3米，平均比降21.5‰，河口多年平均流量118米^3/秒，干流水能蕴藏量为100.02万千瓦。河源至呷尔镇为上游，呷尔镇至铁厂河口为中游，铁石河口至九龙河口为下游。中下游河段长约79.0千米，天然落差1345.4米。经规划，中下游河段推荐"一库七级"方案，从上至下为溪古水库（正常水位2850米，壅水高87米，总库容1.39亿米^3，调节库容1.14亿米^3），梯子岩电站（16.3万千瓦），紫岗坪电站（8.4万千瓦），五一桥电站（10万千瓦），沙坪电站（10万千瓦），偏桥电站（16.8万千瓦），挖金电站（21.5万千瓦），江边电站（7万千瓦）7级电站，装机容量共90万千瓦，年发电量为49.66亿千瓦·时。

(2) 安宁河。安宁河是雅砻江下游左岸的一条主要支流，是攀西地区重要河流，发源于冕宁县北的牦牛山与小相岭之间，分东源苗冲河和西源北茎河，两河于冕宁县大桥乡处汇合后始称安宁河。河长303千米，总落差3241米，流域面积11150千米^2。干流大桥至孙水河口为上游段，长51.0千米，落差318.1米，区间面积3788千米^2；孙水河口至锦川河口为中游段，长160.8千米，落差420.7米，区间面积5454千米^2；锦川河口至干流出口为下游段，长91.2千米，落差197.3米。

安宁河从北茎河口至河口止，干流长303千米，落差936米，流域水力资源理论蕴藏量为111.6万千瓦，技术开发量为54.1万千瓦，经济可开发量为51.1万千瓦，年发电量为29.71亿千瓦·时。

（三）大渡河

1. 大渡河干流

大渡河是岷江最大支流，发源于青海省果洛山东南麓，分东、西两源，东源为足木足河，西源为绰斯甲河，以东源为主源。东、西两源于双江口汇合后，向南流经金川、丹巴、泸定，于石棉折向东流，再经汉源、峨边、沙湾等城镇，在乐山市中区草鞋渡纳青衣江后，于乐山市城南注入岷江。

大渡河干流全长1062千米，四川省境内长852千米。天然落差4175米，四川省境内落差为2788米。流域面积为7.74万千米^2，其中四川省境内面积为6.80万千米^2，占全流域面积的91.5%。流域位于青藏高原南缘至四川盆地西部的过渡地带，总的地势是西北高、东南低，四周被崇山峻岭所包围，周界高程一般均在3000米以上。西部的贡嘎山是大雪山山脉的主峰，海拔高程为7556米，是全省的最高峰。

该河流泸定以上为上游，除双江口以上河源区为高山高原地貌外，其余属高山峡谷区，集水面积占全流域的76.1%；泸定至铜街子为中游，属川西南山地，区间集水面积占全流域的22.6%；铜街子以下为下游，属四川盆地丘陵地区，区间集水面积占全流域的1.3%。中上游河流下切剧烈，河谷深狭，落差大，水流湍急，沿河仅金川附近及汉源段河谷比较开阔。下游河谷较宽阔，部分河段有沙滩、沙洲发育。

大渡河水系干支流有149条，水能资源理论蕴藏量达3367.97万千瓦，其中干流为2083万千瓦。技术可开发量为2400.91万千瓦，经济可开发量为1779.14万千瓦，年发电量为985.78亿千瓦·时。

大渡河足木足河与绰斯甲河汇口以上干流，在四川省境内初步拟有4个梯级，即下尔呷电站（54万千瓦）、巴拉电站（56万千瓦）、达维电站（36万千瓦）和卜寺沟口电站（32万千瓦），共利用落差670米，装机容量为178万千瓦，年发电量为66.154亿千瓦·时。

干流绰斯甲河汇口至铜街子588千米段，是全河水力资源最集中的河段，也是大渡河近期及今后拟开发研究的重点河段。该河段为17级开发，梯级电站从上至下排列，拟开发情况见表1-1-7。

表 1-1-7 大渡河绰斯甲河汇口至铜街子段梯级电站拟开发情况

序号	水电站名称	装机容量（万千瓦）	年发电量（亿千瓦·时）	序号	水电站名称	装机容量（万千瓦）	年发电量（亿千瓦·时）
1	下尔呷	54	18.89	11	硬梁包	140	64.02
2	巴 拉	56	18.66	12	大岗山	230	110.60
3	达 维	36	12.67	13	龙头石	64	30.35
4	卜寺沟	32	11.32	14	老鹰岩	64	30.62
5	双江口	180	62.24	15	瀑布沟	330	146.69
6	金 川	84	32.18	16	深溪沟	68	27.21
7	巴 底	130（方案 1）	51.88	17	枕头坝	46	16.20
		114（方案 2）	45.40	18	沙 坪	86	36.77
8	猴子岩	160	70.84	19	龚 嘴	70	43.19
9	黄金坪	60	28.42	20	铜街子	60	32.79
10	泸 定	80	38.02	合计		2030（2014）	883.56(877.08)

共利用落差 1770.5 米，装机容量共计 1852（1836）万千瓦，年发电量为 822.02（815.54）亿千瓦·时。

2. 大渡河支流

大渡河支流大多处于高山峡谷之中，落差大而集中，开发利用均以发电为主，除部分支流有灌溉用水外，一般无其他综合利用要求。水电开发多以引水式为主，以中型电站居多，工程实施较简易，交通较为方便。瓦斯沟、南桠河、田湾河是四川省中型水电基地。

（1）瓦斯沟。瓦斯沟为大渡河右岸一级支流，河长 83 千米，落差 2808 米，流域面积 1566 千米^2。河流水电规划拟有龙洞电站（11.4 万千瓦）、日地电站（15.3 万千瓦）、冷竹关电站（16.5 万千瓦）3 级开发，装机容量共计 43.2 万千瓦，年发电量为 26.48 亿千瓦·时，其中冷竹关电站已建成发电。

（2）田湾河。田湾河系大渡河中游右岸一级支流，河长 90 千米，总落差 3567 米，流域面积 1442 千米^2。该河开发条件较好，干流初拟有巴王海电站（5 万千瓦）、金窝电站（9 万千瓦）、唐家沟电站（12 万千瓦）、大发电站（16 万千瓦）4 级开发方案，装机容量共计 42 万千瓦，年发电量为 27.06 亿千瓦·时。其中巴王海电站具有年调节性能，对下游梯级有显著的径流补偿作用。田湾河支流环河上还拟有仁宗海电站梯级，装机容量为 15 万千瓦。

（3）南桠河。南桠河为大渡河中游右岸一级支流，河长 79 千米，总落差 3835 米，流域面积 1217 千米^2。干流已完成河流规划，是四川省中型水电近期重点开发河流之一。干流拟有冶勒电站（24 万千瓦）、栗子坪电站（13.2 万千瓦）、姚河坝电站（13.2 万千瓦）、南瓜桥电站（12 万千瓦）、洗马姑电站（4.2 万千瓦）、大渡河边电站（6 万千瓦）等梯级，石灰窑河上拟有两岔河电站（1.1万千瓦）梯级。以上7级，装机容量为73.7万千瓦，年发电量为31.54亿千瓦·时，其中冶勒电站具有多年调节库容，可显著增加下游梯级的保证出力和发电量。该河上南瓜桥电站和洗马姑一期电站（2万千瓦）、姚河坝电站已建成发电，冶勒电站、栗子坪电站即将建成发电。

（四）岷江

1. 岷江干流

岷江是长江上游重要支流，位于四川省境中部。分东西两源，东源漳腊河发源于松潘县弓杠岭，西源潘州河发源于松潘县郎架岭。二源汇于该县元坝乡川主寺，自北向南过松潘、茂县及汶川至都江堰市，出山区而入平原，河源至都江堰市以上称为上游。都江堰引水工程迎江分引，构成水网，而左岸水网又与沱江连通为非封闭型；干流从都江堰市至新津称为金马河，其下经彭山、眉山、青神而至乐山市，有大渡河纳青衣江自西汇入，都江堰市至乐山市为中游；再过犍为，偏向东南流至宜宾市与金沙江相汇进入长江，乐山市以下至汇口称为下游。

岷江干流上游河段长340千米，天然落差3009米，流域面积22950千米^2，中游河段长232千米，落差454米，区间流域面积10850千米^2（不包括青衣江流域面积12897千米^2、大渡河流域面积77400千米^2）；下游河段长163千米，落差97米，区间流域面积11784千米^2。干流全长735千米，总落差3560米，流域面积135881千米^2，其中四川省境内面积为126280千米^2。岷江各支流流域面积大于500千米^{2}的支流30条，流域面积大于1000千米^{2}的支流10条。自上而下有小姓沟、里水沟、杂谷脑河、渔子溪、寿溪和白沙河。

岷江水系水量丰沛，水力资源丰富（未计入支流大渡河、青衣江），干支流理论蕴藏量达1402.43万千瓦。其中干流为821.68万千瓦，占整个水系的58.6%。干支流技术可开发量为670.73万千瓦，经济可开发量为438.2万千瓦。年发电量为246.42亿千瓦·时，占该水系技术可开发年发电量的65.3%。

2. 岷江支流

岷江支流装机规模较大的电站主要有杂谷脑河、草坡河、渔子溪、马边河、越溪河等。

（1）杂谷脑河。杂谷脑河系岷江上游第二大支流，流域面积4613千米^2，河长152千米，落差2470米。按1996年成都勘测设计研究院推荐的12级开发方案，共利用落差1567.2米，装机容量48.86万千瓦，年发电量为31.59亿千瓦·时。该支流已被原国家电力公司作为“流域、梯级、滚动、综合开发”的中型试点河流。除已建的下庄水电站、甘堡水电站（3.4万千瓦）、理县水电站（3.3万千瓦）、红叶二级水电站（9万千瓦）外，狮子坪水电站（16万千瓦）及以下的薛城水电站（10万千瓦）、古城水电站（10万千瓦）和桑坪水电站（7.5万千瓦）4级水电站已相继动工。

（2）草坡河。草坡河为岷江上游右岸支流，流域面积524千米^2，河长38千米，河道平均比降57.7‰，落差大而集中，适于混合式开发或引水式开发方案。拟定为5级开发，现已建成草坡电站（4.5万千瓦）、沙牌电站（3.6万千瓦）。5级开发完毕后，装机容量可达 9.16 万千瓦，年发电量将达到 5.3 亿千瓦·时。

(3) 渔子溪。渔子溪是岷江上游右岸支流，流域面积 1757 千米^2，河长 84 千米，总落差 3315 米，平均比降 39.5‰。该河上游是著名的卧龙自然保护区，是中国大熊猫基地，故渔子溪开发的重点是卧龙以下河段。根据四川省水利水电院 1992 年完成的《渔子溪干流规划报告》，拟为 6 级引水式开发，装机容量共 44.4 万千瓦，年发电量为 25.91 亿千瓦·时。其中渔子溪一级电站（16 万千瓦）、渔子溪二级电站（16 万千瓦）和龙潭电站（2.4 万千瓦）已建成发电。

(4) 马边河。马边河是岷江下游右岸一级支流，流域面积 3582 千米^2，河长 192 千米，天然落差 1890 米，为四川省近中期重点开发的中型河流之一。据 1990 年成都勘测设计研究院完成的《马边河水电规划》，拟定为 10 级开发，装机容量共 37.7 万千瓦，年发电量为 19.76 亿千瓦·时。目前，除已建成坛罐窑电站（一、二期，1.2 万千瓦＋0.6 万千瓦）和黄丹电站（4.5 万千瓦），以及波罗电站（4 万千瓦）外，舟坝电站（9 万千瓦）已开工建设。

(5) 越溪河。越溪河是岷江下游左岸一级支流，流域面积 2630 千米^2，为解决自贡市城市生活及工农业用水，规划兴建小井沟水库，总库容 1.69 亿米^3，设计灌溉面积 40.42 万亩（约为 269.47 千米^2）。该水库位于荣县保华乡的小井沟峡谷，控制集雨面积 589 千米^2，又是长征渠引水工程南干渠上的一个“串瓜”水库，可控灌长征渠南干渠中、下段全部灌区，可灌溉耕地 189.0 万亩（约为 1260.0 千米^2），并可向自贡市城市提供 1 亿米^3 用水。

(五) 嘉陵江

嘉陵江为长江上游一级支流，其流域涉及陕西省、甘肃省、四川省和重庆市。

嘉陵江干流发源于陕西省凤县北部的秦岭南麓，向南流经甘肃省再入陕西省，至阳平关以南进入四川省，流经广元、苍溪、阆中、南部、蓬安、南充、武胜，而后经重庆市的合川、北碚，于市中区注入长江。在四川省内河段沿途有白龙江、东河、西河、涪江、渠江等支流加入。

嘉陵江流域面积 159800 千米^2，其中四川省境内（含涪江、渠江）面积为 101920 千米^2，占全流域面积的 63.8%。干流全长 1119 千米，落差 2300 米。广元以上称为上游，河流穿行于秦岭大巴山区，谷狭岸陡，人口耕地较少；广元至合川段称为中游，河道长 645 千米，平均比降 0.44‰，河流纵贯川中盆地，其中广元至苍溪段属深丘区，河谷较窄，阶地较少；苍溪至合川段属浅丘区，河谷展宽，河曲及阶地发育，合川至河口称为下游。

四川省境内嘉陵江干流，自广元以北的太白滩起，到广安市的武胜县南溪乡止，河道长 620 千米，天然落差 310 米，水力资源理论蕴藏量为 458.68 万千瓦，技术可开发量为 329.45 万千瓦，经济可开发量为 301.55 万千瓦，年发电量为 135.51 万千瓦·时。

广元以下规划低坝水东坝（12 万千瓦）和亭子口水利枢纽（总库容 41.99 亿米^3，电站装机容量为 80 万千瓦）。亭子口水库以下，规划有 12 级中低水头电站，从上至下分别是苍溪电站（5 万千瓦）、沙溪场电站（6.6 万千瓦）、金银台电站（9.3 万千瓦）、红岩子电站（8.7万千瓦）、新政电站（8万千瓦）、金溪场电站（11万千瓦）、马回电站（8.36万千瓦）、凤仪场电站（6.8万千瓦）、小龙门电站（3.2万千瓦）、青居电站（10万千瓦）、东西关电站（18万千瓦），以及桐子壕电站（9.9万千瓦），其中马回电站、青居电站、桐子壕电站、东西关电站、红岩子电站梯级已建成。以上梯级总装机容量为196.66万千瓦，年发电量为93.25亿千瓦·时。

（六）涪江

1. 涪江干流

涪江系嘉陵江一级支流，发源于阿坝州松潘县境内岷山雪宝顶北坡，自西北流向东南，过平武县城，于江油武都镇进入丘陵区，经绵阳、三台、射洪，至遂宁市三新乡出川，向东南流经重庆市潼南县境，至合川市汇入嘉陵江。

涪江干流全长697千米，流域面积35982千米^2，其中四川境内流域面积32522千米^2，中上游在四川省境内干流长580千米，干流出川断面处流域面积28351千米^2，多年平均流量为468米^3/秒。武都以上为上游，属山区性河流，河段长约238千米，天然落差3340米；武都至遂宁为中游，长308千米，天然落差325米；遂宁以下为下游，大部分位于重庆市境内。

涪江水系干流水能理论蕴藏量达434.28万千瓦，主要蕴藏于干流上游及支流通口河、火溪河等支流。其中，四川省境内蕴藏量为407.33万千瓦，技术可开发量为287.76万千瓦，经济可开发量为270.01万千瓦，年发电量为134.89亿千瓦·时。四川省境内干流规划装机容量为231.56万千瓦，主要分布于绵阳市所辖各县（市）境内，是四川省较大的中型水电基地。

据四川省水利水电设计院完成的《涪江上游干流水电规划报告》，黄龙寺至铁笼堡河段，初步拟定7级引水式开发，利用落差1700米，装机容量共36.7万千瓦。铁笼堡至武都灯龙桥河段，天然落差315米，规划“一库七级”开发，即铁笼堡水库电站（22万千瓦）、北山电站（2.4万千瓦）、古城电站（8.4万千瓦）、高坪铺电站（7.2万千瓦）、小坪子电站（7.8万千瓦）、南坝电站（2.2万千瓦）、宝灵寺电站（3万千瓦），共装机53万千瓦，年发电量为26.37亿千瓦·时。

2. 涪江支流

（1）火溪河。火溪河为涪江上游左岸最大支流，流域面积1497千米^2，河长112千米，落差3100米，水力资源理论蕴藏量为44.4万千瓦，高坑以上为王朗自然保护区。

色如加至河口段长约64千米，总落差1383米，水力资源集中，是水电开发的重点，规划布置为一级龙头水库加下游3级引水式梯级电站开发方案，共装机33万千瓦，年发电量为5.86亿千瓦·时。自上而下为水牛家水库电站（5万千瓦）、自一里电站（12万千瓦）、木座电站（8万千瓦）、阴平电站（8万千瓦）。

（2）通口河。通口河系涪江右岸最大支流，流域面积4346千米^2，河长86千米，主源为白草河，初拟4级引水式电站，共装机14.3万千瓦，年发电量为7.20亿千瓦·时。

治城以下初步规划为“一库六级”方案，即漩坪水库（12万千瓦）、苦竹坝电站

(1.2 万千瓦)、曲山电站(1.89 万千瓦)、邓家电站(1.89 万千瓦)、通口电站(4.2 万千瓦)、元坪子电站(1.6 万千瓦)、青莲电站(2.64 万千瓦),共装机 25.42 万千瓦,年发电量为 11.64 亿千瓦·时。

(七)沱江

沱江为长江左岸一级支流,流经四川盆地腹部。绵远河是沱江的主源,发源于绵竹市九顶山大盐井沟,流至汉旺镇出山区进入成都平原,经德阳,先后纳石亭江、湔江及都江堰水系中的青白江、毗河,在金堂县的赵镇始称沱江。其下流经简阳、资阳、资中、内江、富顺,至泸州市江阳区注入长江,全长 639 千米,流域面积 27844 千米^2,其中四川省境内流域面积 25900 千米^2(仅支流濑溪河上游属重庆市的大足县和荣昌县)。赵镇至内江为中游,长 300 千米,落差 146.8 米,内江至河口为下游,长 202 千米,落差 67.3 米。

沱江流域水力资源相对贫乏,干支流水能理论蕴藏量为 129.6 万千瓦,其中干流为 77.92 万千瓦,占整个水系的 60.1%,技术可开发量为 47.66 万千瓦,经济可开发量为 44.8 万千瓦,年发电量为 25.00 亿千瓦·时,除头道金河的二级电站可建为中型外,其余均为小型电站。

金堂赵镇至河口 502 千米,天然落差 214.1 米,共规划布置 22 级,装机容量为 24.83 万千瓦,年发电量为 14.5 亿千瓦·时,其中装机 1 万千瓦以上的电站有 13 座。

(八)渠江

渠江是嘉陵江下游左岸最大支流,在三汇以上分巴河和州河。巴河在平昌县江口镇分南江河、通江河两源,南江河是巴河的主源,发源于米仓山西侧南江县玉泉乡境内,巴河于渠县三汇镇与州河汇合后称渠江。渠江向南蜿蜒流经渠县、广安区,在新民河口附近出川进入重庆市的合川市境内,于合川市以北 8 千米注入嘉陵江。

渠江全流域水力资源蕴藏量达 205.3 万千瓦,四川省境内蕴藏量为 152.58 万千瓦,主要分布于干流三江口以下和支流州河、大通江、小通江上。技术可开发量为 76.09 万千瓦,经济可开发量为 67.49 万千瓦,年发电量为 31.92 亿千瓦·时。

1. 渠江干流

(1)南江河。渠江主源南江河,属山区性河流,无航运要求,综合用水较少,干流水力资源蕴藏量仅为 8.37 万千瓦,以小型水电站开发为主。目前共布置 11 座梯级电站,单站装机容量均未超过 1 万千瓦,合计装机容量为 2.74 万千瓦,年发电量为 1.21 亿千瓦·时。

(2)巴河。平昌江口镇至渠县三汇镇河段称为巴河,此段河谷较为开阔,沿河城镇 10 余个,工农业生产较发达,通航历史悠久。受大巴山暴雨影响,洪枯水位变幅达 20 米左右,洪水威胁较重。按"一库五级"的电航结合方案,共计装机容量为 11.35 万千瓦,年发电量为 5.96 亿千瓦·时。

渠县三汇镇至川渝交界的新民河口渠江干流段,有航运要求。规划 5 级电航工程,共计装机 12.48 万千瓦,年发电量为 6.55 亿千瓦·时。

2. 渠江支流

(1)州河。州河是渠江左岸最大的一条支流,宣汉以上分前河、中河、后河 3 条河流,以前河为主流。发源于大巴山南麓城口县(属重庆市)蒙溪乡先头山,流域面积

11102 千米^2，其中四川省境内流域面积为 9903 千米^2，河长 230 千米，水力资源理论蕴藏量为 26.73 万千瓦。

（2）大通江。大通江发源于米仑山东麓陕西省镇巴县境内，于平昌县江口镇注入巴河。在四川省境内干流长 194 千米，流域面积 8972 千米^2，水力资源理论蕴藏量为 14.57 万千瓦。

（九）青衣江

1. 青衣江干流

青衣江主源为宝兴河，发源于邛崃山脉巴朗山与夹金山之间的蜀西营（海拔高程 4930 米），流经宝兴在飞仙关处与天全河、荥经河汇合后，始称青衣江，经雅安、洪雅、夹江于乐山市草鞋渡处汇入大渡河。青衣江在飞仙关以上为上游，河长 147 千米，控制集雨面积为 8750 千米^2，飞仙关以下为中下游，河长 142 千米，区间集雨面积为 4147 千米^2。总计干流长 289 千米，落差 2844 米，流域面积 12897 千米^2。

青衣江水系水力资源十分丰富，干支流水能理论蕴藏量合计 582.4 万千瓦，技术可开发量为 360.24 万千瓦，经济可开发量为 311.82 万千瓦。目前，已建和正建中型电站 4 座，装机容量为 29 万千瓦。青衣江径流稳定，在干、支上游有建大型水库的条件，电站距离负荷中心较近，开发潜力巨大。

宝兴河干流上游规划为 8 级开发，从上至下依次为穿洞子电站（4.5 万千瓦）、硗碛“龙头”水库电站（17.6 万千瓦）、民治电站（10.5 万千瓦）、宝兴电站（16 万千瓦）、小关子电站（16 万千瓦）、灵关电站（5.4 万千瓦）、铜头电站（8 万千瓦已建）、灵关河电站（3.6 万千瓦），共利用落差 1416 米，总装机容量为 81.6 万千瓦，年发电量为 43.3 亿千瓦·时。

根据实际情况，采用低闸坝河床式和混合式开发兴建梯级电站，如水津关、龟都府、高凤山、洪州、城东等 11 级中型水电站和 5 座引水式小电站，合计装机 82.6 万千瓦，年发电量为 42.32 亿千瓦·时。目前已建成雨城电站（6 万千瓦）、槽鱼滩电站（7.5 万千瓦）、城东电站（7.5 万千瓦）、高凤山电站（7.5 万千瓦）等，在建龟都府水电站（6.2 万千瓦）、水津关水电站等。

2. 青衣江支流

（1）玉溪河。玉溪河又称芦山河，流域面积 1397 千米^2，河长 113 千米，落差 3595 米。玉溪河水力资源开发在金鸡峡以上拟 12 级开发，共装机 12.38 万千瓦，年发电量为 6.64 亿千瓦·时。

（2）周公河。周公河是青衣江右岸一级支流，流域面积 1078 千米^2，河长 95 千米，落差 1757 米。炳灵以下至河口规划为 7 级开发，即瓦屋山电站（24 万千瓦）、葫芦坝电站（2.6 万千瓦）、将军坡电站（1.89 万千瓦）、沙坪电站（4 万千瓦）、河坪电站（1.3 万千瓦）、大石板电站（1.3 万千瓦）和周公河电站（1.4 万千瓦），共装机 36.49 万千瓦，年发电量为 13.66 亿千瓦·时。第一级瓦屋山水库电站（总库容 5.62 亿米^3）已完成初步设计，建设条件优越，调节性能高，可承担四川电网部分调峰调频任务。

三、水能资源开发前景

1990 年，四川省已建成的水电站装机容量为 342.25 万千瓦，年发电量为 148.54 亿千瓦·时，分别占可开发量的3.7%和2.9%。

2002年末，四川省已建成水电站装机容量为1145.63万千瓦。预计到2005年底，全省可建成水电装机容量为1540万千瓦，占理论蕴藏的10.6%、技术可开发量的12.67%、经济可开发量的14.7%。按此计算，全省还有技术可开发量87.33%、经济可开发量85.3 %的水能资源正待开发和将要开发。

2000年以后，国家实施西部大开发战略，加大了水电开发的力度。四川省人民政府提出水电发展的指导思想和发展目标：牢固树立和全面落实科学发展观，按照全局、协调、可持续发展的要求，充分发挥资源优势，以市场需求为导向，以可持续发展为主题，以结构调整为主线，通过15～20年的努力，把四川省建设成为全国重要的水电能源基地和“西电东送”基地，实现水电与经济、社会、生态环境的协调发展，为全面建设小康社会提供安全可靠、经济高效、优质清洁的可持续能源保障打下坚实基础。四川省“十一五”规划纲要中明确提出，将大力推进水电流域梯级协调综合开发，较大幅度提高水电开发率；加快大型水电流域开发，全面、统筹开发金沙江、雅砻江、大渡河等“三江”水电基地；优先开发调节性能好的大中型水电站，因地制宜开发中小型水电站。根据纲要的规划，到2010年，四川省发电装机容量将达到4000万千瓦左右，其中水电将超过2600万千瓦；到2020年全省发电装机容量将超过8700万千瓦，其中水电将超过6600万千瓦。

随着国家和四川省关于水电开发战略部署的调整和实施，国内各大电力集团公司纷纷进入四川省的大江大河流域，进行水电资源大开发。开发重点集中在金沙江下游和雅砻江、大渡河、嘉陵江、岷江流域。

（一）金沙江下游开发

金沙江是长江的上游河段，是中国规划的具有重要战略地位的最大水电基地。其水力资源理论蕴藏量为1.124亿千瓦，占全国的16.7%，居中国十三大水电基地之首，是规划的“西电东送”重要电源基地。其中攀枝花（渡口）至宜宾称为金沙江下段，由于雅砻江的加入，使得金沙江的流量大增，水能资源最富集。该河段长782千米，天然落差达729米，河流穿行于高山峡谷之中，具有建设高坝大库的地形地质条件。该河段规划了向家坝、溪洛渡、白鹤滩、乌东德4座梯级水电站，总装机容量为3800万千瓦，年均发电量为1833亿千瓦·时，总装机容量和年发电量均相当于两个三峡电站。由中国长江三峡集团公司负责开发。

向家坝水电站装机容量为600万千瓦，在近期上游有锦屏一级水电站、溪洛渡水电站调节时，保证出力200.9万千瓦，年发电量为307.47亿千瓦·时，发电效益巨大。远期上游干支流规划的大型调蓄水库全部建成后，保证出力增加到350万千瓦以上，发电量和电能质量将稳定提高。

溪洛渡水电站装机容量为1260万千瓦，多年平均发电量为571.2亿千瓦·时，保证出力339.5万千瓦。除自身的发电效益外，由于溪洛渡有64.6亿米^{3}的调节库容，可将汛期水量调配到枯水期发电，对下游梯级电站产生巨大的发电补偿效益，增加保证出力37.92万千瓦，枯水期发电量18.86亿千瓦·时，使向家坝电站增加枯水期平均出力33.63万千瓦，年发电量13.54亿千瓦·时。

白鹤滩水电站初拟正常蓄水位为820米时，装机容量为1200万千瓦，多年平均发电量为559.5亿千瓦·时，保证出力405.8万千瓦。工程建成后，除自身巨大的发电效益外，可使下游溪洛渡、向家坝、三峡、葛洲坝等四个梯级电站的保证出力增加106.1万千瓦、发电量增加17.1亿千瓦·时，枯水期（每年的12月至次年5月）发电量增加81.0亿千瓦·时，各梯级电能质量得到明显改善。

乌东德水电站初拟正常蓄水位为950米时，装机容量为740万千瓦，多年平均年发电量约为320亿千瓦·时，发电效益巨大。

金沙江中游在云南省境内。

金沙江上游正由中国华电集团公司四川公司和中国水电顾问集团成都勘测设计研究院进行规划设计前期工作。

（二）雅砻江流域开发

雅砻江流域的水能资源十分丰富且相当集中，在1570千米长的干流河段内水力资源技术可开发量为3461.96万千瓦，干流天然落差达3840米，河口年径流量为609亿米^3。

在1570千米长的干流河段内，四川省境内段长1375千米，水能蕴藏量为3340万千瓦，技术可开发容量为3000万千瓦，占全省的24%。在全国规划的十三大水电基地中，雅砻江水能资源富集，开发淹没耕地和迁移人口极少，调节补偿性能好，技术经济指标十分优越，开发成本指标远远低于其他流域，是全国不可多得的优质水电能源基地。

雅砻江流域规划开发21级电站，可开发装机总容量约为3000万千瓦。其中二滩水电站装机容量为330万千瓦，已建成发电；锦屏一级水电站装机容量为360万千瓦，计划2005年正式开工；锦屏二级水电站装机容量为480万千瓦，计划2007年正式开工；官地水电站装机容量为240万千瓦、桐子林水电站装机容量为60万千瓦、两河口水电站装机容量为300万千瓦，正加紧前期工作。两河口、锦屏一级、二滩三大水库是雅砻江中下游的控制性水库，总库容为237亿米^3，调节库容为148.4亿米^3，具有巨大的调节作用和补偿效益，建成后可实现各梯级电站完全年调节，大大改善电网的电力质量。这些电站地处少数民族居住区，电站的建设将有利于该地区的扶贫发展，增强民族团结，实现民族地区经济发展和社会进步。

二滩水电开发有限责任公司作为雅砻江流域开发业主正加快锦屏一级电站、锦屏二级电站、两河口电站、官地电站、桐子林电站开工建设的前期准备工作。

（三）大渡河流域开发

大渡河干流开发规划的22级电站中，自上而下依次为下尔呷、巴拉、达维、卜寺沟、双江口、金川、巴底、丹巴、猴子岩、长河坝、黄金坪、泸定、硬梁包、大岗山、龙头石、老鹰岩、瀑布沟、深溪沟、枕头坝、沙坪、龚嘴、铜街子。其中，龚嘴电站和铜街子电站已分别于20世纪70年代和90年代建成，瀑布沟电站已正式开工建设。根据国家电力公司成都勘测设计研究院完成的《大渡河干流水电规划调整报告》，规划总装机容量为2340万千瓦。其中，下尔呷为干流龙头水库，双江口为上游控制水库，瀑布沟为中游控制水库，三大水库调节库容分别为19.4亿、20.3亿米^{3}和38.8亿米^3，总调节库容达78.5亿米^3，对大渡河干流径流具有很好的调节能力，三大水库建成后可实现对整个大渡河径的年调节。

国电大渡河流域水电开发有限公司目前除负责已投产的132万千瓦的龚嘴水电站和铜街子水电站的生产运营，还负责待建装机容量为330万千瓦的瀑布沟水电站的建设管理，负责深溪沟（66万千瓦）、大岗山（260万千瓦）、猴子岩（176万千瓦）、双江口（200万千瓦）、金川（80万千瓦）、巴底（110万千瓦）等电站的筹建，积极推进大渡河流域水电资源的“流域、梯级、滚动、综合”开发。

（四）嘉陵江流域开发

嘉陵江是交通部规划的水运主通道，也是国家战备航道，嘉陵江干流规划示意图见图1-1-1。但由于嘉陵江属于典型的山区河流，滩险流急，航道等级低，基础设施差，运输成本高，仅靠传统的航道治理无法从根本上改善水上运输环境，不仅航运受到极大的制约，水资源的其他优势长期以来也难以得到发挥。

为发展航运，充分发挥嘉陵江的水资源优势，根据中共四川省委、省政府发展四川省经济的总体规划，借鉴国外发达国家江河治理开发的经验，四川省交通厅于20世纪90年代中期便开始调查研究、探索流域的航道开发建设新的形式。

1996年5月27日，由四川省交通厅报经省政府批准，四川省港航开发有限责任公司成立。作为交通厅领导下的开发、管理内河港口航道工程建设投资的国有独资公司，该公司将投资开发的重点倾注在嘉陵江流域。同时，四川省交通建设开始从根本上改变观念，走多方筹资、航电结合、联合建设、共同受益、建设航道的新路子，决心改变过去水电建设“行业单一开发，兴此失彼，碍航断航”的现象，摆脱行业单一开发“资金缺乏，力不从心”的困境，交通建设“以陆补水”资金开始注入嘉陵江航电枢纽渠化开发建设。

根据四川省政府批复的规划报告，嘉陵江广元至重庆市共规划建设相互衔接的梯级16级航电枢纽，渠化开发综合利用水资源，将产生航运、发电、防洪拦沙、美化环境、带动流域经济发展等综合效益。

嘉陵江全江渠化后，将成为四川省乃至西部的又一条出海大通道。广元到重庆市的航道里程将减少为682.8千米，比原来缩短里程56.2千米。全江682.8千米航道达到Ⅲ、Ⅳ级航道标准，2×500吨级船队可从广元直达上海市。嘉陵江这条山区河流滩多流急的现状将从根本上得到改变，成为一条拖载量大、安全系数高、运输成本低、通信及其他配套设施完善的内河高等级航道。

在规划中的16个梯级中，四川省境内13级、总投资240亿元、装机容量为226万千瓦、年发电量为92亿千瓦·时，不但为四川省的航运发展奠定了基础，还将为改善长江上游生态平衡，加快沿江城市化进程，带动沿江农民脱贫致富，形成流域经济带，推动四川省经济发展，构建和谐社会发挥重要作用。

嘉陵江四川省境内已建成马回、东西关、红岩子、桐子壕4级枢纽，正在建设金银台、新政、金溪、小龙门、青居、凤仪、沙溪等7级枢纽。其中交通部门控股建设的枢纽有桐子壕、金银台、新政、金溪、小龙门、凤仪场、沙溪枢纽，参股建设的枢纽有东西关、红岩子和青居。由交通部门控股建设的苍溪枢纽前期工作已全部完成，计划2006年开工；参股建设的亭子口枢纽，将在2010年完成除亭子口枢纽外的各梯级枢纽建设，实

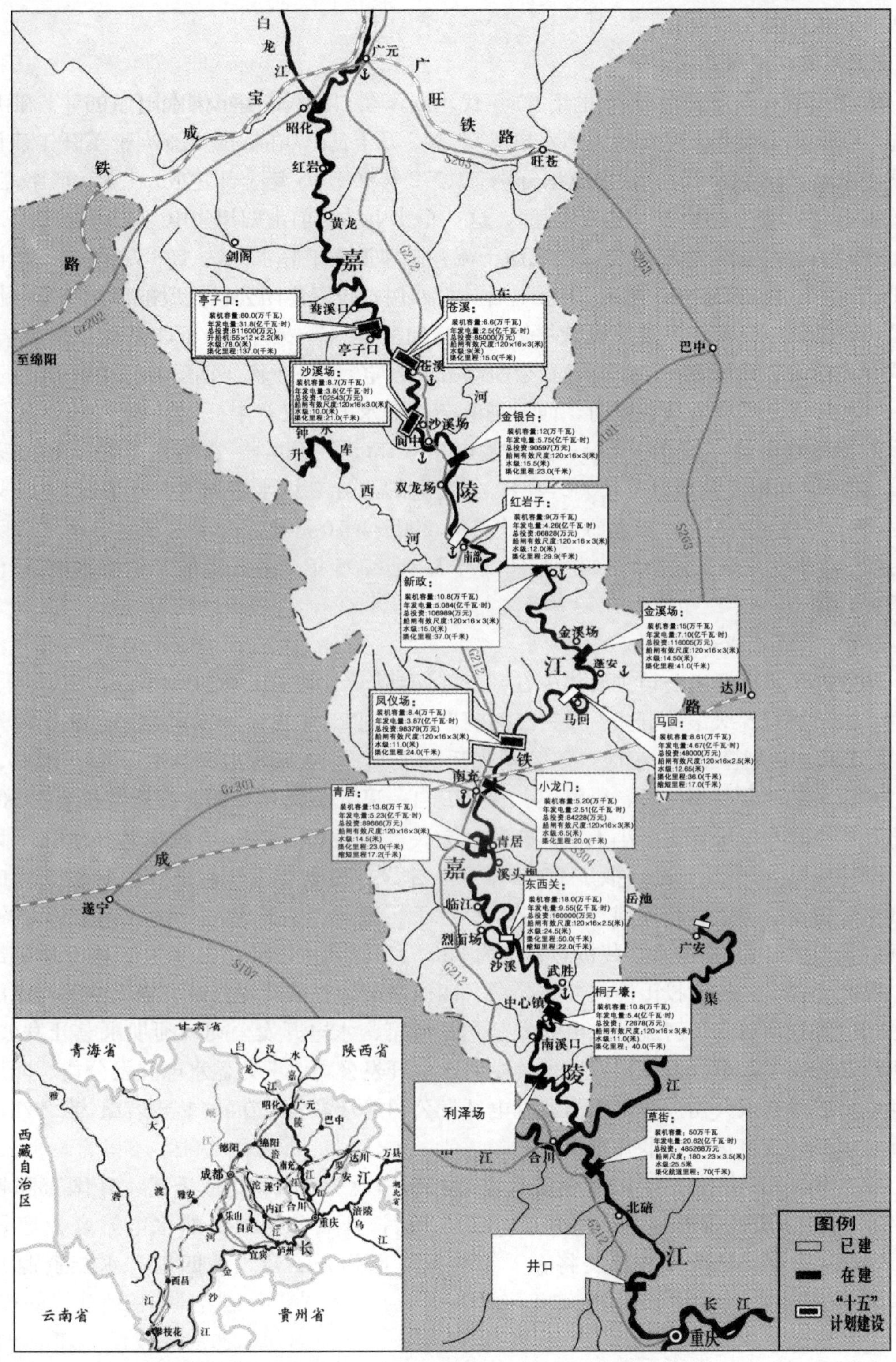

图 1-1-1　嘉陵江干流规划示意图

现四川省境内的全江渠化。

（五）岷江流域开发

岷江流域水电开发始于20世纪60年代。国家在“三线”建设期间于1965年和1966年先后在岷江干流开工建设映秀湾水电站（13.5万千瓦），在岷江支流渔子溪开工建设渔子溪水电站（16万千瓦），两个电站分别于1972年和1975年全部建成。1987年国家又在渔子溪上建成耿达水电站（16万千瓦），这3个水电站目前由四川省电力公司管理。

1991年，中国华能集团公司在岷江干流开工建设太平驿水电站（26万千瓦），该电站于1996年2月全部建成。进入21世纪后，由四川省投资集团公司控股的四川省紫坪铺开发公司在岷江干流都江堰段建设紫坪铺水利枢纽工程（76万千瓦），该工程2001年3月正式开工建设，计划2005年10月首台机组并网发电，作为国家西部大开发的标志性工程之一。在岷江上游支流杂谷脑河，四川华电杂谷脑水电开发有限公司计划于2005年开工建设狮子坪水电站（19万千瓦）、薛城水电站（13.8万千瓦）、古城水电站（16.8万千瓦）。此外，在岷江流域还有2002年10月发电的红叶二级水电站（9万千瓦），计划于2004年7月建成的福堂水电站（36万千瓦）、2005年10月建成的姜射坝水电站（12万千瓦）、2003年5月开工的桑坪水电站（6万千瓦）、2005年5月开工的二道桥水电站（4.5万千瓦）等。

（六）其他流域开发

华能四川水电开发公司主要集中在“三江两河”（嘉陵江、岷江、涪江，宝兴河、瓦斯河）流域进行梯级滚动开发。“三江两河”共规划25座大中型水电站，总装机容量为333万千瓦。计划至2005年底，该公司先后建成投产10座水电站（太平驿、雨城、铜头、东西关、明台、小关子、冷竹关、青居、自一里、小天都1/3），投产装机容量131.1万千瓦；在建水电站5座（小天都、硗碛、宝兴、水牛家、木座），在建规模为68.5万千瓦；阴坪电站（10万千瓦）拟于2006年开工建设；规划开工项目10个（民治、红岩、飞仙关、古城、灵关、高坪铺、木格措、小坪子、金盖、铁笼堡），装机容量为115.4万千瓦。以上共计25座电站，装机总容量为333万千瓦，预计将在2011年左右全部建成。

除此之外，还有川投田湾河开发公司、四川华电杂谷脑开发公司、华电西溪河水电开发公司、国电四川南桠河流域水电开发公司、九寨沟水电开发公司、阿坝水电开发公司、大唐茂县天龙湖水电开发公司、四川美姑河水电开发公司、毛儿盖水电开发公司、四川大渡河电力股份有限公司、四川水洛河水电开发公司等众多公司在省内金沙江、雅砻江、大渡河、岷江的支流进行水电开发。

预计到2005年底，四川省全省水电装机容量将达到1540万千瓦，经国家和省批准的水电在建项目装机容量将达到2100万千瓦，开展前期项目的水电站装机容量超过4000万千瓦，绝大多数项目将在“十一五”期间开工建设，四川省水能资源开发势头强劲。

第二节　煤炭、天然气、石油资源

一、煤炭资源

四川省煤炭储量较大，种类比较齐全，无烟煤、贫煤、肥煤、瘦煤、烟煤、焦煤、褐煤均有，广泛分布在120多个县区内，主要矿区有川南、华蓥山、攀枝花、广旺等。其中川南煤田地跨珙县、筠连、长宁、高县、古蔺等8县，保有储量约占全省的一半；其次是华蓥山煤田，可采煤层较多，煤质较好；攀枝花煤田以攀枝花市为中心展布，地质构造简单，可采煤层厚、煤质好；广旺煤田分布于盆北广元、旺苍、南江、通江一带，煤层以缓斜为主，层位稳定，断支较少。此外还有地跨威远、资中、内江、荣县、井研5县市的资威含煤区；地跨犍为、乐山、峨眉、平江境内的乐犍含煤区；地跨绵竹、什邡、都江堰、大邑等6县市的龙门山含煤区；北起西昌，南迄攀枝花，西到盐源的西昌含煤区等。

1996年四川省煤炭产量为6545.10万吨，在能源消费总量中占74%。在全省生产的原煤中，用于发电的比例并不算大，仅为1680.3万吨，仅占全省产煤总量的25.67%。

预计到2005年，全省有矿区315处，累计查明资源储量占全国的1.16%，居全国第十四位，可开发量为83.58亿吨。四川省煤炭资源情况见表1-1-8。

表1-1-8　　四川省煤炭资源情况统计

序号	单　位	矿区数（处）	累计查明资源储量（$\times10^3$ 吨/年）			累计查明资源储量（$\times10^3$ 吨/年）		
			储量	占比重（%）	其中：焦煤	储量	占比重（%）	其中：焦煤
合　计		315	10388503	100	1048890	4625964	100	403568
1	成都	19	160073	1.54	47041	67361	1.46	23710
2	自贡	6	38881	0.37		7364	0.16	
3	攀枝花	21	671071	6.46	216573	359097	7.76	197956
4	泸州	24	2345030	22.57	4981	829832	17.94	2724
5	德阳	6	30735	0.3	2230	14781	0.32	2230
6	绵阳	5	26437	0.25		12686	0.27	
7	广元	25	182993	1.76	29315	59081	1.28	10869
8	内江	15	139154	1.34	45520	50464	1.09	4698
9	乐山	31	226077	2.18	68459	121945	2.64	37898
10	宜宾	51	4564611	43.94		2481683	53.65	
11	达州	52	686760	6.61	397353	209109	4.52	97569
12	雅安	10	108193	1.04	2142	19381	0.42	508
13	甘孜	1	7803	0.08				
14	凉山	16	557071	5.36	11869	12639	0.27	5483
15	广安	27	587813	5.66	206001	345925	7.48	34247
16	巴中	1	15293	0.15		8303	0.18	
17	眉山	5	40508	0.39	17406	26313	0.57	15676
18	阿坝	汶川县有小煤矿开采，红原、若尔盖、阿坝三县泥炭甚丰，预计量256000万吨						

二、石油、天然气资源

四川省开采利用石油、天然气的历史可追溯至公元前 206 年～公元 25 年（西汉），是世界上最早利用石油、天然气的地区。但直到 1949 年中华人民共和国成立，石油、天然气的开采量仍然很少。新中国成立后，经过 40 多年的勘探开发，在四川盆地 18 万千米^2 范围内共发现地面局部构造 334 个（含 1949 年前发现的 122 个），另经地质勘探发现的潜伏构造 377 个，完成钻井 3101 口，浅井 1350 口，获气田 76 个，含气构造 45 个；油田 13 个，含油构造 5 个，油气层 23 层（其中储量在 50 亿米^3 以上的 12 个，100 亿米^3 以上的 4 个，300 亿米^3 以上的 2 个），小油田 12 个，含油气构造 40 个，气井 1156 口，油井 335 口。已建气井主要集中在泸州、隆昌、自贡、江油、达州等地。

四川省天然气资源丰富，远景资源量为 71851 亿米^3，是中国天然气资源比较丰富、探明储量较高的省份，目前已形成约 110 亿米^3 的年配套生产能力。

四川省火力发电主要是燃煤发电，天然气和石油主要用于点火助燃，用量极少。以 1996 年为例，当年全省共产原油 21.3 万吨，加工原油 27.2 万吨，但用于发电的只有 2.35 万吨，占全省原油产量的 8.6%。当年共产天然气 50.4 亿米^3，居全国首位，但用于发电的很少。

第二章　水　电　建　设

1991～2002年，四川省水电建设速度进一步加快，先后投产了装机容量为330万千瓦的二滩巨型水电站和装机容量为70万千瓦的宝珠寺大型水电站。2001年以后，四川省的水电建设在装机容量上迈上新的台阶，在金沙江、雅砻江、大渡河干流上着手建设一批百万千瓦级以上的大型、巨大型水电站，其中计划于2005年12月正式开工建设的金沙江溪洛渡水电站（1260万千瓦）为千万千瓦级。这些大型、巨大型水电站建设涉及许多水电建设新技术、新课题，代表了中国水电建设的新水平。

进入21世纪后，四川省水电建设已经基本摆脱了技术、资本、市场等方面的约束，但是面临的生态环境的约束因素在增多。国家和四川省相关部门高度重视水电建设的生态环境影响并采取措施妥善处理。国家提出以人为本、全面协调、可持续发展的科学发展观和“在保护生态环境基础上有序发展水电”、“在保护中开发、开发中保护”的原则，成为水电建设的指导方针。

四川省政府提出在水电工程规划、建设、设计、施工等各个环节要高度重视和做好环境保护工作，节约用电和节约使用各种资源。一是加强水电开发的前期研究和论证工作，加大环境保护力度，完善环境保护措施。二是加强水电建设的监督管理，最大限度地减少水电站在建设期间和运行以后对环境的不利影响。三是重视水电建设的社会效益和环境效益，通过流域开发形成更加优美的生态环境，使水电建设有利于环境保护，重造秀美山川。

第一节　水电建设的规模与装备

一、水电建设的规模

四川省水电建设按装机容量分为小型、中型、大型、巨大型水电站。1996年以前，由于建设资金、技术和国民经济发展速度多方面原因，四川省除1973年建成龚嘴水电站外，其余都为中、小型水电站。1999年12月建成的二滩水电站（330万千瓦）使四川省水电建设达到新的水平。1991～2002年的12年间，四川省水电装机容量从1990年的342.25万千瓦发展到1145.63万千瓦，预计到2005年底，四川全省水电装机容量将达到1540万千瓦，比1990年底新增发电机组1197.25万千瓦，增长3.5倍。

二、水力发电机组

1991～2002年，四川省水力发电机组最大单机容量从10万千瓦发展到55万千瓦。全省共有已建成单机容量15万千瓦机组4台（铜街子水电站），单机容量17.5万千瓦机组4台（宝珠寺水电站），单机容量55万千瓦机组6台（二滩水电站），单机容量19万千瓦机组 4 台（紫坪铺水电站）。预计到 2005 年底，在建单机容量 55 万千瓦机组 6 台（瀑布沟水电站），单机容量 60 万千瓦机组 6 台（锦屏一级水电站），单机容量 70 万千瓦机组 18 台（溪洛渡水电站），单机容量 75 万千瓦机组 8 台（向家坝水电站）。

（一）已建成发电 55 万千瓦（二滩水电站）水轮发电机组主要参数

1. 水轮机

（1）型号为时 L（F497－13）－LJ－625.74。

（2）额定/最大出力为 56.1/62.1 万千瓦。

（3）额定功率为 58 .5 万千瓦。

（4）转轮直径 D_1 为 6257.4 毫米。

（5）额定水头为 165 米。

（6）额定流量（在额定水头、额定出力时）为 371 米^3/秒。

（7）额定转速为 142.9 转/分。

（8）最大飞逸转速（在 189 米净水头时）为 280 转/分。

（9）额定效率（在水头 165 米、$P=56.1$ 万千瓦·时）为 94.91%。

（10）最大正常水推力（220 米水头下）。转轮上冠密封在设计间隙时为 833 吨，转轮上冠密封在 2 倍设计间隙时为 1000 吨。

（11）转轮叶片数为 13。

（12）导叶数为 20。

（13）水轮机安装高程为 1002.5 米。

2. 发电机

（1）型号为 SF550－42/1278。

（2）单机额定功率为 55 万千瓦（$\cos\varphi=0.9$）。

（3）单机最大功率为 612 万千瓦（$\cos\varphi=1$）。

（4）额定容量为 61.2 兆伏安。

（5）最大容量（$\cos\varphi=0.95$）为 64.2 兆伏安。

（6）额定电压为 18 千伏。

（7）额定功率因数为 0.9（滞后）。

（8）额定转速为 142.9 转/分。

（9）转动惯量（不包括水轮机转动部件和水体）大于或等于 95800 吨·米^2。

（10）最大飞逸转速为 280 转/分。

（11）极数为 42。

（12）发电机有功出力为 55 万千瓦·时，能发生的无功功率为 26.6 万千乏。

（13）加权平均效率为 98.58%。

（二）计划即将正式开工水电工程水力发电机组

（1）大渡河瀑布沟水电站计划安装 6 台 55 万千瓦机组（55 万千瓦×6）。

（2）雅砻江锦屏一级水电站计划安装 6 台 60 万千瓦机组（60 万千瓦×6）；雅砻江锦屏二级水电站计划安装 8 台 60 万千瓦机组（60 万千瓦×8）。

(3) 金沙江溪洛渡水电站计划安装18台70万千瓦机组（70万千瓦×18）。

上述水力发电机组正在设计制造之中。

第二节　小型水电工程

四川省被称为千河之省，各地在众多河渠上建设了大量小型水电工程，这些小型水电工程或由省、地、市、县、乡、村建设管理（另有《地方电力》篇作记述），或由中国华能集团公司、四川省港航开发有限责任公司、四川巴蜀电力开发有限责任公司，以及其他电力股份公司建设管理。

1991～2002年，除地方电力外，各电力开发公司、股份公司先后建设了一批5万千瓦以下小型水电工程，如渠江金盘子航电枢纽工程、涪江明台水电站、宝兴河小关子水电站、通口河水电站等，为四川省的经济发展作出了贡献。

一、渠江金盘子航电枢纽工程

渠江金盘子航电枢纽工程，位于川东北渠江水系洲河下游、达县渡市镇上游1.5千米的金盘子河段上，上距达州市39千米，下距舵石鼓航电枢纽18千米，距河市机场20千米，右岸与达广公路相接，左岸与襄渝铁路渡市火车站毗邻。

渠江金盘子航电枢纽为三等水利工程，整个枢纽总长294.5米，从左至右由船闸、11孔泄洪闸、2孔冲砂闸和电站四部分组成。船闸等级为四级，可通行500吨级船舶或千吨级船队，年通过能力为466万吨；电站装机容量为3万千瓦，年平均发电量为1.4亿千瓦·时；枢纽挡水建筑物按50年一遇洪水设计，按500年一遇洪水校核，最大泄洪流量为12710米^3/秒，上游设计洪水位273.74米，下游设计洪水位271.10米；库区集雨面积为10210千米^2（占洲河流域面积91.4%）；多年平均流量为230米^3/秒；库区正常蓄水位为270米，库容9800万米^3，回水长度为42千米，回水至上游支流明月江的小河嘴电站。

渠江金盘子航电枢纽工程三台机组分别于2002年7月17日（3号机组）、7月27日（2号机组）、8月17日（1号机组）并网发电投入商业运行。该工程由四川渠江金盘子航电开发公司建设和管理。

二、涪江明台水电站

明台电站位于四川省三台县北坝开发区，集发电、城市防洪、环境保护、灌溉、供水等功能于一体，堤坝式开发，为涪江三台县境内规划河段梯级开发的第四级。厂址下距三台涪江大桥800米，厂址以上控制域面积为14827米^2，水库总长15千米，设计调节库容560万米^3。电站按50年一遇设计流量为16600米^3/秒，五百年一遇校核洪水流量为22800米^3/秒。沿水库两岸修建防护堤，以减少耕地淹没损失，并兼顾县城潼川镇、北坝镇、新德镇和长坪柳林坝的防洪。

电厂利用设计水头15.5米，设计引用流量为402米^3/秒，装机共3台，单机容量为1.5万千瓦，总装机容量为4.5万千瓦。主要建筑物为三等三级，次要建筑物为四级，临时建筑物为五级；涪江绵阳市以下航道按六级船闸设计，通航船只为50吨，近期年货运量为50万吨，远期年货运量为100万吨。根据航运在涪江极不景气的实际状况，修建时各股东单位反复研究决定，暂时只修建船闸上闸首，其余缓建，以利减少工程投资。

该工程于1994年10月20日正式开工，第一台机组于1997年8月6日投产发电，第二、三台机组分别于1997年12月15日及1998年5月17日投产发电。1998年5月31日工程全面完工。由华能四川水电有限公司建设和管理。

三、宝兴河小关子水电站

小关子水电站系大渡河下游一级支流宝兴河（青衣江）自上而下的第四个梯级电站，是宝兴河流域规划“一库六级”方案，分三期开发的二期工程之一，为隧洞引水式电站，引用流量为130米^3/秒。首部枢纽位于四川宝兴县城下游1.5千米处，厂址在宝兴县城下游10千米处。

电站主要任务是发电，无综合利用要求。电站装4台混流式水轮发电机组，单机容量为4万千瓦，总装机容量为16万千瓦，保证出力3.67万千瓦，年发电量为8.23亿千瓦·时。电站设计水头136.5米，最大引用流量为130米^3/秒，年利用小时数5140小时。水库总库容97.90万米^3，水库具有日调节性能。

小关子水电站拦河闸闸顶高程992米，最大闸高20米，闸轴线长150.5米。引水隧洞由岸取水，地下厂房布置在右岸，因此引水隧洞分左右岸引水隧洞，以管桥形式跨河将左岸引水隧洞的水引入右岸引水隧洞，左右岸引水隧洞总长6314.07米，采用马蹄形断面，内径为914厘米。跨河管桥长285米，管桥主拱净跨124米。该工程由华能四川水电有限公司建设和管理。

四、通口河水电站

通口河水电站位于四川省绵阳市北川县和江油市交界的涪江一级支流通口河上。电站厂址在北川县通口镇上游2千米处，距北川县城及江油市公路里程分别为22千米和20千米。

通口河水电站是通口河治城以下干流河段“一库七级”开发方案的第五级，下接已建成的香水电站；电站为堤坝式开发，水库正常蓄水位598米，水库回水13千米至上游拟建的邓家水电站尾水处。水库总库容3610万米^3，调节库容为97万米^3，具有日调节功能。电站安装2台单机容量为2.25万千瓦的混流式水轮发电机组，保证出力为0.96万千瓦，年发电量为2.31亿千瓦·时，年利用小时5140小时；电站最大水头为51.75米，最小水头为29.77米，加权平均水头为48.24米。电站主要任务为发电，以一回110千伏线路接入四川电网，同时为上一级电站预留了一回间隔。

该工程于2002年9月5日复工，计划2004年7月15日导流洞下闸，7月21日水库开始蓄水，7月30日通过大坝一期蓄水及机组启动验收，主体工程开工至第一台机组发电，工期20个月13天，2004年11月全部竣工。由四川省投资集团公司所属巴蜀电力开发有限责任公司建设和管理。

第三节　中型水电工程

1991～2002年，先后有四川省电力公司、中国华能集团公司、四川省投资集团公司、四川省港航开发有限责任公司等单位及其所属公司在嘉陵江、岷江、涪江、宝兴河、瓦斯河、南桠河、杂谷脑河、田湾河等地进行中型水电工程开发，建设了一批中型水电站。这些水电工程的特点，一是梯级、滚动、综合开发；二是计算机监测监控，实现了“少人值守”，有的实现了“无人值班”；三是在建设中注重生态环境保护。

在此期间，先后建设有岷江太平驿水电站，宝兴河铜头、雨城水电站，嘉陵江东西关、青居、桐子壕航电枢纽工程（水电站），瓦斯河冷竹关、小天都水电站，火溪河自一里水电站，南桠河姚河坝水电站，杂谷脑河红叶水电站等中型水电工程。并计划动工兴建岷江姜射坝水电站，宝兴河小关子、硗碛水电站，嘉陵江金银台、新政、金溪、苍溪航电枢纽，火溪河水牛家、木座、阴坪水电站，南桠河、冶勒、栗子坪、大渡河边水电站，杂谷脑河古城、薛城、狮子坪水电站，木里河沙湾水电站，美姑河坪头、牛牛坝水电站，黑水河色尔古、柳坪水电站等中型水电工程。

一、岷江太平驿水电站工程

太平驿水电站，位于四川省阿坝州藏族羌族自治州汶川县映秀镇。

太平驿水电站系岷江上游总体规划的第二座引水式电站，总装机容量为26万千瓦，年利用小时6488小时，设计年发电量为16.87亿千瓦·时。电站主体工程包括首部枢纽、引水隧洞、调压系统和厂区枢纽（水电站发电厂房见图1-2-1）。电站总投资（含送出工程）15.4亿元，每千瓦造价5923元。

太平驿水电站1991年7月开工建设，1992年11月8日河床截流，1994年11月10日第一台机组正式并网发电，第二台机组于1995年1月6日并网发电，第三台机组于1995年5月27日并网发电，第四台机组于1996年2月10日并网发电，至此工程全部完建。首台机组发电工期仅用40个月，比设计工期提前5个月发电，创建了中国中型水电建设周期当时的最短纪录。

图1-2-1　总装机容量为26万千瓦的太平驿水电站发电厂房

太平驿水电站安装4台立轴混流式水轮机，转轮直径为2.92米，额定转速为250转/分，单机过流能力为66.52米^3/秒，设计水头为108米，额定出力为6.66万千瓦。、电站计算机监控系统功能包括数据采集与处理，机组顺序控制，有功功率及无功功率的控制与调节，人机接口，画面调动与制表打印，与电网及二台山开关站通信，双机热备用及故障自诊断。该工程由华能四川水电有限公司建设和管理。

二、嘉陵江东西关水电站

东西关水电站位于四川省武胜县境内嘉陵江中游干流河段，利用嘉陵江的两个大河湾，开明渠截弯取直，修筑闸坝壅高水位，集中河道落差引水发电和修建船闸，是一个以发电为主兼顾航运的综合水电工程。由华能四川水电有限公司建设和管理。

电站枢纽工程由发电厂房、拦河闸坝和船闸三大部分组成。

该工程于1992年1月立项，9月动工，12月大江截流，1995年9月实现了首台机组并网发电。1996年12月4台机组全部并网发电，电站总投资16.4亿元。

电站发电枢纽由引水明渠和发电站房组成，引水明渠全长662米，发电站房总长139.5米，电站设计水头为24.5米，装机4台，总装机容量为18万千瓦，设计年发电量为9.55亿千瓦·时，装机利用小时数5304小时，保证出力5.21万千瓦。电站按无人值班或少人值守设计。该电站拦河闸坝坝顶总长510米，由挡水坝、溢流坝、泄洪闸三部分组成。水库正常蓄水位为248.5米，总库容2.1亿米^3，控制流域面积77299千米^2，筑坝抬高水位17.5米，截湾自然落差7米。闸坝已安全运行10余年，1998年嘉陵江发生洪水，最大洪峰流量21600米^3/秒，经监测边坡稳定，无垮塌现象发生。

船闸按四级航道设计，总长度为800米。船闸闸室尺寸为120米×16米×3米，水级为24.55米，通过能力远期为222.5万吨，近期为77.13万吨/年，2000年6月底具备通航能力。船闸工程开挖土石方约230万米^3，弃渣过程中，利用厂区枢纽与船闸之间的天然山沟，回填石渣约180万米^3，造地面积约200亩（约为0.13千米^2）。通过多年的绿化，该区域树木已经成林。

三、小天都水电站

小天都水电站整体位于康定县境内，由闸坝工程、引水系统工程和厂区枢纽工程三大部分组成。由华能四川水电有限公司建设和管理。

小天都水电站总装机容量为24万千瓦（3×8万千瓦），多年平均发电量为10.39亿千瓦，工程动态总投资为12.9亿元。电站具有日调节能力，电站总库容62.09万米^3，调节库容为56.16万米^3。工程等级同样为三等中型工程。

闸坝工程位于柳杨沟上游700米处，距康定县城9千米。从左向右依次布置有左岸挡水坝（3个坝段）、泄洪闸（2孔）、冲砂闸（1孔）、排污闸（1孔）右岸挡水坝（2个坝段）。闸顶高程2158.5米，闸坝总长152米，坝顶宽12米，最大高度为39米，且闸基为Ⅸ度地震区的深覆盖（101米）。

引水系统沿瓦斯河右岸布置，采用一坡到底+气垫式调压室布置，包括取水口、一条长6030米按5.77%的同一坡比布置的引水隧洞、一个全地下埋藏的气垫式调压室和一条长303米的压力钢管道。

厂区枢纽工程位于熊家沟口下游700米，距康定16千米，距泸定县城33千米。由主厂房［长74.44米，宽19米，高40.5米（局部43.3米）］，以及尾闸室、交通洞、出线洞、排风洞、尾水洞组成。

小天都水电站机组设计水头为 358 米，最高水头为 393 米，机组转速为 428 转/分。

预计 2005 年 12 月 3 日，该工程首台机组（3 号机）投入商业运行，小天都水电站有以下三个特点：

（1）闸坝高度为 39 米，是亚洲建在软基上的最高闸坝。

（2）国内唯一采用“一坡到底”布置的高压不衬砌引水隧洞的水电站。

（3）建有亚洲体积最大、内压最高的气垫式调压室（1.8 万米^3）。

小天都水电站按“一坡到底＋气垫式调压室”布置引水系统，施工支洞沿河边公路布置，无需上山公路，避免了因修建施工公路而引起水土流失，几乎没有对树木、植被造成影响，实现了经济效益与环境保护协调发展。

四、南桠河冶勒水电站

冶勒水电站系南桠河流域梯级开发的龙头电站，为南桠河一期工程开发项目之一。电站装机容量为 24 万千瓦，安装两台法国 Alstom 公司（2×12 万千瓦）冲击式发电机组，枯水期保证出力 10.56 万千瓦，多年平均发电量为 6.47 亿千瓦·时。电站大坝为沥青混凝土心墙堆石坝，最大坝高 125.5 米，基础处理最大深度超过 200 米，其施工难度为国内少有、国际领先。水库调节库容 2.76 亿米^3，具有多年调节能力，工程概算总投资 25.37 亿元。电站主体工程于 2000 年 11 月开工，两台机组预计于 2005 年 11 月和 12 月投产发电。该工程由国电四川南桠河流域水电开发有限公司建设和管理。

五、嘉陵江桐子壕水电站

桐子壕航电工程位于四川省武胜县境内的嘉陵江干流上，距武胜县城 12 千米。是嘉陵江干流规划 16 个梯级中的第 14 梯级，为航电结合的综合利用工程。工程枢纽由泄洪闸、冲砂闸、溢流坝段、厂房坝段组成。电站为低水头径流式。

电站装机容量为 3×3.6 万千瓦·时，多年平均枯期发电量为 1.471 亿千瓦·时，年利用小时数 4860 时。电站单机容量为 3.6 万千瓦，为 20 世纪 90 年代全国最大容量的贯流式机组（水电站大坝见图 1-2-2）。

图 1-2-2　桐子壕水电站大坝

桐子壕水电站的建设单位为四川嘉陵江桐子壕航电开发有限责任公司。2000 年 9 月主体工程开工，同年 11 月一期工程截流成功，拟于 2003 年 2 月 28 日第一台机组发电，2003 年 7 月主体工程完建。

六、杂谷脑河古城水电站

古城水电站位于杂谷脑河下游河段，属杂谷脑流域水电规划“一库七级”开发规划方案中的第七级梯级电站。电站采用低闸引水开发方式，闸首与上游的薛城电站尾水相衔接，厂房尾水位与已建的下庄电站库尾相衔接，为单一发电工程，无供水、防洪、灌溉等综合利用要求。坝址和厂址有317国道（公路）通过，交通方便。

古城水电站装机容量为16.8万千瓦，多年平均发电量为8.07亿千瓦·时，工程等级为Ⅲ级，主要水工建筑物级别为3级，次要建筑物级别为4级，临时性建筑级别为5级。水电站主要由首部枢纽、引水系统、厂区枢纽三部分组成。工程地处理县及汶川县境内，闸址在老木卡吊桥上游附近，经右岸16374.9米长的隧洞引水至汶川克枯乡下庄村建厂发电，厂房为地面厂房。

古城水电工程拟于2005年1月开始筹建，计划施工总工程期为39个月。由四川华电杂谷脑水电开发有限责任公司建设和管理。

第四节　大型水电工程

1991～2002年，四川省先后建成铜街子、宝珠寺两座大型水电站。其中铜街子水电站（60万千瓦）于1994年建成发电（见图1-2-3），宝珠寺水电站（70万千瓦）于1998年6月24日全部建成发电。正在加紧建设的紫坪铺水电站（76万千瓦）拟于2005年11月建成发电。还有一批在建和待建的大型水电站，如大渡河深溪沟、龙头石、泸定、金川、猴子岩、黄金坪、巴底、丹巴、枕头坝、沙坪水电站，雅砻江桐子林水电站，岷江福堂水电站，嘉陵江亭子口航电枢纽等大型水电工程正在加紧筹备建设。

图1-2-3　总装机容量为60万千瓦的铜街子水电站大坝

一、大渡河铜街子水电站

铜街子水电站位于四川省乐山市境内，是大渡河流域梯级开发下游最后一级电站。电站距上游龚嘴水电站33千米，距成昆铁路轸溪车站17千米，以发电为主，兼顾漂木和下游通航。装机容量为60万千瓦，保证出力13万千瓦，多年平均年发电量为32.1亿千瓦·时。主坝为混凝土重力坝，最大坝高79米。工程于1985年开工，1992年12月第1台机组发电。

坝址以上流域面积为7.64万千米^2，多年平均流量为1490米^3/秒，多年平均年径流量为473亿米^3，500年一遇设计洪水流量为13100米^3/秒，万年一遇校核洪水流量为16400米^3/秒。设计洪水水位474.6米，校核洪水水位477.7米，正常蓄水位474米，汛期限制水位469米，死水位469米。总库容2.0亿米^3，调节库容为0.3亿米^3，为日、周调节水库。

坝线总长1009.84米，坝顶高程479米。河床部分为混凝土重力坝，部分坝段采用碾压混凝土，左右两岸均为堆石坝接头。左岸为混凝土面板堆石坝，跨过左深槽，建于70米深的覆盖层上，最大坝高50米；右岸为钢筋混凝土心墙堆石坝，高32米。溢流坝布置在河床右深槽上（5孔，14米×17.5米），采用底流消能，消力池长90米。

河床右岸边布置过木筏闸，闸室宽14米，采用两级筏闸，每级闸室长105米。漂木在水库内集中，捆扎成木筏过闸，年过坝量为80万米^3。

河床左侧为河床式厂房，长130米，宽24米，高76米，安装4台轴流转桨式水轮发电机组，单机容量为15万千瓦。水轮机额定水头31米，最大水头40米，最小水头28米，转轮直径为8.5米，额定出力15.4万千瓦。发电机为空冷半伞式，额定电压为13.8千伏，额定容量为17.647万千伏安，额定功率因数为0.85。厂房左右侧设有冲沙底孔（尺寸均为5米×6米），引水道为混凝土矩形断面管道。副厂房与主变压器布置在尾水平台上，4台三相主变压器，每台额定容量为18万千伏安。电压220千伏出线4回，并留有2回500千伏出线位置。该工程由四川省电力局建设和管理，2002年后划归国电大渡河流域开发公司管理。

二、白龙江宝珠寺水电站

宝珠寺水电站位于白龙江下游四川省广元市境内。电站至绵阳市直线距离约140千米，至南充市约220千米，至成都市约270千米。

坝址控制流域面积为28428千米^2。坝址多年平均流量为335米^3/秒，年径流量为105亿米^3。坝址下游三磊坝水文站实测最大流量为8960米^3/秒，实测最小流量为85米^3/秒，调查历史最大流量为18600米^3/秒。多年平均输沙量为2160万吨，多年平均含沙量为2.04千克/米^3。

图1-2-4 总装机容量为70万千瓦的宝珠寺水电站发电机组

宝珠寺水电站以发电为主（发电机组见图1-2-4），兼有灌溉、防洪等综合利用效益。当正常蓄水位为588米时，总装机容量为70万千瓦，年发电量为22.78亿千瓦·时。水库总库容21.0亿米^3，具有不完全年调节性能，与系统内映秀湾、渔子溪、龚嘴等水电站补偿调节，可增加保证出力约8万千瓦。每年从库中引水10亿米^{3}用于灌溉，可灌溉嘉陵江、渠江地区233万亩（约为1553.3千米^2）土地。由于水库具有一定的调洪库容，对不同频率的洪水起一定的削峰作用，因而不仅可减轻洪水对下游城镇和工厂的威胁，而且在一定程度上保证了下游两岸易淹农田的稳产、高产。白龙江上游林区木材采用水运方式，建坝后需组织木材过坝，年过坝量为50万米^3。

宝珠寺水电站枢纽由混凝土实体重力坝、坝后式厂房、敞开式开关站、过木道、工业和灌溉取水口等组成。厂房内装4台单机容量为17.5万千瓦的竖轴混流式水轮发电机组，该工程于1998年6月建成发电，由四川省电力工业局（公司）建设和管理。2002年后划归中国华电集团公司四川公司管理。

三、岷江紫坪铺水利枢纽工程

紫坪铺水利枢纽工程是一座以灌溉和供水为主，兼有发电、防洪、环境保护、旅游等综合效益的大型水利枢纽工程，是都江堰灌区和成都市的水源调节工程，又是国家实施西部大开发的标志性工程之一，是国家重点工程项目（见图1-2-5）。由四川省紫坪铺开发有限责任公司建设和管理。

图1-2-5　总装机容量为76万千瓦的紫坪铺水利枢纽工程

紫坪铺水利枢纽工程位于四川省都江堰市境内的岷江上游映秀湾至都江堰河段上，枢纽距都江堰市和成都市分别为9千米和67千米。沿江两岸均有公路相通，交通方便。

紫坪铺水利枢纽工程由面板堆石坝、左岸坝后面厂房、右坝端开敞式溢洪道、4条引水发电隧洞、1条冲砂放空隧洞改造而成的泄洪排砂隧洞等组成。最大坝高158米，水库正常蓄水位为877.0米，总库容11.12亿米^3，具有年调节能力，总装机容量为76万千瓦（19万千瓦×4）。

紫坪铺水利枢纽工程（低坝方案）早在1954年开始规划，1956年完成规划，1960年完成初步设计并开工兴建，后因故停建，1980年紫坪铺工程重新启动勘测设计工作，2001年1月导流洞开工，2001年3月29日经国务院批准正式开工建设。2002年11月23日实现大江截流，拟于2005年10月第一台机组发电，2006年5月4日机组全部投产。

第五节　巨大型水电工程

四川省装机容量为200万千瓦以上的巨大型水电工程分别由中国长江三峡工程开发总公司、二滩水电开发有限责任公司、国电大渡河流域水电开发公司在金沙江、雅砻江、大渡河上建设。

1991～2002年的12年间，全省已建成发电的巨大型水电站有雅砻江二滩水电站（330万千瓦，1998年发电）；计划正式开工建设的有大渡河瀑布沟水电站（330万千瓦，拟于2004年3月开工），金沙江溪洛渡水电站（1260万千瓦，拟于2005年12月开工），金沙江向家坝水电站（600万千瓦，预计2006年12月开工），雅砻江锦屏一级水电站（360万千瓦，预计2005年9月开工），以及雅砻江锦屏二级水电站（480万千瓦）拟于2007年1月开工。正在加紧前期工作的有金沙江白鹤滩水电站（1200万千瓦）、乌东德水电站（870万千瓦），雅砻江两河口水电站（270万千瓦）、杨房沟水电站（200万千瓦）、官地水电站（240万千瓦），大渡河大岗山水电站（260万千瓦）、双江口水电站（200万千瓦）等。

一、溪洛渡水电站

溪洛渡水电站是金沙江干流规划开发的重要工程，是中国实施“西电东送”战略的骨干工程，是国家列入“十五”计划纲要、经国务院批准立项的重点工程，由中国长江三峡总公司建设和管理（溪洛渡水电站坝址鸟瞰见图1-2-6）。

图1-2-6　溪洛渡水电站坝址鸟瞰

溪洛渡水电站位于金沙江下游云南省永善县与四川省雷波县接壤的溪洛渡峡谷内，是“西电东送”的骨干电源点，也是国家实施西部大开发战略的重要举措。它是一座以发电为主，兼有防洪、拦沙和改善下游航运条件等巨大综合效益的工程。电站设计装机容量为

1260万千瓦，多年平均发电量为571.2亿千瓦·时，工程静态投资503.4亿元，工程静态移民4.7万人，经济指标优越。2002年10月溪洛渡工程立项，中国三峡总公司在川滇两省及有关部门和单位的大力支持下，开展了卓有成效的工作。

电站正常蓄水位600米，死水位540米，汛期限制水位560米，水库总库容126.7亿米^3，调节库容为64.6亿米^3。电站枢纽由拦河大坝、泄洪设施、引水发电建筑物等组成。拦河大坝为混凝土双曲拱坝，坝顶高程为610米，坝顶长度为700米，最大坝高278米。泄洪隧洞分设在左、右两岸，其中左岸2条，右岸3条，洞长1462～1905米，单洞最大泄量3562～3894米^3/秒。左、右两岸布置地下式厂房，各安装9台单机容量为70万千瓦的混流式水轮发电机组，电站技术指标优越。引水发电建筑物由进水口、引水隧洞、主厂房、副厂房、主变压器房、尾水调压室、尾水隧洞、电缆竖井及地面开关站等组成。单机单洞引水，左右岸各8条引水隧洞，内径为10米。

溪洛渡主体工程及导流洞开挖量为3981万米^3，其中土石方明挖2561万米^3，土石方洞挖1420万米^3，混凝土浇筑总量为1315万米^3。

施工期采用河床一次断流、隧洞导流、全年施工的导流方式。左、右岸各设3条导流隧洞，其中4条与尾水洞结合布置，断面尺寸为18米×20米，另2条适当抬高进口高程，满足初期和后期导流需要，断面尺寸为16米×22米。后期导流施工由2条高进口导流隧洞和坝身6个临时导流底孔（孔口尺寸为5米×10米）共同宣泄洪水。

工程准备工期为3年8个月，主体工程工期为5年4个月，完建工程工期为3年2个月，从准备工程开工至第一批机组发电历时9年，总工期为12年半。

主要控制性目标包括：计划2003年8月筹建工程启动建设，2005年12月主体工程正式开工，2007年11月工程截流，2008年10月开始大坝混凝土浇筑，2012年6月第一台机组安装完成，2013年6月水库蓄水至540米高程，首批机组发电，2015年工程竣工。

二、向家坝水电站

向家坝水电站是金沙江梯级开发中的最后一个梯级，位于四川省与云南省交界处的金沙江下游河段，坝址左岸下距四川省宜宾县的安边镇4千米，距宜宾市33千米，右岸下距云南省的水富县1.5千米。工程的开发作用以发电为主，同时改善通航条件，结合防洪和拦沙，兼顾灌溉，并且具有为上游梯级进行反调节的作用。该工程为一等大型工程，工程枢纽布置由大坝、厂房和升船机等建筑物组成。大坝挡水建筑物从左岸至右岸由非溢流坝段、冲沙孔坝段、升船机坝段、左岸厂房坝段、泄水坝段及右岸非溢流坝段组成，坝顶高程为384米，最大坝高为162米，坝顶长度为909.26米。发电厂房分设于右岸地下和左岸坝后，各装机4台，单机容量均为75万千瓦，总装机容量为600万千瓦，左岸坝后厂房安装间与通航建筑物呈立体交叉布置。

向家坝水电站是金沙江下游河段规划的最末一个梯级电站，从20世纪50年代末到80年代中期，长江水利委员会勘测规划设计院、成都勘测设计研究院、武警水电支队等单位在向家坝做了大量的前期勘测设计和科研工作，1985年起中南勘测设计研究院（简称中南院）开始承担向家坝水电站的勘测设计工作。1990年12月，向家坝水电站坝址选择报告通过审查，1996年5月，向家坝水电站预可行性研究报告通过审查（向家坝水电站坝址原貌见图 1－2－7)。2002 年 6 月，国家计委组织对向家坝水电站进行立项评估，同年 10 月国务院批准立项。

图 1－2－7　向家坝水电站坝址原貌

该工程业主中国长江三峡集团公司提出“2005 年开工、2008 年截流、2012 年发电”的总进度目标，制订了“向家坝水电站设计工作总体计划”，前期设计工作以满足 2008 年截流的进度要求为重点，完成大部分前期临建项目招标设计、施工图设计及部分主体项目设计，加紧做好各项前期施工。

三、金沙江乌东德、白鹤滩水电站前期工作

（一）乌东德水电站

乌东德水电站是金沙江下游河段梯级开发的第一个梯级电站，具有以发电为主，兼顾防洪和拦沙等综合效益。电站所处河段位于四川省会东县与云南省禄劝县境内的金沙江上；上距观音岩水电站 253 千米，下距白鹤滩水电站 180 千米；距昆明市 260 千米，距攀枝花市 190 千米，与成都、武汉直线距离分别为 800 千米和 1200 千米。根据前期工作成果（暂按下河段乌东德坝址方案介绍)，金沙江乌东德水电站装机容量为 870 万千瓦，保证出力 328 万千瓦，年发电量为 394 亿千瓦·时；水库正常蓄水位初拟 975 米，死水位为 950 米，总库容约 72 亿米^3；水库淹没影响四川省仁和区、会东县、会理县和云南省禄劝县、元谋县、武定县、永仁县等 9 县（区）32 个乡镇；淹没耕园地约 4.25 万亩（约等于 28.33 千米^2)，淹没影响人口约 2.2 万人。

（二）白鹤滩水电站

白鹤滩水电站位于四川省宁南县和云南省巧家县交界的金沙江下游河段，具有以发电为主，兼顾防洪，并有拦沙、改善下游航运条件和发展库区通航等综合利用效益，是西电东送骨干电源点之一。电站距巧家县城 45 千米，上接乌东德梯级，下邻溪洛渡梯级，距离溪洛渡水电站 195 千米，控制流域面积为 43.60 万千米^2，占金沙江流域面积的 92%。坝址至昆明市 260 千米左右，至重庆市、成都市、贵阳市均在 400 千米左右，到华东地区上海市的直线距离为 1850 千米。电站装机容量为 1200 万千瓦，保证出力 405.8 万千瓦，多年平均发电量为 559.5 亿千瓦·时；水库总库容 191.45 亿米^3，调节库容可达 100.32 亿米^3，防洪库容为 56.23 亿米^3。

白鹤滩水库淹没涉及四川省宁南县、会东县，云南省巧家县、会泽县、东川区和禄劝县6县（区），其中3个建制镇和5个集镇受淹。820米方案淹没人口6.9万人，其中农业人口为6.48万人；淹没耕地约9万亩（约为60千米^2）；林地3.26万亩（约为21.73千米^2）；淹没等级公路247千米，淹没县级以上大中型企业单位6家，淹没以礼河四级电站（装机容量为14.4万千瓦）及尾水电站（0.313万千瓦）各一座。

（三）前期工作概况

根据国家计委计办基础〔2002〕1618号文的精神，中国长江三峡集团公司作为金沙江乌东德和白鹤滩水电站的项目业主，计划于2003年开始组织乌东德和白鹤滩两电站前期工作。两电站作为金沙江干流“西电东送”第二组电源点，电力将主送华中、华东地区。中国长江三峡集团公司总体安排计划是基本保持两电站前期工作同步，计划2005年完成预可行性研究，接着转入可行性研究阶段，规划安排两电站可行性研究工作和项目核准手续，适时开展项目筹建工作。

四、雅砻江二滩水电站

二滩水电站位于四川省西南部的雅砻江下游，坝址距雅砻江与金沙江的交汇口33千米，距攀枝花市区46千米，是二滩水电开发有限责任公司在雅砻江流域开发的第一座水电站。二滩水电站由高240米的混凝土双曲拱坝、大型地下厂房和泄洪设施组成（水电站大坝见图1－2－8），电站总投资280.5亿元。二滩水库控制流域面积为11.64万千米^2，多年平均入库流量为1650米^3/秒，水库正常蓄水位为1200米，水库回水长145千米，最大水面宽1000米，水库面积为101千米^2，水库库容58亿米^3，调节库容为33.7亿米^3，发电最低运行水位为1155米，具有不完全年调节能力。电站安装6台55万千瓦的混流式水轮发电机组，总装机容量为330万千瓦，多年平均发电量为170亿千瓦·时，保证出力100万千瓦，设计年利用小时5162小时。1998年8月18日，二滩水电站第一台机组正式投产发电，1999年12月4日，6台机组全部投产发电，是20世纪末中国建成投产的最大水电站。二滩电站主要设备设施介绍如下。

图1－2－8 二滩水电站大坝

1. 挡水建筑物

水电站大坝为混凝土双曲拱坝，建基于正长岩、玄武岩基础；坝顶高程为1205米，最大坝高240米，坝顶弧长为774.69米，拱冠顶部厚度为11米，拱冠底部厚度为55.7米。

742. 泄洪和消能设施

坝体设 7 个 11 米×11.5 米（宽×高）表孔，6 个 6 米×5 米（宽×高）中孔，4 个 3 米×5 米（宽×高）底孔。表孔和中孔用以宣泄洪水，最大泄洪能力达 1630 米^3/秒；底孔不参加泄洪，作放空水库之用。右岸两条泄洪洞分别长 922 米和 1269 米，断面尺寸为高 13.5 米、宽 13 米，最大泄洪能力达 7400 米^3/秒。坝后设有高 35 米的二道坝和长 300 米的水垫塘，以及下游河床防冲护岸工程，作为泄洪消能和护岸构筑物。

3. 左岸引水发电系统

坝前左岸分布有 81 米高的塔式进水口和 6 条直径为 9 米的引水压力管道，长 280.3 米、宽 25.5 米、高 65.4 米的地下厂房，尾水调压室和 2 条尾水洞，主变压器室和 500 千伏电缆斜井，以及进厂交通洞、通风洞和竖井、排水廊道等设施。

4. 主要发电设备

水电站内装 6 台单机容量为 58.2 万千瓦的立轴混流式水轮机，6 台额定容量为 612 兆伏安半伞式发电机，6 套离相封闭母线，6 台发电机出口断路器，18 台 214 兆伏安单相变压器（另有一台备用），18 根 500 千伏干式电缆，一套 500 千伏气体绝缘金属封闭组合开关设备（GIS），以及全厂计算机监控系统等。

5. 主要的金属结构

水电站主要金属结构包括各种类型的闸门和拦污栅共计 98 扇，各部位埋件 109 孔，各种启闭机共计 35 台，设备总质量约为 13500 吨。

五、雅砻江锦屏一级、二级水电工程

锦屏水电工程包括锦屏一级、二级水电站，为一组电源，总装机容量为 840 万千瓦，是雅砻江干流规划建设的 21 座水电站中最大的两座水电站，也是四川省百万千瓦级水电站中经济效益最好、淹没耕地和动迁人口最少、具有年调节能力、梯级补偿效益最明显的电站。

锦屏一级水电站混凝土双曲拱坝高 305 米，为世界同类坝型中第一高坝。水库正常蓄水位以下库容 77.6 亿立方米，调节库容为 49.1 亿米^3，装机容量为 360 万千瓦，是雅砻江下游河段的控制性水库，多年平均发电量为 166.2 亿千瓦·时。工程总投资预计 232.29 亿元。

锦屏一级水电站前期勘测设计工作始于 20 世纪 50 年代，分为规划、预可行性研究和可行性研究三大阶段。预可行性研究工作于 1989 年开始，1999 年 4 月通过国家经贸委组织的审查。可行性研究阶段的工作于 1999 年底开始，计划 2003 年 11 月通过审查，2005 年 9 月 8 日通过国家核准，11 月 12 日正式开工，2006 年 12 月实现雅砻江截流。

锦屏二级水电站对锦屏大河湾裁弯取直，建造 4 条平均长 16.67 千米、直径为 11.8 米的世界最大规模引水发电隧洞，装机容量为 480 万千瓦，多年平均年发电量为 242.3 亿千瓦·时，工程经济技术指标优越。计划电站预可行性研究报告于 2003 年通过审查，项目建议书于 2004 年 4 月提请国家评估，可行性研究报告于 2005 年底获得审批。

作为一座世界级工程，锦屏水电工程面临着高边坡、大容量、低水头、同类型最大坝高等世界级技术难题。特别是平均长度为 16.67 千米的 4 条引水隧洞，最大埋深达 2525

米，具有埋藏深、洞线长、洞径大、高地应力、高外水压力等复杂地质特点，是目前世界上综合规模最大的发电引水隧洞。

锦屏水电工程具有显著的经济效益和社会效益。其中，锦屏一级水电站建成后，因其良好的调节性能，将使四川电网水电站群的枯水年枯水期平均出力增加22.5%，极大地优化川渝电网电源结构；可增加雅砻江下游梯级电站多年平均年发电量60亿千瓦·时；并可使金沙江溪洛渡、向家坝，以及长江三峡和葛洲坝水电站多年平均年发电量增加37.7亿千瓦·时。锦屏水电站的建设将有力地促进民族地区经济发展和社会进步。锦屏一级水电站具有显著的环境保护效益，锦屏一级水库运行时，结合汛期蓄水兼有减轻长江中下游防洪负担的作用，并将有利于减少长江三峡水库的泥沙淤积，对长江上游生态屏障建设将起到积极的作用。

锦屏一级水电站拱坝是目前已建、在建和设计中的世界最高拱坝，其工程建设难度处于世界最高水平。锦屏水电站地处深山峡谷，地质条件复杂，"两高一深"（即高地应力环境、高边坡，左岸深部裂隙）是建设高拱坝和大型地下洞室群的关键技术难题。锦屏一级水电站工程区相对高差大，为典型的深切"V"形谷，施工场地布置非常困难，也给锦屏一级水电站工程建设提出了更高的挑战。当时，工程业主二滩水电开发有限责任公司正在加紧做锦屏一、二级水电工程建设的前期工作。

六、大渡河瀑布沟水电站

瀑布沟水电站是一座以发电为主，兼有防洪、拦沙等综合效益的特大型水利水电枢纽工程。瀑布沟水电站工程早在20世纪50年代就开始了勘测设计工作，于1988年完成了可行性研究报告，1993年12月，瀑布沟水电站完成工程初步设计报告，1994年获电力工业部批复。2001年3月15日，全国人大九届四次会议将瀑布沟水电站工程列为国家"十五"计划开工项目。2001年12月27日，瀑布沟水电站工程临时管理机构——瀑布沟工程建设指挥部挂牌成立。2002年4月3日，国电大渡河流域开发公司成立了瀑布沟水电站建设分公司，负责瀑布沟水电站建设管理工作。2002年12月25日，国务院讨论通过了瀑布沟水电站项目建议书。该工程预计2004年3月正式开工。

瀑布沟水电站位于大渡河中游四川省汉源县和甘洛县两县境内，距成都市200千米，是大渡河流域水电开发的控制性工程之一（水电站鸟瞰图见图1-2-9）。电站装机6台55万千瓦机组，总容量为330万千瓦，保证出力92.6万千瓦，多年平均年发电量为145.8亿千瓦·时。电站多年均流量为1230米^3/秒，水库正常蓄水位为850米，汛期限制水位为841米，死水位为790米，坝前最大壅水高度为173米，回水长72千米，水库面积为84.14千米^2。水库总库容53.9亿米^3，其中调洪库容为10.56亿米^3，调节库容为38.8亿米^3，具有季调节能力。

电站枢纽由拦河大坝、引水发电系统、泄洪洞、放空洞、尼日河引水工程等部分组成。拦河大坝由砾质土直心墙堆石坝和3孔宽12米的溢洪道组成。砾石土心墙堆石坝坝顶高程为856米，坝顶宽14米，坝底宽780米，坝轴线长度为573.5米，最大坝高186米。大坝基础采用帷幕灌浆和两道各厚1.2米、中心间距为14米的混凝土防渗墙防渗，防渗墙最大墙深约为78米。引水发电建筑物由岸塔式引水口、6条有压式引水隧洞、地

图 1-2-9　瀑布沟水电站鸟瞰图

下厂房、地下主变压器室、地下尾水闸门室及 2 条无压尾水隧洞组成。

该工程总工期为 103 个月，拟于 2004 年 3 月正式开工，2005 年 11 月截流，2009 年 7 月第一台机组发电，2011 年 2 月工程竣工。

第三章 火 电 建 设

1991～2002年，随着用电负荷的增长，四川省在加快水电建设的同时，火电建设迅速发展。一方面对原有的污染重、能耗高、容量小的中、小型火力发电机组或实行关闭拆除，或进行改建扩建，或异地重建；另一方面在泸州市、宜宾市、广安市等地新建一批节能环保的大容量火电机组。火电机组单机容量在1990年底由原有的10万千瓦、20万千瓦上升到33万千瓦后，又于21世纪初进一步上升到36万千瓦。火电建设在科技含量、设备、管理、质量等方面都跃上新的台阶，达到国内先进水平。

第一节 火电建设规模

四川省火电建设按川、渝行政区划调整前后分为两个阶段，1997年前包含重庆市，1997年后不包含重庆市。1991～2002年期间火电建设规模有了很大发展。

一、火电厂建设

四川省电力工业通过“一五”、“二五”（国家第一个五年计划、第二个五年计划）期间国家和各级政府对电力建设的高度重视，投入人力、物力、财力，电力建设取得了一定的成就。从20世纪60年代到80年代初，随着国家在四川进行“三线”建设，一大批大型骨干企业在川陆续兴建，极大地促进了电力工业的发展，先后建成豆坝、渡口、河门口、新庄、华蓥山、五通桥、内江、万源等电厂。1976年底，全省火电装机容量为162.93万千瓦。

由于“文化大革命”的影响，四川省的电源、电网建设总体来说发展缓慢，形成了四川省长达20多年严重的缺电局面。

1976～1985年通过拨乱反正，工作重点转移到经济建设上来。但由于对电力工业在国民经济中的地位认识不足等原因，四川省电力发电装机容量增长仍然缓慢。1980年全省火电装机容量为196.8万千瓦，1985年全省火电装机容量为217.77万千瓦。5年间仅新增火电装机容量20.97万千瓦。

1986～1991年，四川省由于全省严重缺电，抢建了一些火电电源项目，1990年，四川省火电装机规模上升到406.16万千瓦。

进入“八五”计划期间，四川省电力建设速度进一步加快，5年新增火电机组249.96万千瓦，主要新增有江油电厂（33万千瓦）、黄桷庄电厂（40万千瓦）、重庆西厂（20万千瓦）、开县白鹤电厂（10万千瓦）等电源，1995年全省火电装机规模达656.12万千瓦。

1997年由于四川省行政区划的调整，四川电网也进行了分割、调整。1997年四川电网调整后，全省火电装机容量为502.499万千瓦。1997～2000年，广安电厂一期工程完工并投产（60万千瓦）、成都电厂七期扩建完工（28.4万千瓦）等，截至2000年底，全省火电厂装机容量为609.01万千瓦。

进入21世纪后，随着国家“西部大开发”和“西电东送”战略的逐步实施，以及全省经济的快速增长，全省电力需求也快速增长。2002年，四川省及时调整了“十五”电力建设规划，加快建设一批火电电源。2005年底，全省火电装机规模达到约801.03万千瓦。

此外，四川省拟于2005年底建设的储备火电电源点还有436.7万千瓦。其中包括江油二期（60万千瓦）、泸州一期（120万千瓦）、广安二期（60万千瓦）、白马循环流化床（CFB、30万千瓦）、华蓥山（60万千瓦）、岷江（27万千瓦）、万源（30万千瓦）、成都金堂（120万千瓦）等电厂。

二、火电机组容量

四川省全省火电机组结构不尽合理，中、低压小火电机组比重过大，而高效率、大容量机组比重过小，洁净发电、超临界机组等先进技术应用更少，全省火电机组煤耗偏高，节能降耗压力大，潜力也大。

到2004年，四川省690.03万千瓦的火电装机中，20万千瓦及以上机组13台，共336万千瓦，其中30万千瓦及以上机组7台共216万千瓦，占全省火电装机容量的31.3%。10万千瓦及以下机组装机容量为325.63万千瓦，占全省火电装机容量的47.19%。在小火电装机容量中，存在单机容量小、服役时间长、设备陈旧、煤耗高、故障几率高、环保压力大等问题。

全省火电装机发电小时数低。由于四川省水电资源丰富，水电装机比重大，丰水期要充分利用水电，火电发电受到限制，因此全省火电发电小时数低于全国火电发电平均小时数。2004年，全省火电平均发电小时为5018小时，比全国火电平均发电小时数低477小时。

第二节　中型火电工程

2002年前，四川省火电建设多数为装机容量为30万千瓦以下的中型火力发电工程，建设业主为四川省电力工业局（公司），1997年以后不包含重庆市所属电厂。

1991～2002年，四川省（1997年前包括重庆市）先后建设的5万～30万千瓦的中型火力发电工程分为新建工程、技改工程、扩建工程。先后投产的有开县白鹤发电厂2×5万千瓦火力发电工程，内江白马电厂20万千瓦技改工程，重庆电厂1×20万千瓦技改工程，内江循环流化床锅炉示范电厂1×10万千瓦技改工程，宜宾发电厂1×10万千瓦循环流化床机组技改工程，岷江发电厂2×13.5万千瓦循环流化床技改工程，攀枝花2×13.5万千瓦超高压机组工程。到2002年底，全省火电装机容量达到630.1万千瓦。

一、宜宾电厂技改工程

为解决宜宾电厂生存发展问题，宜宾电厂从1996年开始积极争取10万千瓦国产循环流化床锅炉试点在厂改建进行。

1996年10月3日，四川省电力工业局向电力部报送《关于将四川宜宾电厂技改项目作为国产10万千瓦循环流化床锅炉试制依托工程的报告》，12月27日电力部召开的第一次洁净煤技术领导小组会议同意将宜宾电厂改造建设一台国产10万千瓦循环流化床机组作为国产化的试点。

1997年4月30日，四川省计划委员会同意将宜宾电厂技改工程列入四川省“九五”及2010年电力发展规划。

1998年3月5日，国家经贸委正式批准宜宾电厂第一台10万千瓦循环流化床机组立项。

1999年4月12日，国家经贸委将宜宾电厂技改工程列入了国家第一批“双高一优”重点技术改造项目。

2001年5月16日，国家经贸委批准宜宾电厂技改10万千瓦循环流化床机组的可研报告。

2001年2月5日，四川宜宾发电有限责任公司成立。该公司作为宜宾电厂2×10万千瓦循环流化床技改工程项目业主，宜宾电厂技改工程前期工作步伐加快。

二、岷江发电厂技改工程

岷江发电厂技改工程起步于1987年。2002年7月30日，国家经贸委、国家计委将岷江发电厂循环流化床锅炉示范技术改造项目列入2002年国家重点技术改造国债项目计划，同意岷江发电厂在原址利用现有场地，建设2台13.5万千瓦循环流化床锅炉发电机组。

该工程预计2003年11月6日正式开工，2006年1月1号机组投产发电，2006年7月2号机组投产发电。工程总投资约11亿元。

第三节　大型火电工程

1991～2002年，四川省先后建设的装机30万千瓦及以上大型火电工程有江油发电厂2×33万千瓦火电机组，珞璜电厂2×36万千瓦火电机组，广安电厂2×30万千瓦火电机组，黄桷庄发电厂2×20万千瓦机组。

一、广安发电厂2×30万千瓦新建工程

广安市地处四川东部的华蓥山革命老区中段，是邓小平的家乡。由于交通不便，电力缺乏，经济发展缓慢。为了支援广安地区的经济建设，国家和四川省决定在广安市建设广安发电厂。

广安发电厂新建工程（见图1-3-1）由广安发电有限责任公司建设，规划总装机容量为240万千瓦，第一期工程建设的两台30万千瓦燃煤机组，列为国家“九五”计划期间能源重点建设项目，1997年10月开工，首台机组于1999年10月投产，第二台机组于2000年2月发电。

图 1-3-1　广安发电厂二期 2×30 万千瓦新建工程

二、江油发电厂 2×33 万千瓦机组扩建工程

为了增强四川省的发电能力，缓解电力供应紧张状况，四川省电力工业局从 1983 年开始在江油发电厂进行增装两台 30 万千瓦机组的扩建工程准备工作。1986 年 3 月，国家计委正式批复同意江油电厂由中央、地方合资建设，利用外资进口成套发电设备，扩建两台 30 万千瓦等级燃煤机组。经多方比较，确定引进法国 Alstom 公司的两台 33 万千瓦机组成套设备（预留再扩建同等装机容量机组的可能性），于当年 11 月以“大港 B 厂”名义同法国草签合同，并由法方负责工艺部分的设计和调试工作。

扩建工程由水利电力部和四川省合资建设，总投资 11.92 亿元。在总投资中，内资 4.47 亿元，占 37.46%；外资利用法国政策贷款和出口信贷，引进设备外汇共计 4 亿 1271 万西德马克（约为 7.45 亿元），占工程项目总投资的 62.54%。偿还外资本金所需外汇额度由国家和四川省各承担 50%，利息由四川省偿还。工程项目的配套送变电工程由水利电力部在基建投资中安排 1.37 亿元解决。

扩建工程主厂房于 1987 年 10 月 1 日开工，第一台机组于 1990 年 10 月 31 日并网发电，第二台机组于 1991 年 12 月 12 日顺利通过 72 小时试运行，按《火电施工质量检验及评定标准》检查评定，工程质量优良率达 85.8%。该工程投资在 1000 万元以上的单项工程有 6 个，100 万～1000 万元的单项工程有 24 个，除机、炉安装是由部省指定的施工单位外，其余工程都是通过招标择优选定施工单位的。

江油发电厂扩建工程两台机组投运后，全厂装机容量为 88.4 万千瓦，是 20 世纪末四川省装机容量最大的火电厂。

三、珞璜发电厂 2×36 万千瓦新建工程

珞璜发电厂位于江津县（今江津市）珞璜镇，东距重庆市区 35 千米，地处川东电力负荷中心，是国家批准的华能公司第二批项目之一，由华能公司利用外资与重庆市合资兴建。按规划，全厂总装机容量为 140 万千瓦，第一期工程建设规模为 2×36 万千瓦，并配套建设烟气脱硫装置。

珞璜发电厂 1987 年 2 月开始平整场地和建设施工用水、电、通信、公路、码头的

“五通一平”，1988 年 9 月 1 日正式开工，两台机组分别于 1991 年 9 月 11 日和 1992 年 2 月 14 日完成 96 小时试运行后移交投入商业发电运行。

第一期工程成套引进法国阿尔斯通公司两台 36 万千瓦燃煤发电机组（见图 1－3－2），并配套引进日本三菱重工公司的烟气脱硫装置。为了加强施工组织领导，重庆市建委、江津县政府及主要施工单位等参加的华能珞璜发电厂工程建设指挥部，代表重庆市政府和华能公司统一对该电厂行使建设管理职能。

图 1－3－2 珞璜发电厂一期 2×36 万千瓦引进机组

施工高峰期施工人员达 5000 余人，外籍专家 50 余人。总投资 19.10 亿元，其中，国外贷款 11.77 亿元（美元与人民币的兑换比率为 1∶3.72），内资 7.33 亿元。合资的外资部分，华能公司占 70%，重庆市占 30%；内资部分，华能公司占 1/3，重庆市占 2/3。发电工程投资 17.35 亿元，每千瓦造价 2410 元，配套送变电工程投资 1.75 亿元。

四、黄桷庄发电厂新建工程（2×20 万千瓦）

黄桷庄发电厂位于宜宾市与宜宾县交界处，具有水、陆交通方便，地处四川电力中心地带和距燃煤供应矿区较近等特点。

黄桷庄发电厂从 1983 年开始前期准备工作，规划装机总规模为 160 万千瓦，共分两期进行建设。

第一期工程的建设规模为 2×20 万千瓦，1991 年 5 月该工程由国家计委正式列入国家电力基本建设新开工项目，同年 11 月 6 日正式破土动工兴建。主体工程安装两台 20 万千瓦汽轮发电机组，两台机组分别于 1993 年 11 月 21 日和 1994 年 9 月 14 日实现并网发电，电厂燃煤由芙蓉矿务局和宜宾地方煤矿供给。1994 年国家能源投资公司核定该工程投资为 12.12 亿元。

第二篇　电　网　建　设

第二篇 电网建设

四川电网主网是根据用电负荷日益增长的需要和加快电源的开发，由国家投资建设起来的一个覆盖全省，并与西南各省和华中、华南、西北电网连接的大型电网，是在经济发展中不断建设而完善的。20世纪50年代初，四川电网最高电压等级只有35千伏。1956年，长寿狮子滩水电站至重庆盘溪变电站输电线路建成投运，有了第一条110千伏线路。到60年代末，随着龚嘴、映秀湾、豆坝等电厂的建设，四川省开始建设220千伏输电线路。在“七五”计划期间形成220千伏骨干电网后，为确保二滩水电站的电力送出，500千伏送变电工程于1993年正式开工建设，1998年正式投运。到2002年底，攀枝花500千伏变电站建成投运，南充500千伏输变电项目开工建设，二滩送出第四回线路工程前期工作积极推进。“九五”和“十五”计划初期，为了提高供电可靠性，适应四川省的国民经济发展，以及培育与开拓电力市场，四川省还进行了大规模的城、农网改造，并取得了良好的效益。

第一章 电网构成

四川电网的构成，从管理体制上可分为“地方电网”和“国家电网”，从电压等级上可分为35千伏、110千伏、220千伏和500千伏电网。1997年以前，四川省已形成以220千伏输电线路为主网架的全省统一电网。随着二滩水电站500千伏送出工程的建设，四川电网逐步形成以500千伏为主网架的超高压、大容量电网，在全省形成以四川省电力公司所属的“国家电网”为主、以地方电力企业所属的“地方电网”（多以一点或多点与国家电网相连接）为辅的供电网络格局。

第一节 电网概况

改革开放以后，特别是1991～2002年，四川省电力工业进入快速发展轨道，水电站向百万千瓦以上装机容量发展。到2002年，全省发电装机容量达到705.18万千瓦，其中水电装机容量为286.78万千瓦，火电装机容量为418.40万千瓦。电源点建设速度的加快，促进了电网发展相应加快，电网建设规模和供电区域不断扩大，初步形成了分布合理、运行稳定、具有较高自动化的220千伏的骨干网架和500千伏环网。统调电网110千伏及以上变电容量达到 2951.96 万千伏安，其中 500 千伏变电容量为 300 万千伏安、220 千伏变电容量为 1149 万千伏安，110 千伏变电容量为 1503.36 万千伏安。110 千伏以上线路长度达到 19209.9 千米，其中 500 千伏线路长度为 1826 千米，220 千伏线路长度为 7446.7 千米，110 千伏线路长度为 9901 千米。基本形成结构合理、运行可靠、覆盖四川省主要负荷中心的网架结构。

“十五”计划期间，四川省电力公司电网建设共投资 165 亿元，新增 220 千伏及以上变电容量 906 万千伏安、线路 2424 千米。预计到 2005 年底，四川省将建成并投运 500 千伏输电线路 20 条，共 3001 千米；500 千伏变电站 7 座，500 千伏开关站 1 座，主变压器 8 台，总变电容量达 600 万千伏安。

第二节 电网建设及投资规模

由四川省电力工业局（公司）建设与经营的电网，一般称“国家电网”或“统调电网”、“省主电网”、“大电网”。

由地方电力系统和各地自行建设的电网称为“地方电网”或“小电网”，其中未与“统调电网”连接的称“孤立电网”。地方电网从 20 世纪 60 年代初期开始建设，到 90 年代已经形成跨县的地方性电网 12 个。1997 年重庆市设为中央直辖市时划出 2 个，到 2000 年末，四川省有由地方自主经营的地方电网 10 个。这些电网均建有供用电管理机构和企业，独立进行供用电的管理营销工作。

中共十一届三中全会以后，全省国民经济快速发展，针对电力的需求猛增。为了适应全省国民经济发展，四川省从 20 世纪 80 年代末到 90 年代中期，加大了对电力建设的投资力度，加快了电源建设步伐，相继建成成都热电厂新机、黄桷庄电厂一期工程、白马电厂二期工程、铜街子水电站、太平驿水电站等大型水火电工程。到 1991 年，全省电源装机容量为 869.08 万千瓦，其中水电 370.99 万千瓦、火电 498.09 万千瓦（含重庆市）。1995 年电源装机容量达到 925.66 万千瓦，其中水电 481.73 万千瓦、火电 443.93 万千瓦，（不含重庆市），逐步缓解了缺电局面，形成四川省第二个电力工业发展快速期。特别是二滩水电站等大型水电站的建设，四川省发电装机容量出现大幅度增长，2000 年全省发电装机容量达到 1709.84 万千瓦，其中水电装机容量为 1100.83 万千瓦，火电装机容量为 609.01 万千瓦。

随着电源建设的快速发展，电网建设也相应加快，其规模和供区也不断扩大，初步形成了分布合理、运行稳定、具有较高自动化水平的 220 千伏主网架。新增 500 千伏输电线路 149 千米，220 千伏输电线路 742 千米，新增 220 千伏变电容量 108 万千伏安。并基本建成了成都、重庆双回 220 千伏城市环网。到 1995 年底，四川电网拥有 220 千伏变电站 41 座，变电容量为 792.2 万千伏安，220 千伏输电线路 5411 千米，110 千伏线路 10136 千米，自贡—重庆 500 千伏线路（149 千米）的建成结束了四川省没有 500 千伏线路的历史。

1995年统调电网110千伏及以上变电容量达到1131万千伏安，线路长度达到10161千米；2000年统调电网110千伏及以上变电容量达到2190万千伏安，线路长度达到17558千米。“九五”计划期新增110千伏以上变电容量1059万千伏安，新增110千伏以上线路7397千米。四川省电力工业局（公司）完成电网建设投资183亿元。

“九五”计划期间，四川省电力工业局（公司）电力项目总投入284亿元，先后建成了宝珠寺水电站70万千瓦、广安电厂60万千瓦、嘉陵成都电厂28.4万千瓦等大中型水火电项目和一大批输变电项目，新增发电容量比“八五”期末增长32%以上，净增装机容量173.38万千瓦，年均递增5.7%。新增35千伏以上输配电线路8442千米（其中500千伏线路1977千米、220千伏线路2917千米、110千伏线路2705千米、35千伏线路844千米），年均递增9.8%，新增变电容量1275万千伏安（其中500千伏375万千伏安、220千伏线路319万千伏安、110千伏472万千伏安、35千伏109万千伏安），年均递增17.56%，是四川省电力工业建设史上发展最快时期。到2000年，四川省电力公司发电装机容量为715.79万千瓦，35千伏以上输配电线路22610千米，变电容量为2948万千伏安。电力建设速度的加快，供电能力增强，电力供需矛盾趋于缓和。四川省开始从长达20多年的严重缺电困境中走了出来，进入结构调整、优化资源配置的新时期。

在发电能力迅速增长的同时，长期以来四川电网建设资金投入不足，电网建设严重滞后的矛盾逐渐突出，由于电网网架薄弱、有电送不出、中低压配网过载，电网供电可靠性和供电能力不能满足用电需求。于是四川省从“九五”计划中后期开始，将电力建设的重点逐步放到电网建设与改造上，并抓住国家开展城乡电网建设与改造的机遇，加大对城乡电网建设与改造特别是低压配电网络的投入，完善电网结构。“九五”计划期间，四川电网建设与改造项目总投入184亿元。一是以二滩送出工程为契机，新增了500千伏为主网架的输电网络，完成投资76亿元；二是针对电网卡脖子的问题，建设了一批220千伏输电线路及配套工程，完成投资30亿元（含二滩配套的220千伏项目15亿元）；三是为电气化铁路供电的项目，完成投资12亿元；四是加大了城乡电网建设与改造力度，完成投资约66亿元，其中城市电网35亿元，农村电网31亿元，计划竣工县45个。

“九五”计划期间，四川省电力工业局（公司）电网建设投资详见表2-1-1。

表2-1-1　四川省电力工业局（公司）“九五”计划期间电网建设投资情况

单位：万元

序号	项　目	总投资	“九五”投资	1996年	1997年	1998年	1999年	2000年
	合　计	2680530	1852402	163600	393868	407818	407577	479539
1	电厂送出	1428652	1065636	163600	393868	295950	130518	81700
①	宝珠寺送出	91066	82739	35000	37100	4950	5689	
②	二滩500千伏送出	988401	764250	123000	335768	226500	48249	30733
③	二滩220千伏送出	207236	153772	5600	21000	50000	59380	17792
④	广安送出	58453	38125			14500	17200	6425

续表

序号	项 目	总投资	九五投资	1996 年	1997 年	1998 年	1999 年	2000 年
⑤	成都电厂送出	30348	25950					25950
⑥	南桠河送出	53148	800					800
2	电铁项目	180958	119962			25443	87006	7513
①	成昆电铁	146388	92513			12049	72951	7513
②	渝达电铁	17734	13980			7699	6281	
③	宝成电铁	16836	13469			5695	7774	
3	城网项目	643417	350041			61524	92771	195746
4	农网项目	427503	316763			24901	97282	194580

根据中国东部及沿海一带经济发达但能源资源缺乏，而地处西部的四川省有丰富水电资源的实际，四川省规划在 2000～2005 年，电网重点发展 500 千伏网架，以促进西电东送，川电东送。主要项目包括：

(1)“十五”时期，在完成二滩电站配套 500 千伏项目洪沟、龙王的建设任务后（共计 500 千伏变电容量 225 万千伏安），再新建攀枝花、南充、德阳 3 座 500 千伏变电站，共计新增 500 千伏变电容量 225 万千伏安。

(2) 在四川省中部形成连接洪沟—南充—龙王 500 千伏变电站的三角 500 千伏环网，提高电网的抗故障能力，以解决洪沟—龙王 500 千伏同塔双回线路不稳定的薄弱环节问题，并使四川省具备向西北电网送电能力。

(3) 2002 年（三峡电站建成前），建成三峡电站至万县第一回线路和建成万县变电 500 千伏部分，同时将万县至长寿的降压运行线路升压至 500 千伏电压运行，实现川渝电网与华中、华东电网的联网，并计划在 2005 年建成三峡电站至川渝电网的第二回线路。

(4) 结合江油燃气机组（2×30 万千瓦）的建设，配套建设相应的 500 千伏送出工程。

(5) 建设四川电网至西北电网的直流联网工程，实现跨流域资源互补。丰水期向西北电网输送水电，枯水期四川电网有接受西北电网火电返送的能力。

(6) 建设四川洪沟变电至贵州鸭溪变电的 500 千伏线路，实现四川电网与贵州电网的联网，丰水期利用天生桥—广东交直流线路的富余能力，输送四川省水电至广东省。

“十五”计划期间，四川省电力公司电网建设计划和实际投资详见表 2-1-2。

表 2-1-2 四川省电力公司“十五”计划期间电网建设投资情况 单位：万元

项 目	合 计	2001 年	2002 年	2003 年	2004 年	2005 年
电网投资完成	894488	456482	438006			
电网投资计划	1760205	514263	456717	229446	146769	413010

续表

项　目	合　计	2001年	2002年	2003年	2004年	2005年
计划完成率	51%	89%	96%			
逐年增长率	−24.6%	−1.5%	−4.0%			
电网建设与改造完成	853881	435907	417974			
电网建设与改造计划	1643571	493688	436685	216741	119526	376931
计划完成率	52%	88%	96%			
逐年增长率	−51.9%	−1.2%	−4.1%			

进入“十五”计划时期以后，四川省电源和电网建设进一步加快。2002年较2000年，发电装机容量增长89.82万千瓦；统调电网新增110千伏以上变电容量742.75万千伏安，新增110千伏以上线路1306千米；新增220千伏及以上变电容量319.1万千伏安，线路556.1千米。截至2002年底，四川省电力公司拥有35千伏及以上变电容量3238.57万千伏安，其中500千伏变电容量300万千伏安，220千伏变电容量1149万千伏安，110千伏变电容量1503.36万千伏安，35千伏变电容量286.61万千伏安。35千伏及以上输电线路24926千米，其中500千伏线路1826千米，220千伏线路7446.70千米，110千伏线路9901千米，35千伏线路5716.90千米。

第二章　输变电建设

1991～2002年，尤其是“九五”计划至“十五”计划初期，随着经济的高速发展，四川电网建设速度也相应加快，电压等级由220千伏向500千伏超高压发展。1991年，四川省35千伏及以上的变电容量共1350.69万千伏安，线路总长度为15851千米，没有500千伏的线路和变电站。2002年，35千伏及以上的变电容量共3238.57万千伏安，线路总长度为24926千米。其中500千伏变电容量300万千伏安，线路长度为1826千米。

第一节　35千伏和110千伏输变电工程

1990年底，四川省电力工业局所辖范围35千伏变电容量为179.07万千伏安，110千伏变电容量为577.60千伏安；35千伏输电线路长度为4727.17千米，110千伏线路长度为6389.80千米。到2002年底，35千伏变电容量286.61万千伏安，110千伏变电容量1503.36千伏安；35千伏输电线路5716.90千米，110千伏线路9901.00千米。

20世纪90年代，随着经济快速发展，用电需求上升，输变电等级提升，四川省电力工业局（公司）不再直管110千伏及以下电压等级的输变电建设，改由四川省电力工业局（公司）计划部下达计划，所属各电业局负责管理与建设。到2002年，各电业局的输变电建设情况如下。

成都电业局：1990年，成都地区110千伏输电线路长度为547.71千米，35千伏输电线路长度为583.62千米；110千伏变电站14座，35千伏变电站23座。截至2002年底，35千伏及以上输电线路229条，总长3484千米。全局共有110千伏变电站60座，35千伏变电站54座。

绵阳电业局：截至2002年底，拥有110千伏变电站29座，主变压器44台，容量131.30万千伏安；35千伏变电站29座，主变压器44台，容量18.09万千伏安。110千伏线路59条，长度为1000.26千米；35千伏线路33条，长度为449.54千米。10千伏公用配电线路75条，长度为795千米（其中电缆线路67千米），公用变压器470台，容量为14.81万千伏安。

德阳电业局：2002年底，德阳电业局有110千伏变电站29座，35千伏变电站29座，变电容量为320.76万千伏安，35千伏及以上输电线路1364.76千米。

广元电业局：1990年底，广元地区有35千伏输电线路5条，共92.296千米，有110千伏变电站6座，变电容量为8.13万千伏安。2002年底，有110千伏变电站13座，35千伏变电站13座，主变压器41台，总容量为110.09万千伏安，35千伏及以上线路1269.62千米。

自贡电业局：1990 年底自贡电业局有 35 千伏变电站 6 座，变电容量为 4.585 万千伏安，35 千伏线路 15 条共 171.015 千米；有 110 千伏变电站 5 座，变电容量为 28.6 万千伏安，110 千伏输电线路 12 条，长 151.764 千米。整个 110 千伏线路呈辐射状分布，供电电源单一，供电可靠性差。到 2002 年，全局有 35 千伏及以上变电站 26 座；35 千伏及以上输电线路 75 条，配电线路 137 条。

内江电业局：截至 2002 年底，内江电业局拥有 110 千伏变电站 13 座，35 千伏变电站 32 座；主变压器容量为 144.05 万千伏安；35 千伏及以上线路共 105 条，总长 1421.02 千米。

宜宾电业局：2002 年底，宜宾电业局有 110 千伏变电站 17 座，35 千伏变电站 11 座；有 110 千伏线路 35 条共 648.15 千米，35 千伏线路 23 条共 242.65 千米，10 千伏城市配电线路 71 条共 406.64 千米；配电变压器 589 台，总容量为 18.03 万千伏安。10 千伏农村配电线路 1810.71 千米，配电变压器 1828 台，总容量为 10.50 万千伏安。

泸州电业局：2002 年底，拥有 110 千伏变电站 13 座，35 千伏变电站 15 座，主变压器 42 台，35 千伏及以上线路 60 条，总长 954.30 千米。

乐山电业局：1991 年初，乐山电业局有 35 千伏变电站 31 座，110 千伏变电站 9 座，总变电容量为 89.06 万千伏安。共有 35 千伏线路 610 千米，110 千伏线路 439 千米。2002 年底，全局拥有 10 千伏变电站 18 座，35 千伏变电站 32 座，拥有 35 千伏和 110 千伏输电线路 983 千米。

西昌电业局：2002 年底，西昌电业局拥有 35 千伏及以上变电站（开关站）20 座，变电总容量为 87.08 万千伏安。管理运行维护 35～500 千伏线路 2221.59 千米，低压配电线路 647 千米。

攀枝花电业局：1990 年底，攀枝花电业局有 35 千伏输电线路 24 条，长度为 161 千米；110 千伏线路 18 条，长度为 272 千米。35 千伏变电站 8 座，主变压器 14 台，容量为 87550 千伏安；110 千伏变电站 7 座，主变压器 14 台，容量为 46.50 万千伏安。2002 年底，攀枝花电业局有 110 千伏有人值班变电站（开关站）9 个、无人值班站 3 个，35 千伏有人值班站 12 个、无人值班站 7 个；35 千伏及以上输电线路 79 条共 1111 千米，10 千伏及以下配电线路 218 条共 1180 千米。

南充电业局：1990 年底，南充电业局有 35 千伏输电线路 4 条，长度为 47.96 千米；110 千伏线路 8 条，长度为 254.04 千米。2002 年底，南充电业局有 110 千伏变电站 11 座，35 千伏变电站 5 座，35 千伏及以上送电线路 814.87 千米。

达州电业局：截至 2002 年底，达州电业局有 110 千伏变电站 15 座，35 千伏变电站 16 座，运行主变压器 52 台，主变压器容量 130.54 万千伏安，35 千伏及以上输电线路 96 条，线路总长 1793.35 千米。

巴中电业局：巴中地区电业局筹备处建立前，全地区共有 35 千伏变电站 15 座，皆属各县（市）地方电力公司建设，其中巴中市 4 座，通江县 5 座，南江县 2 座，平昌县 4 座。1996 年巴中电业局成立以后，陆续投资建设。2000 年底，全地区共有 35 千伏变电站 25 座，其中巴中市 10 座，通江县 5 座，南江县 4 座，平昌县 6 座。2002 年底，巴中电业局拥有 110 千伏变电站 5 座，35 千伏变电站 21 座；35 千伏及以上输电线路 29 条，线路总长度 644.56 千米。

广安电业局：1998 年广安电业局成立时，有 35 千伏变电站 6 座，变电容量 4.98 万千伏安，35 千伏线路 8 条共 72.63 千米；有 110 千伏变电站 4 座，变电容量 18.30 万千伏安，110 千伏输电线路 12 条，长 292.40 千米。2002 年末，广安电业局有 110 千伏变电站 6 座，35 千伏变电站 9 座。35 千伏及以上主变压器容量 64.32 万千伏安，输电线路 695.545 千米，配电线路约 5988.6 千米。

四川省电力公司资阳公司：资阳公司成立于 2001 年 12 月 26 日，2002 年 1 月 1 日起正式独立运作。2002 年底有 110 千伏变电站 10 座，主变压器 13 台，容量 43.5 万千伏安；35 千伏变电站 31 座，主变压器 45 台，容量 22.93 万千伏安，已建成无人值班变电站 18 座。有 110 千伏线路 21 条，总长 346.60 千米；35 千伏线路 32 条，总 480.15 千米。

四川省电力公司眉山公司：四川省电力公司眉山公司于 2001 年 12 月 26 日成立。截至 2002 年底，新建和改造 10 千伏线路 155 千米，低压线路 1.28 万千米，10 千伏配电变压器台区 522 座，容量 1.03 万千伏安。

第二节 220 千伏输变电工程

四川省 220 千伏电网尽管发展较快，但由于地域辽阔，负荷分散，单回重载线路多，系统抗干扰能力差，电网结构尚待进一步完善和加强。

1991 年以后，在四川省 220 千伏输变电工程建设中，较具典型意义的工程主要有以下几项。

一、“十五”计划时期前的 220 千伏输变电工程

（一）铜自Ⅰ线

铜街子—自贡Ⅰ线 220 千伏输电线路是铜街子水电站配套送出工程之一，起于乐山市铜街子水电站，止于自贡市南郊舒平变电站，沿线地质条件构造复杂，地形起伏较大。其中高山大岭占 25%，山地占 35%，丘陵占 40%，横跨水流湍急的大渡河和岷江，设计和施工的难度都较大。线路长 112.58 千米，铁塔 263 基，水泥杆 20 基，工程总投资 3048 万元。1991 年 10 月 15 日正式开工，1992 年 8 月 30 日全线竣工，同年 9 月 18 日一次启动成功投入运行。该线路工程的投入运行，不仅保证了铜街子水电站第一台 15 万千瓦机组投产发电后电能的送出，还实现了龚嘴、铜街子梯级电站的联合调度，增大了系统的调峰容量，提高了电网的经济效益，为四川电网安全、优质和经济运行创造了条件。

（二）黄白线

黄桷庄—白沙 220 千伏输电线路是黄桷庄发电厂建设的重要配套工程。线路全长 20 千米，同塔双回双分裂架设，共用自立式铁塔 51 基，1992 年 10 月开工，次年 5 月 20 日竣工，总投资 2364 万元。该线路施工环境复杂，施工难度大，大小跨越达 80 多次，特别是岷江大跨越的跨越档距达 1337 米，跨江塔全高 119 米，为西南地区第一高塔。该工程

由四川省电力建设集团公司实行概算总承包，四川省电力勘察设计院设计，四川电力送变电建设公司通过议标承担工程施工。为保证工程质量，该工程从一开始就建立了完善的质量保证体系，并组成了由施工单位牵头，有建设、设计、运行和制造厂家等有关人员参加的质量协调小组，以充分发挥质量监督和信息反馈作用，有效控制质量通病和缺陷发生，排除质量事故隐患。施工单位还针对跨江高塔的组立进行技术攻关，使高铁塔组立进展顺利，获得四川省电力工业局科技进步奖，并且该工程也被四川省电力工业局评为优质工程。

（三）乐范平线

乐山—范坝—平春 220 千伏输电线路是成昆铁路电气化建设的配套工程。为保证铜街子电站电力的正常送出，缓解乐山北部和成都地区用电紧缺的矛盾和提高电网安全运行可靠性，省电力工业局将这项工程列入 1995 年第二季度重点抢建项目。线路全长 52.5 千米，共有杆塔 140 基（铁塔 116 基，水泥杆 24 基），所经地区山地占 50%，平均海拔 400～500 米，地震烈度为 7 度。工程由四川电力送变电建设公司对业主四川省电力工业局实行扩大总承包，并负责线路工程施工。四川省电力工业勘察设计院设计。1995 年 4 月 15 日正式动工，当年 6 月 30 日正式投入运行。前期准备工作 45 天，施工期 70 天，为省内 220 千伏输电工程建设史上工期最短的工程。工程总投资为 2659 万元。

（四）白南线

1997 年川渝分治后，为了进一步完善以 220 千伏为骨架的南充电网，同时弥补南充荆溪 220 千伏变电站电源单一的缺陷，由国家投资、四川省电力建设（集团）公司、南充电业局共同承建的白马—安岳—遂宁—南充 220 千伏同塔双回输电工程 1991 年 6 月 11 日正式启动投运。线路全长 209 千米，这是川渝分立后四川省电力工业局实施的一项重点工程。是川东片区与四川电网紧密连接的一个重要通道，为川东北经济的腾飞注入了活力。

（五）荆阆线

荆溪—阆中 220 千伏输电线路工程起于南充荆溪变电站，止于阆中保宁变电站，全长 80.07 千米，其中单回 78.619 千米，双回 1.455 千米。该输电工程项目法人为四川省电力公司，建设单位为四川电力建设（集团）公司，设计单位为四川电力工业勘察设计院，施工调试单位为四川电力送变电建设公司，线路工程监理为四川电力工业勘察设计院监理部，运行单位为南充电业局。线路工程批准概算 4593 万元。工程于 1998 年 10 月 8 日开工，2000 年 12 月 20 日竣工，2001 年 1 月投运。

（六）复万线

复兴—万源 220 千伏输电线路新建工程起于复兴变电站，止于万源变电站，线路全长 117.63 千米。线路工程项目法人为四川省电力公司，建设单位是四川省电力建设（集团）公司，设计单位是达州电力设计院，施工及调试单位是四川电力送变电建设公司，监理单位是四川电力工程建设监理有限责任公司，运行单位是达州电业局。复万输电线路工程于 1999 年 7 月开工，2000 年 6 月竣工，2001 年 3 月投运。

（七）向威线

向家岭—威远 220 千伏线路起于向家岭变电站，止于威远董家湾变电站，单回路全长 15.21 千米，铁塔 39 基，是广安电厂配套送出工程之一。该输电工程建设单位是四川省电力建设（集团）公司，设计单位是自贡电力设计院，线路工程施工为自贡电力建设集团公司，工程监理是四川电力工程建设监理公司，运行单位是自贡电业局。线路工程于1999年11月10日开工，2001年1月4日竣工。

（八）龙昭线和太新线

龙昭线和太新线为开断接入马家变电站的2条输电线路工程。龙王—昭觉寺220千伏双回线开断接入马家变电站线路工程长38.11千米，批准概算3288.62万元。太和—新二村220千伏线路开断接入马家变电站，线路工程长17千米，批准概算1532.57万元。龙王—昭觉寺开断进入马家变电站线路于2000年3月开工，2000年11月竣工，2001年6月投运。太和—新二村线开断接入马家变电站线路工程于2000年2月开工，2000年6月竣工，2001年9月投运。

四川省在进行220千伏输电线路建设的同时，在各线路配套进行了220千伏公用变电站的建设。

四川省建成的第一个220千伏变电站是乐山永乐666变电站。该变电站是“三线建设”的重点工程814厂的专用变电站，主变压器容量9万千伏安。电站由西南电力设计院设计，第二机械工业部二十一公司承担土建，华东送变电公司承担电气安装，1970年5月1日投运。其后，凉亭变电站、安县变电站相继于1972年5、6月投产。此后建成投产的有白石岩、九里、青白江、朱家坝、大康、向家岭、綦江、蓉东、代市、界石堡、黄荆堡、太和、林庄、孙家坝、复兴、马鞍山、来苏、双山、五里堆、平春、荆溪、舒平、永兴、袁家坝、新市、新二村、昭觉寺、石羊、大面铺、范坝、西昌、复兴、双河、丰谷、阆中、棉丰、什邡、长宁等220千伏变电站。其中凉亭、朱家坝、綦江等重庆市区内的变电站划归重庆市电力工业局管辖。到2000年底，全省已建成投产的220千伏变电站共47座，主变压器容量904.5万千伏安。2001～2002年，四川电网建设进一步加快，在2001年完成阆中（12万千伏安）、威远（12万千伏安）、万源（12万千伏安）、石棉（开关站）、西林（12万千伏安）、新都（12万千伏安）、隆昌（12万千伏安）等220千伏输变电工程的投运后，2002年又投运了宜宾长江南（12万千伏安）、绵阳三台（12万千伏安）、成都机投（15万千伏安）、达川南（12万千伏安）、德阳罗江（12万千伏安）等220千伏输变电工程项目。

二、“十五”计划时期建设的输变电工程

四川电网在“十五”计划期间，进一步加大电网建设投资力度，加速了电网发展。

（一）“十五”计划期间建成的220千伏变电工程

1. 阆中保宁变电站

阆中保宁变电站位于南充阆中市七里坝，征地面积2.43公顷。建设规模为主变压器2×12万千伏安，该期1×12万千伏安；220千伏出线6回，该期1回；110千伏出线8回，该期2回；10千伏电容器2×32兆伏安，该期1×32兆伏安。

该变电工程项目法人为四川省电力公司，建设单位为四川省电力建设（集团）公司，设计单位为四川省电力工业勘察设计院，施工调试单位为四川电力送变电建设公司，变电站监理为四川电力工程建设监理有限责任公司。变电站工程批准概算4892万元，于1998

年10月8日开工，2000年12月20日竣工。2001年1月投运。

2. 万源（盖家坪）变电站

万源（盖家坪）220千伏变电站位于四川省万源市红旗乡盖家坪，征地面积2.54公顷。其建设规模为主变压器2×12万千伏安，该期1×12万千伏安；220千伏出线2回，该期1回；110千伏出线8回，该期4回；10千伏电容器8×10兆伏安，该期4×10兆伏安。万源220千伏变电工程项目法人为四川省电力公司，建设单位为四川省电力建设（集团）公司，设计单位为达州电力设计院，施工及调试单位为四川电力送变电建设公司，监理单位为四川电力工程建设监理有限责任公司，运行单位为达州电业局。变电站工程于1999年4月开工，2001年3月投运。

3. 威远变电站

威远220千伏变电工程是广安电厂配套送出工程之一，包括新建威远董家湾变电站和新建向家坝—威远220千伏输电线路。

威远（董家湾）220千伏变电站位于内江市威远县严凌镇白荷湾，征地2.27公顷。工程规模为主变压器2×12万千伏安，该期1×12万千伏安；220千伏出线6回，该期1回；110千伏出线8回，该期3回。该工程建设单位是四川省电力建设（集团）公司，设计单位是自贡电力设计院，变电站土建施工是四川电建三公司，变电站安装调试施工是自贡电力建设集团公司，工程监理是四川电力工程建设监理公司，运行单位是自贡电业局。

变电站工程于1999年4月30日开工，2001年1月5日竣工。

4. 西林（松柏）变电站

220千伏西林（松柏）输变电工程包括220千伏西林（松柏）变电站新建工程和220千伏白松线（6.19千米）、松惠西线（7.26千米）、松惠东线（2.01千米）、园松线（2.08千米）等引入线工程。

该变电站位于内江市东兴区新建村，征地2.3公顷，主变压器2×12万千伏·安，该期1×12万千伏·安，220千伏出线最终6回，该期4回。

该工程批准概算为5539万元（川电基〔1998〕189号），建设单位是四川电力建设（集团）公司，变电施工调试单位是四川电建三公司，线路施工单位是内江电力工程总公司和四川送变电建设公司，监理单位是四川电力工程建设监理公司，设计单位是自贡电力设计院，运行单位是内江电业局。变电工程于1999年6月开工，2001年12月竣工；引入线工程于2001年4月开工，12月竣工。

5. 隆昌金鹅输变电工程

内江隆昌金鹅220千伏输变电工程包括位于隆昌金鹅镇的220千伏变电站和引入线工程。变电站工程占地2.35公顷，规模为主变压器2×12万千伏安，该期为1×12万千伏安，220千伏出线最终6回，该期4回；线路工程包括园苏南、园苏北π接进入金鹅变电站，全长双回5.998千米，单回2.66千米，批准概算4805万元。

该输变电工程建设单位是四川电力建设（集团）公司，设计单位是自贡电力设计院，施工调试单位是四川电力送变电建设公司，监理单位是四川电力工程建设监理有限责任公司，运行单位是内江电业局。

变电站工程1999年6月1日开工，2001年7月25日竣工，9月29日投运；引入线工程于2001年2月10日开工，2001年9月30日竣工，10月1日投运。

6. 新都马家变电站

新都县马家220千伏变电站工程位于马家镇。变电站规模为主变压器2×12万千伏安，该期为1×12万千伏安；220千伏出线8回，该期7回；批准概算6298万元。该变电站工程于1999年6月开工，2001年4月竣工，2001年7月投产。

7. 宜宾江南变电站

宜宾江南220千伏变电站工程位于四川省宜宾市李庄镇，占地面积2.44公顷，规模为主变压器2×15万千伏安，该期为1×15万千伏安；220千伏出线6回，该期3回；220千伏主接线类型为双母线带旁路；110千伏主接线类型为双母线带旁路。

该工程批准概算5307万元，于2000年10月10日开工，2002年4月28日竣工，7月7日启动投产。

（二）"十五"规划待建输变电工程

1. 马店河变电站

马店河220千伏变电站工程位于四川省攀枝花市以南高耗能工业园区马店河片区，该变电站是为了解决攀枝花高耗能工业园区25平方千米的供电而计划建设的。它的建设既是为了满足该工业园区内用电负荷的增长需要，成为高耗能工业园区的电源支撑，同时也是攀煤发电厂的系统接入点，是系统中一个220千伏枢纽变电站。

该站预计征地面积为2.363公顷，其建设规模为：主变压器2×30万千伏安，该期1×30万千伏安；220千伏出线6回，该期2回；110千伏出线10回，该期1回。批准概算4494.78万元。

马店河220千伏变电站工程建设单位是四川电力建设（集团）公司，设计单位是自贡电力设计院，施工及调试单位是四川电力送变电建设公司，监理单位是四川赛德工程监理有限责任公司，运行单位是攀枝花电业局。该变电站工程计划于2003年11月开工，2005年5月投运。

2. 宜宾孜岩变电站

宜宾孜岩220千伏变电站位于宜宾市翠屏区宗场乡民胜村二组，拟征地面积为2.12公顷，围墙内占地1.88公顷。该期主变压器容量为1×15万千伏安，最终容量为2×15万千伏安。一次部分：220千伏配电装置采用双母线，专用母线连接线方式，管母线中型布置，最终8回出线，该期2回出线（黄角庄电厂、自贡舒平变）；110千伏配电装置采用双母线专用母线连接线方式，管母线半高型布置，最终10回出线，该期5回（红坝2回、观音站1回、吊黄楼1回、方水站1回）；10千伏采用单母线接线，补偿电容器容量为8×8016千伏安，该期4×8016千伏安。二次部分：全站采用微机监控方式；主变压器、线路保护均选用两套不同原理相互独立的主保护，以及后备保护；220千伏构架设8只避雷针，110千伏构架设7只避雷针，主控室外侧靠围墙内独立避雷针1只，共16只避雷针组成变电站直接雷击保护，220千伏母线、110千伏母线及主变压器三侧设氧化锌避雷器作为变电站入侵波过电压保护；变电站接地装置采用水平接地体（50mm×6mm扁钢）与垂直接地体（ϕ50 钢管）结合的混合接地网，接地网接地电阻值在任何季节都不大于 0.5 欧。该工程计划于 2004 年 5 月 11 日破土动工，2005 年 10 月 31 日全站施工完成，2005 年 12 月 17 日投运。该工程的建成可解决宜宾五粮液天辰化工厂及宜宾市江北工业区经济发展的用电负荷增长的需要；覆盖宜宾市旧州、宗场、思坡，并解决该区域的供电需要；可进一步改善宜宾电网的网络结构，增强宜宾电网的供电能力，有利于将来宜宾 220 千伏绕城环网的形成。

该工程建设单位为四川电力建设管理公司，设计单位为自贡电力设计院，监理单位为四川赛德监理公司，施工单位为四川电力送变电建设公司，运行单位为宜宾电业局。

3. 成都崇义（调度命名为聚源）变电站

成都 220 千伏崇义变电站位于成都市都江堰市聚源镇三星村，预计总占地面积为 2.004 公顷，围墙内占地 1.80 公顷，进所道路占地 0.08 公顷。

主变压器容量最终为 2×15 万千伏安，该期 1 台（2 号主变压器）。

一次部分：220 千伏配电装置采用双母线接线，设母线连接断路器，管母线中型布置，最终 8 回出线，该期 4 回（太和南、太和北、二台山南、二台山北）；110 千伏配电装置采用双母线接线，设母线连接断路器，管母线半高型布置，最终 10 回出线，该期 4 回（金江、胥家、灌县、太清各 1 回）；220 千伏和 110 千伏线路的Ⅰ母线、Ⅱ母线及母线连接开关该期一次建成；10 千伏采用单母线分段接线，Ⅰ、Ⅱ段母线分别接于 1 号、2 号主变压器 10 千伏侧；该期上 10 千伏Ⅱ段母线，10 千伏无出线；10 千伏并联补偿电容器最终容量为 8×8016 千伏安，该期为 4×8016 千伏安。

二次部分：全站拟采用微机监控系统并配以微机五防装置和电能采集装置，以实现变电站综合自动化；主变压器、线路保护选用两套不同原理相互独立的微机主保护及后备保护。

崇义 220 千伏变电站工程是经国家电力公司国电计〔2002〕624 号文批准安排建设的项目。

都江堰市是国家级风景名胜区、国家历史文化名城、四川省旅游度假区和成都市旅游产业开发区。该工程计划于 2004 年 10 月 18 日开工建设，2005 年 11 月 4 日投运。它的投运可极大地改善当地电网结构，对提高该地区 110 千伏电网供电可靠性和保障电压质量，以及满足都江堰市负荷发展的需要都有着非常重要的意义。同时，就成都电网 220 千伏电压网架而言，该站起到成都西部地区支点和平衡网架的重要作用。

该工程建设单位为四川电力建设（集团）公司（现更名为四川电力建设管理公司），设计单位为四川电力设计咨询有限公司，监理单位为四川电力建设工程监理有限责任公司，施工单位为四川电力建设公司，运行单位为成都电业局。

第三节　500 千伏输变电工程

四川省在“七五”计划期间形成 220 千伏骨干电网后，计划在宝珠寺、铜街子、黄桷庄、二滩水电站建设同时，开始兴建500千伏电网，后因铜街子和宝珠寺水电站的送出工程未按500千伏等级的电压建设，致使四川省500千伏输变电工程的建设推迟。到二滩水电站建设开始后，为确保该水电站电力送出，500千伏送变电工程才于1993年正式开工建设。到2002年底，四川电网的500千伏输变电工程已经建设二期，第一期为自（自贡）—渝（重庆）500千伏送电工程，第二期为二滩500千伏送出工程。

一、已建成500千伏输变电工程

（一）二自线

二自线即二滩—自贡输电线路（二普二线＋普洪二线），统称二滩500千伏送出工程。

图2-2-1　二滩—自贡500千伏输电线路经过大凉山重冰区

二滩500千伏送出工程是投资高达129亿元的一项超高压、高难度的输变电工程，是一条横跨终年积雪的大凉山脉、穿越莽莽原始森林的四川电力“大动脉”（见图2-2-1）。该工程利用世界银行贷款2.73亿美元，是20世纪90年代国内利用外资最多的输变电项目，也是国家把电网建设从电源点建设中分离出来，独立进行立项、建设、管理的第一个项目。该工程建成后，即形成四川电网500千伏超高压网架，并与三峡输变电工程相连接，全国互联网络，从而为实现国家“西电东送”的战略决策和为“川电出川”的能源布局打开了一条重要通道。

二滩500千伏送出工程前期准备工作是由业主四川省电力工业局利用自身发展基金，邀请国内外专家组织国内外权威科研、设计单位和大专院校进行的。1992年1月，能源部审查通过了《二滩水电站接入系统设计》，1993年9月，国家计委委托中国国际工程咨询公司对《二滩水电站送出工程可行性研究报告》进行了评估，当年12月，电力工业部审查通过了《二滩水电站接入系统二次部分设计》，1995年5月经国务院批准，国家计委正式立项。

为了加强二滩水电站配套送出工程的组织领导，加快工程进度，四川省电力工业局成立了以局长石万俭为组长的二滩500千伏送出工程领导小组，负责研究工程、资金计划、工程承发包，以及重大设备订购等重大事项，并成立了四川二滩500千伏送出工程建设管理局，对外代表业主行使职权。

该工程计划建设自贡洪沟、重庆陈家桥、长寿、成都龙王、攀枝花5座为500千伏变电站和昭觉500千伏开关站；安装7台75万千伏安变压器，总容量为525万千伏安；建设500千伏输电线2070千米，配合500千伏送出工程的220千伏线路1513千米和变电容量363万千伏安，以及相应的系统二次部分系统等。

二滩水电站送出工程项目预算总投资为129.08亿元，静态投资83.24亿元，价差预备费29.71亿元，建设期贷款利息和承诺费16.12亿元。其中：外资2.73亿美元，由世界银行贷款，折合人民币23.75亿元；内资105.33亿元，由国家开发银行出资70%，四川省、重庆市各出资10%，四川省电力工业局出资10%作为资本金。但重庆市仅出6000万元，四川省未出，缺口全由四川省电力工业局（公司）承担。

1996年9月25日，电力工业部正式转发国家计委关于二滩送变电工程开工计划后，第一批项目，即二滩—自贡线路（二普二线+普洪二线），自贡—成都同塔双回线路（洪龙一线、洪龙二线），昭觉、自贡洪沟变电站，成都龙王变电站，以及二滩—自贡—成都微波通信工程7个单项工程全面开工建设。

二滩—自贡500千伏一线是二滩到自贡3条线路中最早开建的一条线路。线路全长480千米，由西南电力设计院设计，四川、云南、贵州、甘肃、山西、吉林等6家送变电工程公司施工，四川省电力监理公司监理，省电力建设质量监督中心监督。从二滩到自贡的线路经过四川省西部的大凉山、小凉山（见图2-2-2），海拔高、地质复杂、覆冰厚，山大陡峭，交通困难，许多地方为原始森林，地震频繁，震级为8～9级，泥石流滑坡地带长，而且经常发生。因此，该工程称为世界级工程。工程于1996年10月5日开工，1998年3月15日竣工，1998年7月18日投入运行。

图2-2-2 跨越大、小凉山的超高压输电线路

（二）自渝线

自贡—重庆500千伏输电工程，是四川省第一条500千伏输电线路，起于自贡市洪沟变电站，止于重庆市陈家桥变电站，又称为洪陈线，共2回。途经富顺、隆昌、内江、荣昌、大足、铜梁、璧山、永川、重庆、巴县等7县3市，全长148.74千米，共有铁塔390基。工程于1993年4月1日正式动工，1995年5月17日竣工并投入运行。总投资1.02亿元，其中70%由国家承担，30%由四川省和重庆市各承担一半。

自贡—重庆500千伏线路横跨川中腹地，地形复杂，人口稠密，房屋树竹较多，先后跨越各种道路、河流、电力和通信线路、民房及其他设施843处。全线高山占8.7%，山地占35.7%，丘陵占39.6%，泥沼占16%。

根据电网规划，该工程的建设先期以220千伏电压运行，将铜街子水电站的电能送到重庆市，以缓解重庆地区用电紧缺状况。后期作为二滩水电站送出的配套工程，在陈家桥500千伏变电站建成后升压为500千伏运行，将二滩水电站的电能送到重庆市。

自贡—重庆500千伏二线工程于1998年3月10日开工，1999年6月13～15日竣工验收。

自贡—重庆500千伏送电工程以四川省电力工业局（公司）为业主单位，四川电力建设（集团）公司为建设单位，由西南电力设计院设计，四川电力送变电建设公司施工，自贡电业局、内江电业局、重庆电业局负责运行管理。工程业主对建设单位实行概算总承包，建设单位对施工单位通过议标，实行甲乙方承包。为加强对工程建设的管理，成立了由业主、设计单位、运行单位和省市各级地方政府参加的四川省自—渝500千伏输电线路工程建设指挥部，四川省电力工业局成立了自—渝500千伏输电线路工程领导小组。施工过程中，运行单位均派有质监、质检技术人员同施工单位密切配合共同做好施工管理与监督工作，从而有效地保证了工程顺利进行。施工单位采取优化劳动组合，组织生产管理型队伍进场和加大机械化施工等措施，大幅度提高劳动生产率，缩短了工期，确保了按期完成任务。同时，积极研制和推广使用新技术、新方法。通过QC小组组织攻关研制的“斜注式现浇基础施工方法”被电力部评为优秀QC小组成果。

（三）自蓉线

500千伏自（自贡洪沟）蓉（成都龙王）线是中国第一条500千伏同塔双回线路，初步设计由西南电力设计院设计。施工设计分为两段进行，分别由西南电力设计院和四川省电力勘测设计院设计，四川省、广西壮族自治区、北京市、宁夏回族自治区的送变电工程公司施工。该工程于1996年12月13日开工，1998年5月1日竣工，1998年7月19日投入运行。该线路始于自贡洪沟变电站，止于成都龙王变电站，两条线路被分别命名为洪龙一线、洪龙二线，杆路长度为180千米。由于线路经过四川腹部丘陵地带，山水交错，沟壑纵横，林耕交织，人烟稠密，为线路走廊开辟带来很大困难，因此，全线采取双回走线同塔架设。

（四）昭觉站

昭觉（普提）开关站坐落在西昌航天城东北约110千米昭觉县普提村，由四川省二滩500千伏输变电工程建设管理局负责建设管理，由西南电力设计院设计、四川电力送变电公司施工，于1995年10月开工，1998年7月19日建成投运。该站占地4公顷以上，投资近8亿元，是二滩电站电力送出工程枢纽站，在系统中的主要作用是进行无功补偿并解决系统稳定问题，是四川省电力高速公路的咽喉。

500千伏一次主接线采用3/2接线方式，采用的是瑞士ABB公司生产的GIS设备，GIS设计共6串，出线7回。为补偿无功，限制操作过电压，在二滩侧出线和母线上分别并联一组高压电抗器，高压电抗器为奥地利ELIN公司制造，每组容量为180兆伏安，其中二（二滩）普（普提）一线高压电抗器和母线高压电抗器带有抽能装置。在国内，该站最早采用了这种高抽能的技术。

500千伏线路配有两套快速独立保护，其中一套为南瑞公司生产的900系列，另一套为南自公司（南京自动化设备厂）生产的600系列；500千伏开关、短引线保护采用南瑞公司生产的900系列微机保护；高压电抗器配有两套保护，一套为南瑞公司生产的超高压并联电抗器成套及非电量保护装置，另一套为四方公司生产的数字式电抗器保护装置；母线保护为GE公司生产的BUS-1000保护；故障录波器采用的是成都府河公司生产的LR2000故障动态记录装置。

该站用电配置6个电源点，其中1号、2号站用变压器为高压电抗器抽能，0号备用变压器为昭觉地方电力公司接入，另备3号、4号站用变压器和柴油发电机一组。1号、2号站用变压器容量为500千伏安，3号、4号站用变压器容量为400千伏安，0号备用变压器容量为630千伏安，柴油发电机容量为40千伏安。

（五）洪沟站

洪沟500千伏变电站，位于自贡市沿滩镇，占地约13.33公顷，是中国20世纪建成的最大的变电站之一。洪沟变电站由西南电力设计院设计，其中进站公路由自贡电力设计院设计，四川省送变电公司土建施工，湖南送变电公司电气安装，四川省电力监理公司监理，四川省500千伏超高压局及500千伏南段指挥部建设管理。

全站安装两台75万千伏安主变压器，该期安装1台；架设500千伏进线10回，该期7回；220千伏进线出线12回，该期6回；安装500千伏高压并联电抗器4组，该期3组，35千伏并联电容器8组，该期5组，并联电抗器8组，该期4组。500千伏采用一个半断路器接线，200千伏采用双母线单分段带旁路接线，500千伏采用断路器三列式中型布置，200千伏采用硬母线中型布置。

该工程的土建部分于1996年4月15日开工，1997年9月完工，电气安装于1997年9月8日开工，1998年4月20日竣工，1998年7月17日主变压器投入运行（见图2-2-3）。

图2-2-3 自贡洪沟500千伏变电站一角

（六）龙王站

龙王变电站坐落在成都青白江龙王乡，由四川二滩500千伏输变电工程建设管理局负责建设管理，由西南电力设计院设计、四川电力送变电公司施工，于1996年3月开工，

1998年7月19日建成投运。该站占地12公顷以上，投资近5亿元，是二滩电站电力送出工程枢纽站，在系统中的主要作用是向成都地区供电并进行无功补偿，解决系统稳定问题，是四川省“电力高速公路”的咽喉。

500千伏一次主接线采用3/2接线方式，2台日本东芝75万千伏安变压器，500千伏出线7回。为补偿无功，限制操作过电压，在自贡双回出线上分别并联1组俄罗斯高压电抗器，每组容量为160兆伏安。

500千伏线路配有两套快速独立保护，其中一套为南瑞公司生产的900系列，另一套为南自公司生产的600系列。

（七）南充站

南充500千伏输变电工程包括新建南充500千伏变电站一座，容量2×75万千伏安，一期1×75万千伏安；500千伏线路两条，分别为南充—洪沟线路225千米，南充—龙王线路250千米。

该站位于南充市高坪区东观镇境内，距南充市18千米，距东观2千米，占地8.53公顷，紧靠318国道，交通方便。其建设规模为主变压器2×75万千伏安，该期1×75万千伏安；500千伏最终出线10回，该期2回出线至龙王、洪沟变电站；220千伏最终出线14回，该期出线5回。

该工程建设单位为四川省电力建设（集团）公司，西南电力设计院承担初步设计，四川电力设计咨询有限责任公司承担施工图设计，由四川电力送变电建设公司施工，由四川电力工程建设监理有限责任公司进行监理。工程于2002年4月开工建设，预计于2004年5月28日投产运行。

该站建成后，将使500千伏线路通过龙王变电站、洪沟变电站、南充变电站形成第一个500千伏环网，对加强川渝电网，提高四川500千伏电网的安全稳定水平和供电可靠性具有重要作用。同时，经南充变电站与重庆万县变电站连接，即通过南充—万县500千伏线路，可形成“川电东送”的第二通道，以增强川东北电网消纳四川西部水电的能力。

二、“十五”待建500千伏输变电工程

（一）南万线（四川段）

南充—万县500千伏线路工程（四川段）是四川省电力公司计划于2004年进行的一个抢建项目。南万线路工程起于南充500千伏变电站，止于重庆万县500千伏变电站，线路全长208千米。其中四川段125.49千米，铁塔277基，途经南充市、岳池县、广安市、大竹县。按照国家电网公司要求，该工程希望于2004年6月底二滩洪水来临之前建成，以提高川电外送的能力，实现川电外送的第二通道，并进一步提高500千伏电网的安全稳定水平。

该工程建设单位为四川省电力建设（集团）公司，设计单位为西南电力设计院，施工单位为四川电力送变电建设公司和青海电力建设总公司，由四川电力工程建设监理有限责任公司和中国超高压输变电建设公司监理。

南充—万县500千伏线路工程受到国家电网公司和华中电网公司的高度重视。其四川段计划于2004年2月开工建设，6月底竣工，7月与重庆段同步投运。

（二）广南线

广安—南充 500 千伏线路工程是四川省电力公司的重要抢建项目。该线路工程起于广安电厂，止于南充 500 千伏变电站，途经南充市、岳池县、广安市，全长 63.14 千米，铁塔 144 基。按照计划必须于 2004 年 6 月底前建成投产，以满足广安电厂二期扩建工程于邓小平同志 100 周年诞辰前发电送出的需要。

该工程建设单位为四川省电力建设（集团）公司，设计单位为四川电力设计咨询有限责任公司，施工单位为四川电力送变电建设公司，监理单位为四川电力工程建设监理有限责任公司。

广安—南充 500 千伏线路工程计划于 2003 年 11 月开工建设，2004 年 6 月 11 日正式投运。

（三）江德线

江油—德阳 500 千伏线路工程是江油电厂扩建机组的送出工程，全长 82.602 千米，单回路架设，沿途经绵阳市的江油市、涪城区、高新区及德阳市罗江县 4 个行政区。共有铁塔 177 基，其中直线塔 141 基，直线转角塔 17 基，耐张塔 19 基。

该工程计划于 2004 年 12 月 8 日开工建设，2005 年 10 月 13 日竣工投运。工程由四川省电力建设（集团）公司（后更名为四川电力建设管理公司）建设，四川电力设计咨询有限责任公司设计，四川电力建设工程监理有限责任公司监理，四川电力送变电建设公司、贵州送变电公司施工。

该线路的建成能够将江油电厂扩建机组电力送入德阳，为德阳市社会经济的发展提供电力保障。在打通江油—德阳—龙王的 500 千伏通道后，龙王变电站 220 千伏出线线路过载情况将得到改善，能够减轻潮流迂回，降低系统损耗。同时，江油电厂通过江油—德阳 500 千伏线路为德阳变电站提供有力的电压支撑，可提高整个四川电网的安全稳定性。从长远看，江油—德阳 500 千伏线路将成为川西北 500 千伏环网不可缺少的组成部分。

（四）紫崇华线

紫坪铺—崇州—华阳 500 千伏输电线路新建工程起于都江堰市紫坪铺水电站，经郫县、温江区、崇州市、大邑县、新津县，止于双流县煎茶镇 500 千伏华阳变电站，所经地区地下水位高，线路交叉跨越频繁，人口众多，地方关系复杂，协调工作难度很大。

该线路全长 140.45 千米，共计铁塔 322＋6 基。其中，直线塔 269 基（含悬垂转角塔 38 基），耐张塔 53 基，使用 3 基换位塔（N51、N174、N265），实现 1 个全循环换位。

根据《紫坪铺水电站接入系统报告》，紫坪铺水电站总装机容量为 4×19 万千瓦。预计于 2005 年投入第一台机组，2006 年 4 台机组全部建成投产，新建的紫坪铺—华阳 500 千伏输电线路可满足紫坪铺水电站全部电力送出的需要。

成都市是四川省省会，是四川电网的主要负荷中心。根据规划，在 2008 年左右，围绕成都地区负荷中心将形成彭州、崇州、华阳、龙王、德阳的 500 千伏环网，彭州—崇州—华阳 500 千伏输电线路是形成成都环网之西南部环网的重要组成部分。因此，紫坪铺—华阳 500 千伏输电线路的建设对成都环网的初期建设和远景适应性都具有重要意义。

该工程计划于 2004 年 11 月 15 日开工建设，2005 年 10 月 16 日竣工投运。工程建设单位为四川省电力建设（集团）公司（后更名为四川电力建设管理公司），设计单位为四川电力设计咨询有限责任公司，监理单位为四川电力建设工程监理有限责任公司、中国超高压输变电建设公司和四川赛德工程监理有限责任公司，施工单位为四川电力送变电建设公司和云南省送变电工程公司和黑龙江省送变电工程公司。

（五）德阳站

德阳500千伏变电站新建工程选址于德阳市罗江县万安乡石龙村，北距罗江县城3公里，工程占地共11.73公顷（其中新建1.87千米进站公路，占地3.36公顷）（见图2-2-4）。工程规模方面，变压器容量3×75万千伏安，该期1×75万千伏安；500千伏出线最终10回（至龙王、南充、茂县、彭州、江油各2回），该期3回；220千伏出线最终12回（至茂县2回、孟家2回、五里堆3回、古城1回、中江2回、万安2回），该期8回。该期工程500千伏规划由南龙线π接和江德线接入该站。220千伏部分向万安变电站、五里堆变电站、孟家变电站下负荷。

图2-2-4　建设中的500千伏德阳变电站一角

该工程计划于2004年9月13日开工建设，建设单位为四川省电力建设（集团）公司（后更名为四川电力建设管理公司），设计单位为西南电力设计院，监理单位为四川电力建设工程监理有限责任公司，施工单位为四川电力送变电建设公司。

该工程计划于2005年5月31日竣工，2005年8月2日投运。它的建成将贯通川东及川西的500千伏环网，对增强川东北电网消纳四川西部水电的能力具有重要作用，是继南充500千伏输变电工程之后的又一骨干枢纽变电站。它将提高四川500千伏电网的安全稳定水平和供电可靠性。

（六）华阳站

华阳500千伏变电站选址于成都市双流县煎茶镇。主变压器该期容量为2×75万千伏安，远景3×75万千伏安。500千伏出线为该期3回，分别至龙王、洪沟、思蒙各1回，远景规模8回，分别至龙泉、崇州、思蒙各2回，备用2回。220千伏出线为该期8回，远景 14 回。华阳 500 千伏变电站规划该期 π 接进入洪沟—龙王西线 500 千伏线路，同时新建华阳—思蒙 500 千伏线路 1 回（全长 63.229 千米）。

按规划，华阳 500 千伏变电站工程和华阳—思蒙 500 千伏线路工程分别于 2004 年 8 月、2004 年 12 月开工建设，变电站于 2005 年 9 月投运，华阳—思蒙 500 千伏线路于 2005 年 12 月投运。工程由四川省电力建设（集团）公司（后更名为四川电力建设管理公司）建设，四川电力设计咨询有限责任公司设计，四川电力建设工程监理有限责任公司监理，四川电力送变电建设公司施工。

华阳 500 千伏输变电工程的建设对分担龙王变电站负荷，减轻成都地区南部电网的供电压力，满足成都地区电力需求，提高成都电网供电安全可靠性将起到积极作用。该工程的建设还有利于今后成都 500 千伏环网的形成。

第三章　城乡电网建设与改造

四川电网因建设资金长期投入不足，电网建设严重滞后，网架薄弱、设备陈旧、中低压配电网过载，形成电网“卡脖子”现象，供电可靠性不高。这不仅影响四川省的国民经济发展和人民生活日益增长的需求，同时也影响了电力市场的发育与开拓，这一问题直到“八五”计划期间仍然未能引起高度重视。如四川省电力工业局系统在“八五”计划期间的电源和电网建设项目总投资为81亿元，而其中电网投资仅9.7亿元，占12%。到“九五”计划期间，随着二滩电站的建成投产，电网建设问题才被提上决策者的重要议事日程，并以前所未有的速度向前发展。电力建设者们及时抓住“两改一同价”的改革契机进行了大规模的城农网建设和改造。

第一节　城市电网建设与改造

四川省电力工业局（公司）针对四川电网存在的问题，在“九五”计划期间，抓住二滩水电站建设和国家要求加大城乡电网建设与改造力度的机遇，决心加大投入，尽快完善电网。省电力工业局（公司）将“九五”计划期间280亿元电力建设投资的65%，即182亿元投入到电网建设与改造工程，所投资金比“八五”计划期间净增18倍。

四川省大规模的城市电网建设与改造（简称城网改造）是在1998年底正式启动的，重点是改造110千伏及以下输配电网络。要求110千伏变电站双电源供电，城网接线力求标准化、简单化，对负荷密集的城市中心变电站使用部分电缆出线，无功补偿按分层分区就地平衡原则进行，城网变电站电压调整根据补偿电容器和调压开关配制情况自动调整，使电压波动在允许范围内。110千伏变电站按综合自动化实施，并逐步做到一户一表。总的目标是，在城网改造完成后，用电量将在1997年的基础上增长15%；配电网络可靠率将达到99.9%，在大城市中心区达到99.99%；电网容载比提高到1.8～2.1之间，大城市达到2～2.1之间；城市综合线损率降低到6%，年节约电量约1.03亿千瓦·时；供电电压合格率达到98%，大力改善城市供电条件。

一、城网建设与改造的项目和内容

根据国家计划安排，省电力公司城网改造工程包括16个项目，涉及17个地级市，总投资64.34亿元。工程主要内容包括：新建220千伏变电站4座，增容60万千伏安；改扩220千伏变电站3座，增装变压器60万千伏安（淘汰高耗能变压器33万千伏安，净增27万千伏安）；新建220千伏线路49.55千米，其中电缆7.5千米。新建110千伏变电站71座，增容421.25万千伏安；改扩110千伏变电站48座，增装变压器189.2万千伏安（淘汰高耗能变压器50.01万千伏安，净增128.26万千伏安），新建110千伏线路1004.2

千米，其中电缆62千米。新建35千伏变电站8座，增容11.06万千伏安；改扩35千伏变电站1座，增装变压器1.12万千伏安（淘汰高耗能变压器0.32万千伏安，净增0.81万千伏安）；新建35千伏线路161千米，其中电缆3.21千米。增装10千伏配电变压器5405台，增容177.25万千伏安，淘汰高耗能配电变压器3.126万千伏安。新建或改造10千伏线路4722千米，其中电缆867千米，0.4千伏线路4115千米，其中电缆605千米。35千伏及以上变电站新增无功补偿容量77.21万千伏安，新增低压无功补偿容量10.83万千伏安。一户一表工程81.13万户，以及调度、通信、自动化（含营销自动化系统）及变电站老旧设备改造工程项目等。

二、城网建设与改造的管理

（一）组织领导与规章制度

四川省电力公司党政高度重视城网建设与改造工程，切实加强组织领导，理顺关系，明确职责。成立了以总经理为组长的省电力公司城网建设与改造工作领导小组，各电业局成立了相应领导小组，主要领导亲自抓，分管领导全力抓，各相关部门全力配合，切实做好城网建设与改造工作的领导和协调，从组织上保证了改造目标计划落到实处。四川省电力公司为城网项目总业主，委托各电业局代表省电力公司行使当地供区城网项目的业主职责。省电力公司下达任务后，各电业局再分解下达，层层落实相关责任，加大日常管理，切实推动工作开展。为了工作的顺利实施，省电力公司坚持每月召开一次城乡电网建设改造工作调度协调会，及时解决存在问题，检查督促各单位完成情况。同时，省电力公司及时制定了《四川省电力公司城市电网建设改造管理办法》、《城网改造物资招投标采购管理办法》、《城网改造物资招投标采购实施细则》、《四川省电力公司城网建设与改造工程管理与工程验收规范》、《四川省电力公司城网建设改造项目竣工验收办法》等一系列管理办法和实施细则，从制度上保证了城网建设与改造工作有“法”可依。图2-3-1所示为四川送变电建设公司职工正在进行500千伏变电站导管安装施工的场面。

图2-3-1 四川送变电建设公司职工正在进行500千伏变电站导管安装施工

（二）工程造价与质量保障

为了合理控制城网建设与改造的建设成本，按照基建程序规定，省电力公司严格执行“五制”，强化工程管理，要求从设计、施工、设备采购、竣工验收等各个环节实行全过程监督，对安全、质量严格把关，并把责任加到监督工作中去。按照国家电力公司的要求，四川省电力公司制定了工程质量月报制度、责任人公示制度，要求各建设单位每月按期报出有监理部门认定的工程质量月报。严格控制工程造价，节约工程投资，把好每一个建设关口，坚持将初步设计审批概算作为项目的最高投资限额，不得突破，不得调概。严格招投标、合同管理。对城市电网项目中的主要设备和材料，省电力公司根据工程进度分期分批实行集中招标采购，以发挥批量采购的价格竞争优势。为了杜绝不公平竞争，对大批量物资的采购均成立临时招标领导小组，招标领导小组成员一次一定，本着公平、公开、公正、合理的原则，严谨、客观地确定中标单位。同时，为加快招投标进度，对邀请招标的项目要求 10 天完成，对公开招标的项目要求 30 天完成。此外，除根据工程进度分期分批实行集中招标采购、发挥批量采购的价格优势外，对情况特殊的项目进行单独招标，以确保建设进度。

（三）资金管理与审计制度

在不违背基本建设程序的前提下，在国家计划未到达前，省电力公司对城网改造工程实行了项目预安排与预付资金制度，并严格按工程进度拨付建设资金，坚持城网建设与改造资金专户存储、专款专用，严禁与企业的经营资金和生产资金混存混用。同时加大审计监督力度，对虚报投资完成、虚列建设成本、隐匿结余资金，转移、侵占和挪用建设资金等除限期收回外，另视其情节轻重对有关责任人员给予处分。通过这些措施，确保用好城网建设与改造资金。

三、城网改造的成效

城网改造后时间虽然不长，但是已经初见成效。由于城市供电质量有了保障，1999 年全省城市家电销售额比上年同期增长 20%以上，特别是一些高耗能的电器产品，如空调、电磁炉、电取暖器、大容量电热水器等销售量不断上扬。1999 年仅成都、绵阳、德阳、乐山、眉山地区的用电量已经占全省用电总量的 53%以上。用电量的迅速增长，有力地促进了电力企业效益的提高。在电力走向买方市场的情况下，加快城网建设与改造可谓是一项既有利于企业、又有利于社会的“德政工程”。

通过全体电力职工的共同努力，2002 年，城网改造工程全部结束。在几年城网建设改造的工作中，省电力公司和各电业局积极配合，制定办法，共同克服了许多困难，除个别特殊项目外，基本上完成了建设改造任务。截至 2002 年 12 月底，累计完成投资 63.63 亿元，占计划总投资的 98%。完成建设和改造 220 千伏变电站 6 座，容量为 120 万千伏安（净增 99 万千伏安），线路 49 千米；110 千伏变电站 118 座，容量为 602 万千伏安，线路 970 千米；低压配电变压器 6247 台，容量为 264 万千伏安；低压线路 11291 千米；“一户一表”65 万户及调度、通信、自动化系统；老旧设备改造工程等。

经过城网改造的成都、绵阳、德阳、乐山、眉山地区随着电网的日渐完善，工厂不再停工待电，大量居民住宅小区和高层建筑都保证了十年不落伍的用电水平，配合市政工程建设，长期矗立街头的电线杆已开始让位于地下电缆，城市开始变得更加整洁、美观。仅 2002 年，四川省全社会用电量比上年增长 70.94 亿千瓦·时，增长率为 12.03%，其中城乡居民生活用电比上年增长 12.32 亿千瓦·时，增长率为 11.95%。城市电网建设与改造的效果正在逐步体现。通过改造，电网网架得到加强，城市配网大大改观，增加了供电能力，降低了损耗，提高了供电质量和可靠性，改变了配电网“卡脖子”的局面，促进了用电量的较大增长。

第二节　农村电网建设与改造

四川省是一个经济发展相对缓慢的地区。为了支持农村经济发展，在国家正式布置农村电网建设与改造之前，四川省从20世纪90年代中期就已经开始实施电力扶贫与农村电网建设改造。

为了加强农村电网管理，四川省电力工业局于1991年11月成立农电局，专门负责对全省农电工作进行行业管理，并负责管理国家电网覆盖范围和国家电网趸售及代管联营地区的农村电力工作。各地电业局成立了农电处（局），履行辖区内的农电管理职能，各县（市、区）供电局根据当地实际情况，分别设立相应的农电管理机构。乡镇则通过整顿，建立健全了农村电管站。

为了改变农村电网建设滞后的状况，减轻农民的电费负担，四川省从20世纪90年代中期展开的农村电网建设与改造工程着重实施电力扶贫，提高农民用电水平，改善人民群众生活。“十五”期间农村用电实现了三公开（电量公开、电价公开、电费公开），四到户（销售到户、抄表到户、收费到户、服务到户），五统一（统一电价、统一发票、统一抄表、统一核算、统一考核）管理。农村用电基本杜绝了“人情电、关系电、权力电”现象。

四川省农村电网有三种类型：一是国家电网直供区，即省电力工业局所属农村电网；二是地方市、县电力公司直供区，即地方电网；三是地方小水电自发自供自用区的小型农村电网。

这里记叙的农村电网建设与改造，主要是省电力工业局（公司）管辖的国家电网直供区。

一、总体规划

1998～2002年，四川省电力工业局（公司）共计投资72.75亿元用于农村电网建设与改造工程，其中一期农网建设与改造投资42.75亿元，二期农网建设与改造投资30亿元，对农村高、中、低压电网进行了大规模的改造，计划使农村电网改造入户率达到85%，受益面达到95%以上。工程建设内容为：新建及改造110千伏变电站44座，容量138万千伏安，110千伏线路739.30千米；35千伏变电站180座，容量91.40万千伏安，35千伏线路1852.5千米；10千伏线路40486千米，低压线路236131千米，10千伏配电变压器45365台，容量232.70万千伏安；低压无功补偿装置10.15万千伏安，县调自动化系统37个。工程涉及18个市州、103个县（区、市）的25332个行政村的农村电网改造。

其中，2002年省电力公司系统第二期农网改造工程完成投资29.86亿元，基本完成了计划投资（30亿元）；累计建成35千伏变电站60座，容量16.31万千伏安，35千伏线路1450千米；10千伏线路34694千米，低压线路281209千米；更新高能耗配电变压器26637台，容量112.03万千伏安；改造配电台区33272个；农村户表改造1259万户。图2-3-2和图2-3-3所示为绵阳电业局和德阳电业局职工进行农村电网建设与改造。

图2-3-2 绵阳电业局职工进行农村电网建设与改造施工

图2-3-3 德阳电业局职工在农村电网建设施工中

二、完成项目

为了解决长期以来由于农村电网建设滞后而存在的线路卡脖子问题，提高农村电网供电能力，1991～1996年，四川省电力工业局在直供的农村电网中投资达6.99亿元（其中省电力工业局安排4.80亿元，各电业局和地方自筹2.18亿元），新建和改建35千伏变电站97座，10～35千伏输电线路5491千米，低压配电房5382个，400伏低压线路2万千米。到1996年底，全省直供农村共有10～110千伏高压线路5.46万千米，低压线路32.73万千米，35～110千伏变电站304座，主变压器容量525.48万千伏安。直供乡通电率为100%，村通电率为99.85%，户通电率为99%。到1996年底，县及县以下供电量达到140.30亿千瓦·时，比1990年的73亿千瓦·时增长92.19%。

1997年，四川省电力工业局进一步加大对农村电网建设与改造的投入，加强农村电网建设与改造工作。当年共安排农网技改项目52项，投入资金1.178亿元［其中，省电力工业局（公司）补助3625万元，各电业局和地方自筹7480万元］。建成（含续建）35千伏变电站19座，新增35千伏变压器19台，变电容量8.565万千伏安。同时还完成了5个变电站的增容改造，新增主变压器5台，变电容量2.375万千伏安。改造35千伏线路7条，新架35千伏输电线路178千米；改造10千伏配电网络39项，长度为523千米。完成了荣县、威远、隆昌、梓潼、通江、广汉供电局35千伏常规变电站改无人值班变电站的大部分工作。建成并验收合格井研县、新都县、绵竹市为“农村电气化县”。为了加快电力扶贫工程，实现国家电网直供范围内村村通电目标，在当年还安排了电力扶贫资金1119.54万元（省电力工业局补助507.73万元，各电业局补助181.51万元，地方筹集430.30万元），新建10千伏线路154.14千米，380伏、220伏线路765.63千米，安装配电变压器60台，变电容量2190千伏安。

1998～2002年12月底，四川省电力公司累计完成第一、二期农网建设与改造投资73亿元。新建与改造110千伏变电站46座，容量为145.4万千伏安，110千伏线路778千米；35千伏变电站181座，容量为92.2万千伏安，35千伏线路1635千米；10千伏线路37832千米，低压线路225409千米；低压无功补偿装置10.2万千伏安，更换高能耗配电变压器15370台，容量为66.6万千伏安，新装配电变压器30721台，容量为174.9万千伏安；改造配变台区46734个，建成县调自动化系统37个，完成农村户表改造974万户。使四川省电力公司所辖农村农户改造到户率达88.3%，农户受益面达95%以上，实现了直供区农村生活照明用电同网同价。

一期农网改造投资42.7503亿元，二期农网改造投资30亿元，于2002年底完成全部投资计划。四川省电力公司2002年底完成投资情况详见表2-3-1。

表2-3-1　四川省电力公司2002年底完成投资情况

分类	110千伏变电站（座）	110千伏线路（千米）	35千伏变电站（座）	35千伏线路（千米）	10千伏线路（千米）	低压线路（千米）	10千伏配电变压器（台）
合计	44	739.3	180	1852.5	40486	236131	45365
“九五”期间	25	694	77	1015	23155	40491	20759
2001年	19	45.3	103	837.5	9857	28146	14646
2002年					7474	167494	9960

三、农网改造取得的成效

通过农网建设与改造工程的实施，四川省电力公司农网装备技术水平得到大幅度提高，取得良好的经济社会效益。农村供电网架得到加强，供电可靠性、供电质量得到提高。

（1）农村用电量有较快的增长。农村电网建设与改造，加强了农村电力基础设施建设，促进了农村经济的繁荣与发展，加快了农村小城镇建设，提高了农村居民的生活水平，丰富了农村文化生活，培育了农村电力市场，促使农村用电量有较快的增长。

由于农村电网经过改造后供电能力和电能质量有较大的提高，电力排灌设备、农副加工设备和家用电器大量增加，促进了农村生产生活负荷和用电量的快速增加。根据省电力公司有关统计数据，2002年县及县以下用电量为247.41亿千瓦·时，比1998年增长了55.91%，年均增长率11.74%；2002年农村用电量为84.16亿千瓦·时，比1998年增长了40.38%，年均增长率为8.85%；2002年农村居民生活用电量为32.46亿千瓦·时，比1998年增长了74.80%，年均增长率为14.98%。

（2）大幅降低了农村到户电价。降价主要分为三个阶段：第一阶段一期农网建设与改造完成后，省电力公司农村电网平均到户电价较改造前每千瓦·时降低了0.15元，每年可减少农民电费支出3亿元；第二阶段从2002年5月1日起，对农村居民生活电价执行0.8元/千瓦·时的最高限价，一年可减轻农民电费支出0.5亿元；第三阶段从2002年12月10日起，四川省电力公司5个直供县（其中包括22个交叉供电县的直供区）的农村居民生活到户电价统一同价为0.463元/千瓦·时，每年又可减少农民电费支出3.4亿元。与1998年前相比，经农网改造后在省电力公司供电范围内每年至少可减少农民电费支出6.9亿元。

（3）改善了农村基础设施，促进农村经济发展。通过五年实施改造农村电网、改革农村供电管理体制，提高了农村电网可靠性，降低了农村电价，改善了广大农村的投资环境，使农副产品加工、乡镇企业等得到发展。仅以成都市新都区大丰镇为例：农网改造后，来该镇投资办厂的就多达30余家，为促进经济发展起了巨大作用，同时也促进了电力消费的增长。图2-3-4所示为自贡电业局开展农网建设与改造。

（4）适应了农民消费需求，拉动了相关产业的发展。农网改造不仅促进了机械、电子、建材等相关产业的发展，拉动经济增长，也使大量家用电器及加工机械进入农村，仅直供农村用电设备就由1999年的693万千瓦突增至2000年的853.1万千瓦，增长23%。

图2-3-4 自贡电业局开展农网建设与改造

（5）大幅提高农村电网的供电可靠性和电能的质量。经过一、二期农网建设与改造，四川省电力公司农村电网的网架得到加强，电网布局趋于合理，各电压等级的线路供电半径过大的情况得到明显改善，末端用户的供电可靠性和电能质量显著提高，供电可靠率从改造前的90.5%提高到99.8%，电压合格率从改造前的85.4%提高到95%。

（6）有效降低了农村电网的线损率。四川省电力公司在农村电网建设与改造中，按照“小容量、密布点、短半径”的原则，使线路供电半径、导线截面、配电变压器布点及无功补偿装置等均根据负荷情况基本合理配置，并通过加强管理、严查窃电、厉行考核，农村抵押综合线损率由改造前的23%下降为14%左右。

四、农村电网存在的主要问题

（1）农村电网薄弱，生产运行管理体系不健全，农电安全工作压力很大。四川省电力公司农村电网经过历次改造，已较过去取得了巨大的进步，然而由于基础太差，点多面广，目前尚有相当部分设备健康水平不容乐观，安全隐患为数不少。同时，目前还没有建立一个长期、常态的农村电网发展投资机制，农网建设和维护资金不足，常有设备缺陷不能及时处理的情况发生。

（2）农电基础管理工作亟待提高。农电系统存在基础资料、基础台账不完备、不准确的情况，给加强农电管理、规划农电发展、合理安排投资等带来了很大困难。

（3）农村集体、个人电力资产产权和管理的关系没有理顺。农村乡及乡以下的非省公司所有的电力资产产权关系复杂，具有点多、面广、量大、年久失修的特点。虽然这部分资产的产权还没有履行法定程序移交供电企业，但事实上供电企业已经承担了对其运行维护的管理责任。由于缺乏足够的资金进行运行维护，供电企业的管理并未真正到位，导致供电能力不足，电能质量较差，安全事故时有发生。

(4) 城乡用电未完全同价，部分地区矛盾突出。随着省公司直供区城乡居民生活同价后，代管、控股单位与直供区用电不同价、直供区其他类别用电不同价的矛盾更加尖锐，给供电企业的生产经营带来诸多问题，有的地区用电客户甚至以此作为拒交电费的理由。

(5) 农电人员身份尚不明确，薪酬制度有待完善，原电管站的遗留问题还未完全解决。目前农电人员的薪酬、待遇偏低，与其所承担的工作量和责任不相适应。原乡镇电管站发生的债权、债务及落聘村电工的处理等遗留问题未完全解决。

第三节 两改一同价

“两改一同价”，即改造农村电网，改革农村电力管理体制，降低农村电价，最终实现城乡用电同网同价的目标。

四川电网的“同网同价”工作是紧密结合城乡电网建设与改造进行的。1999 年，四川省电力工业局根据国家对“两改一同价”工作的部署，在大力加强城乡电网建设与改造的同时，加大农电工作的力度，理顺地方供电企业与省电力工业局和县供电局与乡（镇）电管站的关系，积极做好“同网同价”工作。到 1999 年底，省电力工业局已经对全省 35 个县（市）的电力公司实行了代管（联营），并根据国家有关规定制定下发了《四川省电力工业局（公司）趸售县电力公司代管（联营）办法的实施细则》，进一步规范和加强了对已代管（联营）县（市）电力公司的管理。成都、德阳、泸州、广安、达县等电业局所属的部分供电局已将 66 个乡（镇）电管站改为 56 个供电所，为“同网同价”打下了基础。为了更好地开展“同网同价”工作，在农电体制改革和实施农村电网改造过程中，加强了农村电价管理。省电力工业局在与省物价部门共同深入农村调查的基础上由四川省物价局制定下发了《关于加快城乡电网同价进度、规范农村电价管理及测算工作的意见》，到 1999 年末，已有绵阳、德阳、成都、乐山（部分）、南充、达川、泸州、攀枝花、广安、巴中、广元等电业局的“一县一价”方案经省物价部门批准正式执行。2000 年其余地区也基本实行“一县一价”要求。

“两改一同价”是农电工作“三为”服务的中心内容，只有进一步深化电力为农业、为农民、为农村经济发展办实事，真正减轻农民的生活用电不合理负担，才能进一步将“同网同价”工作做好，所以四川省电力工业局始终将“三为”服务达标工作放在农电工作的重要位置来抓。到 1999 年底，全局共有 57 个供电局的电力“三为”服务活动达到部颁标准，9 个供电局达到省局标准。“三为”服务活动的深入开展又有力地推动了“同网同价”政策的落实。图 2-3-5 所示为宜宾电业局开展“两改一同价”的宣传活动。

四川省电力公司系统各单位推进城乡电网同价工作的三个阶段在本章第二节中已有叙述，通过这些措施，实现了直供范围内城乡居民生活用电同网同价的目标。这一目标的实现，标志着省公司系统“两改一同价”工作经过广大干部职工历经5年的艰苦努力，取得了阶段性的成果，宣告了直供农村几十年来困扰广大农民不合理的生活电价体系的结束，表明了电力企业贯彻电力“三为”服务宗旨的决定决心，有力地论证了“两改一同价”这一“德政工程”、“民心工程”具有的现实意义和深远的历史意义。就省公司直供范围内，农村居民生活用电与1998年实施“两改一同价”前相比，一年可减少农民生活用电支出6.9亿元，充分体现了“两改一同价”的现实意义。

与此同时，四川省电力公司积极研究直供区城乡居民用电同网同价后所面临的新问题，按照国家相关政策规定，及时制定出台了《四川省电力公司直供农村供电所运行维护费管理办法》，保证了直供农村供电所的稳定和正常运营，奠定了进一步深化乡镇农电体制改革的基础。

图2-3-5　宜宾电业局开展“两改一同价”宣传活动

第三篇　规 划 与 设 计

第三篇　规划与设计

四川省的电力发展规划由四川省计划委员会（发展改革委员会）和水利电力部（能源部、电力部、国家电力公司）负责制定，委托西南电力设计院作全省电力规划（火电、电网），中国水电顾问集团成都勘测设计研究院作全省水电规划，四川省水利水电勘测设计研究院作水利水电规划。各电力建设单位根据本系统、本单位建设的需要分别委托设计单位作单项电力规划。四川省电力规划根据国家和四川省经济建设近期和长远发展目标分别制定出全省电力五年计划、十年规划、十五年远景规划。“九五”计划期间，全省发电装机规模迅速扩大，年增长率达到12.5%，电网建设也随之快速发展。电力规划与设计工作在电力发展中起到了重要的作用。

四川省的电力设计单位主要有西南电力设计院、中国水电顾问集团成都勘测设计研究院、四川省水利水电设计研究院、股份制设计单位四川电力设计咨询有限公司、民营设计单位四川省清源工程咨询公司，以及各地区电力设计院、所（公司）。这些单位共同组成了一支活跃在全省广大城乡的电力勘测设计队伍，分别完成不同等级的电力勘测设计任务。

1991～2002年，四川省电力规划设计发展变化很大，特别是国家的改革开放政策给设计院注入活力，从计划经济到市场经济转型，体制不断创新，转换内部机制，加强技术储备和参与国内国际市场竞争，设计能力有了很大提高。水电设计方面，1000万千瓦级巨大型水电站、300米量级以上世界最高坝、单机容量70万千瓦机组、超大型地下洞室群、超深覆盖层筑坝、狭窄河谷大容量消能等项设计体现了中国水电设计的最高水平，一些设计技术处于世界领先地位。火电设计方面，在20万千瓦、30万千瓦机组建设设计的基础上，发展到了60万千瓦机组、100万千瓦机组建设设计。电网设计方面，220千伏线站设计早已是成熟技术，在500千伏超高压线站设计积累了丰富经验的基础上，正着手±800千伏、1000千伏交流、直流特高压的设计研究。核电设计也已经起步。设计手段从手工绘图发展到全部用电脑计算设计绘图、三维动画演示，实现了无纸化办公。

第一章　规划与前期工作

四川省电力规划由四川省计划委员会（发展改革委员会）负责制定，委托西南电力设计院、中国水电顾问集团成都勘测设计研究院按照全省经济发展计划负责编制全省火电、水电电源建设和电网建设规划方案，由设计院和建设业主承担建设前期工作。

第一节　电　力　规　划

一、“八五”、“九五”计划的制定与执行

“八五”计划初，中共四川省委、省政府根据中共十三大精神，结合四川省的实际情况，制定国民经济发展规划。至2000年主要经济目标如下：

（1）人口数量控制在1.2亿人左右。

（2）国民收入达到1800亿元，人均1500元，接近全国平均水平。

（3）国民生产总值达2150亿元，社会总产值达到3000亿元。

（4）主要产品产量。钢产量达1000万吨，钢材和生铁分别达850万、950万吨，水泥2300万吨，合成氨、化肥和烧碱分别达到285万、280万、65万吨，生产原煤8200万吨，粮食4800万吨。

根据全省国民经济发展目标，在对各厅、局现有主要产品、产量、用电水平及发展规划进行调查、核实的基础上，预测1990、1995、2000年全省用电水平及火电电源装机规划分别详见表3-1-1和表3-1-2。

表3-1-1　　四川省1990、1995、2000年用电水平

项　目	单　位	1990年	1995年	2000年
发购电量	亿千瓦·时	390	570	820
发电负荷	万千瓦	640	935	1345

表3-1-2　　四川省1990、1995、2000年火电电源装机规划

项　目	单　位	1990年	1995年	2000年
火电装机容量	万千瓦	450.95	635.4	710.5

1990年全省（含重庆市）火电实际装机容量为406.14万千瓦，比规划装机容量少44.81万千瓦；全社会用电量为345.65亿千瓦·时，比规划用电水平少44.38亿千瓦·时。

1995年全省全社会（含重庆市）火电实际装机容量为469.1万千瓦，比规划装机容量少166.3万千瓦；全社会用电量达454.43亿千瓦·时，比规划用电水平少115.57亿千瓦·时。

5年间，火电装机新增容量为62.96万千瓦，年均增加容量为12.6万千瓦；全省用电累计增加108.78亿千瓦·时，用电量年均增长为5.62%。

1997年3月第八届全国人民代表大会第五次会议批准将重庆设立为中央直辖市，使四川省省情发生重大变化，全省人口减少了27%，幅员减少了14.5%，耕地面积减少了26.3%，国内生产总值减少了29%。

四川省在川渝分开后，重新制订了经济和社会发展规划。规划对新四川全省到2000年的经济和社会发展提出的目标如下：

人口数量控制在8580万人左右；国民生产总值达4034亿元，人均GDP达4700元；

城市居民收入达到5000元，农民纯收入达1850元；一、二、三产业的产业结构由1995年的26.17：44.61：29.23转变为21：47：32；钢产量达655万吨，化肥（折纯）产量达240万吨，彩电600万台，粮食3650万吨以上。

按照国民经济发展规划，结合用电负荷的快速增长，通过电力市场现状调查、分析，预测四川省2000、2005、2010、2020年全省用电量水平详见表3-1-3和表3-1-4。

表3-1-3 四川省2000、2005、2010、2020年用电负荷预测

项 目	单 位	2000年	2005年	2010年	2020年
用电量	亿千瓦·时	617	853	1115	1770
最高发电负荷	万千瓦	1030	1450	1925	3100

表3-1-4 四川省2000、2005、2010、2020年火电电源发展规划

项 目	单 位	2000年	2005年	2010年	2020年
火电装机容量	万千瓦	566.4	746.5	906	1356

“九五”计划期间，全省装机规模迅速扩大，年均增长率达到12.5%，使长期存在的严重缺电局面得到了根本改变，消除了电力对国民经济和社会发展的“瓶颈”制约。四川省电力资源出现了过剩，但这种过剩是在低用电水平下的、结构性的、暂时的过剩。

“九五”计划期间新增发电装机主要集中在1998年和1999年，1998年比1997年增加15.61%，1999年比1998年增加24.67%。5年内新增水电发电装机容量623.49万千瓦，新增火电为139.91万千瓦。

截至2000年底，全省装机容量达到1709.8万千瓦，其中水电1100.8万千瓦，火电609万千瓦，比原规划装机容量多42.6万千瓦。全省发电量为556亿千瓦·时，外送电量35亿千瓦·时，省内用电量为521亿千瓦·时。

进入“九五”计划时期，由于亚洲金融危机爆发，在一定程度上影响了中国经济的发展，加上产业结构调整的步伐加大等因素，四川省全省用电量的增长出现较为特殊现象。1997年用电量增长速度减缓，1998年用电量出现负增长，并跌至谷底，1999年用电量开始回升，基本回到1997年用电水平，2000年全省用电量增长率达到了两位数。国际国内的大环境的影响，是“九五”时期全省用电水平低于预测水平的主要原因之一。

“九五”计划期间，随着二滩电站的建成，四川500千伏电网于1996年建成四川洪沟—重庆陈家桥500千伏线路（220千伏降压运行），四川省境内线路500千伏长度为55.27千米。1997年二滩电站开始投产，二滩输电系统相继建成了二滩—昭觉—洪沟3回500千伏线路、二滩—石板菁500千伏线路、洪沟—龙王同杆2回500千伏线路，以及洪沟—陈家桥（重庆）500千伏线路，形成“Y”状的500千伏结构，四川电网电压等级升高为500千伏。截至2000年底，四川电网有500千伏变电所2座、500千伏开关站1座，500千伏变电容量225万千伏安，500千伏线路共10条，长度1881千米。

二、“十五”计划的制订与执行

进入21世纪，随着国家“西部大开发”和“西电东送”能源战略的逐步实施，为四

川省的经济发展带来了难得的历史机遇。省政府按照实现四川省经济和社会追赶型、跨越式发展总体目标的要求，提出“十五”计划时期四川省经济社会发展的总体目标是建成西部经济强省和长江上游生态屏障，经济社会协调发展，努力实现新的跨越。

具体目标如下：

国内生产总值年均增长速度为8%以上，计划到2005年按2000年价格计算的国内生产总值达到5890亿元以上，第三产业增加值比例调整为20：44：36，就业比重调整为53：18：29。城镇化水平年均提高1个百分点，2005年达到24%左右；全社会研究与开发经费占国内生产总值的比例提高到1.5%；初中毛入学率达到90%，高中阶段教育毛入学率达到70%，高等教育毛入学率达到15%；生态环境明显改善，5年初见成效，10年大见成效；城镇居民人均可支配收入实际年均增长5.5%，农民人均纯收入实际年均增长3.5%，分别达到7700元和2300元左右；人口自然增长率控制在7‰以内。

四川省政府从四川省的实际出发，将水电确立为四川省的支柱产业，充分发挥四川省水能资源的优势，加快水电支柱产业发展，抓住“西电东送”机遇，在立足省内电力市场的同时努力开拓省外电力市场，实施“川电外送”战略，使四川省的水电不仅为全省的经济社会发展提供强有力的支撑，而且也参与全国的一次能源平衡，逐步把四川省建成全国的水电能源基地。

上述目标的实现，对电力的发展提出了新的要求，四川省“十五”期间的电力发展必须满足全省经济社会发展的需要，为实现全省“十五”经济社会发展目标提供强有力的支撑。

按照四川省的发展目标，四川省“十五”和“十一五”的负荷需求预测结果见表3-1-5和表3-1-6。

表3-1-5 四川省2000、2005、2010年电力负荷需求预测结果

等级	项目	2000年	2005年	2010年	年均增长率（%）	
					“十五”	“十一五”
高水平	全社会用电量（亿千瓦·时）	521	766	1152	8.0	8.5
	人均电量（千瓦·时）	620	860	1250	6.8	7.8
	最大负荷（万千瓦）	930	1370	2060	8.1	8.5
中水平	全社会用电量（亿千瓦·时）	521	731	1076	7.0	8.0
	人均电量（千瓦·时）	620	821	1170	5.8	7.3
	最大负荷（万千瓦）	930	1310	1920	7.1	8.0
低水平	全社会用电量（亿千瓦·时）	521	697	978	6.0	7.0
	人均电量（千瓦·时）	620	783	1060	4.8	6.2
	最大负荷（万千瓦）	930	1250	1750	6.1	7.0

表3-1-6 四川省2000、2005、2010年火电电源规划

项目	单位	2000年	2005年	2010年
火电装机容量	万千瓦	609	846	1194

进入“十五”时期后，全省经济快速发展，全省电力需求也以每年10%以上的速度快速增长，电源建设也得到长足的发展。预计到2005年全省装机达2295.88万千瓦。其中，水电装机1494.85万千瓦，火电装机801.03万千瓦。全省发电量1017亿千瓦·时，全省用电量达944亿千瓦·时，外送电量96.786亿千瓦·时。“十五”前两年四川省全省实际用电水平及电源装机详见表3-1-7。

表3-1-7　四川省“十五”计划前两年电源装机及用电统计

项　目	2000年	2001年	2002年
装机容量（万千瓦）	1709.8	1747.6	1799.6
水电装机容量（万千瓦）	1100.8	1135.8	1185.5
火电装机容量（万千瓦）	609	586.88	614.2
水电实发电量（亿千瓦·时）	369.05	428.38	456.3
火电实发电量（亿千瓦·时）	187.32	208.8	278.8
全省用电量（亿千瓦·时）	521.23	586.45	671.38
外送电量（亿千瓦·时）	41.38	55.91	73.19

进入“十五”时期，电力发展进入了高速发展的时期，全省火电装机容量将达801.03万千瓦，比规划装机容量少44.97万千瓦。但全省用电量比规划的高水平多178亿千瓦·时，比中水平多213亿千瓦·时，比低水平多247亿千瓦·时。全省电力需求快速增长。

为实施西电东送的战略目标，计划2003年建成洪沟—南充、龙王—南充2回500千伏线路，形成四川省中部500千伏“三角形”电网。预计截至2003年底，四川电网有500千伏变电站3座，500千伏开关站2座（当时南充变为开关站运行），500千伏变电容量300万千伏安，500千伏线路共13条，长度2595千米，并已通过洪沟—陈家桥、南充—万县500千伏线路与重庆电网联网，建立了“川电外送通道”。预计2004年外送容量为247万千瓦，提前一年实现“川电外送”目标，2005年最大外送容量将达260万千瓦。

三、四川省电力长远规划

（一）电力负荷预测

进入21世纪以后，四川省社会经济呈现出可喜的发展状况，国民经济持续、快速、协调健康发展，社会事业全面进步，四川省的国民经济GDP发展速度总体呈逐年上升态势。

根据四川省委、省政府提出的“干好头五年、准备后五年、谋划再十年、提速翻两番”的三步走战略，今后15年四川省经济社会发展的总体目标是到2020年确保实现全省生产总值比2000年翻两番，力争全省人均生产总值达到3000美元，赶上当年全国平均水平，使全省经济更快发展，民主更加健全，科教更加进步，文化更加繁荣，社会更加和谐，人民生活更加殷实。

根据四川省社会经济发展规划、经济结构的变化趋势及2020年实现全面小康的总体目标，特别是结合“十五”计划期间四川省负荷的实际增长情况和发展趋势，对四川省负荷预测水平进行了调整。预计到2010年全省需电量约为1400亿千瓦·时，全社会最高用电负荷为2417万千瓦（中水平），“十一五”全省需电量、最高用电负荷年均增长率分别为8.2%、8.3%。到2020年全省需电量约为2448亿千瓦·时，全社会最高用电负荷为4246万千瓦（中水平）。四川省"十一五"～"十三五"高、中、低三个负荷水平下全社会需电量、最高用电负荷预测详见表3-1-8。

表3-1-8　　四川省2000～2020年电力需求预测

负荷水平	项　目	2000年	2004年	2005年	2006年	2007年	2008年	2009年	2010年	2015年	2020年
高水平	需电量（亿千瓦·时）	521	857	944	1039	1138	1241	1346	1453	2019	2576
	最高负荷（万千瓦）	930	1500	1622	1787	1961	2140	2323	2507	3492	4467
中水平	需电量（亿千瓦·时）	521	857	944	1032	1122	1214	1306	1400	1919	2449
	最高负荷（万千瓦）	930	1500	1622	1774	1933	2093	2254	2417	3319	4246
低水平	需电量（亿千瓦·时）	521	857	944	1020	1098	1176	1256	1337	1806	2305
	最高负荷（万千瓦）	930	1500	1622	1754	1891	2028	2165	2307	3124	3996

（二）电源建设规划

对应全省中负荷水平，2010年全省规划装机4179万千瓦，其中水电装机2900万千瓦，火电装机1279万千瓦，水火电比例为69∶71。2020年全省装机7995万千瓦，其中水电装机6381万千瓦，火电装机1614万千瓦，水火电比例为80∶20。详见表3-1-9。

表3-1-9　　四川省规划电源装机容量汇总　　单位：万千瓦

年　份	2004	2005	2006	2007	2008	2009	2010	2015	2020
全省合计	2028	2296	2610	3075	3328	3710	4179	6686	7995
其中：水电	1338	1495	1736	2093	2245	2559	2900	5233	6381
火电	690	801	875	981	1083	1150	1279	1454	1614

（三）川电外送规模

根据全国能源平衡需要、西电东送的总体规划，以及全国特高压网架规划，结合四川省自身用电需求和省外电力市场（如重庆市、华东地区、华中地区）的情况，2010、2015、2020年各水平年丰水期川电外送容量规划详见表3-1-10。

表 3-1-10　　2010、2015、2020 年川电外送容量规划表　　单位：万千瓦

项　　目	2010 年	2015 年	2020 年
1. 送重庆市	200	400	600
(1) 二滩	90	90	90
(2) 锦屏一、二级和官地		200	200
(3) 网上	110	110	310
2. 送华中	400	400	600
3. 送华东		1030	1230
(1) 锦屏、官地直流外送		640	640
(2) 网上		400	600
4. 送西北	90	90	90
合　　计	690	1930	2530

2010、2015、2020 年川电总外送容量分别将达到 690 万、1930 万、2530 万千瓦。尚不包含金沙江溪洛渡、向家坝、白鹤滩、乌东德两组电源向中国东部直接外送容量。

（四）500 千伏电网规划

1. 500 千伏变电所建设规划

预计 2004 年底，四川电网有 500 千伏变电站 4 座，500 千伏总变电容量 375 万千伏安。预计 2005 年四川电网新增 500 千伏变电容量 300 万千伏安，全为降压变电站，至 2005 年底四川电网 500 千伏变电容量将达到 675 万千伏安。“十一五”计划期间，四川省 500 千伏规划新增变电容量为 2425 万千伏安。其中为满足电源送出，规划建设升压变压器 14 台，变电容量 1050 万千伏安；为满足负荷需求，规划建设降压变压器 26 台，变电容量 2050 万千伏安。到 2010 年四川省 500 千伏总变电容量为 3100 万千伏安。

四川 500 千伏电网经过了“十一五”计划时期的发展已初具规模。“十二五”、“十三五”计划时期西部川西两江（雅砻江和大渡河）大型梯级水电将以合理分组、适当分散的形式接入四川主网；南部川南火电以 500 千伏和 220 千伏两级电压与四川主网相连；中部围绕负荷中心自北向南构建梯格网架；东部为适应“十一五”计划及以后大规模川电外送，将开辟多回包括交流特高压在内的外送通道，交直流并列运行，满足川渝断面川电外送的输电能力达到 2500 万千瓦以上。

2. 川电外送电网建设规划

为适应 2010 年四川电网外送重庆市和华中地区、华东地区 4 省 600 万千瓦的送电规模，“十一五”时期四川省将开辟川电外送中通道。即建设资阳—北碚 2 回 500 千伏线路，川渝将形成北、中、南 3 个输电通道、6 回 500 千伏线路（2 回广安—万县、2 回资阳—北碚、2 回洪沟—永川）的联网格局。

2020 年川电外送规模 2530 万千瓦，其中 640 万千瓦容量通过锦屏—华东±800 千伏

直流输电线路外送，另1800万千瓦容量借助川渝交流通道外送，川渝交流通道联络线维持“3+8”联网方案，其中3回为百万伏线路（乐山—重庆），8回为500千伏线路，分别为广安—万县（2回）、资阳—北碚（2回）、洪沟—永川（2回）、泸州—綦江（2回）。

（五）电力建设前期工作

可行性研究、规划选厂情况详见表3-1-11。

表3-1-11　四川省1991～2005年电力建设可行性研究规划选厂（火电）情况

单位：万千瓦

序号	工程名称	初步可行性设计阶段（计划）			可行性研究设计阶段（计划）		
		规模	开始	完成	规模	开始	完成
1	攀枝花发电厂二期				1×10	1991年7月	1991年9月
2	白马电厂技改工程				1×20	1989年9月	1990年4月
3	金堂燃机调峰电厂				1×5	1996年7月	1996年8月
4	三瓦窑热电厂一期技改				1×0.6	1995年8月	1995年12月
5	三瓦窑热电厂三期工程				1×0.5	1992年12月	1993年3月
6	成都电厂改扩建工程				2×14	1993年1月	1993年4月
7	成都热电厂余汽发电工程				1×7.5	1998年7月	1998年10月
8	黄桷庄电厂二期工程	4×60	2001年3月	2001年7月	2×60	1993年9月	1993年12月
9	永川电厂三期工程				2×12.5	1996年1月	1996年4月
10	万源电厂技改工程	2×30	1998年5月	1998年10月			
11	四川白马循环流化床示范电站	2×30	1995年4月	1995年11月	1×30	1997年10月	1998年3月
12	江油电厂四期扩建工程	2×30	1999年8月	1999年12月	2×30	计划2003年3月	计划2003年3月

续表

序号	工程名称	初步可行性设计阶段（计划）			可行性研究设计阶段（计划）		
		规模	开始	完成	规模	开始	完成
13	华蓥山电厂技改工程	30或60	2002年5月	2002年8月	2×30	计划 2003年3月	计划 2003年5月
14	广安电厂二期工程				2×30	2001年12月	2002年3月
15	华蓥山电厂三期扩建工程	30或60	2002年5月	2002年8月			
16	广安电厂二期扩建工程燃煤机组	2×60	2001年12月	2002年1月			
17	广安电厂二期扩建工程燃煤机组	2×30	2002年3月	2002年3月			
18	金堂电厂新建工程	6×60	2003年1月	2003年3月	2×60	计划 2003年9月	计划 2003年12月
19	江油电厂四期燃机联合循环工程				2×30	2002年11月	计划 2003年1月
20	泸州电厂新建工程	4×60	2003年1月	2003年4月	2×60	2002年11月	计划 2003年4月

第二节　河流（河段）水电建设规划和前期工作

1991～2002年，成都勘测设计研究院对四川省境内金沙江、雅砻江、大渡河、岷江、嘉陵江、涪江及其支流南桠河、田湾河、瓦斯河、宝兴河、杂谷脑河、美姑河、木里河、白水江、太阳河、水洛河等17条河流（河段）进行水电建设规划。本节只介绍江河干流的水电建设规划和前期工作，对其支流和水电建设规划和前期工作、开发现状未作介绍。

一、金沙江流域（攀枝花—宜宾河段）开发规划与实施

从20世纪50年代开始，长江水利委员会、成都勘测设计研究院、昆明勘测设计研究院等单位对金沙江流域的开发进行了大量的勘测、规划、设计工作，提出了多份规划、研究、设计报告。1990年，《长江流域综合利用规划简要报告》通过国务院批准，该报告明确提出：金沙江干流河段（攀枝花至宜宾）水能资源富集程度最高，河流长782米，落差达729米，规划为四级开发，从上至下依次为乌东德、白鹤滩、溪洛渡、向家坝4座水

电站。

金沙江梯级水库是长江防洪体系的重要组成部分，不仅可以提高金沙江、川江上游段城市的防洪标准，而且有利于提高长江干流的防洪标准，充分发挥三峡工程的防洪效益。同时通过上下游调蓄，可增加下游枯水期流量，改善下游枯水期的航运条件，可提高三峡、葛洲坝水电站保证出力，增加三峡、葛洲坝水电枯水期发电量，金沙江下游梯级电站开发建设将有利于促进长江水资源的综合利用和可持续发展。

开发金沙江水能资源对实施西部开发战略，实现“西电东送”，优化和改善华中地区、华东地区的能源结构，减少环境污染，发展西南经济，缩小东西部差距，更好地发挥长江三峡工程的效益，实现中国国民经济持续稳定增长具有十分重要的意义。

金沙江下游规划的四座梯级电站中，以金沙江溪洛渡与向家坝水电前期工作基础较好，开展最早，白鹤滩与乌东德水电站前期工作起步相对较晚。1995 年 11 月，国务院三峡建设委员会第五次会议明确四座梯级电站由国家授权中国长江三峡工程开发总公司（以下简称中国三峡总公司）投资开发建设。

（一）向家坝水电站前期工作概况

从 20 世纪 50 年代末～80 年代中期，长江流域规划办公室、成都勘测设计研究院、武警水电支队先后在向家坝做了大量的前期工作，共勘察了 7 个坝址。

1985 年，原水电部水利水电建设总局要求中南勘测设计研究院（以下简称中南院）开展向家坝水电站前期勘测设计工作。中南院于 1986、1990 年先后开展了两次向家坝工程地质国内专家讨论会，确定地质勘探工作重点，并于 1990 年提出《向家坝水电站坝址比较报告》，通过了水规总院的审查。1995 年完成《向家坝水电站预可行性研究报告》，1996 年 5 月由电力部审查通过，并同意选定了坝址和坝型。

1996～1998 年，在中国三峡总公司和水利水电规划设计总院（简称水规总院）的组织下，开展综合比选工作，编制完成了《金沙江向家坝水电站可行性研究中间报告》。按照“溪洛渡在前、向家坝在后”的项目建设排序意见和“不停步、小步走”的指导思想，从 1999 年开始，计划用近 4 年半时间完成向家坝水电站可行性研究工作。截至 2005 年，向家坝水电站的可研工作已经基本完成，可行性研究报告正在编制上报。中国三峡总公司将争取在 2004 年由国家组织对可行性研究报告的审查，并完成《向家坝水电站可行性研究报告书》的编制上报。

（二）溪洛渡水电站前期工作

1985 年，原水电部水利水电建设总局要求成都勘测设计研究院（简称成都院）承担溪洛渡水电站勘测设计工作，成都院于 1987 年正式开展地质勘探。1992 年完成“溪洛渡水电站可行性研究阶段（相当于预可行性研究阶段）地质技术讨论会”；1993 年联合中南勘测设计研究院、华东勘测设计研究院完成了《金沙江溪洛渡、向家坝水电站“西电东送”研究专题报告》；同年编制完成《溪洛渡水电站坝址选择报告》；1994 年 4 月，水规总院组织了坝址选择报告审查，选定了玄武岩坝段中坝址；1995 年 10 月完成了《溪洛渡水电站预可行性研究报告》，1996 年 5 月与《向家坝水电站预可行性研究报告》一起由电力部会同四川省人民政府、云南省人民政府和中国三峡总公司审查通过。

1996～1998年，在中国三峡总公司和水规总院组织下，开展综合比选工作，编制完成了《金沙江溪洛渡水电站可行性研究中间报告》。按照“溪洛渡在前、向家坝在后”的项目建设排序意见，从1999年开始，计划用近3年时间完成溪洛渡水电站可行性研究工作，2001年底，完成《溪洛渡水电站可行性研究报告》编制上报。预计2003年8月，水规总院完成《溪洛渡水电站可行性研究报告》审查。由中国三峡总公司编制上报《溪洛渡水电站可行性研究报告书》，争取在2004年上半年由国家组织完成项目评估工作。

（三）白鹤滩水电站前期工作概况

1991年，国家电力公司华东勘测设计研究院开始承担白鹤滩水电站工程的勘测设计工作；2001年，白鹤滩水电站项目纳入国家计委前期工作项目计划；2002年，水规总院根据国家计委水电前期工作管理办法，对白鹤滩水电站预可行性研究勘察设计工作进行了招标；通过招标确定华东勘测设计研究院为中标单位，并启动了预可研工作；2002年，国家计委授权中国三峡总公司安排资金开展项目的前期工作。

到2002年，华东勘测设计研究院正在抓紧开展预可研工作，计划2004年年底完成预可行性研究报告，由中国三峡总公司上报国家计委审查。同时，中国三峡总公司将完成金沙江白鹤滩水电站项目建议书编制上报工作，并适时启动项目可行性研究工作，争取在2008年前后开展项目筹建工作。

（四）乌东德水电站前期工作概况

1992年，国家电力公司成都院根据原水电部水利水电总院〔1992〕水建字第037号文，继续负责金沙江（渡口至宜宾）下游规划，重点开展乌东德水电站的前期勘测设计工作。在10千米峡谷河段内选择勘察了3个坝段、6个坝址，上坝段有陆车林、尖山包2个坝址，中坝段有河门口、白滩2个坝址，下坝段有乌东德Ⅰ坝址、Ⅱ坝址。

经过4年多工作，1997年12月召开了关于乌东德工程地质技术研讨，一致认为3个坝段的建坝条件各有优劣，以下坝段为优，中、上坝段次之，得出乌东德坝址具备修建高坝工程地质条件的重要结论，并确定下阶段地质勘探工作重点放在中、下坝段开展。

1998年12月，成都院正式提交了《金沙江乌东德水电站库区摇感综合调查报告》，并顺利通过水规总院的内部审查。同时，为配合规划设计开展了适量的地质勘测和科研工作，到2002年，在乌东德坝址已完成钻孔7个，共663米；勘探平洞6个，总进尺168米；坑槽探1100米^3；完成坝区1∶5000地质平面测绘52千米^2；1∶2000地质填图20千米^2；1∶2000地质剖面测绘500米共6条；测量工作完成1∶10000水库区地形图370千米^2，1∶2000坝区地形图30.2千米^2；岩石物理力试验20组，建立水位站2个（水文观测系列已建立11年）。

二、雅砻江开发规划与实施

（一）先期规划研究工作

（1）1953年，原西南水利部和长江委员会上游局对雅砻江河口段进行查勘工作，并曾研究过2个坝址。

（2）1955年，长江水利委员会上游局（即长江流域规划办公室）在进行长江流域综合利用规划编制中，对雅砻江河口段又进行了查勘，当时研究中提出了小得石水利枢纽。

(3) 1956 年，燃料工业部成都勘测设计局（后改为电力工业部成都勘测设计研究院，简称成都院）派人到渡口地区，对雅砻江的水能资源进行了初步踏勘。

(4) 1957 年，成都院在得石乡设立了小得石水文站，开始对雅砻江下游进行系统的水文水情和岸测、统计、分析工作，为二滩水电站的设计工作提供了大量极其宝贵的材料。

(5) 1958～1961 年，原长江流域规划办公室和四川省地质局水文工程地质大队在长江上游规划期间，对下游独田村、二滩等坝段进行了勘探，取得了这些坝段建坝条件的初步资料。

(6) 1960～1961 年，水电部成都院和中国科学院南水北调队开展了雅砻江金矿以上的上、中游河段的水力资源普查，进一步查清了雅砻江干流的水力资源，提出了《雅砻江及其水力资源利用》(1962 年）等成果。

(7) 1965 年，成都院和中国科学院综合考察队对雅砻江金河以下河段进行查勘，提出了《锦屏单独裁弯引水开发研究报告》。

(8) 1966～1969 年，原水电部上海勘测设计院对雅砻江锦屏以下河段进行了查勘，研究了藤桥河口、茅坪、二滩、米筛沱等坝段的开发条件，并对二滩坝段进行了普查性的地质测绘。认为雅砻江下游河段开发条件好，可考虑作为供电攀枝花市（原名渡口市）—西昌地区的重点对象，编制成果有《雅砻江下游复勘选点报告》(1969 年 10 月）等。

(9) 1972 年 11 月，水电部成都院根据水电部水电综合第 243 号文指示要求对攀枝花地区水电规划选点任务的安排意见，再一次组织了雅砻江下游和金沙江（范围扩大为虎跳峡至宜宾河段）的查勘，全面开展了雅砻江下游河段的规划选点工作。渡口地区水电规划选点地质勘探工作于 1972 年 12 月 26 日开始，第一台钻机开钻，通过对藤桥河口、二滩和米筛沱三个坝段的地质勘探、比较和论证（含梯级布置），1973 年 7 月提出了《渡口地区水电规划选点报告》，最终推荐二滩水电站为攀枝花地区第一期开发工程。

(二) 梯级开发规划的完善与实施

1998 年，电力部成都院在雅砻江先期规划成果的基础上，开展卡拉至江口河段的规划，水电规划管理局〔1988〕水规计字第 35 号文要求在解放沟和普斯罗沟坝址按一级高坝进行勘测设计工作，其深度按河流规划阶段第一期工程的要求进行。1992 年，成都院编制完成了《雅砻江干流（卡拉至江口河段）水电规划报告》，梯级电站规划自上而下依次为锦屏一级、锦屏二级、官地、二滩、桐子林。1996 年 3 月对该河段规划报告进行了中间审查，并以川计〔1996〕能 200 号文下发了审查意见，同意报告推荐的锦屏一级水电站为该河段的“龙头”水库梯级。

2001 年 12 月，受国家计委委托，国家电力公司水规总院对雅砻江两河口至卡拉河段水电规划项目进行招标，国电公司成都院积极投标并一举中标，2002 年 8 月正式开始进行雅砻江两河口至卡拉河段的水电规划工作，计划 2004 年 12 月完成该河段规划报告。梯级开发电站自上而下为两河口、牙根、楞古、孟底沟、杨房沟、卡拉。

根据流域梯级滚动开发的原则，二滩水电开发有限责任公司作为雅砻江水电项目的业主，对雅砻江梯级电站进行开发建设。受二滩水电开发有限责任公司委托，成都院继二滩水电站之后，于1997年完成官地水电站可行性研究报告，1998年4月通过电力部会同四川省计委审查；1994年12月完成桐子林电站可行性研究报告，1995年4月通过水利水电规划设计管理局会同四川省计委的审查；2002年提出了两河口水电站开发方式研究报告；计划2003年9月完成锦屏一级水电站可行性研究报告，2003年7月通过中国国际工程咨询公司对项目建议书评估，11月通过国家发改委组织的审查。

二滩水电站6号机组1998年8月并网发电，1999年12月电站全部建成，2000年12月进行了枢纽专项工程竣工验收。

三、大渡河流域开发规划与实施

（一）先期规划研究工作

1953～1954年，长江流域规划办公室对大渡河干流泸定以下河段和大马引水方案进行了查勘。1956～1977年，水电部成都院对大渡河干支流进行大量普查、查勘，1961年基本上完成了大渡河流域水能资源的普查工作。1965年完成了大渡河干流龚嘴水电站的开发报告，1977年下半年正式开展大渡河干流双江口至铜街子河段以独松、马奈、长河坝、大岗山、龙头石、瀑布沟、龚嘴等主要梯级为格局的17级开发规划工作。1983年6月完成《大渡河干流规划报告》，推荐梯级开发电站自上而下依次为独松、马奈、丹巴、季家河坝、猴子岩、长河坝、冷竹关、泸定、硬梁包、大岗山、龙头石、老鹰岩、瀑布沟、深溪沟、枕头坝、龚嘴（高）和铜街子。在17个梯级中，独松和瀑布沟两个调节水库为大渡河干流开发的控制性工程，报告推荐瀑布沟作为继铜街子电站之后的开发建设工程。1984年6月提出了《大渡河干流规划报告近期开发工程补充论证报告》。1989年11月，水利部、能源部会同四川省人民政府在成都共同主持审查通过了《大渡河干流规划报告》，在审查意见的基础上，成都院根据当时新公布的水法要求和新增勘测设计资料，对原规划报告（1983年6月版）进行了适当的补充和修编，于1990年完成了正式规划成果，提出独松水库（低坝方案）、马奈、大岗山、龙头石、瀑布沟水库（高坝方案）龚嘴、铜街子等16个梯级组成的梯级开发方案。

（二）梯级开发方案的实施与调整

根据大渡河干流先期规划，1965年开始兴建龚嘴水电站（装机70万千瓦），1971年建成发电。《大渡河干流规划报告》1983年审查后，于1984年开始兴建铜街子水电站（装机60万千瓦），1992年建成发电。瀑布沟水电站可行性研究报告、初步设计报告，先后于1988年8月、1994年6月通过水利水电设计管理局会同四川省计委的审查，2000年12月20日，国家电力公司大渡河流域水电开发公司正式成立，2001年3月15日，全国人大九届四次会议将瀑布沟水电站工程列为国家“十五”计划开工项目。2002年10月的导流洞一期工程开工，预计2004年3月主体工程正式开工，2004年11月截流，2008年10月第一台机组发电。

国家电力公司成都院于2001年开展对大渡河干流水电规划进行复核、调整及优化工作，预计2003年7月完成《四川省大渡河干流水电规划调整报告》。该报告提出大渡河干流规划河段开发以发电为主，兼顾防洪、航运，为22级开发方案，梯级电站自上而下依次为下尔呷、巴拉、达维、卜寺沟、双江口、金川、巴底、丹巴、猴子岩、长河坝、黄金坪、泸定、硬梁包（引水式）、大岗山、龙头石、老鹰岩、瀑布沟、深溪沟、枕头坝、沙坪、龚嘴（低）、铜街子。22个梯级，以瀑布沟为中游控制性水库，以双江口为上游控制性水库，以下尔呷为干流"龙头"水库，并推荐双江口、大岗山、深溪沟、长河坝、猴子岩5梯级为继瀑布沟后的近期开发工程。

四、嘉陵江梯级开发规划与实施

1992年，四川省交通厅内河勘察规划设计院（简称内河院）与水利部长委会在苍溪至合川段规划工作的基础上，对广元至苍溪段提出皂角镇、水东坝、亭子口三级开发方案，并分别编写了《嘉陵江广元至昭化段航道渠化工程可行性研究报告》、《嘉陵江干流广元至苍溪段规划报告》，从而拟定了广元至合川段16个梯级开发方案。此后，四川省内河院对审定的16个梯级进行了优化修改和补充；水利部长委会对合川至重庆河段梯级规划进行了调整，增加了井口梯级开发方案，重新提出了广元至重庆段16个梯级。四川省内河院于1998年7月编写了《嘉陵江渠化开发规划报告》。由于嘉陵江广元至重庆段梯级渠化方案几经规划、调整、优化，1998年7月由四川省内河院编写的《嘉陵江渠化开发规划报告》（广元至重庆）中将该段确定为16个梯级开发方案。

1998年底，重庆市政府委托长江委设计院对嘉陵江干流合川至河口段的规划进行了补充修编工作，并于2001年10月编写了《嘉陵江干流合川至河口河段规划报告（2001年修订）》，提出了合川至河口段开发方案为合川草街枢纽＋井口上鸡冠枢纽的推荐方案，并在草街枢纽上游增加利泽枢纽。至此，嘉陵江广元至重庆段调整为17个梯级开发方案，分别为水东坝、亭子口、苍溪、沙溪场、金银台、红岩子、新政、金溪场、马回、凤仪场、小龙门、青居、东西关、桐子壕、利泽、草街、井口。

嘉陵江干流广元至重庆河段规划中，首批滚动开发的梯级有马回、东西关、桐子壕、红岩子、青居5个梯级；第二批滚动开发的梯级有水东坝、金银台、亭子口、草街、利泽5个梯级；第三批和第四批滚动开发的梯级有苍溪、沙溪场、凤仪场、小龙门、新政、金溪场、井口等。

2001年5月，国家计委编制的《国民经济和社会发展第十个五年计划综合交通发展重点专基规划》中明确提出"十五"期间"重点梯级渠化嘉陵江航道"。交通部《西部地区内河航运发展规划纲要》（交规划发〔2001〕50号）确定了"2010年前渠化嘉陵江南充以下河段目标"。嘉陵江干流渠化开发已进入全面实施阶段，已建成马回、东西关、桐子壕、红岩子航电枢纽。正施工的有青居、金银台、新政、金溪场、小龙门航电枢纽，沙溪、亭子口航电枢纽已开始进行施工准备，水东坝、苍溪、凤仪场、草街、利泽等航电枢纽正在进行可行性和初步设计。

五、岷江干流上游（都江堰以上）水电规划

1986年，成都院完成了《阿坝州汶理茂三县水电开发规划报告》，鉴于当时的社会经济发展水平和开发建设情况，拟定电站规模较小。实际开发现状与原来有很大的变化，目前该河段采用三级开发，自上而下的梯级电站为吉鱼电站（引水式开发，装机容量10.0万千瓦），铜钟电站（引水式开发，调节库容188万米^3，日调节，装机容量4.95万千瓦），以及姜射坝电站（引水式开发，装机容量12.8万千瓦），三级电站总装机容量

27.75 万千瓦。

岷江在汶川县城汇入杂谷脑河后，径流增加。为开发利用汶川至都江堰河段的水能资源，1986 年成都院、四川省水利水电勘测设计研究院分别编制完成了《岷江上游汶川至福堂坝河段规划报告》和《岷江映秀湾至灌县河段规划报告》；1988 年成都院编制完成了《岷江上游汶川至灌县段补充规划报告》。现该河段水电开发已初具规模，自上而下的梯级电站为中坝电站（已建，无坝引水式开发，装机容量 0.98 万千瓦），福堂电站（正建，引水式开发，调节库容 220 万米^3，日调节，装机容量 36.0 万千瓦），太平驿电站（已建，引水式开发，装机容量 26.0 万千瓦），映秀湾电站（已建，引水式开发，装机容量 13.5 万千瓦），以及紫坪铺电站（正建，坝式开发，调节库容 7.74 亿米^3，季调节，装机容量 76.0 万千瓦）。已建、正建的五级电站总装机容量 152.48 万千瓦。

六、涪江火溪河流域梯级开发规划及实施

水电部成都院从 20 世纪 70 年代便开始了对火溪河水力资源情况的普查和规划选点等工作。1994 年 12 月，电力部成都院再次深入现场进行调查研究，在原拟定开发方案的基础上新选了水牛家坝址，调整了梯级布局，于 1995 年 9 月提出《火溪河水电规划报告》，同年 12 月通过电力部、四川省主管部门的审查，同意该报告推荐的“一库四级”开发方案。

中国华能集团公司四川分公司（四川华能涪江水电有限责任公司）对火溪河梯级电站实施连续、滚动开发，其第一期工程先行开发技术经济指标优越的自一里与水牛家两个电站，其后开发木座、阴平水电站。其中，自一里水电站 1998 年完成可行性研究报告，2000 年 12 月通过中国水电顾问集团公司审查，2002 年 5 月主体工程开始施工。水牛家水电站 2002 年 4 月完成可行性研究报告，2002 年 5 月通过中国水电顾问集团公司审查，计划 2003 年 3 月主体工程开始施工，2005 年第一台机组发电。阴平水电站 2002 年 6 月由四川华能涪江水电有限责任公司委托成都院进行选坝和可行性研究工作，现该电站的可行性研究阶段的勘测设计工作正在进行中，计划 2003 年 6 月完成选坝报告，2003 年 12 月完成可行性研究报告。

第二章 设 计 院

四川省的电力设计院分为三类：第一类是国有大型设计院，如西南电力设计院、成都勘测设计研究院、四川省电力设计院；第二类是国有控股电力设计院，如四川电力设计咨询有限公司；第三类是民营股份制设计院，如四川清源工程咨询有限公司。还有各工程局（公司）和各电业局所属的小型设计院，主要承担所在单位的生产建设设计任务。

第一节 西南电力设计院

西南电力设计院（简称西南院）成立于1961年6月，位于四川省成都市东风路18号，先后为水利电力部、电力工业部、能源部、国家电力公司所属大区电力规划勘察设计单位。西南院具有国家甲级电力工程和建筑工程勘察设计、甲级工程勘察、甲级环境影响评价、甲级环境污染工程勘察设计、甲级工程总承包、甲级工程咨询、甲级工程造价咨询、甲级工程监理和压力容器设计、海洋勘察和水土保持设计等资质证书，具有ISO 9001—2000版质量体系认证证书，拥有对外经营权和对外劳务许可证。主要从事电力系统规划设计，大中型燃煤、燃油、燃气发电厂和地热发电站，核能发电站常规岛、燃烧垃圾发电站工程设计，1000千伏交流、±800千伏直流及以下电压等级送变电工程设计，电力调度通信工程设计，工业与民用建筑工程设计，岩土工程设计，工程测绘，工程地质勘察，环境测评治理工程勘测设计，海洋勘察和水土保持设计，工程总承包，工程监理，工程管理，技术咨询服务。

西南院1993年获“四川省文明单位”称号，1996年以来连续获“全国电力系统双文明单位”称号，1997年以来连续获“中国勘察设计单位综合实力百强”和“四川省最佳文明单位”称号，2000年获“四川省思想政治工作先进单位”称号，2002年被评为“国家电力公司一流电力设计企业”。

一、发展概况

西南院成立后，编制为事业单位。1984年实行事业单位企业化管理。1991年以来，在实行企业化管理、逐步向科技型企业过渡的改革中，适应社会主义市场经济要求，调整、改革组织机构，重视造就一支结构合理、掌握先进勘测设计技术的职工队伍，改进勘测设计技术装备，加强勘测设计管理，不断提高勘测设计质量和水平，增强了市场竞争的能力。

（一）组织机构

西南院1991年以前的组织机构沿袭了专业室体制的组织机构，全院设置38个处（科）、1个独立核算单位。生产部门为机务处、电务处、自动化处、土建处、水工处、技经处、系统处、环保处、送电处、勘测处、计算技术处、脱硫室，生产管理部门为计划处、技术处、工程处，辅助生产部门为印制出版处、档案处、汽车队、修造厂，行政管理部门为院办公室、人事处、财务处、保卫处、审计处、监察处、教育处、物资科、多经处、离退休办公室、行政处、基建科、农场，党群工作部门为党委办公室、组织处、宣传处、纪委、工会、团委，独立核算单位为劳动服务公司。

西南院在实行企业化管理中，逐步对组织机构进行了改革和调整。1987 年成立江油电厂扩建工程承包公司，在完成江油电厂扩建工程任务后，1997 年工商注册改为江电工程承包公司，为西南院子公司，承担工程总承包和工程监理业务。为了做好环境评价项目预审工作，1987 年以环保处为基础，成立中国电力工程咨询公司环境公司，1992 年经工商注册改为中国电力建设工程咨询环境公司，属西南院子公司。为进一步发挥西南院脱硫和计算机技术优势，2002 年按多元化投资模式，将脱硫技术处改组为成都蜀能环保科技有限责任公司，将计算技术处改组为贝斯特数码科技有限责任公司。

按照上级主管单位的总体部署和国家有关政策要求，西南院逐步将后勤服务部门从勘测设计主业中分离。1995 年撤销了农场，将行政处、劳动服务公司与主业分离。1999 年撤销修造厂，将汽车队与主业分离，以与主业分离的部门为基础，组建西电科技实业有限责任公司。

西南院对机关职能部门，采取化转职能、精简机构、职工分流、竞争上岗等方式，逐步精简机构和管理人员。1993 年撤销教育处，把监察处、审计处与纪检合并为纪检监察审计处，1998 年把计划处、技术处、工程处分别改为市场开发部、质量技术管理部、项目工程部，把院办公室改为院长工作部，把党委办公室、组织处、宣传处、团委合并为党委工作部。到 2000 年，行政、党群职能部门由 1991 年的 19 个减少到 12 个，管理人员由原有的 160 人精简至 120 人，精减幅度达 25%，管理人员占全院职工总数的比例为 9.25%。

（二）人员及装备

西南院 1991 年的职工总数为 1698 人，在企业化管理中逐步精简人员，职工人数呈逐年下降趋势，1995 年为 1532 人，2000 年为 1273 人，以后基本稳定在这个人数上。

在精简职工队伍的同时，西南院重视改善职工队伍结构，在新、老人员更迭中，注意补充新生力量和引进技术骨干。职工队伍逐步年轻化，队伍结构更趋合理。工程技术人员占全院职工总数的比率逐步增大，1991 年为 58.4%，1995 年为 63.3%，2000 年为 64.3%。具有高级职称的工程技术人员逐步增多。

西南院专业门类齐全、结构合理。预计到 2005 年底，拥有 30 多个专业的工程技术人员 920 人，经济管理及其他专业技术人员 142 人。其中，注册建筑工程师、注册结构工程师、注册电气工程师、注册岩土工程师、注册建造工程师、注册造价工程师、注册监理工程师、注册咨询工程师等共 214 人，国家勘察设计大师 1 人，四川省勘察设计大师 4 人，中国电力工程顾问集团公司特级专家 1 人、专家 5 人，享受国务院政府津贴专家 12 人，四川省学术和技术带头人 3 人。这些人才的储备使西南院具有承担大型火力发电厂和超高压、特高压送变电工程勘测设计的人才优势。

西南院采取逐年增加投入的方式，不断改进勘测设计装备。1991 年设备采购额为 226.03 万元，1995 年为 712.45 万元，2000 年达 991.80 万元，预计 2005 年增加到 1908.29 万元。通过逐年装备，滚动发展，勘测手段由常规地质钻探、土工试验、工程测量发展为拥有先进的地质遥感技术系统、地质雷达系统、高应变测桩系统、土工试验检测处理系统、地理信息系统、全球卫星定位系统、全数字摄影测量系统等勘测装备和为勘测服务的卫星电话、车载电台。

（三）勘测设计管理

西南院按照企业化管理的要求，在对组织机构进行调整和改革的过程中，1993 年实行中层干部聘任制。1996 年，改革劳动、人事、工资制度后，除实行选举制产生的干部外，中层干部一律实行竞争上岗、择优录用。对中层干部进行年终考核和届中考核并与奖惩挂钩，促使干部增强事业心和责任感。

西南院实行事业单位企业化管理后，内部推行技术经济责任制。1991 年技术经济责任制的主要内容是“四保、两包、一挂”。即保质量，保进度，保技术人员素质提高，保安全生产；包完成工程产值，包控制成本；奖励与经济效益和精神文明建设挂钩。鼓励多劳多得，逐步拉开奖金分配上的差距，克服平均主义。

1992 年开始，电力规划设计总院作为发包方，西南院作为承包方，签订工资总额与经济效益挂钩承包经营合同。合同明确了上缴利润（所得税）、实现收入、实现利税和工资总额（含奖金）等项基数及各项考核指标，年度进行考核并与工资总额挂钩。

根据四川省人民政府批转省建委等部门《关于进一步搞好勘测设计工作的报告》，西南院 1993 年开始有组织进行业余设计，划小核算单位，开展多种形式的经营承包。对从事设计的机务、电气、土建、自动化、水工、技经、系统、计算机等专业，继续实行“四保、两包、一挂”技术经济承包责任制，按“定责授权承包、确保完成目标、优质超产多提”的原则，与各处室签订承包合同。对勘测、送电、印制、行政、物资、车队等独立性较强的处室和辅助生产部门，按照“独立核算、包死基数、确保上交、超收多留、欠收自补”的原则签订承包合同。对环保、脱硫、修配厂等独立性强、具备分离条件的部门，按照二级法人方式，以“自主经营、独立核算、自负盈亏、确保上交”的原则签订承包经营合同。1994 年开展“转机制、练内功、抓管理、上水平”活动，1995 年进行劳动、人事、工资制度改革，不断落实经营承包责任制。2000 年以来，坚持“外抓市场，内抓管理，深化改革，稳步推进”的工作思路，不断转换内部机制，进一步明确了各部门的责、权、利，对生产处室实行成本核算、按内部利润计奖的经济承包责任制，对机关职能部门实行部门职责考核，重点考核工作质量和效果。在执行中坚持“两个文明”一起抓、一起考核的原则，有效地调动了干部职工的积极性，促进了生产经营和各项工作任务的完成。

西南院在全面质量管理的基础上，按照 GB/T 19000—ISO 9000 系列国家标准要求，1995 年 12 月通过了长城（天津）质量保证中心的认证审核，在全国电力设计系统首批获得 GB/T 19001—ISO 9001—1994 质量体系认证证书。2002 年组织编写依据 2000 版标准的质量管理体系文件，完成了质量管理体系由 1994 版向 2000 版标准的转版工作。同年 11 月通过了北京中电联认证中心的复评审核并取得了 GB/T 19001－ISO 9001—2000 标准的认证证书，证书覆盖范围在原来的基础上，增加了水土保持方案设计和劳动安全卫生预评价。

1991年，西南院财务管理沿袭推行技术经济责任制实行的“以收抵支，盈余分成”的会计核算制度。1996年，西南院贯彻财政部颁发的《企业财务通则》和《企业会计准则》，执行《工业企业财务制度》，按照财政部《关于工业企业制定内部财务管理办法的指导意见》，制定了西南院内部财务管理办法，建立了新的会计科目体系和报表体系，修订和制定财会制度15项。

经过一系列“改企转制”的实践活动，西南院逐步过渡到适应社会主义市场经济、自主经营、独立核算、自负盈亏的企业单位，建立了新型的勘测设计管理体制和经营机制。

二、设计能力

西南院在企业化管理中，不断转换内部机制，不断加强技术储备，积极参与国内和国际市场竞争，努力开拓发展空间。企业素质全面提高，勘测设计能力和水平大幅提升，在大机组工程勘察设计，复杂地质地貌、高海拔、重冰区条件下的发送变电工程勘察设计和工程总承包等方面积累了独特的经验，具有明显的比较优势。

（一）发电工程设计技术

西南院在20世纪80年代后期开始进行30万千瓦等级超高压机组大型电厂工程设计。1991～2002年，西南院先后设计、咨询、监理了30万千瓦等级超高压机组84台（套），积累了在不同地区、不同条件下开展超高压大型发电工程勘测设计的丰富经验。在伊朗高地震烈度、大风压、高温差的阿拉克地区设计了4×32.5万千瓦海勒式空冷机组、全钢结构主厂房电厂，成套设备以现汇打入国际市场，是中国大型机电设备出口的典范。

1996～1998年，西南院在台商独资建设的福建漳州后石电厂6×60万千瓦超临界机组工程的勘测设计中，创造了首次由国内设计院一次独立完成设计、首次在国内完全按商业合同进行设计、首次设计采用120米直径全封闭圆形环保型储煤仓、首次按中国规范自行选型设计60万千瓦汽轮发电机机座的纪录。西南院发电工程设计技术跃上了60万千机组的新台阶，预计到2005年先后将完成24台套60万千瓦亚临界、超临界机组发电工程的设计、咨询和监理，其中贵州盘南4×60万千瓦机组大型坑口电厂是分散控制系统（DCS）国产化的依托项目。西南院设计60万千瓦机组发电工程技术日臻完善，设计水平不断提高。

西南院是目前中国国内唯一全面掌握干法、半干法、湿法、海水和电子束烟气脱硫技术的设计院，先后在重庆电厂、成都热电厂、华能珞璜电厂、福建漳州后石电厂、北京热电厂、四川广安电厂、广东台山电厂等工程中推广应用烟气脱硫技术，取得了良好的经济效益和社会效益。

西南院在设计循环流化床锅炉电厂中，先后完成了燃用高硫无烟煤、烟煤、石油焦、劣质煤矸石等不同燃料种类的9个循环流化床锅炉电厂工程的勘测设计，其中燃用高硫无烟煤的四川内江电厂是引进具有国际先进技术的10万千瓦机组循环流化床锅炉电厂。继该厂建成投产后，又在2000年一举中标承担四川白马1025吨/小时循环流化床锅炉配30万千瓦汽轮发电机组示范电厂的勘测设计，该厂计划于2005年建成投产，是目前世界上

图 3-2-1　四川白马 1×30 万千瓦循环流化床锅炉示范电厂

已建成投产单机容量最大的循环流化床锅炉电厂（如图 3-2-1 所示）。

西南院 1991 年以来先后完成地热、燃气、余热、风能、太阳能、尾水和燃烧垃圾发电工程可行性研究 30 余项，对开发多种能源进行了有效的探索与研究。在青藏高原上继成功设计了国内最大的羊八井地热电站并获国家优秀勘察设计金奖后，又设计建成了西藏朗久、那曲地热电站。继 1988 年设计并建成了重庆江北 10 万千瓦燃机电厂后，1993 年设计建成了海南南山 2×5 万千瓦燃机电厂，1996 年设计建成了四川金堂 1×5 万千瓦燃机电厂。

根据四川省发展和改革委员会《关于委托西南电力设计院进行核电前期研究工作的函》，西南院在过去研究四川核电的基础上，计划于 2003 年组织勘测设计人员对四川核电可能预选厂址区域进行分析论证，提出了 5 个可能的预选厂址区域。以嘉陵江河段、岷江上游河段和长江上游河段为重点区域，开展核电站收资和内业选厂工作。计划 2004 年完成四川省 4×100 万千瓦级核电站新建工程厂址查勘报告，2005 年完成四川省 4×100 万千瓦级核电站新建工程初步可行性研究报告。

（二）送电工程设计技术

西南院开展 500 千伏超高压送电线路工程勘测设计是从 20 世纪 80 年代开始的。从 1991 开始，西南院着手四川省 500 千伏线路的设计研究，预计到 2005 年先后设计、监理 500 千伏及以上送电线路工程 60 项共 9393.1 千米。西南院不仅熟练掌握了 500 千伏送电线路工程设计技术，而且摸索总结出在山区，特别是高海拔、重冰区建设超高压送电线路的设计经验。在此基础上，掌握了±500 千伏直流送电线路、500 千伏交流紧凑型送电线路和 750 千伏特高压送电线路的设计技术，并开始进行 1000 千伏交流和±800 千伏直流特高压送电线路工程的勘测设计工作。西南院的送电工程设计技术不仅独具特色，而且跻身全国先进行列。

1994～1996 年，西南院在西藏地区设计的墨竹工卡到泽当海拔 5500 米的 110 千伏线路，是世界上海拔最高的送电线路。1998 年，西南院在福建嵩屿至厦门 220 千伏跨海湾送电线路工程勘测设计中，设计了在海中连续三跨 1280 米档距、塔高 181 米的跨海湾双回路高塔。这种大档距、高铁塔跨海湾送电线路工程在中国国内是第一个，西南院在设计中成功解决了线路跨海湾的一系列技术难题。

贵州天生桥至贵阳送电线路是西南院在西南地区设计的第一条 500 千伏线路工程，1988 年完成勘测设计，1992 年 12 月建成投产。以后相继完成了云南漫湾至昆明的 1、2

回和自贡至重庆的 1、2 回 500 千伏送电线路勘测设计。1994～1999 年设计了二滩—自贡 1、2、3 回 500 千伏送电线路（如图 3-2-2 所示），成功地解决了高海拔、重冰区、地质灾害多等世界级难题，二滩—自贡 1 回 500 千伏线路工程获国家优秀勘察设计金奖；完成了自贡—成都 500 千伏同塔双回送电线路勘测设计，这是国内第一条全线同塔双回送电线路，设计使用了双回路耐张换 V 塔；在云南大朝山—昆明 500 千伏线路的勘测设计中，采用 3 相 V 型串技术，成功地避免了大量砍伐森林。西南院适应西南山区特点，在送电线路工程设计中，率先在国内使用斜柱式基础，大规模全方位使用长短腿铁塔和高低基础，在双回路线路中使用超长长短腿铁塔，既降低了工程造价，又保护了生态环境。

图 3-2-2 西南院设计的 500 千伏二滩—自贡 1 回输电线路

2000 年，西南院开始进行贵阳—广州 1 回±500 千伏直流送电线路工程勘测设计的前期工作，2001 年底完成初步设计，预计 2003 年 4 月完成施工图设计。

（三）变电工程设计技术

随着电力工业的发展，西南院变电工程勘测设计适应超高压、特高压和高海拔、重冰区送电线路工程建设，向超高压、特高压、大容量、多样化方向发展。1991～2002 年，西南院先后设计、监理了 500 千伏变电站 43 项共 2990 万千伏安。解决了山区建站、电压等级提高、变压器等电气设备规模扩大和高海拔、防污秽及覆冰影响提出的一系列新课题，推进设计技术不断提高。

西南院从 1986 年完成江苏瓶窑 500 千伏变电站勘测设计开始，就以高的起点，在国内同类变电站设计中率先采用微机监控系统。1992 年设计完成的云南草铺变电站，采用了应用功能齐全的国产化计算机监测系统，该系统与主体工程同步施工，同步投产，在国内同行业中开创了先例。

1991 年在重庆陈家桥 500 千伏变电站的 220 千伏旁路保护上采用了第一套微机保护装置。以后，在二滩水电站送出工程中，同时开展了洪沟、龙王、陈家桥等 500 千伏变电站和普提（昭觉）开关站的继电保护设计，第一次在 500 千伏系统中大规模采用微机保护装置，经过运行考验，保护动作正确，运行良好，继电保护性能有较大提高。

1992 年设计云南草铺 500 千伏变电站，在国内首次采用 500 千伏六氟化硫全组合电器。设计在软弱土层上采用预压补偿的办法，解决了六氟化硫全组合电器与主变压器硬连接的难题，大大减少了占地面积，是国内 500 千伏变电站占地最少的范例。

贵阳 500 千伏变电站地面岩石裸露，地下大部分是岩石，全站土壤电阻率平均值大于 500 欧·米，局部超过 1000 欧·米。西南院设计时认真分析研究，采取利用地质勘测钻孔埋设长接地极，一条接地带换土，另一条加降阻剂，选用腐蚀性小、降阻效果好、不污染地下水并具有长效性的降阻剂，利用地下水降阻，采用不均匀接地网格等综合治理措施，解决高土壤电阻率的降阻问题收到了明显的效果。图 3-2-3 所示为西南院设计的 500 千伏变电站。

图 3-2-3 西南院设计的 500 千伏变电站

（四）工程勘测技术

西南院拥有先进的勘测装备、勘测手段和勘测技术，承担了多项国内外大中型发送变电工程、工业与民用建筑工程勘测和岩土工程、工程监理及各项技术咨询服务，为发送变电工程设计、工业与民用建筑工程设计提供准确的工程测量、岩土工程勘测和水文气象资料。西南院 1987 年获水利电力部甲级工程勘察证书，1995 年被国家测绘局授予全国甲级测绘资格单位，1992 年由四川省技术监督局计量授权测绘仪器检定工作，1992 年被国家建设部授予全国工程勘察先进单位，1996 年获电力工业部电力安全生产先进集体称号。

西南院在工程勘测实践中积累了在隐蔽山区、高海拔、重冰区、复杂地质地貌地区进行发送变电工程勘测的专门经验，具有复杂地基处理技术的独特优势。

在 20 世纪 80 年代，西南院在云南小龙潭煤矿盆周地带的膨胀土山坡上，成功设计了 6 台 10 万千瓦机组电厂，开创了在膨胀土地区建设大型坑口电厂的先例，该厂的工程地质和岩土工程获国家优秀勘察设计金奖。在全面总结膨胀土边坡处理技术的基础上，1991 年，西南院在河南首阳山电厂二期 2×30 万千瓦机组工程勘测中，成功解决了厂址内存在二级自重式湿陷性黄土的地基处理问题。

在喀斯特岩溶地基上成功设计了贵州清镇电厂三期 2×20 万千瓦机组工程后，1992～1997 年，西南院又在喀斯特岩溶地基上成功设计了安顺电厂 4×30 万千瓦机组工程和云南曲靖电厂一期 2×30 万千瓦工程。清镇电厂三期扩建和曲靖电厂一期工程分别获国家优秀勘测设计铜奖和银奖。

内蒙古达拉特电厂地处鄂尔多斯高原库布其沙漠边缘，1990 年以前的厂址可行性研究阶段勘测结论为“有液化的可能，地基承载力不能满足设计要求，需作桩基”。1991

年，西南院承接勘测设计时，针对场地能否采用天然地基开展了岩土工程勘测工作。通过大量的岩土工程测试，获得了大量的岩土参数，查清了场地地基土的分布规律和特征。根据各项试验指标，进行综合分析评价，确定了地基的承载力，按国内现行技术规程判定为非液化场地，为采用天然地基提供了可靠的地质依据。通过多种勘测手段和试验方法，将场地划分为工程地质条件良好、较好和一般 3 个区段，为电厂总布置设计提供了地质依据。同时，总结了一套沙漠地区地基岩土工程处理措施和施工工艺。达拉特电厂一期 2×33 万千瓦机组投产后，经受住了 1996 年 5 月包头发生 6.4 级地震的考验，获国家优秀设计银奖。

重庆珞璜电厂建筑场地平整后形成 3 个阶梯状平台，凡低于平台标高地段需回填不同厚度的填土，多数建（构）筑物置于半岩半填土的地基上。针对场地的不均匀地基这一主要工程地质问题，西南院在施工图勘测中，提出了合理的基础设计方案，同时开展了回填土施工监测工作，保证回填土的施工质量，使回填土地基在珞璜电厂首次获得成功。借鉴珞璜电厂回填土地基处理技术，2001 年以后，西南院先后在贵州盘南 4×60 万千瓦电厂、发耳 4×60 万千瓦电厂、大方 4×30 万千瓦电厂和云南滇东 4×60 万千瓦电厂等工程的勘测中，顺利解决了回填土地基处理问题。

浙江温州 500 千伏变电站场地为软土地基，在可行性研究阶段勘测中，西南院提出用当时在国内还处于发展阶段的水泥搅拌桩加固地基的方案。1998 年施工图勘测时，又对该方案作了进一步论证。1999 年施工前，西南院进行了大规模综合性现场大型原体试验并获得成功，总结积累了丰富的技术经验，对软土地基的处理具有示范意义。

福建漳州后石电厂 6×60 万千瓦超临界机组工程，是在开山填海地基上建厂的工程。厂址位于滨海地带，沿海有丘陵、冲沟、海滩和浅海水域等多种地貌单元，地质条件十分复杂。西南院于 1996 年进行初勘和施工图勘测，补勘工作持续到 1997 年。勘测过程中，以强风化花岗岩与残积土的区别、海积黏性土特性、60 米高边坡的稳定性分析和滨海地基处理、开方岩石的物理力学性质及堆填方式等为内容，开展专题研究。根据大量的勘探和测试资料，对场地进行了工程地质分区，对各类地基处理方案进行比选，向设计推荐输煤转运站、圆煤仓等建筑物地段采用冲孔灌注桩，对轻型建筑物采用强夯地基，取得了很好的效果。电厂建成投产后经受了 12 级强台风考验，获国家优秀工程勘测银奖、国家海洋局涉海工程优秀设计银奖。

1993 年，西南院进行二滩—自贡 1 回 500 千伏线路初勘时，首次全线采用 RS 地质遥感技术对路径进行精选，调查收资、地质遥感室内判释、野外验证与初勘同时进行，落实了全线大的转角部位和难度大的区段。在施工图勘测中针对高海拔、重冰区线路特点和技术难题，西南院紧紧抓住塔位稳定这个重点，应用地质遥感技术配合地质勘测完成定位工作，尽量利用和保护原始坡体。对全线 998 基塔，鉴定准确，措施得当，安全通过了基础施工，1998 年建成投产。1995～1998 年，西南院采用 RS 地质遥感技术，先后完成了二滩—自贡 2 回和 3 回 500 千伏送电线路的初勘和终勘工作。

贵州盘南和发耳两个 4×60 万千瓦电厂，场地部分地段存在小煤窑采空区突出问题。2002 年，西南院在岩土勘测中，对小煤窑采空区进行了专项研究，应用地质雷达技术和高分辨地电阻率法探测和验证，结合工程钻探及现场调查，查明了场地小煤窑分布范围及空间分布形态，为各建筑地段小煤窑采空区地基的处理提供了依据。

（五）系统规划设计技术

随着电力工业的发展和科学技术进步，西南院系统规划设计工作内容不断拓宽并向纵深发展。电力系统规划设计从一个省或大区的范围，扩展到大区间联网、全国联网的规划设计。

“八五”计划时期，西南院对二滩电站在四川省电力系统中的地位作用和运行方式、供电范围、电能的合理分配、输电方式、电站出线电压等级和出线回路数、中间开关站建设的必要性、电网结构、设备配置和技术规范选择，以及配套送出输变电工程建设项目和投资等进行了全面论证，提出了《二滩电站接入系统方案论证》、《二滩电站输电系统方案研究》、《二滩电站输电系统设计》、《二滩电站配套送出工程需要内外资金和投资流估算》、《二滩电站配套送出输变电工程可行性研究》、《二滩电站配套送出输变电工程投资调整计算》、《二滩电站输电系统电价测算》，以及潮流、稳定、调相调压、短路电流、工频过电压和潜供电流的计算报告，对二滩电站输电系统中许多备受关注和亟待解决的问题有了明确的结论。二滩电站1999年全部建成达到设计规模330万千瓦，经过运行考验，其500千伏输电系统电网结构合理，安全稳定水平高，无功补偿设备配置合理，电压控制方便。

结合三峡电站的建设和论证向四川省送电方案的需要，西南院先后完成了《三峡电站向四川送电规划报告》、《川东供电区和四川电网规划报告》、《三峡电力电量合理分配研究报告（四川部分）》、《三峡电站向四川送电配套输变电工程建设进度及资金需求测算补充报告》、《三峡电站向四川送电方案补充分析报告》、《三峡电站电能合理消纳研究》和电气计算等，经过全面的技术经济比较，系统规划提出三峡电站向四川省（包括重庆市）送电采用交流500千伏电压，2回输电线路，由三峡电站经四川省万县到长寿接入四川省电力系统，设计送电能力200万千瓦，并建议丰水期不送电、枯水期送电的运行方式。以上方案通过了原电力部审查，国务院三峡工程建设委员会批复实施。三峡电站—四川省万县1回和2回500千伏送电线路工程先后于2000年和2002年建成投产。

西南院受四川省电力工业局委托，编制了《四川省“九五”时期220千伏电网规划报告》、《四川省“九五”时期电力负荷需求预测报告》、《二滩电站220千伏配套输变电工程项目规划》、《110千伏及以下电网供电平衡计算》、《成都地区1990～2020年220千伏电网发展规划》，详细研究论证了四川省220千伏电网“九五”建设方案，提出了二滩电站应配套220千伏输变电工程的项目和相应投资，建议二滩电站配套的220千伏变电容量上限为363万千伏安，下限按国家审定的338万千伏安，为确定具体建设项目、勘测设计前期工作和筹集资金提供了依据。

按照电力规划设计总院的要求，西南院及时提出了《贵州省电力外送能力分析报告》、《天生桥地区电网规划设计报告》、《云南省东送能力分析报告》、《云南省电力东送方案论证报告》和《南方联营电网发展规划（云南省、贵州省部分）》，为贵州省和云南省电力外送积极做好工作。

“九五”计划时期，西南院贯彻“积极发展水电，优化发展火电”的电源建设方针，按照统一规划、打破行政区域界限、努力实现最大范围内资源优化配置的要求，积极参与和承担省区、大区和全国联网规划设计工作，派出精兵强将参加电力规划设计总院负责的《全国电力系统联网规划研究》和承担部分联网专题研究报告的编制工作，完成了《全国电网互联交流联网方案分析计算研究（四川省、重庆市部分）》。西南院和西北电力设计院共同承担了《川渝电网与西北电网联网》初步可行性研究和可行性研究专题报告的编制，与中南电力设计院合作提出了《南方电网与华中电网联网（初步可行性研究）论证》报告和《南方四省区互联电网2005年电力系统设计和2010年目标电网规划》、《中国南方电网西电东送电力发展战略研究》报告。1998～1999年完成了《金沙江水电基地送电方案研究（四川省、云南省部分）》报告、《云南省向泰国送电研究》、《云南省境内过网电价测算修改报告》和《景洪电站向泰国送电预可行性研究综合报告》，积极研究大型水电基地开发输电方案和云南省向国外送电方案，在全国联网规划的总目标下，进一步研究了西南地区电网规划与全国联网的关系和规划思路，提出了电网联网规划格局的战略目标。

根据电力规划设计总院的布置，西南院先后完成了四川省、贵州省、云南省和重庆市《2005年电力系统设计》和《2010年目标电网规划》，完成了《西藏自治区藏中电网1998～2010年电源建设方案研究报告》。

“十五”计划时期，西南院先后完成了南方电网2015年目标网架规划、“十五”计划期间贵州220千伏电网系统规划设计、云南西电东送160万千瓦安全稳定装置规划设计、成都地区500千伏目标网架规划及紫坪铺电站接入系统设计等系统规划设计项目。完成了川渝电网、贵州电网、云南电网、南方电网2020年电力发展规划和重庆电网2015年电力发展规划等研究工作，完成了四川省、云南省、贵州省、重庆市和西藏自治区“十一五”电网规划设计和2020年目标电网规划。完成了华中电网二次系统“十一五”规划（川渝部分）、国家电网特高压骨干网架规划（川渝部分）、云电送粤±800千伏直流工程可行性研究系统方案论证、锦屏送华东±800千伏直流工程可行性研究送端系统方案论证，以及金沙江一期特高压直流工程可行性研究送端方案论证工作。

（六）工程总承包、工程监理与工程管理

1987～1990年，西南院成功完成了四川江油电厂三期扩建2×33万千瓦机组工程以设计为主体的工程总承包。1991～1996年，西南院牵头与内蒙古电管局联合承包完成了达拉特电厂一期2×33万千瓦机组工程总承包。两个总承包工程，服务范围涵盖了从勘测设计、设备采购、安装调试的全面管理到投运交钥匙的全过程，体现了以设计为主体的主动性，在发挥科学技术优势、推动技术进步、提高科学管理水平等方面，积累了丰富的经验，实现了工程建设“质量优、投资省、工期短、效益好”的目标。为设计体制改革，探索建设国际工程公司迈出了可喜的一步。此后，西南院完成了四川嘉阳电厂送出工程和5个500千伏变电站计算机监控的设计施工总承包，正在实施四川田湾河220千伏送出5回共136千米线路工程建设的总承包工作。

1999年以后，西南院先后成建制派出技术骨干，承担了国华准格尔2×33万千瓦电厂、国华定州2×60万千瓦电厂、浙江宁海4×60万千瓦电厂项目的工程管理、计划管理、财务管理和行政综合管理，在探索“小业主、大咨询”的管理模式上，取得了代业主进行工程项目管理的丰富经验。

三、设计成果

1991～2002 年，西南院完成发送变电工程各阶段勘测设计共 410 项，足迹遍及巴山蜀水、雪域高原、长城内外、大江南北，勘察设计业绩遍及国内 27 个省、市、自治区和喀麦隆、伊朗、印度、印度尼西亚、巴基斯坦、孟加拉等 10 多个国家和地区。有 109 项工程勘察设计分别获得国家和部省奖励，其中获国家金奖 2 项、银奖 7 项、铜奖 11 项和国家科技进步奖 4 项，为电力事业和国民经济的发展做出了重要的贡献。

（一）发电工程勘测设计成果

1991～2002 年，西南院完成发电工程勘测设计 67 项，总容量为 3016.5 万千瓦。其特点是不同类型的电厂多、高参数大容量机组多、涉及的地区多、外部影响因素多、面对的新课题多。在勘测设计中，开展了大量的科学试验，学习掌握国内外先进技术，克服困难，精心设计，优化设计，不仅解决了勘测设计中遇到的各种新问题，而且积极采用新技术、新工艺、新设备、新材料，在发电工程设计上取得了丰硕成果。西南院先后设计了国内最早和国内最大的循环流化床锅炉电厂——四川内江 10 万千瓦循环流化床锅炉示范电厂和四川白马 30 万千瓦循环流化床锅炉示范电厂，中国目前最大的电站出口项目伊朗阿拉克 4×32.5 万千瓦电厂，第一个由国内设计院独立完成设计的 60 万千瓦超临界机组电厂福建漳州后石 6×60 万千瓦电厂（见图 3-2-4），内蒙古达拉特电厂四期扩建 4×60 万千瓦空冷机组，浙江国华宁海 2×100 万千瓦机组电厂。完成了国内最早实行以设计为主体的工程总承包建设的江油电厂 2×33 万千瓦引进工程和内蒙古达拉特电厂 2×33 万千瓦工程，有 30 多项工程或重要技术属国内首创或处于领先地位。

图 3-2-4 西南院设计的国内一次设计、连续建设、规模最大的福建漳州后石 6×60 万千瓦超临界机组发电厂

西南院在努力开拓国内勘测设计市场、认真做好各项工程勘测设计的同时，加强对外合作，积极参与国际竞争。1991 年以来，先后与四川省机械设备进出口公司合作，完成了印度尼西亚塞朗电厂、莫吉克托电厂新建工程的设计和工地服务工作，完成了叙利亚阿

尔扎燃油燃气发电厂 2×19 万千瓦工程设计；与上海电气集团公司合作，完成了印度玛尔柯电厂 2×5 万千瓦新建工程设计；与中国东方电气集团公司合作，完成了伊朗阿拉克 4×32.5万千瓦燃油燃气电厂、孟加拉吉大港电厂和巴基斯坦佳木休电厂的设计。2002 年，西南院开始与成达公司合作，承担印度尼西亚芝拉扎 2×30 万千瓦燃煤电厂的全部设计工作、该工程设备材料采购所需的全部技术支撑服务和施工、调试及试运行派遣现场工地代表服务。该工程 2 台 30 万千瓦机组已全部建成投产，工程建设速度创造了印度尼西亚火电建设史上的奇迹，在印度尼西亚受到了多方好评，是四川省优势产业发挥整体优势的一次成功展示。

1991～2002 年，西南院设计的电厂发电机组投产总容量达 1686 万千瓦。其中，“八五”计划期间投产机组总容量共 341.4 万千瓦，年平均投产 68 万千瓦，比“七五”计划期间年平均投产 52 万千瓦增长了 30%；“九五”期间投产机组总容量为 686 万千瓦，年平均投产 137 万千瓦，比“八五”计划期间年平均投产容量增长 1 倍；“十五”计划期间投产机组总容量为 932 万千瓦，年平均投产达到 186 万千瓦，比“九五”计划期间年平均投产容量增长 35.77%。自“八五”计划以来，西南院设计投产的机组平均每年超过 100 万千瓦以上，在中国电力建设中占了相当的比例，标志着西南院在发电工程勘测设计中积极开拓市场取得了丰硕成果，为国家电力建设和经济发展作出了积极的贡献。

西南院设计的内蒙古达拉特电厂新建工程、云南曲靖电厂一期工程、福建漳州后石电厂 6×60 万千瓦工程获国家银奖，贵州青镇电厂三期工程、四川白马电厂改扩建工程、成都热电厂扩建工程、黄桷庄电厂新建工程、内江循环流化床锅炉示范电厂工程、河南偃师电厂二期工程获国家铜奖。

（二）送变电工程勘测设计成果

1991～2002 年，西南院在送电线路工程勘测设计中，克服困难，解决了线路翻越高山峻岭、茂密林区的选线、定位问题，高海拔、重冰区线路覆冰带来的一系列技术难题，超高压线路同塔双回的技术处理问题，跨海湾线路工程的铁塔选型、塔基定位及其设计问题，500 千伏紧凑型和 750 千伏特高压送电线路工程技术问题，取得了开创性的成果。在应用航测资料、利用海洛瓦技术进行室内路径方案选优，将 GPS 卫星定位系统技术应用于野外定线和定位工作，开发应用新材料、新技术和杆塔设计等方面，都取得了优异的业绩。

西南院设计的二滩—自贡 1 回 500 千伏线路获国家金奖，二滩—自贡 1 回 500 千伏线路工程测量、自贡—成都 500 千伏同塔双回线路、云南大朝山—昆明 500 千伏南回线路和贵州天生桥—贵阳 500 千伏送变电工程、江苏徐江 500 千伏（淮江段）送变电工程获国家银奖，云南漫湾—昆明 500 千伏线路、大朝山—昆明 500 千伏南回线路工程测量、天生桥—贵阳 500 千伏线路地质勘察获国家铜奖。

西南院设计的变电工程，500 千伏变电站变压器容量占总量的 70%以上。在勘测设计中成功解决了高海拔地区超高压变电站电气绝缘补偿问题和 500 千伏变电站自动控制与监测、继电保护、高土壤电阻率的降阻等问题，为进一步搞好超高压变电站设计提供了有价值的技术成果和经验总结。在城市型变电站设计中，电气设备选型有利于紧凑布置，电气出线满足城市规划要求，建筑造型、消防、环保等与市政建设密切协调，积累了丰富的经验。

随着电网建设的需要，西南院开展了直流送电工程换流站的勘测设计，在站区选址、规划，总平面布置，节约用地，电气设备的选择，自动控制，继电保护等方面都取得了新的突破，创造了新的业绩，并已开始进行特高压变电工程和换流站的勘测设计工作。

西南院设计的云南草铺 500 千伏变电站获国家金奖，江苏瓶窑 500 千伏变电站获国家铜奖。

（三）科技进步成果

西南院适应电力工业发展要求，结合勘测设计工程项目，积极开展科学试验和科学研究工作，推广应用科技成果，在科技进步方面取得了良好的业绩。

西南院在四川白马电厂进行旋转喷雾干法烟气脱硫试验研究，通过小试、中试后，列为国家“七五”重点科技攻关专题。1991 年试验装置正式投入工业运行，一直运行良好。“旋转喷雾干法烟气脱硫技术”1992 年获国家科技进步二等奖，1996 年国家环保局批准为“最佳实用技术推广计划”项目。

西南院围绕利用灰渣筑坝这个课题，在四川江油、黄桷庄和河南首阳山等电厂实地取灰渣样 200 多组进行试验研究，对灰渣的物理力学、化学性质，灰渣坝的浸润线及坝坡稳定，灰渣的振动液化等，进行了深入的分析研究，使利用灰渣筑坝获得成功。这项成果的推广，减少了征地和坝材运距，节约了工程投资，缩短了工期，给电厂灰渣综合利用创造了条件，取得了良好的经济效益和社会效益。1996 年“火电厂灰渣筑坝技术研究”获国家科技进步二等奖。

西南院为了电厂高效、节能、降耗，进行了“亚临界、超临界机组热力系统优化设计研究”；为适应大型电厂建设和城网发展，进行了“高压电缆工程设计技术及优化的研究”；为了满足国内外各种电厂厂房不同结构的要求，开展了“30 万千瓦/60 万千瓦机组主厂房结构优化设计研究”、“60 万千瓦汽轮发电机基座试验研究”、“大容量滨海电厂填海地基处理和滨海电厂海水冷却技术研究”；为解决 60 万千瓦及以上大机组循环水冷却问题，进行了“大型冷却塔研究”；为了解决废水排放达到环保标准的问题，开展了“凝结水精处理及废水处理研究”；为提高电厂和变电站的自动化水平，进行了“微机综合自动化系统的研究与应用”。这些研究不仅取得了实用效果，而且促进了设计水平的提高。

为了解决二滩电站送出工程线路覆冰问题，1982 年，西南院在四川省凉山中南部建立黄茅埂观冰站，经过近 20 年观测和积累实测资料，应用数学统计和检验手段，建立了完整的覆冰计算模式，开发了观冰站数据处理系统软件。其成果应用于二滩—自贡的 3 回超高压送电线路工程设计，指导线路走向合理，冰区划分科学，仅就避开重冰区走线就节省钢材 25000 吨，节约造价 15000 万元。“黄茅埂观冰站重冰线路冰凌观测和抗冰试验研究”1992 年获电力工业部科技进步 2 等奖，1995 年获国家科技进步 2 等奖。

为了解决高海拔、重污秽地区超高压送变电工程建设问题，西南院进行了“高海拔重污秽地区外绝缘选择”等多个课题的研究，攻克了国内外均缺乏经验的有关高难技术问题。通过“污闪试验研究”和“污秽特性及设计选择”的研究，得出了高海拔条件下，工频污闪电压和污耐电压均要降低的结论。在云南漫湾—昆明500千伏线路工程设计中，采取每串增加2～3片绝缘子，保证了安全运行；在草铺变电站设计中解决了设备外绝缘、泄漏比距、空气间隙和绝缘配合等重大问题，为工程设计提供了宝贵的参考数据，取得了明显的经济效益和社会效益。

第二节 成都勘测设计研究院

成都勘测设计研究院（简称成都院）是一个建院时间长、水电设计力量雄厚、设计成果丰硕的国有大型水电水利勘测设计研究院。

一、发展概况

成都院始建于1955年，至2002年已建院47周年。1991～2002年是成都院从计划经济体制逐步转为市场经济体制，逐步进行改革，促使成都院取得重大发展的关键时期。为适应水电勘测设计市场的需要，经过试点，2002年成都院对水电勘测设计全面实施项目管理，从而牢固确立了成都院在水电勘测设计市场的优势地位。

1991～2002年，成都院建制名称多次变化。1991年1月～1992年6月名称为能源部水利部成都勘测设计院；1992年6月～1993年5月名称为能源部水利部成都勘测设计研究院；1993年5月～1995年2月名称为电力部水利部成都勘测设计研究院；1995年2月～1998年5月名称为电力部成都勘测设计研究院；1998年5月～2002年12月名称为国家电力公司成都勘测设计研究院。

20世纪80年代，成都院在职职工约3300人，其中工程技术人员1193人；到20世纪90年代，全院在职职工降到2836人，专业技术人员1343人，其中勘测大师1人，教授级高工126人；2002年，全院在职职工降到2092人，其中高级职称技术人员550人，享受政府特殊津贴专家14人，中级职称技术人员410人，初级职称180人。

经过经济体制改革，到2002年，成都院已完全由计划经济体制走向市场，成为隶属国家电力公司的大型甲级勘测设计院，持有工程勘测、测绘、地质灾害防治、水利、水电、电力等工程勘测设计、建设监理、工程总承包、工程技术咨询、环境影响评价、水土保护、工程造价咨询等多项国家甲级资质证书，具有外经贸部授予的对外开展经济技术合作和外派劳务人员许可证。2000年通过ISO 9001质量体系认证，可承担大型（巨大型）水利水电工程勘测设计研究，建筑工程设计研究，岩土工程设计研究，土木、机电工程技术咨询，工程监理，工程造价咨询，环境保护设计、水土保持设计，中小型水电工程、岩土工程、建筑工程施工，同时可承担路桥工程设计、施工监理，以及水土、岩土、建筑材料等试验研究工作。

机构设置情况如下：

（1）管理部门。包括院长工作部、计划经营部、技术质量部、信息档案部、人力资源部、综合事务部、财务部、政治工作部、纪监审计工作部、离退休工作部。

（2）生产科研部门。包括规划处、环保移民处、水工一处、水工二处、施工一处

(2002年10月水工一处、水工二处、施工一处合并，建立工程分院)，施工二处（工程造价中心）、地质处、机电处、建筑分院、科研所、测绘大队、物探中心、水资源中心、工程安全监测中心等专业单位。

(3) 院属子公司。包括水电建设公司、准达岩土公司、二滩国院工程咨询公司、四方印务公司、浣花物业公司。

二、勘测设计成果

（一）主要成果

1991～2002年，成都院先后完成了雅砻江、金沙江、大渡河（岷江）干流及其一级支流的河流河段的水电规划或流域水电梯级调整规划，促进了四川省内的约20条主要河流、河段实施水电梯级规划滚动开发，取得显著成效。并根据主管部门和业主要求对四川省水电资源开展了新一轮普查规划，为科学合理开发四川省主要河流、河段水电资源提供了更可靠合理的设计依据。

自成都院建院到1990年底，由成都院设计建成的水电站总装机容量为158.7万千瓦；到2002年，由成都院设计建成的水电站装机容量达到546.7万千瓦。1991年到2002年的12年间，由成都院设计建成的水电站较1991年前（35年）成都院设计建成的水电站装机容量多2.44倍。其中1998年，由成都院设计建成的二滩水电站总装机容量为330万千瓦，双曲拱坝高240米。二滩水电站的建成标志着中国水电建设已达到世界先进水平，二滩水电站是中国20世纪建成的最大水电站。

1991～2002年，成都院共承担在建大、中型水电站和完成可行研究准备施工的大中型水电站总装机容量达2021.5万千瓦。在此期间该院集中力量抓住雅砻江、大渡河、金沙江（三江流域）水电资源梯级大型（巨大型）水电工程开发的大好机遇，先后在金沙江上，于2001年完成了溪洛渡（装机1260万千瓦，双曲拱坝高278米）的巨型水电站可行性研究，2002年完成了溪洛渡水电站的项目建议书，为溪洛渡水电站在2005年开工奠定了基础（水电站的模拟图见图3-2-5）。

图3-2-5 成都院设计的装机容量1260万千瓦的溪洛渡水电站模拟图

在雅砻江，成都院完成了卡拉乡（锦屏一级）至河口的水电规划，重点进行了锦屏一级水电站、官地水电站和桐子林水电站的预可研、可研阶段的设计工作。其中锦屏一级水电站装机容量为360万千瓦，双曲拱坝高305米，为世界在建最高拱坝。

此外，成都院还在大渡河干流抓紧进行瀑布沟水电站（装机容量330万千瓦，碎石土心墙堆石坝，最大坝高186米）可行性研究调整报告，促进了瀑布沟水电站在21

世纪初正式开工建设。

1991～2002年，成都院完成的10余项大中型水电工程可行性研究报告在21世纪前5年内先后全部动工兴建，并有多座中型工程建成发电。

成都院通过二滩、锦屏一级、溪洛渡、瀑布沟等大（巨大）型水电站的勘测设计，使得该院在高拱坝、高堆石坝、大型地下厂房和50万～70万千瓦大型水轮发电机组等专业设计方面迈上新台阶。在复杂地质条件下大型（巨大型）水电站勘测设计方面具有强大技术优势，在水电工程设计领域已达到世界先进水平或领先水平。

（二）获奖项目

1991～2002年，成都院坚持科技进步，依靠科技创新，提高勘测设计水平，增强在水电设计市场的实力优势和强劲竞争力。1991～2002年，成都院先后获得全国优秀工程勘察、设计奖项5项，国家科技进步奖3项，获省部级优秀工程勘测设计、科技奖60项。

三、科技进步与技术创新

（一）工程技术的发展

成都院建院47年来，完成了西南地区近百余条大、中河流的水力资源普查，完成了金沙江、大渡河、雅砻江、岷江、嘉陵江等河流河段水电规划或规划调整，以及西藏地区部分河流河段的水电规划。根据国家和四川、西藏两省（自治区）的要求，1990～1991年，成都院又进行了四川、西藏水力资源的普查。12年来由成都院设计建成发电的二滩、铜街子、太平驿、福堂、冷竹关、小关子、东西关、自一里及西藏羊湖、金河近30余座水电站，总装机容量达600余万千瓦。其中铜街子水电站荣获全国第六届优秀工程设计金奖和第五届工程勘察金奖，二滩水电站荣获全国第十届优秀工程设计金奖、第八届全国优秀工程勘察金奖。目前，成都院正在开展深溪沟、大岗山、两河口、双江口等巨大型、大型、中型水电站的工程设计，总装机容量达2000多万千瓦。即将进行施工建设的项目有溪洛渡、锦屏一级、瀑布沟、深溪沟、龙头石、直孔、水牛家、跷碛、柳洪、大发、草街等大、中型水电站，总装机容量约2000万千瓦。12年间，成都院依托水电工程项目承担国家和省部级及水利水电规划设计总院系统科技攻关项目近100余项。其中“七五”计划国家重点科技攻关项目“高坝坝基岩体稳定性评价及可利用岩体质量研究”于1992年获国家科技进步一等奖，另有30余项科研成果先后获省部级奖励，并有6项工程勘察、设计和2项设计软件分别获全国优秀工程勘察、设计和优秀软件奖。

（二）勘测设计技术创新

1991～2002年，成都院实施精品战略，以科技进步、技术创新作为提高勘测设计生产效率和产品质量之本。成都院勘测设计技术水平得到不断提高，目前已居同行业前列，承担的数项国家重大型工程勘测设计，取得了多项重大技术突破，技术水平达到或超过世界先进水平。

1. 水电工程设计技术

二滩水电站于1998年8月建成和并网安全投入运行，标志着成都院在水电设计技术领域达到了国际先进水平，部分水电设计技术已达到国际领先水平。二滩水电站的建成，有力地促进了中国拱坝技术、大型地下厂房设计的发展（见图3-2-6）。进入21世纪后，

图 3-2-6 成都院设计的二滩水电站

成都院凭着全院的雄厚整体实力和技术进步与创新，连续承担雅砻江、金沙江和大渡河的大型水电工程勘测设计，如锦屏一级水电站装机容量 360 万千瓦，双曲拱坝高 305 米，为世界在建最高拱坝。锦屏一级水电站是雅砻江下游河段梯级开发具有不完全年调节性能的龙头水库电站，对下游梯级电站有很大的补偿效益。溪洛渡水电站总装机容量 1260 万千瓦，双曲拱坝高 278 米，是长江上游第一大水电站，其装机规模仅次于三峡，是世界级大型水电站。瀑布沟水电站砾土心墙堆石坝坝高 186 米，电站装机容量 330 万千瓦，是 21 世纪初率先在大渡河梯级开发施工的第一座大型水电站，标志着大渡河水电站梯级滚动开发已迈开第一步。同时证明成都院在高土石坝大型水力枢纽设计领域又上了一个新的台阶。目前，成都院在大型、巨大型水力枢纽设计、高混凝土双曲拱坝、高土石坝设计、窄峡谷大流量泄洪消能设计，高碾压混凝土坝技术，大型地下发电厂洞室群设计，高混凝土坝施工模拟仿真技术及其相关技术标准制定等水电技术领域均有新的创新和突破，成都院的水电勘测设计技术和实力处于行业的前沿。成都院正在进行勘测设计的大型水电工程项目水轮发电机组单机容量已达 70 万千瓦，双曲拱坝坝身泄洪量达 30000 米^3/秒以上，地下厂房的最大跨度达 32 米，高度为 75 米，地下厂房围岩支护采用锚索长度达 20 米以上，坝基高边坡高达 260 米，采用的预应力锚索长 40 米。

1991 年建成投产的铜街子水电站是大渡河已建的第二座大型水电站，是全国率先将碾压混凝土筑坝技术应用到水电站主体工程（挡水坝）的国家重点工程。随后碾压混凝土筑坝技术很快推广到岩滩等 100 米以上的高坝。

成都院在大型、巨大型水电项目勘测设计中，依靠科技进步取得显著成绩，并不断取得新的成果的同时，在中型水电站勘测设计的技术创新也取得了出色的成绩。在中型水电站枢纽设计的正向泄洪冲沙，侧向拦沙取水发电技术等方面积累了成套技术和经验，已建成 30 多个高山峡谷多沙河流引水发电工程。近年来，高水头引水发电工程设计，也不断向前迈进。20 世纪 90 年代中设计，2000 年 10 月建成投产的瓦斯沟冷竹关水电站，装机容量 18 万千瓦，单机容量 6 万千瓦，电站设计水头 358 米。目前，正待建设施工的田湾河金窝水电站装机容量 28 万千瓦，电站设计水头 620 米。南桠河冶勒水电站沥青混凝土心墙堆石坝建于深达 420 米的覆盖层基础上，是全国最高的沥青混凝土心墙堆石坝，在世界也居前列。电站最大设计水头 644.8 米，装机容量 24 万千瓦，单机容量 12 万千瓦。瓦斯河小天都水电站装机容量 24 万千瓦（单机容量 8 万千瓦），应用科研成果采用气垫式调压室，电站最大设计水头 392 米。沙牌水电站拦河坝采用碾压混凝土拱坝高 132 米，居世界第一。宝兴河硗碛水电站最大设计水头 555 米，是宝兴河龙头水库电站，装机容量 24

万千瓦（单机容量 8 万千瓦），可增加下游梯级电站枯期平均出力 7.4 万千瓦。

2. 工程勘测技术

(1) 测绘技术。成都院工程测量具有悠久的历史和卓著的成果，随着水电工程建设设计的发展，成都院的测绘技术手段也不断地更新和变革。

为了满足大中型和巨大型水电工程对测绘精度要求不断提高的需要，成都院随着测绘技术发展，不断更新测绘仪器设备，提高深山峡谷复杂地形地物等的测绘精度，为工程设计提供优质的测量成果。

GPS 定位技术在成都院承担的许多水电工程的流域规划、工程控制测量等方面已普遍得以应用。

成都院随着电子经纬仪、全站仪的应用和 GEOMAP 系统的出现，把野外数据采集的先进设备与微机及数控绘图仪三者结合起来，形成一个从野外或室内数据采集、数据处理、图形编辑和绘图的自动测图系统，做到大比例尺基本图、工程地形图、带状地形图、纵横断画图、地籍图、地下管线图等各类图件的自动绘制。系统可直接提供纸图，也可提供软盘。

(2) 工程物探技术。成都院物探中心已拥有 70 余台物探测试设备，60％的仪器为进口设备，如美国进口的探地雷达、24 首地震仪、加拿大进口的钻孔弹模仪等。多年以来，物探专业先后圆满地完成了国家"七五"、"八五"计划物探科技攻关项目及院自立科研项目，取得丰硕的研究成果，并成功地推广应用于工程勘探及检测，从传统的前期水电勘探及研究，拓展到水电施工检测及非水电检测三大主要测试业务。

经过 30 年的试验研究及工程实践，地震勘探的三种方法已日趋成熟，并在许多工程中成功应用。如溪洛渡干海子滑坡和西藏拉萨河梯级电站的勘探中，采用长剖面的浅层折射、反射法，最大勘探深度达 200 米。在二滩水电站尾水洞间采用各向异性地震 CT，查明了岩体松弛范围，为工程设计提供了合理依据。

2000 年，在溪洛渡水电站坝基软弱岩带固结灌浆试验中，对灌浆效果检测除了采用钻孔单孔声波、对穿声波、综合测井、钻孔电视外，还引进加拿大生产的 PROBEX-1 钻孔变模仪进行钻孔变模测试，并将钻孔变模值与声波速度建立相关关系，定量给出固结灌浆后变形模量指标，为坝基灌浆处理提供设计参数。2002 年在锦屏一级水电站坝基固结灌浆试验和坝区勘探中，进行系统的钻孔变模测试，并分别对大理岩和砂板岩进行统计分析，建立波速与钻孔变模的相关关系，建立各岩性、岩级的物理力学指标，为地质和设计提供了准确可靠的参数。

2001 年，物探中心开始试验研究高密度电阻率成像在复杂地质条件下的应用。通过一系列工程试验，研究出超长滚动观测系统，并采用有限单元法建立正演型、最小二乘法反演计算，最终完成电阻率成像剖面。在双江口、卓斯甲河流域、金川、十里铺等水电站勘探中，高密度电阻率成像的地质效果和勘探精度明显高于常规电法勘探成果。

(3) 地质钻探技术。

1) 应用卫星和航空遥感技术进行区域地质、地震的小比例尺测绘，对区域大断裂（特别是活动断裂）、滑坡、泥石流等地质灾害进行室内地质判断，有力地提高了现场勘测工作的效率和可靠性，在二滩、锦屏一级等大型工程中得到良好应用。

2）应用钻孔彩色电视技术观察钻孔中结构面产状及性状等地质现象，如身临其境的感觉。定向取芯钻探技术，用于确定岩体中结构面（特别是坝基中软弱结构面）的分布和产状，为地质分析研究提供了可靠的原始资料。

3）应用SD（金刚石）钻具及S米（植物胶）冲洗液（获国家专利）对于深厚砂卵石层及岩体软弱带钻进，钻孔取样率达80%～100%，最大钻探深度达420米，对查清覆盖层和岩体软弱夹层构造性状可提供可靠的原始依据。针对勘探软弱（松散）地基、钻具回次少、岩芯易堵塞问题，开发研制了具有五大机构普通内管磨光钻具和半合管钻具、取沙钻具等三级口径、9个品种的SD系列钻具。SD系列钻具不仅适用软弱地基钻探，也适用岩石复杂地基钻探，岩芯采取率可达90%～100%，钻孔70%的岩芯可保持原状结构。

应用“八五”科技攻关成果——YDX-1型岩芯定向器，不仅可以确定相邻孔间同一岩层产状变化，而且可以确定同一钻孔中不同层位岩层产状变化。

4）应用ZS-1000钻孔水文地质综合测试仪，能在钻孔中同时自动采集水文地质压水试验的四个主要参数，即流量、压力、长度、时间，并能进行数据处理，打出计算结果和函数图形。应用自振法抽水试验代替常规抽水试验测定岩体渗透系数，保证了抽水试验成果质量。

应用大口径（直径1米）勘探技术，钻探孔深可达60～80米，对勘察复杂地基岩体构造有独到作用。

5）“九五”期间，针对大型（巨大型）水电站地质勘探的关键技术问题，依托溪洛渡工程，成都院进行“钻探新技术开发和应用”的专题研究，开发出适应大型、巨大型水电工程的钻探新技术、新工艺及地勘资料网络化管理技术。进一步提高了钻探速度和地质勘探质量，对缩短勘测周期提高勘测质量有显著效果。

6）地质勘察成果是工程设计的基础，成都院能够采用遥感技术、超深钻探技术、大口径心芯技术、地应力测试技术、综合测井及野外和室内大型岩石试验和土工试验，以及物探层析成像，对区域地壳稳定、地震活动分析和坝区、坝基及地下厂房岩体稳定进行综合评价，保证了为设计提供客观、合理的地质物理学参数和地质图纸资料。

7）针对西南地区兴建大型水电工程常遇100米以上深厚覆盖层，架空层钻探技术难题，“十五”期间，成都院开展了部级深厚覆盖层架空层钻探取芯技术研究。此项地质站新技术为保证大、中型水电工程坝基深厚覆盖层地质勘探的精度和正确性提供了新的勘探手段，也为水工建筑物基础处理提供更为合理的地质依据创造了条件。

3. 科技进步和技术创新

多年来，成都院依靠技术创新、科技进步解决重大工程技术问题，优化设计方案，对保证工程质量、节约工程投资起到了关键作用。

(1) 针对二滩工程重大和关键技术问题，在初步设计期间进行了80余项专题科研工作。历时4年的专题攻关研究，取得了丰硕成果，并将各成果应用于二滩水电站设计方案的优化和招标设计中，进一步改进了二滩工程设计方案。据统计，二滩水电站投标设计前，在双曲拱坝体形优化设计研究、地下洞室群支护与监测分析、建筑材料选择、机电设备选型等诸多方面进行了197项科研任务，投入科研费达1083.4万元。“七五”计划科技攻关成果应用到二滩工程招标设计中，拱坝体型设计得到了进一步优化，建基面开挖减少了80万米^3，双曲拱坝最大厚度由70.34米减少到55.74米，混凝土从474.23万米^{3}减少到408.2万米^3。与此同时，单机容量由50万千瓦提高到55万千瓦，年发电量由162亿千瓦·时提高到170亿千瓦·时，为国家节约工程投资15亿元，缩短工期1年。

二滩水电站被评为1998年中国十大科技进步新闻，名列第六位。二滩水电站的建成为中国兴建200米以上高拱坝、大型地下厂房洞室群的勘测设计积累了极其丰富的宝贵经验。二滩水电站勘测设计主要经验已为其后兴建的溪洛渡、锦屏一级、云南小湾、贵州构皮滩和伊朗的西玛瑞等工程建设所借鉴。二滩水电站的建成已成为中国大型水电工程建设的一个里程碑，并为世界水电建设历史写下了新的篇章。

(2) 溪洛渡水电站是继长江三峡工程之后，在长江上游兴建的又一座巨大型水电站。它的特点如下：①工程规模巨大，电站装机规模仅次于三峡工程，为1260万千瓦，年发电量571.2亿千瓦·时，水库库容115.7亿米^3。②技术难度高，要在Ⅷ度地震区修建高278米的混凝土双曲拱坝，坝址左右岸地下厂房各装置9台单容量70万千瓦的水轮发电机组，装机规模各为630万千瓦的大型地下厂房洞室群。③枢纽泄洪流量达50000米^3/秒，在狭窄河谷上要解决约1亿千瓦功率的泄洪和消能问题。这些关键技术问题是否能妥善解决，关系到溪洛渡工程技术经济是否可行。为此，成都院在溪洛渡可行性研究的3年中，投入6500万元资金进行了160余项的专题研究，并联合国内外高水平的科研机构及大专院校进行协作，依托国家“九五”科技攻关，有针对性地对“高拱坝抗震技术”、“高拱坝枢纽布置”等专题进行科技攻关，在钻探新技术的开发和应用、工程地质综合分析技术的开发和应用、高拱坝大流量泄洪消能关键技术研究、超大型地下洞室群合理布置及围岩稳定研究等多方面取得了重要成果。

溪洛渡水电站可行性研究报告已于2001年底按时高质量完成，国家计委主持的审查中，专家对该研究报告给予了充分肯定。2002年9月国务院批准立项建设，预计2005年工程开始施工。依托和结合溪洛渡项目，成都院完成的多项科技攻关成果获得省、部科技进步奖，其中“溪洛渡水电站高拱坝大流量泄洪、消能关键技术的试验研究”和“溪洛渡超大型地下洞室群合理布置及围岩稳定研究”同时荣获2001年中国电力技术二等奖。

对溪洛渡水电站厂房进水口工程、地下厂房洞室群及导流工程的优化设计研究，为溪洛渡工程的投资和工期进一步得到有效控制创造了良好条件，也为类似工程设计提供了宝贵经验。

(3) 瀑布沟水电站是中国西南地区开工兴建的最高的心墙堆石坝，心墙防渗材料和混凝土防渗墙墙体材料，以及心墙与防渗墙接头形式的选择是该工程的重大关键技术问题。成都院针对这些关键技术，专门进行了“宽级配砾石料作高堆石防渗体研究”、“混凝土防渗墙体材料及接头形式研究”等“八五”科技攻关和有关技术专题研究与试验，在国内首次选择了压缩性小、抗剪强度高、施工方便的砾质土作为心墙防渗料。同时通过对廊道式、插入式、软接头和空接头多种方案的研究比较后，选择对混凝土防渗墙和心墙采用直接插入式连接，这种方式连接结构简单，施工方便，防渗墙内应力较小，适应变形能力强，防渗效果好（见图 3－2－7）。另外还开发研制出高强低弹复合混凝土墙体材料，技术指标满足瀑布沟堆石坝防渗墙设计要求。瀑布沟堆石坝采用砾质土作为心墙材料使中国高堆石坝的心墙防渗技术向前迈进了一大步，也是堆石坝心墙设计的创新。成都院完成的“宽级配砾石料作高堆石坝防渗体研究”和“混凝土防渗墙体材料及接头形式研究”两项专题研究成果，1997 年分别荣获电力工业部科技进步二、三等奖。

（4）锦屏一级水电站是雅砻江干流下游河段控制性水库梯级电站，是继二滩水电站之后在雅砻江上兴建的又一座大型水电站（见图 3－2－8）。锦屏一级水电站地处深山峡谷地区，地质条件较复杂，工程规模巨大，技术难度高，尤其是大坝最大坝高达 305 米，其技术水平处于世界前列。其中复杂地质条件的勘探评价、300 米级高拱坝的结构设计及基础处理设计，以及高山峡谷复杂地形条件的施工组织设计均是国内外高坝大库、大型地下厂房工程技术研究罕见的技术难题。为了解决锦屏一级水电站复杂的工程地质问题、超 300 米量级混凝土高拱坝抗震问题，以及高水头、大流量泄洪消能问题，成都院集结了院内优秀的技术骨干、专家，并和国内知名的科研机构和高等院校合作，进行了地震基本裂度复核及地震安全性评价专题报告、近坝库岸及坝址区边坡稳定性研究、坝区河段水文地质研究报告、普斯罗沟坝段岩石及构造研究、岩体物理力学特性及参数取值研究、拱坝结构设计专题研究、拱坝抗震设计专题研究、枢纽布置专题研究、拱坝基础处理设计研究、泄洪消能专题研究、地下厂房洞室群布置和围岩稳定分析专题研究、拱坝混凝土及温控设计专题报告、拱坝基础软弱岩体固结灌浆试验研究、拱坝坝线及建基面研究、水轮机参数选择与运行稳定性研究、混凝土双典拱坝施工专题研究、导流标准选择及风险度分析、环境影响专题研究、大型人工骨料加工费用专题研究等 36 项勘测、设计专题研究和 60 多项试验研究，初步统计投入科研费用逾千万元，取得近百项研究、试验成果，经有关专家评审、鉴定，得到了专家充分的肯定。锦屏一级水电站的科研试验成果为完成可行性研究报告提供了充分的设计依据和技术基础资料。

图 3－2－7　瀑布沟水电站大坝建设于 2005 年 11 月 21 日截流

图 3－2－8　成都院设计的锦屏一级水电站鸟瞰图

（5）四川高山峡谷中的中型水电资源极为丰沛，峡谷河道坡降大（一般在 25%～

45%），水流湍急，水电规划梯级开发引水发电的水头高（300～600 米），水电站需设置调压室。常规调压室地下开挖工程量大，且需设有复杂的混凝土结构，不但影响工程的进度，增加工程投资，而且地下调压室一般高达 100 米，施工开挖难度大，出渣往往破坏植被，对自然环境保护带来不利影响。因此，依托自一里水电站工程，在水规总院支持下，成都院开展了“引水式水电站气垫式调压室关键技术研究”的课题研究。

自一里水电站位于四川省平武县境内，拦河闸坝与引水隧道进口和尾水出口，可在河道对岸“九环线”（平武至九寨沟）公路上隔河而望。

该电站装机容量 13 万千瓦，所用流量 34 米^3/秒，毛水头 477 米（利用河道落差）。为减少修建至调压室公路的长度，尽量降低工程施工对自然环境的影响，并降低施工难度，结合电站实际情况，成都院提出了对自一里水电站采用气垫式调压室的工程布置和运行控制方式的方案。

结合自一里电站的设计施工，成都院先后邀请挪威专家对自一里电站气垫式调压室的设计、施工和运行监测等技术问题进行了两次咨询，设计人员还对挪威的调压室设计、施工及运行进行了实地考查，并结合自一里水电站地下引水系统的实际条件，对挪威引水式水电站气垫式调压室的设计理论和经验进行了吸收消化。经过地质、水工、施工、机电等多专业技术人员和高等院校、科研机构的协作攻关，对气垫式调压室在围岩工程地质条件、水力计算及模型试验、调压室布置及结构设计、高压隧洞设计、相关设备选择和自动监测系统等方面取得了研究成果。

沙牌水电站碾压混凝土拱坝坝高 130 米，是世界上已建成的最高碾压混凝土拱坝。沙牌碾压混凝土拱坝从设计到施工直至建成运行，始终贯穿科技攻关和试验研究工作。“沙牌碾压混凝土拱坝配套技术研究”是国家九五攻关重点科研项目，成都院科技人员通过几年的努力，在碾压混凝土拱坝技术方面取得了重大成果，推动了中国碾压混凝土拱坝的发展。

沙牌碾压混凝土高拱坝筑坝技术已在蔺河口（坝高 100 米）、石门子（坝高 109 米）、龙首（坝高 80 米）、招徕（坝高 107 米）等碾压混凝土高拱坝工程得到推广应用。沙牌水电站涡漩内消能竖井泄洪洞技术也已成为目前深山峡谷区水电站泄洪消能的新技术，受到广泛关注，已推广到冶勒、金沙江溪洛渡等水电站的设计中。

4. 计算机技术的广泛应用和深入

成都院在水电工程勘测设计中，努力推广先进的计算机应用技术，并以此提高勘测设计产品的质量，提升市场竞争力和管理水平。

目前，该院已建成了覆盖全院范围的计算机网络系统。在已投入应用的 A 座和 B 座两栋办公大楼内，共建网络布线节点 4200 余个。在中心三层路由交换机上按照院内部门的设置划分了相应的虚拟子网，共建立了 30 多个子网。

成都院综合信息管理系统主要由档案管理系统、设计及管理流程与质量管理系统、经营管理系统、项目管理系统、院长综合查询系统、办公自动化系统等部分构成。该系统还与项目管理软件、财务集中管理系统、人力资源管理系统和有关专业设计软件等集成网络，提高了设计管理水平。

1991～2002 年，成都院依靠科技创新，提高了勘测设计的质量水平和全院各专业设计的技术优势，有力地增强了市场竞争力，使设计院在创建国际工程公司的发展道路上迈出了坚定步伐。

第三节 四川省水利水电勘测设计院

四川省水利水电勘测设计院，是四川省水利系统承担水利水电勘测设计的国有科研设计骨干单位，建院时间较长，技术力量比较雄厚，设计成果颇丰。

一、发展概况

四川省水利水电勘测设计研究院（简称四川院）成立于1963年，1997年经水利部批准，冠名为“水利部四川水利水电勘测设计研究院”。四川院是一家拥有水利水电工程设计、勘察、测绘、总承包、监理、咨询、造价、水保、水文水资源调查评价、招标代理、环境污染防治工程工艺设计、建设项目水资源论证12项国家甲级资质证书和环境影响评价、建筑、市政等乙级资质证书的大型科研设计骨干单位，2001年通过ISO 9001质量管理体系认证。

四川院现有职工1200余人，其中高级工程师237人（含教授级高工20人），工程师259人，其他工程技术人员301人。四川院技术力量雄厚、专业配套齐全、设备先进，40多年来，已完成水利水电规划、勘测、设计达500余项，获国家级、部（省）级优秀勘察、设计和科技进步奖70余项，所设计工程实现控灌面积1600万亩（10666.67千米^2），电站装机达500余万千瓦，为四川省水利水电建设事业和区域经济的发展作出了突出贡献。先后被评为全国水利水电系统先进集体、全国工程勘察先进单位、全国工程勘测设计综合指标100强单位、四川省重点建设先进单位、全国水利系统规划计划先进集体，并形成了自己独特的优势。

院属主要机构如下：

（1）管理部门。院办公室、党群工作处、劳动人事处、市场营销部、技术质量部、顾客服务部、财务处、国有资产处、科技信息处、安全技术处。

（2）生产科研部门。水工处、水机金结处、电气处、施工概算处、规划处、建筑处、物探中心、水科所、大桥监理公司、华青水电开发公司、兴水岩土公司、勘察分院、测绘分院、规划分院。

二、设计能力

（1）四川院具有承担在复杂地质条件下进行各类大中型水利水电工程勘测设计的综合实力。岷江紫坪铺水利枢纽工程、升钟水库、四川大桥水库（见图3-2-9）、武都引水工程、大渡河沙湾水电站为四川院的代表作品。

（2）四川院在水资源规划和设计方面积累了丰富的经验，处于国内先进水平的行列。四川院继完成“四川省水资源总体规划”后，又承担了“四川省水资源综合规划”和“四川省‘十一五’水利发展规划”工作，为四川省人民政府、四川省水利水电行政主管部门献计献策。

图 3-2-9　四川院设计的修建在凉山安宁河深大断裂带上的大桥水库

(3) 四川院设计的水库工程最大库容 13.39 亿米^3，最大坝高 156 米，设计的水电站最高水头 425.24 米，最大装机 76 万千瓦。已设计建成的水库、水电站 200 多座，经多年的观察验证，运行正常，经济效益显著。四川院通过多年实践，已形成了有四川院特色的勘测设计经验。

三、设计成果

（一）四川院部分勘测设计项目

四川院的设计成果较多，其中主要设计成果有以下项目：

四川省水资源综合规划、四川省水利发展“十一五”规划、四川省水利改革与管理专项规划、四川省“五江一河”防洪规划、四川省“十一五”中型水库建设规划、四川省城市饮用水资源地安全保障规划、马尔康梭磨河水电规划、木里县东义河水电规划、炉霍县鲜水河水电规划、南水北调西线工程影响区水资源优化配置、毗河灌区规划、岷江规划、向家坝和亭子口灌区规划、摸银水电站、黄梅溪水电站、犍为水电站、小龙门电航工程、越南大鹏水电站等 20 多项水利水电工程的规划、可研及初设和技施项目。

（二）四川院设计主要工程介绍

(1) 四川大桥水库。位于西昌冕宁县，水库大坝为混凝土面板堆石坝，坝高 93 米（地震设防烈度为 8.5 度），总库容 6.58 亿米^3，灌溉面积 87.4 万亩（582.67 千米^2），电站装机容量 10 万千瓦。枢纽修建在被前苏联专家称为“地质禁区”的区域上，建成 5 年来，运行正常，社会经济效益显著，该工程投产对凉山彝族自治州的社会经济发展起到了积极的推动作用。

(2) 紫坪铺水利枢纽工程。西部大开发标志性工程之一的岷江紫坪铺水利枢纽工程（见图 3-2-10），是国家和四川省基础设施建设的重点项目，该工程位于成都市西北 60

图 3-2-10　紫坪铺水利枢纽工程

余千米的岷江干流上，是一座以灌溉和供水为主，兼有发电、防洪、环境保护、旅游等综合效益的水利工程，是都江堰灌区的水源调节工程。该工程总库容 11.12 亿米^3，电站装机容量 76 万千瓦，坝高 156 米，目前为四川省第一高的混凝土面板堆石坝，180 米高边坡处理，45 米/秒的高流速泄洪洞。

第四节 四川电力设计咨询有限责任公司

四川电力设计咨询有限责任公司（简称“川电设计咨询”）始建于 1979 年 7 月，现为四川省电力公司全资子公司。

一、发展概况

川电设计咨询前身是 1979 年 7 月组建的西南电业管理局设计处，1983 年 8 月经水利电力部批准，在原设计处基础上成立西南电业管理局电力设计院。后单位名称随着主管局名称的更换相应易名，1988 年更名为四川省电力工业局电力设计院，1989 年更名为四川电力工业勘察设计院。2001 年 8 月，在原设计院基础上改企转制，组建了四川电力设计咨询有限责任公司。

川电设计咨询能够承担区域及城市电网规划、500 千伏电压等级输变电工程可行性研究、电厂可行性研究及大型用户的供电方案的可行性研究；能够承担 30 万千瓦火电机组、13.5 万千瓦及以上循环流化床（CFB）发电机组和 60 万千瓦机组烟气脱硫的勘测、设计、咨询业务；能够独立承担 220、500 千伏输变电工程的勘测、设计、咨询业务；能够承担大型通信工程的勘测、设计、咨询业务。预计到 2005 年 12 月止，完成发电工程总计 37 项，总容量 405.2 万千瓦，承接烟气脱硫项目 6 项，总容量 386 万千瓦；完成 500 千伏输电工程 20 项，总长度 1629 千米，220 千伏输电工程 168 项，总长度 4686 千米；完成 500 千伏变电工程 14 项，总容量 775 万千伏安，220 千伏变电工程 148 项，总容量 1191 万千伏安；完成电力系统微波、光纤通信、数字程控交换网等工程 400 余项。在所取得的成绩中，尤以送变电工程较为突出，为川电设计咨询主要的经济增长点。

随着电力工程勘测设计的不断发展，川电设计咨询的勘测设计能力得到了迅速提高。该公司在全国电力设计行业较早开展了工程总承包，在每个项目具体实施过程中，抓安全、重质量、保进度、求效益，成功完成多项变电站、线路的工程总承包，赢得了用户的信任和市场的认可。预计到 2005 年 12 月，该公司完成工程总承包 40 余项，合同额达 20 多亿元。其中 500 千伏线路工程 2 项，总长度 477 千米；220 千伏线路工程 14 项，总长度 750 千米；110 千伏线路工程 5 项，总长度 135 千米；220 千伏变电工程 6 项，总容量 654 千伏安；110 千伏变电工程 3 项，总容量 200 千伏安；光纤通信及其他工程 10 余项。

川电设计咨询的勘测设计技术水平不断提高，在中型发电工程和高压送变电工程勘测设计领域进行了有益的探索，并有所创新，取得可喜的成绩。先后共获省部级勘测设计奖 16 项，其中南桠河—西昌 220 千伏线路获能源部优秀勘测设计奖，自贡—成都 500 千伏同塔双回送电线路工程获国家优秀设计银质奖；四川南桠河梯级电站配套送出工程总承包，获得国家优秀工程总承包金钥匙奖；福堂电站配套送出工程建设总承包，获得国家优秀工程总承包银钥匙奖。在科研方面，共获电力规划设计总院、省建设厅、省电力公司各种奖励共 10 项，其中“工程设计项目管理系统”获电力规划总院优秀软件三等奖。

川电设计咨询的发展历史，可分为以下两个阶段。

（1）川电设计咨询在邓小平南巡讲话后快速发展。1992 年邓小平南巡讲话后，川电设计咨询进一步加大力度深化改革，提拔了一批年轻干部，实施设计院经济承包责任制，把奖金与利润挂钩，考核工期、成本、质量。完成了劳动、人事、工资三项制度改革，实行全员劳动合同制，竞争聘任上岗，改革医疗制度、住房制度。1995～1997 年，进行了贯标和质量体系认证工作，经过准备、健全机构、编制体系文件、培训、实施、认证审核六个阶段，川电设计咨询按照 GB/T 19001—1994—ISO 9001：1994 标准建立起质量保证体系，1997 年 7 月通过了长城（天津）质量保证中心审核认证。1997 年 5 月，达到了科技事业单位档案管理国家一级标准。

经过一系列深化内部改革，川电设计咨询综合管理走上了规范化的轨道，职工的生产积极性和自觉性得到了进一步提高，全员劳动生产率逐年快速增长。1991～2002 年，共完成发电工程 15 项，送电工程 106 项，变电工程 125 项，电力系统规划 40 项，系统通信工程 89 项。并开始涉足总承包项目，完成 EP 项目 4 项，为下一步川电设计咨询实现产业结构模式突破打下了基础。发电项目方面则开始从事大型发电机组的勘测设计，如参与四川广安电厂（2×30 万千瓦）设计，独立完成宜宾发电厂循环流化床工程（1×10 万千瓦）设计等。输变电工程通过摸索，总结出了在地形复杂的高海拔山区搞输变电工程勘测设计的先进经验和技术，形成了川电设计咨询的核心竞争力。1996 年还完成了自贡—资阳段（91 千米）同塔双回 500 千伏线路设计，这标志着川电设计咨询在技术上前进了一大步，设计水平上了一个档次。变电项目设计全面采用高新技术，监控和保护设备全面实现微机化，实现了 110 千伏变电站无人值班或少人值班、220 千伏变电站少人值班的目标。在电力系统规划设计方面，1995 年以前，省电力公司的系统规划设计主要依靠大区电力设计院，从 1995 年开始，川电设计咨询先后完成了对四川电网、四川城网、四川农网等大型电力系统的规划设计，如《四川电网 2000～2010 年规划》、《三峡库区电网规划可行性研究报告》等，开创了川电设计咨询电力系统规划设计的新局面。在电力通信设计方面，这几年该公司完成的项目多、规模大、产值高。大批电业局、发电厂、地区调度所、变电站都要完善通信系统，因此川电设计咨询承担了大量程控组网设计、载波通信设计、微波、光纤通信设计工作，期间，光纤通信的普遍采用，使川电设计咨询的设计跟上了时代的步伐，在技术上上了一个新台阶。

1992 年后，川电设计咨询从勘察设计主营业务扩展到工程总承包、工程咨询和工程监理，发展多经企业，实现了物质文明和精神文明双丰收，1995 年获得四川省电力工业局文明单位称号，1998 年获得四川省文明单位称号。从 1993 年起，川电设计咨询年产值平均以 300 万元的增长速度递增，1998 年的年产值突破 3000 万元大关，劳动生产率达 12 万元/（人·年）。

(2) 川电设计咨询跨入新世纪后改革创新，开拓新局面。2000 年，面对电力体制改革进一步深化后必然出现的电力设计市场竞争，经过近两年多的酝酿，根据国务院 101 号文件精神，结合自身具体情况，川电设计咨询提出了公司制改组方案，具体如下：

实行院整体剥离，成建制从四川省电力公司减员，由四川省电力公司、中国电力建设工程咨询公司、四川电力工业勘察设计院、设计院职工（工会）四方出资组建“四川电力设计咨询有限责任公司”；职工按一定比例交钱入股，成为新公司股东；新公司面向社会选人，优先与本院职工进行双向选择，形成新型劳动关系；实行新的薪酬体系，工资收入与员工能力和业绩挂钩。

该方案由于遵循了既不损害国家（电力公司）的利益，又符合企业发展和职工（包括退休职工）利益的原则，得到建设部勘察设计司、四川省电力公司、中国电力规划设计总院和中国电力规划设计协会的认可和大力支持。同时，对职工不断地进行形势教育和改革必要性的宣传，得到了绝大多数职工的理解和支持，保证了改制工作的顺利进行。在各方的支持下，四川电力设计咨询有限责任公司于 2001 年 8 月 28 日正式挂牌成立。

川电设计咨询由于在组织结构、股本结构、用人机制、分配机制、产业模式 5 个方面初步实现了突破，公司面貌发生了较大变化，有了一个持续发展的良好开端和扎实基础。2001 年公司完成产值 4300 万元，其中 9～10 月完成产值 1000 万元。2002 年完成产值 7800 万元，预计 2003 年完成产值 8851 万元，2004 年完成产值 10300 万元，2005 年完成产值 13604 万元。公司抓住电力发展，尤其是电网建设提速带来的机遇，进一步强化管理，开拓经营，推进科技创新，提高了公司竞争力，产值年年创新，实现了公司持续、健康、快速发展。

川电设计咨询在进入新千年后，抓住了西部大开发和川电外送的大好机遇，在勘察设计上大力发展火电大机组的设计及老机组的改造工作，快速发展超高压等级的送变电工程设计。承接了江油电厂燃机改造工程、岷江电厂技改工程、攀枝花电厂压小上大技改工程等大型机组的设计工作，承担了二滩—攀枝花 500 千伏送出工程、攀枝花 500 千伏变电站新建工程、南充—龙王 500 千伏送出工程、南充 500 千伏变电站新建工程等 500 千伏电压等级的送变电工程勘察设计。川电设计咨询在做好电力工程勘测设计的基础上，积极开拓业务领域，在电力送变电工程总承包上取得重大突破，相继按 EPC 模式承接并完成了一批项目建设任务。尤其是在公司成立后所承接的第一个总承包工程“四川南桠河梯级电站配套送出工程”的建设管理过程中，川电设计咨询周密策划、精心组织、科学管理，克服诸多困难，全面履行了合同要求，赢得了各方赞誉。该工程于 2002 年 6 月建成投产，2002 年 10 月，经中国勘察设计协会和中国工程咨询协会评定，授予优秀工程总承包“金钥匙”奖。这为川电设计咨询继续开展工程总承包奠定了基础，坚定了川电设计咨询创建“机制领先、管理规范、技术先进的现代工程公司”的信心。

二、设计能力和管理

（一）勘测设计队伍

川电设计咨询 1991 年有职工 299 人（电力部下达的定员为 300 人），其中工程技术人员 241 人，行政管理人员 19 人，工人 39 人。1998 年设计院进行“减员增效”工作，省局下达减员20%的指标，故1999年末有职工251人，其中工程技术人员217人，行政管理人员1人，工人33人。2001年8月川电设计咨询成立时有职工253人，其中工程技术人员196人。

（二）工程质量管理

工程管理主要体现在工期和质量管理上。设总编制设计计划大纲，每月由市场部（原计划处）主持召开一次生产调度会议，检查各项目进展情况，对内、外部出现的问题提出解决办法或措施，保证设计计划大纲的实现。

1995～2002年为该院贯彻国家标准时期。1995～1997年7月，公司经历了两年半的贯彻ISO 9001—1994《质量管理和质量保证》系列国家标准活动和质量体系认证工作。1999年7月通过长城（天津）质量保证中心审核认证注册，1998年4月获国际互认，这标志着川电设计咨询的质量管理进入正规划阶段。2002年9月通过了GB/T 19001—2000—ISO 9001：2000质量管理体系标准换版认证，标志着川电设计咨询的质量管理步入了一个新阶段。

（三）勘测设计装备

1991～2002年，川电设计咨询在技术装备、勘测设计手段上也有了很大变化。在20世纪80年代，虽然四川省电力工业局每年划拨30万～50万元设备购置费用，但因资金不是一次到位，所以最初几年装备仍显落后。交通运输方面，全院只有大小汽车共5辆。测量方面，有瑞士经纬仪6台，水准仪1台。钻探方面，仅有几台麻花钻和3台小型30型柴油钻机，另一台100型大型钻机却因设备不配套未能使用。物探及原位测试设备也很少。印制出版方面是人工描图，使用的是机械打字、手摇油印、人工晒图机。设计人员手工绘图，大多用计算器计算，可用计算机只有1台苹果机，15台PC-1500袖珍计算机，1986年后，开始引入IBM和长城微机，1990年成立计算机室时只有5台PC机。

1987年后，陆续购进一些较为先进的设备，但大量购进先进设备还是1995年ISO 9000达标前后。到2002年底，川电设计咨询拥有大小汽车20多辆；测量方面已有各型全站仪7台，全球卫星定位仪（GPS）3台，精密经纬仪8台，大量配备笔记本计算机；钻探方面已有大型钻机2台、小型钻机2台、动力触探仪6台、静力触探仪1台、多功能直流电动仪1台等设备；印制出版方面已有数字信号Oce9700大型打印系统和ES8150打印系统、带底图循环晒图的罗曼蒂克晒图机和Oce晒图机、施乐2090大型复印机、速印机、多台中低速复印机、热熔机、胶印机等价值380万元的印制出版设备；计算机方面，生产人员及管理人员人均配备计算机1台以上，并不断地更新。

（四）计算机及新技术应用

1. 计算机应用

川电设计咨询1990年成立电算处，有9名专职人员，1999年更名为计算机室，2002年成立信息中心，行使原计算机室和档案室的职能。

1990年以前，公司只有5台PC机。计算机专业人员主要是开发计算机软件，部分设计人员开始用于工程计算。1993年计算机增加到30台，以486机为主，计算机应用从工程计算开发扩展到CAD和MIS的开发。为适应生产和发展需要，公司每年购置一批配置和型号最新的计算机，保持在计算机装备和应用上处于领先水平。

截至2001年底，川电设计咨询自行开发和引进的各类应用软件共100余项，其中自行开发的土方平衡绘图软件、勘测成本核算软件、送电线路自动绘图软件包、工程项目管理系统等都具有较好的推广应用前景。

公司1999年投资200多万元对原有10兆网络进行了彻底的更新换代，建立起网域网，川电设计咨询网络的建立大大地提高了公司的管理水平和生产工作效率，满足了公司的计算机辅助设计、三维设计、科学计算、MIS系统、多媒体、远程访问、Internet的互联等方面的应用。

2. 新技术应用

在系统工程方面，该公司电力系统规划设计专业掌握了中国电力科学研究院开发的“交直流电力系统综合程序”，进行了四川省全网220～500千伏的潮流计算、短路电流计算和稳定计算，并多次对交直流电力系统综合程序进行升级。电力系统保护专业，在四川省110～220千伏电网中先后采用了集成电路继电保护装置，第一～第三代微机继电保护装置，其中，第二代和第三代微机继电保护装置使用最多。电力系统调度自动化专业，掌握了发、变电工程远动设计电力系统自动调频设计和无人值班遥控变电站设计技术。电力系统通信专业，由从事简单的电力载波通信设计提高到掌握模拟微波通信、数字微波通信、光纤通信、一点多址微波通信、扩频通信、数字程控交换机系统设计技术等。

图3-2-11 川电设计咨询公司勘测设计人员在野外作业

在勘测工程方面，该公司测量专业拥有全站仪TC500、全站仪TC600、全站仪TC2000和全球卫星定位系统(GPS)等先进设备。野外作业的线路终勘定位测量运用全站仪采用密码度盘技术（见图3-2-11)，使各项测量数据自动显示、自动记录计算、自动传输，并与便携式微机连接，自动生成平断面图。为设计提供电子媒体文件，为优化设计、限额设计提供了条件，也使测量人员从此丢掉了图板和大板尺，步入国内同行业前列。1997年计算机成图率达100%。1996～1997年开发了“送电线路工程测量自动化系统”软件，这个软件实际已在工程测量中应用四年，效果很好。地质专业已由工程地质扩展到水文地质，能为位于山区和水源缺乏地区的变电站就地解决水源问题。拥有了较为先进的钻探设备，大量应用双管单动、双管双动、植物胶护壁等各种较先进的钻探工艺。已有了从单一的地质钻探和地质测绘到具备各种较为先进的原位测试能力。

在发电工程方面，该公司总图专业在总平面布置设计上打破了三列式（煤场、主厂房、升压站）布置常规，取得了在场地极为狭窄的山谷中因地布置的经验；热机专业解决了五通桥电厂由烧天然气改烧煤后，主蒸汽管道由洞外到洞内长400米如何安全、正常输送蒸汽的问题，这在国内尚属首例；热工专业，由最初采用DD2-Ⅱ型仪表、DD2-Ⅲ型仪表加单回路调节器构成控制系统，发展到现场采用分散控制系统进行计算机监控的水平；电气专业，利用热工计算机实现电气监控，用微机变送器与远动接口，实现了电网调度部门对电厂实行微机监测，使电气的厂内外监测上了档次；水工专业推广使用灰场排水闭路循环方式，既可节约水源，又对环保有利；土建专业推广组合建筑（将生产、行政办公楼、化学水间组合在一起）设计方案，使建筑体量增大，与庞大的主厂房体量相协调，整体效果好，且增加了绿化面积，又减少了投资。

在送电工程方面，该公司线路电气专业在220千伏线路采用双分裂导线时，多用垂直排列，间距400毫米，不用间隔棒，其优点是减少线路通道清理费用，施工容易，维护方便（如江油—绵阳线、宝珠寺—龙王线）。500千伏双回线路采用平衡高绝缘逆相序布置，有效减少双回路同时跳闸率。500千伏线路除跳线外，所有导线、地线与铁塔连接均采用“意大利饼”式结构，改善了受力条件，增加可靠度。各级线路接地装置当受到场地限制或土壤电阻率较高时，采用垂直埋入复合接地（如重庆电厂—界石堡线）和施用降阻剂降低接地电阻（如西河电站—永乐线）的办法解决。线路结构专业在500千伏双回路线的转角塔设计中采用左右横担不对称布置（SZJ塔）方式，具有新意。在220千伏线路铁塔中，普遍采用高低腿和斜柱式基础，以适应坡地的需要，大大降低了土石方量，且利于坡体的稳定。1988年，在铜街子—自贡线大量采用ϕ400等径预应力水泥杆，使20世纪70年代中期四川省已停止使用的预应力水泥杆纵向裂纹问题被有效解决。1994年，在宝珠寺—龙王220千伏线路中设计了国内首创的ZM83直线猫头塔，该塔适用于档距大、风速高、冰载重的条件，现已在四川省大量使用。线路通信保护专业在送电线路对通信线路的危险或干扰影响满足不了规程要求时，用架空地线由普通镀锌钢绞线换成良导体地线的办法来加以解决，且节约投资。

在变电工程方面，该公司电气一次专业将主接线由过去常用的双母线带旁路接线开始改为双母线接线，取消了旁路母线，既可保证安全，又节省投资和场地。户外配电装置，1996年前220千伏线路支持管母线中型，110千伏线路软母线半高型采用较多。随着电网容量的增加，系统短路水平提高，在二滩送出工程中推出220千伏软母线中型布置、110千伏管母线半高型布置方案，这两种布置方式，节约用地显著。在设备选择上，普遍采用低损耗节能型三相铜芯强迫油循环风冷变压器、六氟化硫断路器、“GIS”组合电器等最新设备。电气二次专业在110千伏变电站中先后采用国产微机监控系统和引进“ABB”技术的微机监控系统，达到了无人值班水平。在220千伏变电站中也采用微机监控系统，达到少人值班水平。在继电保护方面，1995年后实现了保护装置微机化。变电土建专业大力推广组合建筑设计，使变电主控制室和通信楼以及其他辅助生产房间组合在一起，既美观气派，又少占场地，且节省投资。变电给排水专业则大多采用打井取水，建屋顶水箱的给水系统方案，解决了困扰多年的变电站远离城镇无水可用的问题。消防方面则在电缆夹层、主控制室等重点部位设置火灾自动探测报警系统，主变压器推广采用排油注氮灭火装置，该装置能自动向主控制室报警并自启动完成初期火灾的消防。

图 3-2-12 川电设计咨询设计的岷江发电厂循环流化床技术改造工程鸟瞰图

三、设计能力

川电设计咨询能够承担区域及城市电网规划、500 千伏电压等级输变电工程可行性研究、电厂可行性研究及大型用户的供电方案的可行性研究；能够承担 30 万千瓦火电机组、13.5 万千瓦及以上循环流化床（CFB）发电机组（图 3-2-12 所示为川电设计咨询设计的岷江发电厂循环流化床技术改造工程鸟瞰图）、60 万千瓦机组烟气脱硫的勘测、设计、咨询业务；能够独立承担 220、500 千伏输变电工程的勘测、设计、咨询业务；能够承担大型通信工程的勘测、设计、咨询业务。

第五节 四川省电力设计院

四川省电力设计院是四川省水利电力厅所属电力设计单位，地址在四川省成都市青华路（见图 3-2-13）。

一、发展概况

四川省电力设计院成立于 1958 年，主要从事电力工程勘测设计、电力系统规划设计、技术咨询服务、水土保持设计、水资源评价、造价咨询、民用建筑设计、工程总承包、电力勘测及电力工程建设监理业务。

图 3-2-13 位于成都市浣花溪畔的四川电力设计院办公大楼

该院专业配套齐全、设备先进、技术力量比较雄厚，具有国家建设部颁发的电力工程勘测设计通用甲级、工程总承包甲级、工程咨询甲级、水土保持甲级、水资源评价乙级、造价咨询乙级、工程监理乙级、民用建筑乙级、通用勘测乙级等资质，还持有“开展对外经济技术合作业务”资质。

该院在建院后的 40 多年中，先后承担了大中型发电工程 200 多项，送、变电工程 200 多项，水土保持设计 60 多项和其他工程数十项；并跨出国门对外合作，先后承担了巴基斯坦卡诺特发电厂设计和引进俄罗斯机组的山东南定热电厂等设计。在长期的工程实践中，该院在送、变电勘测设计、劣质煤发电、烟气脱硫技术的研究和应用、城市和厂矿企业的供热设计、循环流化床锅炉电站设计等方面积累了丰富的经验，赢得了广大用户的好评。

20 世纪 90 年代末～21 世纪初，该院在新能源和可再生能源方面先后参与和承接了四川省新能源和可再生能源的工程建设规划、可行性研究、工程设计和工程监理等，为四川省新能源和可再生能源的开发利用作出了贡献。

该院认真贯彻执行国家法律、法规和国家、行业颁发的相关工程技术标准，积极推进技术创新，节约投资，降低工程造价，并建立了一套行之有效的技术、质量管理体系，现已获得中电联认证中心有限责任公司颁发的质量管理体系认证证书。历次审核证明该院质量管理体系能够持续符合 ISO 9001—2000 标准的要求。

二、勘测设计主要科研成果项目

1991～2002 年，四川省电力设计院先后主要完成旋转喷雾干法烟气脱硫技术——静电除尘器研究、泸州化工厂气改煤热电站、河南省驻马店古城电厂二期扩建、广东省云浮电厂、巴基斯坦卡诺特电厂、山东南定热电厂、开封电厂四期扩建、峨眉山铝业集团公司自备电厂、广西百色资源综合利用电厂、贵州镇宁 220 千伏变电站、江苏仪征 220 千伏变电站、贵州盘县—水城变电站 220 千伏送电线路、襄渝铁路结达 220 千伏送电线路、贵州普定—镇宁 220 千伏送电线路等发电、变电、送电工程项目 28 项。

第六节　四川省清源工程咨询有限公司

四川省清源工程咨询有限公司，是深化电力体制改革和四川省水电大发展中应运而生的民营水电水利勘测设计单位。该公司成立后，发展较快，设计成果较多，在民营电力勘测设计改革与创新方面取得了成效。

一、发展概况

四川省清源工程咨询有限公司（简称清源公司）创建于 1995 年，公司的前身为“成都市建协工程咨询有限公司”，专业从事工程建设基础处理。1998 年，公司在保留原有业务的基础上，发挥其水电设计的专业优势，并以水利水电工程设计为主业，迅速立足与扩展水利水电设计市场。公司设立以来，经历了艰辛的发展和创业过程，取得了长足的进步。

清源公司设有技术质量部、水工设计部、地质工程（测量）部、机电设计部、施工设计部、规划设计部等专业设计部门，以及建筑设计分公司、送变电设计分公司等专业设计分公司。

到 2002 年，清源公司已形成专业门类构成齐全，设计分工明细，专业技术专家与青年技术人员结合的专业设计整体。公司所从事的业务范围涵盖有水利水电工程勘察、设计，电力工程勘察、设计，水电开发河流规划，民用建筑工程勘察、设计，地质灾害治理方案设计，农村电气化工程，建设项目水资源论证，建设项目水土保持方案设计，投资风险咨询，工程造价咨询，以及网络（Internet）设计应用。

公司的骨干技术人员均来自部、省属大型水利水电勘测设计院所，具有大学学士、硕士学历和高级技术职称，年龄多数在40余岁，具有20年以上的水利水电勘测设计经历，参加过省内主要大、中型水利水电工程的设计、建设，具有深厚的理论基础和丰富的实践经验，且年富力强。

公司根据设计专业定岗定员。新进公司的大学毕业生进入自己的专业岗位，都能干上与自己所学专业相对应的设计工作。各专业根据项目实施情况，选定年轻技术人员承担各项目的副设计总工程师工作，为年轻人提供更多成才机会。

清源公司拥有良好的办公环境和先进的办公设施，拥有计算机140余台，公司设立了局域网，办公实行计算机系统化与网络化管理。公司经营者把企业立足于市场本身，利用民营企业运行机制灵活、经营成本较低的优势，以较低的设计费用与优质的设计服务，在业主手中争取设计项目。

二、设计成果

清源公司从成立以来先后完成各类水利水电设计60余项。

1997年，清源公司完成位于四川省攀西地区米易县湾滩水电站（装机容量3.2万千瓦）的《初步设计报告》编写工作。

1997年，清源公司受铜钟水电站《可行性研究报告》编写单位——中国水利水电第十工程局勘测设计院的委托，对该《可行性研究报告》提供咨询。铜钟水电站装机容量5.4万千瓦，改为左岸取水，通过跨江管桥引水至厂房，避开了凸岸取水防沙的困难，改善了电站取水的防沙条件，引水线路缩短为1.5千米，且不再穿越断层，节约工程投资1700万元，增加年发电量230万千瓦·时。该电站1998年11月开工建设，于2001年建成发电。

清源公司在天龙湖水电站、金龙潭水电站的工程设计中节省了投资，缩短了工期。

天龙湖水电站（装机容量18万千瓦）位于四川省阿坝州茂县境内的岷江干流上。电站采用引水式开发，主要建筑物由取水口、引水隧洞和厂区枢纽等组成。清源公司主要承担厂区枢纽（包括调压井、压力管道、地下厂房、地下尾水系统、开关站和厂区道路等）的技施设计工作，在开展设计优化时，首创主变压器室与尾水闸门室结合的布置方式，优化了地下厂房轴线方向、位置、尺寸、支护方式与厂内布置，调整了调压井类型、尺寸，并取消事故闸门，初步估算节约工程投资3000万元。第一台机组发电工期亦由42个月缩短为31个月。该电站于2001年11月开工建设，预计2004年6月第一台发电。

金龙潭水电站（装机容量18万千瓦）从上一梯级天龙湖水电站的尾水洞直接引水，经无压连接隧洞、压力隧洞、调压井、压力管道，至木学堡大桥下游地面建厂发电。

金龙潭水电站在与其上一级水电站——天龙湖水电站衔接的工程设计上，未采用国内下级电站接上游尾水一般采用的修建较大调节池的衔接方式。清源公司通过对金龙潭水电站过渡过程计算，不设调节池，在地下直接采用无压隧洞衔接。通过局域网使两电站按总厂方式同步运行，节省了调节池的投资，节省了工期。该电站于2002年7月开工建设，预计2005年12月第一台机组投产发电。

两水电站的建设节省了工期，工程动态总投资 15.5 亿元，单位千瓦投资 4300 元/千瓦，创下了四川省同期建设水电站单位千瓦投资最好的水平。

2000～2002 年，清源公司承担中型水利水电项目的勘测设计 30 余项。除以上项目外，还完成了竹格多水电站（装机容量 8 万千瓦）、湾坝一级水电站（装机容量 6.6 万千瓦）、湾坝二级水电站（装机容量 6.9 万千瓦）、沙嘴水电站（装机容量 3.3 万千瓦）、凉山州三棵树水电站（装机容量 5.2 万千瓦）、乐山市永乐水电站（装机容量 5.8 万千瓦）等。

清源公司完成的小型水利水电项目遍布全省，如石棉县银泉水电站、九寨沟县二道桥水电站、理县毕棚沟水电站、都江堰市柳凤水电站、深溪沟水库电站、宝兴县明礼水电站、金口河区巨龙岩水电站等。

清源公司完成的中小河流水电开发流域规划拥有水电总装机容量近 400 万千瓦，其中包括四川省雅安市西河、松林河水电规划，甘孜州金汤河、子耳河、九龙河水电规划，阿坝州小金河、黑水河、毛尔盖河水电规划等。该公司首次完成的雅安市西河规划得到四川省国际工程咨询公司有关专家的充分肯定。

清源公司自成立以来，独立完成或参与水利水电工程勘测设计及规划项目 60 余项，公司以显著的工程勘测设计业绩，及连续数年年人均设计产值居全省同行业第一，跻身于四川省水利水电工程设计行业的前列。

清源公司不断探索新的发展思路，积极与国内外知名设计单位与企业进行合作，以求进一步提高自己的设计水平、产品质量水平和企业管理水平。在与国外合作方面，受意大利 Impregilo 公司委托，与意大利 Sembenelli 咨询公司合作，完成了深溪沟水电站的优化设计；独立完成了成都自来水 6B 厂 BOT 项目引排水系统投标设计和二滩水电站进水口 0 号桥施工图设计等，深受外方赞扬。在国内合作方面，公司与国内知名咨询公司、设计院所，如四川省国际工程咨询公司、国家水利部水利水电规划设计总院、国家电力公司西北勘测设计研究院等，均进行了成功的合作。

第四篇　基建管理与施工企业

第四篇　基建管理与施工企业

1991～2002年，随着国家经济建设从计划经济向市场经济转变，电力建设以实施"三法"（《建筑法》、《合同法》、《招投标法》）和推行"五制"（法人责任制、招投标制、工程监理制、合同制、项目资本金制）为主要内容的新型管理制度，使基建管理模式、管理内容和管理方式都发生了深刻的变化。四川省电力施工企业在改革中主动适应市场，积极开拓国内外市场，做大做强企业，走出了一条改革发展的成功之路

第一章　电 力 建 设 管 理

1991～2002年，四川省电力建设管理发生了深刻的变化，特别是二滩水电建设率先运用国际通用的管理模式，积累了管理经验。各电力建设单位与时俱进，勇于探索，开拓创新，结合电力建设实际，创造了一套行之有效、各有特色的管理办法。

第一节　机 构 与 体 制

1991～2002年，四川省电力建设管理机构随着重庆市直辖后四川省与重庆市分治，和以后电力体制改革电厂与电网分开，发生了很大变化。四川省电力建设管理机构和四川省电力管理机构一样，由于历史的原因存在"国家电力"与"地方电力"并存的管理模式，分别负责中央投资的电网、电厂建设管理和地方投资的电网、电厂建设管理。

从"六五"计划时期开始，国家对基本建设投资方式不断进行改革。"六五"计划期间将电力建设投资由国家拨款改为贷款，1985年国务院正式颁布《集资办电管理办法》实行征收电力建设资金和多渠道集资办电。由此，电力工业发展走上"政企分开、省为实体、联合电网、统一调度、集资办电"和"因地因网制宜"，走"大家办电厂、国家管理电网"、"多家办电、多渠道筹资办电"和节约与发展并举的道路。

随着国家投资体制改革的进一步深化，电力建设体制全面推行项目法人责任制，电力建设管理体制也就形成了四川省电力公司（管主网）、四川省水利厅和各个电源项目法人分别管理的格局。

1997年5月川、渝分治前，四川省电力建设国家主网部分由四川省电力工业局（公司）管理，地方电力部分由四川省水利电力厅管理。川、渝分治后，重庆市所属的电力建

设，连同电建单位四川电力建设一公司全部划归重庆市电力工业局管理。四川省所属的电力建设仍按国家主网部分由四川省电力工业局（公司）管理，地方电力部分由四川省水利电力厅管理。四川省电力工业局（公司）设有局基建处和四川省电力建设集团公司与四川电力建设管理公司，负责管理该局所属水电、火电与电网建设项目，设立超高压办公室（后改为超高压建设局）负责管理超高压输变电建设项目。四川省水利电力厅设有厅基建处、四川省地方电力局和四川省地方水电投资集团公司，负责管理和经营全省地方电力建设项目。1995 年 2 月，由国家投资开发公司和四川省投资集团公司、四川省电力公司共同出资组建的股份制企业二滩水电开发有限责任公司负责二滩水电站的建设管理。作为四川省投资、融资主体的四川省投资集团公司所属的四川巴蜀电力开发公司负责对该公司所属的电力建设项目进行管理。在此期间，中国华能集团四川公司负责管理该公司水电、火电建设项目，四川省交通厅所属四川港航开发公司负责管理该公司在嘉陵江上的航电建设项目。

2002 年，国家电力体制再次进行重大改革，实行电厂与电网分开，四川省电力公司负责建设和经营管理电网，原来所属的发电厂及参股电厂项目分别划转给中国国电集团公司川渝分公司和中国华电集团公司四川公司管理。国家实施西部大开发战略，四川省政府将水电作为全省的一大支柱产业，大力开发水电，中国长江三峡工程开发总公司、中国国电集团公司、中国华电集团公司、中国大唐集团公司和省内的一些股份制公司纷纷进入四川省境内的大江大河及其支流进行水电开发，分别负责建设管理所属的水电建设项目。

到 2002 年底，四川省建设管理单位主要有四川省电力公司、四川省地方电力局（四川省水电投资经营集团公司）、四川省投资集团公司巴蜀电力开发公司、中国长江三峡开发总公司金沙江水电开发有限公司筹建处、中国华电集团公司四川公司、中国国电集团公司川渝公司、二滩水电开发有限公司、华能四川水电有限公司、国电大渡河流域开发有限公司、四川省港航开发有限公司、四川川投田湾河开发有限公司、四川华电杂谷脑水电开发有限公司、四川紫坪铺开发有限公司、大唐茂县天龙湖电力有限公司、国电四川南椏河流域水电开发有限公司、四川美姑河水电开发有限公司、四川乐山永乐电力开发有限公司、毛尔盖水电开发有限公司、四川福堂水电开发有限公司、九寨沟水电开发有限公司、眉山多能电力有限公司、四川大渡河电力股份有限公司等。

1991～2002 年，四川省电力建设管理体制发生了深刻变化。从计划经济管理模式向市场经济管理模式转变，从 20 世纪 80 年代先后实行甲方（建设单位）、乙方（施工单位）发承包办法，到施工单位扩大总承包、建设单位自营自建等。到 90 年代的初期，电建项目实行招标、投标、议标，各种承包办法相继产生。随着电力建设管理体制的深化改革，国家明确规定 20 万元以上的基建项目都要实行业主责任制、资本金制、招投标制、工程监理制、合同管理制，坚持科学规范管理。

第二节 管理模式改革与创新

四川省电力建设管理的改革与创新以二滩水电站的建设管理为新的起点。在此之前有西南电力设计院在江油发电厂扩建工程中实行的工程总承包，中国华能集团公司四川公司在电力建设中实行的业主负责制（项目法人责任制的前身）。1991 年开始建设的二滩巨型水电站装机容量 330 万千瓦，是世界银行贷款最多的单项工程，也是国内大型水电建设项目中第一个与国际惯例全面接轨的项目，世界银行贷款 9.3 亿美元。二滩水电站是中国水电建设史上绝无仅有全方位对外开放的国际项目。在整个项目建设期间，先后有数十家国外承包商、生产厂商和咨询机构参与建设，直接参与建设的外籍人员达 1000 余人，所属 40 多个国籍，高峰期同时在现场的外籍专业技术人员及家属近千人。

二滩水电站建设由国外承包商作为主体土建工程责任方，主要机电设备由世界知名制造商供货。其中，主体土建工程施工Ⅰ标（拱坝工程标）承包商为意大利英波吉洛公司与中国水电八局和其他外国公司联营体，主体土建工程施工Ⅱ标（地下厂房工程标）承包商为德国霍尔兹曼公司与中国葛洲坝工程局和其他外国公司联营体；水轮发电机组由加拿大通用电气公司（GE Canda）与中国东方电机股份有限公司和哈尔滨电机股份有限公司组成的联营体供货。此外，其他主要配套设备也都按照世界银行规定的采购程序分别与德国 ABB 公司、瑞士 ABB 公司、日本住友/三菱公司、法国 SAT 公司、香港奥的斯公司等多家公司签订了货贷合同。

二滩水电开发公司在建设管理上全方位引进国际工程管理中 FIDIC（国际咨询工程师联合会）条款，较好地协调平衡了参建各方的权利、责任、义务，使得工程建设有序推进，并通过实施以“业主负责制、招标投标制、合同管理制、工程监理制”为主要内容的“四制”管理，实现了工程建设进度、质量、投资和环境保护的有效控制。在工程进度上，抢回了开工初期拖后 5 个月的工期，主体工程工期比国家批准的初步设计工期提前 27 个月，最后 1 台机组比合同工期提前 7 个月投产发电。工程质量完全符合合同规定的质量标准，工程造价控制在上级批准的概算之内并略有节余。二滩水电站整个建设都是在严格的国际惯例下进行的。其时，中国电力体制改革进入关键时期，电力建设管理的改革也在不断探索之中，二滩电站建设管理的改革与创新为四川省电力建设管理提供了经验。

随着中国电力体制改革的深化发展，“四制三控制”（四制包括业主责任制、招投标制、工程监理制、合同管理制，三控制包括质量控制、投资控制、进度控制）成为国家对基建管理政策的基本导向。全省各个电建管理单位都按国家的政策导向管理电力建设项目，2000 年后，国家提出坚持科学发展、以人为本，在保护生态基础上有序发展水电，构建和谐水电等方针政策，各建设管理单位都有所创新，各有特色，都有自己的一套管理方法，都在不断地实践和探索中。

四川省投资集团公司在总结二滩建设管理经验的基础上，按照国家政策导向和以人为本、构建和谐社会、可持续发展等基本国策导向，提出了“四制五控制”的管理办法，

“五控制”是在以前质量、投资、进度控制的基础上，增加了安全控制与环保控制。在该公司田湾河工程建设中总结了“五位一体，共建精品工程”的思路。这“五位”是指设计方、施工方、监理方、投资方和地方政府，并确定“五位一体”之间的相互关系为设计是龙头、施工是关键、监理是保障、投资是主导、政府是依靠。

中国三峡开发总公司在金沙江溪洛渡、向家坝巨型水电站前期建设中，坚持贯彻“建设一座电站、带动一方经济、改善一片环境、造福一批移民”的水电开发理念，坚持按照“规范、有序、协调、健康”的管理模式，加强监控工程质量、安全管理的力度，推进工程建设各项管理体制更加规范有序，实现了工程建设管理的预期目标。

国电大渡河流域水电开发有限公司在大渡河瀑布沟巨大型水电站前期建设中将“创行业一流、树系统样板”作为瀑布沟水电站建设管理的总目标，动员全体参加单位共同奋斗，努力把瀑布沟水电站打造为“安全工程、优质工程、文明工程、科技工程、环保工程、信息化工程、人才工程、文化工程”，强化管理，狠抓落实，突出工程建设管理的“人性化、规范化、标准化和科学化”特色。首先是坚持以人为本，工程建设管理突出“人性化”特色。通过人性化管理和先进文化引导，增强了工程建设管理过程中合作的愉悦性和工作的积极性，响亮地提出建设“快乐工程”的目标。其次是坚持依法管理，工程建设管理突出“规范化”特色。要求建设各方坚持按照国家法律法规、企业规章制度和行业操作规程来规范活动、规范操作、约束行为。要求做到“一切操作按规程、一切活动按合同、一切行为不违法。”再次是坚持规范化统一，工程建设管理突出“标准化”特色。要求工作标准、管理流程做到精细化、标准化。最后是坚持管理创新，工程建设管理突出“科学化”特色。始终坚持在管理思想、管理理念、管理手段方面的不断探索与实践，形成了科学的目标管理体系，建立了科学的管理体制，建立了完善的管理制度，大胆采取了先进的管理手段。建成了“瀑布沟水电站工区监控系统，”实现了水电工地工厂化管理模式；开发了“瀑布沟水电站工程管理信息系统（BBGPMS)”，加快了工作流程；与四川大学联合开发了“瀑布沟水电站仿真模拟及风险决策支持系统”，实现了工程动态管理和风险监控。

四川省电力工业局（公司）在“八五”（1991～1995）期间，坚定不移地把发展生产力放在首位，贯彻国家关于“政企分开、省为实体、联合电网、统一调度、集资办电”的有关政策和方针，调动了多家办电的积极性，拓宽了资金筹措渠道，加大了电力建设的投资力度。初步形成了“电厂大家办、电网统一管”的新格局，为缓解缺电局面起到了积极促进作用。“八五”期间，四川省集资电厂装机容量的增大势头逐年上升，大大加快了四川省电力工业的发展。同时，国家在加大宏观调控力度，压缩固定资产投资和基本建设规模的情况下，仍然保证了电力重点工程的建设，集资办电发挥了重要作用。

从1996年开始，四川省电力工业局（公司）积极推进以项目法人责任制为核心的“四制”（项目法人责任制、招投标制、工程监理制、合同管理制），培育和规范电力建设市场。

各施工企业从1991年抓贯彻企业整顿、深化改革方针开始，先后抓了调整企业运行机制，进行机构改革、干部人事制度改革、劳动工资分配制度改革，完善内部承包合同，加强在建工程质量、安全、进度管理，建立健全各项管理制度。进入2000年以后，大抓精品工程、最低成本工程、一流形象工程、推进项目经营承包责任制。面对国内外建筑市场和工程项目点多、战线长的特点，企业内组建区域性施工分局、工程局之间组建经营联合体，打造施工巨舰，共同参与市场竞争。

第三节　电力建设管理

随着电力建设的发展，电力建设管理不断改革与创新。从电力建设的过程和重要环节划分，电力建设管理有前期管理、工程建设组织管理、工程建设进度管理、工程技术管理、工程质量管理、工程安全管理、环境保护管理、工程计划与统计管理、工程物资管理、工程信息管理、工程档案管理、工程概预算管理、建设合同管理、监理工作管理、成本管理和农民工管理等。

一、前期管理

四川省电力工业局（公司）在电网建设中首先对输变电项目的可行性研究、初步设计、施工设计中的土地预审、水土保持、环境报告、压覆矿产评估、地震灾害影响、林业手续、征地移民赔偿等进行管理。主要目的是为了准确、及时地反映国家政策法规所制约的、建设施工所涉及的、影响工程开工和工程工期目标实现的多项前期工作所处的状态。旨在催促和推动各项前期工作的开展和落实，为工程开工创造良好的条件，为施工阶段赢得更多的时间，对确保工程进度目标的实现具有重要作用。

前期管理中，包括工程信息状态管理和设计进度控制管理。四川省电力工业局（公司）要求各建设公司动态地了解和掌握工程的名称、范围，目前工程所处的状态信息及制约的工程进度等因素。要求及时将工程项目相关信息按工程简况汇总表格式填写，并上报明确前期工作所需设计图纸和施工图纸供应计划，根据施工图提供情况，按照基本建设程序，及时地分阶段组织施工图审查或做技术交底工作。

二、工程组织管理

工程建设组织管理包括确定工程建设结构（工程建设各方）和工程建设职责。四川省电力工业局（公司）明确规定，为了加强某项工程建设管理，确保工程的安全、质量、进度、投资指标的完成，将工程建设成国家达标投产优质工程，须建立某项工程（片区）建设组织管理体系及质量、安全管理体系框图，并上墙。

三、工程进度管理

各建设单位对自己的工程项目都有明确的进度要求，编制工程进度管理目标。四川省电力工业局（公司）关于工程建设的进度管理分为总工期安排、工程里程碑进度计划、进度计划的实施与调整、工程进度控制几个方面。规定指挥部以正式文件印发工程建设计划安排，确保工程总工期目标的实现；指挥部编制工程建设施工进度、施工图和物资供应计划，并以正式文件下达执行；施工承包商根据指挥部工程建设计划编制年度施工计划及相应形象进度计划，报送监理审查，报指挥部审批。施工承包商负责计划的具体实施，做好现场劳动力组织和施工机具配备等各项工作。

中国三峡开发总公司在金沙江溪洛渡巨型水电站前期建设进度管理中，按季度对重点工程项目施工进度进行考核，促进工程管理。在过程控制中重点加强对施工单位各种资源到位的检查与落实，与各主要单位签订合同补充条款，进一步明确确保合同项目顺利实施的保证措施。

武警水电三总队根据工程情况，采取科学统筹、深化要素、分解工序、逐步下达任务的办法，把工程工期分解为年、季、月、周，用阶段性计划保证整体目标实现。

四、工程技术管理

1991～2002 年，四川省电力工业迅速发展，火电从单机 20 万、33 万、36 万千瓦发展到建设 60 万千瓦；水电从单机 10 万千瓦发展到 55 万千瓦；送变电工程由 35、220 千伏发展到 500 千伏超高压大电网。自动化程度越来越高，技术要求越来越精，促进了施工技术和现代化管理水平不断提高，建立健全了一批行之有效的规章制度。执行的主要规章制度有《电力工业技术管理法规》、《电力建设施工及验收技术规范》（包括火电和送变电有关专业技术规范），《建筑安装工程施工及验收规范》，《水力与火力发电厂及送变电基本建设工程启动验收规程》，《火电施工质量检验及评定标准》，《电力工业基本建设工程竣工管理办法》，《电力建设工程施工技术管理制度》（即“九项管理制度”和有关专业技术规程、规范、管理制度）等。

各建设单位和施工单位在工程建设中都根据自己承担的工程项目和相关技术管理制度、相关技术规范制定了工程技术管理办法和实施细则。

五、工程质量管理

四川省电力建设管理在 1990 年前开始抓全面质量管理达标上等级工作。1991 年后，施工企业由生产型转变为生产经营型，积极参与社会竞争，逐步树立以质量求生存、求效益、求发展的经营思想，大力抓工程质量管理。将质量优劣与企业效益、职工收益挂钩，调动了职工积极性。

水电五局等单位在继续抓全面质量管理的基础上，实施 ISO 9002—1994、ISO 9002—2000 版质量保证体系，与国际接轨，提高了工程质量管理水平。

中国三峡开发总公司在金沙江溪洛渡、向家坝两个巨型水电站的前期建设中，完善溪洛渡工程的质量管理体系。溪洛渡工程建设部先后制定、颁布相关规章制度，包括《溪洛渡水电站工程试验检测管理办法》、《溪洛渡水电站工程施工测量工作管理办法》、《溪洛渡水电站工程施工期安全监测工作管理办法》、《溪洛渡水电站工程成品砂石料和混凝土供应管理办法》、《溪洛渡工程质量举报暂行规定》、《溪洛渡水电站坝肩开挖质量控制及评定标准》、《质量终身制相关文件汇编》。

四川省电力公司与施工承包商、设计承包商、监理承包商签订的承包合同，与物资供应商和厂商签订的物资设备订货合同均制定出质量目标。明确规定线路工程竣工验收合格率为 100%，优良率达到 95%及以上；土建工程竣工验收合格率为 100%，优良率达到 85%及以上；变电工程竣工验收合格率为 100%，优良率达到 90%及以上。工程质量监督由四川省电力建设质量监督中心站行使政府对工程质量的监督职能。

质量事故发生后，指挥部均严格按“三不放过”的原则认真检查，对责任方按有关规定处理。工程出现质量事故时，承包商应立即填写“工程质量事故报告单”报监理和指挥部；指挥部组织监理、设计审核同意后由承包商实施该处理方案；处理完毕并经承包商自检合格后，承包商填写“工程质量事故处理结果报验表”报监理审查确认。

武警水电三总队注重抓质量、创精品，树立品牌意识，抓工程质量坚持“一看、二查、三落实”（机构、人员、措施）。

六、工程安全、文明施工管理

1991～2002年，各个建设业主、施工单位严格按照国家关于安全生产工作的有关法令、法规和政策制定本单位关于安全管理的有关制度和规定，树立“以人为本”、“安全重于泰山”的安全生产管理理念，坚持“安全第一、预防为主”的方针，实行了“行政负责人为安全生产第一责任人”、“评先创优安全一票否决”等考核制度，着力抓好安全管理工作。

四川省电力工业局（公司）在电网建设中坚持“安全第一、预防为主”的方针，实现人身伤亡事故“零目标”。杜绝人身死亡事故，杜绝重大施工机械设备损坏事故，杜绝重大火灾事故，杜绝负主要责任的重大交通事故，杜绝重大垮（坍）塌事故。

中国三峡开发总公司向家坝工程建设部针对不同管理层次，全面推动职业健康安全体系教育培训工作。针对民工安全生产意识不强的现象，实行上岗前安全培训和持证上岗制度，同时，结合班前会制度，在施工前明确安全生产注意事项。对各施工单位负责人加强“以人为本”的思想教育，确保在施工中提前建立安全事故应急处理预案，提供必要的安全保障措施和安全施工条件。

四川电建二公司抓好安全管理，在各项目部设立安全管理委员会和独立安全监察部门。建立了安全管理体系和安全监察体系，明确规定了施工、管理、监察、作业等各岗位的安全职责，举办员工三级安全教育培训，开展日常安全检查评价，加强分包队伍安全管理，实行安全考核与奖惩。

四川电建三公司把安全制度与防护措施有机结合起来，形成自己的管理特色，实行标准化、规范化管理，建立安全激励机制，形成各级行政领导全面负责、党政工团齐抓共管的局面，广泛开展安全活动。2000年后加大安全投入860多万元，购置安全设备。

七、工程环境保护管理

进入2000年后，国家加大了环境保护的力度，将环境保护作为民族生存发展和经济可持续发展的重要战略措施。国家《十一五计划纲要》也提出在“保护生态的基础上有序发展水电”。四川省电力建设坚持“在保护中开发，在开发中保护”的方针，各建设业主、施工单位都制定了严格的环境保护措施。

四川省投资集团公司在水电建设中，坚持“在保护中开发，在开发中保护”的方针，环境保护严格按“环境保护与工程同时规划设计，环境保护与建设施工同时进行，环境保护与主体工程同时验收”的“三同时”要求进行。在田湾河水电站建设中，邀请环保监理单位进行全程监督，该工程被四川省环保局、雅安市环保局作为水电开发管理的示范工程。

中国三峡开发总公司在金沙江溪洛渡、向家坝巨型水电站前期建设中，加强工程环境保护管理，建立了环境保护管理体系，制定了专项环境保护工程措施和水土保护、环境保护方案，实行环境监测、环境监理制度。

各建设单位十分注意工程建设中的生态环境保护。四川华电杂谷脑水电开发公司在杂谷脑河狮子坪水电站的建设中，为保护几棵珍稀树木红豆杉，会同施工单位武警水电三总队和设计单位中国顾问集团成都勘测设计院，修改设计、变更施工作业点，保护了红豆杉。国电南桠河流域开发公司在冶勒电站建设中，投入210万元对893株红豆杉成功移栽，并投入巨资，人工增殖放养裂腹鱼3万尾，保护了生态环境。

坚持“在保护中开发、在开发中保护”的方针收到良好的效果。二滩巨型水电站建成后，当地的干热河谷气候有了显著改善，温度下降了2～3摄氏度。

嘉陵江红岩子等水电站建成后，周围环境变美了，成为当地的旅游景点。

但是，在一段时间内，省内一些地方也曾出现过无序开发、不注意生态的现象，经整顿后，已经得到纠正。

八、工程计划与统计管理

四川省电力建设工程计划与统计管理分别由建设业主单位、施工单位、物资供应商编制和实施。

四川省电力公司制定的计划与统计管理办法规定，工程的计划和统计管理工作在四川省电力公司和四川省电力建设（集团）公司的统一领导下实行分层管理，要求计划编制要坚持实事求是的原则，严格遵守计划的严肃性和科学性，计划编制要符合四川省电力公司、四川省电力建设（集团）公司对该工程的总体安排及工期要求。计划编制的依据为工程的单项批准概算、承包合同书（或协议）。

九、工程物资管理

1991～2002年，随着电力建设的快速发展，电力建设所需机械设备、材料物资不仅数量品种大幅增加，而且加快了更新换代，很多科技含量高、效率高、价值高的新型、大型设备不断进入施工现场。有的单台设备价值达200多万元，几十万元、100多万元1台的设备已比较普遍。为了加强工程的物资管理，各工程建设业主单位、工程施工单位分别制定了工程物资（机械设备）管理规定。

四川省电力公司根据国家和行业现行规定，以及材料质量技术标准制定了物资管理的制度和文件。

四川省电力工业的物资管理机构先后为四川省电力工业局（公司）物资供应公司、物资供应部（物资供应公司），负责全局（公司）系统电力生产、建设所需物资的供应和管理工作。

水电五局贯彻国务院《全民所有制工业交通企业设备管理条例》和建设部《全民所有制施工企业机械设备管理规定》，1998年出台了《水电五局施工机具设备管理文件》，2000年作修改补充，并以受控文件发放到各分局施工单位。

建设业主单位、施工单位都能根据自己的实际情况，按照物资管理规定制定实施细则，对所有物资进行登记造册，专人专责，通过计算机网络实行精细化管理。水电五局对设备实行机长负责制，明确个人的权利责任，出台“奖罚制度”，开展优秀设备管理员、红旗设备、优秀机长评选活动，交流推广备、用、养、修方面的先进经验。1998 年，该局投入 46 万元建立设备网络管理系统，包括了设备管理的全部内容，提高了设备管理的准确性、及时性。

十、工程信息管理

随着计算机在电力建设中的广泛应用，各建设业主，施工、设计、监理单位对工程信息都使用计算机网络进行管理。

四川省电力公司编制了工程信息管理办法，规定信息管理的范围和内容、信息管理职责、系统软硬件配置。管理办法规定信息管理的范围应覆盖工程建设从可研开始到达标投产结束的全过程，以及与工程建设有关的所有信息。信息管理的要求是确保工程信息采集、处理、传递、保存的准确性、及时性、真实性和可追溯性。

各参建单位严格执行工程定期报表制度，按时编报，积极收集、整理信息，录入信息系统。遵守信息保密制度，对于限制传播范围（如上网密码）的信息不得泄密。各参建单位从硬件、软件两方面加强对计算机的管理和维护，严格执行操作程序，严防人为恶意损坏和病毒侵害，以维护信息安全。

中国三峡开发总公司在金沙江溪洛渡、向家坝工程建设中，向家坝工程建设部积极推进中国三峡开发总公司各项计算机管理信息系统的应用，是中国三峡开发总公司第一个在开工之初就运用 MIS 系统进行财务管理的单位。从合同录入、概算及统计编制上报月、年统计报表到固定资产登记管理等，工程项目管理软件的应用已逐步完善和规范。

十一、工程档案资料管理

四川省电力公司下发了《关于印发四川电网建设与改造工程档案管理考核细则》的通知，编制了工程档案资料管理办法，规定工程档案是指从建设项目（工程）立项、审批、勘察设计、施工、安装调试、生产准备到竣工投产的全过程中形成的，应当归档保存的文字材料、图纸、图表等工程资料。工程建设、监理、施工承包商应负责完成各自职责工作范围或合同规定范围内的工程竣工档案文件的编制；监理全面负责对工程项目竣工档案资料文件的整理和编制；指挥部负责指导、协调工程项目竣工档案文件的整理、编制和移交过程中存在的问题。工程档案文件资料应以文本文件进行整理、编制、移交。

十二、农民工管理

大量农民工参与电力施工是电力建设的新变化。农民工是电力建设的一支生力军，各电力建设管理单位和施工单位都逐步加强了对农民工的管理。一是将农民工培训纳入本单位培训计划，对农民工进行岗前培训和边工作边培训，不断提高他们的业务水平；二是抓好安全生产，要求农民工遵守安全规程，防止人身伤亡事故发生；三是坚持“以人为本”，关心农民工的生活，维护农民工的正当权益。中国三峡开发总公司、二滩水电开发公司、国电大渡河流域开发公司等将农民工的住宿、吃饭纳入工程预算，单列拨付工程承包商。在溪洛渡工地，为农民工住宿统一修建了建设者营地，每个民工队有自己的小食堂，农民工免费吃、住。农民工的工资由承包商提供名单，业主审核、银行代发，保证农民工按时领到工资。

第二章　施　工　企　业

1991～2002年，四川省的电力施工企业有水电施工企业中国水利水电第五工程局、中国水利水电第七工程局、中国水利水电第十工程局、中国人民武装警察部队水电第三总队（安蓉建设总公司），火电施工企业四川电力建设一公司（1997年划归重庆市）、四川电力建设二公司、四川电力建设三公司，输变电施工企业四川电力送变电建设公司、四川省水利电力厅送变电工程公司、四川省水力电力工程局。还有招投标进入四川的施工企业葛洲坝水利水电集团公司，中国水利水电第三、第六、第八、第九、第十二、第十四、第十五工程局，水电基础局，闽江水电工程局，送变电施工企业贵州送变电建设公司，山西送变电建设公司，湖南送变电建设公司等。本志只记述四川籍电力施工企业。

第一节　中国水利水电第五工程局

中国水利水电第五工程局是国有大型水利水电综合类建筑施工企业。从1991年以来的12年中，其施工能力、施工技术水平都有了很大发展。

一、工程局概况

（一）资质与规模

中国水利水电第五工程局（简称水电五局）是中国水利水电建设集团公司成员企业。水电五局组建于1954年，现已发展成为集投资、施工、安装、制造、设计、科研为一体，以建筑为主业，具有水利水电工程施工总承包特级，市政公用工程施工总承包一级，房屋建筑工程施工总承包二级，地基与基础工程、公路路基工程专业承包一级，隧道工程专业承包一级，监理甲级等资质的大型建筑施工企业。

水电五局先后在全国20多个省、市、自治区承建了100多项大中型水利水电工程，安装100余台大中型常规发电机组和抽水蓄能机组，建设高速、高等级公路30余条，在12个国家和地区完成20多项水电工程。承建了中国在国外最大的建设项目——苏丹麦洛维大坝工程。工程建设创下多项国内第一业绩，荣获全国科学大会奖7项，省部级科技进步奖30余项。

水电五局现有职工9800人，各类专业技术人员2700人。其中教授级高级工程师20人，高级专业技术人员502人，中级专业技术人员1300人，监理工程师217人，项目经理447人（其中一级项目经理82人），享受政府津贴专家4人，四川省有突出贡献专家1人，专家后备人选4人，拥有资产总额22.26亿元。

水电五局系中国500家最大经营规模建筑业企业，中国500家最佳经济效益建筑业企业，通过GB/T 19001—2000（ISO 9001—2000）标准质量管理体系、GB/T 24001—1996

(ISO 14001—1996) 标准环境管理体系、GB/T 28001—2001 职业健康安全管理体系认证企业。获得全国守合同重信用企业，全国“安康杯”竞赛优胜企业，四川省守合同重信誉企业，中国建设银行四川省分行、中国农业银行四川省分行 AAA 级信用企业，四川省文明单位等称号，四川省最佳建筑企业。米易晃桥水库工程、襄十高速公路部营互通立交工程获四川省“天府杯”金奖（见图 4-2-1）。

图 4-2-1　荣获四川省“天府杯”金奖的米易晃桥水库工程

（二）内部机构设置

该局机关总部设有局党委办公室、局办公室、人力资源部、财务管理部、经营管理部、国际工程部、市场开发部、设计院、工程管理部、质量管理部、安全生产监察部、机电物资部、审计部、资金结算中心、社会保险事业管理部、组织部、党委工作部、纪检监察部、工会、团委、北京办事处、昆明办事处等部门。局属二级单位有第一分局、第二分局、第三分局、第四分局、第五分局、第六分局、第七分局、水工机械厂、机电安装分局、建筑安装公司、咨询公司、试验室（测量队）、机电物资公司、职教中心（电大）、实业总公司、陕西西安混凝土工程有限责任公司。

二、施工能力

该局到 2002 年底，其施工能力方面，土石方挖填 1500 万米^3，混凝土浇筑 200 万米^3，大型隧洞开挖衬砌 15000 米^2，金属结构制作安装 30000 吨，大型水轮发电机组安装 4 台，拥有先进的设备 5000 余台（套），年施工产值 30 亿元以上。

为适应水电市场发展的需要，探索集约化经营的新路子，水电五局和四局、六局、九局组建了四达水利水电联营公司，1992 年底正式注册开始运转，并于 1993 年 12 月投中三峡工程永久公路二标；1996 年，中标 13 个工程标段，中标合同总价 4 亿元；1999 年，中标工程 16 项，中标金额 4.3 亿元；2000 年，全年中标工程 19 项，签约合同金额 4.5 亿元，2001 年，中标工程 31 个，签约合同总额 9.7 亿元，其中 1 亿元以上项目 4 个。

其中，由水电五局独家承建的工程有装机 70 万千瓦的白龙江宝珠寺水电站工程。主要承建的有四川凉山大桥水库电站、嘉陵江金溪航电枢纽、金银台航电枢纽、瀑布沟水电站泄洪洞工程、青居水电站等工程（图 4-2-2 所示为水电五局施工建设的紫兰坝水电站）。

该局还同中国水电七局组成联营体，计划承建国外苏丹麦络维大坝项目（装机 125 万千瓦）土建工程、水工金属结构安装，以及桑多斯工程、老挝南梦工程等工程。

图 4-2-2 水电五局施工建设的紫兰坝水电站

三、科技创新

1991 年，水电五局制订了施工科研计划项目 11 项。其中，有 5 项进行了成果鉴定，有 3 项已提交科研部门论证。坚持领导干部、技术人员和工人三结合，开展合理化建议、技术改造和“五小”活动，年内较大的实施项目 12 个，节约资金 2200 万元，结合工程建设，进行了碾压混凝土等多项施工技术经验交流、推广。在宝珠寺水电站二期上游围堰施工中，采用土工膜代替黏土施工，取得了一定的经济效益；左岸拌和楼碾压混凝土试验和右坝肩三角体低温微膨胀水泥试验，获得大量可靠数据。该局重视新技术的引进和应用，先后派遣 59 人次赴外地考察学习碾压混凝土施工技术和爆破技术，并邀请外国技术人员讲授核子密探仪、振动碾操作维护技术，为碾压混凝土施工作了必要的技术准备。

四、工程建设管理

（一）施工管理

水电五局除了加大正常的施工管理的力度外，还采取了一些必要的措施和方法。一是重点关注重点项目及新专业项目；二是抓好施工准备阶段工作；三是加强实施阶段服务、指导和管理；四是牵头组织召开工程完（竣）工交底专题会，完善竣工资料移交程序；五是做好当年工程局所有已完（竣）工的工程项目竣工资料清理移交工作；六是利用计算机现代化管理手段，推广应用项目信息管理系统，对全局在建工程项目进行有效管理。

（二）质量管理

水电五局在建工程质量管理主要包含四个方面。①工程实物固有的质量特性满足要求。②工程在合理工期内完成。③工程造价控制在合同约定的范围以内或者控制在甲方可接受的突破额度以内。④施工期内工程相关方（建设单位、用户、政府、周边居民、分包方等）满意。

1997 年 11 月，该局实施 ISO 9002—1994 质量保证体系，1998 年 12 月获第三方认证，1999 年，质量管理体系通过首次监督审核。2000 年，全局质量体系继续保持持续、有效运行，并通过第二次监督审核，ISO 9000 质量体系标准由 1994 版本向 2000 版本转换工作开始。2001 年，质量体系通过复评、转换审核，取得符合 ISO 9001—2000 标准的质量体系认证。

（三）设备管理

随着施工项目增多，该局对大型且通用性强的设备实行内部租赁管理，用少量设备满足更多的工程项目的需要。对小型设备划入二级单位管理，对专业性强、利用率低的大型专业设备采用调拨，二级单位使用时办理调拨手续，不用时退库。同时，租赁部分常规设备用于生产。

水电五局成立了机电物资管理部，负责下属单位的设备管理的督促、检查、服务、指导。明确各二级单位“一把手”为本单位设备管理的第一负责人，并由其委派一名熟悉业务的副职领导负责设备管理工作。分局、项目成立机电管理科，负责分局、项目内的设备管理工作，实行设备管理人员持证上岗制度。工程局与各级单位签订设备目标管理责任书，把设备管理工作的各种量化指标列入分局和项目的考核内容，实行一票否决制。

1998年，水电五局出台了《水电五局施工机具设备管理文件（合订本）》，2000年修改补充，并以受控文件发放到各分局施工单位。

1998年，该局投入46万元设计开发设备网络管理系统，根据水电建筑系统的设备管理模式和要求按模块化方式开发系统，由设备前期管理、设备基础管理、设备使用管理、设备统计与报表管理、设备评比管理、设备报废管理、设备档案管理和系统管理8大部分组成，包括设备管理的全部内容，提高了设备管理数据的准确性和及时性。

（四）合同管理

2000年4月，水电五局颁发《水电五局合同管理办法》，明确各类合同的谈判、承办、审查等权限，以及审查的程序和内容；规范承揽工程从投标到完工交验，从投标评审到中标后的合同评审（包括工程分包评审），以及完工后的售后服务等工作，以避免和减少合同风险，起到较大的防范作用。

第二节 中国水利水电第七工程局

中国水利水电第七工程局（简称水电七局）是国有大型水利水电综合建筑施工企业。该局的经营业绩和发电施工能力在四川省水利水电施工企业中名列前茅。

一、工程局概况

水电七局始建于1965年。1966年水利电力部从黄河三门峡工程局抽调5000余名职工入川，组成515工程指挥部承建龚嘴水电站。1970年更名为水利电力部第七工程局，现隶属于中国水利水电建设集团公司（简称集团公司）。

水电七局是具有水利水电工程施工总承包特级资质和公路工程施工一级资质的国有大型建筑施工企业，主要经营水利水电施工、机电安装、金属结构制造安装、公路、桥梁、隧洞、航道、堤岸、工业民用建筑等工程施工和勘测设计，兼营工程监理、电源开发、宾馆、旅游等产业，是符合ISO 9001—2000标准质量管理体系，符合ISO 14001—2004标准环境管理体系，符合GB/T 28001—2001标准职业健康安全管理体系的“全国重合同、守信誉企业”。连续五年由多家银行授予AAA级金融信用企业。

水电七局现有职工 11548 人，其中，管理人员和专业技术人员 3710 人，拥有各类专业技术人员 2810 人。水电七局本部机关设置 15 个机构，分别是党委工作部、纪委监察部、工会、局长办公室、科技开发部、市场开发部、生产经营部、质量安全部、国际工程部、资产经营部、人力资源部、财务部、设备物资部、审计部、保卫部。工程局下设 5 个分局、3 个施工局、1 个工程机械公司。

水电七局建局以来，已建成投产的水利水电工程主要有四川省的龚嘴、铜街子、南桠河三级、太平驿、东西关、铜头、白禅寺等 40 多座大、中型水电站，以及二滩右岸导流洞、黄河小浪底消力塘、湖南五强溪船闸和大源渡航电枢纽、广西天生桥一级水电站引水发电系统等水电工程。还包括黄河大堤和长江堤防等部分水利工程；几内亚、索马里、突尼斯、阿尔巴尼亚、伊拉克、朝鲜、蒙古、泰国等国际水电工程；成渝、成乐、成绵、渝黔、渝合等高速公路和川陕高等级公路的部分路段，以及绵阳涪江二桥等公路交通工程；成都双流国际机场飞机修理库、成都自来水六厂（BOT 项目）等工业民用建筑项目 50 多个。目前，主要在建工程项目有长江三峡、四川向家坝、溪洛渡、瀑布沟、锦屏、硗碛、新政，重庆江口和彭水，广西龙滩和长洲岛，云南小湾，新疆吉林台，湖南凤滩，河南宝泉，甘肃乌金峡，巴基斯坦高摩赞、汗华，马来西亚巴贡，苏丹麦洛维等水电工程，以及重庆石忠高速公路、水界高速公路、广西南友高速公路、南水北调中线穿黄工程等。

水电七局连续四年在集团公司综合考评中名列第一名。荣获“全国五一劳动奖状”，“全国守合同、重信用企业”，“全国重质量、守诚信、讲信誉百家优秀建筑企业”，“全国优秀施工企业”，“全国百家安全文明施工先进单位”，“全国和谐劳动关系模范企业”，“四川省建筑企业综合实力十强、最佳经济效益首强”等荣誉称号。

二、企业发展

1991～1995 年，水电七局处于计划经济向市场经济的过渡阶段。以国家指令性计划形式承建的铜街子水电站于 1991 年 11 月成功下闸、实现三期导流为标志，进入抢发电阶段，同时也意味着土建工程任务的逐步缩减。另外，从 1985 年 1 月 16 日以走向建筑市场中标第一个工程——灌县漕家堰水电站为标志，经历五年计划经济为主、市场经济为辅的生存和发展之后，又进入了 1991 年铜街子工程抢发电至 1995 年工程消号这个计划经济与市场经济各占一半的时期。这五年，水电七局累计完成投资 34.03 亿元。其中，铜街子工程累计完成投资 16.55 亿元（含概算调整差部分），市场累计中标合同金额 22.68 亿元，完成施工产值 17.48 亿元，各项经济指标较前五年有较大增长。但由于前五年施工产值基数较低，水电七局仍然处于求生存、求发展时期，加之市场形势严峻、计划经济时期遗留的沉重负担困扰着企业。这些困难主要包括以下方面：①职工队伍冗员负担重。1991～1995 年，水电七局年平均职工为 16126 人，到铜街子工程收尾阶段有三分之一的职工无活干，但必须保持企业稳定，保证职工工资的发放。②水电建筑市场总的容量小，而建筑施工队伍严重过剩。由于水电建筑市场份额小，参加竞标的企业多，通过努力中标，完成产值的利润率也极低。③企业的社会负担沉重，每年支出达 3000 余万元。水电七局职工和家属共 4 万余人，5505 户职工分散居住在铜街子电站工地的临时建筑中。由此形成企业小社会，计有公安分局 1 个、法庭 1 个、交警支队 1 个、子弟学校 5 个、技工学校 1

个、党校1个、幼儿园托儿所20个、医院3个、长期性卫生所6个、职工食堂50个、澡堂14个、招待所3个。此外还有分布于各居住点的商店、邮局、储蓄所等均由水电七局提供营业场所和营业人员的住房、工地补贴。④离退休职工从1991年的2037人增加到1995年的5755人，退休费总额增长至2435.3万元，这期间退休费虽然实行行业统筹与社会统筹，但基本上仍由水电七局负担。⑤家底偏薄。1991年全局固定资产原值2.28亿元，净值1.59亿元，流动资金仅200多万元，主要靠贷款和中标工程预付款发展生产和维持生存。到1995年末，全局总资产5.4亿元，负债3.03亿元。在水电建筑主业不足以养活队伍的情况下，水电七局大力发展多种经营，五年投入6000多万元，发展起大小130个多种经营项目，涉足农工商、餐饮娱乐、建筑建材、运输等领域。5年共实现营业收入4.52亿元，创利3847.48万元，解决下岗职工和待业青年就业4201人，基本实现了职工队伍的稳定。

1991～1995年，水电七局虽然发展水平较低，但仍有一些发展亮点，对水电七局的后续发展产生了深远影响。①在工程建设领域，除完成铜街子工程施工外，加快了参与建筑市场投标的步伐。与进入市场前6年比，中标量增长6倍，完成的经营收入增长了10倍。并且，建筑施工拓展到了省内外的大中型水电施工项目和民用建筑项目。②以资本经营为目标的项目开始进行，并取得一定成果。几个主要项目如明珠国际大酒店、新华弃水电站、彭山金属结构加工厂都在这一阶段建成并投入运营。不但实现了资产增值，而且为后续融资、增收与发展创造了条件。③多方筹集资金，除建成沙湾基地外，还在成都、郫县、温江、彭山、乐山购买土地552.8亩，建房总面积20多万米^2。正因为基地进城，水电七局得以依托城市，彻底摆脱企业办社会负担，摆脱铜街子电站移民依附、滋扰施工企业的负担，同时也为下岗职工依托城镇实现再就业创造了条件，从而促进了队伍的稳定。

1996～2000年是水电七局指令性计划终结后全面进入建筑市场求生存、求发展的蓄势阶段。原有的计划经济铁饭碗彻底打破，又背负历史遗留的负担参与市场竞争，一开始在观念和行为上都很不适应，加之全国水电建筑市场又处在一个相对低迷的时期，水电七局的发展受到了主客观条件的限制。

水电七局在1996～2000年间虽然发展步伐不是很大，但为后面的加速发展做了许多开创性的铺垫工作，积蓄了发展后劲。①工程施工领域，所有在建工程项目，尤其是大型、特大型项目所展示的履约、技术水平和管理能力使水电七局社会信誉不断提升。同时较多参与高速公路建设并取得相关资质和市场准入，国际工程自主中标叙利亚迪什林水电站机电安装与金属结构制作安装，以及埃塞俄比亚劳水电站机电安装工程。这些工程中积累的经验和技术储备，以及良好的经济效益为走向国际市场做好了充分准备。②实现了局本部和基地向城市的转移。到2000年底，全局建设职工住房373644米^2，共5701套，按照国家关于企业住房改革的要求完成了房改。随着企业的搬迁，企业办社会的负担大幅减轻，全局仅留下一所学校、一所医院、技校，以及一所幼儿园。③抓住国家关于减人增效、实行提前退休的政策机遇，动员符合条件的职工提前退休进入社保。到2000年末，职工退休人数达到10976人，与在职职工的比例达到1∶1，实现了职工队伍的年轻化与精干化，减轻了企业的负担。④老职工大批退休的同时，以每年300～500人的规模从大专院校引进人才，为后续的发展奠定了人才基础。⑤企业内部三项制度改革不断深化，模拟市场的内部运作制机初步确立，制度创新对企业发展的促进作用开始显现。

2001～2002 年，水电七局进入跨越式发展阶段。这个阶段国家水电开发的步伐加快，市场容量显著增长，客观上提供了较好的发展机遇。另一方面，水电七局 1992 年取得水利水电工程施工总承包特级资质，加上良好的社会信誉，为参与市场竞争提供了有利条件。2001 年，水电七局实现营业收入 11.6 亿元，虽然停在前 5 年的高点上，但中标金额为 15.75 亿元，已出现大幅增长。从 2002 年起，企业开始加速增长，营业收入 2002 年为 15.45 亿，预计 2003 年为 21.15 亿，2004 年达到 31.72 亿，2005 年达到 41.06 亿元。中标金额从 2002 年起，国内、国际两个市场齐头并进，预计到 2003 年底合同存量达到 100 亿元。该阶段的主要施工项目在四川省境内的有紫坪铺、福堂、瀑布沟、硗碛、冶勒、天龙湖、新政、姜射坝、金龙潭、溪洛渡、向家坝、小天都、锦屏一级、沙湾、龙头石等大中型项目。省外的有湖北三峡、广西龙滩、乐滩、长洲，重庆江口、彭水，云南小湾、糯扎渡，甘肃小峡，河南宝泉抽水蓄能，湖南柘溪，新疆吉林台等大中型项目。国外工程有苏丹麦洛维、马来西亚巴贡和民都鲁、巴基斯坦高摩赞和汗华，共 5 个国际工程。其中的特大型工程在国内外都有很高的知名度，从而进一步增强了水电七局的影响力。

在水利水电建筑施工主业出现国内、国际两个市场齐头并进、高速发展的有利形势下，水电七局利用内部银行整合主业经营过程中的巨额现金流和资金利用的时间差，搭建起资本运作的平台。一方面投资水电开发，其长期投资额已达 3.83 亿元，控股公司开发的洪坝水电站和湾坝水电站总装机 16.6 万千瓦，计划于 2005 年先后发电并网。同时还启动了沙坪、偏桥、一道桥 3 个水电站的开发，总装机 46.6 万千瓦，预计将于 2007～2008 年陆续投产。另一方面利用国际工程获得的外汇收入委托金融机构实施高点保值，也取得了良好的权益。

由于主营业务收入和投资收益的快速增长，水电七局盈利能力大幅提高，1996～2000 年实现盈利 20751 万元，企业总资产增长到 40.61 亿元，相当于 1995 年企业总资产的 4 倍。净资产也在前 5 年的基础上翻了一番。

三、施工能力

水电七局 1991～2002 年末所显示的施工能力，既是该局历史最高水平，同时也在水电行业内处于先进水平。

（1）水电七局是水利水电工程施工总承包特级资质企业。1992 年，建设部首次设立 100 家建筑总承包特级资质企业，对进入这个门槛的企业设定了经营业绩、施工技术、施工质量、资产实力、经营规模等一系列处于行业领先水平的高标准，水电七局是水利水电工程施工行业率先通过的 4 家特级资质企业之一。1997 年，水电七局在行业内率先通过 ISO 9002—1994 质量体系标准认证，此后升级为 ISO 9001—2000 质量体系标准，2001 年进行职业健康安全管理体系标准的整合，从而进一步提高了施工的标准化管理水平。预计到 2005 年，水电七局在建工程项目 78 个，履约合同 124 项，完成建筑业产值 41 亿元。完成实物工程量方面，土石方开挖 4217 万米^3，混凝土浇筑 370 万米^3，钢筋制作安装 8.6 万吨，金属结构制作安装 6.5 万吨，机组安装投产 14 台，总装机容量达到 86 万千瓦。各类单元工程验收合格率为100%，平均优良率达到93.4%。安全生产目标受控，事故低于集团公司和地方安全主管部门的考核指标。

（2）水电七局重视科学技术的运用和开发，并取得丰硕成果。在铜街子水电站施工中，为克服工程存在的地质缺陷而率先进入许多在当时属于崭新的技术领域。水电七局最先在全国大型水电建筑施工中进行碾压混凝土实验，并取得成功，其成果被评为能源部科技进步二等奖。水电七局在湖南五强溪水利枢纽承建了当时全国级差最大的船闸工程，在二滩水电站承建了当时亚洲最大的导流洞工程，在小关子水电站承建了号称“亚洲第一管桥”的压力钢管管桥工程。特别是在参与一批国际国内顶尖级的巨型水电工程施工中，水电七局所展现的技术水平和施工能力进一步增强了自身在行业的地位。在建的苏丹麦洛维水电站，是非洲尼罗河上最大的水电工程，也是中国在国际上承建的最大水电工程，其坝轴线长达9285米，是世界最长的混凝土重力坝与面板堆石坝相结合的挡水建筑。马来西亚巴贡水电站，是东南亚最大的水电工程，最大坝高205米，也是世界第二高的堆石面板坝。同时，水电七局在参与世界最大的长江三峡工程建设中处于领先水平。包括在左岸1～6坝段85米高程齿槽开挖中采用全方位光面爆破和微差爆破工艺，创造了“三峡开挖施工质量样板工程”；在三峡船闸人字门安装和大型发电机组蜗壳焊接中也展示了在金属结构制作安装领域的先进水平。水电七局作为七八个联营体责任方承建的广西龙滩水电站，是在建的又一个巨型水电工程，其大坝坝高216.5米，也是世界最高的碾压混凝土重力坝。在施工过程中，水电七局成功应用国内第一、长达4千米的胶带砂石料输送机；建设并经营国内规模最大、生产强度最高的右岸308.5混凝土生产系统及配套的制冷系统；采用大型塔带机和胎带机解决大仓号、高强度碾压混凝土入仓问题，创单日单班混凝土浇筑量全国纪录；同时以国内行业最先进的设备和技术，现场制作与安装该工程9台单机容量70万千瓦特大型机组的金属结构埋件和工程相关的金属结构建筑，引起国内同行的高度关注。水电七局在四川瀑布沟和广西龙滩两个巨型水电站，以及四川紫坪铺大型水利枢纽为代表的地下工程施工中，全面采用新方法，成功应用控制爆破技术、岩锚梁施工技术、锚喷支护技术、预应力锚索施工技术等完整的地下施工技术体系，优质安全地承建了一批规模宏大的地下厂房或引水导流工程。此外，水电七局在建工程中的重庆彭水水电站，以其14米直径特大型高强压力引水钢管制作安装列入国内行业之最；四川冶勒水电站从法国进口的立轴冲击式机组，以同类机组中容量最大、喷嘴最多、水头最高（644.8米）而居亚洲之最；四川跷碛水电站砾石土直心墙大坝填筑施工技术在行业内处于先进水平。

四、施工成果

水电七局先后承建机电安装工程22个，单项承担基础处理工程16个，国际水电工程8个，其他如公路、桥梁、堤坝、工业建筑、市政建设等工程项目42个。

水电七局参与承建的水电项目按承建先后顺序为铜街子水电站60万千瓦、二滩水电站330万千瓦、三峡水利枢纽1820万千瓦、小浪底水利枢纽180万千瓦、五强溪水电站120万千瓦、天生桥二级水电站120万千瓦、万家寨引黄工程108万千瓦、乐滩水电站60万千瓦、紫坪铺水利枢纽76万千瓦、小湾水电站420万千瓦、水布垭水电站160万千瓦、龙滩水电站630万千瓦、瀑布沟水电站330万千瓦、锦屏一级水电站360万千瓦、彭水水电站175万千瓦、长洲水利枢纽63万千瓦、糯扎渡水电站585万千瓦、柘溪水电站50万千瓦、龙头石水电站66万千瓦、叙利亚迪什林水电站63万千瓦、马来西亚巴贡水电站240万千瓦、苏丹麦洛维水电站125万千瓦。这25个大型或巨型水电工程项目除铜街子水电站为整体承建外，其余大部分为主体承建或部分承建。其中7个已经竣工，17个为在建工程项目。地处四川省境内的大型或巨型水电工程共9个，已竣工3个，尚有6个在建。

第三节　中国水利水电第十工程局

中国水利水电第十工程局（简称水电十局），隶属于中国水利水电建设集团公司，是国有大型水利水电综合建筑施工企业。1991～2002年的12年期间，水电十局迈步改革发展，开拓创新，其管理水平、施工能力、企业核心竞争力，以及企业形象在改革探索中逐步提升。

一、工程局概况

（一）发展概况

水电十局是经建设部批准的水利水电工程施工总承包一级资质企业，拥有国家建设部颁发的乙级工程勘察设计资质证书、国土资源部颁发的地质灾害防治甲级资质证书、地基与基础工程施工一级资质证书、国家质量监督检验检疫总局颁发的特种设备安装改造维修（起重机）许可证、四川省测绘局颁发的测绘乙级资质证书。水电十局总部设在四川省都江堰市蒲阳路164号。1991～2002年，企业平均人数为5200余人，其中具有中高级职称的各类专业技术人员有1600余人，项目经理资质226人。企业注册资金为1.6亿元，拥有总资产9亿元。拥有大中型水利水电施工机械设备3200余台（套）和金属结构制作安装、机电设备安装的各类设备，以及国家级中心试验室。水电十局主业经营范围包括水利水电工程、公路工程、市政公用工程、房屋建筑工程等土木工程建筑业，以及相关工程技术研究、勘探、设计与服务。水电十局在岩锚梁和地下厂房施工、碾压混凝土、液压滑模、岩塞爆破、基础处理、长隧洞掘进、机电安装、金属结构制作安装和抽水蓄能机组安装施工中处于国内领先地位。2002年，水电十局的年生产能力为10亿元。年施工能力方面，土石方开挖1000万米^3，混凝土浇筑10万米^3，机电安装100万千瓦，金属结构制作安装1.5万吨，基础灌浆10万米^3。

（二）组织机构改革

水电十局的组织机构设置在1991～2002年进行了多次重大调整。到2002年末，水电十局总部机关共设置15个部门，分别为水电十局办公室、党委工作部、工会办公室、人力资源部、工程管理部、质量部、安全生产管理部、国际工程部、财务部、经营部、投资部、审计部、纪检监察部、企划部与法律事务部、成都市公安局第四分局水电十局公安分局。经营职能部室3个，分别为资金结算中心、市场开发部和设备租赁站。社会职能部室2个，分别为人力资源管理总站和社保与离退休管理中心。水电十局下属二级单位10个，分别为机电安装分局、基础工程分局、建筑工程分局、勘测设计院、电力工程处、基地建设管理处、成都通惠门宾馆、多种经营开发公司、水电十局医院、水电十局学校。区(流)域土建“施工分局”3个，分别为云南施工分局、西藏施工分局和新疆施工分局。控股公司4个，分别为成都市佳馨房地产开发有限公司、都江堰市佳馨物业管理公司、都江堰市亿之源科技公司和华西咨询公司。驻外办事处6个，分别为北京办事处、成都办事处、重庆代表处、昆明代表处、福州代表处和汉源代表处。

(三) 企业荣誉

水电十局1991年被评为电力投产功臣单位、中国500家最大建筑施工企业。1992年工程局被能源部授予“全国电力科技进步优秀单位”和“全国电力科技成果推广优秀单位”称号。1997年以来一直被四川省评为四川省国有建筑企业综合实力10强和最佳效益10强，四川省建筑企业最大市场占有份额10强，1998年通过GB/T 19002—ISO 9002质量认证。2001年，水电十局被评为四川省“质量、信誉”双信单位；2002年，承建的冷竹关水电站工程荣获四川省建筑行业质量最高奖——“天府杯”金奖。

二、工程业绩

水电十局从20世纪50年代初参与重庆长寿狮子滩水电站建设开始到80年代，先后建设了长寿上硐水电站、长寿下硐水电站、回龙寨水电站、大洪河水电站、石棉南桠河水电站、冕宁磨房沟水电站、汶川映秀湾水电站、渔子溪水电站、耿达水电站。到2002年，该局先后承担建设的主要工程项目有汶川县草坡水电站、天全县禁门关水电站、金堂县九龙滩水电站、大邑县虎跳河水电站、峨边县西河水电站、沐川县黄丹水电站、北川县苦竹坝水电站、绵竹县小木岭水电站、康定县龙洞沟水电站、彭县红石桥水电站、理县甘堡水电站、凉山州布拖县牛角湾水电站、都江堰双柏水电站、都江堰驾虹水电站、都江堰安顺水电站、都江堰民兴水电站、都江堰白果岗水电站、都江堰胥宝水电站、甘肃引大入秦水利工程、甘肃白鹤桥水电站、甘肃武都引水工程、雅安雨城水电站、荥经花滩水电站、安徽响洪甸抽水蓄能电站、凉山州冕宁县大桥水库工程、西藏羊湖水电站、汶川县太平驿水电站、山西万家寨引黄工程、浙江天荒坪抽水蓄能电站、汶川县福堂水电站、宝兴县小关子水电站、康定冷竹关水电站、什邡金河电站、茂县铜钟水电站、马边县波罗水电站、成都市三环路北二段A标段公路工程、成都五路一桥工程、泉州市晋江下游防洪堤岸线一期工程。先后在外承建了老挝南累克水电站，南梦3水电站和沙湾那克市政工程，马其顿科佳水电站，格鲁吉亚卡杜里水电站，以及伊朗塔干水利枢纽工程等国际工程。

三、企业管理

1991～2002年，该局先后贯彻治理整顿，深化体制改革方针，大刀阔斧地调整企业组织机构，进行干部人事制度、劳动工资分配制度改革。努力探索战略定位，探索新的管理模式，拓展市场范围和生存空间。

在市场开发方面，水电十局提出了“立足四川，面向全国，走向世界”的战略目标。在实际工作中加大市场开发力度，努力拓展经营范围和生存空间，在水利水电工程施工总承包一级资质的基础上，取得了乙级工程勘察设计资质证书、地质灾害防治甲级资质证书、地基与基础工程施工一级资质证书、特种设备安装改造维修（起重机）许可证、测绘乙级资质证书等新的资质。

在核心制度建设和规章制度、内部管理方面，先后制定了《水电十局投标管理程序》、《水电十局对外分包合同管理办法》、《关于确保工程分包合同合法有效和全面履行的规定》、《水电十局关于购置设备、办公用品管理办法》、《水电十局目标成本管理办法》、《水电十局项目管理办法》、《水电十局项目劳动工资管理办法》、《水电十局项目财务资金管理办法》、《中国水利水电第十工程局员工手册》、《水电十局人力资源管理办法（试行）》、《水电十局施工设备市场管理办法（试行）》、《水电十局资金市场管理办法（试行）》、《水电十局企业职工渎职失职错误处理办法》、《水电十局局级领导干部行为准则》和《水电十局内部经营责任制奖惩考核办法》等规章制度，以规范管理，依法治企。在全局范围内开展了清产核资，清理个人借款备用金的催收工作，1996 年仅此一项，回收资金达 224.5 万元。同时对各二级单位银行账号进行了清理，对映秀、成都、都江堰三地区，由水电十局资金结算中心统一对外开户，集中了资金，提高了企业财务的资信等级，取得了 AA 级资格。此外，水电十局还坚持开展财务决算审计、领导干部离任经济责任审计、项目竣工审计、项目效能监察和财务收支审计等，全面加强了管控。

2001 年，该局提出了抓“3 个工程”，即抓“精品工程”、“最低成本工程”和“一流形象工程”。同时，水电十局还努力抓“3 个监督”，即“质量监督”、“审计监督”和“纪检监察监督”，进一步增强了对在建项目的管控能力。

四、参加国外工程建设

从 1988 年，水电十局参与意大利 CMC 公司—华水公司联营体承建甘肃省引大入秦灌溉工程国际二标施工开始，到 2002 年，水电十局从事国际性工程建设已长达 15 年。1991 年，该局参与中川国际公司承建的乌干达欧文电站施工管理和劳务输出，逐步进入国际工程项目施工管理。1996 年，该局参与中国水利电力对外公司承建的老挝南累克水电站的实施建设，开始独立承担国际工程施工管理工作，该工程 1999 年 8 月竣工，并取得了良好的经营业绩和社会信誉。2002 年，承建老挝沙湾纳克市政基础设施工程，以及老挝南梦 3 个水电站，从而稳定了老挝市场。2001 年，该局成功进入了伊朗市场，承建塔里干水利枢纽工程，合同总价为 1.07 亿美元，开辟了新的中东国际市场，为开拓更大的国际市场奠定了基础。

第四节 中国人民武装警察部队水电第三总队（安蓉建设总公司）

中国人民武装警察部队水电第三总队（简称武警水电三总队）为正师级，总队下辖水电第九～第十二支队，总队机关驻四川省成都市金牛区茶店子。

一、部队概况

武警水电三总队前身为组建于 1985 年 5 月的武警水电工程指挥所。1991 年 5 月 22

日，经国务院、中央军委批准，正式改建为中国人民武装警察部队水电第三总队。其基本任务是承担国家重大能源项目建设，以及大江大河治理和急工险段、重点部位的防洪抢险；在完成国家指定的工程任务之外，可暂利用其装备、技术优势参与国家其他工程项目的投标建设，并承担依法执行国家赋予的维护社会稳定和处置突发事件的任务。

武警水电三总队又称安蓉建设总公司，隶属中国人民武装警察部队水电指挥部（安能建设总公司），是安能建设总公司的全资子公司，是一支以军事化组织形式参与国家经济建设的施工部队。武警水电三总队具有国家水利水电建筑总承包综合施工一级企业资质，主营水利水电工程施工，公路、铁路、机场、码头、桥梁、工业及民用建筑工程、土石方工程施工，管道、线路铺设，市政工程建设等。

武警水电三总队先后于 1998 年通过 ISO 9001 国际质量体系认证，于 2003 年通过“质量、环境、职业健康安全”三大管理体系认证。

图 4－2－3　武警水电三总队承建的西藏羊湖水电站

总队成立后，官兵始终牢记人民军队为人民的宗旨，1998 年后深入贯彻“三个代表”重要思想和国家实施西部大开发的战略方针，大力弘扬“团结协作、顽强拼搏、无私奉献、科学进取”的羊湖精神（图 4－2－3 所示为该总队承建的西藏羊湖水电站），为国家水利水电事业，特别是西部地区的水利水电建设作出了突出贡献。在部队建设和发展过程中，党和国家领导人江泽民、李鹏、吴邦国、李铁映、姜春云、钱正英等曾先后到总队视察或题词勉励，给部队官兵带来亲切的关怀和巨大的鼓舞。

图 4－2－4　武警水电三总队官兵向“希望工程”捐款

在参与国家经济建设的同时，武警水电三总队积极参加地方抢险救灾、援助农业生产、支持“希望工程”等拥政爱民活动。先后参与地方抢险救灾 120 多次，出动兵力 10000 余人次，投入机械车辆 4000 台次；先后为地方援建希望小学 10 余所、“春蕾”女童班 2 个，为“希望工程”（见图4－2－4）、灾区、灾民捐款、捐物累计达 300 多万元。

二、施工能力

武警水电三总队自 1991 年 7 月成立至 2002 年底，已独立建成目前世界上海拔最高的西藏羊卓雍湖抽水蓄能电站，以及西藏查龙水电站、满拉水利枢纽、沃卡河一级水电站等水利水电工程。20 世纪 90 年代末进入建筑市场参与投标承建工程以来，总队相继承建了西藏阿里普兰、仲巴柴曲、札达托林、昌都金河、拉萨直孔（见图 4－2－5）、阿里狮泉河，新疆库尔勒希尼尔、吉林台一级，青海祁连地盘子，重庆江口、合川富金坝航电枢纽，四川理县红叶二级、狮子坪等多个国家大、中型水电站。仅在西藏自治区就承建了 10 余项国家“八五”、“九五”计划和中央援藏重点水利水电工程，在西藏自治区已建水电项目总装机 30 多万千瓦，占西藏自治区新中国成立以来装机总容量的 60%以上，改变了西藏自治区那曲、阿里 2 个地区，以及普兰、仲巴、札达 3 个县有水无电的历史。此外，还承建、参建了西藏阿涡夺水库、满拉灌渠、青藏铁路、林芝机场，新疆引额济克水利水电工程、风城水库、希尼尔水库，青海钾肥集团盐田堤坝填筑工程、涩宁兰输气管道工程，重庆上界高速公路，成都三环路、老成渝路供水工程，四川蔺郎、蔺太、郫彭公路等水利、工业民用、交通项目等。

图 4－2－5 国家电网公司副总经理郑宝森在武警水电三总队西藏直孔电站施工现场指导工作

预计到 2005 年底，总队在建主要工程项目有 15 个，分别是四川狮子坪水电站大坝及引水隧洞工程、官地水电站右岸上游环线公路工程、仁宗海“引田入环”输水枢纽、锦屏水电站对外交通专用公路、两河口水电站对外交通专用公路工程、沙湾厂房尾水渠Ⅱ标，重庆草街航电枢纽工程、富金坝航电枢纽工程，新疆吉林台一级水电站，西藏直孔水电站、狮泉河水电站、阿涡夺水库、青藏铁路第 19 标段、林芝机场，北京 1206 工程等水利水电、交通和国防工程施工任务。

预计到 2005 年底，总队拥有总资产超过 7 亿；拥有包括博士、硕士在内的各类高、中等级技术职称人员 400 余人；装备有国内外大批先进的各类施工设备 500 多台（套），具有年土石方开挖 500 万米^3、浇筑混凝土 50 万米^3 的生产能力。

三、施工管理

武警水电三总队从六个方面加强施工管理。

（1）强化发展理念，创建项目管理模式。根据项目不同特点和任务要求，形成以自行施工型项目为方向、以组织施工型项目为辅助、以管理施工型项目为补充的施工形式。根据工程施工特点结合部队特色，按照“各级管理有组织、各项工作有规范、各个环节有制衡”的要求，制定各项管理办法及实施细则，对项目部的组织管理、质量管理、资金管理、成本管理、装备管理、物资管理、队伍管理、安全管理、基层建设等方面进行规范，使施工管理走上规范化、制度化轨道。坚持“全面考核、公平评定”的原则，逐级、逐人、逐项细化和量化各项考核指标，制定奖惩标准。

(2) 强化人才建设、提升项目管理水平。坚持以人为本，采取多种办法做好选人、用人、留人工作，不断提升管理层次和水平。做到善经营的管经营、会管理的搞管理、懂技术的搞技术，达到用其所长、人尽其才。

(3) 主次分明，齐抓共管。根据工程规模、工程特点，将工程项目分为重点项目和一般项目，对重点项目进行重点管控，坚持日报、周报制度，适时召开联席会议，研究解决难点问题。

(4) 搞好成本管理，提高经济效益。项目开工前搞好项目策划及项目评估，施工过程中根据工程施工特点进行成本分解，对分解后的各成本子项可以包干的包干执行，不能包干的明确总体控制范围。施工成本管理坚持目标控制、动态管理、分级负责、责任到人，严格落实定期成本分析制度。

(5) 抓质量创精品，树立品牌意识。根据工程规模，派相应工作经验丰富、责任心强的人员作为现场质量监督员，负责施工全过程的技术把关和质量监督；适时对进场材料进行抽查，对每道工序进行自查；落实“三检”制度和质量责任制度，实行质量管理与个人利益挂钩，确保工程质量。

(6) 规范施工行为，确保施工安全。坚持每年一次安全员集中培训、每月一次安全大检查、每周一次安全教育。坚持安全技术交底制度，执行跟班安全值班制度，确保工程施工安全。

四、环境保护与综合管理

武警水电三总队在工程环境保护方面有以下措施：

(1) 贯彻管理方针，坚持环保原则。认真贯彻武警水电指挥部（安能建设总公司）“恪守法律、预防污染、保护资源、协调发展”的环境管理方针，结合工程实际制定有效措施，在施工中始终坚持“预防为主，保护优先，开发和保护并重”的环保原则，严格执行各项环保规章制度，保护施工区的生态环境和自然环境。

(2) 健全机制、落实制度。根据工程特点成立由项目部负责人任组长的环保工作组，配备了一名以上专职环保人员，班组配备兼职环保监督员，组建环保巡查小分队，及时对环保工作作出具体指示要求。制定《环境保护制度》、《环境保护奖惩规定》、《环保日常管理制度》、《环保目标考核实施细则》等一系列环保制度和措施，使环保工作有章可循、责任明确，增强可操作性。

(3) 搞好培训，提高能力。为提高人员环保意识和素质，每年初组织全体管理层干部进行环保技术培训，未经培训的一律不准上岗。为提高专职环保工作人员的业务水平，专门对各项目部的专职环保人员组织业务培训，采取集中授课、座谈讨论，以及观摩学习等多种形式，使其业务能力和工作水平得到明显提高。施工过程中抓经常性环保教育，每半月进行一次环保专题教育，建立学习签到和补课制度，确保人员、时间、内容、效果“四落实”。

(4) 加强检查，严格奖惩。对环保要求严格的项目设立一个环保岗哨，选派专职哨兵进行环保宣传，并对过往车辆进行监督检查，防止和减少车辆随意下便道行驶、乱扔垃圾等破坏环境的行为发生。对违反环保规定的行为及时制止和纠正，情节严重的一律下达“巡查情况通知书”和“内部整改通知书”，责令及时整改。

(5) 按章办事，规范工作。认真贯彻武警总部“按行规干”的要求，规范环保工作内容，建立完善环保台账、巡查记录，定期检查通报、基层环保工作半月报等工作制度，按时上报各类资料。单位工程开工前按程序进行环保报审，结合工程实际制定有针对性的环境保护措施，并严格贯彻环保“三同时原则”。积极按照规定程序，到地方各级国土、环保等政府职能部门办理取（弃）土手续和石料开采手续，选址尽可能在河滩地、偏远荒坡、植被稀少地段，减少对植被的破坏。拌和站和生活营地均按要求统一建立施工、生活污水两级沉淀池、封闭式垃圾池、分类垃圾箱，所有生活营地和施工现场均设立隔离网、彩旗和三角旗，对机械车辆和人员的活动范围进行严格限制。

(6) 发动群众，依靠基层。通过问卷调查的形式向基层收集对环保工作的意见和建议，采纳合理化、有价值的意见和建议，对环保工作起到积极的推动作用。成立各种形式的“青年团员环保队”、“义务铁锹队”等群众性组织，利用工余时间在所属环保责任区域清理垃圾、修整便道、恢复地表地貌，以及对隔离网、彩旗等环保设施进行维护。充分利用军队基层管理中“三互”小组、“双四一”等管理教育有效载体和工作手段，充分发挥基层员工互相监督、互相管理的积极性和主动性，形成“人人参与管理”、“人人都有责任”的群众性环保工作的良好氛围。

第五节　四川电力建设二公司

四川电力建设二公司（简称电建二公司）是国有大型电力工程施工企业，公司主营各类大型发电厂机组的安装、建筑及检修改造工程。公司具有总承包一级资质，是中国电力建设行业的一支重要骨干力量。

一、公司概况

电建二公司成立于1958年，是获得质量、职业健康安全、环境三个管理体系认证，并具有电力工程施工总承包一级资质的大型电力工程施工企业。

电建二公司注册资本金9023万元。2002年底有职工1041人，拥有各类管理和技术人员315人，其中一级建造师30人，高级职称30人，中级职称100人，高、中级技师46人。装备各类先进的大型施工机具1200台，年施工能力达10亿元。

电建二公司主营单机容量60万千瓦、90万千瓦等各类大型发电厂机组的安装、建筑及检修改造工程，兼营变电站、输电线路、水利水电工程、钢结构、机械工业设备、工业与民用建筑、消防工程、自动化控制等项目的建筑、安装、调试，非标准金属结构件的加工制作，以及汽车修理等。

该公司47年来共完成装机总容量730.3万千瓦，特别在20世纪90年代以后先后完成了江油电厂2×30万千瓦、宜宾黄桷庄电厂2×20万千瓦、华能汕头电厂2×30万千瓦、华能珞璜电厂2×36万千瓦、成都嘉陵电厂2×14.2万千瓦、华电广安电厂二期2×30万千瓦（见图4-2-6）、国电华蓥山2×30万千瓦、重庆松藻电厂2×14.5万千瓦、华电宜宾电厂2×14.5万千瓦、启明星电解铝厂等工程的建设，以及正在承建四川金堂、广安、泸州3台60万千瓦机组等工程的建设。所承建的工程分别获得“鲁班奖”、“国家优质工程奖”、“中国电力优质工程奖”、“天府杯”奖等称号。

图4-2-6　电建二公司承建的华电广安电厂二期2×30万千瓦工程

电建二公司先后被授予“全国用户满意施工企业”、“重合同、守信用企业”、“AAA级信誉单位”、“四川省国有建筑企业综合实力20强”、“四川省国有建筑企业最佳效益30强”、“国有建筑企业对外开拓先进集体”、“四川省双文明单位”等多项光荣称号。

二、组织机构

电建二公司是四川省电力公司主管的国有企业，公司下设项目管理委员会和11个职能管理部门，即总经理工作部、规划发展部、人力资源部、财务产权部、工程造价部、安全监察部、工程技术部、市场营销部、物资供应部、审计部、保卫后勤部。党群系统设党委工作部、纪检监察室、工会办公室3个部门。公司下辖试验中心及7个专业事业部、3个实体公司及各工程项目部。

三、施工能力

电建二公司目前共有大小机具装备1200余台，具备年施工产值达10亿元的能力。

四、安全管理

电建二公司于2002通过了GB/T 28001—2001标准的职业健康安全管理体系认证与ISO 14001—1996标准环境管理体系认证。该公司及各项目部都分别设立了安全管理委员会和独立的安全监察部门，建立了安全管理体系和安全监察体系，明确规定了施工管理、监察、作业等各岗位的安全职责，在公司所承担建设的所有工程项目的各项作业活动中，严格遵守国家有关安全生产及环境保护的法律、法规，遵守行业有关安全生产及环境保护的规程、规定，在公司体系文件及其支持性文件中制定了一系列完整的安全及环境保护管理制度，并遵照执行。

第六节　四川电力建设三公司

四川电力建设三公司（简称电建三公司）是国有大型电力工程施工企业，公司主营电力工程、机电安装工程和水利水电工程施工。公司具有总承包一级资质，是中国电力建设行业的一支重要骨干力量。

一、公司概况

电建三公司基地位于四川省内江市市中区西南侧的白马镇，前临沱江，后靠内江—宜宾高速公路和内江—昆明铁路，交通十分便利。

电建三公司成立于1965年7月12日，由三支分别从事火力发电厂安装施工、水力发电站土建施工和水力发电站安装施工的专业队伍合并组建而成。公司成立之初，年施工产值仅500余万元，全员劳动生产率仅2000余元，机具装备也较落后，相当部分靠重体力劳动。职工住房绝大部分是油毛毡棚，文化娱乐生活也较单一。从1991年以来，电建三公司由弱到强，由小到大，走出一条健康发展之路。预计到2005年，公司产值超过8亿元，全员劳动生产率超过25万元/人。全公司上下文化娱乐生活丰富多彩，拥有了一个永久性的融生产、生活、娱乐为一体的设施配套齐全、环境舒适的园林式员工住宅小区。公司施工发电装机能力也从单机几千千瓦提高到同时施工4台60万千瓦国产或进口机组，综合施工能力大大增强，企业不断发展壮大，职工福利逐年提高。

到2002年，电建三公司已经发展成为注册资本过亿元、年完成建筑业总产值超过8亿元的国有大型建筑施工企业，成为中国电力建设行业的一支重要骨干力量。电建三公司具有电力工程施工总承包一级、机电安装工程施工总承包一级、土石方工程专业承包一级、房屋建筑工程施工总承包一级、水利水电工程施工总承包三级、高耸构筑物工程专业承包一级、起重设备安装工程专业承包二级、环保工程专业承包二级、混凝土预制构件专业承包二级等资质，可承包境外火电工程和境内国际招标工程，从事施工机械及周转性材料租赁业务。该公司于1998年相继通过了GB/T 19001—2000（ISO 14001—2000）质量管理体系认证、GB/T 28001—2001职业健康安全管理体系认证、GB/T 24001—1996（ISO 14001—1996）环境管理体系认证及GB/T 19022.1（ISO 10012—1）完善计量检测体系认证，并在全国同行业中较早通过了中国AAA级诚信建设企业信用评价。

电建三公司有在册职工2169人（含内部退养职工402人），其中各类管理和专业技术人员478人（其中高级师31人，中级师102人，初级师338人，高级技师2人，技师66人，高级工728人），特殊工程持证上岗人员329人。公司现有各类大中型主要机械设备1423台（件），总功率42220千瓦，公司固定资产原值11501万元，净值6251万元。现在，该公司人员、装备、管理、技术等资源能够满足同时承担多台大型火电机组建筑安装施工及多个建筑工程项目专业施工的需要。

预计到2005年底，电建三公司先后在国内外建成大小水、火电厂70余座（其中30万千瓦及以上机组建筑安装工程7个），变电站20余座，高大建筑物30余座，一般工业与民用建筑安装工程30余个。公司先后创部、局级样板工程6个，省部优工程13个。在电力工程、房屋建筑工程、机电安装工程、海水淡化工程、大型脱硫工程、高耸构筑物工程等施工中积累了丰富的经验。

该公司先后施工了目前已投产的国产最大“W”型火焰锅炉电站、国内第一台20万千瓦液态排渣锅炉电站、世界最大燃煤循环流化床锅炉示范电站、国产最大容量等级的循环流化床锅炉电站、多种工艺大型电站炉外脱硫工程、多种工艺的海水淡化工程、500千伏变电站、国内最大的地下火电站、国内最大的地热电站、国内最先进的大型电解铝厂、

240 米套筒式烟囱工程和 28 层全剪力墙电梯公寓。现正在施工国内最大“W”型火焰锅炉电站、填补国内空白的大型多晶硅厂、多台 60 万千瓦机组建筑安装工程和 9500 米^2 双曲线冷却塔工程。

该公司先后荣获全国用户满意施工企业、全国守合同重信用企业、中国“AAA”级诚信建设企业、国家电网公司文明单位、四川省最佳文明单位、全国实施用户满意工程先进单位、全国质量服务诚信示范企业、全国质量信得过企业、四川省先进单位、四川省先进基层党组织、四川省建筑最大市场占有份额 20 强和四川省建筑业综合实力 30 强等荣誉称号。

二、施工能力

电建三公司在机械装备的管理上建制完善，下设机械租赁处、汽车运输处、金属加工处、金属焊接处和检测中心（包括计量、土建、金属实验室和热工室），分别负责起重机械、运输机械、加工机械、焊接机械和理化设备的过程管理，并设有机具修理厂和焊接培训中心。

该公司共有各类机械设备 2163 台（件），总功率 42829 万千瓦，固定资产原值 15000 万元，总起重能力 2957 吨。

该公司自有主要运输车辆 49 辆，总运输能力 1200 吨，拖车组“汉阳 HY480”的运输能力为 200 吨。该公司承接多次 250 吨以上超重设备的进厂运输、推移和就位吊装的作业项目，在超重设备的运输和推移作业方面具备非常丰富的经验。

在金属加工设备和焊接机械方面，该公司拥有各种大中型的金属加工设备 84 台，总功率 4700 千瓦，各种焊接和切割设备共 898 台，总功率 22653 千瓦。

电建三公司除具有上述各种施工资质外，还同时拥有中华人民共和国质量监督总局颁发的锅炉安装Ⅰ级许可证、锅炉维修Ⅰ级许可证和锅炉改造Ⅰ级许可证，以及电力设施承装（修、试）Ⅰ级许可证。

三、承建工程项目

1989～1994 年，电建三公司以承建白马发电厂 2×20 万千瓦机组扩建工程和黄桷庄电厂 2×20 万千瓦机组新建工程为标志，彻底走向经济复苏。通过白马电厂扩建工程建设，电建三公司打了一个漂亮的翻身仗，彻底告别长期亏损的历史，奠定了企业发展壮大的基础。企业的各项管理工作相继达标上等级，获得“省级先进企业”称号。该公司的施工能力从单机 5 万千瓦机组跃上 20 万千瓦机组，并夺得“省优”、“部优”工程称号。公司也由此被建设部批准为“国家火电建筑安装一级施工企业”，并由此进军华能系统电力建设市场，相继中标华能上安电厂 2×30 万千瓦扩建工程 4 号机组工程和华能南通电厂 2×35万千瓦机组 4 号机组工程，从此走上快速发展的轨道。

1988 年起，面对国家改革基本建设管理体制，把施工企业推向了市场，计划内的任务越来越少，找工程任务越来越难的局面，电建三公司号召全公司职工挖潜力，渡难关，克服暂时性困难，加快在建工程的建设进度。同时，组织一切力量积极开辟新的施工项目。在白马电厂扩建工程结束后没有后续工程的情况下，相继承接了成都、龙桥、南川、川天化、什邡、长江纸厂、新光纸厂等工程，华能上安电厂一期 2×300 万机组 4 号机组工程及三期 2×60 万千瓦机组工程，华能南通电厂 2×35 万千瓦机组 4 号机组工程，广安电厂一期2×30万千瓦2号机组、二期2×30万千瓦2号机组工程及三期2×60万千瓦机组工程（见图4-2-7），以及泸州电厂60万千瓦机组工程（见图4-2-8）等大小火电建设工程102项，施工机组容量从10万千瓦发展到20万千瓦、30万千瓦再到60万千瓦机组，施工等级逐步提高。同时，面临承建工程"点多、面广、战线长"的新形势，电建三公司适时决策，对包外工程分川西、川南、川东3个片区实行项目经理责任制，任命公司副经理为项目经理，分别对片区负责。在此基础上公司建立了定期汇报和巡回检查制度，做到协调全局，突出重点，全面稳定发展。在工程施工方面，该公司坚持实行了计划目标管理这一行之有效的措施，结合工程的具体情况，合理调配人员、机具等，使人尽其能、物尽其用，保证了工作的连续性和顺利进展。通过上述措施，公司初步总结出一套多工程项目同时施工的管理经验，各工程点接连告捷。

图4-2-7 电建三公司承建的广安发电厂三期2×60万千瓦机组工程

该公司还通过对外承揽小工程、小电站、小单项目工程，形成了大小工程并举的特点，不仅补足了任务不饱满，扭转了被动局面，而且大大地提高了施工队伍的素质，为公司培养了一大批年轻技术骨干和管理人才，为企业以后的发展增强了后劲。

图4-2-8 施工中的泸州发电厂2×60万千瓦新建工程

四、安全管理

1995 年，电建三公司安全管理严重滑坡，事故人数上升。该公司吸取教训，根据原电力工业部有关文件，从建立制度着手抓好安全管理。1996～2002 年，公司安全生产管理制度逐步完善，先后制定了《危害辨识与危险评价方法环境因素调查评价方法》、《工会与行政劳动保护协商与交流制度》、《安全生产责任制》、《班组建设（安全部分）评分标准》、《钢管脚手架安全管理制度》、《文明施工管理办法》、《职工健康体检及职业性体检实施细则》、《消防工作管理实施细则》、《易燃易爆区域动火管理制度》、《生活区防火管制度》、《施工用电安全检查（验收）表》、《特种作业人员培训取证管理办法》、《锅炉房管理制度》、《施工机械安全管理办法》、《施工机械安全操作规程汇编》、《劳动保护用品发放标准》、《安全标志设置规定》、《放射性防护管理制度》、《物资管理办法》、《危险品管理办法》、《交通安全管理规定》、《机动车辆驾驶员安全管理暂行规定》、《分包单位与临时工安全管理办法》、《来访人员管理办法》、《安全工作督查办法》、《安全奖励专用基金管理办法》、《安全风险抵押金管理办法》、《工程项目安全、文明施工月度奖考核办法》、《安全生产奖惩规定》、《人身事故调查、处理、统计、报告制度》、《安全生产反违章管理办法》、《道路交通事故处理暂行办法》、《女职工劳动保护实施办法》等系列规章制度，使安全生产在各个方面可以做到有章可循，使人身事故得到了有效控制。

至 2002 年底，该公司在建工程有 15 个，其中 4 个 60 万现场，4 个 30 万现场，1 个 13.5 万现场（攀煤），1 个 5.5 万现场（天富），其他现场 5 个（江油脱硫、多晶硅、沐川变电站、广西变电站、成都建筑工程）。这些工程分属多个业主单位，涉及 5 个省、直辖市（四川省、海南省、重庆市、河北省、广西壮族自治区）。省内 10 个工程，省外 5 个工程，有不同的风土人情、地理气象、经济发展程度，业主游戏规则不同，管理基建的能力不同，对基建的要求不同，都需要适应，也给安全管理带来了难度。

目前为搞好在建工程，电建三公司认真贯彻“安全第一、预防为主”的方针，把制度、防护设施有机结合起来。在文明施工管理方面，初步形成了自己的管理特色。

（1）现场统一着装，安全帽统一为红、黄两色，项目部办公楼前设置升旗台（国旗、司旗、劳动安全卫生旗）。班组及项目管理人员坚持每日列队站班，讲解安全事项，既充分展示了企业的精神风貌，又增强了职工的向心力。

（2）现场实行区域封闭施工，避免干扰。在施工现场设置“二图六牌”（二图为总平面布置图和安全文明施工区域划分图，六牌为工程概况、工程总体目标、现场管理制度、安全准则、文明施工管理制度、消防管理制度牌），布置于现场醒目位置，公告参建人员和各相关方。

（3）现场实行道路交通管制，路旁设置交通安全提示牌，道路每日清扫，进出要道设置门岗，施工人员佩戴胸卡出入。

（4）对材料、设备、机具实行动态定置管理，标识醒目。在主厂房、设备组合场、烟塔区、汽轮机平台、集控室、升压站、安全通道等人员和材料较集中的场所设置定置管理图牌、危险因素控制计划牌，同时辅之以体现人性化管理理念的安全宣传牌。

（5）现场实行动态卫生责任区管理，做到工完料尽场地清。

(6) 现场广泛使用标准化安全设施。

(7) 实施目视管理，营造轻松和谐的环境氛围，主要体现在安全防护栏杆、安全盖板、安全围栏着安全色，集装箱统一着色，安全标志牌规范，安全通道搭设美观。在区域隔离栅栏上统一布置彩旗，在现场醒目位置布置工程建设的主题标语和安全标语，结合公司Ⅵ识别系统，将公司企业精神、质量与安全方针、企业经营宗旨、企业徽标纳入现场目视管理中，充分展示企业的管理理念。

电建三公司建立激励机制，在实践和探索中，建立了公司与项目安全奖励专项基金，将安全与经济利益捆在一起，建立了一套切实可行的规章制度和相应的操作方法，较好地形成了安全风险、监督制约、教育激励三项机制，形成了各级行政领导全面负责，党政工团齐抓共管的局面。在日常工作中，突出严抓细管，从上至下安全管理范围明确，责任划分清楚。

该公司几年来在抓好职工安全教育、培训的基础上，积极开展各种安全活动。公司党委坚持开展“党员身边无事故”活动；行政坚持开展“班前站班”、“班组安全达标竞赛”、“安全文明施工月度竞赛”活动；公司工会在抓好劳动保护监督工作之外，积极响应四川省电力公司的要求，认真开展“安全三查”、“班组建设竞赛”活动；团委在各现场认真开展“青年安全监督岗”活动。各工程现场开展安全挂图宣传、事故录像教育、安全知识竞赛等活动。这些安全活动根植于职工当中，贯穿于安全施工的每一个环节。通过一系列安全活动的开展，增强了职工的安全意识和集体荣誉感，增强了企业的凝聚力和亲和力。

公司还不断加强安全监察队伍。公司安全监察部现有安监人员 17 人，专职安全员 58 人，班组兼职安全员 80 人，基本达到人员配套，素质过硬，工作得力的标准。并充实了有经验、懂技术、责任心强的工程技术人员，形成了一个强有力的覆盖公司所有施工现场的安全监察体系。

该公司赋予安监部门安全专项奖罚权和评先评模否决权，保证了安全管理令行禁止，各项措施得以真正落实。公司有计划地组织安监人员外出学习培训、参观考察，使安监人员不断更新知识、更新观念，创造性地开展工作。

进入 21 世纪后，电建三公司不断加大安全设施投入，按照原电力部标准化安全设施规定，先后投入 860 万元，陆续购置了速差自控器、无油水平安全绳、大面积安全网、密目安全网、施工电梯、便携式电源盘、漏电保护器、广场式照明，精心制作了柱头托架、安全围栏、孔洞盖板、电焊机、集装箱、施工垃圾通道等。工程每进展一步，都有相应的安全设施同步保障。

五、科技进步与科研成果

电建三公司领导班子把加速技术进步放在公司施工发展的关键地位，坚持和落实科学发展观，走“技术型、管理型、经营型”发展道路。建立了总工程师具体抓落实，科技领导小组成员积极协作的科技工作制度，以各项目部为服务主体，努力推动公司科技进步，为企业增创科技优势、更上一层楼作出积极贡献。

(1) 坚持技术进步与科技创新。该公司通过各系统管理平台，依靠计算机局域网应用 P3、MIS、OA 等软件，开展创建学习型团队，实施管理制度化、流程化，学习应用新的管理技术，提高了科技管理水平。公司建立质量精品工程库、编写安全标准化作业指导书和 30 万千瓦及 60 万千瓦机组典型工程作业指导书，出版了安全文明施工成效实例和质量管理成效实例等，使员工共享管理成果。对外积极开展“同业对标”活动，将同行业内先进企业的产品、服务和经营管理方式等作为标杆，瞄准标杆找差距，使经营管理水平不断提高。该公司在施工中积极开展技术攻关与技术创新，特别在 60 万千瓦机组建筑结构施工中，采用了大模板、无对位螺杆、阳角线、角钢护角、光面和镜面等新工艺，使公司混凝土施工工艺水平达到了国内一流水平，质量工艺有新突破，建筑质量创公司历史最高水平。在安装施工中采用液压提升装置吊装大型机组重特大件、耐火耐磨材料喷涂新工艺、铝合金桥架搭设等安装工艺技术，各新投产机组运行指标均达到优良，保持了全国先进水平。

(2) 健全科技服务体系，交流科技成果。电建三公司制定了《四川电力建设三公司科技进步管理办法》，对科技管理机构及职能，科技立项和科技成果的申报、评审，科技经费管理，以及科普等各项工作的管理进行了明确规定。

(3) 推动对外科技交流与合作，推动科技更新加快发展。在公司内部组织施工现场之间的学习与交流。各现场把在施工中的先进的施工工艺过程完整地记录下来，做成一个系统的总结资料，汇集公司，以便大家相互学习借鉴，做到了整个公司的资源共享，进一步提高了公司土建安装施工质量水平。该公司坚持“技术攻关、推广应用新技术与技术方案优化”相结合的科技进步体系，三者相互影响、相互促进，既依靠科技攻关及时解决施工中所面临的难题，同时，攻关结果反过来又为新技术的推广应用和技术方案优化奠定基础。公司每年组织一次科技项目评审会。评审组从项目的意义、技术难度、应用前景、经济性、适用性等各方面进行综合论证，提出了许多好的建议和意见。这些科技项目，紧密围绕公司的施工核心任务和公司的发展方向，对提高公司的科研水平和技术优势、提升公司的核心竞争能力有着积极的意义。该公司注重电力建设经验的总结。各项目部对施工管理经验进行了全面总结，汇总了项目管理、工程管理、计划管理、质量管理、信息化管理等总结报告，为加强知识产权保护、建立健全工程数据奠定了坚实基础。

第七节　四川电力送变电建设公司

四川电力送变电建设公司（简称送变电公司）是国有大型电力工程施工企业，主营各种电压等级输电线路工程施工和变电站工程建筑、安装、调试。

一、公司发展概况

送变电公司位于成都市崔家店北一路六号，创建于 1958 年 5 月，是四川省电力公司所属全资子公司，是全国电力工程施工总承包一级资质企业、GB/T 19001—2000（ISO 9001—2000）国际质量标准体系认证单位和职业安全健康与环境管理体系认证企业。

2002 年底，该公司在册职工 1197 人，本部 14 个管理部门，5 个送电专业分公司，2 个建安专业分公司，还有金属结构加工厂、租赁分公司、运检和物业管理分公司。主营各种电压等级（110～500千伏及以上）输电线路工程施工和变电站工程建筑、安装、调试，兼营送变电建筑安装工程勘察设计、民用工程建筑安装、高低压开关柜、配电屏和动力照明箱的加工制造。

送变电公司从成立初期的工程处到改为公司，隶属关系发生过多次变化，工程处最初为“西安基本建设总局重庆送变电工程处”，1989年后更名为“四川电力送变电建设公司”。公司从成立之后，就承担起了全国电网，特别是四川电网的各种电压等级的输变电工程建设任务，是四川电网建设的主力军和中坚力量，为四川省电力工业的健康发展作出了突出贡献。

送变电公司从成立到1990年，公司的生产经营是在国家的计划经济体制下按经济建设指令性计划进行的，随着全国电力工业加快发展，公司的生产经营形势逐渐好转，施工生产出现了逐年上升的局面。1991～1995年，公司进行了劳动、人事、工资制度的综合配套改革（简称“三改”），转换了公司内部管理机制。在此期间，送变电公司也不断开拓市场，参与全国电力建设市场的竞标，先后取得了陕西安（康）—南（西安南郊变）330千伏输电线路、天—贵500千伏输电线路工程的施工任务。省内随着自—渝500千伏输电工程和二滩送出工程的启动，四川电网出现了大发展时期，送变电公司迎来了第一个电网建设高峰，拉开了高速建设四川电网的序幕，开启了公司发展史上的新篇章。

1995～2000年，是四川电网建设史的重要时期。自渝1、2回，自蓉同塔双回，二自1、2、3回输电线路工程，以及昭觉、洪沟、龙王、陈家桥500千伏变电站等工程全面建设，掀起了建设四川电网的施工高潮。在此期间，该公司先后完成了500千伏二滩送出系统工程947.121千米线路和4座500千伏变电站建设。公司全体职工经过四五年的共同努力，二滩送出工程相继建成投产，二滩电站的强大电流被传输到成都市和重庆市，为四川省和重庆市的工农业作出了贡献，为四川主干网建设和“川电外送”夯实了基础。

2001～2002年，是“西电东送”、“川电外送”、四川500千伏主干网建设的关键时期，在此期间送变电公司建设了省内500千伏环网系统工程、“西电东送”和三峡送出系统工程。该公司在云南省、贵州省、湖南省、湖北省、河北省、重庆市等省外工程中赢得了信誉，取得了突出的成绩，为公司在全国电网建设市场中树立了良好的“铁军”形象。

1991年以后，该公司乘西部大开发东风，坚持外抓市场，内抓管理，促进全面发展的方针，先后在二滩电站500千伏送出工程、三峡500千伏送出工程和省内500千伏环网工程的建设中，建成了500千伏输电线路2945.299千米，500千伏变电站11座；建成220千伏输电线路3552.615千米，220千伏变电站56座（含扩建、改造工程），为四川主干电网建设、“西电东送”和“川电外送”作出了重大贡献。

在输变电工程建设市场中，该公司建成了一大批优质工程。其中，建成的220千伏南—西输电线路工程、铜—自1回输电线路工程被评为部、省双优工程；建成的220千伏北碚变电站获得四川省政府颁发的“天府杯”优质工程奖；建成的220千伏白安遂南输电线路工程获得“天府杯”银奖；建成的500千伏天生桥—贵阳输电线路工程获得“鲁班奖”；建成的500千伏二滩—自贡1、2回输电线路工程获得四川省政府颁发的“天府杯”金奖；建成的500千伏云南大朝山—昆明1回输电线路工程获得“国家优质工程银奖”；

建成的500千伏南充—万州输电线路工程（四川省段）获得国家电网公司“优质工程”奖；建成的贵阳—广安1回±500千伏直流输电工程获得“国家优质工程银奖”。

二、机构设置及所属单位

送变电公司1988年实行经理负责制，按照高效、精干和工作需要设置和调整公司机构。1991～2002年，公司机构有两次较大调整。1994年随着三项制度改革的进展，公司将机关的科（室）改为处（室），原有的24个科（室）缩减为21个处（室），所属的施工单位工程处改为公司，设有11个单位。1999年，公司将机关的处（室）改为部（室），公司机构由21个处（室）缩减为16个部（室），所属单位由原有11个合并为10个。

三、承建的工程项目

1991～2002年，公司承建的输变电建设工程项目从低压、中压、高压输变电工程建设，步入高压、超高压输变电工程建设。

这一时期，送变电公司承建竣工的110～500千伏输电线路工程项目共计110个，线路总长6650.451千米。其中，110千伏线路工程项目5个，长152.512千米；220千伏线路工程项目73个，长3552.65千米；500千伏线路工程32个，长3552.515千米。建成35～500千伏变电站、开关站73座，变电容量0.5万千伏安；110千伏变电站5座，变电容量9.3万千伏安；220千伏安变电站、开关站56座，变电容量702.3万千伏安；500千伏变电站、开关站11座，变电容量900万千伏安。

四、输变电工程典型项目

（一）天生桥—贵阳500千伏线路工程Ⅲ标段

天贵线起于广西境内的天生桥水电站升压站，止于贵州省贵阳变电站，全长264.347千米，是天生桥水电站配套送出工程，也是西南地区第一条超高压输变电工程。

天生桥—贵阳500千伏线路工程Ⅲ标段线路N401～N525，全长57.07千米，铁塔124基，基础采用国内首次采用的斜柱式基础。

送变电公司送电二处于1989年10月进驻贵州安顺，11月正式破土动工，1990年10月浇制完基础，并通过验收。组塔中采用落地式摇臂抱杆分装组塔，于1990年12月中旬基本完工，并验收合格。1990年12月11日，由公司购进的第一台意大利进口的张牵机开始了放线施工。1991年7月9日，施工驻地遭受暴雨和洪水，平地水深达1.4米，驻七星桥工地的地线队、综合队被困达3天之久。工程于1991年10月竣工验收。

天生桥—贵阳500千伏输变电工程，1994年获国家建筑工程鲁班奖。该工程的Ⅲ标段，既是送变电公司在500千伏线路工程招投标中投中的第一标，又是公司在国内进入500千伏超高压输变电工程施工的第一个工程。

（二）二滩—自贡1回500千伏线路东段工程

二滩—自贡1回500千伏线路起于二滩水电站，止于自贡洪沟变电站，全长465.704千米。送变电公司承建美姑大桥（N5031）至洪沟变电站，全长254.253千米，铁塔545＋6基，习惯上称为“二自东段”。线路途经昭觉、美姑、雷波、屏山、宜宾、富顺、自贡7个县市，26个乡、16个镇，穿越大小凉山重冰区。

冰区线路总长254.25千米，其中10毫米冰区的线路长225.01千米，冰区为20毫米的线路长 14.39 千米，冰区为 30 毫米的线路长 12.01 千米，冰区为 50 毫米的线路长 2.84 千米。

大小凉山位于川西高原过渡带，海拔较高，最高施工点黄茅埂海拔 3200 米，最高塔位海拔 3027 米；沿线气候恶劣，其中黄茅埂—烂坝子段，据气象资料平均年雨雾雪日达 307 天，最低气温－16.7 摄氏度，冻土厚度 17 厘米；线路远离公路，经过无人居住的原始林区；线路跨越多，跨 10～220 千伏线路 59 处，公路 58 处，简易公路 37 处，河流 3 处（其中跨越岷江 1 次），小河 43 处，通信线 79 处。

线路工程关系到二滩水电站 330 万千瓦机组年发电量 170 亿千瓦·时的送出，关系到四川 500 千伏电网的建设。

1995 年 8 月 20 日，送变电公司送电 5 个分公司进驻施工现场，工程开工。

基础施工面对的是“全方位斜柱式不等高基础”（同基基础顶面间高差最大值达 10.5 米）与插入式角钢基础施工，技术难度大。

二滩—自贡 1 回 500 千伏线路工程东段的施工，跨越了 4 年，历时 30 个月，完成土石方 330870.1 米^3，浇制混凝土 15173.93 米^3，组立铁塔 551 基，架线 254.253 千米，参加施工职工付出了辛勤的汗水，克服了难以想象的困难，才完成施工任务。1999 年 10 月 15 日，四川省人民政府召开了表彰会，授予二滩输变电 500 千伏工程为重点建设工程“AAA”信誉等级，授予公司为“AAA”级信誉施工单位。公司承建的线路工程中，穿越大凉山，30～50 毫米重冰区线路全长 29.239 千米，每米导线覆冰重达 11.77 千克，是当期覆冰最重、最厚的重冰区线路，3027 米是海拔最高的 500 千伏线路铁塔，该纪录入选中国施工企业管理协会评选的《中国施工企业新纪录》。

（三）自贡—成都 500 千伏同塔双回线路工程

自蓉线是中国第一条全线采用同塔双回的 500 千伏线路工程，起于自贡洪沟变电站，止于成都龙王变电站，全长 180.443 千米，铁塔 407 基。

送变电公司承建的线路为第四标段 N423～N693，全长 80.43 千米，简称自蓉北段，起于资阳祥福镇，经简阳、龙泉到龙王变电站，立铁塔 179 基。沿线人口稠密，经济较为发达，住房、工矿多，竹林、果树密集，跨越 220 千伏、110 千伏线路 4 次，并且跨越成渝高速路、成渝电铁等。

自贡—成都 500 千伏同塔双回线路北段工程是对该公司施工技术和能力的又一次重大检阅，如大根开大基础和特殊插入式角钢基础施工，高、重、大根开塔和双靠背式塔腿的组立施工，同塔双回 500 千伏导线的展放施工，全国最大的一基换位塔 N441 的组立和成都—孙家坝 220 千伏线路不停电跨越紧线施工，以及同塔双回无附件塔换位引流线的制作、安装。施工难度大、技术要求高。

（四）自贡—重庆 500 千伏线路工程

自贡—重庆 500 千伏线路工程简称自渝线，起于自贡洪沟 500 千伏变电站，止于重庆市陈家桥 500 千伏变电站，全长 148.096 千米，是国家和省重点建设项目。自渝线是四川省第一条 500 千伏线路工程，当时分为近期和远期。近期是铜街子水电站的配套工程，建成后降压到 220 千伏，将铜街子水电站装机 60 万千瓦电能输送到重庆市；远期是二滩水电站，装机330万千瓦配套送出工程，二滩水电站投运后，升压到500千伏运行。自渝线是四川500千伏电网规划的一个分支。

自渝线从洪沟变电站，经富顺跨沱江，至隆昌跨越成渝电气化铁路、成渝高速公路及苏南、苏北2条220千伏线路，过荣昌在玉龙翻越巴岳山，达铜梁在安溪翻越东山，越眉山县的梅江，在壁山翻越缙云山，进入重庆市巴县陈家桥变电站。所经3市7县，20个区，48个乡，132个村，正处于川中腹地，人口稠密，房屋星罗棋布，3座山林长达12千米，给施工带来不便和困难。线路有铁塔350基（附塔6基），塔型10种，其中为配合高低基础而采用1.5～9m的长短腿基础119基。

自渝线工程于2002年底作施工准备，拟于2005年3月竣工验收。

自贡—重庆500千伏线路工程的完成，为送变电公司进入500千伏输电工程施工夯实了良好的基础。

（五）南充500千伏变电站

南充500千伏变电站位于南充市高坪区东关镇，占地127亩，主变压器容量为2×75万千伏安。本期完成75万千伏安和洪沟、龙王2回500千伏出线，广安、荆溪各两回出线，以及嘉陵1回220千伏出线及变电站建筑工程。

送变电公司建安二分公司于2002年4月1日破土动工，施工过程中认真抓好各项技术管理工作，编写了《施工组织设计》，施工中认真搞好技术交底工作，2002年4～5月分别组织了建筑和安装现场交底会，做到安全施工、文明施工和绿色环保施工。预计2003年5月南充500千伏变电站竣工验收。

（六）南充500千伏环网输电工程

南充500千伏环网工程，是四川省第一个500千伏环网工程。它的建成，将进一步增强四川电网的安全稳定和供电能力，同时也是川电外送第二条通道的重要组成部分。环网输电工程总长476.487千米，由南充至洪沟变电站长210.837千米的500千伏线路工程和南充至龙王变电站长265.65千米的500千伏线路工程，即南洪线和南龙线2条500千伏线路工程组成（见图4-2-9）。

图4-2-9　送变电公司的四川500千伏环网施工现场

送变电公司承建南洪线114.794千米，南龙线265.65千米，工程于2002年8月13日开工。

五、科技进步

送变电公司1991年引进美国3M公司10～35千伏高压电缆冷缩热缩电缆头新工艺，并推广使用，同时解决了热缩电缆头制作工艺在油浸电缆中的漏油问题。此外，公司还研制和开发了山区架线多路电话通信及报警装置和混凝土电杆焊接防爆裂器，开展对5吨绞磨的技术改造。在青龙山220千伏变电站进出线施工中，采用循环牵引法放线成功完成三跨金沙江。在天生桥—贵阳500千伏线路标段施工中开始使用张牵机张力牵引放线，并采用环形放线新工艺获成功。

1992年，送变电公司开展了对变电微机保护调试及微机监控技术，以及光纤通信技术的研究，取得成果。在铜街子—自贡220千伏线路施工中采用两回分裂线同时进行，利用施牵放线法分别完成档距为1640米和1543米跨越岷江放线施工。铜街子—自贡1回220千伏线路推广预应ϕ400水泥杆整体吊装。

1993年，送变电公司首次采用150吨履带式吊车分段式组塔，成功地组立高119米、重150吨的西南第一跨江高塔。在内江牌楼变电站采用“挖空椿深基础”获成功。

1994年，送变电公司在自贡—重庆500千伏线路施工中，编写的《斜柱基础施工措施》、《高低腿施工技术措施》、《ZMX引拉门塔分解起吊施工技术措施》、《21米内拉线抱杆组立铁塔施工技术措施》在工程中首次应用，保证了施工的顺利完成。在平山220千伏线路中，首次采用低张力放线架线利用4吨扶拖牵引的施工方法。

1996年，送变电公司编写《四川电力送变电建设公司施工工法》。

1997年，送变电公司贯彻推广《公司施工工法》，总结推广新技术、新工艺，编写、实施和推广《插入式基础施工法》、《内拉线抱杆组塔法》和《不同截面导线在同一区段架线法》。

1998年，送变电公司承建的海拔最高、规模最大、有4个完整串的第一个开关站——普提（昭觉）500千伏开关站（见图4-2-10），安装的瑞士ABB公司GIS设备一次通过了540千伏高压试验。编写的《自贡—成都500千伏同塔双回线路转角塔插入式双角钢柱式高低基础施工方案》、《二滩—自贡500千伏送电线路重冰区JBT251/JB231型组塔方案》成功实施。

图4-2-10　送变电公司承建的国内海拔最高的500千伏普提开关站

1999年，公司编写《耐张塔转角塔不落地线悬挂技术与实践》，广安—南充220千伏线路工程N211跨江塔，浇注4个地下深9米、地面高5米的灌柱桩基础浇制获成功。金属结构加工厂成功实施铁塔结构电脑放样。

2000年，送变电公司研制成功“四柱式带电跨越架”，在二滩—自贡500千伏3回线路N8039～N8040跨越35千伏高压线路推广获成功。《二滩—自贡2回500千伏输出工程电缆替代架空线路跨越 110 千伏线路施工方案》顺利实施。夹—西 110 千伏线路工程首创，制作三段式异形木模解决了 N150、N151 地面高 4.2 米的“1/4 平截方尖柱体”基础的浇制。

2002 年，引进氦气飞艇导引绳展放作业，首次在大—朱 220 千伏线路成功飞越要要沟（沟深 600 米，档距 1211 米）和岩窝沟（沟深 800 米，档距 1174 米），展放导线成功，飞越时间分别为 25 分钟和 30 分钟 。

第八节　四川省水利电力工程局

四川省水利电力工程局是省属国有水利水电工程施工总承包一级企业，能承担国内外大中型水利水电工程的土建、机电设备安装、金属结构非标准件制作和安装、地基处理，以及水利水电、工业与民用建筑工程设计，工业与民用建筑、公路、铁路、机场、桥梁、码头、爆破与拆除等工程的建设施工，享有水利水电境外工程和境内国际招标工程承包及所需设备、材料出口和外派工程所需劳务权。

四川省水利电力工程局成立于 1963 年 4 月。2002 年共有在职员工 2543 人，有各类专业技术人员 930 人［其中具有高级专业技术职务的 115 人（政府津贴专家 4 人），具有中级专业技术职务的 431 人，具有初级专业技术职务的 384 人］，有技师 92 人。工程项目覆盖四川、重庆、云南、青海、甘肃、陕西、新疆等省、市、自治区。

该工程局自成立以来，先后建成了以四川省邛崃市玉溪河引水工程，简阳市三岔水库工程，仁寿县黑龙滩水库工程，都江堰改扩建工程外江闸、砂黑河闸、石堤堰枢纽工程，南充市升钟水库一期全部主体工程，绵阳市武都引水一期工程、沉抗水库工程，高县来复电站，绵阳市三江水电综合工程，雅安市大兴电站，宜宾张窝电站，重庆市合川太和镇涪江梯级渠化富金坝枢纽工程，撒渔沱电站等为代表的大型综合性水利水电工程；建成了以三台县鲁班水库、攀枝花市胜利水库、宁南县竹寿水库、金堂县红旗水库、巴中市化成水库病害整治、井研县大佛水库、平昌县牛角坑水库、人民渠七期石垭隧洞、会东县新华水库、青海省硖门水库等工程为代表的中型综合性水利水电工程；建成了以乐山市花溪梯级电站、蓬溪县红江电站、高县油罐口电站、江油市石龙嘴电站、盐边县上河坝电站、秀山县宋农电站、云南省丘北县格雷电站、彭州市凤鸣桥梯级电站、邛崃市宝珠山电站、洪雅县城东电站、青海省门源县东旭电站、寺沟口电站、民和县享堂峡电站、洪雅县瓦屋山电站、月江电站等工程为代表的中小型水电站工程，以及各类交通公路工程。

该局具有严格系统的质量管理和监控体系，取得了 GB/T 19002—1994（ISO 9002—1994）质量体系认证（2003 年通过了 ISO 9001—2000 标准转版认证），在大型综合性水利水电工程、高土石坝、大型水利水电工程闸坝、高大（跨度）渡槽、桥梁吊装、各类基础处理和中小型水电站的土建施工、机电设备安装调试、大型金属结构制作和安装等方具有明显的优势。

第五篇　发　　　电

第五篇 发 电

1991～2002年，四川省的水力、火力发电在装机规模、发电量、生产运行管理、环境保护等各个方面都有了长足的发展和进步，在管理体制上也经历了巨大的变革。

1997年6月6日，重庆市直辖，四川省与重庆市分治后，隶属于电力工业部的重庆市电力工业局（重庆市电力公司）正式挂牌成立，重庆市狮子滩水电厂和重庆市区域内的火电企业重庆电厂、珞璜电厂、白鹤电厂划归重庆市电力工业局管理。

进入21世纪后，中国电力体制实施了重大改革，2002年12月，根据《国务院关于电力体制改革的决定》新组建的中国华能、华电、国电、大唐、中电投5大发电集团公司在北京人民大会堂宣告成立。四川省电力公司所属发电企业资产和人员分别划转中国国电集团公司和中国华电集团公司。计划于2003年1月和2月，中国国电集团公司、中国华电集团公司将分别同四川省电力公司举行资产移交仪式，四川省电力公司所属的火力、水力发电厂（除映秀湾电厂）及股权分属中国国电集团公司和中国华电集团公司管理。

华能集团所属的水电厂、火电厂，各股份公司所属的水电厂，四川省水电厅地方电力局所属的各水电厂仍由各个业主管理。

四川省的发电企业经营方式在12年间经历了重大变革，主要变革有以下三个方面：

（1）投资体制发生了重大变革，由单纯国家投资发展到集资办电、股份制多家投资。成都嘉陵电厂于20世纪90年代中期开始筹建，装机（2×14.2+7.5）万千瓦，由美国安然公司控股，后又转让给民营企业林凤集团。江油电厂2×33万千瓦由巴蜀电力公司和四川省电力公司（后划转中国国电集团公司）投资入股。广安电厂由中国华电集团公司持股80%，四川巴蜀电力公司持股20%。宜宾10万千瓦循环流化床发电机组改建工程由四川省电力公司（后划转中国华电集团公司）、东方锅炉集团公司、宜宾市投资公司三方股东按照8∶1∶1的投资比例兴建（图5-0-1所示为宜宾发电公司远眺）。华蓥山发电厂2×30万千瓦机组扩建由中国国电集团公司和深圳市能源集团有限公司两方股东合资建设

图5-0-1 宜宾发电公司远眺

经营。

(2) 探索发电厂多种经营模式，对发电厂实行“租赁经营”。如1991～1992年宜宾电厂率先在全省实行租赁经营。

(3) 关停小火电机组。按照国家关于“单机容量5万千瓦以下（含5万千瓦）的常规小火电机组在2003年前基本关停”的规定，四川省内一些5万千瓦以下能耗高、污染较重的小火电机组先后实行了关停。1999年9月，建于1939年，有60年历史的宜宾电厂3×6000千瓦机组全部关停；1999年7月，攀枝花电厂3×4000千瓦机组全部关停；1999年8月，内江发电总厂6台小发电机组全部关停；2000年12月万源电厂2×1.2万千瓦机组全部关停。

第一章 发 电 能 力

1991～2002年，四川省的发电能力迅速提高，到2002年全省发电设备装机容量上升到1799.66万千瓦，其中水电1185.46万千瓦，火电614.20万千瓦，水电占比重65.87%，火电占比重34.13%。

第一节 装 机 规 模

一、水电装机规模

至1990年底，四川省全省已建成水电装机容量342.75万千瓦，占全省水电可开发装机容量的3.74%。1991～2002年，先后有铜街子、太平驿、东西关、二滩、冷竹关、红岩子、姚河坝、雨城、铜头、小关子等一批中型、大型、巨大型水电站投产发电，加上已建成的地方小水电站，到2002年末，全省水电装机共1185.46万千瓦。

1991～2002年，四川省水电技术装备水平有了极大提高，水力发电机组从1991年最大单机容量10万千瓦发展到最大单机容量55万千瓦。至2002年底，全省共有已建成单机容量10万千瓦机组13台（铜街子水电站6台、宝珠寺水电站7台），单机容量55万千瓦机组6台（二滩水电站），其他为10万千瓦以下中小型机组。

其中有代表性的二滩水电站55万千瓦机组，水轮机转轮直径为6257.4毫米，最大过流量为382米^3/秒，最大推力为1040吨；发电机额定容量61.2万千瓦；挡水建筑物混凝土双曲拱坝最大坝高240米，居世界第三；泄洪和消能设施最大泄洪能力达19962米^3/秒；主要金属结构设备总重量13500吨。这些参数都具有很高的水平。

全省水力发电运行技术从20世纪80～90年代的手工、半自动、自动操作发展到以电子信息技术、光纤通信为基础的远程监测监控，一些水电站实现了“前方值守、后方监控”和“少人值守，无人值班”的新型运行管理。

二、火电装机规模

1990年底，全省火电装机406.23万千瓦，年发电量197.11万千瓦·时。经过12年的发展，到2002年12月31日，全省火电装机614.20万千瓦，占全省发电装机的34.13%，全省年发电量735.10亿千瓦·时，其中火电270.79亿千瓦·时。

1991～2002年，火力发电技术装备有了很大提高，小容量中温中压机组逐步淘汰，20万千瓦、30万千瓦高温高压、大容量的大机组已成为四川省火力发电的主力机组，单机容量60万千瓦大型火电机组已在泸州（见图5-1-1）、广安、成都金堂电厂陆续开工建设。1991～2002年全省和四川省电力工业局装机容量情况详见表5-1-1和表5-1-2。

图5-1-1 泸州发电厂（2×60万千瓦）新建工程施工现场

表5-1-1 四川省1991～2002年发电设备装机容量统计

年份	发电设备容量（万千瓦）					水、火电比重（%）	
	合计	年增长率（%）	占全国比重（%）	水电	火电	水电	火电
1991	869.08	16.04	5.74	370.99	498.09	42.69	57.31
1992	956.53	10.06	5.74	408.88	574.65	42.75	57.25
1993	1052.71	10.06	5.76	455.89	596.82	43.31	56.69
1994	1137.59	8.06	5.69	505.43	632.16	44.43	55.57
1995	1215.16	6.82	5.59	559.04	656.12	46.01	53.99
1996	1356.94	11.67	5.74	642.42	714.52	47.34	52.66
1997	1110.74	−18.14	4.37	608.24	502.50	54.76	45.24

续表

年 份	发电设备容量（万千瓦）					水、火电比重（%）	
	合 计	年增长率（%）	占全国比重（%）	水 电	火 电	水 电	火 电
1998	1284.09	15.60	4.62	770.59	513.50	60.01	39.99
1999	1600.89	24.67	5.35	1034.37	566.52	64.61	35.39
2000	1709.84	6.81	5.05	1100.83	609.01	64.38	35.62
2001	1790.85	1.74	—	1153.15	637.70	64.40	35.60
2002	1799.66	0.50	—	1185.46	614.20	65.87	31.13

注 1. 本表中1997年数字减少，主要原因是四川省行政区划调整，重庆市由四川省划出。

2. 统计部门2000年对设备容量的统计口径有变化，该年全省发电装机容量，按1999年统计口径为1412.57万千瓦，按2000年统计口径为1600.89万千瓦。

表5-1-2 四川省电力工业局属发电厂1991～2002年装机容量统计

年 份	发电设备容量（万千瓦）					水、火电比重（%）	
	合 计	年增长率（%）	占全省比重（%）	水 电	火 电	水 电	火 电
1991	502.40	8.16	57.81	146.30	356.10	29.12	70.88
1992	498.20	—0.84	52.08	161.30	336.90	32.38	67.62
1993	557.05	11.81	52.92	190.35	366.70	34.17	65.82
1994	611.86	9.84	53.79	219.51	392.35	35.88	64.12
1995	647.15	5.77	53.26	234.65	412.50	32.26	63.74
1996	702.65	8.58	51.78	259.20	443.45	36.89	63.11
1997	635.26	—9.59	57.19	281.51	353.75	44.31	55.69
1998	654.81	3.08	51.00	301.08	353.75	45.98	54.02
1999	654.81	3.08	51.00	301.08	353.75	45.98	54.02
2000①	687.98	—1.73	40.24	264.58	432.40	38.46	61.54
2001	725.28	5.42	40.50	295.78	429.50	40.78	59.22
2002	705.18	—2.77	39.18	286.78	418.40	40.66	59.34

① 本年度因统计口径变化，所以统计表中反映出来的发电设备容量减少。

第二节　主要技术经济指标

1991～2002年，四川省各发电厂由于加强企业管理，加强设备维护和更新改造，开展安全文明双达标活动，不断提高企业员工的业务素质，各项发电技术经济指标都取得了好的成绩。12年间，全省发电量达到6376.79亿千瓦·时。2002年全省经调统分电厂上网电量449.4733亿千瓦·时，发电平均利用小时4125小时，上网平均利用小时3891小时。

一、水电厂主要技术经济指标

1991～2002年四川省全省水电共发电量3297.36亿千瓦·时；2002年全省统调统分水电厂上网电量248.8783万千瓦·时，发电平均利用小时3731小时，上网平均利用小时3656小时。

二、火电厂主要技术经济指标

1991～2002年四川省全省火电共发电量3078.62亿千瓦·时；2002年全省统调统分火电厂上网电量200.5950亿千瓦·时，发电平均利用小时4690小时，上网平均利用小时4230小时。1991～2002年全省和四川省电力工业局发电量、售电量及2002年四川省发电厂生产指标完成情况详见表5-1-3～表5-1-6。

表5-1-3　　四川省1991～2002年年发电量统计

年份	总发电量（亿千瓦·时）	年增长率（%）	占全国比重（%）	水电（亿千瓦·时）	火电（亿千瓦·时）
1991	379.58	9.82	5.60	155.06	224.52
1992	419.40	10.49	5.56	168.30	251.10
1993	470.87	12.27	5.63	195.86	275.01
1994	525.18	11.53	5.66	209.54	315.64
1995	575.94	9.97	5.72	245.34	330.60
1996	618.00	7.30	5.78	268.00	349.20
1997	491.96	−20.39	4.38	245.12	246.84
1998	475.75	−3.29	4.11	252.88	222.87
1999	492.16	3.45	3.99	303.52	188.64
2000	556.38	13.05	3.75	369.05	187.33
2001	636.47	14.39	—	428.38	208.08
2002	735.10	15.17	—	456.31	278.79

注　2000年开始，统计部门对发电量的统计口径有变化，该年全省发电量，按1999年统计口径为462.20亿千瓦·时，按2000年统计口径为492.16亿千瓦·时。

表 5-1-4 四川省电力工业局属电厂 1991～2002 年年发电量统计

年 份	总发电量（亿千瓦·时）	年增长率（%）	占全国比重（%）	水 电（亿千瓦·时）	火 电（亿千瓦·时）
1991	252.08	4.99	66.41	69.20	182.88
1992	247.08	1.98	58.91	68.81	178.26
1993	271.45	9.87	57.65	81.04	109.41
1994	293.46	8.17	55.91	87.83	205.63
1995	326.70	11.26	56.72	107.99	218.71
1996	343.36	5.10	55.56	110.27	233.09
1997	295.22	−14.52	60.01	108.55	186.67
1998	272.20	−7.80	57.21	109.44	162.76
1999	237.80	−12.64	48.32	107.48	130.32
2000①	224.03	−5.79	40.27	97.35	126.68
2001	237.60	6.06	37.33	95.24	142.36
2002	294.16	23.80	40.02	93.28	200.68

① 本年度统计口径变化，此为按新统计口径统计，故反映出来的发电容量有所减少；1999 年四川省电力公司发电量，按原统计口径应为 237.80 亿千瓦·时，按 2000 年统计口径则为 203.41 亿千瓦·时（水电 92.22 亿千瓦·时，火电 111.19 亿千瓦·时）。

表 5-1-5 四川省电力工业局属电厂（1991～2002 年）年售电量统计

年 份	售电量（亿千瓦·时）	年增长率（%）	年 份	售电量（亿千瓦·时）	年增长率（%）
1991	248.23	7.21	1997	324.00	−16.44
1992	266.58	7.39	1998	310.00	−4.32
1993	299.20	12.24	1999	289.20	−6.71
1994	331.65	10.85	2000	337.66	16.75
1995	361.88	9.12	2001	378.69	14.26
1996	287.76	7.15	2002	476.34	21.03

注 由于统计口径发生变化，1999 年公司售电量按原口径统计为 289.20 千瓦·时，按新口径统计为 304.47 亿千瓦·时。

表 5-1-6　　四川省2002年发电厂生产指标完成情况

一、发电量

分　类	装机容量（千瓦）		发电量（万千瓦·时）				发电平均利用小时	
	期　末	比同期增减	本年累计	同期增减（%）	累计比同期增减		本年累计	比同期增减
					（%）	绝对数		
全省统调统分电厂合计	11666120	63000	4765245	3.43	21.08	829594	4125	630
水　电	6939920	174000	2541141	−41.16	7.10	168561	3731	112
火　电	4726200	−111000	2224104	57.22	42.29	661033	4690	1368
四川省电力公司管理电厂合计	7051820	−21000	2941574	33.45	27.50	634522	4208	879
水　电	2867820	90000	932802	−20.80	5.59	49398	3343	67
火　电	4184000	−111000	2008772	55.58	41.10	585124	4782	1420

二、上网电量

分　类	累计不变价总产值（万元）	上网电量（万千瓦·时）			上网平均利用小时	
		本年累计	累计比同期增减		本年累计	比同期增减
			（%）	绝对数		
全省统调统分电厂合计	355083	4494733	20.96	778720	3891	585
水　电	196613	2488783	7.63	176400	3656	122
火　电	158470	2005950	42.91	602320	4230	1242
四川省电力公司管理电厂合计	215799	2731645	27.08	582106	3908	799
水　电	72730	920636	5.61	48926	3301	56
火　电	143069	1811009	41.73	533180	4311	1288

第二章 发 电 运 行

发电运行包含运行管理、安全经济运行、设备维护更新等各个方面，体现出发电企业的科学管理水平，关系到发电企业的经济效益，是发电企业的主要工作，各个发电企业对此都非常重视，常抓不懈。

第一节 运 行 管 理

1991～2002 年，各发电企业在运行管理上不断探索创新，积累了一些经验，促进了发电生产。

一、运行组织

至 1990 年底，各水电厂仍实行运行小分场（车间）和检修大分场（队）制，绝大部分水电厂实行小分场制，生产运行和行政管理实行调度局—值长—运行班组、厂部—分场（车间）—运行班（组）双线领导。四川省电力工业局（公司）生技处和各厂生技科负责运行生产的技术管理与协调工作。

1991 年后，各水电厂基本沿袭这种运行组织体制，实行 5 班 4 运转，全厂设 5 个运行值，每天有 4 个值班，每班工作 6 小时，1 个值学习或休息。生产中，各分场（车间）同一值的运行班，由当值值长统一指挥，各值值长受总工程师或生技科领导，生产调度受省局调度局和地区调度分局指挥。

各水电厂还根据自己的实际作出调整和创新。二滩水电厂在发电初期实行 6 值 4 倒，2000 年后，改为 5 值 3 倒。发电初期委托有经验的葛洲坝水电厂派出运行管理人员帮助运行管理，待该厂员工运行管理熟练后，2000 年葛洲坝电厂支援人员撤出，由二滩电厂人员自行管理。以后该厂实行“前方值守、后方监控”运行值班方式。

紫坪铺水电厂按照精减高效原则，设置“三部一室”（技术安全部、检修部、运行部、综合办公室）负责全厂的安全、维护、检修、管理工作。映秀湾水电厂、宝珠寺水电厂等老水电厂分别与新建电厂太平驿、紫兰坝等水电厂签订协议，承包新建水电厂的运行管理。新建水电厂（公司）也由此实现了精简高效的管理。

各火电厂（公司）都专门设有生产运行的部门，负责全厂的发电生产工作。发电生产运行部门一般由分管生产副厂长和总工程师负责管理，各厂根据自己的工作实际设置相应生产部门。

成都热电厂生产运行划分为热电生产部、华能生产部、嘉陵生产部等三个生产部，设立燃运、化学、输灰三个生产车间，检修公司下辖机、电、炉、热、修理分公司，企业实行部、车间（部、室）、班组三级管理。生产部直接承担发电机组运行管理，接受生产副厂长领导和运行部技术指导与监督。内江发电总厂下属白马发电厂、高坝发电厂等，生产职能部门有生产技术部、计划规划部等。

二、科学管理

经过 12 年的发展，水电厂的管理水平有了很大提高，一方面结合本单位的实际，不断改革创新，另一方面学习和吸收国内外先进管理经验，形成一套自己的科学管理制度。

二滩水力发电厂自成立以来，全面贯彻“以人为本，科技领先，制度治厂，追求更好”的管理理念，以创建国内一流水电厂和国际先进水电厂为管理目标，建设具有二滩特色的企业文化。通过完善企业内部管理机制并不断改革和创新，保证了电站的安全稳定运行和固定资产的保值、增值，实现了更大的社会效益和经济效益。二滩电厂的管理在总结成功管理经验的基础上，不断学习国外先进的管理体制，通过改革和实践，实现了水电厂管理的创新，一步步走向成熟，形成了较为完善的科学管理体系，建立起富有二滩特色的一套管理系统文件。二滩电厂现已跻身于国内先进水电厂管理之列，并不断向世界一流水电厂目标迈进。

二滩电厂在科学管理上，主要是从以下几方面开展的：

(1) 建立精简的组织机构。二滩电厂将定员控制在每万千瓦占用 0.5 人左右，建立扁平式的组织系统。即管理层次少、管理人员比例小、管理幅度大，管理层次分厂领导层、部门管理层、班组控制层三级专业管理，以 2～5 个专业人员为管理幅度。每专业 3～8 人，通用性强或技术含量低的工种采取临聘方式。电厂设 5 部 1 室，现有员工 169 人，每万千瓦占用人数 0.51 人，在国内外处于领先水平。

(2) 改“事后管理”为“过程管理”。在管理的发展与创新中，二滩电厂建立了以“过程管理”为基本内容的“约束型岗位责任制”管理模式。依据分权与限权的合理配置，把二滩电厂要达到的预期目标分摊到每个职能部门、每个岗位，使被授权人在授权范围内有责、有权，责权一致。通过内部管理创新与改革，先后四次对管理制度进行了修编和整合，建立了更加完善的垂直指挥系统、横向联络系统和检查反馈系统，同时用管理制度、工作程序加以规范，有效地保证了管理过程中的监督与反馈，使各项管理更加高效有序。

(3) 实行精细化管理。二滩电厂逐步培育出自己的管理体系并得到国内同行的认可。以“精细化、规范化”管理为平台，完善“约束型岗位责任制”，突出监督与控制的功能。该厂以工序卡为主导，以工作记录为辅助，主辅结合，狠抓过程控制和现场管理，积极推行“精细化检修”，在检修工作中规范执行 2398 张标准工序卡。坚持三级验收、闭环管理制度，通过多层次、多岗位分级把关，实行质量跟踪“问责制”，厂级向部门问责、部门向班组问责、班组向工作负责人问责，落实责任制。

(4) 提高员工素质，坚持人性化管理，人性关怀。二滩电厂虽然待遇不错，但地处山沟、生活枯燥，除以制度治厂外，注重以感情温馨人、以环境适应人、以教育感染人。开展读书活动、文体活动，丰富员工业余文化生活。关心员工生活，厂里的工作餐，无论长期工还是临聘工，都一个标准，一视同仁。二滩公司要求一定要把员工的生活搞好，在公司给予的条件下，厂里尽力把员工生活搞好。厂里还鼓励员工在成都市购房，在成都市上户口，子女在成都市上学，减少员工的后顾之忧。在工作上，厂里领导创造公平、公正的发展平台，实行全员竞聘上岗，重能力，不唯文凭论，凡对企业贡献大、能力强的则上。在管理上，员工可以按制度同厂长对话，制度面前人人平等，厂长违反了制度照样受罚。公平、公正、上进的环境，使员工看到自己的后续前景，期盼更好的发展。

紫坪铺水电厂根据国家法律法规规定，结合本厂的实际情况，制定了该厂的人事、劳动用工、安全、运行维护等各项管理办法。

该厂根据工作需要和董事会批准的管理机构设置方案，按照“精简、高效”的原则，设置管理人员和专业技术人员岗位，实行定机构、定岗、定员、定责管理，并逐步制定相应的岗位规范。

电厂本着精干、高效和德才兼备、工作需要、专业对口的原则，按照现代企业人事管理制度要求，建立管理人员竞聘上岗、能上能下的人事制度和员工择优录用、能进能出的用工制度。

电厂员工实行全员劳动合同制，公司与员工按照平等自愿、协商一致的原则签订劳动合同，以法律形式规范用人单位与劳动者之间的劳动关系，切实保障用人单位与劳动者的合法权益。

在员工录用上，电厂根据工作需要，面向社会公开招聘，通过信息发布、资格审查、面试、考察等程序择优录用员工。

在人员配置上，坚持明确责任、一岗多能、分工合作、交叉任职、老中青结合原则，切实做到因事设岗、按岗择人、人尽其才、才得其用。

电厂建立员工考核制度。通过召开测评大会、民主评议、互评等方式对全体员工进行季度、年度考核。将每一阶段目标的考核结果与员工收入直接挂钩，确保公司年度计划的完成。推选优秀员工参加社会各界组织的优秀人才评定。

专业技术人员的专业技术资格评审按国家有关规定执行，实行资格评审与职务聘任相分离制度。同时，认真做好职（执）业资格培训与认证工作。

根据电厂经营发展战略和员工知识结构等具体情况，实行以岗育人、技术研讨、老中青结合，全员参加内培、外训、自学等方式，以急需人才和电厂人员筹备培训为主线，着重从员工责任心、业务能力、职业资格，以及企业认同感、归属感等方面进行系统化、多层次、全方位的培训。同时，结合“创建学习型组织、争做知识型员工”活动，积极营造学习工作化、工作学习化的学习氛围，鼓励员工岗位成才。

在综合管理上完善各项规程规范及规章制度。通过规范管理，严格考核，保持良好的生产、工作秩序和厂区、厂房、设备的整洁，为安全生产运行提供保证。

其他各水电厂加强运行管理，严格执行运行规程和“两票三制”，规范作业程序，有效控制电厂运行状态，积极开展运行分析，提高设备运行与维护管理水平。通过培训，提高运行人员的技术水平，实行运行人员资格证书制度。建立设备维护保养管理制度，及时发现设备缺陷并对设备缺陷跟踪管理，保证设备安全可靠运行。

三、开展“达标创一流”活动

1989 年底，四川省电力工业局转发能源部《火电厂“安全生产创水平达标”实施细则（试行）》（简称“双达标”），全川火力发电企业和水力发电企业按照“双达标”要求，开展了10多年的“双达标”活动。“双达标”活动是“工业学大庆”和“抓管理、上等级”之后，进一步提高企业管理水平的有益尝试，是发动全体员工参与的一项管理竞赛活动。“双达标”立足于造就一支奋发进取、忠于职守、纪律严明、训练有素的职工队伍，创造一个设备完好、窗明几净、环境整洁、秩序井然的生产工作环境，提高企业综合素质。

“双达标”是一项浩大的系统工程，在“双达标”考核条件中，既有精神文明建设的必备条件，又有物质文明建设的严格考核。每一项考核指标都有严格要求。

各单位在“双达标”中首先统一思想、提高达标意识；其次充分发挥各级组织作用；然后坚持从整治设备入手；在实现达标后，重在保持和提高。

成都热电厂在“双达标”之前成立了领导小组，确定“双达标”活动由党政工团齐抓共管。该厂“双达标”初始阶段的目标是改变生产现场“脏、乱、差”的现况，在短短3个月时间里，先后组织全厂性活动11项，党、团支部组织劳动和突击活动65项，在数十次突击活动中共清扫管道20000多米，清除废钢及杂物124吨，工业垃圾1450吨，擦洗设备1008台次，图5-2-1所示为成都热电厂有关人员做发电设备数据测试。从1990年开始，该厂主设备完好率始终保持100%，1999年创建“无泄漏工厂”，创造了6个全年无事故纪录，2001年创造连续安全生产1095天的历史最高纪录，获国家电力公司“九五”期间“安全生产先进单位”称号，2002年获成都市“安全生产先进单位”称号。

图5-2-1　成都热电厂工程技术人员运用高科技设备做发电设备数据测试

成都热电厂的例子在全川发电厂“双达标”中具有一定代表性，全川其他发电企业在“双达标”中都取得了优秀成绩，一大批企业先后荣获达标企业称号。

第二节　安全经济运行

安全生产是排在第一位的工作，经济运行关系到发电企业的经济效益，各发电企业从组织上、思想上、制度上几个方面入手，采取各项措施，坚持抓好安全生产，抓好经济运行。

一、安全运行

1988年3月，四川省电力工业局正式设置安全监察处。1993年3月成立四川省电力公司后，设立安全监察部，各发电厂亦相应加强了安全监察机构和人员，建立健全各级安全生产责任制。1993 年，四川省电力工业局在局属各发电厂广泛开展了安全文明生产双达标活动，并把各单位安全文明生产情况同厂领导和职工经济利益挂钩，实行长周期安全奖和单项奖励，促进了安全文明生产。龚嘴水电厂 1999 年被省电力局命名为“无泄漏工厂”，2002 年开展 GB/T 28001 体系认证，深入开展设备、技术、安全攻坚管理活动和设备缺陷、人员零违章活动，开展安全性评价工作，顺利通过职业健康安全管理体系 OHSAS18001 的复审，实现全年无事故。映秀湾水电厂开展安全文明生产达标活动，1999 年被省电力工业局命名为“无泄漏水电厂”，在 1996～2002 年的各年度安全文明生产达标工作复查中，一直保持着“电力安全文明生产达标企业”称号。

江油电厂加强安全教育培训，组织职工学习各项法规、规定、措施等安全规章制度，分岗位、分工种组织全厂职工进行了安全规程考试。狠抓安全生产，严格贯彻执行各项规章和安全措施，深入开展各项安全生产活动，定期召开安全例会、百日安全竞赛等多项安全活动，加强安全监督检查考核。内江发电总厂坚持“安全第一、预防为主、综合治理”的方针，坚持以“零违章、零缺陷、确保零事故”的安全生产理念全面落实安全生产责任制，重点抓好安全生产的超前控制和过程管理。完善了《安全生产奖惩规定》、《危险点分析及预控措施》、《反事故措施汇编》等安全生产制度、措施，加强隐患治理，开展反违章工作。黄桷庄电厂突出安全生产基础地位，牢固树立“三个第一”的思想，通过推行《现场安全作业手册》，进行安全性评价，开展以“查找隐患、堵塞漏洞”为重点的安全日活动和春、秋季安全大检查。华蓥山电厂制订了《二十九项反措施实施细则》等规章制度，认真贯彻执行以“两票三制”为主要内容的各项规章制度，认真开展“三不伤害”和作业人员“三查”、“互保”活动。

二滩水电厂厂长与各部门主任签订《安全生产责任书》，分解指标，前移安全生产预防关口，并与岗位责任制挂钩，切实加强安全预控管理。开展以“安全求发展，巩固安全管理长效机制，认真第一，聪明第二”为主题的“百日安全活动”，加强安全网和安全例会管理。厂长按期召开月度安全例会，听取安全生产工作汇报，分析安全生产趋势，部署安全生产任务，及时研究、解决、协调全厂安全生产管理中出现的问题。严格执行“两票三制”，严格执行工序卡管理制度，认真履行安全生产管理程序，严格执行安全措施审批制度，以保障安全生产的组织性和纪律性。坚持“两个绝不让步”，即坚持执行工序卡不让步，坚决反对习惯性违章不让步。

二、经济运行

经济运行直接关系到企业的经济效益，特别是在竞价上网后，各发电企业更加注重经济运行。

成都热电厂制订了各类管理规程及制度 20 种，根据系统运行方式变化及机组运行实际情况，制订企业安全技术措施与经济调度方案；根据丰、平期电价特点，制订和实施《调峰运行管理奖惩办法》，开展“调峰竞赛”活动；为激发运行值班员的生产积极性，制订和实施《生产指标考核管理办法》，开展“小指标竞赛”活动。华蓥山发电厂对内加强以经济效益为中心的运行管理，制订了《防止非计划停运管理办法》，修订了《违约电量考核办法》等，加强成本管理，增大了节油小指标考核力度，实行了发电量与职工奖金挂钩制度，制订了内部调整电量结构等，不合格电量得以有效控制。

二滩、紫坪铺、映秀湾、龚嘴、冷竹关、雨城、铜头、桐子壕等水电厂纷纷实现了“无人值班、少人值守”或“前方值守、后方监控”的运行值班方式，减少了运行管理人员，提高了经济效益。

三、水库大坝与防汛

水库大坝和防汛是发电设备运行的一项重要工作。水库大坝和防汛主要涵盖水电站水库大坝运行及防洪度汛，大坝定期安全检查，大坝安全监测、补强加固和消缺处理，新建水电站工程蓄水、竣工安全鉴定，大坝安全管理人员培训。

1991 年 1 月～1997 年 6 月，四川省电力工业局（公司）系统的 3 个水力发电总厂、3 个水电厂、1 个水电分厂共有 14 座大坝。1997 年 6 月重庆市直辖后，地处重庆市狮子滩水力发电总厂的 6 座大坝由重庆市电力公司管理；1998 年建成的二滩水电站大坝由二滩水电开发公司管理；华能四川水电开发公司、巴蜀电力开发公司、四川港航开发公司及其他水电公司建成的大坝由各个公司分别管理。2002 年 3 月后，四川省电力公司只继续管理映秀湾水力发电总厂的耿达、渔子溪一级、映秀湾 3 座大坝。原由四川省电力公司管理的其他 6 座大坝苔蒿坪、南椏河三级、龚嘴、铜街子、宝珠寺、磨房沟等大坝，分别由中国国电集团川渝公司、中国华电集团四川公司、国电大渡河流域开发公司管理。

根据 1988 年 1 月 21 日国家颁发的《中华人民共和国水法》、1991 年 3 月 22 日国务院颁发的《水库大坝安全管理条例》、1995 年 12 月 29 日国家颁发的《中华人民共和国防洪法》、1997 年 12 月 28 日国家颁发的《中华人民共和国电力法》、1987 年 9 月 25 日水利电力部颁发的《水电站大坝安全管理暂行办法》和 1997 年 1 月 15 日电力工业部颁发的《水电站大坝安全管理办法》，四川省电力工业局（公司）从以下几个方面强化水库大坝和防汛工作的规范化、正规化和制度化建设。

（1）建立健全水库大坝安全管理体系，明确安全职责，做好大坝安全监察和管理工作。于 1987 年成立了四川省电力工业局大坝安全监控中心（2000 年更名为四川省电力公司大坝安全监察中心），始设于科技处，1991 年调整到生技处，负责本地区水电站大坝安全监察工作。

（2）建立健全防汛组织体系。在生技处设置四川省电力工业局防汛办公室，负责四川省电力系统水电、火电、供电防汛工作的组织、协调、管理。

（3）建立完善水库大坝及防汛制度。1988 年 3 月 16 日颁发《四川省电力工业局水电厂（防汛工作）汛前检查大纲》，1993 年 4 月 3 日颁发《四川省电力工业局大坝安全监测管理办法（试行）》和《四川省电力工业局水电厂水工建筑物运行维护管理办法（试行）》，1994 年颁发《四川省电力工业局大坝安全管理与监测手册》。

（4）1996 年将水库大坝安全纳入技术监督，并列为四川省电力系统 10 项技术监督。1996 年 10 月 3 日颁发《四川省电力工业局坝工监督工作条例》和《坝工监督考核评比办法》。坝工技术监督的内容有：通过复查、分析，鉴定大坝在设计、施工、运行各阶段所有数据、资料和报告；按照现行规范复查原设计数据、方法及安全度，审议施工方法、质量和施工中出现的一些特殊情况及其影响；对观察资料分析成果进行全面了解和审查；评定大坝的结构性态和安全状况。1990～2002 年，分 3 个阶段进行了四川省电力系统的大坝定期安全检查，新建水电站工程蓄水、竣工安全鉴定。

第三节 设备检修与更新改造

2002 年厂网分开前，四川省电力公司负责管理全川所属发电厂的设备检修，2002 年底厂网分开后，川内火电厂检修分别由华电四川公司、国电川渝公司、巴蜀电力公司负责。

图 5-2-2 四川省电力公司发电机组大修现场

四川省电力公司只负责映秀湾水力发电总厂的设备检修与更新改造（见图 5-2-2），其他各个水电厂设备检修和更新改造按其归属由各个主管单位负责管理。

一、检修组织与方法

四川省水电设备检修，主要执行计划检修。1991 年以后，各水电厂按检修规程“应修必修、修必修好”的方针加强检修的计划性和技术管理，制订工时、原材料消耗，以及检修质量标准和检修制度。四川省电力工业局（公司）根据设备状况、负荷、水文预报等资料，提出下年度设备检修的重点与要求。各厂按省电力工业局（公司）的要求编制年度检修计划报省电力工业局（公司），经全面平衡后于 12 月底前下达各厂，检修进度由省电力工业局调度局具体安排。随着检修水平的提高，设备运行状况的改善，特别是大批新水电机组的投入，设备检修间隔延长，检修工期缩短。

各水电厂相继制订了《检修质量管理》、《检修人员行为规范》等制度，采用先试点、后总结、再完善，逐步推广、不断深入的方式，按照机械、电气、试验的专业顺序在主设备大修中先期实行了检修工序卡和标准化作业管理。同时，还应用网络工期管理，合理地对人、材、备品配件等资源进行配置，为真正实现状态检修和定额管理奠定了一定基础，使传统的检修管理模式不断跃上制度化、规范化、标准化管理的新台阶。根据对大修及技改工程中逐步推行工程监理制的要求，自 1996 年 12 月开始，先后在每年的机组大修中相继进行了以控制项目、工期、安全、质量为目的的“工程合同制”和“项目监理制”，实行以合理调整内部承包管理机制为主要内容的“项目经理制”等检修管理体制的改革。

火电检修组织与检修方式有两种：一种是在本厂设立检修部门，负责本厂设备的检修；另一种是一些新建厂将本厂的检修委托专业检修公司负责，以减少自身人员。成都热电厂设立检修公司，下辖机、电、炉、热、修 5 个分公司，由负责全厂技术工作的总工程师和生产副厂长负责设备检修。该厂检修管理坚持“预防为主、计划检修”的方针和“应修必修、修必修好”的原则，按计划抓全厂机组的日常消缺管理工作，组织全厂的主辅设备大小修和技改工作。黄桷庄电厂的设备检修委托宜宾发电总厂，双方签订了《黄桷庄电厂运行维护检修委托协议》，由宜宾发电总厂负责该厂的运行和设备维护检修管理工作。华蓥山发电厂由二级机构四川渠县华瑞电力发展有限公司所辖的检修分公司负责该厂的设备检修维护工作，还主动承担广安电厂30万千瓦机组的化水、输煤、电气的大修和维护。

二、技术改造与设备更新

在设备更新改造方面，各水电厂普遍采用以电子计算机为主的新技术、新设备，大大提高了水电设备的科技水平。龚嘴水力发电总厂1995年启动了龚嘴、铜街子两站综合自动化改造工作，2002年开始对龚嘴水电站机组进行扩容改造，实现了沙湾集中控制中心对龚嘴和铜街子两站的远方控制。紫坪铺水电厂在设备检修中实行机械、电气、保护、控制、监控检修人员组成ON-CALL待命值入制度，即时处理设备故障，确保设备运行安全。并建立了设备缺陷管理数据库，通过计算机记录设备检修资料，提高了设备维修管理水平。

各发电企业为确保设备安全经济运行、扩大再生产，先后投入大量资金进行技术改造和设备更新。

江油电厂4×5万千瓦机组属超期服役机组，设备已严重老化，2×33万千瓦机组从法国引进，也存在一些设备先天不足，影响机组安全满负荷经济运行。该厂分别于1997年、1998年对31、32号机组进行大修，随后按4年检修间隔对2台33万千瓦机组进行检修。为降低运行成本，还对部分进口设备进行了国产化改造。内江发电总厂严格按四川省电力公司的相关规定开展检修维护工作。2002年厂网分开后，该厂严格按华电集团公司的规定开展机组A、B、C级维修。白马发电厂严格按照“应修必修、修必修好”的原则，加强机组检修和设备维护。在检修中广泛推行标准化大修和状态检修，并聘请监理公司对检修工期、质量、安全等全过程进行全方位的监督指导，提高了检修质量，降低了检修成本。

成都热电厂在计划检修中，有计划地对炉顶密封进行技术改造，对漏油漏粉的球磨机逐台进行整治，并明确规定，凡是大修过的设备必须实现达标。

第四节　技　术　监　督

技术监督贯穿电力生产、建设全过程，涉及所有技术专业，是电力企业科学管理的基础工作之一。技术监督的目的是通过技术手段对设备内部过程和微观变化进行监督，掌握设备状况及变化趋势，以此判断安全程度，并采取预见性措施，做到心中有数，防患于未然。

一、监督内容

四川省的电力系统过去是五项监督，即金属监督、化学监督、绝缘监督、热工监督、电测监督，后来加上环保监督，就是六项监督，当时称为“六大监督”。1995 年又增加了“继电保护”、“电能质量”和“节能技术”，就成了“九大技术监督”，后来再加上“坝工监督”，就是后来的“十大技术监督”。这十大监督包括生产工作的方方面面，是贯彻“安全第一，预防为主”方针的重要保证。

二、技术监督措施

技术监督工作随着电力工业的发展和技术进步，水平不断提高并走上正轨。各水电厂、火电厂为加强技术监督工作，并把它作为一种自觉的企业行为，主要有以下措施：

（1）建立了一套完整的技术监督组织体系。四川省电力公司由总工程师负责，设立技术监督领导小组和办公室（办公室挂靠省公司生技部）。省公司生产技术监督工作归口管理部门，在专业技术监督职能部门的配合下，建立健全了各厂总工程师领导下的技术监督网和各级技术监督人员的岗位责任制，按规定切实做好全过程技术监督工作。二滩、龚嘴、紫坪铺、宝珠寺等水电厂由总工程师负责，分别建立了各个方面的技术监督网络。各单位加强技术人员培训考核，重视技术进步，加大科技投入，确保监督质量。

（2）制订了一整套技术监督工作条例。四川省电力工业局（公司）经过多年实践、摸索，不断完善、补充，分别制订了十项技术监督工作条例，为四川省的电力生产、建设技术监督工作提供了依据。各个水电管理公司、水电厂、火电厂也根据企业自身情况制订了具体监督管理办法。

（3）制订了技术监督考核办法，对技术监督工作进行考核。四川省电力公司分别制订了十项技术监督考核评分细则，并将技术监督考核结果与单位工资总额和单位领导基本年薪挂钩。

江油电厂坚持抓好全厂技术监督工作，在金属技术监督方面，该厂认真贯彻执行国家颁布的《火力发电厂金属技术监督规程》及其他有关金属监督方面的规程、标准，不断加强金属技术监督管理。在热控技术监督方面，坚持对全厂热工登记表进行抽查，主要仪表抽查合格率为 100％。在电气技术监督方面，建立了电气绝缘技术监督网、电测技术监督网和继电保护技术监督网。在化学技术监督方面，严格贯彻执行《火力发电厂水汽化学监督导则》和《化学监督条例》等各项规章制度，不断加强化学监督全过程管理。在振动技术监督方面，不断加强汽轮机及旋转设备、振动设备的技术监督工作，保证汽轮机及旋转设备的质量，及时掌握生产运行设备的技术性能，保证机组安全、稳定、经济运行。该厂每年年初明确节能技术等各项技术监督措施，落实责任单位、责任人、生技部门联系人及完成时间，厂部定期进行检查、督促、考核，并根据人员变动及时调整、补充监督网成员。内江发电总厂严格按《十项技术监督实施细则》加强继电保护监督、化学监督、环境保护监督、绝缘监督、电测技术监督、电能质量监督、坝工监督、金属监督、热工监督、节能监督，为机组安全运行提供保障。白马电厂为使技术监督工作落到实处，委托四川电力试验院承担该厂技术监督服务工作，建立起了一套比较完善的技术监督和安全保障体系，形成了“监督有指标、整改有对策、落实有措施、信息有沟通”的良好运行机制。

第三章　环　境　保　护

随着经济发展，社会进步，环境保护越来越受到社会的广泛关注。国家重视环境保护，加大了环境保护的力度，各发电企业纷纷加强环境保护措施。

第一节　水电厂环境保护

水电是绿色清洁能源，水电厂的环境保护特色明显，从1991年以来，水电厂的环境保护工作越做越好。

一、污染状况

水电厂的环境污染在建设期有开挖弃渣、施工噪声、废气、废水和植被景观因工程开挖造成的暂时破坏等，建成后运行中有设备油水泄漏、水库漂浮物污染、鱼类巡游影响、库区山体滑坡等。

二、环境保护与综合治理

各水电厂始终坚持以人为本、全面协调、可持续发展的科学发展和“在保护中开发、在开发中保护”的水电建设方针，遵守国家《环境保护法》，结合自身实际，都做了许多富有成效的工作。其中，二滩水电站在环境保护与综合治理上具有代表性（图5－3－1所示为二滩发电厂中央控制室）。

图5－3－1　洁净优美的二滩发电厂中央控制室

二滩水电站是中国第一个与国际全面接轨又同中国国情相适应的大型水电工程，其环境保护工作依照国家和世界银行的双重环保标准开展，达到了水电工程环保工作的国际先进水平。在环境保护与综合治理上在以下四个方面引人瞩目。

（1）严格履行建设项目环保管理程序。二滩水电站立项和设计期间，环境影响评价工作在全国尚处于起步阶段。作为世界银行贷款、国际招标的特大型项目，二滩水电站从工程开工伊始便开展了深入的环境影响评价工作，先后完成了十项专题报告、两期环境影响评价报告和环保设计报告，为环境保护工作的开展奠定了坚实和科学的基础，有力促进了同时期水电行业环境影响评价与环境保护设计水平的提高。

（2）实施环保措施的三同时管理。二滩水电站环境保护措施实施与电站建设同步，及时、有效地实施了施工期“三废”处理、库岸防护林营造、血吸虫疫区治理、下游预警系统设置、施工场地绿化、库底卫生清理、文物古迹保护等保护措施，以及泥沙、水文、雨量、水质、水温、气象、地震和滑坡监测、陆生生物、水生生物等方面的监测、调查工作。工程各项环境保护措施在服役期间运行正常，实施效果达到设计要求，符合国家有关法律法规规定，各项环境监测及调查成果数据翔实、成果可靠，为电站环境保护工作提供了丰富的资料。

(3) 创新环保管理，推行“四制”管理，引入环境监理。二滩水电站在中国创造性地实施了环境保护项目的“四制”管理，即业主责任制（项目法人责任制）、工程招投标制、工程监理制和合同管理制，在全国同类工程中率先开展了环境监理工作，对各环保项目实行全过程的咨询、监控、评估，各环保项目实现了“事前指导、过程监督、竣工验收”。

(4) 环境效益显著。一方面，电站带来了发电、防汛、防洪、航运、旅游等社会效益，极大地促进了当地的经济发展；另一方面，电站建成后，环境效益显著，原本干热的局地气候得到明显改善，库周生物资源量和多样性均明显优于工程建设前。建成后的二滩库区植被蓊郁，水质良好，山水相映，现已成为四川省省级森林公园、攀枝花市风景名胜区，区域生态环境质量较建库前明显改善，总体上已进入良性循环。

龚嘴水力发电总厂在环境保护和综合治理方面，认真贯彻执行国家有关环境保护和环境综合治理的方针、政策、法令、法规，结合所处地区的环境特点，坚持环境保护应以防为主、防治结合、综合治理的原则，较好地做到安全生产与环境保护并重，局部环境与大环境并重，经济效益与环境效益相结合。

(1) 加大设备整治改造力度。投入大量资金对龚嘴、铜街子两站设备进行自动化改造，力求彻底根治设备的“三漏”（漏水、漏油、漏气）现象。

(2) 加强现场环境规范管理。定期打捞和处理大渡河上游来的垃圾，在龚嘴、铜街子水电站现场修建多个垃圾池，将生活垃圾和拦污栅清淤所清除的垃圾统一堆放处理。检修维护中的废油不得直接排入大渡河，再生酸碱废液中和 pH 值达标后排放，检修用的破布、棉纱等全部进行清洁循环使用或回收统一进行无害化处理。

(3) 定期进行现场检测，确保良好的工作环境。对于工作环境中产生的噪声、辐射、有毒有害物质，除严格使用防护用品外，每年定期委托有资质的环境检测部门进行现场测试，使主要工作场所生产作业条件符合劳动保护有关规定。

(4) 加大设备巡检和消缺力度，从中间环节抓好设备监管，防止设备渗漏。

(5) 每年有计划地投入资金进行作业环境治理和龚嘴、铜街子两站现场环境保护。

(6) 着力加强员工环保意识，督促员工在日常生活中发挥认真细致的工作作风。发现可能危害生态环境的现象及时处理，以实际行动建设生态大渡河。

紫坪铺水电厂在紫坪铺工程环境保护中，采取了以月报、季报和年报等形式，汇总并提交动态的环境监测分析报告，为环境管理单位及环境责任单位决策和管理提供参考，并直接为环境监理工程师的工作重点作出分析和指导。

根据紫坪铺库区的实际情况，该厂要求弃渣均在统一规划的渣场堆渣，块石保护渣场边坡，坡脚砌排水沟。严禁坡脚、河道位置的弃渣。严格要求承包人在合同文件规定或监理工程师批准的料场进行土、石和砂料的采集和加工；要求边坡开挖面使用适宜本地生长、根系发育的草种和树种，恢复植被，减少水土流失；施工废水和生活污水必须处理合格后才能向外排放；场内路面定时洒水，钻孔采用湿钻，喷混凝土采用湿喷法减少扬尘；施工区统一爆破时间，缩短噪声历时，并采用低噪的施工机械；对各料场，则实施砌石挡墙防护，控制水土流失等措施。

华能四川水电有限公司注重环保，建设新型环保型的“绿色水电”。其所属康定公司在电站工程建设中自始至终严格遵循国家环保法规和国家环保与生态政策及循环经济发展的要求，做好水电建设中的生态环境与水土保持工作。冷竹关水电站一期工程调压井施工创造性地运用了高低线两条索道配合上山公路运输，最大限度减少了上山施工公路的修建，从而使施工对山体植被的损害和对318国道交通的影响减低到最小。更有代表意义的是，小天都水电站引水系统采用了“一坡到底”的引水隧道＋气垫式调压室的先进技术，取消了所有的施工上山公路，从而大量减少了施工建设期间对环境植被的损害。在施工用地上尽量少占用耕地和林地，渣场使用完毕后，在渣场面上平整后覆盖熟土，将造好的土地退还当地。对厂、坝区永久征地的部分，建设施工完成后，全部进行绿化。工程建设完工后，小天都水电站厂坝区已成为318国道上的一道亮丽的风景线。

第二节 火电厂环境保护

火电厂的环境保护是社会关注的焦点，四川省的火电厂大多处于盆地山区，污染治理任务十分艰巨。经过12年的治理，四川省各火电厂的环境保护取得了很大成绩。

一、污染情况

火电厂对环境的污染主要有灰渣、烟尘、冲灰水、煤场水、工业废水的污染。1991年后，各火电厂投入大量资金加大了治理污染和综合利用的力度，污染状况大为改善。

二、环境保护与综合治理

成都热电厂在环境治理工作中，坚持加强环保宣传教育，认真落实各级人员责任制，做到领导落实，机构落实，人员落实。该厂成立了以厂长为组长的环保领导小组，定期召集相关部门研究环保工作，要求各级领导和全厂职工把环境保护工作摆在与生产和建设同等重要的位置，并针对存在的问题，及时制订整改计划，下达厂属各单位。环保监督成员按要求定期进行检查和督促。该厂20世纪90年代初制订了《环境保护管理办法实施细则》，于1993年成立了环境监测站，严格执行国家和地方制订的《工业污染源监测管理办法》，对工业废水、煤场水、冲灰水及厂界噪声等有关指标进行常规监测，以实现对燃料、除尘和排放口的监督管理，尽力减少对环境的污染。该厂对老厂采用文丘里水膜除尘器除尘，灰水处理采用输灰二次脱水设施处理，渣水采用闭式循环再利用。对华能成都电厂和嘉陵发电公司均采用静电式除尘器除尘，配有正压气力输灰系统，渣水均采用闭式循环系统再利用，均实现了零排放和灰水达标排放。

江油发电厂认真贯彻执行《中华人民共和国环境保护法》及其他有关环境保护的法

律、法规，加强节水管理，灰场排水、工业废水和生活污水等排放均满足《污水综合排放标准》要求，废水达标排放率为 100%。加强灰渣治理及综合利用，强化灰渣排放管理，杜绝灰渣下河，积极进行粉煤灰综合利用，开发出了灰砖、漂球、磁化肥、干灰等多种粉煤灰产品，年利用粉煤灰 30 多万吨。从 1991 年 1 月起，该厂先后 14 次共投资 5887 万元，对厂内除尘器进行改造，对灰场灰坝进行加高修建。

内江发电总厂在环境保护方面，一是实现废水闭式循环，二是抓烟尘污染治理，三是严格执行国家关停小火电政策。2000 年，该厂投资 415 万元，对灰场回水（冲灰水）系统和沉渣回水（冲渣水）系统进行闭路循环技术改造，实现冲灰、冲渣水 100%回收利用，每年可少取沱江水 1.5 亿～2 亿吨。2001 年，又投资 700 余万元进行工业废水闭式循环，工业循环水实现 100%回收利用。该厂使用粉煤灰、焦渣、底灰制作免燃烧砖、焦渣条石、道路砖，替代机制黏土砖和页岩及天然石料，每年综合利用粉煤灰焦渣底灰量达 18 万～23 万吨，占灰渣产生量的 50%～75%，延长了灰场的使用寿命，利用灰渣种植经济苗木也取得了较好的成就。1999 年 8 月，内江发电厂全部关停了老厂 6 台中温中压机组，降低了煤耗，节约了能源，减少了烟尘排放。图 5-3-2 所示为内江发电总厂领导与职工共同解决难题。

图 5-3-2　内江发电总厂领导深入设备检修现场和职工共同解决难题

第四章　发　电　燃　料

1971年，四川省电力工业局成立后，火电厂燃料管理工作由四川省电力工业局生技处指定专人负责，了解各厂用煤情况，对相关数据进行统计，并向有关部门反映问题，协调运力。随着“三线”建设中一批主力火力发电厂相继建成投产，经省政府主管部门研究，决定成都、白马、江油、豆坝、华蓥山5个电厂的发电用煤由省政府组织直供，其余电厂用煤由四川省电力工业局统一管理，由所在地、市组织供应。1976年，四川省电力工业局将燃料管理职能由生技处划归供应公司，1978年供应公司成立燃料科，各火电厂相应建立了燃料工作机构。1983年，为了与水利电力部的燃料管理机构上下对口，一度将燃料划归四川省电力工业局总调度所管理，一年后重新划归四川省电力工业局（公司）供应公司，一直延续至2002年。2002年后，厂网分开，燃料工作由各发电公司自主管理。

1985年以后，通过贯彻学习水利电力部《燃料管理工作条例》，各级领导提高了对燃料工作的认识，进一步加强了燃料管理。在此基础上，四川省电力工业局和各火电厂都充实了燃料管理机构和人员，进一步明确了职能。通过总结经验，修订了《四川省电力工业局燃料工作管理办法》，建立了火电厂标煤单位承包责任制，制订了《四川省电力工业局火力发电厂标准煤单价承包考核办法》，开展了燃料管理优秀火电厂竞赛活动，使燃料管理工作不断改善和加强。

第一节　燃料供应计划

一、燃料来源

1950年初四川省解放时，全省火电装机容量只有2.7万千瓦，年耗原煤量22.87万吨；到了2002年（厂网分开前），仅四川省电力公司管理的火电厂装机容量就达到了614.20万千瓦，在火电机组利用小时非常低的情况下，年耗煤量仍达到1422.19万吨。专门从事燃料供应管理的人员由1949年底的数人发展到2002年仅四川省电力公司系统就有400人的规模。燃料管理机构也从无到有，从当初简单粗放的供应模式逐渐发展到2002年各火电厂和四川省电力公司均有具备现代化企业管理模式的燃料公司，燃料的保证供应及管理水平等都上了一个台阶，得到了很大提高。

四川省各火电厂发电用燃料主要是煤，油只用于点火助燃，个别电厂曾短时间用过天然气发电，后因天然气供应不畅，不得不停止发电或改为煤发电。

四川省的煤炭储量有限（截至1999年底，全省累计探明储量95.81亿吨，保有储量89.83亿吨，占全国储量不到1%），煤种方面，烟煤占40%，无烟煤占60%。在全省煤炭资源中，炼焦煤占22%，非炼焦煤占78%，含硫量小于或等于1%的低硫煤占35%，含量大于1%的中硫、高硫煤占65%。川内火电厂使用的煤炭主要由省内煤矿企业（国有煤矿、地方煤矿、小煤矿）供给。由于无烟煤的开发利用情况落后于烟煤，四川省大多数火电厂都以使用烟煤为主。从长远发展来看，以后四川省新建火电厂主要还是应使用烟煤才有保障。

二、燃料运输

新中国成立后，四川省的发电用煤逐步实行定点、定矿、就近、定量供应，基本上全由省内供给。铁路沿线的电厂均设有专用线，所需煤炭由火车直运到厂，部分电厂采用汽车或索道运煤。各电厂一般都派有专人与煤矿、运输部门经常保持联系，进行检尺量方、煤质化验、联系运输等工作，以确保发电供煤不间断。各级地方政府将发电用煤列为优先保证之列，如遇电厂发电用煤告急，政府主管部门领导都亲自到煤矿、车站组织调运，发电用煤基本能得到保证。在省发改委、省经委的领导下，建立了定期的煤炭企业、运输部门和电力部门协作会议制度，及时协调解决煤炭调运中的问题，保证发电用煤的运力和资源。

三、电厂燃用煤量

四川省电力工业局所属火电厂1991～2002年用煤情况详见表5-4-1。

表5-4-1　四川省电力工业局所属火电厂1991～2002年用煤情况

年份	火电装机容量（万千瓦）	发电用标准煤（万吨）	发电用原煤（万吨）	年份	火电装机容量（万千瓦）	发电用标准煤（万吨）	发电用原煤（万吨）
1991	356.10	764.32	1124	1997	353.75	690.21	1065.00
1992	336.90	769.43	1131.00	1998	353.75	589.80	897.30
1993	369.30	797.64	1156.00	1999	379.20	484.66	723.80
1994	321.35	806.17	1174.00	2000	423.40	463.62	682.62
1995	322.5	854.68	1254.00	2001	637.70	509.07	790.97
1996	353.45	703.63	1088.00	2002	614.20	722.71	1199.78

第二节　燃　料　质　量

根据国家规定，发电用煤实行按质计价。火力发电厂的锅炉是根据特定的煤质情况进行设计的，所以煤炭质量不仅影响火电厂的安全生产，也关系到电力企业的经济效益，对煤炭质量的管理显得尤为重要。

一、供应煤质

四川省电力公司加强煤质管理，每季度对各电厂入厂煤质量进行考核通报，有力地促进了各电厂对入厂煤质量的管理。随着电力工业部《燃料管理办法》和水利电力部《燃料管理工作条例》的颁布实施，四川省内各火电厂进一步加强了煤质管理，四川省电力工业局（公司）在试验研究院成立了电煤质检中心，各火电燃料公司内设有专门从事入厂煤质量检验的煤质化验班组，并按国家标准配置了相应的采样、制样、化验设备。为进一步提高化验结果的准确性，还从国外进口了元素分析仪、测热仪、高精度天平等仪器设备。通过加强煤质管理，不仅为电力安全生产奠定了良好基础，同时，查处了大量质价不符的煤炭，进行了索赔，仅 2000 年四川省电力公司系统火电厂通过检质就查出亏卡 4026.32 万元，索赔回 3690.36 万元，为电力企业挽回了经济损失，减少了电力成本的支出。

二、进厂验收

四川省的火电厂最初主要是在“三线”建设期间建成投产的，由于当时中国技术装备水平所限，各火电厂均没有安装入厂煤自动称重装置，致使在相当长一段时间内，各火电厂的入厂煤数量验收只能采用检尺量方的办法。此后，这些电厂又几经改建、扩建，在此期间，电厂都安装了轨道衡或地中衡自动计量装置，大大提高了入厂煤验收的效率和准确性。四川省电力工业局供应公司燃料科成立以来，四川省电力系统各火电厂的入厂煤数量验收率一直保持 100%。

第三节　燃　料　价　格

一、计划供应价格

1991 年以后，四川省电力工业局进一步加强了燃料的价格、成本管理，由财务部门和燃料部门共同负责考核。每年电煤订货会前，四川省电力工业局均要结合国家、上级和省政府的有关精神并根据实际情况制定相应的电煤价格、质量体系，各火电厂在订货时必须依此体系签订合同，不得突破；在非订货期间，若有需要贯彻执行的新价格体系，由四川省电力工业局财务部发文执行。为了促进各火电厂加强燃料价格、成本管理的自觉性，四川省电力工业局在总结经验的基础上，修订了《四川省电力工业局燃料工作管理办法》，建立了火电厂标煤单价承包责任制，制订了《四川省电力工业局火力发电厂标准煤单价承包考核办法》，并将标煤单价考核纳入了燃料管理优秀厂竞赛活动。为了真正管好、管住燃料成本价格，四川省电力工业局建立了完善的监管体系，各电厂签订的每份合同必须经过四川省电力工业局审查盖章，各电厂每月要向四川省电力工业局上报反映燃煤价格构成的财务报表和入炉煤成本构成的财务报表。

二、市场价格

2002 年起，国家放开了电煤价格，煤炭行业要求涨价的呼声不断，为保证电煤供应，四川省委、省政府在年初煤炭最紧张的时期出台的一系列涉及电煤价格的政策正等待全面落实，省物价局出台的 2002 年四川省电煤指导价的文件也等待贯彻执行，煤炭企业急盼省委、省政府和省物价局的政策能够兑现。2002 年中报告显示，省电力公司面临恶劣的经营环境；拖欠电费严重，在全国名列前茅；资产负债率高，超过了国电公司下达的考核指标，同时财务费用沉重；半年亏损严重，居全国各网省电力公司之冠。为扭转这种被动局面，改善经营环境，面对已悄然转变为供不应求的电力市场形势，四川省电力公司认为不宜再执行优惠电价政策鼓励用电，为此，向省委、省政府作了专题汇报。四川省电力燃料公司对 2002 年的电煤成本是否增加进行了调查，调查结果显示，省电力公司并未在政府出台的政策方面获得好处。为了保证四川省经济增长和社会稳定所需电力供应，在电煤质量大幅下降（质量差的煤也要）的情况下，电力燃料成本大幅上升，电力公司在燃料质量、价格方面吃了大亏。经初步测算，2002 年，煤质下降和供煤结构恶化直接导致省电力公司增加电力成本 19404.20 万元。2002 年 8 月，四川省政府同意取消部分优惠电价政策，为省电力公司改善经营环境创造了条件。

第五章　水 力 发 电 厂

1991～2002 年，四川省有巨大型水电厂 1 座（二滩水电厂）、大型水电厂 4 座（映秀湾、龚嘴、宝珠寺、柴坪铺）、还有众多的中型、小型水电厂。如嘉陵江上的西关、青居、红岩子水电站；岷江上的太平驿水电站；杂谷脑河红叶二级水电站；青衣江宝兴河上的雨城、铜头、小关子水电站；瓦斯河上的冷竹关水电站；南桠河上的南桠河三级、姚河坝水电站；雅砻江流域磨房沟水电站等。地方小型水电站星罗棋布，遍布广大农村，据相关资料统计，到 2002 年底，全省农村已建成水电站 4343 座，装机容量 479.15 万千瓦。

第一节　二 滩 水 电 厂

二滩水电站是中国 20 世纪建成的最大水电站，现为二滩水电开发有限责任公司属下电厂。该电站的建成投产，标志着中国水电建设和运行管理达到新的水平。

二滩水电站位于四川省西南部的雅砻江下游，坝址距雅砻江与金沙江的交汇口 33 千米，距攀枝花市区 46 千米，是二滩水电开发有限责任公司在雅砻江流域开发的第一座水电站。二滩水电站由高 240 米的混凝土双曲拱坝、大型地下厂房和泄洪设施组成，电站总投资 280.5 亿元。二滩水库控制流域面积 11.64 万千米^2，多年平均入库流量1650 米^3/秒，水库正常蓄水位 1200 米，水库回水长 145 千米，最大水面宽 1000 米，水库面积 101 千米^2，水库库容 58 亿米^3，调节库容 34 亿米^3，发电最低运行水位 1155 米，具有不完全年调节能力。电站安装 6 台 55 万千瓦的混流式水轮发电机组，总装机容量 330 万千瓦，多年平均发电量 170 亿千瓦·时，保证出力 100 万千瓦，设计年利用小时 5162 小时。1998 年 8 月 18 日，二滩水电站第一台机组正式投产发电，1999 年 12 月 4 日，6 台机组全部投产发电。

二滩水电站是川渝电网调频、调峰的主力电厂。二滩水电站四回 500 千伏出线，其中一回送攀枝花，三回经西昌的普提开关站、自贡的洪沟枢纽变电站，再远送成都市、重庆市，直至华中（鄂渝断面的三万线、万龙线）。

二滩水电厂年主要生产技术指标完成良好：2002 年年发电量 136.07 亿千瓦·时，年售电量 133.43 亿千瓦·时，一般事故 1 次，主设备完好率为 100%，开机成功率为 97.08%。

第二节　龚嘴水力发电总厂

龚嘴水力发电总厂下辖龚嘴、铜街子两座大型水电站，总装机 132 万千瓦，现为国电大渡河流域开发公司属下电厂。从1991年以来的12年间，该厂在生产、运行、管理各方面都发生了深刻变化。

龚嘴水电站于1966年动工修建，1971年首台机组投产发电，1979年全部建成，装机7台，总容量为72万千瓦（5×10+2×11），设计年发电量为34.178亿千瓦·时；设计总库容3.57亿米^3，有效库容0.96亿米^3，但因为多年泥沙淤积，实际可调节库容为0.848亿米^3。铜街子水电站于1985年开工建设，1992年第一台机组并网运行，1994年全部投产，装机4台，总容量为60万千瓦（4×15），设计年发电量为32.1亿千瓦·时；设计总库容1.87亿米^3，有效库容0.52亿米^3，同样因为泥沙淤积问题，现实际可调节库容为0.479亿米^3。两座水电站承担着四川电网的发电、调峰、调频及事故备用任务。

2002年龚嘴水力发电总厂完成上网电量49.11亿千瓦·时，实现电费收入9.07亿元，电费收入同比增长8.84%。

第三节 映秀湾水力发电总厂

映秀湾水力发电总厂下辖映秀湾、渔子溪、耿达3个水电站，总装机45.5万千瓦，现为四川省电力公司属下电厂。该厂的特点是站点分散，距离远、机组多。该厂位于四川省西北部阿坝藏族羌族自治州汶川县境内映秀镇，厂部距成都市98千米，距都江堰市43千米，距汶川县55千米，映秀、耿达两站闸首相距30千米。

该电厂由映秀湾电站、渔子溪电站（渔子溪一级）、耿达电站（渔子溪二级）和220千伏二台山联合开关站组成。总厂的三个电站均为地下厂房，均采用低闸隧洞引水径流式发电，共有11台机组，主设备29台。

映秀湾电站始建于1965年3月，1971年9月30日第一台机组投产发电，1972年4月30日全部建成投产。该电站引水隧洞长3811米，洞径8米。装有3台4.5万千瓦混流式水轮发电机组，设计水头54米，设计多年平均发电量为7.13亿千瓦·时，保证出力5.5万千瓦。

渔子溪电站始建于1966年9月，1972年7月1日第一台机组运转发电，1975年11月30日全部建成投产。该电站引水隧洞长8429米，洞径4.7米。装有4台4万千瓦高水头混流式水轮发电机组，设计水头270米，设计多年平均发电量为9.6亿千瓦·时，保证出力4.1万千瓦。

耿达电站始建于1977年10月，1986年5月14日第一台机组并网发电，1987年12月21日全部建成投产。该电站引水隧洞长7750米，洞径5米。装有4台4万千瓦高水头混流式水轮发电机组，设计水头259米，设计多年平均发电量为8.74亿千瓦·时，保证出力3.8万千瓦（图5-5-1所示为耿达电站大修现场）。

二台山联合开关站位于映秀生产区厂部后侧二台山上，作为耿达电站配套工程，始建于1984年3月，1986年4月基本建成并成功送电。如今二台山联合开关站汇集了映秀湾电站、渔子溪电站、耿达电站、华能太平驿电厂、黑土坡电站5个厂站16台机组的60.95万千瓦负荷，包括映秀地区附近6个小水电站16台机组4.4万千瓦的上网负荷，总计65.35万千瓦的送出容量。共有7回220千伏进线，3回出线，分别送往成都太和变电站和青白江变电站，它是四川省电力系统中的一个大型枢纽开关站。

图5-5-1　映秀湾发电总厂耿达电站大修现场

映秀湾水力发电总厂2002年年发电量20.8805亿千瓦·时，比同期增长4.94%，发电平均利用小时4589小时。

第四节　宝珠寺水力发电厂

宝珠寺水力发电厂是嘉陵江支流白龙江上最大的水电站，该电站水库具有不完全年调节能力，是四川电网的调峰、调频和事故备用电厂。

宝珠寺水电站位于四川省广元市宝轮镇，于1978年6月开工兴建，1979年全国压缩基建规模而暂停缓建，1984年10月10日国家计委批准复工，是国家“八五”重点工程。电站位于白龙江下游，控制流域面积28428万米^2，电站以发电为主，兼有防洪、灌溉、养殖和旅游等综合效益。装有水轮发电机4台，单机容量17.5万千瓦，大坝全长524.48米，最大坝高132米，总库容25.5亿米^3，调节库容13.4亿米^3。电站采用计算机监控系统，共有4回220千伏出线。首台机组于1996年12月发电，2、3、4号机组分别于1997年6月27日、12月9日和1998年6月24日并网发电。

该厂从1998年最后一台机组投产发电开始，1999、2000、2001、2002年分别完成发电量14.16亿、13.49亿、13.23亿、10.10亿千瓦·时。

第五节　紫坪铺水力发电厂

紫坪铺水力发电厂是岷江干流规划建设的最大水电站，该电站隶属于四川省紫坪铺开发有限责任公司。该电站水库总库容11.12亿米^3，具有不完全年调节功能，是四川电网调峰、调频和事故备用的骨干电厂。该电站装有19万千瓦的水轮发电机组4台，装机总容量76万千瓦，多年平均发电量34.17亿千瓦·时。电站建有计算机控制系统，同时在成都调度中心建有远程控制系统，可同步实现对电站和水库运行情况的监控。电站通过 1 回 500 千伏出线送往华阳变电站接入成都环网。该电站 2001 年 3 月开工建设，2002 年 11 月截流，预计 2005 年 9 月底蓄水，2005 年 10 月首批 2 台机组并网发电，2006 年 5 月最后 1 台机组投产。

第六节　中型水电厂

一、太平驿水电厂

太平驿水电厂位于四川省阿坝藏族羌族自治州汶川县映秀镇，系岷江上游总体规划的第二座引水式电站，总装机 4×6.5 万千瓦，年利用小时数 6488 小时，设计年发电量 16.87 亿千瓦·时。电站主体工程包括四大部分：首部枢纽、引水隧洞、调压系统和厂区枢纽。电站（含送出工程）总投资 15.4 亿元，每千瓦造价 5923 元（含送出工程）。

太平驿水电站主体工程于 1991 年 7 月开工，1992 年 11 月 8 日提前完成载流，1994 年 11 月 10 日第一台机组提前 5 个月正式并网发电，1995 年 1 月 6 日第二台机组提前 6 个月并网发电，1995 年 5 月 25 日第三台机组提前并网发电，1996 年 2 月 1 日第四台机组并网发电。全部工程于 1996 年 5 月完工。

2002 年太平驿水电厂年发电上网电量 11.7113 亿千瓦·时，上网平均利用小时 4504 小时。

二、南桠河水电厂

南桠河水电厂位于四川省雅安市石棉县。电厂总装机容量为 12 万千瓦。该厂系南桠河流域第三级电站，厂房距石棉县城 11 千米。

该电厂于 1971 年 7 月开工建设，1975 年 11 月大坝工程实现截流，1983 年 3 月第一台机组发电，1984 年 5 月竣工，工程造价 2.1 亿元。

电厂首部枢纽包含闸坝、引水明渠、沉沙池等主要建筑物。闸坝距石棉县城 21 千米，轴线长 162.89 米，高 21 米，水库库容 7 万米^3，基本无调节能力。

电厂通过 110、220 千伏变电站与主系统及地方电网连接，一回 220 千伏线路连接西昌马鞍山变电站，另一回 220 千伏线路连接新棉开关站。

电厂最高水头 290 米，设计水头 265 米，引用流量 3×17.8 米^3/秒。该电站单独运行时，保证出力 3 万千瓦，设计年发电量为 6.53 亿千瓦·时；在上游冶勒水库建成后，保证出力达到 8 万千瓦，年发电量为 7.48 亿千瓦·时。

南桠河水电厂 2002 年年发电量 41600 万千瓦·时，设备利用小时数 3467 小时，发电厂用电率为 0.66%。

三、磨房沟发电厂

磨房沟发电厂地处四川省凉山彝族自治州冕宁县境内，始建于 1964 年，1973 年 1 月建成发电。作为国家“三线建设”重点工程锦屏电站的施工电源的磨房沟水电站，因其是雅砻江流域水电资源开发的第一座水电站而载入中国水电发展史册。该电站是用天然溶洞泉水发电的高水头引水式水电站，电站机组为悬吊式冲击水轮发电机组，设计水头 458 米，引用流量 3×3.25 米/秒，拥有 3 台 1.25 万千瓦水电机组，年设计发电量 2.34 亿千瓦·时。

该厂 2002 年发电上网电量 12759 万千瓦·时，上网平均利用小时数 4400 小时。

四、冷竹关水电站

冷竹关水电站是瓦斯河流域梯级滚动开发一期工程。电站闸首位于康定县日地村，地下厂房位于泸定县冷竹关村，为低闸引水式电站。电站总装机容量为 18 万千瓦(3×6 万千瓦)，多年平均发电量为 9.89 亿千瓦·时。电站枢纽工程有大坝(长 233.43 米，高 24 米)、引水隧洞(长 6.24 千米)、调压井及地下厂房等，电站库容 50.4 万米^3，可日调节。

电站概算总投资（包括输变电工程）为 12.62 亿元，其中资本金 2.5 亿元，分别由中国华能集团公司、甘孜州水利电力开发总公司、四川省电力公司按 50%、40%、10%比例出资，融资 10.12 亿元由中国建设银行贷款，中国华能集团公司提供贷款担保。

2000 年 10 月 29 日 1 号机组投入生产运行，这标志着冷竹关水电站从主体工程开工至第一台机组发电仅用了 27 个月，主体工程提前工期 8 个月，节约主体工程工期 23%。从前期准备工程开工至第一台机组发电仅用了三年时间，比批准的设计工期提前了 17 个月发电，节约工期 32%。

2000 年 12 月 2 日 2 号机组顺利完成 72 小时试运行，比设计工期提前 9.5 个月并网进入生产运行，节约工期 25%。

2001 年 5 月 23 日，3 号机组通过 72 小时并网试运行，比设计工期提前 7 个月并网进入生产运行，节约工期 17%。

图 5－5－2　冷竹关水电站送出线路

冷竹关水电站所发电力通过冷蓉 220 千伏输电线路送入四川主网（见图 5－5－2)。电站的建成对促进甘孜藏族自治州地区的经济发展和保障少数民族地区的稳定团结具有重要的意义。

五、姚河坝水电站

姚河坝电站为南桠河第四级水电站，位于四川省石棉县，电站为引水式电站，由拦河闸坝、引水建筑物和地面厂房组成。坝高 35.5 米，坝长 186 米，水库总库容 162.3 万米^3，引用流量 53.4 米^3/秒，引水隧洞长 8710 米，压力管道长 479 米，装机 13.2 万千瓦(3×4.4 万千瓦)。电站于 1998 年 8 月开工，2001 年 9 月投产发电。2002 年发电上网电量 47987 万千瓦·时。

六、雨城、铜头、小关子水电站

雨城、铜头、小关子水电站是青衣江上游宝兴河上的 3 个梯级水电站。雨城水电站装机3×2万千瓦，1995年10月建成投产；铜头水电站装机4×2万千瓦，1995年12月建成投产；小关子水电站装机4×4万千瓦，2000年10月建成投产。

这3个水电站是四川华能宝兴河电力股份公司在宝兴河开发的一、二期工程项目。其中，1995年投产的一期工程雨城、铜头电站和2000年投产的二期项目小关子电站分别采用了具有世界先进水平的ABB公司和ELIN公司的水电站计算机监控系统，流域梯级调度中心选用了ABB MICROSCADA系统。同时还采用了微机型励磁系统、调速系统和保护装置等具有较高技术含量、工艺水平的系统和设备。电站自投运以来运行稳定、安全可靠，从未发生重大人身和设备安全事故，全部电站实现了“无人值班、少人值守、梯调中心远方集中监控”。

2002年，雨城水电站发电上网电量23536万千瓦·时，上网平均利用小时3923小时；铜头水电站发电上网电量38285万千瓦·时，上网平均利用小时4786小时；小关子水电站发电上网电量71065万千瓦·时，上网平均利用小时4442小时。

七、红岩子水电站

红岩子水电站为嘉陵江渠化开发第5级电站，位于南部县城城区，1997年10月开工建设，2002年底竣工，安装中国自己首次制造的最大贯流机组3台，总装机3×3万千瓦，设计年发电量4.2亿千瓦·时。它的建设得到了南部全县人民及各级领导的支持和关心，电厂自投运以来，生产情况良好，效益不断上升。

第六章　火力发电厂

1991～2002年，四川省有公用火电厂16座（不含1999年已开始归重庆市的火电厂），分别是成都热电厂、江油发电厂、内江发电总厂、宜宾发电总厂、华蓥山发电厂、白马发电厂、万源发电厂、广安发电厂（广安发电有限公司）、黄桷庄发电厂（黄桷庄发电有限公司）、河门口发电厂、新庄发电厂、攀枝花发电厂（攀枝花发电有限公司）、岷江发电厂（岷江发电有限公司）、五通桥电厂、成都嘉陵电厂、华能国际成都电厂。

除嘉陵电厂转让给民营企业林凤集团外，其他均为国有资产。

此外还有攀钢电厂等企业自备电厂，英惠江油电厂、五通燃气电厂、广安罗渡等地方小型火电厂。

第一节　成都热电厂

成都热电厂是一座有50年历史的高温高压热电厂，具有发电供热功能。是成都市的电能、热能供应基地。

成都热电厂坐落在成都市东郊沙河畔，距市中心约5千米。该厂是西南地区第一座高温高压热电厂，也是川西地区重要的电源支撑点。总装机容量为65.9万千瓦，年均发电量约33亿千瓦·时，供热量约120万兆千焦。2002年12月29日前为四川省电力公司属下的大型骨干电厂之一，电力体制改革后划归中国国电集团公司。成都热电厂是具有多种经济成分构成的大型Ⅰ类国有企业。

成都热电厂于1951年10月开始筹建，暂命名“成都电厂筹建处”，隶属川西行政公署工业厅领导；1953年7月，奉西南财经委指示，更名为“成都电厂建设处”；1955年3月，西南电管局将其定名为“成都电业局成都发电厂”，隶属成都电业局；1957年底成都电业局撤销，正式命名为“成都热电厂”，隶属四川省水利电力厅管理。1965年起划归四川省电管局，1983年隶属西南电管局、川西电业局，1987年起隶属西南电业管理局，1988年隶属四川省电力工业局。2000年，隶属于四川省电力公司；2002年12月29日，成都热电厂划归中国国电集团公司，更名为“国电成都热电厂”。

企业分为老厂（属中国国电集团公司）、华能成都电厂（代管）、嘉陵发电分公司（代管）三部分，实行“一厂三制”的管理模式。

老厂始建于1951年10月，是国家“一五”计划、苏联援建的156个项目之一。1955年5月1号机组并网发电，之后单机容量为2.5万千瓦的2～6号机组陆续投产发电。

华能成都电厂以集资办电方式扩建于20世纪80年代中期，安装1×20万千瓦机组，于1990年8月投产。在15年的代管期间，圆满地完成了华能集团公司下达的年度计划电量和各项经济指标。安全长周期纪录2640天，无事故年9个，共发电157亿千瓦·时。

嘉陵发电分公司于20世纪90年代中期开始筹建，装机21.9万千瓦（2×14.2+7.5）。由美国安然公司控股（后转让给林凤集团），四川省电力公司统一负责。该分公司第一台机组于1999年9月投产，2001年10月全面建成发电。

1991～2002年，成都热电厂共发电量933816万千瓦·时，供热量31849236百万千焦；2002年发电厂用电率为12.74%，发电煤耗488克/千瓦·时、供电煤耗559克/千瓦·时。

第二节　江油发电厂

江油发电厂是四川电网的主力发电厂，是川西地区重要的电源支撑点。

江油发电厂位于四川省江油市城东3千米处，东邻火车站，西临涪江河，始建于1958年，前后经历了三期扩建，装机容量86万千瓦（4×5万千瓦+2×33万千瓦），年发电能力超过59亿千瓦·时，自建厂以来已累计发电700多亿千瓦·时。

图5-6-1　江油发电厂2×33万千瓦机组工程钢架吊装

1990年底，江油发电厂装机容量为53万千瓦，1991年11月30日，单机容量33万千瓦的32号机组顺利并网发电，江油发电厂装机容量达到86万千瓦，成为当时西南地区最大的火力发电厂。其中单机容量5万千瓦机组4台，33万千瓦机组2台（见图5-6-1）。

1994年11月，四川巴蜀电力开发公司江油发电厂正式成立。巴蜀电力开发公司有权益装机66万千瓦（2×33万），四川省电力公司有权益装机20万千瓦（4×5万），在管理业务上以四川省电力公司为主。

1999年5月10日，四川省电力工业局正式命名江油电厂为“1998年度无泄漏工厂”。9月，在四川省电力工业局创一流工作会上，江油发电厂荣获全川火电企业首家“一流电厂”奖牌。

2002年，江油发电厂按照“一包二定三落实”的安全工作机制，确保了安全生产稳定。安全生产周期跨年度实现360天，当年实现253天。连续3年巩固并保持了四川省电力公司“一流电厂”称号。

2002年底，实行厂网分离改革后，四川省电力公司所属20万千瓦机组划归中国国电集团公司管理。

2002年江油发电厂年发电量达到40.41亿千瓦·时，比计划增长52%；上网电量全年为36.18亿千瓦·时，比计划增长51.96%。发电平均利用小时数4698小时。

第三节　内江发电总厂

内江白马发电厂位于内江市白马镇，距成渝铁路内江车站9千米。1990年末，全厂总装机容量49.8万千瓦。1993年7月1日，内江发电总厂挂牌成立，下设白马发电厂、高坝发电厂、内江电力修造厂、电力实业开发总公司和电力检修安装公司。1996年5月、9月，该厂23、11号机组相继建成投产，内江发电总厂装机容量达到78.6万千瓦。1999年8月，按国家政策老机组全部关停，内江发电总厂装机容量降至70万千瓦。2002年12月底，电力系统体制改革，厂网分离，内江发电总厂21、22号机组和11号机组划归中国华电集团公司，四川省电力公司所属四川电力股份有限公司白马电厂23号机组（20万千瓦）划归中国国电集团公司，由内江发电总厂代管。至2002年12月31日，内江发电总厂下属单位有白马发电厂、高坝发电厂、内江电力修造厂和内江电力实业（集团）公司。

1991～2002年，内江发电总厂（包括代管机组）共发电量345.3638亿千瓦·时，2002年厂用电率为9.6%，供电煤耗383克/千瓦·时，耗煤191万吨。

第四节　广安发电有限公司（广安发电厂）

四川广安发电有限责任公司（简称广安发电公司，即广安发电厂）位于邓小平故乡，四川省广安市代市镇。西距广安市区20千米，东距襄渝铁路广安火车站7.5千米。

广安发电公司的前身为广安发电厂，成立于1993年9月13日。1996年6月1日改为广安发电公司。

广安发电公司由四川省电力公司持股80%（2002年底，国家电力体制改革后划归中国华电集团公司），四川巴蜀电力开发公司持股20%，是按《中华人民共和国公司法》和现代企业制度组建的独立法人企业，公司实行董事会领导下的总经理负责制，法人治理结构完善，下设9个职能部门。2002年后为中国华电集团的控股公司。

图5-6-2　广安发电厂三期2×60万千瓦机组施工现场

广安发电厂规划总装机容量为240万千瓦，分三期建成（见图5-6-2），在此基础上着手四期扩建。一期工程2台30万千瓦燃煤机组分别于1999、2000年建成投产。

第二期工程2台30万千瓦燃煤机组计划于2003年2月正式开工建设，2004年全部建成投产。三期2台60万千万燃煤机组扩建工程计划于2004年开工建设。

第五节　宜宾发电总厂

宜宾发电总厂位于四川省宜宾市西南9千米的金沙江畔，于1993年由原豆坝电厂、宜宾电厂、黄桷庄电厂组建而成，是四川省电力系统中首家区域性火力发电总厂，2002年底，国家电力体制改革后划归中国华电集团公司。

宜宾发电总厂原有装机容量71.8万千瓦，其中宜宾发电厂1.8万小型机组于1992年退役。在电力体制改革中，装机容量40万千瓦的黄桷庄发电厂，在1995年按股份制改组为黄桷庄发电有限公司，2000年宜宾发电厂按股份制改组为宜宾发电有限公司，先后从宜宾发电总厂独立出去。宜宾发电总厂现有发电装机容量30万千瓦（即原豆坝发电厂3×10万千瓦）。该机组已运行30年，已作为技改工程报经国家计委批准立项新建。

2002年，宜宾发电总厂30万千瓦机组共发电量13.49亿千瓦·时，发电平均利用小时数4497小时。

第六节　黄桷庄发电有限公司（黄桷庄发电厂）

黄桷庄发电有限公司（黄桷庄发电厂）位于四川省宜宾市西南9千米处，现有发电装机40万千瓦，规划装机容量120万千瓦，是四川电网在川南地区的重要电源支撑点之一，2002年底，国家电力体制改革后划归中国华电集团公司。

黄桷庄发电有限公司成立于1995年4月26日，由四川省电力公司、四川省巴蜀电力开发公司、四川省电力股份有限公司按6∶3∶1的比例共同出资组建，主营黄桷庄电厂2×20万千瓦发电机组的电力产品和销售。2002年12月电力体制改革后，原四川省电力公司所持股份划归中国华电集团公司，原四川省电力股份有限公司划归国电集团公司。

公司所属黄桷庄电厂规划容量为120万千瓦，一期工程2×20万千瓦机组分别于1994年1月20日和1994年10月28日建成移交生产。

黄桷庄发电有限公司成立之初，宜宾发电总厂的厂级领导既是公司的董事长、总经理、监事会主席，又是代管单位的负责人，公司各职能部门人员也都由宜宾发电总厂人员兼任。这种厂司合一的很不完善的法人治理结构及其管控模式，使公司股东会、董事会、监事会、营管层之间失去制衡机制，造成公司与宜宾发电总厂的管理混在一起（仅由宜宾发电总厂分别做账），职责划不清、成本说不清、效益被挤占、资本保值增值成负数。到1999年底，公司累计亏损8257万元，累计平均净资产收益率为10.62%，资产负债率高达94.54%，比公司设立时的92.36%升高2.18个百分点。

2001年4月该公司实行厂司分离改革后，公司法人治理结构进一步完善，“三会一层”的制衡机制进一步建立并发挥作用。这种管理模式既充分发挥了受托方的行业管理和人力资源优势，确保黄桷庄电厂安全、稳定、经济运行，又使公司机构精简、高效，实现效益最大化的目标。公司经营班子认真贯彻执行董事会决议，积极开展工作，公司的经营状况、财务状况明显好转。从2000年1月到2002年末，公司在经历了四川省电力市场最低谷时期，在年发电利用小时仅为3400小时的情况下，累计实现利润2599.22万元。

第七节　华蓥山发电厂

华蓥山发电厂位于四川省达州市渠县临巴镇，距渠县县城35千米，距达州市60千米，在20世纪70年代曾经是西南地区最大的火力发电厂。

该厂于1970年开始筹建，1973年2月26日正式建厂，1978年5月1日第一台5万千瓦机组正式投产发电，1982年最后一台10万千瓦机组投产。

华蓥山发电厂现有装机31.5万千瓦（1号机组5.5万千瓦、2号机组5万千瓦、3号机组11万千瓦、4号机组10万千瓦），是国家在三线建设时期建设的国有全资电厂，固定资产原值为5.24亿元。

2002年厂网分开前华蓥山发电厂由四川省电力工业局、四川省电力公司管理，2002年后，华蓥山发电厂归并到中国国电集团公司管理。

2002年，华蓥山发电厂超额完成安全生产责任目标，实现了3个110天安全长周期和全年无事故，年末连续完全记录达665天。全面完成资产经营责任目标，完成发电量13.06亿千瓦·时，上网电量11.84亿千瓦·时；设备平均利用小时数4145小时。可控成本完成3727.8万元，节约0.2万元，实现工业产值19218.2万元，完成利润2016万元，减亏961万元。图5-6-3所示为华蓥山发电厂新建2×30万千瓦机组工程。

图5-6-3　华蓥山发电厂2×30万千瓦机组工程

第八节　其他火电厂

一、攀枝花发电公司（攀枝花发电厂、河门口发电厂、新庄发电厂）

攀枝花发电公司的前身为攀枝花发电厂、河门口发电厂和新庄发电厂，位于四川省攀枝花市，多年以来，一直是攀枝花钢铁基地和攀枝花市的主要电源。

其单机容量分别是 1.2 万、2.5 万、5 万千瓦等，三厂装机总容量 33.6 万千瓦，横跨攀枝花市东西两区，3 厂距离不到 20 千米。厂中老机组小，很难参与市场竞争，不利于电力体制的改革。四川省电力工业局在深化改革、加大改革力度时决定把攀枝花地区所属企业改革作为首批试点单位。

1999 年 5 月 18 日，攀枝花发电公司正式挂牌成立，擂响了四川省电力系统深化体制改革的第一锤。

攀枝花发电公司成立前，原 3 厂所属多经企业多达 27 个，机构重复，经营项目重复或类似，管理模式和口径不一，物资、资金、人才资源分散，实体太多，不便于发电公司对多经的监控，无法形成产业化、规模化经营，严重地制约了多经的发展。攀枝花发电公司先后合并组建了攀枝花市星河汽车有限公司、法拉电力检修公司、三维有限公司，本着业务近似、市场需求、便于管理、条块结合的原则重组多经企业。现该公司形成发电、电力检修、多种经营三大产业，加快了第三产业发展步伐和新兴产业的建设。

1999 年 7 月 9 日，为执行国家关停小火电机组政策，攀枝花发电公司所属攀枝花电站按省调度命令正式停止发电，从此攀枝花发电站退出发电舞台，完成了历史赋予的光荣使命。

二、万源发电厂

万源发电厂原位于川东北大巴山腹地万源市，现在达州市通州区异地建设新厂。该电厂原属四川省电力公司，2002 年 12 月 29 日划归中国国电集团公司。

万源发电厂始建于 1966 年 9 月，装机容量 2×1.2 万千瓦，于 2000 年按国家政策彻底关停。

该电厂在划归中国国电集团公司时已为空壳电厂，国电集团公司计划在四川省达州市异地建设 2 台 30 万千瓦发电机组。远期规划装机容量 180 万千瓦。

万源发电厂从建厂至 2000 年底关停 30 多年来，共计发电近 60 亿千瓦·时，安全天数最长达 1000 多天，厂用电率约为 11.5%，供电标煤耗 605.99 克/千瓦·时。

三、岷江发电有限公司（岷江发电厂）

四川岷江发电有限公司的前身为岷江发电厂，始建于 1938 年，是火力发电与水力发电并有的老企业。电厂原址在四川省乐山市五通桥金粟镇，1957 年迁至四川省峨眉山市九里镇。

岷江发电厂原为四川省电力公司下属发电企业。九里厂部为火力发电，装机容量为 2×6000千瓦空冷汽轮发电机，于 1958 年投产，1989 年 8 月停产，1988 年机组设备批准报废，1994 年奉令报废并拆除待建。35 千伏升压站配电设备继续运行，2000 年 1 月退出运行并拆除。水电部分龙池水电分厂是岷江发电厂的二级机构，为三级梯级水电站，总装机容量 1.203 万千瓦，1994 年 6 月底以前由岷江发电厂管理其生产运行，1994 年 7 月以后岷江发电厂只负责管理万坪电站 2×0.22 万千瓦机组的生产运行工作。

2002 年 12 月 29 日岷江发电厂整体划到中国国电集团公司，成为中国国电集团公司下属的全资电厂。

四川岷江发电有限公司（岷江发电厂）技改工程起步于 1987 年。2002 年 7 月 30 日，国家经贸委、国家计委联合以国经贸投资〔2002〕548 号文将岷江发电厂循环流化床锅炉示范技术改造项目列入 2002 年国家重点技术改造国债项目计划，同意岷江发电厂在原址利用现有场地，建设 1 台 13.5 万千瓦循环流化床锅炉发电机组。

主厂房工程计划于 2003 年 10 月 2 日破土动工。该公司积极争取国家批准建设第 2 台 13.5 千瓦循环流化床机组。

四、五通桥发电厂

五通桥发电厂位于四川省乐山市五通桥区，于 1970 年 1 月由“5501 生产筹备处”（内厂）与“岷江电厂金粟桥发电所”（外厂）合并组建而成，2002 年底国家电力体制改革前，随着“多家办电”等电力改革的实施，逐步形成了一厂三制的基本格局。

外厂前身为岷江电厂，始建于 1938 年。1966 年，建设 1.2 万千瓦燃气—蒸汽联合循环试验电站，并于 1977 年成功试运行，填补了我国燃气—蒸汽联合循环发电技术的空白，获得 1978 年全国科学大会奖和四川省重大科技成果奖。1989 年，由四川省电力工业局与乐山市地方政府各集资 650 万元，对外厂试验电站实施了“气改煤”技术改造，建成了四川省第一家股份制电力企业——乐山市金粟电厂（后演变为股份合作制企业），由五通桥发电厂承包生产经营，向董事会负责。

内厂为燃气洞内电厂，始建于 1966 年，系“三线建设”项目，规划装机 4×5 万千瓦机组，实际建成 2×5 万千瓦燃气机组。1992 年 11 月，经国家经贸委批准，对 2 台 5 万千瓦机组进行“气改煤”技术改造。工程由中外合资企业四川蜀润电力开发有限公司投资，在洞外新建 2 台 220 吨/小时燃煤锅炉，租赁五通桥发电厂原汽轮发电机组等资产，送蒸汽进洞发电。工程于 1994 年 11 月 1 日正式动工，2 台机组分别于 1996 年 7 月和 1997 年 2 月完成技改投产发电。内厂定名为四川蜀润电力开发有限公司五通桥发电厂，由四川蜀润电力开发有限公司负责经营，五通桥发电厂负责生产。

2002 年 12 月，国家电力体制改革将没有发电能力的空壳电厂五通桥发电厂及四川省电力公司持有的乐山金粟电厂 11.5%股权、内厂汽轮机、发电机、升压站等资产和员工划归中国华电集团公司，蜀润电力开发有限公司及其内厂燃煤锅炉、燃煤设施、灰场等资产划归中国国电集团公司。

第六篇　供　　电

第六篇　供　　电

四川省是一个大小电网并存的省份，供电机构与供电设施也分别由国家电网与地方电网两部分构成。国家电网部分的管理单位为四川省电力公司，供电机构为公司设在各地的电业局（公司）、供电局、供电所（站）；地方电网部分为四川省地方电力局管辖的各地区小电网及供电所。进入21世纪后，地方电网多与国家电网相连接，由四川省电力公司电力调度中心统一调度。

四川省电力公司前身为四川省电力工业局。1993年成立四川省电力公司，当时实行“一套机构，两块牌子”，2001年，撤销四川省电力工业局，四川省电力公司完全转入公司化运作。2002年，厂网分开，按照国家改革方案，四川省电力公司所属发电资产除电网预留调峰调频电厂外，分别移交中国国电集团公司和中国华电集团公司。

1991～2002年，四川省供电设施迅速发展，供电网络从以220千伏线路为骨干发展到500千伏为骨干，并与华中、华东电网互相联网运行。在电压等级方面已经从220千伏发展到500千伏超高压输电。到2002年底，变电容量达到3238.57万千伏安，较1991年增加2.40倍。

第一章　机构与设施

四川省供电企业的最高管理机构是位于成都市人民南路的国家电力（电网）公司四川省电力公司。公司于1991～2002年，相继经历了电力工业局到电力公司的转换和川渝分家、厂网分开等变革。截至2002年底，四川省电力公司有直属供电企业17个，其中电业局15个，供电公司2个。

第一节　机　　构

一、机构变革

1988年在国务院机构改革中，撤销煤炭部、石油部、核工业部和水利电力部，新组建能源部和水利部。四川省电力工业局隶属于能源部，同时又是四川省政府管电的职能部门，受能源部和四川省人民政府双重领导，主要负责编制四川省电力工业发展规划并组织实施，协同地方综合经济管理部门管理电、热价格，归口管理农村电力工作，履行行政执法与行政执法监督职责，对四川省电力工业实行行业管理。

1993 年 3 月 26 日，能源部根据国务院《关于印发〈电力工业管理体制改革方案〉的通知》和四川省电力工业局 1993 年 3 月 23 日《关于成立四川省电力公司的请示》，批准成立四川省电力公司。四川省电力公司在机构上与四川省电力工业局实行“一套班子，两块牌子”。同年 3 月，国务院撤销能源部成立电力工业部时，确定四川省电力工业局既是电力工业部的直属企业，又是四川省政府管电办电的职能部门，受电力工业部和四川省政府的双重领导。5 月，原能源部在《关于加强电力行业管理的若干规定》中规定：“地（市）和县供电局是本地区电力行业主管部门，执行各自行政区域内的电力行业管理职能”。于是，四川省电力工业局决定将各供电局更名为电业局，下属的供电分局更名为相应名称的供电局。供电局更名为电业局后，下设的职能科、室一律改名为处、室，其干部的级别待遇不变，岗位技能工资标准按企业类型的岗位工资标准执行。12 月，四川省电力工业局决定成立四川省电力公司进出口公司，原中国水利电力对外公司西南分公司也于当月改名为中国水利电力对外西南公司，从而进一步加强了四川省电力企业的对外开放、对外工程的承包及电力建设资金的引进工作。

随着四川省行政区域的调整划分，公司于 1994 年组建了巴中电业局和广安电业局，2002 年又成立了四川省电力公司资阳公司和眉山公司。

1997 年 1 月国家电力公司成立。6 月 6 日重庆市成立直辖市，重庆市电力工业局正式挂牌成立，原四川省电力工业局所属的重庆电业局、万县电业局、重庆发电厂、白鹤发电厂、狮子滩水力发电总厂、四川电建一公司、重庆电力职大、重庆电力专科学校、重庆电力高级技校共有职工 16794 人，划归重庆市电力工业局。

1998 年 3 月 10 日，经九届全国人大批准撤销电力工业部，国家电力公司正式挂牌。四川省电力工业局、四川省电力公司接受国家电力公司和四川省人民政府双重领导，既是国家电力公司的全资子公司、国有特大型电力企业，又是四川省政府管电办电的职能部门。

2001 年 2 月 22 日，为实行政企分开，国经贸电力〔2001〕172 号文批复，决定撤销四川省电力工业局，自此四川电力取消政府职能，全面履行企业职能。

2002 年，“厂网分开”后，四川省电力公司由发、供、建、管一体的电力公司转变为以输电和配售电为主的电网公司。

二、市、州供电机构

四川省电力公司在全省各地市、州中，除由地方电网供电的少数地区外，均设有供电机构。即省电力工业局（公司）直属的供电局，供电局所辖的县（区）设供电分局（包括代管、控股、联营）及农村供电所。1993 年，四川省电力公司成立，地、市供电局更名为“电业局”，各“供电分局”更名为“供电局”，实现了统一规划、统一供电、统一调度、统一经营的管理。截至 2002 年底，四川省电力公司直供直管县（区）为 37 个，设立 36 个供电局；国网和地方供电企业供电营业机构并存的县（区）33 个；国网未设供电营业机构的县（区）存在趸售关系的县（区）69 个，没有趸售关系的县（区）42 个。直属省电力公司管辖的地、市供电机构有成都电业局、绵阳电业局、广元电业局、达州电业局、南充电业局、内江电业局、自贡电业局、泸州电业局、宜宾电业局、乐山电业局、攀枝花电业局、西昌电业局、德阳电业局、广安电业局、巴中电业局、眉山公司、资阳公司17个，各电业局（公司）下设营销科、供电局（公司）、调度局、继电保护所、输电管理所、修试所（检修公司）、电缆管理所、自动化通信管理所等机构。

（1）成都电业局。下设锦江供电局、青羊供电局、金牛供电局、高新供电局、都江堰供电局（公司）、青白江供电局、新都供电局、双流供电局、温江供电局、金堂供电局、龙泉驿供电局、郫县供电局、大邑供电局、崇州供电、彭州供电局、邛崃供电局、新津供电局、蒲江供电局、调度局、继电保护所、输电管理所（公司）、修试所（检修公司）、电缆管理所、自动化通信管理所（公司）。

（2）绵阳电业局。下设城区供电局、游仙供电局、江油供电局、安县电力联营公司、梓潼供电局、电力检修设备试验所、电力通信自动化中心、蓬溪供电局。

（3）德阳电业局。下设城区供电局、广汉供电局、什邡供电局、绵竹供电局、罗江供电局、高压检修调试所、中江供电公司。

（4）广元电业局。下设变电工区、线路工区、利州供电局、青川供电局、旺苍供电局、剑阁供电局、朝天供电局。

（5）自贡电业局。下设自流井供电局、大安供电局、贡井供电局、沿滩供电局、荣县供电局、威远供电局、调度通信局。

（6）内江电业局。下设市中区供电分局、东兴供电分局、隆昌供电分局、资中供电分局、威远供电局、调度管理所、变电管理所、调度通讯局、检修公司。

（7）宜宾电业局。下设城区供电局、江南供电局、江北供电局、南溪供电局、调度通信局、变电工区、线路工区。

（8）泸州电业局。下设江阳供电局、龙马潭供电局、泸县供电局、四川省纳溪供电有限责任公司、四川省古蔺供电有限责任公司、四川省叙永供电有限责任公司。

（9）乐山电业局。下设峨眉山供电局、城区供电局、沙湾供电局、五通供电局、夹江供电局、井研供电局、修理试验所、线路工程处。

（10）西昌电业局。下设调度局、月城供电局、超高压管理局、安宁输变电公司、变电检修公司。

（11）攀枝花电业局。下设地区调度局、线路工区、变电检修工区、变电运行工区、东城供电局、仁和供电局。

（12）南充电业局。下设顺庆供电局、河东供电局、嘉陵供电局、仪陇供电有限责任公司、西充供电有限责任公司、嘉陵龙蟠供电公司、高坪电力公司。

（13）达州电业局。下设通州供电局、达县供电局、大竹供电局、宣汉供电局、万源供电局、达州电力调度局、变电工程局、送电工程局。

（14）巴中电业局。下设巴州供电局、调整试验所、调度通信所。

（15）广安电业局。下设城区供电局、华蓥供电局、邻水供电局、送变电工程公司、武胜电力公司、邻水电力公司。

（16）资阳公司。下设资阳供电局、简阳供电局、资阳雁江供电公司、简阳供电公司、安岳供电公司、乐至县星源电力有限公司。

(17) 眉山公司。下设东坡供电局、仁寿供电局、彭山供电局、洪雅供电局、丹棱供电局、青神供电局。

第二节　设　　施

四川省供电设施在1991～2002年发展迅速。输电线路从以110千伏线路为主要供电网络发展到现在的以500千伏线路为主要供电网络，仅四川省电力公司的变电容量就由1991年的1350.69万千伏安增加到2002年的3238.57万千伏安，供电能力得到极大提高。

一、供电网络

20世纪90年代初，四川电网还未发展500千伏电压等级的输电线路，供电网络以110千伏和220千伏为主，35千伏和10千伏线路为配电网络，电网建设落后于电源建设，电网网架结构薄弱，线路卡脖子状况较为严重。110千伏电网的发展不适应220千伏电网降压容量的配置，制约了向下一级供电的能力。一些输电线路“T”接3～4个变电站，线损大，电压质量低。1991年四川电网220千伏线路长度为4458.00千米，110千伏线路长度为6603.00千米，35千伏线路长度为4790千米，总的供电网络还处于一个初始发展阶段。

图6-1-1　二滩—自贡1回500千伏线路

从20世纪90年代初到2000年，四川省的供电网络开始建设和投运500千伏输电线路，这是四川电网发展史的一个重要里程碑。

1993年，四川省第一条500千伏线路自渝线在永川市境内破土动工，1996年自渝线投入运行。1996年是二滩送出工程的开工年，第一批项目二自线1回（见图6-1-1）、二自线2回和自蓉同塔双回线路等全面开工建设，1998年二滩第一台机组正式发电，四川省的500千伏输电线路正式投入运行。到2000年，四川省的500千伏线路投运10条，长度为1899千米，220千伏线路163条，长度为6600千米，110千伏线路493条，长度为8740千米，35千伏线路445条，长度为4919千米。

随着四川省国民经济的迅速发展，社会对电力的需求越来越大，四川省的供电网络为满足社会需求，也不断加大投资建设力度，从配网到500千伏输电线路都在日新月异地飞速发展。2001年，四川省新投入运行220千伏线路20条，新增长度460千米；2002年新投运 500 千伏线路二石线，长度为 34.38 千米，220 千伏线路 26 条，新增长度 443 千米。

截至 2002 年底，四川省的供电网络已经形成了 500 千伏为骨干的输电网络，实现了与华中、华东电网的联网运行和“川电东送、丰枯互济”的目标，电网规模不断扩大，技术水平显著提高。输电线路变化情况见表 6-1-1 和表 6-1-2。

表 6-1-1　　川渝电网划分时四川电网输电线路统计

分　类	国家电力公司属输电线路		
	线路条数（条）	杆路长度（千米）	回路长度（千米）
原四川电力工业局合计	970	18632.20	19165.00
其中：500 千伏	1	147.70	147.70
220 千伏	130	5242.20	5530.80
110 千伏	392	8250.70	8019.10
35 千伏	447	5223.20	5235.80
新四川电力工业局合计	747	14451.70	14709.50
其中：500 千伏	1	70.60	70.60
220 千伏	104	4196.00	4342.70
110 千伏	287	6116.50	6215
35 千伏	355	4068.60	4081.20
重庆电力工业局合计	224	4180.50	4455.50
其中：重庆电业局	206	3655.80	3869.70
万县电业局	18	524.70	585.70
其中：500 千伏	1	77.10	77.10
220 千伏	26	1046.20	1188.10
110 千伏	105	1902.60	2035.70
35 千伏	92	1154.60	1154.60

表 6-1-2　　四川省及电力公司 1991～2002 年公用输电线路统计

单位：千米（回路长度）

年份	合计		500 千伏		220 千伏		110 千伏		35 千伏	
	全省	电力公司	全省	电力公司	全省	电力公司	全省	电力公司	全省	电力公司
1991		15851.00				4458.00		6603.00		4790.00
1992		16325.80				4810.00		6649.50		4866.30
1993	34790.20	17027.30			5064.10	4795.00	9287.00	7362.80	20439.10	4869.50
1994	37504.40	17585.50			5252.50	4983.40	10157.10	7611.60	22094.90	4990.50

续表

年份	合计		500千伏		220千伏		110千伏		35千伏	
	全省	电力公司	全省	电力公司	全省	电力公司	全省	电力公司	全省	电力公司
1995	40250.70	18776.80	70.10	70.10	5619.10	5341.00	11239.80	8215.30	23321.10	5150.40
1996	42586.50	19183.20	147.70	147.70	5812.90	5530.80	12144.40	8264.90	24481.60	5239.90
1997	34418.00	15379.50	71.00	71.00	4687.00	4586.00	9658.00	6586.00	20002.00	4137.00
1998	38438.00	18305.00	924.00	924.00	5920.00	5819.00	10588.00	7198.00	20898.00	4346.00
1999	41563.00	20790.00	1389.00	1389.00	6348.00	6248.00	12410.00	8324.00	21416.00	4549.00
2000	45812.00	23034.00	1956.00	1956.00	6805.00	6495.00	13535.00	9152.00	23522.00	5130.00
2001	47817.00	23666.00	1787.00	1787.00	7023.00	6923.00	14164.00	9360.00	24843.00	5427.00
2002	49081.00	24926.00	1862.00	1862.00	7549.00	7538.00	14500.60	10108.00	25171.30	5716.90

二、变电设备

1990 年，原能源部在成都市召开电力工业工作会议，把“电网装备和城网改造的目标和基本任务”纳入了《1990～2000 年电力工业技术改造与技术进步纲要》，明确了技术改造要从维持简单再生产向提高科技进步含量的指导思想。在近 12 年中，四川电网变电容量持续高速增长，各个电压等级变电站在不断建设。与此同时，变电站布点、主接线方式和网络优化也在不断改进，许多新产品、新技术在逐步推广应用。

图 6-1-2 内江电业局职工进行设备检修

1991～2002 年，四川省电力建设发展迅速，变电容量在迅猛增加。1991 年四川省还不具有 500 千伏变电站，有 220 千伏变电站 28 座，变电容量 552 万千伏安，110 千伏变电站 140 座，变电容量 614 万千伏安。到了 2002 年，有 500 千伏输电线路 11 条，共 1917 千米；220 千伏输电线路 162 条，全长 8436 千米。共有 500 千伏变电站 3 座，500 千伏开关站 1 座，主变压器 4 台，总变电容量 300 万千伏安；220 千伏变电站 64 座，220 千伏开关站 2 座，主变压器 91 台，总变电容量 1225 万千伏安。

同时，变电设备技术不断更新，新设备不断使用。高、中压变电站、配电装备小型化，全封闭组合电器 GIS、无油化、变电站综合自动化、非晶合金材料变压器、无功补偿技术等新产品逐步推广应用，城网负荷管理系统初步取得实用效果。配电自动化、地理信息系统正在不断发展，35 千伏到 220 千伏变电站技术进步显著，110 千伏及以下变电站大部分实现无人值班，部分 500 千伏变电站实现少人值班（如图 6-1-2 所示为内江电业局职工进行设备检修）。

“九五”计划期间，四川省行政区划调整，重庆直辖市成立，原四川电网因此划分为四川和重庆两个电网，统称“川渝电网”。虽然正式划分时间是在1997年6月，但有关划分工作，从1996年就已经开始准备，划分时对发供电设备容量的统计也是按1996年12月31日的统计数为准进行的，而电网调度则由于某些特殊原因，到1998年才正式分开调度。划分时归四川电网所属的发供电设备容量情况详见表6-1-3和表6-1-4。

表6-1-3　　川渝电网划分时四川电网变压器容量统计

分类	国家电力公司属公用变电站		
	座	台	容量（万千伏安）
原四川电力工业局合计	495	817	2084.22
其中：500千伏	0	0	0
220千伏	40	69	821.60
110千伏	211	361	1025.78
35千伏	244	387	236.84
新四川电力工业局合计	378	612	1465.87
其中：500千伏	0	0	0
220千伏	29	51	590.60
110千伏	149	248	679.48
35千伏	200	313	195.79
重庆电力工业局合计	117	204	618.36
其中：重庆电业局	105	190	595.20
万县电业局	12	14	23.16
其中：500千伏	0	0	0
220千伏	11	18	231
110千伏	62	113	376.30
35千伏	44	73	41.06

表6-1-4　　四川省及四川省电力公司1991～2002年公用变电容量统计

单位：万千伏安

年份	合计		500千伏		220千伏		110千伏		35千伏	
	全省	电力公司	全省	电力公司	全省	电力公司	全省	电力公司	全省	电力公司
1991		1350.69				552.00		614.14		184.55
1992										
1993										
1994										
1995	2296.92	1884.40			731.60	731.60	1058.56	925.18	506.76	227.61
1996	2535.28	2084.22			821.60	821.60	1170.31	1025.78	543.37	236.84
1997	2002.73	1630.01			627.00	615.00	933.86	818.24	441.87	196.73
1998	2355.80	1943.85	150.00	150.00	714.00	702.00	1016.82	881.48	474.99	210.37

续表

年份	合计		500千伏		220千伏		110千伏		35千伏	
	全省	电力公司	全省	电力公司	全省	电力公司	全省	电力公司	全省	电力公司
1999	2839.82	2227.56	225.00	225.00	814.50	795.00	1265.50	990.68	534.82	216.68
2000	3147.99	2448.38	225.00	225.00	904.50	904.50	1406.40	1079.71	650.00	239.17
2001	3658.13	2847.18	225.00	225.00	1048.50	1029.00	1653.00	1291.03	713.63	302.15
2002	4071.52	3238.57	300.00	300.00	1168.50	1168.50	1867.33	1503.36	735.69	286.61

第三节 供 电 运 行

随着电网电压等级的提高、变电站座数的增加、设备自动化程度和先进性的提高，以及交通公路和交通工具的便捷，供电运行发生了根本性的变化，四川省全省电力公司所辖范围基本实现了110千伏及以下变电站的无人值班。

一、线路运行

（一）线路运行管理的方式

由于四川省行政区域面积大，四川电网在2002年前并未全部覆盖全部地（市）行政区，并且，四川电网所覆盖区域，社会发展和人文差异较大。因此，1991～2002年，四川省电力公司在攀枝花市、凉山州西昌市、乐山市、眉山市、成都市、德阳市、绵阳市、广元市、巴中市、南充市、广安市、达州市、资阳市、内江市、自贡市、宜宾市、泸州市设立了17个电业局，输电线路的运行维护管理也按属地化原则进行管理，各电业局生产技术部设置线路专责岗位，具体负责线路生产管理工作，线路常规运行维护、检修工作由电业局下属的线路工区（工程处）和供电局承担。

（二）线路运行管理的措施

按照线路运行规程要求，各运行维护单位在线路运行管理中主要采取的措施包括：①坚持完成每月1次的线路定期巡视，结合季节特点和线路负荷情况，对重要线路、重要线路区段（重冰区、重污区、跨越江河线段、滑坡、泥石流频发区段）进行特殊巡视和监察巡视；②坚持每年1次对重污秽线路、线段的绝缘子清扫；③在夏季对重负荷线路加强其接线、连接金具的红外测温，及时更换雷击瓷质绝缘子；④坚持对线路运行情况的定期分析，强调线路缺陷的闭环管理。

（三）巡线检查中发现的主要问题及处理办法

（1）对正常巡线和故障巡线中发现的雷击绝缘子及时更换。

（2）对影响线路运行安全的树竹进行及时砍伐和修枝，对因地方新增道路等基础设施造成的线路对地安全距离降低的情况，采取加高杆塔措施处理。

（3）对线路通道内施工作业、放炮、修筑构筑物的，进行及时制止，并下发安全通知书，汇报地方安监部门进行整治。

(4) 对运行中发现的塔位及其附近区域有滑坡现象或塔基出现位移、变形的，及时采取监视、加固措施，同时进行详细地质勘察，在确认存在重大隐患情况下，及时进行局部线段、塔位的改迁。

(5) 在发生急剧气候变化（如强风、持续大暴雨、持续降温和覆冰）后，及时安排进行线路特殊巡视（见图 6-1-3）。

图 6-1-3 西昌电业局职工冒雪巡查线路

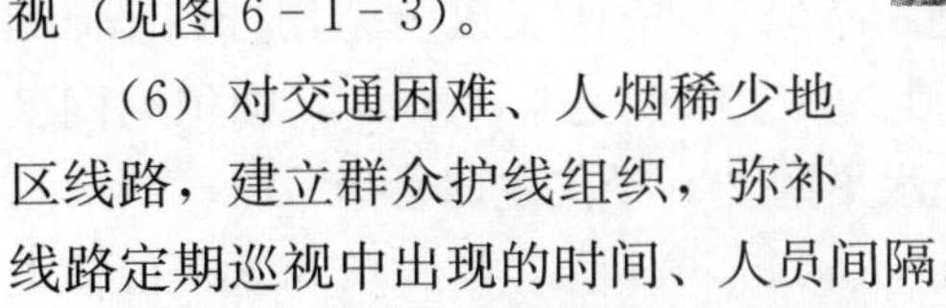

(6) 对交通困难、人烟稀少地区线路，建立群众护线组织，弥补线路定期巡视中出现的时间、人员间隔。

（四）加强线路运行管理提高供电可靠性

通过加强线路运行管理，各单位、各级电压等级线路生产指标呈逐年上升、提高的状态，其他非计划停运率、可用系数也有一定提高。

二、变电运行

1991～2002 年，随着电网电压等级的提高、变电站座数的增加、设备自动化程度和先进性的提高，以及交通公路和交通工具的便捷，变电运行发生了根本性的变化。

1991 年时，变电站大多占地较大，站内还考虑了住家生活设施，值班员大多以站为家，除了购买生活必需品外极少离站，生活枯燥，社交较少，形成了较多的“夫妻站”，子女教育问题突出；人员一般 35 千伏站有 8～9 人，110 千伏站有 12～14 人，220 千伏站有 24～27 人，岗位设置有站长、副站长、技术员、值班长、正班、副班，较为齐全；操作方式基本为人员手动操作。

2002 年底，全省电力公司所辖范围基本实现了 110 千伏及以下变电站的无人值班，运行人员从边远地方集中到了市、县城区，生活条件和子女教育大为改善；无人值班的变电站人员 35 千伏站约 1.5 人，110 千伏站约 2.2 人，220 千伏站约 2.5 人，有人值班的 220 千伏站也大概为 14 人左右，500 千伏站 21 人左右，岗位设置较以前精简；操作方式除为人员手动操作外，还增加了远方遥控操作，一些先进的综合自动化站还可以远方遥控刀闸。

第四节 供 电 量

在四川省的供电史上，有相当长的一段时期在电力建设与管理上存在“重发、轻供、不管用”的倾向。电网建设的资金长期投入不足，电网建设严重滞后，网架薄弱、设备陈旧、中低压配电网过载，形成电网“卡脖子”现象，供电能力不高。电网问题不仅影响四川省的国民经济发展，同时也影响了电力市场的发育与开拓，这一问题直到“八五”计划期间仍然未能引起高度重视。到“九五”计划期间，随着二滩电站的建成投产，电网建设问题才被提上电力建设领导者们的重要议事日程，并以前所未有的速度向前发展。

一、供电能力

（一）供电能力的提高

四川电网建设随着大型电厂和高参数、大容量机组建设的加快，不断向环形网、高电压、自动化方向发展。不仅四川省电力工业局所属的输变电设备有很大发展，地方电力、华能国际电力开发公司的输变电设备也迅速发展起来，形成了国家、地方政府、华能国际电力开发公司等多家筹资兴建的输变电网络。特别是“八五”计划期间，四川电网得到快速发展，全省五年共投入电网建设资金 84.7 亿元，净增 35 千伏及以上公用变压器 194 台，变电容量 635.73 万千伏安，线路 231 条，长度 3385 千米。到 1996 年，四川电网已初步形成了分布合理、运行稳定、具有较高自动化水平的 220 千伏主网骨架。

四川省从 1993 年开始 500 千伏输变电网络建设，1995 年 5 月，第一条 500 千伏输电线路自贡—重庆 500 千伏输电线路建成。该线路是作为二滩水电站送出配套工程的第一期工程建设的，1995 年 5 月 17 日建成后，由于二滩水电站尚未建成，先以 220 千伏电压降压运行。自贡—重庆 500 千伏输电线路的建成，标志着四川电网已经进入 500 千伏建设时期。

随着电源与电网建设的加强，四川电网供电能力迅速提高，售电量大幅度上升，用电环境得到一定改善。1986～1996 年，仅四川省电力工业局的售电总量就达 2908.75 亿千瓦·时，平均年售电量为 290 亿千瓦·时，年售电量从 1985 年 169.76 亿千瓦·时上升到 1996 年的 387.76 亿千瓦·时，增长了 1.28 倍。

1997 年以后，四川省在加快电源点建设的同时，根据过去四川电网建设滞后和新四川电网的具体情况，大力加强了电网建设，特别是加快了 500 千伏输变电网络和城乡电网的建设与改造工程。电网“卡脖子”现象基本得到扭转。

进入“九五”计划时期后，四川省为彻底解决电网建设滞后问题，适应电力市场需要，继续大力加速电网建设，加速 500 千伏输变电网络的建设，从而为实施“西电东送”、“川电外送”战略奠定了基础。

同时，地方电网发展也十分迅速，到 1999 年，地方电网共有高压输电线路 12.1 万千米，35 千伏及以上供电变电站 591 座，变电容量 593 万千伏安。

尽管四川省的供电能力得到了前所未有的提高，但是四川电网的 500 千伏网架是随着二滩水电厂的投运而配套逐步建成的，并未形成严格意义上的 500 千伏电网。500 千伏主干网送端仅有二滩电站一个电源，受端没有接入 500 千伏电网的电源支撑，导致稳定水平低；二滩电站目前出线为四回，其中至主网的送出线路仅三回在安全控制装置运行后也只能送出 290 万千瓦电力，窝电 40 万千瓦。发电能力与送电能力的不匹配使得电网在高峰时段一方面主网缺电，另一方面却因线路送出能力的限制而弃水。

二滩送出线路途经高海拔、重冰地区，地质条件恶劣、线路故障率高，对电网安全运行及二滩电站送出造成隐患；地区电网腹心地区的洪沟至龙王 500 千伏线路则为同塔架设，对电网安全运行亦有很大影响。为确保电网安全运行，在系统调度上只能限制送电容量运行，导致川南与川西北送电能力不足，不能做到各地区间电力互相支持，互为调剂，相互备用。

（二）提高供电能力的措施

1991～2002年，四川电网投入到电网网架建设的资金年年增加。骨干电网的电压水平提高，四川电网由220千伏电压等级为骨干的电网发展成为500千伏电压等级为骨干的电网。即便是在1998年川渝电网分开运行后，四川电网的增长速度也是惊人的。2002年的四川电网与1991年川渝一体电网相比，220千伏及以上变电容量从552万千伏安增加到1149万千伏安，增长了2.08倍；线路长度由4458千米增长到7446.7千米，增长了1.74倍。四川电网已经成为比较坚强的省级电网。

根据四川电网输送能力存在的问题，主要采取改进仿真技术、采用控制技术、采用先进输电技术、加强管理和实施电网技术改造等方面措施提高电网的输送能力。

1. 改进仿真技术

在改进仿真技术方面，四川省电力公司采取了下列措施：

（1）完成了网内所有20万千瓦及以上火电机组和10万千瓦及以上水电机组励磁系统的实测及建模工作。

（2）将负荷模型中感应电动机的定子漏抗由0.295改为0.18。

（3）将500千伏线路的故障切除时间由0.1秒改为0.09秒。

通过改进仿真技术，500千伏电网的稳定仿真状况有所改善，可以减少川电东送安控系统的切机容量。但是由于四川电网稳定计算的发电机模型一直采取详细模型，并计及了发电机励磁系统（包括部分机组PSS）和调速系统的作用，负荷模型的感应电动机比例取40%（低限），所以改进仿真技术提高输送能力的潜力有限，已无大的潜力可挖，改进仿真技术最多可使川电东送安控系统少切1台机组。

2. 采用控制技术

（1）装设安全自动装置提高电网输送能力。四川电网结构薄弱，稳定水平较低，20世纪90年代初，四川电网已广泛采用安控装置来提高电网输送能力。

（2）采用PSS（电力系统稳定器）等控制措施，提高系统动态稳定水平。四川电网自1998年二滩电站投运后，形成了水电大功率、远距离输电格局，电网阻尼特性较弱。自1998年以来，四川省电力公司就采用PSS控制措施，提高系统动态稳定水平。1998年，二滩机组PSS功能与机组同步投运，有效抑制了二滩电厂的低频振荡现象。2002年川渝—华中联网运行，系统阻尼特性进一步恶化，四川电网完成了宝珠寺4台17.5万千瓦机组、铜街子4台15万千瓦机组的PSS试验和PSS投运工作，有效抑制了川渝—华中互连电网0.28赫兹左右的低频振荡。这些机组PSS功能的投运，有效提高了川电外送能力，提高了互连电网的稳定水平。

3. 采用串补等先进输电技术

四川省的水电送出走廊资源紧张，四川电网将大力推广应用串补、SVC等FACTS（柔性交流输电）技术提高电网输送能力。在电网规划设计中，已考虑今后在水电送出线路上预留加装串补的可行性。

4. 实施电网技术改造

随着负荷的不断增长，现有的电网和输变电设备存在一些不适应的情况，限制了输送能力，通过对电网中这些“卡脖子”输变电设备和回路中“卡脖子”元件实施改造，发挥网络整体能力，有效提高现有电网的输送能力。

5. 110 千伏及以下电网提高输送能力方案

110 千伏及以下电网主要问题集中在网架结构薄弱，部分线路、变压器正常重载、满载，受设备热稳定水平限制，不能满足负荷需求，因此主要通过线路及相应变电设备的改造和变压器增容两方面措施来提高地区电网的变电和受电能力。

（三）四川电网供电能力提高的状况

四川电网的供电能力可以用电网供电的年度日平均最大负荷这一数值来体现，其中包括了四川电网自发电力和外购电力，满足四川省内工农业生产和人民生活用电的需要。

1991～2002 年，四川电网经历了两个阶段，即原来的四川电网和川渝电网分开以后的四川电网。供电能力分别统计为 1991～1997 年和 1998～2002 年两个阶段。

第一阶段，四川电网的供电能力由 1991 年的 341.95 万千瓦提高到 1997 年的 596.80 万千瓦，提高了 53.06%，平均每年提高 7.58%。详见表 6-1-5。

表 6-1-5　　1991～1997 年四川电网的供电能力统计

年　份	1991	1992	1993	1994	1995	1996	1997	合计
日均最大负荷（万千瓦）	341.95	367.54	417.70	462.80	513.80	558.90	596.80	
增加负荷（万千瓦）		25.59	50.16	45.1	51	45.1	37.9	254.85
同比增加（%）		6.96	12.01	9.75	9.93	8.07	6.35	53.06

第二阶段，四川电网的供电能力由 1998 年的 454.10 万千瓦提高到 2002 年的 674.94 万千瓦，5 年提高了 37.18%，平均每年提高 7.44%。1991～2002 年供电能力和主要指标详见表 6-1-6 和表 6-1-7。

表 6-1-6　　1998～2002 年四川电网的供电能力统计

年　份	1998	1999	2000	2001	2002	合计
日均最大负荷（万千瓦）	454.10	462.62	511.70	568.20	674.94	
增加负荷（万千瓦）		8.521	49.08	56.5	106.74	220.84
同比增加（%）		1.84	9.59	9.94	15.81	37.18

表 6-1-7　　1991～2002 年四川省供电主要指标

年份	供电量（亿千瓦·时）		售电量（亿千瓦·时）		线损率（%）	
	全省	电力公司	全省	电力公司	全省	电力公司
1991				248.09		

续表

年份	供电量（亿千瓦·时）		售电量（亿千瓦·时）		线损率（%）	
	全省	电力公司	全省	电力公司	全省	电力公司
1992				266.35		
1993				299.06		
1994				331.16		
1995				360.69		
1996				387.76		
1997				291.02		
1998				283.19		
1999				289.08		
2000		392.94	412.29	321.41		8.36
2001		461.86	472.48	370.55		8.28
2002		542.6	551.48	427.79		8.2

二、省（网）间互供电量

四川水能资源非常丰富，全省水能蕴藏量约1.5亿千瓦，技术可开发容量为9167万千瓦，占全国总量的四分之一。随着二滩、宝珠寺等大型水电站的投运，水电装机容量逐年提高，截至2001年底全省水电机组装机容量占水火电总装机容量的比例已超过60%。由于大多数水电站为径流式电站，水库无调节性能，枯水期发电能力仅为丰水期的30%～40%，来水的多少直接影响电网供电能力。2002年起，这种因电源结构的不均衡造成的供电能力呈季节性“又多又少”的矛盾逐步凸显。

在国家西部大开发、加快西部建设的有利政策环境下，为充分利用省内季节性丰富的水能资源，在深挖省内用电潜力的同时，四川省电力公司积极开拓省外用电市场，努力推动川电东送工程的建设和实施。

1997年川渝电网分家之后，四川电网开始川电外送，至2002年累计送重庆市电量125.10亿千瓦·时；二滩电厂1998年投产之后，至2002年底向重庆市累计送电111.67亿千瓦·时，合计236.77亿千瓦·时。由于川渝电网结构的原因，500千伏系统与220千伏系统电磁环网闭环运行，1997年分开后，至2002年四川省从重庆市累计购入电量46.40亿千瓦·时。川渝电网划分时四川电网购、售电量详见表6-1-8。

表6-1-8　　川渝电网划分时四川电网购、售电量统计　　单位：亿千瓦·时

分　类	1996年实际		1997年计划	
	售电量	购电量	售电量	购电量
原四川省电力工业局合计	387.76	115.32	416.00	126.10
1. 地方		42.13		

续表

分 类	1996 年实际		1997 年计划	
	售电量	购电量	售电量	购电量
2. 自备		18.27		
3. 贵州		4.16		4.00
4. 华能		48.61		36.06
珞璜		32.71		34.00
5. 西北		2.15		3.00
新四川省电力工业局合计	282.05	69.83	303.08	77.2
1. 地方		40.75		
2. 自备		12.87		
3. 西北		2.15		3.00
4. 华能		14.06		
重庆送四川		9.99		
重庆市电力工业局合计	105.71	45.50	112.20	48.90
其中：重庆市电业局	100.66		106.60	
万县电业局	5.05		5.60	
1. 地方		1.38		
2. 自备		5.41		
3. 贵州		4.16		4.00
4. 华能		34.55		36.06
珞磺	32.71	34.20		34.20
四川送重庆		29.33		

2002 年 4 月 25 日，500 千伏三（三峡）万（万州）线提前建成并成功投运，川渝电网首次实现与华中主网联网运行，标志着川电东送将成为现实，同时全国联网迈入了一个崭新的阶段。从 2002 年的丰水期开始，四川省的富余水电通过 500 千伏三万线，借华中、华东电网的输电线路，最终送至上海南桥 500 千伏变电站。

川电东送的实施，化解了四川省丰水期大量富余水电的矛盾，促进了四川省水电资源的开发，实现了四川省水电资源在全国范围的优化配置，有效地缓解了全国煤炭供应矛盾，也为推动四川省经济发展起到十分积极的作用。

借助于川电东送通道的建成，川渝电网实现与华中、华东、南方电网的联网运行，提高了电网稳定运行水平，有利于发挥四川省和省外电网水火电互济优势，在很大程度上缓解了四川省枯水期季节性缺电的矛盾。预计 2003 年 12 月 1 日起，每年的枯水期，华东、华中电网会向四川省反送电。

为了最大限度开拓市场，四川省电力公司先后赴国家电力公司、上海市电力公司、国电华东公司、浙江省电力公司、重庆市电力公司进行了专题汇报、交流。同时，四川省电力公司大力开展了电力销售资料的收集工作，加强省内、外的营销调研，特别研究了解了上海、浙江地区的年度和丰水期负荷曲线及其竞价市场状况，了解、熟悉上海市和浙江省220～500千伏电网，落实计量方式、计量装置及其配套设施，并同国电华东公司多次商谈，终于统一了《购售电合同》文本的全部条款内容，完成了全年电量的考核与结算。川电东送的实现，为四川省水电资源开辟了广阔的市场前景。

2002年，四川电网合计外送电量70.29亿千瓦·时，其中向重庆市输送电量55.50亿千瓦·时，同比增长4.59%。在送往重庆市的电量中，四川省净售重庆市电量9.50亿千瓦·时，同比增长16.70%。二滩送重庆市电量37.10亿千瓦·时，同比增长3.30%；送（售）华中电网电量0.10亿千瓦·时（洪沟送出电量）；送（售）华东电网电量14.69亿千瓦·时（洪沟送出电量）。

预计2002～2005年，四川省将向华东电网输送电量75.41亿千瓦·时，向华中电网输送电量45.28亿千瓦·时；同期从华东电网购入电量2.87亿千瓦·时，从华中电网购入电量29.44亿千瓦·时，从甘肃电网购入电量2.23亿千瓦·时。

1997～2002年，四川电网累计送出跨区（省）电量251.56亿千瓦·时，购入电量79.74亿千瓦·时。

四川电网外送和外购电量分别见表6-1-9和表6-1-10。

表6-1-9 四川电网1997～2002年外送电量情况 单位：万千瓦·时

年 份	送重庆	送华东	送华中	二滩送重庆
1997	329903			
1998	249922.19			20436.01
1999	153188.26			122333.34
2000	162550.04			229192.09
2001	171476.459			366300.53
2002	183980.44	147882.07		378393.93
合 计	1251020.40	147882.07		1116655.90

注 1. 四川送华东、华中电量均为洪沟口数据。

2. 二滩送重庆电量为二滩侧数据。

表6-1-10 四川电网1997～2002年外购电量情况 单位：万千瓦·时

年 份	购重庆	购华东	购华中	购碧口
1997	102205			
1998	62918.37			
1999	57459.73			

续表

年 份	购重庆	购华东	购华中	购碧口
2000	62383.21			
2001	90065.15			
2002	88976.09			10257.69
合 计	464007.55			10257.69

第五节 技术经济指标

一、线损率

由于受电源结构和电网结构的影响，四川电网主网线损率一直较高。随着电网建设速度的加快和电力营销管理水平的提高，四川电网线损率较高的情况也逐步得到改善。

进入21世纪后，四川省电力公司多方面开展工作，降低电网损耗。一是加强电压无功管理，提高主网运行经济性；二是开展电网线损理论计算，降低电网技术线损，认真分析电网中影响节能降损的因素，优化电网运行方式；三是加快对老旧的高能耗设备的技术改造；四是加强电力营销管理，降低管理线损；五是加强电能计量管理，确保电能计量的准确性。

在供电负荷和电量大幅上升的情况下，公司线损率同比略有下降，主要是由于省公司和各电业局在每年初就对线损管理给予了高度的重视，采取了若干的技术措施和管理措施，全年切实加强线损管理，取得了一定的成效。

四川省电力公司系统大部分电业局完成情况比四川省电力公司下达的计划线损率低，大部分电业局都完成了四川省电力公司下达的计划。

2002年，四川省电力公司线损电量为44.52亿千瓦·时，线损率为8.20％，与年计划持平，比2001年下降0.08％。其中220千伏及以上电网线损率为2.84％，同比下降0.29％；110千伏及以下电网线损率为7.62％，同比上升0.85％。2002年四川省电力公司线损有以下特点：在供电量和售电量都大幅上升的情况下线损率基本保持稳定；220千伏及以上电网线损率同比下降明显；110千伏及以下电网线损率同比则大幅上升了0.85％。

二、供电设备可靠性

（一）可靠性管理

1. 概况

四川省电力企业的可靠性管理始于20世纪80年代中期。国家水利电力部可靠性管理中心于1984年9月颁发“发电设备可靠性信息管理系统”，能源部可靠性管理中心于1990年初颁布《输变电设施可靠性统计细则》，随即又于1991年4月与中国电力企业联合会联合颁发了《供电系统用户供电可靠性统计办法（试行）》。这些规章使发电设备可靠性管理有了统一的统计评价和计算程序，也使供电系统和输变电设施可靠性管理的统计和评价有章可循。

经过多年运作，四川省的电力可靠性管理工作已深入电力生产各环节，为生产提供辅助决策依据的同时，也为电力可靠性管理工作在全国的推广和进一步深化作出了有益的探索。

电力工业部 1995 年 2 月颁发的《电力可靠性管理工作若干规定》（以下简称《规定》），对电力可靠性管理的重要性、基本任务、管理机构与职责、专责人员的配备与要求，以及信息管理等方面，提出了具体、严格的要求。按照《规定》要求，四川省电力公司成立了可靠性管理领导小组，明确了职责和部门分工。

电力可靠性管理是对电力系统中设备、机组和电网全面的质量管理和全过程的安全管理，从发电主设备（含 20 万千瓦及以上火电主要辅机）到 13 类输变电设施，再到 10 千伏用户供电系统，逐步纳入可靠性统计评价和管理。

四川省电力工业局（公司）从 1991 年以来逐步加强了电力可靠性方面的统计评价，主要涵盖三个方面：一是发电厂主机及其主要辅机（厂网分开后，仅包括映秀湾水力发电总厂）；二是 110 千伏及以上 13 类输变电设施（变压器、电抗器、断路器、隔离开关、架空线路、电缆线路、全封闭组合电器 GIS、母线、电压互感器、电流互感器、耦合电容器、阻波器、避雷器）；三是用户供电可靠性。

按照上述各类规程、办法和全国统一开发的计算软件计算出的发电、输变电和用户供电可靠性指标一直是发电厂、电业局等企业的重要评价指标（企业“双达标”、“无泄漏”、“创一流”都有这方面的要求）。

2. 可靠性管理机构及其管理网络设置

从 1984 年可靠性管理引入中国电力系统以来，四川省一直都有健全的包括从四川省电力工业局（公司）到各基层单位的可靠性管理机构和完善的可靠性管理网络。四川省电力工业局（公司）机构包括可靠性领导小组及其下设的办公室，领导小组组长由分管生产的厂、局长兼任，副组长由总工程师兼任，办公室设在生产技术部（处），生产技术部主任为办公室主任，职责设在生产技术部，由生产技术部可靠性专责兼任办公室副主任。

所有基层发供电企业均建立健全了可靠性管理三级网络，建立了由生产、安全、调度、营销、农电、检修等相关职能部门相关人员组成的可靠性管理领导小组及其办公室，每个电业局和发电厂一直都设有可靠性专（兼）责。各县局（车间）也及时配备了可靠性管理专（兼）职人员。

3. 可靠性管理办法的实施

逐步强化了可靠性的专业管理，并逐年规范化和正规化，使之成为生产技术管理的一项基础性和经常性工作。除贯彻推广部颁发电、供电、输变电三大新《规程》、《网络版软件》、新《编码》和可靠性中心《实施细则》、华中网公司《可靠性管理办法》外，还陆续推出了：《四川省电力公司电力可靠性管理工作五年规划》、《四川省电力公司系统供电企业可靠性控制程序》、《四川省电力公司可靠性管理办法》，并严格贯彻执行。各基层单位依此为据开展工作，对基层单位的考核和工作评价都照此进行，取得了一定的效果。其中：

1991年重点贯彻《供电系统用户供电可靠性统计办法（试行）》，《供电系统用户供电可靠性管理信息系统（单机版软件）》在全省范围内统一推广使用，标志着此项工作逐步进入了规范化、信息化的行列。

1993年重点贯彻《输变电设施可靠性统计实施细则》，《输变电设施可靠性管理信息系统（单机版软件）》在全省范围内统一推广使用。

2002年厂网分开后，除映秀湾水力发电总厂外，省公司不再负责其他电厂的可靠性管理工作。

（二）可靠性管理的模式及手段

四川省电力公司以国际上流行的同业对标、标杆管理等模式为手段，扎实地做好如下三个层次的工作。

（1）严格按照可靠性规程、可靠性编码和三大可靠性软件，准确、及时、完整地对设备（施）或系统进行可靠性统计评价。

（2）根据统计评价结果（可靠性指标）进行全面、深入的分析并应用于生产，当好领导参谋。

（3）根据分析结果制定出切实可行的对策和系列措施并齐抓共管、各方配合提升可靠性指标和可靠性管理水平。

三个环节缺一不可，只有这样才能实现“设备可靠性的封闭管理”。变单纯的可靠性统计为可靠性管理，实现由统计型转变为统计分析型再到控制型，或者称为“四个转变”：变手工报表为计算机上报、变专责录入数据为数据审核分析、变可靠性个人管理为全员参与互相配合、变事后统计为目标控制。

（三）指标完成情况

2002年，四川省电力公司加大了对供电设备的治理工作，供电可靠性得到了极大提高。但是，由于各类输变电设施强迫停运或受累停运增多，导致变电站全停事故较多，与2001年同期相比各类设备运行情况如下：

（1）架空线路。可用系数均有所提高；220千伏、110千伏“非停时间”增加、“非停次数”减少；500千伏线路则“非停时间”减少、“非停次数”不变。

（2）变压器。可用系数有升有降，220千伏、110千伏“非停时间”、“非停次数”指标差于去年，而500千伏的“非停”指标两年来均保持零的记录。

（3）断路器。500千伏断路器可用系数同比略降，“非停”指标两年来均保持零的记录；其他电压等级的断路器可用系数同比提高，“非停”指标差于去年。

2002年，四川省电力公司供电可靠率RS1-Ⅲ完成99.80%，低于上年的99.81%；在扣除限电因素后，完成99.85%，高于承诺的99.80%，也高于上年的99.81%。供电可靠率RS1-Ⅳ完成99.53%，低于上年的99.71%；在扣除限电因素后，完成99.67%，高于承诺的99.60%，仍低于上年的99.69%。详见表6-1-11。

表 6-1-11　　四川省电力公司 2002 年 110 千伏及以上电压等级架空线路、变压器、断路器的运行可靠性指标

设施类型	电压等级	时间（年）	可用系数（%）	非计划停运时间（小时/台）	非计划停运次数（次）
架空线路	110 千伏	2002	99.614↑	1.80↑	8↓
		2001	99.512	0.78	9
	220 千伏	2002	99.663↑	1.61↑	6↓
		2001	99.424	0.71	12
	500 千伏	2002	99.218↑	1.02↓	2
		2001	98.403	3.99	2
变压器	110 千伏	2002	99.608↓	0.99↑	14↑
		2001	99.695	0.17	4
	220 千伏	2002	99.025↑	0.83↑	5↑
		2001	98.545	0.22	3
	500 千伏	2002	99.372↓	0	0
		2001	99.858	0	0
断路器	110 千伏	2002	99.740↑	0.28↑	36↑
		2001	99.704	0.22	10
	220 千伏	2002	99.437↑	1.40↑	42↑
		2001	99.225	1.19	28
	500 千伏	2002	99.551↓	0	0
		2001	99.794	0	0

四川省 1998～2002 年供电可靠性指标和 1997～2002 年四川省电力系统用户供电可靠性统计基本数据变化情况表见表 6-1-12 和表 6-1-13。

表 6-1-12　　四川省 1998～2002 年供电可靠性指标

年 份	按区域划分	供电可靠率（%）		
		RS1	RS2	RS3
1998 年	Ⅰ类			
	Ⅱ类	99.756	99.825	99.804
	Ⅲ类	99.750	99.828	99.806
	Ⅳ类	99.473	99.667	99.606
1999 年	Ⅰ类			
	Ⅱ类	99.827	99.850	99.828
	Ⅲ类	99.794	99.834	99.796
	Ⅳ类	99.687	99.769	99.683
2000 年	Ⅰ类	99.835	99.852	99.835
	Ⅱ类	99.833	99.850	99.833
	Ⅲ类	99.786	99.807	99.786
	Ⅳ类	99.658	99.719	99.659

续表

年份	按区域划分	供电可靠率（%）		
		RS1	RS2	RS3
2001年	Ⅰ类	99.826	99.842	99.826
	Ⅱ类	99.819	99.838	99.819
	Ⅲ类	99.808	99.830	99.808
	Ⅳ类	99.705	99.775	99.705
2002年	Ⅰ类	99.789	99.859	99.847
	Ⅱ类	99.754	99.842	99.826
	Ⅲ类	99.734	99.836	99.820
	Ⅳ类	99.090	99.672	99.622
	Ⅲ类	99.78	99.909	99.873
	Ⅳ类	98.923	99.722	99.66

表6-1-13 四川电力系统1997～2002年用户供电可靠性统计基本数据变化情况

年 份	1997	1998	1999	2000	2001	2002
供电可靠率（RS1）（%）	99.657	99.750	99.687	99.786	99.808	99.734
供电可靠率（RS2）（%）	99.841	99.828	99.769	99.807	99.830	99.836
供电可靠率（RS3）（%）	99.828	99.806	99.683	99.786	99.808	99.820
用户平均停电时间 AIHC-1（时/户）	30.047	21.9	27.419	18.804	16.816	23.289
用户平均停电次数 AITC-1（次/户）	3.99	4.560	4.023	3.934	3.321	4.612

第二章 供 电 企 业

截至1991年底，四川省电力公司有所属市州供电企业14家，分别为成都电业局、绵阳电业局、广元电业局、达川电业局、南充电业局、内江电业局、自贡电业局、泸州电业局、宜宾电业局、乐山电业局、攀枝花电业局、西昌电业局、重庆电业局和万县电业局。1993年新组建德阳电业局。1998年川渝行政管理关系调整，重庆电业局、万县电业局划归重庆市电力公司管理，同年组建广安电业局、巴中电业局。2001年新组建四川省电力公司眉山公司，2002年新组建四川省电力公司资阳公司，到2002年底，隶属于国家电网四川省电力公司的市（州）级供电企业共17家❶。

第一节 成都电业局

成都电业局下辖锦江、青羊、武侯、成华、高新、金牛、龙泉驿、青白江、温江、新都等10个区，双流、大邑、郫县、金堂、新津、蒲江等6个县，都江堰、彭州、崇州、邛崃等4个县级市的供电局，是四川省最大的电业局。成都电业局主要担负着成都地区20个区、市、县1千多万人口的供电任务，是全国特大型企业。

一、企业概况

成都市的供电是由四川省电力公司成都电业局承担的。成都电业局成立于1953年，是四川省电力公司系统内第一家特大型国有供电企业，主要担负着成都地区20个区（市）县、1000多万人的电力供应任务。截至2002年底，共有营业户数51.23万户，其中城市户表用户约30万户，人均用电量1000千瓦·时/（人·年），供电范围1.24万千米^2。全局下属21个机关处室（部门），18个供电局（代管局7个），17个多经企业，直属单位全民职工3332人，集体职工393人，代管供电局职工3807人，具有大专及以上学历职工1441人。成都电业局现为国家电力公司一流供电企业、双文明单位标兵，2002年获“全国五一劳动奖状”（图6-2-1所示为成都

图6-2-1 成都电业局领导在用电服务中心指导工作

❶ 四川省除国家电网系统的供电企业外，还有属于地方电力系统的供电公司。这些供电企业分别设在地方电力系统供电区域的县、乡、镇。详见本志《地方电力》篇。

电业局领导在用电服务中心指导工作)。

截至2002年底，成都电业局共成立307个供电所，其中直属供电所156个，代管供电所151个。有农电职工5615人，其中直属局3190人，代管局2425人。2002年，共有1275名农电管理人员通过省电力公司组织的全省农电统考，并取得省电力公司颁发的岗位证书；共有3348名农村电工经培训考试合格，取得了进网作业电工许可证。

二、电力供应

成都电业局1990年的供电量为36.65亿千瓦·时，随着四川经济的飞速发展，售电量持续增长。从2000年起，成都电业局供电量连续三年保持两位数增长，2002年达到113.02亿千瓦·时，同比增长11.65%；完成网供电量104.07亿千瓦·时，同比增长18.25%，比省电力公司下达指标多完成4.57亿千瓦·时；实现销售收入39.86亿元，同比增长13.79%；售电均价达到352.67元/千瓦·时，同比增长1.91%；完成利润总额8.50亿元，比省电力公司下达指标多7567万元；当年电费回收率100%，旧欠电费回收率20.39%，应收电费余额8974万元，比年初余额减少2298万元；线损率为7.66%，同比下降0.14%；企业全员劳动生产率为18.94万元/（人·年)，同比增长8.35%。

到2002年，成都电业局220千伏电网容载比为1.31，110千伏电网容载比为1.78。2002年主网供电负荷235.20万千瓦，与2001年相比，主网最高日负荷235万千瓦，同比增长14.90%；最高日供电量4409.46万千瓦·时，同比增长21.69%；日平均最高负荷170万千瓦，同比增长13.17%；日平均网供电量3030.08万千瓦·时，同比增长16.75%。供电可靠性方面，市中心+市区+城镇RS1为99.975%；市中心+市区+城镇+农村RS1为99.915%。全局线损率为7.66%，全局综合电压合格率为98.605%。

三、所属供电局

(一) 锦江供电局

锦江供电局地处成都市东部，是成都电业局直供局，有16个班组137名主业职工，肩负着锦江区全部及武侯区、成华区部分地区的供电任务。截至2002年，该局拥有220千伏变电站2座，110千伏变电站9座，35千伏变电站1座，总容量130.70万千伏安；运行及维护的开关站及环网柜28座；所辖10千伏线路80条，长度为260.80千米；管理公用变压器826台。

(二) 青羊供电局

青羊供电局担负着成都地区75千米^{2}区域、90多万人口的供电任务，有正式员工185人。员工中硕士3人，大学本科23人，大专58人，中专30人，技校24人，高中28人，初中及以下19人。供电区域内，共辖10千伏供电主干线路99条230.60千米（其中10千伏公用线75条，用户专线24条)；低压线路958千米，线路柱上式开关86台；公用变压器820台，共计容量26.80万千伏安；用户专用变压器1307台，共计容量31.50万千伏安；运行维护10千伏高压电缆63.42千米，380伏低压电缆221.97千米，环网柜44台，电缆分支箱81台，箱变压器77台。辖区内装电表用户为14.65万户（其中大宗用户358户，专用变压器用户2145户)；变电站10座（220千伏站3座、110千伏站7

座）；主变压器 19 台，容量 144.60 万千伏安；共有 220 千伏开关 54 台，110 千伏开关 192 台，10 千伏开关 141 台。

（三）金牛供电局

金牛供电局是成都电业局下属四个城区供电局之一，担负着金牛区、锦江区部分区域的供电任务。该供电局所辖变电站 14 座，开关站及开闭所 15 座，全局 28 台主变压器容量为 128.60 万千伏安，开关 512 台，公用配电变压器 1019 台，总容量 29.80 万千伏安，所辖高低压线路 1163 千米，其中 10 千伏高压线路 92 条，总长 307.17 千米。该局有职工 189 人，其中研究生 4 人、本科 34 人、大专 75 人、中专 35 人、技校 14 人、高中 5 人、初中及以下 22 人，职工中高级技术人员 2 人、中级技术人员 21 人、初级技术人员 77 人。

（四）高新供电局

高新供电局于 1996 年成立，有职工 148 人，局领导 5 人，下设三科一室、18 个班组、1 个共产党员服务队及 5 个乡镇供电所。辖有 2 座 220 千伏变电站，7 座 110 千伏变电站。

截至 2002 年底，该局主变压器容量 94.45 万千伏安，10 千伏配电线路 72 条，长 213.57 千米；城农网改造已完成 85.40%以上；城市户表改造完成 21000 户；箱变压器 133 台，公用变压器已达 740 台，柱上开关 119 个，环网柜、分支箱 46 个。电压合格率达到 99.91%，供电可靠性方面，城市和农村均达到 99.85%以上。2002 年总用电户 10.1329 万户，总售电量为 9.78 亿千瓦·时。

（五）新都供电局

2002 年，新都供电局设三科两室，一个物资供应部，一个调度中心，13 个班组。全局职工 155 人，其中主业 107 人，供电联营公司 31 人，多经 17 人。2002 年全面完成了二期网改 A、B、C、D 项目共 3605 万元的计划投资工程任务（其中完成户表 10.56 万户）。

截至 2002 年底，新都供电局共管理 7 座变电站，其中 220 千伏变电站 1 座、110 千伏变电站 3 座、35 千伏变电站 3 座，总容量 40.30 万千伏安。局管辖 220 千伏输电线路 2 条，长 100.52 千米；110 千伏输电线路 4 条，长 75.15 千米；35 千伏输电线路 9 条，长 91.37 千米；10 千伏配电线路 49 条，长 225.88 千米。

（六）郫县供电局

截至 2002 年底，郫县供电局下设三科两室，有在岗职工 213 人，其中主业员工 152 人，多经 61 人；35 岁以上 137 人，35 岁以下 76 人；具有大专以上学历 85 人，大专以下学历 128 人。网内拥有 110 千伏变电站 2 座，总装备变压器容量为 2×3.15 万千伏安，是郫县电网的主电源。35 千伏变电站 5 座，总装备变压器容量为 4.77 万千伏安。110 千伏输电线路 9.29 千米，35 千伏输电线路 46.50 千米。

（七）龙泉驿供电局

龙泉驿供电局成立于 1988 年 11 月 10 日，直属成都电业局。局下设科室 9 个，班组站 13 个，供电所 18 个。2002 年在册主业职工 151 人，其中中级技术人员 21 人，初级技术人员 58 人，高级技术人员 18 人。2002 年有趸售营业区、直供营业区两种形式。其中趸售营业区包括龙泉驿区西河镇和大面镇，直供营业区包括成都市龙泉驿区行政区。2002年底，该局供电营业面积达1140千米^2，有220千伏变压器2台，110千伏变压器5台，35千伏变压器5台，变电站7座，主变压器12台，用户变压器1台，变电总容量52.56万千伏安，用户变电容量2万千伏安；公用变压器92台，总容量1.97万千伏安；35千伏及以上输电线路12条，长99.61千米；10千伏配电线路24条，长265.10千米；线路柱上开关94台。形成和完善了农村的供电网络，使全区所有的变电站都有两个电源点（除茶店站外），每个变电站都有2台主变压器；每个乡镇的10千伏主线都得到了整改，30%的村都有1台或1台以上的变压器，提高了供电可靠性；农村的供电线路线损普遍降低了2%～4%，大幅度提高了电压合格率；改善了农村用电变压器布局，缩短了供电半径，末端电压由原来的80～90伏上升到200伏以上。

（八）青白江供电局

青白江供电局是成都电业局直属供电局。局下设三科三室，以及调控中心、500千伏龙王变电站、220千伏青白江变电站、检修班等10个班组、站。

全局共有在册正式职工145名。其中在册在岗人员141名，内部退养4名；男98名，女47名，35岁以下青年职工87名，党员46名；大专以上学历55名，中专、高中75名，初中及以下15名；具有高级工程师职称（含高技）4名，工程师（含技师）22名，助理工程师31名，技术员23名。

截至2002年底，该局管理变电站7座，500千伏变电站1座（龙王变电站），220千伏变电站1座，110千伏变电站1座，35千伏变电站4座，总变电容量195.50万千伏安。

（九）双流供电局

双流供电局隶属成都电业局，地处全国经济百强县——双流，担负着成都双流国际机场和双流县所辖乡（镇）的供电任务。全局共有职工147人，其中主业人员104人。管辖35千伏及以上变电站9座，主变压器总容量27.73万千伏安，35千伏及以上线路128.16千米。供电区域1067千米^2，用电客户22万户。

（十）温江供电局

温江供电局属成都电业局的二级管理单位，主要担负温江区和双流、青羊区部分乡镇的供电任务，以及崇州、大邑、邛崃等市县的趸售供电任务，辖区供电半径约62千米。下设局办公室、生产技术科、电力营销科、财务科、电力开发总公司等部门，以及监控中心（调控中心）、农电办等13个生产班组。有在册职工224人，其中有高级职称2人，中级职称19人，初级职称50人；研究生1人，大专以上学历61人，中专学历91人，占职工比例的68%。

到2002年底，该局拥有110千伏变电站3座，35千伏变电站3座，35千伏小型智能化箱式变电站1座，总装机容量21万千伏安。有各级电压等级的线路35条（110千伏6条，长97.64千米，35千伏6条，长78.69千米，10千伏23条，长154.01千米），总长330.31千米。电压合格率方面，A类合格率为100%；C类合格率为99.68%；D类合格率为99.63%，综合合格率为99.44%；线损率为4.3%；供电可靠性RS1为99.66%；主设备完好率为100%，辅助设备完好率为99%，消缺率为100%。

（十一）新津供电局

截至2002年底，新津供电局有职工384人，其中在职332人，离休1人，退休51人。有党员69人，建有党总支1个，党支部5个。全局具有大中专学历285人，还在继续参加大中专以上学历进修的在职职工37人；有科技人员132人，其中高级3人、中级18人、初级111人。局内部机构设置四科一室、一个调度所、一个多经公司和5个供电所，自有水力发电站2座，装机容量为832千瓦；有容量为15万千伏安的220千伏变电站1座，容量为5.15万千伏安的110千伏变电站1座，总容量为3.56万千伏安的35千伏变电站4座，10千伏开关站1座；全局拥有110千伏输电线路60.40千米，35千伏输电线路27.80千米，10千伏输电线路914千米，供电半径达28.5千米，电网覆盖全县16个乡镇187个行政村及1255个村民小组，拥有用户71480户。

（十二）金堂供电局

金堂供电局是成都电业局下属供电局，有职工132人，其中主业人员92人，担负着金堂地区25个乡镇及青白江区8个乡镇的供电任务。截至2002年12月，该局共有变电站9座，其中110千伏变电站2座，35千伏变电站7座，主变压器13台，总容量17.63万千伏安；110千伏线路2条，总长度为52千米，35千伏线路13条，总长度为118千米，10千伏线路35条，总长度为1460千米；10千伏配电变压器857台，容量为63255千伏安。

（十三）彭州供电局

2002年底，彭州供电局辖变电站9座，主变压器总容量为31.99万千伏安。其中220千伏变电站1座，主变压器容量为15万千伏安，110千伏变电站2座，容量为9.5万千伏安，35千伏变电站6座，容量为7.49万千伏安。所辖区内有110千伏线路31.4千米，35千伏线路116.66千米。

（十四）大邑供电局

大邑供电局下设六科一室，以及晋原供电所、安仁供电所等8个下属单位。2002年总人数为608人，其中在岗246人，退养362人；具有初级以上专业技术职称人员130名；35岁以下青年职工255人，占42%。

该局拥有110千伏变电站3座；35千伏变电站12座，主变压器总容量为2.15万千伏安（其中用户35千伏站6座，主变压器容量为0.2万千伏安）；110千伏线路45.29千米，35千伏线路176.63千米，10千伏线路1045.16千米；10千伏配电变压器方面有公用变压器1168台，用户变压器385台，10千伏配电变压器总容量13.89千伏安。

（十五）都江堰供电局

2002年都江堰供电局输变电设备容量及变化情况如下：主变压器容量26.83万千伏安，10千伏线路19条，共计121.66千米；公用变压器61台，线路开关25台，220千伏线路10条，长270.89千米；110千伏线路6条，长133.58千米；35千伏线路25条共280.76千米；以上共计685.22千米。二期农网改造共计新建10千伏线路42千米，投资225万元；改造10千伏线路40千米，投资161万元；新建380伏线路202千米，投资607万元；改造380伏线路30千米，投资59万元；新建200伏线路1300千米，投资

2615 万元；新增和改造 10 千伏配电变压器 90 台，容量为 5935 千伏安，投资 130 万元；改造农户 85582 户。可靠性指标 RS1 为 99.936%；片区线损率为 6.39%；综合电压合格率为 99.87%。

（十六）崇州供电局

崇州供电局于 1993 年 8 月移交成都电业局代管，2001 年末改制为崇州崇明电力有限责任公司，实行两块牌子一套班子运行。机关管理部门设 4 科 2 室 6 个管理职能机构及 15 个班组站，以及 1 个调度室、30 个乡（镇）供电所、崇州电业开发总公司和崇州大酒店。全局有职工 418 名，其中女工 159 名，35 岁及以下青年职工 199 名，全局有党员 122 名。全局大专及以上学历 142 人，中专学历 233 人，初中及以下学历 36 人，在读大专以上学历 15 人。企业固定资产值达到 1.23 亿元，企业总资产现值达到 1.2 亿元。

截至 2002 年底，该局所辖范围内共有变电站 11 座，主变压器 18 台，主变压器总容量 28325 千伏安。其中 220 千伏变电站 1 座，主变压器 1 台，容量为 1.2 万千伏安；110 千伏变电站 1 座，主变压器 2 台，容量均为 3.15 万千伏安，其中 1 台 3.15 万千伏安的变压器为 2002 年新增设备；35 千伏变电站 9 座，主变压器 15 台，35 千伏主变压器总容量为 10.03 万千伏安。

（十七）蒲江供电局

蒲江供电局下设四科两室，一个调度所，一个多经公司及农电办。全局在册职工 237 人，其中退休 17 人，退养 18 人，主业 172 人，供用电工程公司（多经）30 人。文化结构为大学本科 5 人，大学专科 49 人，中专、技校、高中 101 人，初中以下 47 人。技术职称包括高级职称 1 人，中级职称 13 人，初级职称 46 人。全局人员分布情况为管理岗位 5 人，专业技术岗位 33 人，生产岗位 151 人，服务岗位 12 人。

截至 2002 年底，该局拥有 110 千伏输电线路 3 回，总长 73.83 千米，其中临金线 28.43 千米，青新马支线 23.36 千米，东金线 22.03 千米。共有变电站 7 座，总容量 9.53 万千伏安，其中 110 千伏变电站 1 座，变电容量为 6.3 万千伏安；35 千伏变电站 6 座，变电容量为 3.23 万千伏安。

（十八）邛崃供电局

邛崃供电局下设四科两室，以及水口中心供电所、平乐中心供电所等 8 个基层单位。全局在册人数 585 人，其中在岗人数 381 人，内退人数 165 人，其他人员 39 人。全局职工中大专及以上学历 75 人，高中、中专学历 286 人；具有中级及以上职称 31 人，初级职称 220 人。

2002 年底，该局拥有 220 千伏变电站 1 座，容量为 15 万千伏安；110 千伏变电站 1 座，容量为 3.15×2 万千伏安；35 千伏变电站 1 座，共计容量 4.57 万千伏安，其中 2002 年新增容量 3700 千伏安。邛崃供区共有 110 千伏线路 5 条，计长 112.30 千米，其中崃羊线（19.70 千米）为降压（35 千伏）运行；35 千伏线路 10 条，计长 188.50 千米。

第二节　绵阳电业局

绵阳电业局位于绵阳市剑南路西段16号，是绵阳市主要的供电企业，担负着绵阳市所辖一市二区六县及遂宁、广元市部分县区的供电任务，是隶属于四川省电力公司的国家大二型企业，始建于1975年。

一、企业概况

截至2002年底，绵阳电业局供电覆盖面积约2.50万千米²（包括蓬溪、大英县及剑阁县部分地区），供电人口750万（包括蓬溪、大英县及剑阁县部分地区），电力用户72.72万户（城市13.42万户，农村59.30万户）。绵阳电业局下设部室13个，双重职能部门4个，设多经局、安装检修公司和通信自动化公司，辖城区、游仙、江油、梓潼4个供电局和安县电力联营公司，代管蓬溪、大英2个供电局。现有全民在册职工1606人，在册集体所有制职工405人，其中现有高级职称83人，中级职称228人，初级职称514人。截至2002年底，绵阳电业局企业固定资产原值18.55亿元，固定资产净值12.51亿元。图6-2-2所示为绵阳电业局开展电力优质服务活动现场。

图6-2-2　绵阳电业局开展电力优质服务活动

二、电力建设

“九五”计划期间，绵阳市被国家列入首批全国39个重点城市和第一批农村电网建设与改造计划，城乡电网分别获得了7.30亿元和3.80亿元的建设与改造资金，2002年又获得二期农网资金2.42亿元。如今，一期城市电网和一、二期农村电网建设与改造任务全面完成，累计完成总投资13.52亿元。通过五年时间建设，形成了能满足绵阳地区未来5年用电需求的供电网络，实现了110千伏及以下变电站无人值守、调度自动化（SCADA）和配电自动化（DA），配电地理信息（GIS）系统处于全国领先水平，过去城乡电网供电电压低、可靠性差、线路“卡脖子”、超载等问题得到了根本的解决。为适应绵阳科技城建设需要，配电网络还进行了电缆化、架空线绝缘化和无油化建设与改造，城市主干线路实现了手拉手互为备用的灵活、可靠的环网供电方式。

三、所属供电局

（一）城区供电局

城区供电局成立于1993年6月8日，担负着绵阳涪城、高新区直供及三台、盐亭、射洪、蓬溪等地区趸售供电任务。下设4科1室，16个班组站，12个供电所，共有职工

423 人。到 2002 年底，固定资产总值已达 3.40 亿元。辖区内 35 千伏及以上变电站 16 座，主变压器容量为 106 万千伏安；35 千伏及以上输电线路 40 条，总长 400.50 千米。城市用户数 5 万户（不含一户一表用户）。

（二）游仙供电局

游仙供电局始建于 1994 年 12 月 26 日，是绵阳电业局下属的二级机构，担负着绵阳市游仙区全部行政区域及三台县部分行政区域的供电任务。该局下设 4 科 1 室 12 个班组站所及 1 个公司，乡镇供电所 19 个。全民和集体在册职工 156 人，供电所职工 97 人，农村专职电工 210 人。拥有固定资产原值 1.31 亿元，净值 1.10 亿元。辖区内有 35 千伏及以上变电站 9 座，主变压器 11 台，容量为 19.18 千伏安。35 千伏到 220 千伏线路共 15 条，总长度为 279.33 千米。

（三）江油供电局

江油供电局始建于 1962 年 10 月，担负着江油市行政区域内直供和对平武县的趸售供电任务。局下设 4 科 1 室、16 个班组站所、1 个公司，乡镇供电所 26 个。有全民和集体在册职工 351 人，供电所职工 141 人，农村专职电工 450 人。辖区内有 35 千伏及以上变电站 14 座，其中 35 千伏变电站 6 座，110 千伏变电站 7 座，220 千伏变电站 1 座；主变压器 21 台，容量 59.97 万千伏安；35 千伏及以上送电线路 45 条，总长 697.89 千米；10 千伏配电线路 92 条，长 1895.42 千米；电力客户 2.94 万户；用电设备容量 112.87 万千瓦，拥有固定资产 2.61 亿元。

（四）梓潼供电局

梓潼供电局属绵阳电业局所辖的二级供电企业。担负着梓潼和剑阁、江油部分地区共 45 个乡镇，439 个行政村，2887 个社的供电任务。局下设 4 科 1 室 10 个班组站所 2 个公司，乡镇供电所 18 个，全民和集体在册职工 205 人，供电所职工 89 人，农村专职电工 435 人。拥有固定资产 1.45 亿元。辖区内有 35 千伏及以上变电站 12 座，主变压器 20 台，容量 15.01 万千伏安。35 千伏及以上送电线路 18 条长 319.49 千米，10 千伏配电线路长 1578.29 千米，电力客户 12.6 万户（含农村户表）。

（五）安县电力联营公司

安县电力联营公司是 1993 年 12 月，由安县供电局和原地方安县电力公司共同组建而成的，隶属于绵阳电业局管理的下属县级供电企业，担负着整个安县城乡工农业生产、人民生活和县境内国防科研单位及相邻的北川、江油部分地区的供电任务。公司设五科、一所、一室，所辖有 13 个农村供电所，2002 年底，公司有职工 403 人，农电管理人员 84 人，农村专职电工 215 人。辖区内拥有 220 千伏变电站 1 座，110 千伏变电站 5 座，35 千伏变电站 8 座（其中一座为开关站），变电总容量为 44.27 万千伏安；有 35 千伏及以上输电线路 20 条，长 298.74 千米，6 千伏和 10 千伏配电线路 758.10 千米；公司自管的小水电站 6 座，装机总容量 5820 千瓦，年发电量 2500 万千瓦·时。拥有固定资产 1.76 亿元（其中供电局 1.44 亿元），辖区内有电力客户达 1.09 万户。

（六）蓬溪供电局

蓬溪供电局是一个集发电、购电、供电和电力多种经营为一体的独立法人企业。下设职能科室及双重职能部门12个，生产经营单位13个，下属独立法人企业1个即蓬溪电力实业开发总公司。2002年底在册职工660人。年末固定资产原值1.16亿元，固定资产净值0.65亿元。拥有水电站3座，总装机容量8620千瓦，输电变电站11座（其中110千伏变电站两座），主变压器17台，容量为10.23万千伏安，配电变压器容量为8.9万千伏安，输电线路长201.40千米，配电线路长5634.11千米。

（七）大英供电局

大英供电局是集转供电及多种经营为一体的国有地方企业，位于四川中部，始建于1998年，担负着大英县的供电任务。截至2002年底，全局有职工276人；拥有110千伏输电线路82.70千米，变电站两座，变电容量7万千伏安；35千伏输电线路81千米，变电站4座，变电容量3.07万千伏安；10千伏线路850千米，配电变压器1309台，配电变压器容量82413千伏安；年供电量1亿千瓦·时。固定资产原值4856万元，销售收入3150万元，利润50万元，上缴税金350万元，工业生产总值270余万元（90不变价），年均劳动生产率为1.15万元/（人·年）。

第三节 德阳电业局

德阳电业局主要负责旌阳区、广汉市、什邡市 、绵竹市、罗江县、中江县的供电任务，供电覆盖面积5954千米^2。

一、企业概况

德阳电网是一个典型的受端网络，境内没有大中型发电厂，95%以上电力是由国家电网输入的。德阳电业局是德阳地区主要的供电企业，担负着德阳地区六县（市、区）的供电任务，直供直抄的用户数为57624户。全市用电最高负荷72万千瓦，平均负荷47.40万千瓦，机械、化工等工业负荷约占70%，其中磷化工和化肥行业用电量约为40%。全市农村共193个乡镇，1956个供电村，93个供电所，直供直管已改造到户地区的电价实现了同网同价。

德阳电业局成立于1984年6月30日，属大二型供电企业，下设城区、广汉、绵竹、什邡、罗江5个供电局和机关12个部室，代管中江供电公司，固定资产14.58亿元。德阳电业局采取多种形式推动安全生产，图6-2-3所示为该局举行“爱心·平安杯”辩论活动现场。

图6-2-3 德阳电业局举行“爱心·平安杯”辩论活动现场

二、电力建设

德阳电业局有35千伏及以上变电站共64座。经过十多年的电力建设，电网布局合理，自动化程度高，已有的6座

220千伏变电站，分布在广汉、什邡、绵竹、旌阳、罗江，500千伏绵龙线德阳段共计57.69千米。德阳500千伏变电（换流）站建设已定点罗江县，将改善德阳地区的供电环境，形成对德阳地区可靠、灵活、强有力的电力支撑，更好地为德阳地区工农业生产和人民生活提供安全、可靠、高质量的电力保证。

三、所属供电局

（一）罗江供电局

罗江供电局于1993年7月组建，担负着罗江县城及16个乡镇的供电任务和35千伏及以下电网的建设任务。

截至2002年底，罗江供电局共有职工87人，主业51人，多经36人，其中有1名政工师，1名会计师，5名工程师，2名技师，另外还有助理政工师1名，助理会计师4名，助理工程师15名，技术员3人。2002年底，罗江供电局的全员劳动生产率达20.35万元/(人·年)。

罗江供电局拥有220千伏变电站1座，110千伏变电站2座，35千伏变电站7座，共有13台主变压器，总容量305850千伏安。35千伏及以上线路22条，总长171千米。

（二）绵竹供电局

绵竹供电局组建于1982年5月，担负着21个乡镇的供电任务。全局下设科室、班组17个和供电所15个，共有职工140人，其中本科6人，专科36人，中专88人，初中8人；高级职称1人，中级职称22人，初级职称37人。年人均劳动生产率为16.68万元/(人·年)。有各类变电站12座，其中220千伏站1座，110千伏站5座，35千伏站4座，10千伏开关站2座，变压器17台，总装机容量60.3万千伏安；线路1350条共长1291千米（含农网改造线路1315条共计1001千米）。固定资产2.18亿元。

（三）广汉供电局

广汉供电局组建于1978年6月，担负20个乡镇供电任务，2002年底有职工187人，设置18个科室、班站，大、中专以上学历92人，中高级以上职称14人。辖区内用户9580户，其中大宗用户158户；辖区内共有变电站12座（包括10千伏开关站），总装机容量达到63.85万千伏安；有35～220千伏送电线路22条共205.42千米，10千伏线路51条，公用配电变压器738台共7.18万千伏安。

（四）什邡供电局

什邡供电局成立于1985年2月，是德阳电业局的直属二级供电机构，现有职工140人，其中主业104人，从事多经职工36人。设有4科1室，8个班组，1个多经企业，供电区域为什邡市市区及11个乡镇，绵竹市金花镇和彭州市三界镇。设有农村供电所11个，有用电客户7.48万户，其中大宗用户989户，非普用户1215户，农村用户6.50万户，其他用户7553户。该局共有固定资产2.01亿元，220千伏变电站1座，110千伏变电站6座，35千伏变电站4座，主变压器容量57.54千伏安，城镇公用配电变压器120台共3.28万千伏安，农村配电变压器975台共6.36万千伏安，运行维护220千伏线路4条共计32.13千米，110千伏线路11条共计66.72千米，35千伏线路8条共计61.73千米，10千伏线路44条共计679.30千米。

（五）城区供电局

城区供电局成立于 1993 年 1 月，位于德阳市旌湖开发区庐山路东湖街。现有职工 176 人，其中从事多经职工 55 人，有高级工程师 2 名、高级技师 2 名、政工师 4 名、会计师 1 名、工程师 13 名、技师 5 名、助理会计师 2 名、助理工程师 27 名、技术员 20 名。下设 4 科 1 室，班组站 22 个。城区供电局所属 15 座变电站，变电容量 96.31 万千伏安。其中 220 千伏变电站 2 座，110 千伏变电站 8 座，35 千伏变电站 5 座，110 千伏及以下变电站全部通过无人化改造，实现无人值守。送电线路长度为 337.501 千米，配电线路长度为 244.37 千米。

第四节　广元电业局

广元电业局是国家中型一类企业，作为四川省电力公司的直属供电企业，担负广元市所辖四县三区及宝成铁路广元段的供电任务，供电半径 90 千米，供电面积 1.94 万千米^2，供电人口 300 余万，为广元地区的社会经济发展提供了强大的电力供应。

一、企业概况

广元电业局下辖 10 个职能部门，以及利州、青川、旺苍、朝天、剑阁 5 个供电局，以及苍溪启明星电力有限公司、旺苍供电公司、元坝供电公司 3 个代管公司，8 个多种经营企业、58 个供电所。现有职工 839 人，班组 107 个，拥有固定资产 8.19 亿元，净值 6.23 亿元。220 千伏变电站 2 座。图 6－2－4 所示为广元电业局职工正在维修输电线路。

图 6－2－4　广元电业局职工正在维修输电线路

二、所属供电局

（一）利州供电局

利州供电局是广元电业局的直属供电局，位于广元市市中区东山街 11 号，担负着广元市市中区、元坝区等工农业生产供电及城乡居民的用电任务。利州供电局下设 3 科 1 室，1 个多经公司，22 个班组站，15 个供电所，到 2002 年底，共有职工 197 人。主要供电设备有 220 千伏变电站 2 座、110 千伏变电站 4 座、35 千伏变电站 3 座，变电总容量为 71.82 万千伏安；运行输电线路 35～220 千伏线路 35 条，共计 485.64 千米，其中 220 千伏线路 9 条共计 151.98 千米，110 千伏线路 21 条共计 273.71 千米，35 千伏线路 5 条共计 59.94 千米，10 千伏线路 14 条；公用变压器 148 台，断路器 56 台。

（二）青川供电局

青川供电局是广元电业局的一个直属局，担负着青川县境内28个乡镇、宝成复线竹园段和陕西省宁强县金山寺乡部分地区的供电任务，现有主业职工91人，多经职工27人，下辖11个供电所。所辖110千伏变电站3座，35千伏变电站2座，有35千伏及以上线路237千米，10千伏线路480千米。

（三）剑阁供电局

广元电业局剑阁供电局是按照剑阁县人民政府的要求，并经四川省电力公司批准，于2002年6月28日在剑阁县新县城所在地下寺开发区正式挂牌成立的。现下设生计科、营销科、办公室、多经公司及两个供电所，正式职工总数46人。目前承担剑阁县电力公司、七一水电站的电量趸售，电铁、上寺乡、下寺镇及剑阁县新县城的供用电管理业务。供电所辖区内运行有110千伏变电站3座，变电容量6.65万千伏安；220千伏输电线路214.50千米，110千伏输电线路119.50千米。

（四）旺苍供电局

旺苍供电局坐落在广元市的工业县——旺苍县的马家渡区，担负着旺苍县除城区外的大部分供电任务，供电户数6797户。旺苍供电局现有在册职工44人，所辖3个班组、4个科室。电网覆盖面积1600余千米^2，供区最远点距离为120千米。旺苍供电局所属35千伏变电站3座，110千伏变电站1座，主变压器容量为35.26万千伏安。

（五）朝天供电局

朝天供电局创建于2000年6月，于2002年元月正式成立并挂牌营业，承担着朝天区4镇7乡及郑州铁路局广元至阳平关段电气化铁路的供电任务。朝天供电局下设2科（生计科、经营科）、1室（办公室）、6个供电所和1个多经分公司，现有全民职工31人，农村电工105人。朝天供电局现有110千伏变电站和35千伏变电站各1座，总装机容量为2万千伏安；有110千伏输电线路4条，共长27.653千米；10千伏输电线路6条，共长865千米；35千伏输电线路1条，共长15.12千米；共有低压线路4310千米。

第五节 自贡电业局

自贡电业局成立于1978年，是四川省电力公司直属的大二型供电企业，担负着自贡市四区两县（其中趸售县一个）和周边威远县、宜宾县部分地区的电能供应、电网建设和运行管理任务。

一、单位概况

自贡电业局本部设17个部室，下辖荣县电力公司。现有全民员工1861人（教授级职称3人，副高级职称113人，中级职称316人），集体员工684人，电力客户16.60万户。

自贡电网已形成220千伏双环网。自贡电业局所辖500千伏洪沟变电站位于四川省500千伏、220千伏电网中心，承担巨额电能的汇集、输送、转供任务，是川电东送系统的枢纽。图6-2-5所示为自贡电业局职工进行设备检修。

二、所属供电局

（一）大安供电局

图6-2-5 自贡电业局职工进行设备检修

大安供电局地处自贡市大安区大安街124号，现有全民职工183人，集体职工90人，担负着自贡市大安地区及内江市威远县部分农村的供电任务。有直供用户2.75万户，其中大宗用户43户，普力用户816户，农排用户106户，照明用户1.99万户。截至2002年底，拥有变电站6座，其中220千伏变电站1座，110千伏变电站2座，35千伏变电站3座，主变压器容量27.80万千伏安。辖区内管理有220千伏输电线路9条，长度为183.90千米；110千伏输电线路7条，长度为76.59千米；35千伏输电线路8条，长度为50.02千米；10千伏配电线路25条，长度为756.70千米；低压线路长度为9262千米。现有配电变压器892台，总容量为8.80万千伏安。

大安供电局机构设置为4科1室、公司1个，即生技科、营销科、财供科、农电科和办公室，以及大安电气安装公司。有农村供电所6个，乡电工61人，村电工146人。

（二）贡井供电局

贡井供电局成立于1993年6月1日，隶属于自贡电业局。全局供电区域包括自贡市贡井区和沿滩区舒平镇、荣县桥头镇的一部分，总供电面积为144千米^2，供电半径为12千米。下辖220千伏舒平变电站和向家岭变电站2座四川电网的枢纽站，总容量为51万千伏安。另有110千伏变电站1座，总容量为3.15万千伏安；35千伏变电站2座，总容量为3.35万千伏安；110千伏输电线路1条，长度为9.04千米；35千伏输电线路4条，总长度为38.33千米；10千伏配电线路20条，总长度为328千米；配电变压器428台，总容量为4.86万千伏安。供区内用户总数18666户，其中大宗用户42户，普力用户587户，农业用户508户，照明用户17529户，年售电量约1.30亿千瓦·时。

全局共有职工204人，主业在岗人员157人，多经45人，设有管理科室5个，生产班组12个，公司1个。全民职工文化结构方面，大专及以上40人，中专41人，高中、技校55人，初中以下文化23人。具有专业技术职称人员中共有高级职称1人，中级职称12人，初级职称46人。

（三）荣县供电局

荣县供电局下辖5个供电所，1个多经企业，现设4科1室，有员工320人。其供电面积为1309千米^2，供电半径为53.80千米。有110千伏变电站2座，35千伏变电站5座，总容量为10.75万千伏安；国家重点建设二滩500千伏输电高压过境线路2条，共计28千米；220千伏（铜平线）过境线路4条，共计247.77千米；10千伏和110千伏输电线路共 1176.67 千米；配电变压器 1090 台，总容量为 11.05 万千伏安。现有用电客户 3.99 万户。

（四）沿滩供电局

沿滩供电局位于自贡市南部，地处沿滩开发新区，成立于 1989 年 4 月，现有在册全民职工 147 人，高级职称 4 人，中、初级职称 34 人。设有 6 个科室、沿滩电气安装公司（集体职工 44 人）、13 个生产班组和 6 个供电所（乡村电工 200 余人），以及 1 个退休办（退休职工 34 人）。该局主供沿滩区、富顺县和宜宾、南溪部分地区，直供沿滩区的 14 个乡镇、富顺县的 8 个乡镇，共 213 个村，2134 个组，共有农村客户 8.90 万户。直供区内的大宗工业 46 户，普非工业 1149 户，居民用电 7769 户，其他用户 2465 户。

截至 2002 年底，有 110 千伏变电站 2 座，主变压器 3 台，总容量 9.45 万千伏安，35 千伏变电站 2 座，主变压器总容量为 0.75 万千伏安；110 千伏线路 3 条，长度为 47.05 千米，35 千伏线路 5 条，长度为 58.76 千米，10 千伏线路 20 条，长度为 569.40 千米；10 千伏配电变压器 840 台，容量为 8.10 万千伏安；农村低压线路 4400 千米。

（五）自流井供电局

自流井供电局前身为川南电业局管理局自流井营业站，后又曾名自流井供电所、自流井供电分局，1993 年 6 月 1 日更名为自流井供电局，是自贡电业局所属的基层供电营业窗口，担负着自贡市主要城区、高新开发区及红旗、和平、凤凰、姚坝、兴隆、高峰、卫坪 7 个乡镇的供电任务，拥有 110 千伏变电站 4 座，主变 7 台，容量 25.65 万千伏安，10 千伏开关站 2 座，35 千伏及以上线路 11 条，总长度 112.56 千米。截至 2003 年 7 月共有在册客户 6.39 万户。

全局共有在职职工 215 人（全民 158 人、大集体 57 人）。设有管理科室 4 个，生产班组 14 个，公司 1 个。现有管理人员 35 人，职工中有大专及以上学历的 45 人，聘有高级专业技术职称 7 人，中初级专业技术职称 32 人。

第六节 内江电业局

内江电业局成立于 1978 年 9 月 15 日，是四川省电力公司直属的大型供电企业。

一、单位概况

2001 年底以前，内江电业局承担着内江市、资阳地区二市二区五县（市）及遂宁市中区的供电任务，电网覆盖面积为 1.3 万千米^2，供区人口 900 余万，管辖市区、东兴、简阳、资阳、资中、隆昌六个直属供电局和安岳、乐至、简阳供电公司三个代管单位及调度通信局、变电检修公司、电力勘察设计院、电力工程总公司等单位，在职职工 1506 人（不含代管单位）。2002 年 1 月 1 日，因行政区域的划分，内江电业局所辖的简阳、资阳供电局和代管的安岳、乐至供电局及简阳供电公司划归新成立的四川省电力公司资阳公司管辖；原由自贡电业局管辖的威远供电局划归内江电业局管辖。2002 年末，内江电业局担负起内江市二区三县的供电任务，供区人口 420 余万；管辖市区、东兴、隆昌、资中、威远五个直属供电局和调度通信局、检修公司、内江电力勘察设计院、内江星原电力有限责任公司等单位；共有在职职工 1349 人，固定资产 14 亿元；拥有 35 千伏及以上变电站 49 座。图 6-2-6所示为内江电业局调度通信大楼奠基。

图 6-2-6 1997 年 7 月 8 日内江电业局调度通信大楼奠基

二、所属供电局

（一）东兴供电局

东兴供电局位于内江市新城区，是内江电业局直属供电局，主要担负着内江市大中专院校、东兴区和安岳县李家工委片区的供电任务。

东兴供电局成立于 1991 年 12 月，到 2002 年底，共有在职职工 154 人，农电工 77 人，下辖 4 科 1 室 13 个班组站和 13 个供电所。截至 2002 年末，拥有 35 千伏及以上变电站 12 座，其中 220 千伏变电站 1 座，110 千伏变电站 3 座，35 千伏变电站 8 座，主变压器容量为 31.44 万千伏安；共有 220 千伏线路 4 条，计 76.93 千米，110 千伏线路 9 条，计 86.21 千米，35 千伏线路 11 条，计 121.84 千米；供电局所属固定资产 1.75 亿元，年售电量为 2.05 亿千瓦·时。

（二）资中供电局

资中供电局成立于 1987 年 3 月，现有在职职工 181 人，退休职工 56 人；下辖 20 个科室班组站和 9 个供电营业所。截至 2002 年末，拥有 35 千伏及以上变电站 10 座，其中 220 千伏和 110 千伏变电站各 1 座，35 千伏变电站 8 座，主变压器总容量为 30.88 万千伏安；35 千伏以上输电线路共 26 条 445.88 千米，10 千伏配电线路 31 条，共 907 千米；共有固定资产 2.74 亿元，年售电量为 2.99 亿千瓦·时。

（三）市区供电局

市区供电局位于内江市城区中心地带，是内江电业局直属的供电企业，担负着内江市市中区 387.5 千米^2 范围的供电任务。

该局成立于 1989 年 3 月，现有在职职工 166 人，下辖 19 个科（室）班（组）站和 19 个供电营业所。截至 2002 年末，拥有 35 千伏及以上变电站 7 座，其中 110 千伏变电站 4 座，35 千伏变电站 3 座，主变压器总容量为 26.78 万千伏安；共有 35 千伏线路 6 条，计 57.54 千米，110 千伏线路 9 条，计 56.85 千米，220 千伏线路 4 条，计 67.60 千米；该局所属固定资产 1.30 亿元，年售电量 3.60 亿千瓦·时。

（四）隆昌供电局

隆昌供电局位于成渝两地的中部隆昌县城，是内江电业局直属的县级供电企业，担负着隆昌县 18 个乡镇工农业生产及人民生活用电的保障任务。

该局成立于 1978 年 3 月，现有在职职工 145 人，下辖 4 科 1 室 14 个生产班组站和 1

个电器承装公司。截至 2002 年末，拥有 35 千伏及以上变电站 9 座，其中 220 千伏变电站 1 座，110 千伏变电站 2 座，35 千伏变电站 6 座，主变压器总容量为 27.20 万千伏安；共有 35～500 千伏输电线路 23 条，总长 272 千米，10 千伏及以下配电线路 1500 千米；该局有固定资产 1.62 亿元，年售电量为 2.98 亿千瓦·时。

（五）威远供电局

威远供电局成立于 1987 年 3 月，是内江电业局直属的县级供电企业，担负着威远县大部分地区和自贡、仁寿、资中等地的部分供电任务。

该局现有在职职工 198 人，下辖 4 科 2 室 20 个班组站和 8 个供电所。截至 2002 年末，拥有 35 千伏及以上变电站 12 座，其中 220 千伏变电站 1 座，110 千伏变电站 2 座，35 千伏变电站 9 座，主变压器总容量为 33.19 万千伏安；共有 35 千伏及以上输电线路 20 条，计 234.1 千米，10 千伏配电线路 33 条，计 953.28 千米，低压线路 15075 千米；配电变压器容量为 1386 台共 14.34 万千伏安，年售电量为 6.37 亿千瓦·时。

第七节 宜宾电业局

宜宾电业局位于宜宾市南岸经济技术开发区长江大道中段，是隶属于四川省电力公司的大二型供电企业，担负着宜宾市一区九县和云南省水富县及云南云天化股份有限公司的供电任务，供电面积为 1.30 万千米^2，有用户 24 万多户。

一、单位概况

2002 年末，宜宾电业局有企管策划部、劳动人事部、保卫处、监理处、生产技术部、安全监察部、计划规划部、财务部、电力营销部、农电工作部、工程部、计经部、审计部、党委工作部、宣传部、内部银行、股权部、投资部共 18 个部室；有局办公室、纪检监察室、局工会办公室共 3 个办公室；有调度中心、通信信息中心、教培中心、离退休中心、计量中心共 5 个中心；下辖城区、江南、江北、南溪 4 个供电局和线路、变电 2 个工区，以及 33 个直供农村乡（镇）供电所。有全民员工 1065 人，集体员工 323 人，离退休 327 人。其中高级专业技术人员 36 人，中级专业为技术人员 127 人，初级专业技术人员 219 人；高级技师 1 人，技师 43 人。2002 年，全年售电量为 24.62 亿千瓦·时，年末企业资产总额 14.51 亿元。有变电站 31 座。图 6-2-7 所示为宜宾电业局举行“户户通电”工程启动仪式。

图 6-2-7 宜宾电业局举行“户户通电”工程启动仪式

二、所属供电局

（一）城区供电局

宜宾电业局下属城区供电局位于宜宾市翠屏区真武路 54 号，担负高县、筠连、宜宾县、翠屏区及云南省水富县供电任务，设有 4 科 1 室，13 个生产经营班组，1 个县级调度所，9 个供电所。职工总数 283 人，其中全民职工 130 人，农电职工 153 人。2002 年，该局有直供各类用户 22516 户，其中 10 千伏大宗专变用户 232 户，35 千伏及以上客户 10 户；有 110 千伏变电站 6 座，35 千伏变电站 4 座，10 千伏开关站 1 座，变电总容量为 38.52 万千伏安，其中 7 座是无人值班站。负责管理 35 千伏及以上输电线路共 25 条，总长 468 千米，跨越宜宾、高县、筠连等县；10 千伏配电线路 25 条，总长 384.5 千米，低压线路 512.56 千米。

（二）江南供电局

宜宾电业局下属江南供电局位于宜宾市长江南岸建国路 29 号，担负着宜宾市南岸、长宁、兴文、珙县、江安及高县部分区域的供电任务，设有 4 科 1 室，9 个生产经营班组，1 个县级调度所，5 个供电所。职工总数 268 人，其中全民职工 147 人，农电职工 121 人。2002 年，有直供各类用户 1.83 万户；有 220 千伏变电站 2 座，110 千伏变电站 7 座，主变压器 13 台，总容量为 61.4 万千伏安；有 35 千伏及以上输电线路 21 条，共 368.85 千米；10 千伏公用配电线路 29 条，共 124.56 千米；公用配电变压器 185 台，总容量为 6.75 万千伏安；10 千伏农网线路 330.68 千米，变压器 387 台，总容量为 2.74 万千伏安。

（三）江北供电局

宜宾电业局下属江北供电局位于宜宾市岷江北岸翠屏区安阜街道广厦西路 1 号，紧邻五粮液酒业集团，担负着宜宾市江北片区厂矿企业、翠屏区 10 个乡镇办事处和宜宾县 1 个乡镇的供电任务，设有 4 科 1 室，11 个生产经营班组，1 个县级调度所，10 个供电所。职工总数 330 人，其中全民职工 108 人，农电职工 222 人。截至 2002 年底，有直供各类用户 6 万多户，其中大宗用户 51 户、专变用户 81 户；有 220 千伏变电站 1 座，110 千伏变电站 3 座，35 千伏变电站 4 座，主变压器 12 台，变电总容量为 50.89 万千伏安，其中除 220 千伏白沙站外，其余 7 座全是无人值班站；有 35 千伏及以上输电线路 24 条段，共 293.434 千米（其中 220 千伏线路 5 条段，长度为 145.07 千米，110 千伏线路 10 条段，长度为 89.5 千米），10 千伏城市配电线路和农村配电线路 860.99 千米；城市公用配电变压器 140 台，变电容量为 4.33 万千伏安。

（四）南溪供电局

宜宾电业局下属南溪供电局位于万里长江第一县南溪县城长江大道西段，担负着南溪县及翠屏区、江安县、长宁县部分区域的供电任务。设有 3 科 1 室、1 个调度所、1 个城市客户中心、8 个生产营销班组、9 个供电所。共有员工 300 人，其中主业职工 75 人，农电职工 225 人。2002 年，有直供各类用户 6 万多户，其中大宗用户 17 户；有 110 千伏变电站 2 座，35 千伏变电站 3 座，共计主变压器 7 台，总容量为 13.85 万千伏安；有 35 千伏及以上输电线路 15 条，总长度为 250.99 千米；10 千伏配电线路 32 条，10 千伏城网

26.2千米，变压器64台，总容量为1.95万千伏安；10千伏农网线路551.06千米，380伏农网线路248.24千米，220伏农网线路2866.80千米，变压器596台，总容量为3.04万千伏安。截至2002年12月31日，实现连续安全运行3435天，创历史最高水平。

（五）变电工区

宜宾电业局下属变电工区位于宜宾市南岸蜀南大道中段，是宜宾电业局下属一个专业性的电力设备检修试验和安装单位，担负着全局32个变电站的预试维护和宜宾市一部分两网建设工作。2002年，有员工95人，其中本科14人、大专21人、中专28人；有高级工程师5人，工程师10人，技师4人，助理工程师25人，技术员5人；设有3个部室，变电一队、综合自动化所、绝缘监督中心和汽车队等6个所队。变电工区拥有雄厚的技术力量和丰富的电力设备修试安装经验，特别是在继电保护和绝缘监督两大技术方面在省内具有领先地位，工区拥有各种先进的测试、调试仪器仪表设备，可从事10～220千伏的变电设施和各种配电设施的安装调试任务。2002年，完成了宜宾110千伏大观变电站的新建，110千伏红桥、高县、筠连变电站的技改，以及220千伏白沙变电站2号主变扩建等工程。

（六）线路工区

宜宾电业局下属线路工区位于宜宾市翠屏区广厦西路1号，担负着辖区内1883.19千米35千伏及以上输电线路和10千伏及以下配电线路和配电设备的安装、检修、维护、带电作业任务。2002年，有全民员工55人，集体员工6人，外聘用工28人，其中中级专业技术人员5人，初级专业技术人员10人，技师3人，高级技工27人，中级技工16人；设有办公室、生技、经营、安监4个科室，检修一队、检修二队、检修三队、带电队、500千伏运行班和汽车队等6个队。

第八节 泸州电业局

泸州市古称“江阳”，地处四川盆地南缘，是川、滇、黔、渝四省（市）结合部的经济枢纽，西南出海通道和长江上游重要港口，是四川“十五”期间规划建设的八大中心城市之一。泸州市幅员为1.22万千米^2，人口466万。泸州电业局始建于1981年10月23日，是原四川省电力工业局将原省直泸州电力修造厂和原宜宾供电局泸州供电所合并组建成立的。

一、单位概况

泸州电业局供电范围包括泸州市三区四县和贵州省赤天化股份有限公司，趸售赤水市电力公司部分电量。局机关党政共13个职能部门，管辖江阳、龙马潭、泸县、叙永4个供电局和受省电力公司委托管理、由省电力公司控股的纳溪、古蔺供电有限责任公司。截至2002年12月，局在册全民职工1059人，其中到纳溪、古蔺供电有限公司工作的有101人。另有集体职工382人，离退休职工468人。全局固定资产6.87亿元，2002年售电量为14.86亿千瓦·时。图6-2-8所示为泸州电业局领导值守“政风行风热线”。

二、所属供电局

（一）叙永供电局

图 6-2-8 泸州电业局领导值守“政风行风热线”

叙永供电局组建于 2001 年 5 月，下设生产技术科、电力营销科、行政办公室、落卜供电所和两个变电站。共有正式职工 20 名，其中管理岗位人员 11 名，生产岗位人员 9 名；中级技术职称人员 5 名，初级技术职称人员 4 名；大中专以上学历 10 名。

管理运行 110 千伏变电站 1 座，主变压器 2 台，35 千伏变电站 1 座，主变压器 1 台，共计变电容量 4.40 万千伏安。供电辖区有 110 千伏（九叙）线 1 条长 70.78 千米，35 千伏线路 3 条共计 18.15 千米，10 千伏线路 3 条，共计 16.43 千米。有直供大宗用户 1 个，直供普通用户 1857 个。向叙永县电力公司和古蔺县电力公司趸售供电。2002 年完成销售电量为 1.43 亿千瓦·时，比 2001 年增长 92%。

（二）龙马潭供电局

龙马潭供电局前身是江北供电局，泸州市行政区划后，根据电力市场发展的需要，于 1996 年 8 月 28 日，更名为龙马潭供电局。龙马潭供电局现有职工 153 人，其中多经职工 49 人，大中专以上学历 63 人。下设局办公室、财务科、用电业务报装中心、生产技术科等 13 个部门；供电局下辖石洞、鱼塘等 8 个供电所。管理运行 220 千伏变电站 1 座，110 千伏变电站 3 座，35 千伏变电站 3 座，主变压器容量为 41.50 万千伏安。220 千伏出线 4 条，110 千伏出线 11 条，35 千伏出线 9 条，10 千伏出线 45 条，10 千伏配电线路长 788.92 千米，专用变压器 332 台，容量为 10.03 万千伏安。供电用户 1.92 户，其中，35 千伏级计量用户 3 户，配电变压器容量为 4.40 万千伏安，10 千伏级用电户 148 户，配电变压器容量为 4.97 万千伏安。公用变压器 576 台，容量为 7.97 万千伏安。

（三）江阳供电局

江阳供电局主要担负着对泸州城区的供电任务，用电客户 37785 户。全局下设办公室、生技科、用电业务报装中心、配电工程队、集控操作队等 5 个科室、共产党员服务队，13 个农村供电所，以及多种经营企业泸州电力工程第一分公司。截至 2002 年，全局有职工 178 人，其中多经职工 43 人，大专以上学历 25 人，高级专业技术职称 7 人，中级专业技术职称 10 人，共产党员 44 人。局管辖变电站 9 座，共计 14 台主变压器，总容量为 36.47 万千伏安。其中，220 千伏变电站 1 座，110 千伏变电站 4 座，35 千伏变电站 4 座。10 千伏配电线路共计 41 条，总长 262.21 千米。

（四）泸县供电局

泸县供电局成立于 1996 年 8 月 28 日，是顺应行政区划调整从原泸州电业局江北供电局划分出来的，承担泸县云龙、玄滩、毗卢、石桥、海潮、喻寺、方洞、雨坛 8 个乡（镇）和重庆市荣昌县治安乡部分、清并乡部分、隆昌县李市镇部分范围内的供电任务。下设办公室、生技科、财务科、电力营销科、配电队和 8 个供电所。多经企业包括泸州市电力工程总公司第十分公司。截至 2002 年底，有职工 67 人，供电所职工 107 人，村电工 154 人，各类专业技术职称 17 人。现拥有 35 千伏及以上变电站 5 座，主变压器 7 台，变电容量为 5.53 万千伏安，其中 110 千伏变电站 2 座，主变压器 3 台，容量为 3.9 千伏安，35 千伏变电站 3 座，主变压器 4 台，容量为 1.45 万千伏安；10 千伏配电线路 21 条，共计 529.24 千米，柱上油开关 28 台。

第九节　乐山电业局

乐山电业局始建于 1969 年，是四川省电力公司下属国家大一型供电企业。主要担负乐山市六个直供县、五个趸售县的供电任务。

一、单位概况

乐山电业局下属单位共有 6 个供电局、1 个修理试验所、1 个线路工程处，以及 22 个多经企业，现有在册职工 1854 人（其中主业职工 978 人，多经职工 570，退养职工 306 人），新增职工 29 人（其中计划接受的大中专生 21 人，转业干部 1 人，复退军人 6 人，其他调入 1 人），全年实现全员劳动生产率 14.59 万元/（人·年），比 2001 年增长 20.82%。全局拥有 35 千伏及以上变电站 53 座，主变压器总容量为 183.70 万千伏安，拥有 35 千伏及以上输电线路 2157 千米（其中 500 千伏线路 201 千米，220 千伏输电线路 973 千米）。图 6-2-9 所示为乐山电业局营业大厅。

图 6-2-9　乐山电业局营业大厅

二、所属供电局

（一）峨眉供电局

峨眉供电局承担着峨眉山市大部分区域及金口河区工农业的主要供电任务，供区覆盖峨眉山市的 18 个镇（乡），供区面积为 881.30 千米^2，用电户 8743 户，供电人口 29.43 万人。有在册职工 296 人，退休职工 144 人，所辖 21 个科室，27 个班组，6 个供电所。该局拥有 220 千伏变电站 2 座，变电容量为 39 万千伏安；110 千伏变电站 2 座，变电容量为 8 万千伏安；35 千伏变电站 6 座，变电容量为 6.06 万千伏安，10 千伏开闭所 2 座；35 千伏线路 13 条，线路长度为 99.29 千米；10 千伏线路 50 条，线路长度为 854.20 千米；10 千伏配电变压器 1052 台，变电容量为 17.29 万千伏安。

（二）嘉州供电局

嘉州供电局担负着乐山市中心城区和市中区所辖 26 个乡镇 257 个行政村的供电任务，供区面积为 825.20 千米^2。有正式职工 422 人，其中在册职工 283 人，退休职工 139 人。该局拥有 220 千伏枢纽变电站 1 座，110 千伏变电站 5 座，35 千伏变电站 5 座，10 千伏开关站和箱式变电站 6 座，主变压器总容量达 58.75 万千伏安；110 千伏输电线路 8 条，总长 128 千米，35 千伏输电线路 3 条，总长 46 千米，10 千伏配电变压器 1723 台，容量为 28 万千伏安，10 千伏配电线路 1029 千米，低压配电线路 8829 千米。2002 年售电量为 5.15 亿千瓦·时，固定资产达 2.40 亿元。

（三）沙湾供电局

沙湾供电局担负着 13 个乡镇、146 个自然村、611 万千米^2、21 万城乡居民的供电任务。全局主业班组 12 个，多经企业 1 个，在册职工 113 人，下属供电所 9 个，供电所人员 257 人。该局有 110、35、10 千伏三个电压等级的输电线路，拥有 110 千伏变电站 4 座，变电容量为 21.15 万千伏安；35 千伏变电站 5 座，容量为 5.04 万千伏安；35 千伏及以上输电线路 198.22 千米；10 千伏配网线路 19 条，共 684.31 千米。拥有大宗用户 62 个，城乡居民用户 5.21 万户。2002 年完成售电量 5.10 亿千瓦·时，固定资产为 1.36 亿元。

（四）五通供电局

五通供电局担负着三县一区（马边、沐川、犍为、五通区）的供电任务，拥有电管站 7 个，直供乡镇 16 个，172 个用电村，5.90 万户农户，户通电率为 99.70%。有在册职工 136 人，内退职工 48 人，退休职工 148 人，大集体职工 129 人。该局拥有 110 千伏变电站 2 座，变电总容量为 10.3 万千伏安；35 千伏变电站 7 座，变电总容量为 9.72 万千伏安；110 千伏线路 31 千米，35 千伏线路 99.12 千米，10 千伏线路 718.67 千米；配电变压器 812 台，低压线路（220～400 伏）4589.98 千米。2002 年售电量为 3.49 亿千瓦·时，固定资产原值 9826.09 万元。

（五）夹江供电局

夹江供电局下设 5 个科室 7 个班组 4 个供电所。现有在册职工 70 人，退休职工 14 人，其中大专以上学历 25 人，专业技术人员 21 人。该局拥有 110 千伏变电站 3 座，35 千伏变电站 3 座，总计变电容量为 16.99 万千伏安；110 千伏输电线路 8 条，35 千伏输电线路 10 条，总计 82.2043 千米；10 千伏配电线路 26 条，总计 293.156 千米；城网配电变压器 19 台，柱上开关 16 台，0.4 千伏及以下城网线路 20 条。2002 年完成售电量 3.24 亿千瓦·时。固定资产为 6295.12 万元。

（六）井研供电局

井研供电局供区包括井研全县及市中区、五通、荣县、犍为等周边县部分村组，共计 409 个村，2959 个组，约 42 万人。下设 5 个职能科室，8 个供电所，以及乐山竞龙电力有限责任公司。在册职工 98 人，其中大专及以上文化程度的 27 人，取得中高级职称的 7 人，农电人员 384 人。该局拥有 35 千伏变电站 6 座（0.41 万伏安），35 千伏线路 84.32 千米，10 千伏线路 999.96 千米；配电变压器 1050 台（8.80 万千伏安），低压线路 7160.49 千米。2002 年售电量为 1.29 亿千瓦·时，固定资产原值 1.01 亿元。

第十节 西昌电业局

西昌电业局属国有大一型供电企业，该局承担着三大任务：一是管理运行维护四川省电力高速公路—500 千伏二滩—自贡超高压输电线路；二是保障西昌卫星发射中心供电安全；三是确保成昆电铁外部供电线路安全可靠供电，以及凉山州西昌市、德昌县、冕宁县、会理县、会东县、甘洛县、喜德县、越西县和雅安市石棉县共八县一市的工农业生产、人民生活供电任务。

一、单位概况

西昌电业局始建于 1974 年，有职能部门 15 个、二级单位 5 个、多经公司 4 个。

西昌电业局是连接攀西电网和四川主网的枢纽，负责运行维护的 775.00 千米（3 回）500 千伏线路，是二滩水电站的电力送出线路，该线路纵贯大、小凉山 7 个县市，沿途所经区域具有海拔最高、导线覆冰最重、地质条件最复杂、环境最恶劣等多项“世界之最”。架构该线路的技术含量之高和运行维护难度之大全国罕见，世界瞩目。位于昭觉县郊的二自线 500 千伏普提开关站被誉为二自线的“咽喉”，它集中了美、英、瑞士、奥地利、加拿大等国的具有世界一流水平的先进设备，设备和技术密集程度之高堪称全国之最，被清华大学的教授专家称为超高压输变电技术不可多得的“教科书”。每年西昌电业局通过 500 千伏及 220 千伏线路向四川主网输送电量超过 160 亿千瓦·时。500 千伏二自线送电负荷已占到整个川、渝电网负荷的 1/6，四川电网总负荷的 1/4，在川、渝电网中占有举足轻重的地位。图 6-2-10 所示为西昌电业局职工为抢修 500 千伏普洪线路，用人工搬运重达 1 吨多的塔脚。

图 6-2-10 西昌电业局职工抢修 500 千伏普洪线路

二、所属供电局

月城供电局是西昌电业局下属二级供电企业，于 2001 年 9 月成立。该供电局承担着凉山州德昌县、冕宁县、喜德县、会东县、会理县、甘洛县、西昌市及雅安地区石棉、汉源县共九县一市的工农业生产及人民生活供电任务，担负着保障西昌卫星发射中心发射卫星和成昆电铁从乌斯河至德昌站共 10 个牵引站的安全供电，南北供电跨度长达 600 千米。供区内设有 4 个供电所，机构设置有生技科、营销科、财务科和办公室共 3 科 1 室，该局共有职工 193 人，农电工 42 人。拥有 110 千伏线路 927.32 千米，35 千伏线路 147.10 千米，10千伏线路717千米。110千伏变电（开关）站10座，35千伏变电站4座，变电总容量为33.05万千伏安。2002年实现销售电量8.02亿千瓦·时。

第十一节　攀枝花电业局

攀枝花电业局是四川省电力工业局（公司）直属的国家大一型供电企业，供电网络覆盖攀枝花市三区（东区、西区、仁和区）、两县（米易县、盐边县）及凉山州会理县的黎溪区、云南省的华平县和丽江部分地区，供电面积约为10000千米^2。

从1964年9月开始，攀枝花电业局分别称为渡口柴油发电机站供电组、渡口供电所、渡口供电公司、渡口供电局、攀枝花供电局。1993年6月，四川省电力工业局将攀枝花供电局更名为攀枝花电业局。1996年6月，四川省电力工业局（公司）撤销了攀西电力调度局，其资产和人员成建制划归攀枝花电业局。截至2002年底，攀枝花电业局拥有固定资产原值14.02亿元，净值11.41亿元，比上年分别增长38.82%和46.29%；年末职工人数1469人（含离岗退养人员149人），其中女职工467人，离退休职工622人。变电站（开关站）34座（不含500千伏中滩沟站），变电总容量为224.03万千伏安。图6-2-11所示为攀枝花电业局职工检修500千伏供电线路的情况。

图6-2-11　攀枝花电业局职工冒酷暑检修500千伏供电线路

第十二节　南充电业局

南充电业局前身为南充供电局，始建于1979年7月1日，是原西南电管局将原南充地区电厂、南充地区供电所纳入国家电网后成立的。1993年，南充供电局更名为南充电业局。1996年4月，南充电业局的巴中供电区域移交给巴中电业局筹备处。1998年6月30日，原南充电业局供电区域按南充市和广安地区行政区域分断，成立了新的南充电业局和广安电业局。南充市的电力供应主要由南充电业局分直供和趸售两种方式进行保障。

一、单位概况

截至2002年12月31日，南充电业局资产总额达到9.40亿元；拥有220千伏变电站3座，主变压器27台，容量为109.29万千伏安；500千伏南充变电站正在建设之中。全局有在册职工 712 人，大小集体在册职工 200 人，离退休职工 483 人。其中高级技术专业人员 30 人，中级技术专业人员 107 人，具备研究生学历 1 人，本科学历 60 人，专科学历 201 人。机关职能管理部室设有 9 部 1 室，下辖有直属的顺庆、河东、嘉陵 3 个供电局和代管的高坪供电局、参股的仪陇启明星电力有限公司、龙蟠供电公司，以及通过股份制改造的多经企业——四川南充恒通电力有限公司。图 6－2－12 所示为南充电业局职工检修设备情况。

图 6－2－12 南充电力职工烈日下开展设备检修工作

二、所属供电局

（一）顺庆供电局

顺庆供电局担负着顺庆、西充、南部、阆中及嘉陵一部分地区的供电任务。直供区面积达 555 千米^2，人口 55 万，直供区客户 2.40 万户，农村用电共 18 个乡（镇），201 个村，共有用电客户 7.85 万户。局下设 3 科 1 室，主业生产班组 15 个，多经班组 2 个，供电所 6 个。2002 年有在职职工 233 人，其中主业全民合同制职工 177 人（含退养职工 9 人），大小集体职工 22 人，供电所职工 34 人。顺庆供电局拥有变电站 12 座，其中 220 千伏变电站 3 座，110 千伏变电站 7 座，35 千伏变电站 2 座，变电总容量为 85.30 万千伏安。有送电线路 449.61 千米，其中 500 千伏线路 79 千米，220 千伏线路 183 千米，110 千伏线路 127.21 千米，35 千伏线路 60.4 千米；配电线路 853 千米，其中 10 千伏线路 418 千米，220～400 伏线路 435 千米。城区配网公用变压器 203 台，容量为 6.38 万千伏安，专用变压器 540 台，容量为 2.41 万千伏安，农村供电变压器 649 台，容量为 3.87 万千伏安。

（二）河东供电局

河东供电局于 1996 年 7 月 1 日成立，主要担负着营山、仪陇、蓬安县趸售供电任务，以及高坪区 26 个乡镇的 11.2 万户的直供任务和运行维护管理。下设 3 科 1 中心，11 个班组和 8 个供电所。全局共有全民职工 113 人，多经大小集体职工 19 人，供电所职工 50 人，村兼职电工 229 人。目前有 110 千伏变电站 4 座，35 千伏变电站 3 座，变电容量为 2.5 万千伏安；辖区内共有 500 千伏线路 49.10 千米，220 千伏线路 65 千米，35 千伏线路 68.61 千米，10 千伏线路 567 千米，400～220 伏输配电线路 3798.80 千米。

（三）嘉陵供电局

嘉陵供电局成立于 1998 年 11 月 18 日，从 1999 年 1 月正式运作。该局下设 3 科 1 室、3 个班组和 4 个供电所。嘉陵供电局主要负责嘉陵城区及火花镇、西兴镇等 14 个乡镇、102 个村的农村供电；供电区域总人口为 18.68 万，其中农业人口 12.50 万，城市人口 6.18 万。截至 2002 年底，全局共有职工 60 人，其中供电局 42 人，供电所职工 18 人。

在供电局42名职工中，在职正式职工33人，退养职工2人，大集体职工5人，小集体职工2人。嘉陵供电局负责的全部是10千伏配电网络。城农网改造期间，新修建110千伏宝光变电站及220千伏大方变电站，加上原110千伏西山变电站以及光城1回、光业1回线路的架设，形成了主要以10千伏西码线、10千伏光木线、10千伏西文线、10千伏光礼线，以及10千伏光城1回、2回，光业1回、2回为主框架的供电网络。除此外，嘉陵供电局还有西防线、西棉线、西绸线、光维线四条专线负责对四家企业进行供电。

（四）高坪供电局

高坪供电局于1999年5月28日交南充电业局代管，公司属高坪区地方国有电力企业，具有独立的法人资格。目前承担着市辖高坪、顺庆、嘉陵3个县级行政区所辖44个镇（乡），幅员为1093千米^2，近100万人口的供电任务。公司下设3科、2室、1所，1队7个职能科室和多经总公司。高坪供电局现有固定资产净值7915万元（含一期农网3462万元）；有水力发电站2座，总装机容量为4025千瓦，年发电量约1900万千瓦·时；35千伏变电站7座，容量为3.28万千伏安，配电变压器1092台，容量为4.39万千伏安；35千伏线路1187千米，380伏/220伏线路7217千米；下辖10个供电所。公司现有在册职工431人，其中在岗职工379人，内退职工35人，自谋职业17人。在岗职工中，主业306人，多经公司73人，职工平均年龄32岁。具有大专及以上文化程度的职工112人，占26%，具有中专（中技、高中）文化程度的230人，占54%，各类专业技术人员90人，占21%。

（五）龙蟠供电公司

南充电业局龙蟠供电公司是由原南充县西阳水力发电站发展起来的一个小型地方电力企业，1995年经嘉陵区人民政府批准成立为“南充市嘉陵区电力公司”，属全民所有制地方国营企业，1996年经嘉陵区人民政府和南充电业局协商同意交南充电业局代管，公司注册资本金152万元，拥有固定资产原值3773万元，其中农网资产2983万元。公司现办公地点在嘉陵区龙蟠镇，下设3科1室，4所站。公司所辖一个发电站，容量为2×250千瓦，两座35千伏变电站容量为0.95万千伏安。有35千伏线路3条，长度为45.1千米，10千伏配电线路长度为248千米，低压线路2663千米；配电变压器318台，总容量为1.29万千伏安；担负着嘉陵区14个乡（镇）、133个行政村、2.99万户用电户、12万居民的生产和生活用电。公司现有全民所有制职工63人，年供电量为1090万千瓦·时，其中购大网电量890千瓦·时，自产电量200万千瓦·时。

（六）仪陇启明星电力公司

仪陇启明星电力公司机关设有7部室1中心等8个职能部室和6个分公司，下辖16个供电所和9个变电班组共25个基层班组站。截至2002年底，公司拥有员工328人，其中大专及以上文化程度者45人，具有中级及以上职称者30人。另外，经1995年乡镇农电管理体制改革后已全部归口管理，有农电管理人员145人（包括直供区30人），村电工（指公司发报酬的）657人。公司有9座35千伏变电站，总变电容量为4万千伏安；35千伏线路7条共计104千米，10千伏线路共计2000余千米，35千伏线路在复兴、金城、马鞍形成了三角环网；隶属公司直接管理的小水电站2座，装机容量为1220千瓦，隶属水电局管理的小水电站 2 座，装机容量为 1440 千瓦，小水电装机总容量为 2660 千瓦。

第十三节　达州电业局

达州电业局始建于 1966 年 8 月，是国家电网四川电力公司下属的中一型供电企业，担负着达州主要地区的供电任务，下辖通州、达县、万源、宣汉 5 个供电局、电力调度局和送电、变电工程公司等 11 个多经企业，有控股及代管公司 3 个，具有较强的电力调度、用电营销和送变电、水电、小火电、电力通信等的勘测、设计、施工、安装、检测、调试能力。

图 6－2－13　达州电业局职工将优质服务承诺落实到用电户家中

一、单位概况

到 2002 年底，达州电业局职工人数为 1311 人（不含离退休职工），其中专业技术人员 463 人，中、高级专业技术人员 204 人，从事多经产业职工 488 人。拥有变电站 35 座，大宗工业用电客户 261 户。2002 年该局售电量为 14.37 亿千瓦·时，全年实现售电收入 4.05 亿元，实现利润率 150%，全员劳动生产率为 61898 元/（人·年）。图 6－2－13 所示为达州电业局职工为用户服务。

二、所属供电局

（一）通州供电局

达州电业局通州供电局始建于 1970 年，担负着达州市通川区、达县、宣汉县部分地区工农业、军工生产和城乡人民生活供电任务，为革命老区的经济发展、人民群众生活质量的改善作出了贡献。通州供电局下设 3 科 1 室、12 个生产班组和 11 个供电营业分支机构（供电所），有全民员工 118 人（其中大专以上文化程度的有 38 人，具有中级以上职称的 15 人），农电职工 357 人（其中管理人员 82 人）。现有变电站 7 座，其中 220 千伏变电站 1 座、110 伏变电站 3 座、35 千伏变电站 3 座，总容量为 42.01 万千伏安。所辖 220 千伏线路 75.39 千米，110 千伏线路 131.73 千米，35 千伏以上线路 12 条，长度为 53.28 千米，10 千伏线路 9 条，主线长度为 140.69 千米。10 千伏公用配电变压器 186 台，直供用户 7.78 万户。

（二）达县供电局

达县供电局地处达县南外镇通达路，成立于 1994 年 3 月 28 日，负责达县境内部分城乡供用电任务。该局现有职工 120 人（其中退养职工 14 人），中级职称 8 人，初级职称 31 人，技师 2 人，大专以上文化程度 36 人。下辖 3 科 1 室、12 个班（站）。有 12 个农村供电所，农电职工 322 人，所涉供电村 291 个，用电户 12.5 万户，用电总人口 53 万余人。该局现有 220 千伏变电站 1 座，110 千伏变电站 1 座，35 千伏变电站 5 座，主变压器容量为21.41万千伏安，拥有10千伏及以上输电线路1200.52千米，400伏及以下配电线路11564千米，配电变压器809台，总容量为5.02万千伏安。

（三）万源供电局

万源供电局成立于1970年，担负着万源市23个乡、153个行政村、22万人口的工农业、军工、电气化铁路及城乡生活用电的任务。该局下设3科1室，10个生产班组和8个供电所，现有在职职工93人，农电工34人，具有初级职称任职资格17人，中级职称任职资格5人，技师3人，大专及以上文化程度43人，中技、中专文化程度34人。该局下辖220千伏变电站1座、110千伏变电站2座、35千伏变电站2座，变电总容量为19.63万千伏安；拥有220千伏线路50多千米，110千伏线路233千米，35千伏线路79千米。年售电量2亿多千瓦·时，年售电收入近9000万元。

（四）大竹供电局

大竹供电局地处大竹县竹阳北路，始建于1966年8月。1998年12月8日，由大竹县东柳乡场镇迁入大竹城内。1998年以前主要担负大竹、渠县及达县、垫江、丰都、梁平部分工农业供电，1999年川渝分家后，主要担负大竹、渠县和达县部分的工农业供电。局本部下设3科1室，6个班组。有220千伏变电站1座，110千伏变电站7座，35千伏变电站2座，供电所5个。全局在岗职工109人，农电工72人，有大专及以上学历人员30人，中级职称以上人员12人。全局主变压器12台，总容量为35.45万千伏安，220千伏线路6条共计205.76千米，110千伏线路15条共计246.10千米，35千伏线路8条共计65.65千米，10千伏线路39条共计253.22千米，380/220伏线路809条，配电变电器容量为30.23万千伏安。目前用户总数4344户，其中大宗工业用户92户，农业用户263户，普通工业用户556户，趸售用户6户，年度售电量3亿多千瓦·时。

（五）宣汉供电局

宣汉供电局属达州电业局管辖，地处四川省东北部，大巴山南麓、洲河上游的宣汉县东乡镇，局址在东乡镇石岭路电力街，1976年建站。宣汉供电站属达县供电所管辖（即今通州供电局），1981年2月与达县供电所脱离，被达县供电局（现达州电业局）正式授命名为宣汉供电所。1988年8月撤销宣汉供电所成立宣汉供电分局，1993年6月更名为达川电业局宣汉供电局。宣汉供电局现有在册职工296人，高级职称2人，中级职称4人，初级职称16人，技师2人。下设3科1室，5个班组。管辖110千伏变电站3座，35千伏变电站4座，变电容量为13.29万千伏安；220千伏线路1条长47千米，110千伏线路5条长134.24千米，35千伏线路8条长112.308千米，10千伏线路19条长551.72千米。

第十四节　巴 中 电 业 局

一、单位概况

巴中电业局于1995年8月4日开始筹建，1998年8月26日正式成立。全局共设置11个职能管理部室，4个生产部门，1个多经企业，1个车队，4个代管县（区）电力公司。现有在岗正式职工 249 人，各类专业技术管理人员 115 人，其中高级职称 8 人，中级职称 22 人，技师 5 人（不含代管电力公司）；拥有固定资产 33470 万元，净值 30547 万元，全员劳动生产率为 36269 元/（人·年）；拥有 220 千伏变电站 1 座，110 千伏和 35 千伏变电站 26 座。

二、所属供电局

巴中电业局属下只有一个供电局，即巴州供电局，该供电局成立于 1996 年 12 月 8 日。下设营销科、生技科、线路班、抢修班，有正式职工 48 人。现有 10 千伏线路 5 条，线路总长 50 千米，10 千伏环网柜 2 台，10 千伏真空断路器 13 台，10 千伏电缆 3375 米，400 伏低压配电线路 91 千米，低压电容补偿装置 14 台，补偿容量 1300 千伏安，10 千伏配电变压器 127 台，变电容量为 8895 千伏安，专用变压器 78 台，变电容量为 1.88 万千伏安。

第十五节　广安电业局

广安电业局成立于 1998 年 4 月 28 日，位于广安市经济技术开发区，下设 11 个职能部门和城区、华蓥、邻水 3 个供电局及 1 个送变电工程公司，代管武胜启明星电力公司和邻水启明星电力公司。主要供电区域为广安市及重庆市合川市部分地区。其供区域为华蓥市（县级市）全境、广安市开发区及邻水县、广安区部分地区；趸售区域为武胜县、岳池县全境及广安区、邻水县、重庆市合川市部分地区，供电面积为 6344 千米^2。图 6-2-14 所示为广安电业局技术人员调试高滩变电站主变压器。

图 6-2-14　广安电业局技术人员正在对高滩变电站主变压器进行调试

一、单位概况

2002 年末，广安电业局全局在册职工 435 人，其中 35 岁以下的年轻职工 323 人，占职工总数的 74%；大专以上文化程度 167 人，占 38%；专业技术人员 157 人，占 36%。有 220 千伏变电站 1 座。历史最高负荷为 19.9 万千瓦，2002 年末固定资产余额 3.99 亿元。广安市境内大小电网并存，国家电网始建于 20 世纪 70 年代初，原属重庆供电局管辖。1979 年 7 月南充电业局成立后，按属地管理原则，将华蓥市、广安区、岳池县、武胜县境内国家电网的管理划归南充供电局。重庆直辖市成立后，1998 年 1 月 1 日，四川、重庆电网分离，原属重庆电业局长寿供电局管理的邻水县境内的国家电网划归南充电业局管理。1998 年 7 月 1 日，广安市境内的国家电网划归新成立的广安电业局管理。

广安市国家电网供电电源单一，整个电网呈辐射状分布，分为两大供电区域。一是220千伏代市变电站供电区域，包括邻水县、华蓥市、广安区岳池县，占广安主网供电量的80%；二是华能东西关电厂供电区域，主要是武胜县，占主网供电量的20%。两大供电区域通过110千伏杨沿线（110千伏杨公庙变电站—110千伏沿口变电站）实现互连。其中220千伏代市变电站是川东地区枢纽变电站，也是广安电网的主要电源点，分220千伏、110千伏、35千伏三个电压等级。该站通过220千伏输电线路与重庆电网、达州电网、南充电网、广安发电厂、华蓥山发电厂并网；通过110千伏线路向110千伏广安西溪变电站、岳池杨公庙变电站、华蓥分水岭变电站、邻水变电站供电；通过35千伏线路与广安地方电力公司电网及广安地方水电站——四九滩电站（装机容量为3×1.3万千瓦）并网。

二、所属供电局

（一）城区供电局

广安电业局城区供电局成立于2001年8月8日，位于广安市经济技术开发区。供电范围包括广安市经济技术开发区、广安区、岳池县、武胜县及合川市部分地区，供电面积280.6千米^2，包括7个乡镇，103个村，865个社，5.30万余个用户。下设办公室、生产安全科、营销科、财务科，生产班组（站）12个，农村供电所4个。截至2002年底，城区供电局在册职工96人，平均年龄30岁，其中大专以上文化程度39人，占总人数的40.50%。该局运行管理220千伏变电站1座、110千伏变电站3座、35千伏变电站2座，主变压器容量为41.44万千伏安，35千伏及以上输电线路492.87千米，10千伏配电线路243.90千米。

（二）华蓥供电局

华蓥供电局成立于1991年6月14日，其前身为华蓥供电站，原属南充电业局管辖。1998年4月28口，广安电业局成立后，华蓥供电局划归广安电业局管理。华蓥供电局位于广安市所辖华蓥市（县级市）城区，供电范围包括华蓥市、岳池县和重庆合川市部分地区。供电面积为340千米^2，直供乡镇17个，206个村，1178个社，9.2万余用户，用电人口27.38万人。华蓥供电局现有职工88人，其中大专以上文化程度24人，专业技术人员19人。下设3科1室和1个电力稽查大队，生产班组（站）13个，农村供电所6个。管理变电站7座，35千伏及以上输电线路97.30千米，10千伏配电线路463.20千米。截至2002年底，全局实现安全生产2205天，已连续实现13个安全生产长周期。

（三）邻水供电局

邻水供电局成立于1999年1月27日，位于广安市邻水县城。在此之前，该局曾先后隶属于重庆电业局、南充电业局管辖。邻水供电局现有职工74人，其中大专以上文化程度13人，专业技术人员25人。下设办公室、生产安全科、营销科、财务科，生产班组（站）9个，供电所2个。管理变电站3座，主变压器容量为4.95万千伏安，35千伏及以上输电线路79.57千米，10千伏配电线路90.34千米。邻水供电局供电范围包括邻水县县城部分地区和5个乡镇，供电面积为340千米^2，直供45个村，3.50万余用户，用电人口20余万人，平均年售电量为8500万千瓦·时，年增长率为6.50%左右。

第十六节　四川省电力公司资阳公司

四川省电力公司资阳公司成立于2001年12月26日，担负着资阳市雁江区、简阳市、安岳县、乐至县等市（县、区）的供电任务，是四川省电力公司所属的供电企业。

一、单位概况

四川省电力公司资阳公司下设14个管理部门，6个县级供电企业，1个地区调度中心。2002年末公司总资产7亿多元，直管局职工360人，代管公司职工1877人。公司所管理的电网有220千伏变电站3座，主变压器4台，容量为48万千伏安；供电区内有500千伏线路（洪龙1、2回）2条，171基（2回），长度为150.66千米；220千伏线路10条，805基（289基2回），长度为446.96千米。电网覆盖资阳城乡，微波、载波、光纤、扩频等通信手段齐备，拥有微波站9座，构筑了可靠的通信系统和远动系统。图6-2-15所示为资阳公司共产党员服务队开展用电知识宣传。

图6-2-15　资阳公司共产党员服务队开展用电知识宣传

二、所属供电局

（一）资阳供电局

资阳供电局成立于1984年，位于资阳市中心，原为内江电业局下属的一个供电局，2001年划归四川省电力公司资阳公司领导。该局担负着安岳、乐至、简阳及雁江区部分区域的供电任务。全局现有职工131人，总资产达1.80亿元。至2002年底，全局拥有110千伏及以上变电站5座，10千伏开关站2座，变电总容量为45.45万千伏安。110千伏及以上输电线路211.69千米，年售电量近3.50亿千瓦·时。

（二）简阳供电局

简阳供电局成立于1973年，原为内江电业局下属的一个供电局，2001年12月划归四川省电力公司资阳公司领导。现有职工185名，其中退休职工42名，大小集体职工7名。主要承担成都铁路局简阳区段和简阳市的供电任务。该局有35千伏变电站3座，110千伏变电站2座，220千伏变电站1座，主变压器容量为24.07万千伏安，输配电线路长度为600千米，固定资产2.80亿元，年售电量为3.70亿千瓦·时。

（三）乐至供电公司

乐至县是陈毅元帅的故乡，位于四川盆地中部，沱江和涪江的分水脊上，地域南北狭长，南北长52.20千米，东西宽20.72千米，幅员达1425.50千米^2。全县地形以丘陵为主，由于所处位置特殊，境内资源缺乏，无大江大河，全年小水电发电量仅占全县用电量的4.89%，95.11%的电力要靠国家电网供电。乐至供电公司原是内江电业局代管的一个供电公司，2002年3月22日，更名为“乐至供电公司”，另加挂“四川省电力公司资阳公司乐至供电局”牌子，为四川省电力公司资阳公司代管二级机构，是一个以转供电力为主的国有小型企业。主业设有管理科室5个，生产班组17个，多经企业1个（内设管理科室2个、生产班组5个）。现有职工243人，其中大学生13人、大专生92人、中专生19人、技校生25人；高级职称3人、中级职称8人、初级职称35人、技师1人。有110千伏变电站2座，主变压器2台，总容量为6.3万千伏安，是以2座110千伏变电站为中心、9座35千伏变电站为辐射的县级供电网络。拥有35千伏输电线路12条，长度为147.50千米；10千伏配电线路30余条，线路总长1330.40千米；配电变压器1523台。全县25个乡镇，606个行政村，供电面积达1425千米²。有414个村已完成农网改造工程，受益农户达15万户。

（四）雁江供电公司

资阳雁江供电公司是资阳公司于2001年11月23日代管的一个集发供电和人财物于一体的国有独资企业，是自主经营、自负盈亏、自我发展、自我约束、独立承担民事责任的法人实体。2002年5月1日由“资阳市雁江区电力集团公司”更名为“资阳雁江供电公司”。公司设4科2室，下辖9个供电所，12个供电营业站，5座35千伏变电站，2座水力发电站，1个修试所和1个电气安装工程队。下属资阳星晨电力工程有限责任公司、资阳市电力公司锻压厂、资阳市电力劳动服务公司3个独立单位。管理上实行分级管理、统一核算，供电营业区面积为1623.50千米²，占全区幅员的99.48%，直接承担资阳市城区和雁江区农村的供电任务，属自发自供兼转供国网电力的代管县。

（五）简阳供电公司

简阳市位于四川盆地西部，素有“川南门户”之称。全市总面积2210千米²，人口144万。简阳供电公司位于简阳市中心，供电区域覆盖全市49个乡镇，739个村，农户31余万户，幅员1950余千米²。公司前身是“简阳县供电所”，成立于1965年6月，1989年更名为“简阳县地方电力公司”，后因撤县建市更名为“简阳市地方电力公司”。1994年1月，根据川体改办〔1994〕264号文批复，成立“四川简阳电力股份有限公司”，1995年12月供电公司正式交由内江电业局代管，更名为“内江电业局简阳供电公司”。2001年12月26日，供电公司交由四川省电力公司资阳公司代管，更名为“简阳供电公司”。截至2002年12月31日止，公司资产总额为14376万元。公司共有在册职工489名，下设4科1室1处3部，11个供电所，8个变电站（其中35千伏变电站7座，110千伏变电站1座），1座小水电站。供电区域内共辖10千伏配电线路54条，共2000余千米，35千伏线路10条，共119千米，公用专用变压器2346台，总容量为17.30万千伏安。

（六）安岳供电公司

安岳供电公司位于安岳县岳阳镇北大街罗家坝，是资阳公司代管的一个转供电全民所有制企业。公司设有综合办公室、安全技术科、用电营销科、农村电力科、财务科，以及32个生产班组。公司现有正式职工（含集体工）384人，农电工301人，其中专业技术职称的人员94人，高级1人，中级15人（含工人技师），初级78人，具有大专及以上学历的102人。负责代管经营220千伏和110千伏变电站各1座，220千伏输电线路265千米；110千伏线路64.4千米；35千伏变电站7座，35千伏线路148.5千米；10千伏线路2150千米，低压线路21634千米，电网覆盖率达100%。按照营业区划的管理规定，承担着安岳县62个乡镇的工农业生产和142万人民生活用电的供电任务，到年末，公司的资产总额为8315万元，固定资产原值5981万元。

第十七节　四川省电力公司眉山公司

四川省电力公司眉山公司是为适应眉山市经济建设和社会发展需要，于2001年12月26日正式成立的，属四川省电力公司的分公司，负责眉山境内一区五县的电力安全生产，直供东坡区、仁寿县，趸售彭山、丹棱、青神、洪雅电力公司。

一、单位概况

眉山公司下辖东坡、仁寿2个直管供电局和彭山、洪雅、丹棱、青神4个代管供电局。公司下设9部1室，分别为总经理工作部、计划发展部、安全生产部、农电管理部、电力营销部、财务部、人力资源部、党委工作部、纪检审工作部、工会办公室。另设有电力调度中心、技术服务中心、生产运行维护中心、电能计量检定所等二级单位。截至2002年底，眉山公司有在职职工716人，代管局职工864人，退休职工247人。在册职工中男职工520人，女职工196人，退养职工84人，35岁以下青年399人，党员177人，大专文化程度235人，本科生88人，硕士2人，具有高级职称23人，中级职称69人，初级职称195人。2002年眉山电力公司完成网供电量14.18亿千瓦·时，完成总供电量31.48亿千瓦·时。图6-2-16所示为眉山公司职工深入农村宣传用电知识。

图6-2-16　眉山公司职工深入农村宣传用电知识

二、所属供电局

（一）东坡供电局

东坡供电局位于眉山市区，全局在册职工288人，主业229人，多种经营59人，具有高级职称8人、中级职称14人、初级职称81人，有离退休人员166人。有220千伏变电站2座、220千伏开关站1座、110千伏变电站4座、35千伏变电站8座、10千伏开闭所6座。3座110千伏、5座35千伏变电站及所有开闭所实现无人值守。总变电容量为62.44万千伏安。辖区内共有220千伏线路12条，110千伏线路15条，35千伏线路16条，10千伏线路91条。

（二）仁寿供电局

仁寿供电局建立于1978年，担负着全国十大农业县之一的仁寿县全县供电任务。仁寿供电局设有办公室、电力营销科、生技科、调度所等9个科室和15个农村供电所；供电区域达13区132个乡1214个村9713个组，供电户341944户，总人口160万人；有220千伏变电站1座，110千伏变电站3座，35千伏变电站11座，10千伏配电变压器2602台，变电容量为19.24万千伏安，10千伏配电线路52条，长2682.98千米，农村低压线路长26000千米。

（三）彭山供电局

彭山供电局担负着彭山县全县和双流县籍田镇、黄龙镇、大林镇的供用电管理任务，供区辖20个乡（镇），乡、村、户通电率均为100%。现有110千伏变电站2座，容量为3×3.15万千伏安；35千伏变电站4座，容量为5×0.63万千伏安；配电变压器1479台，总容量为14.41万千伏安；110千伏线路5千米，35千伏线路72千米，10千伏线路941.22千米，低压线路6278.3千米。

（四）丹棱供电局

丹棱供电局的前身是1951年成立的国营丹棱电厂，1982年改为四川省丹棱县供电公司，1993年改为四川省丹棱县电力公司，1997年改为四川省丹棱县电力局，2001年改为四川省电力公司眉山公司丹棱供电局。2002年底，职工总人数为198人。下属单位有丹棱镇供电所、杨场供电所、何场供电所、王场供电所、仁兴供电所、张场供电所、双桥供电所、仁美供电所、顺龙供电所、中隆供电所、唐河供电所、石桥供电所，以及丹棱110千伏变电站、城南35千伏变电站、双桥35千伏变电站、杨场35千伏变电站等。主要设备有110千伏变电站1座，装机1台，变电容量为3.15万千伏安；110千伏输电线路1条，长16.32千米；35千伏变电站3座，变电容量为2.55万千伏安；35千伏输电线路3条，总长84.12千米；10千伏配电线路382千米，低压线路2000千米。配电变压器463台，变电容量为4.39万千伏安。供电辖区内有12个乡镇，133个村，930个社，用电户为4.5万户。

（五）青神供电局

青神供电局担负青神县境内18个乡（镇）、153个村、1153个经济社，以及周边地区乐山市中区、眉山、井研、夹江、仁寿等县部分村社的供电任务。有110千伏输变电站1座，容量为3.15万千伏安；35千伏输变电站3座，容量分别为三岔路站5150千伏安，罗坝站5000千伏安，穆家埂站5000千伏安；小水电站1座，装机容量为260千瓦，属季节型电站。有在职员工117人，其中专业技术人员29人。

（六）洪雅供电局

洪雅供电局的前身是四川省洪雅县电力公司，成立于1980年1月，是一个集发电和供电于一体的地方国有企业。截至2002年底，拥有发电站5座，总装机容量为26939千瓦（其中王关电站2×6300千瓦，高凤山电站2×2000千瓦，柳新电站4×1250千瓦，石河电站2×2500千瓦，高岩电站339千瓦）；35千伏变电站4座，变电容量为2.81万千伏安；35千伏输电线路142千米，10千伏输电线路近700千米。2002年12月28日，企业实施转制，成立了四川省洪雅电力有限责任公司。公司现有资产1.26亿元，全公司共有职工672人。

第七篇　用　　电

第七篇　用　　电

1991～2002年，四川省经济快速发展，各产业用电发生了很大的变化，四川省全社会用电量从1991年的259亿千瓦·时增长到2002年的611亿千瓦·时。用电管理也从原来的“三电”管理模式走向市场化的电力营销管理，有力地促进了为用户服务的能力和水平的提升，以及售电量的增加。“八五”计划期间，用电量平均增长率为10.62%，“九五”计划期间，平均增长率为3.93%。2002年，四川省经济增长速度进一步加快，电力需求量增大，用电量迅速增长，全社会用电量比2001年增长19.67%，用电结构也不断变化。

第一章　用电结构与用电量

随着四川省经济的全面发展，城市现代化建设和人民生活水平的不断提高，城镇居民生活用电也急剧上升，但其中也有不同程度的波动。1991～2000年，四川省全社会用电的年均增长速度为7.22%，低于全国8.19%的水平。四川省全社会用电量在“八五”期间高速增长，在“九五”期间有所回落，特别是1997年全社会用电量增速放缓，1998年全社会用电量出现负增长，当年同比下降2.98%。1999年全省用电量开始回升，恢复到了1997年的水平，2000年全社会用电量大幅度增长，增速达到11.37%，这个较高的增速是在1997～1999年用电量波动的基础上实现的。2000年四川省全社会用电量为522亿千瓦·时，其中农林牧渔业、水利业、工业、地质勘探业、建筑业、交通运输业、邮电通信业、商业饮食业等行业用电量为419.19亿千瓦·时，占全社会用电总量的80.42%；城乡居民用电量为102.04亿千瓦·时，占全社会用电总量的19.58%。自此以后，一直保持比较平稳的涨幅。2000、2001和2002年，四川省全社会用电量增长速度分别达到11.37%、13.11%、13.95%。

第一节　用　电　结　构

1991～2002年，四川省各产业用电均呈增长趋势，其中工业用电增长了3.6倍，年均增幅为9%，其占全社会用电量的比重基本稳定在70%以上，只是在1999～2002年，由于受经济增长和电力短缺的影响，比重有所下降。农业用电比重不断下降，但其用电量也增长了2.7倍。第三产业用电比重不断上升，用电量从20亿千瓦·时增长至105亿千瓦·时，增长了5倍，年均增幅为11.68%。居民生活用电从45亿千瓦·时增长至138亿千瓦·时，增幅达207%，所占比重一直稳定在17%左右。图7-1-1所示为广安电业局华蓥供电局用电营业厅工作人员以热情周到的服务，开始新的一天。

图7-1-1 华蓥供电局工作人员精神饱满开始一天的工作

一、工业用电

“八五”计划期间，四川省经济结构进一步调整，工业生产在平稳调整中保持了稳定增长，国民经济运行步入一个新的发展阶段。在1991～1995年，全省发电量年均递增13.1%，而同期四川省工业产值年均递增率达到20.24%。从20世纪80年代开始发展起来的乡镇企业用电量年均增长高达23.56%，四川省电力供需矛盾日益加剧，四川电网经常性缺电负荷为113万千瓦，约为1995年枯水期分配计划的32%，电网缺电容量超过300万千瓦，约为1995年全网最大负荷的40%。1994年，省调度部门直接拉闸限电2726条（次），1995年拉闸限电3581条（次）。尽管电力供应相对不足，但是，“八五”计划期间全省工业用电量的绝对值达1661.12亿千瓦·时，仍比“七五”计划时期的工业用电量增长67.72%。其中，用电量最大的行业仍是化学工业，5年共用电量为289.68亿千瓦·时，占工业用电总量的17.44%；其次是黑色金属冶炼及压延加工业，5年共用电量271.91亿千瓦·时，占工业用电总量的16.37%；煤炭采选业仍居最后，用电量为81.70亿千瓦·时，占工业用电总量的4.92%。这5年，四川省的乡镇工业发展较快，共用电量165.98亿千瓦·时，占工业用电总量的10%。

进入“九五”计划时期后，四川省加快了国有企业改革步伐，狠抓产业结构调整，轻工业发展速度加快，到2000年，全省轻工业产值比重达到50.3%，重工业产值比重为49.7%。同时，由于四川省行政区划的调整和二滩、宝珠寺等一批大型水电站建成发电，电力供应由短缺转为富余。为了增加电力的销售，四川省电力公司出台了一系列增供促销措施，确保了电力销售量的增长。1996～2000年，四川省工业用电总量达到1716.47亿千瓦·时，超过历史最高水平。其中，重工业用电量为1436.83亿千瓦·时，占工业用电总量的83.71%；轻工业用电量为279.64亿千瓦·时，占用电总量的16.29%。用电量最大的行业仍是化学工业，5年共用电量312.55亿千瓦·时，占整个工业用电总量的18.21%；其次是黑色金属冶炼及压延加工业，5年用电量为250.7亿千瓦·时，占整个工业用电总量的14.61%；建材及其他非金属矿制品业5年共用电量159.19亿千瓦·时，占工业用电总量的9.27%；其他工业行业用电量比重都在4%以下。

进入“十五”计划期间，国民经济的持续快速增长，推动了全省用电量迅速增长。

2001年，全省大部分工业用电客户生产销售出现良好势头，售电量呈现快速增长态势，全年完成售电量378.69亿千瓦·时。例如广元电业局所属供电区域内的821厂，在省公司的协调下，利用“超基数优惠政策”使821厂的自备发电机组（2.4万千瓦）停运，降低了生产成本，赢得了市场空间，同比增长55.6%，增加售电量1亿千瓦·时；川投黄磷厂、宜宾昌宏化工有限公司由于其产品在国内外市场具有很强的竞争能力，2001年均继续扩大生产规模、进行二期建设，分别与2000年同期相比增加售电量1.85亿千瓦·时和1.69亿千瓦·时；攀枝花钢铁公司、成都钢铁厂、威远钢铁厂和长城钢铁公司受钢材市场购买力增加和销售价格上扬的影响，全年均满负荷生产，同比售电量均有大幅度增长，分别比头一年同期多售电1.83亿千瓦·时、0.64亿千瓦·时、0.43亿千瓦·时和0.33亿千瓦·时，以上几项就较2000年增加售电量7.76亿千瓦·时。

2002年省内售电量增加了57.24亿千瓦·时，其中大工业用电增加38.88亿千瓦·时，约占增加额的67.9%。大工业用电增量中，“直购电”增加13.96亿千瓦·时，实施“一事一议”措施的用电客户增加7.5亿千瓦·时，这两项增量占大工业新增电量的55%。

二、农业用电

在“七五”计划期间，四川省农村电力建设迅速发展，农村用电大部分由地方电力提供，而四川省电力工业局所属的电网主要面向大中城市的工业用电，提供给农村的电量则呈下降趋势。5年间，四川省电力工业局为全省农、林、牧、渔、水利业提供的电量为17.43亿千瓦·时，占四川省全社会用电量的1.52%。其中农业用电量为10.86亿千瓦·时，水利业用电量为2.47亿千瓦·时。

进入20世纪90年代后，四川省对农业结构进行战略性调整，全力推进天然林资源保护工程和退耕还林还草试点，水产生产保持了良好发展势头，广泛开展声势浩大的农田水利基本建设，积极抓好机电提灌，全省农业机械化装备水平和作业水平进一步提高。2000年，全省农机电动机动力机械总动力达到418.54万千瓦。1991～1995年，全省农、林、牧、渔、水利业合计用电量为76.87亿千瓦·时，占全行业用电总量的4.04%，比1986～1990年增长3.4倍。其中农业用电量为34.71亿千瓦·时，水利业用电量为6.88亿千瓦·时，牧业用电量为1.39亿千瓦·时。1996～2000年，全省农、林、牧、渔、水利业共用电量为97.62亿千瓦·时，占全行业用电总量的4.82%，比1986～1990年增长4.6倍，比1990～1995年增长26.99%。其中，灌溉用电量为28.31亿千瓦·时，农业用电量为50.44亿千瓦·时，水利业用电量为12.89亿千瓦·时。随着农村电网改造工作的逐步实施，电价的降低，农村电力供应的竞争力增强，农、林、牧、渔、水利业用电量的需求还有所增长。

2001～2002年，农村用电增长更为迅速，2001年农业生产用电受春夏两季持续高温的影响，全省排灌抽水用电大幅增加，完成售电量5.143亿千瓦·时，比上年同期增长18.63%。2002年农、林、牧、渔、水利业用电略有下降，全省电力公司有9个电业局趸售电量出现负增长，8个电业局农业生产用电呈负增长。

三、第三产业用电

“七五”计划期间，四川省遵照国家关于实行“铁、公、水、空联合运输”方针，对交通运输邮电通信设施进行了较大规模建设和改造，襄渝铁路襄达段电气化牵引的建成，以及联合运输的全面开展，使交通运输邮电通信用电量有较大增长，5年中共用电量26.39亿千瓦·时，占全行业用电总量的2.31%，比1980～1985年增长1.5倍。其中，1990年交通运输邮电通信业用电量达5.52亿千瓦·时，占社会总用电量的2.1%，比1985年增长66.62%。这中间，电气化铁路用电量为4.07亿千瓦·时，占交通运输邮电通信业用电总量的76%，邮电通信业用电量为1695万千瓦·时。

20世纪90年代后，四川省交通运输邮电通信业有了更大发展，川黔铁路、成昆铁路、渝达铁路、宝成铁路复线等电气化铁路改造工程相继完工和陆续投入运行。到1999年底，成都铁路管理局拥有电力机车647台，电气化铁路长3102千米，用电量逐年上升。2000年，四川省全省交通运输邮电通信业用电量为13.28亿千瓦·时，其中交通运输业用电量为10.88亿千瓦·时，占全社会用电量的2.09%，比1990年增长1倍。其中，电气化铁路用电量为8.87亿千瓦·时，比1990年增长1.18倍；邮电通信业用电量为2.4亿千瓦·时，比1990年增长13倍。从国民经济发展的趋势看，交通运输、邮电通信业用电量比重仍将呈上升趋势。

进入“十五”计划时期后，交通运输和邮电通信业的蓬勃发展，新的经济增长点逐步形成，带动了用电量的增长。随着成昆电铁、宝成复线全线的开通，四川省电力工业局（公司）新增了18个电铁牵引站供电，2000年投运之初客货运量不饱和，2001年随着铁路客货运量加大，其销售电量亦呈现大幅度增长，同比增加售电量1.23亿千瓦·时。2002交通运输邮电通信业用电增长平稳，共用电量为14.63亿千瓦·时，较2001年的13.45亿千瓦·时增加8.71%。

四、居民生活用电

1986～1990年，四川省市政建设速度加快，特别是成都、重庆、宜宾、绵阳、德阳、乐山、万县等大、中城市大型宾馆、商场、餐厅、歌舞厅、游乐场，以及其他市政设施用电量急剧增长。同时，随着城镇居民收入的增加，居住条件的改善，城镇居民家用电器不断增多，不仅电风扇、洗衣机、电冰箱、电视机、录音机等基本普及，被人们称为“超三件”的录像机、空调机、电话机亦开始进入居民家庭，从而使市政生活用电量迅速增加。5年中，城乡居民生活用电量达72.12亿千瓦·时，占社会用电总量的6.31%。

从20世纪90年代开始，四川省城乡居民家庭收入明显增长，家用电器拥有量如空调机、微波炉、电热水瓶、消毒柜等高耗电家用电器迅速增长，城乡居民生活用电量不断呈上升趋势。1991～1995年，城乡居民生活用电量共计达到238.49亿千瓦·时，占全社会用电总量的12.54%，其中1995年全省城乡居民生活用电量达到71.71亿千瓦·时，比1990年增长263%。1997年四川省行政区划调整后，尽管四川省行政区划缩小，人口减少，到2000年底，全省城乡居民生活用电仍高达102.05亿千瓦·时，占全省社会用电总量的19.58%，比1996年增长23.41%，比1997年增长32.79%。四川省居民生活用电量在全社会用电量中的比例一直高于全国居民生活用电量的平均水平，2000年比全国高7%。

2001～2002年，城、农网改造和“一户一表”的推进加速了售电量的增长。2001年四川省电力公司大力实施“光明工程”，公开向社会承诺，搞好优质服务工作，并加快全省城农网改造的步伐，使全省电力系统高、低压网络输电“卡脖子”的问题得到了缓解，四川电网的网架结构更加合理，供电能力和可靠性大大提高。2001 年四川电网对城乡居民生活电价的优惠和电网输送能力的提高，刺激了城乡照明用电量的增长。全公司居民生活用电、非居民生活用电和商业用电较 2000 年同期共增加售电量 10.97 亿千瓦·时。其中成都、德阳、绵阳和宜宾等电业局的居民、非居民和商业用电量较去年同期增长较多，三项累计分别比去年同期增加售电量 5.17 亿千瓦·时、1.1 亿千瓦·时、0.79 亿千瓦·时和 0.33 亿千瓦·时。2002 年居民用电在 2001 年同期基础上增长了 72956 万千瓦·时，增长率达 14.56%，对售电量增长的贡献率为 12.75%。随着城乡电网改造结束，居民生活用电增长经历了 2001 年和 2002 年的高速增长后，从 2002 年 8 月部分取消了居民电价优惠政策，居民生活用电增长速度趋于平缓，预计 2003 年为 6.28%，比全社会用电增速低 3.79%（统调统分电网居民生活用电增长趋势相同，增速为 5.54%，低于全社会用电增速 7.32%）。1991～2002 年各产业用电结构详见表 7-1-1。图 7-1-2 所示为宜宾电业局职工为无电农户安装电灯，实现户户通电。

图 7-1-2 宜宾电业局职工为无电农户服务

表 7-1-1 四川省 1991～2002 年各产业用电结构

年份	工业用电（亿千瓦·时）	比重（%）	农业用电（亿千瓦·时）	比重（%）	第三产业（亿千瓦·时）	比重（%）	居民生活（亿千瓦·时）	比重（%）
1991	188	72.59	6	2.32	20	7.72	45	17.37
1992	200	72.46	6	2.17	22	7.97	48	17.39
1993	219	72.28	7	2.31	25	8.25	52	17.16
1994	244	72.40	8	2.37	28	8.31	57	16.91
1995	268	72.24	9	2.43	31	8.36	63	16.98
1996	293	72.17	9	2.22	35	8.62	69	17.00
1997	316	71.33	10	2.26	39	8.80	78	17.61
1998	338	71.31	11	2.32	43	9.07	82	17.30
1999	331	69.25	11	2.30	46	9.62	90	18.83
2000	355	68.01	12	2.30	53	10.15	102	19.54
2001	412	69.95	12	2.04	62	10.53	103	17.49
2002	462	69.89	13	1.97	71	10.74	115	17.40

第二节 用 电 量

1991～2002年，随着四川省经济全面发展，城市现代化建设和人民生活水平的进一步提高，城乡居民生活用电又急剧上升，因此，四川省全社会用电的年均增长速度为9%。其间，四川省全社会用电量在“八五”计划期间高速增长，用电量平均增长率为10.62%；在“九五”计划期间有所回落，平均增长率为3.93%。特别是1997年全社会用量增速放缓，1998年全社会用电量出现了负增长，当年同比下降2.98%，1999年全省用电量开始回升，恢复了1997年的水平，2000年四川省全社会用电量大幅度增长，增速达到11.37%，这个较高的增速是在1997～1999年用电量波动的基础上实现的。2000年四川省全社会用电量为522亿千瓦·时，2002年全社会用电量为611亿千瓦·时，同比增长19.67%。

一、全社会用电量

从1991年以来，四川省全社会用电量从259亿千瓦·时增长至2002年的611亿千瓦·时，增长了1.83倍，年均增幅为6.9%。其中2001年以后，增幅明显加快。

2001年，全社会用电量为589亿千瓦·时，大工业用电量完成212.46亿千瓦·时，比2000年同期增长18.28%；居民生活用电完成50.097亿千瓦·时，比2000年同期增长15.84%；商业用电由于在2000年5月20日以后国家计委在调整四川电网销售电价时，才以计价格〔2000〕646号文件从非居民生活用电中剥离出来，因此2000年商业用电实属非居民生活用电范畴，当年两项合计共销售电量263.79亿千瓦·时，比2000年同期的222.59亿千瓦·时增长18.51%；农业生产用电受当年春夏两季持续高温的影响，全省排灌抽水用电大幅增加，完成售电量5.143亿千瓦·时，比2000年同期增长18.63%；非普工业用电完成24.18亿千瓦·时，比2000年同期增长3.5%；趸售用电受4～6月持续干旱的影响，以及2001年省公司采取“一事一议”优惠政策，大力实施对趸售用户自备小火电机组的关停工作，拓展了主网的销售电量空间，全公司在2001年共完成趸售电量51.84亿千瓦·时，同比增长23.26%。年内售电出现3个50亿，即省公司比上年增加售电量50亿（49.15亿千瓦·时），居民生活用电50亿（50.09亿千瓦·时），趸售电量50亿（51.84亿千瓦·时）。

2002年，四川省统调电网供用电量474.26亿千瓦·时，同比增长19.67%，扣除电力生产、供应中的厂用和线损电量73.98亿千瓦·时，全社会用电量为400.27亿千瓦·时。其中，第一产业用电5.31亿千瓦·时，同比下降2.57%；第二产业用电359.03亿千瓦·时，同比增长21.91%，主要由工业用电量增长带动；第三产业用电50.33亿千瓦·时，同比增长16.12%；居民生活用电59.59亿千瓦·时，同比增长12.41%。四川省2002年统调电网用电量增长情况详见表7-1-2，1991～2002年全社会用电量见表7-1-3。

表 7-1-2　　四川省 2002 年统调电网分产业用电同比情况统计　单位：亿千瓦·时

产业类别	2002 年	2001 年	增长（%）
第一产业	5.31	5.45	-2.57
第二产业	359.02	294.49	21.91
第三产业	50.32	43.34	16.12
居民生活	59.58	53.01	12.41
其中：乡村	17.16	15.03	14.11
城镇	42.43	37.97	11.73

表 7-1-3　　1991～2002 年全社会用电量统计　单位：亿千瓦·时

年　份	全社会用电量	年　份	全社会用电量
1991	259	1997	443
1992	276	1998	474
1993	303	1999	478
1994	337	2000	522
1995	371	2001	589
1996	406	2002	661

二、人均用电量

随着国民经济的迅速发展，电力体制的改革，工业、农业、第三产业、人民生活用电大幅度增加。1991 年，四川省人均用电量仅为 316 千瓦·时，到 2002 年，已达到 762 千瓦·时，增长为 1991 年人均用电量的 2.4 倍。四川省 1991～2002 年人均用电量见表7-1-4。

表 7-1-4　　四川省 1991～2002 年人均用电量统计　单位：千瓦·时

年　份	人均用电量	年　份	人均用电量
1991	316	1997	523
1992	335	1998	556
1993	366	1999	559
1994	405	2000	607
1995	443	2001	682
1996	482	2002	762

第二章 营业机构与用电管理

1991年前，四川省电力工业局设有用电管理处，所属地市供电局设有用电科，县区供电分局下设供电所，供电所设有用电组，乡村设有电管站。为了适应市场化的需要，1991～2002年营业机构几经变革，省电力公司设有电力营销部，营销部设立市场开发处、电费电价处、营业管理处和综合处（后改为服务处），电业局也相继成立了电力营销部，所属供电局都设有营销部（科），为了扩充业务，各供电局还设有“客户服务中心”。在用电管理方面，主要是加强业务扩充管理、计量管理、用电检查管理等，以利进行全省电力市场的调查研究、分析预测、拟订营销方案等工作。

第一节 营 业 机 构

四川省的供电营业区可分为国网直供直管县（区），国网和地方供电企业供电营业机构并存的县（区），以及国网未设供电营业机构的县（区）三类。截至2002年底，在全省181个县级行政区中，第一类供电区有37个（省电力公司设立36个供电局），第二类供电区有33个（省电力公司设立34个供电局），第三类供电区有111个县级行政区。

一、机构设置

四川省为了保证全省各行业的用电需求，各级电力部门先后建立了用电管理部门。用电管理法规也不断完善，形成了全省统一管理的规章制度。在管理内容上，着重进行节约用电和安全用电的知识普及教育与用电监督，在电力供需产生矛盾时，对用户实行分类排队加以限电。1972年，水利电力部召开全国节电工作会议传达周恩来总理“关于加强用电管理工作的指示”后，开始把计划用电、节约用电、群众办电作为用电管理工作的基本内容，时称“三电”工作。省和各市、地、州、县都先后成立“三电办”，专事用电指标分配，以及“三电”工作管理。1984年，按照新的全国供用电规则规定，“三电”工作内容统一明确为计划用电、节约用电、安全用电。

为了适应市场化的需要，四川省电力工业局（公司）于1998年将用电管理处改为电力营销部，并对电力营销部内部机构设置进行改革，设立市场开发处、电费电价处、营业管理处和综合处，公司下属各电业局也相继成立了电力营销部。各电业局营销部的机构设置虽然有差异，但都淡化了原用电处“三电办”的职能，增设了电费管理、市场开发、现代化管理等岗位，加强了业务扩充管理、计量管理、用电检查管理等，以利进行全省电力市场的调查研究、分析预测、拟订营销方案、开拓电力市场、开展用电检查和实践服务承诺等工作。

二、营业区划分

电力销售与电费管理是电力企业生产过程最终取得效益的重要环节。改革开放后，四川电网于1998年首次出现年度售电量下降，不仅企业效益受到一定影响，也说明电力销售已经由过去的卖方市场转为买方市场，加上长期以来的拖欠电费现象未能得到彻底解决，如不加强电力营销与电费回收管理，势必对电力企业的发展造成困难。四川省电力工业局（公司）根据四川电网的具体情况，采取了一系列措施开拓电力市场，加强电费管理，提高电费回收率，收到了一定效果。

在电力市场的开拓上，根据《电力法》和电力工业部的统一部署，按照中共四川省委、四川省政府《关于划分四川省供电营业区的决定》，在省经贸委及各市、地、州、县经委，水电局的积极支持配合下，从1997年9月到1998年2月对全省电力供电营业区进行了划分，并于1999年3月分别颁发了14个电业局和89个供电局（电力公司）的供电营业许可证。由于四川电网是一个多家投资建设的联合电网，通过供电营业区的划分，基本上理顺了全省供电关系。这对于电力市场的开拓与电力营销的发展都起到了很好的促进作用。

四川省供电营业区情况见表7-2-1和表7-2-2。

表7-2-1　四川省供电营业区情况　单位：个

国网直供直管县（区）	国网和地方供电企业供电营业机构并存的县（区）	国网未设供电营业机构的县（区）	
		存在趸售关系的县（区）	没有趸售关系的县（区）
37	33	69	42

表7-2-2　直供营业区和趸售营业区情况对比

直供营业区范围面积（千米²）	直供营业区占比（%）	趸售营业区面积（千米²）	趸售营业区占比（%）	直供营业区人口（万人）	直供营业区人口占比（%）	趸售营业区人口（万人）	趸售营业区人口占比（%）
50190	10.27	180929	37.02	2956.60	34.40	4931.30	57.37

（一）国网直供直管县（区）

该部分县级行政区域内的供电营业机构只有省电力公司直属县级供电局，没有地方电力公司的供电营业机构的存在。国网直供直管县（区）目前为37个，设立36个供电局。

（1）成都。包括锦江区、成华区、青羊区、武侯区、高新区、金牛区、青白江区、龙泉驿区、双流县。

（2）自贡。包括大安区、贡井区、自流井区、沿滩区。

（3）攀枝花。包括西城区、东城区、仁和区。

（4）泸州。包括江阳区、龙马潭区。

（5）德阳。包括旌阳区、广汉市。

（6）绵阳。包括涪城区、游仙区、梓潼县、江油市。

（7）广元。包括市中区。

（8）内江。包括市中区、隆昌县、东兴区、威远县。

（9）乐山。包括市中区、沙湾区、五通桥区、井研县。

（10）眉山。包括东坡区、仁寿县。

（11）宜宾。包括翠屏区。

（12）南充。包括顺庆区。

（二）国网和地方供电企业供电营业机构并存的县（区）

省电力公司在当地设立有县级供电企业（供电局），同时又有地方供电企业的供电营业机构存在的县级行政区。这类县级行政区有33个，省电力公司在这些地区设立34个供电局。国家电网与地方电网供电企业供电营业机构并存的县（区）见表7-2-3。

表7-2-3 国家电网与地方电网供电企业营业机构并存的县（区）统计

序号	城市	县级行政区名称	省公司供电单位	地方供电企业	趸售
1	巴中	巴州区	巴州电业局	巴州区电力公司	有
2	成都	金堂县	金堂供电局	金堂电力公司	有
3		新都县	新都供电局	新都电力公司	有
4		温江县	温江供电局	温江电力公司	有
5		都江堰市	都江堰供电局	都江堰电力公司、岷江电力公司（省公司控股）	有
6	达州	通州区	通州供电局	达州市电力公司	有
7		宣汉县	宣汉供电局	宣汉弘盛电力公司	有
8		大竹县	大竹供电局	大竹电力公司	有
9		万源县	万源供电局	万源电力公司	有
10		达县	达县供电局	达县新桥供电局	有
11	德阳	绵竹市	绵竹供电局	绵竹电力公司	有
12		什邡市	什邡供电局	什邡明珠电力公司	有
13		罗江县	罗江供电局	罗江明源电力有限公司	有
14	广元市	旺苍县	旺苍供电局	旺苍县供电公司	有
15		青川县	青川供电局	青川电力有限公司	无
16		朝天区	朝天供电局	朝天龙洞背等多家电站	有
17		剑阁县	剑阁供电局	剑州电力公司	有
18	广安	广安城区	城区供电局	广安爱众股份有限公司	有
19		华蓥	华蓥供电局	华蓥市电力有限责任公司	有
20		邻水县	邻水供电局	邻水启明星电力有限公司	有
21	乐山	峨眉山市	峨眉山供电局	乐山电力股份有限公司峨眉公司	无
22		夹江县	夹江供电局	乐山电力股份有限公司夹江公司	无
23	泸州	泸县	泸县供电局	泸县和益供电局	有
24		叙永县	叙永供电局	叙永电力公司	有

续表

序号	城市	县级行政区名称	省公司供电单位	地方供电企业	趸售
25	绵阳	安县	安县供电局	安县启明星电力有限责任公司	有
26	内江	资中县	资中供电局	资中电力公司	有
27	南充	高坪区	河东供电局	高坪供电公司	有
28		嘉陵区	嘉陵供电局	龙蟠供电公司	有
29	西昌	西昌城区	月城供电局	西昌电力公司	有
30	宜宾	南溪	南溪供电局	南溪县电力公司	有
31	资阳	雁江区	资阳供电局	雁江供电公司	有
32		简阳县	简阳供电局	简阳供电公司	有
33	自贡	荣县	荣县供电局	荣县地电公司	有

(三) 国家电网未设供电营业机构的县(区)

上述70个县级行政区以外的其余111个县级行政区，省电力公司没有设立供电局，由地方供电企业供电，省电力公司即便有一些供区，都是在极小的范围内。在地方电网供电的111个县级行政区中，按与国家电网有无趸售关系分为完全由地方电力供电和转售(或部分转售)国家电网电力两类。

(1) 有趸售关系的县(区)69个。

1) 成都市。崇州市、大邑县、新津县、邛崃县、蒲江县、郫县、彭州市。

2) 乐山市。金口河、犍为县、沐川县、峨边县、马边县。

3) 眉山市。彭山县、青神县、丹棱县、洪雅县。

4) 宜宾市。高县、屏山县、珙县、兴文县、江安县、长宁县、筠连县、宜宾县。

5) 泸州市。纳溪区、合江县、古蔺县。

6) 自贡市。富顺县。

7) 攀枝花市。盐边县、米易县。

8) 德阳市。中江县。

9) 绵阳市。三台县、平武县、北川县、盐亭县。

10) 广元市。元坝区、苍溪县。

11) 遂宁市。市中区、射洪县、大英县、蓬溪县。

12) 资阳市。安岳县、乐至县。

13) 南充市。蓬安县、西充县、阆中市、营山县、南部县、仪陇县。

14) 广安市。岳池县、武胜县。

15) 达州市。渠县、开江县。

16) 巴中市。平昌县、通江县、南江县。

17) 雅安市。石棉县。

18) 凉山州。喜德县、德昌县、会东县、甘洛县、冕宁县、越西县、会理县。

19）阿坝州。红原县、阿坝县、茂县（与岷江水电并网）、理县（与岷江水电并网）、汶川县（与岷江水电并网）。

（2）无趸售关系的县（区）42个。

1）雅安市。雅安市雨城区、名山县、荥经县、汉源县、天全县、芦山县、宝兴县。

2）阿坝州。若尔盖、九寨沟、松潘县、黑水县、小金县、金川县、马尔康、壤塘县。

3）凉山州。宁南县、盐源县、木里县、昭觉县、美姑县、雷波县、普格县、布拖县、金阳县。

4）甘孜州。石渠县、色达县、巴塘县、甘孜县、德格县、炉霍县、白玉县、新龙县、道孚县、理塘县、雅江县、丹巴县、康定县、泸定县、稻城县、乡城县、九龙县、得荣县。

（四）国家电网四川省电力公司代管的地方国有独资供电企业

截至2002年底，全省由国家电网四川省电力公司代管的地方国有独资供电企业共有11个。其中，成都市有大邑星明电力公司、崇州供电局、温江电力公司、郫县供电局、新都电力公司、新津供电局6个；德阳市有四川绵竹电力股份有限公司1个；南充市有南充电业局高坪供电公司、南充电业局龙蟠供电公司2个；广元市有四川省旺苍县电力有限公司、广元市元坝电力公司2个。

（五）国家电网四川省电力公司参（控）股供电企业

截至2002年底，国家电网四川省电力公司参（控）股供电企业共32个。其中，成都市有彭州供电局、都江堰电力公司、邛崃供电局、蒲江供电局4个；德阳市有什邡明珠电力有限责任公司、中江供电公司2个；绵阳市有安县电力联营公司1个；遂宁市有射洪电力公司、大英供电局、蓬溪供电局3个；巴中市有通江供电公司、南江供电公司、巴州区供电公司、平昌供电公司4个；广安市有武胜启明星电力有限公司、邻水启明星电力有限公司2个；广元市有四川苍溪启明星电力有限公司、剑阁县电力公司2个；眉山市有四川青神启明星电力有限公司1个；泸州市有四川古蔺供电有限责任公司、四川纳溪供电有限责任公司、叙永永盛电力有限责任公司3个；南充市有四川仪陇供电有限责任公司、四川西充供电有限责任公司2个；攀枝花市有米易电力股份公司1个；凉山彝族自治州有四川喜德供电有限责任公司、四川会东供电有限责任公司、石棉县电力公司3个；资阳市有雁江供电公司、简阳供电公司、安岳供电公司3个；自贡市有荣县地方电力公司1个。

（六）国家电网四川省电力公司所属电业局（公司）多经企业参控股的供电企业

截至2002年底，国家电网四川省电力公司所属电业局（公司）的多经企业参控股的供电企业共有11个。其中，德阳电业局有明源孝泉电力公司、罗江明源电力有限责任公司2个；绵阳电业局有北川夏禹电力公司1个；达州电业局有宣汉弘盛电力有限公司、四川新桥电力有限公司2个；乐山电业局有马边嘉能电网有限责任公司、沐川嘉能电力公司2个；眉山公司有四川洪雅电力有限责任公司、四川丹棱电力有限责任公司、四川彭山电力有限责任公司3个；资阳公司有乐至星源电力有限公司1个。

三、业务扩充

随着四川省电力工业的发展，四川电网供需矛盾逐渐趋缓，到20世纪90年代后期，四川省电力公司废止了在计划经济条件下限制用电的各项规定。各电业局纷纷简化业务扩充工作流程，压缩工程施工周期，用户要求增加用电的手续更加简便快捷，既能及时满足用户需要，又能增加供电部门的售电量。

（一）增供扩销的策略

20世纪90年代后期，四川电网电力短缺供需矛盾明显缓解，电力市场由严重缺电的卖方市场向电力富裕的买方市场转化，由过去以发定用（以产定销）向以用定发（以销定产）转化。因此，四川电网于1998年首次出现年度售电量下降，使企业效益受到一定影响。

针对四川电网出现的供大于求的现实，四川省电力公司不仅对用电管理体制进行改革，还积极充实电力营销人员，加快城网、农网改造力度，提高服务水平，努力增供扩销，促进用户早用电、多用电。根据国家有关规定精神，在省政府的支持下，四川省电力公司从1998年7月1日起，在电价改革上采取一系列增供扩销的优惠措施，具体如下：

（1）废止在计划经济条件下限制用电的各种规定。取消“买用电权”、超计划加价、“谁超限谁”、今超明还、居民用电包基数、征收空调容量占用费等规定。

（2）整顿电价，减轻用户负担。坚决拒绝代收各种未经有关部门批准的不合理的随电费加价。凡由电管站抄表收费的城镇居民用电一律改为各供电企业直接抄表收费，不再由电管站代抄代收。

（3）免收新装、增容居民用户供电工程贴费。新装、增容居民（含村民）生活用电供电工程贴费一律免收，减轻新装增容用户负担。

（4）鼓励城镇居民和农村村民多用电。城镇居民（按公安部门牌号计）每月生活用电量超过150千瓦·时部分按电价的90%计收电费；农村村民每月生活用电量超过80千瓦·时部分按电价的90%计收电费。

（5）鼓励用户错峰填谷，实行新的丰枯、峰谷电价政策。

上述优惠政策的实施，在一定程度上促进了售电量的增长，但对当年的增供扩销直接效果不是很明显，1998年四川电网售电量首次下降，比上年下降2.69%。随着四川电网电力供需矛盾的缓和，为了扩大电力市场销售，促进电力工业的发展，经省物价局、省经贸委、省电力公司等部门共同研究，并报经省人民政府批准，在1999年又对增供扩销作出补充规定，规定主要内容如下：

（1）重申大宗工业用户中的高耗能生产企业的生产用电（高耗能用电指铁合金、电石、黄磷、烧碱、纯碱、电解铝、电炉钢等产品的生产用电）的电价，每千瓦·时不得高于0.30元（包括基本电费在内），免收价外一切费用。

（2）除居民生活用电及农排用电以外的其他所有用电，超过1999年用电量的部分，每千瓦·时0.25元（包括基本电费在内），免收价外一切费用。

（3）对2000年起新增的用电户，从2000年3月1日起按用电性质分别执行目录电价（包括趸售电量中的居民生活用电）每千瓦·时下调3分钱，而且在丰水期低谷段用电，按目录电价的50%收费。

（4）城镇光彩工程用电，除继续执行已明确的优惠规定外，霓虹灯、高楼装饰射灯、各种广告灯具用电在丰水期低谷时段用电费用下调50%。

四川省电力公司为适应宏观形势的要求，采取以电价优惠促销的策略，对电力市场供需平衡的调节起到了积极的作用，一定程度上解决了富余电量的消纳，扩大了电力销售。但同时也增加了省电力公司的经营负担，从2000年实行一系列的电价优惠措施后，已让利5.6亿元，同时，由于优惠电价的项目多，计算复杂，给电价的管理和宣传也带来了一些不利的影响。

为了改变这种状况，四川省电力公司于2001年以市场为导向，狠抓增供扩销。2001年初，从上到下，层层签订军令状，务必保证12%以上的增长幅度。各电业局结合本地实际情况，充分利用各地优势促进电力销售，大力培育和开发新的售电增长点，促进了四川经济的全面发展。

（二）“一户一表”的推行

20世纪90年代后期，四川省电力工业局（公司）为了改善城镇居民住宅的供电条件，提高供电质量，按照国家规定，有计划、有步骤地在城镇逐步实行“一户一表”改造工程，由电力部门对城镇居民供电到户、抄表到户、收费到户、服务到户，满足城镇居民生活用电水平的增长需要。

尽管推行“一户一表”需要投入大量的人力物力，工程量巨大，并将给电力企业增加许多工作量和工作难度，使得管理范围、管理内容、管理方式发生变化，但是四川省电力工业局（公司）深刻地认识到，在市场经济下，必须以发展求生存，推行“一户一表”是扩大、发展电力营销市场的有效手段，困难再大也要实施。为此，四川省电力工业局（公司）制定并逐步落实了城镇居民“一户一表”工程改造实施的原则及步骤。

（1）以积极态度争取各级政府部门的理解、支持，制定各地可行的优惠政策，推动“一户一表”工作的开展。

（2）制定出用电负荷标准，改造技术规范，改造方案，统一标准和实施措施。

（3）精心组织，规范施工，突出重点，先易后难，逐步推进，分步实施，避免重复改造、重复投资。

（4）大力宣传“一户一表”改造工程工作是满足四川省国民经济发展的需要，从而扩大电力销售市场。通过宣传安装“一户一表”后所能享受的优惠电价政策，吸引更多的用户办理“一户一表”。

（5）抓好新建居民住宅小区和城镇居民新增用电的户线工程，一律按“一户一表”的规划设计施工。严格按新的标准一步到位，满足居民最大用电的需求。

（6）对居民要求强烈，整改后用电水平短期内有所提高的合表用户，应加快低压供电区域的增容和线路及户内线改造并同步实施“一户一表”。

（7）对其他居民用户有针对性地进行整改。

（8）视条件可能，逐步把企事业单位自供职工住宅及由其转供电的居民住宅改造为“一户一表”，抄表到户。

（9）实施“一户一表”改造工程，涉及面广，政策性强，影响大，需要投入大量资金。各电业局积极争取当地政府的支持，一般都采取了政府、供电企业、产权单位、个人共同筹措资金的办法。

“一户一表”改造工程受到政府和广大市民的支持和欢迎。被群众称为“民心工程”、“德政工程”。2001年，四川省执行了对居民用电的进一步优惠政策，引起了全社会的强烈关注，各居民户纷纷要求施行“一户一表”，由供电企业直接抄表到户，各电业局都加大了“一户一表”改造的力度。

截至2001年底，四川省电力公司购买单相复费率电能表556248只，各电业局已安装单相复费率电能表515400只，共使用资金1.613亿元。全公司直管单相电能表客户数已达856200户，比上年增加了311200户，增长55.1%。由于“一户一表”工程的拉动，城乡居民生活用电有了较大幅度增加，2001年城乡居民生活用电已达50.10亿千瓦·时，比上年增加了6.90亿千瓦·时，增长率为15.84%。

2002随着第二期农村电网改造工作的全面开展，为保证农村电网电能表入户改造工作顺利进行，省电力公司营销部根据四川省农村电网“一户一表”改造工程的需要，结合四川省实际情况和今后发展规划，提出了四川省农村电网“一户一表”改造工程使用设计寿命为15年的单相感应式电能表和设计寿命为10年的电子式电能表的合理化建议。参加了国家电力公司组织的电能表订货技术标准制定，并根据四川省的具体情况和运行经验，提出相关意见和建议。随着城农网改造、“一户一表”工程的深入开展，也为居民的电力消费解除了电力网络低压配网的“瓶颈”约束，提供了消费增长的基础。2002年城乡居民生活用电量比上年同期增长14.56%，其中乡村增长16.29%，城市增长13.88%，居民生活用电仍然是全社会用电量的重要增长点之一，其增长率排在全社会各行业用电增长第二位。

推行“一户一表”，彻底解决了居民住宅用电安全、合表用电和有电用不上的矛盾，满足了居民日益增长的用电需求。

（三）优质服务活动的开展

20世纪90年代后期，随着新的电力供需形势和市场经济的发展，各供电企业认真转变观念，积极改变传统管理方式，逐步建立起优质服务的以客户为中心的全新管理理念。坚持把“政府放心、百姓满意”作为工作的标准，与人民群众切身利益密切相关的问题作为服务的主要内容和工作重点，注重制度创新，针对管理中的薄弱环节，建立和完善规章制度，促进了公司电力营销工作的规范化，推动了公司管理创新和服务水平的提高。

为了实行优质服务，真正为群众办实事、办好事，为广大用户提供“优质、方便、规范、真诚”的服务，四川省电力公司不断强化管理。一是针对个别服务窗口员工在服务中存在工作推诿现象，制定了《四川省电力公司系统首问负责制实施意见》，为实施“只要你一个电话，其余的事由省电力公司来做”的新型服务理念奠定了基础，并在各客户服务中心实行“四制”，即挂牌服务制、值班主任制、首问负责制和无周休日制；二是在办理用电业务方面，实行“一口对外”、“一站式服务”、“内转外不转”，让客户真正享受到了“方便、快捷”的服务；三是在停电检修方面由客户自行确定时间，把方便让给了客户；四是在解决交费难方面与四川省工商银行、农业银行、建设银行达成共识，由各地各家银行服务网点代收电费，较好地解决了客户交电费难的问题。

为了使优质服务工作顺利开展，四川省电力公司还建立了“外举内查、外奖内罚、以外促内”的激励、约束和监督机制。电力公司先后制定了《四川省电力公司行业作风建设奖励办法（试行）》、《四川省电力公司行业作风建设中违规行为处理暂行规定》，设立了公司对外公开投诉举报电话，实行 24 小时人工接听，并建立了“四川省电力公司网上客户服务中心”，编制了专用软件，通过公司系统计算机内部网络及时查看、传递和处理客户的投诉举报、咨询和建议，保证对客户投诉举报处理的科学性、及时性和公开性，取得了良好的效果。同时，还聘请了 2232 名行风监督员，部分电业局本单位内部聘请监督员，自己给自己找问题，促进内部的管理，有的还成立了用电检查大队等，加强对活动的监督。这些活动的开展，对公司系统管理水平的提高，工作作风的转变，服务质量的提升，竞争能力的增强起到了较好的推动作用。

为广泛吸纳社会各界的意见和建议，公司“花钱买意见”，设立了 2000 多万元专项奖励基金，用于奖励客户投诉举报和合理化建议，部分供电单位设立了投诉举报奖励基金共 31 万元。

为给客户提供优美的服务环境，使客户享受到舒适的服务，公司制定了《供电企业“客户服务中心”建设标准》和《供电企业农村供电所“客户服务部”建设标准》，同时投入大量资金进行窗口建设，对所有城市、农村供电营业窗口按照公司统一的标准进行建设和改造，并统一窗口员工的着装。在窗口人员定额方面，对供电营业窗口和供电值班劳动定员进行了调增，每个供电营业区“供电值班”定员数增至 12 人，窗口人员数增至 3 人，保证了承诺内容的顺利兑现。同时，在成都、德阳两局试点建设客户服务中心营销支持系统，业扩报修、营业收费、投诉举报、呼叫中心等分散的功能都集中在客户服务中心，形成高效的客户服务管理体系，提升为优质的服务水平。

四川省电力公司“电力市场整顿和优质服务年活动”即“光明工程”于 2001 年 2 月 22 日正式启动，并认真配合各供电企业，抓好营销系统职工的思想活动，切实树立“优质、规范、方便、真诚”的服务理念。同时，结合省公司编发的《电力市场整顿和优质服务年活动职工学习问答》和《四川省电力公司职工职业道德教育读本》等学习资料的印发，电力营销系统职工对优质服务年活动开展的目的和具体要求有了较为深入的理解，普遍增强了市场意识、竞争意识、服务意识。有的电业局营销职工还开展了以“提高服务质量，提升营销职工良好形象”的大讨论。通过深入宣传教育，使得电力营销职工对“优质服务年”活动的认识从“要我做”转变到“我要做”，从而为活动的顺利开展奠定了坚实的思想基础。

2002 年，继续深化优质服务活动，全面实行了“营销革命”，不断提高优质服务水平。通过建立职责明确的领导机制，高效有序的工作机制，奖罚分明的激励机制和内外结合的监督机制，使优质服务工作制度化、规范化、经常化，基本实现优质服务常态运行。省电力公司系统全年共收到各类投诉、举报、咨询电话近 3000 个，下半年 95598 服务电话开通后，这类电话呈逐月增长的趋势。8 月 15 日，四川省有 17 个地市电业局全部正式开通了“95598”，在社会上引起了广泛的关注和好评，经过一段时间的运行，效果显著。

优质服务活动的开展，促进了电力员工服务意识、自律意识的增强，企业内部管理得到了较好的规范，服务效率和服务水平大大提高，赢得了社会各界的广泛赞誉，受到了地方党委、政府和人民群众的欢迎和好评。

（四）用电客户迅速发展

通过在电价改革上采取的一系列增供扩销的优惠措施，“一户一表”的推行，以及优质服务活动的开展，四川省电力公司的营业用户不断上升。

但是由于受到业扩资金短缺等因素的影响，“一户一表”改造热度有所降温，计划改造户数比2000年有所下降，造成业扩报装数的下降，尤其在第三和第四季度下降更多。另外，农业、非居民和趸售用户申请数下降也较多。

2002年全年业扩报装数为17.64万户，比2001年的业扩报装数大幅下降，除大工业用电申请户数增加外，非普、农业、非居民、居民、商业、趸售等用户申请数都明显下降，其中各电业局列入“一户一表”改造的居民户数下降最多。

2002年共受理业扩容量申请约289万千伏安，其中大工业申请容量为118.7万千伏安，并已完成105万千伏安，完成率达90%以上。居民“一户一表”受理业扩容量为86.7万千伏安，完成81.4万千伏安，完成率也近90%。虽然“一户一表”受理和完成业扩容量仅次于大工业用户业扩申请和完成容量，但因其容量统计计算是按申请户数乘以每户8千瓦得到的，所以实际增加的变压器容量达不到这个水平。总体来说，2002年业扩申请容量完成率是近几年来较高的，完成率近90%，通过优质服务工作的开展，工作效率有了明显的提高。截至12月底，省公司系统售电量增长15.45%，这一成绩的取得与业扩工作的顺利开展密不可分。四川省电力公司2000～2002年营业户数变化情况和用电户数变化情况分别见表7-2-4和表7-2-5。

表7-2-4　　四川省电力公司2000～2002年营业户数统计　　单位：户

地　区	2000年	2001年	2002年
合　计	825005	1143085	1340467
大工业	13674	16543	16546
非　普	70856	71244	72361
农　业	28546	40379	36344
非居民	78945	52540	55515
居　民	564784	859241	1035299
商　业	59367	100096	121247
趸　售	1421	1423	978
其　他	7412	1619	2177

注　营业户数指按电价分类抄表户数，售电量为省内售电量。

表 7-2-5 四川省电力公司 2000～2002 年用电户数统计 单位：户

地 区	2000 年	2001 年	2002 年
合 计	570457	991544	1284309
成 都	122130	306811	494864
德 阳	31235	48108	56709
绵 阳	36928	63804	98557
广 元	6793	10858	10914
乐 山	69023	96089	73429
眉 山	—	—	46511
内 江	44623	124485	132979
资 阳	—	—	8198
自 贡	133759	170717	153654
宜 宾	40916	52774	60386
巴 中	2218	7022	8732
达 州	12054	18127	25330
广 安	9173	19167	25353
南 充	17684	21875	28372
泸 州	37414	43990	51796
攀枝花	6277	7493	8001
西 昌	230	382	524

经过采取各种增供扩销手段，四川省电力公司 12 年售电量除 1997 年、1998 年、1999 年 3 年呈负增长外，其余年份都有较大幅度增长。各年增减情况详见表 7-2-6。

表 7-2-6 四川省电力公司 1991～2002 年售电量分年度统计

年 份	售电量（亿千瓦·时）	年增长率（%）	备 注
1991	248.23	7.21	
1992	266.58	7.39	
1993	299.20	12.24	

续表

年　份	售电量（亿千瓦·时）	年增长率（%）	备　注
1994	331.65	10.85	
1995	361.88	9.12	
1996	387.76	7.15	
1997	324.00	−16.44	
1998	310.00	−4.32	
1999	289.20	−6.71	
2000	337.66	16.75	
2001	378.69	14.26	
2002	476.34	21.03	

第二节　用　电　管　理

四川省的用电管理，在计划经济时期，主要是开展“计划用电、节约用电、安全用电”工作。到20世纪90年代后期，随着电力市场的建立，用电管理逐步向电力营销转换。市场分析、电能计量、电费电价、营业管理、用电检查等方面的工作不断加强。

一、“三电”工作

所谓“三电”工作，就是“计划用电”、“节约用电”、“安全用电”工作。20世纪70年代中期，四川省电力供不应求的矛盾日益突出，省政府为了加强用电管理以缓解用电矛盾，要求全省各地成立“三电”工作办公室。省的三电办公室，由省经委和省电力工业局共同抽调人员组成，办公地点设在省电力工业局。“三电”管理范围，主要有以下三方面：

（1）抓负荷预测，掌握负荷分配的主动权，做到有保有压、压得合理，同时提高用户自我控制负荷的意识。

（2）严格加强调度管理，严格调度纪律，积极调整调度运行方式。

（3）做好安全用电的宣传、教育工作。

四川省“三电办”主要协调电力用户和当地电力部门的关系，工作内容包括以下方面：

（1）分析发供电形势，研究并制定年度电力分配方案，实施电量的有计划供应。四川省“三电办”自20世纪90年代开始，进一步加强了计划用电管理，落实各级特别是电业局一级的责任，根据各地负荷结构对各电业局下达负荷率指标和低谷比例。加快技术限电手段的实施步伐，积极推广应用负控装置并加快实用化步伐以控制高峰负荷。利用经济手段限制高峰负荷，提高负荷率，用经济杠杆使用户自觉削峰填谷。同时，四川省“三电办”积极利用行政手段，做好避峰填谷工作。

(2) 积极宣传节约用电，完善节约用电单耗定额的制定和考核工作，积极推广节电新技术措施，引导企事业单位采用“四新”节电技术措施，依靠科技进步，加快对老、旧高耗能用电设备的技术改造和更新。严格生产用电定额管理，鼓励企业利用余热、余压发电。

(3) 积极宣传安全用电知识。为认真贯彻“安全第一，预防为主”的方针，加强企业安全用电管理，确保企业职工生命财产安全，使电力更有效地为企业生产、经济建设服务。

在20世纪90年代，四川省的各级用电监察工作进一步开展，对用户的安全、经济、合理用电实施监察、检查和指导，用电监察人员深入到各用电企业和单位宣传安全经济用电知识，具体指导安全用电。各级用电监察人员经过培训考试合格、持证上岗，对用电单位行使行政执法权，以确保用电安全。

到20世纪90年代后期，为了适应市场化的需要，四川省电力工业局（公司）于1998年将用电管理处改为电力营销部，并对电力营销部内部机构设置进行了改革，设立市场开发处、电费电价处、营业管理处和综合处（后改为服务处），四川省电力工业局（公司）下属各电业局也相继成立了电力营销部。各电业局营销部的机构设置虽然有差异，但都逐渐淡化了原用电处“三电办”的职能，强化了市场分析、电能计量、电费电价、营业管理、用电检查方面的工作，以利于进行全省电力市场的调查研究、分析预测、拟订营销方案、开拓电力市场、依法开展用电检查和优质服务工作。

二、用电监察（检查）

（一）用电监察的开展

四川省电力公司自1993年挂牌以后，由于四川省电力工业局尚未撤销，四川省电力公司具有企业和行政双重职能。在国家《用电检查管理办法》1996年9月1日实施以前，四川省电力工业局（公司）的用电检查工作称为用电监察，行使的是行政管电和企业依法维权双重职能。1996年以后，四川省电力公司的用电监察工作逐步过渡到只行使企业依法维权的职责，用电监察随之称为用电检查，用电监察员改称用电检查员。随着电力行业政企分开和厂网分开后，电网经营企业不再拥有电力行政执法的权力。此后，国发〔2002〕24号文《国务院关于取消第一批行政审批项目的决定》取消了电力管理部门对《用电检查资格证书》的监制权。因此，用电检查行为是电力企业的企业行为，不具备强制性，用电检查证只是一个表明用电检查人员身份的证件，不具备行政执法资格。电力企业开展用电检查工作成为维护正常供用电秩序的需要，也是电力企业维护自身权益的必要工作手段。

（二）用电检查人员配备

用电检查人员的配备有国家电网公司《供电劳动定员标准》的要求。用电检查人员的最低配备要求为：各县（区）供电局至少应配备用电检查人员3名，并根据电力客户数（不包含低压用户及居民用户）的多少增加用电检查人员的数量，原则上供电局每100户

35 千伏高压客户增加配备用电检查人员 2 名，每 1000 户 10 千伏高压客户增加配备用电检查人员 3 名。

（三）用电检查管理

电力进入市场化后，电力部门对用电的检查管理，主要是通过贯彻执行《电力法》、《电力供应与使用条例》及有关政策、规定，对供电企业、用电客户供用电工作的监督、检查、指导和帮助，并根据国家有关规定，制定用电检查管理的有关办法和制度，进行企业内部各级用电检查人员的资格审查、业务培训指导、资格考核指导和发证等工作，开展用电检查人员培训，调查处理供用电合同纠纷等。省电力公司和所属各电业局、供电局又根据各自情况相应进行了职责规范。

（四）反窃电工作

1990 年 6 月，按照能源部、公安部《关于贯彻执行〈关于严禁窃电的通知〉的有关问题的通知》精神，四川省电力工业局在所属电网供电范围内，全面开展检查窃电和违章用电活动。这次检查活动在经过报纸、广播、电视等各种形式的宣传之后，由各供电部门的用电监察人员、抄核收人员、用电行政技术管理人员、乡电管站站长及农电安全员等组成 2700 多人的队伍，持能源部、公安部印制的《检查用电证》在全省开展检查工作。通过对 2 万个用电单位的检查，共查出窃电户 500 个，违章用电户 1969 个，窃电量 91 万千瓦·时，违章用电量 920 万千瓦·时。

1996 年《中华人民共和国电力法》、《电力供应与使用条例》、《用电检查管理办法》、《供电营业规则》相继施行，同时四川省电力公司得到四川省公安厅、检察院和四川省高等法院的支持，先后出台了《四川省反窃电管理办法》等地方规章制度。这些法律、法规、规章为电力企业依法整治窃电和违章用电行为提供了法律保障，严厉震慑了窃电犯罪分子。

2001 年，根据省电力公司的安排，全省各电业局进一步加大了反窃电工作力度，各地加强与公安部门的密切配合，坚持打击与防范并重，以分线、分台区线损为依据，重点对私营企业、租赁企业、高（中）频炼钢炉等客户进行了不定期检查，并取得了显著成绩。省公司所属各电业局共追补偷窃电量 0.23 亿千瓦·时，追补电费 0.15 亿元，避免了国家财产的损失，并借此活动，严厉打击了日益猖獗的窃电行为。

为把反窃电工作长期有效地抓下去，省电力公司于 2002 年实行了举报奖励制度，调动职工群众保护电力设施和反窃电的积极性，并为此专门研究了新的奖励制度，明确了投诉、举报奖励标准，大力配合搞好案件查处工作。采取强有力的组织技术措施，从人力、物力、财力上大力配合公安、经贸部门快侦速破、查处一批盗窃电能的违法犯罪分子，打击和遏制了窃电违法犯罪行为猖獗的势头。在加强内部管理、完善防范措施的。同时，加大技术反窃电的研究，到湖北省、河南省等地学习先进经验，提出了规范计量装置反窃电的研究报告。经过全体电力职工的艰苦努力，2002 年省电力公司反窃电工作取得了良好效果，共追补电量近 2000 万千瓦·时，追补电费和违约金近 1000 万元。1998～2002 年四川省电力公司查获窃电和违约用电情况统计见表 7－2－7。

表 7-2-7　四川省电力公司 1998～2002 年查获窃电和违约用电情况统计

年份	反违约用电涉及电量及追回电费和违约使用电费		反窃电追回电量及追回电费和违约使用电费	
	电量（千瓦·时）	电费（元）	电量（千瓦·时）	电费（元）
1998	3972967	2560828.78	5936419	3235951.90
1999	4974024	1347707.69	10576214	4776991.50
2000	7057610	4542889.77	9430396	5007194.98
2001	8243420	4976800.00	15253420	9722200.00
2002	11782312	5128005.00	5001429	4094500.00

三、电价管理

电能的定价与一般商品不同，国家规定，同样的 1 千瓦·时电量，对不同的使用情况，实行不同的价格。电价政策拟订后经由政府批准、公布后方能正式执行。现行电价政策是由国务院制定的，按分类电价和分时电价进行计算，禁止任何单位和个人在电费中加收未经国务院物价行政主管部门批准的其他费用。电价分为上网电价、输电电价（电网间的互供电价）和销售电价。

（一）电价的变化和发展

1985 年，国家规定全国实行燃料、运输加价电力相应加价政策，四川省因财政体制的影响推迟到 1990 年开始实行，对大工业用户、非工业用户和普通工业用户加收电费 4.5 分/千瓦·时，同时，开始对白马、江油发电厂等新机组实行“新电新价”。1987 年开始对地方小水（火）电厂上网电量实行“高来高去”政策（后为“代购代销”）。即小水（火）电厂上网电价（含税金）按所在地区小水（火）电厂中等水平的发电成本，加发电环节税金，合理利润统一确定；代销电价（含税金）则按不含税上网电价，加线损、供电成本、供电环节税金、利润、手续费及价格调节基金核定。

通过以上调整和改革，使长期实行的统一电价有所变化，电价水平有所提高，对促进企业挖掘内部潜力，提高社会经济效益发挥了积极作用。到 1990 年，全省综合平均电价为 106.12 元/1000 千瓦·时。

1990 年以后，指令性电价相继出台了煤炭运输加价、集资电厂电费加价和加收基金等政策。这种加价政策虽然对电力工业生产企业扭转亏损起到了一定作用，但随着价外加价标准的提高，比重逐渐增大，严重扭曲了原电价目录的比价关系。1993 年四川省电力工业局根据国家物价局和能源部关于深化电价改革，整顿电价秩序，合理调整电价结构和比价关系，将煤炭运输加价标准并入目录电价的规定，重新拟订并向能源部、国家物价局申报《四川电网电价表》，随着煤炭运输的增加，又于 1994 年和 1996 年两次对电价表进行调整，推动四川省电力销售价从原来的双轨制逐步向分地区的统一销售价过渡。到 1996 年底，有的地区已经完成过渡，形成由国家电价目录、国家设立的各项基金（三峡基金、电力建设基金、二滩基金）和地区二级加价构成的地区统一销售价。尚未过渡的地区，仍暂时实行以目录价（国家目录价和国家设立的各项基金）和代购代销价（地方小火电、小水电上网后由有关部门批准的综合销售价）构成的双轨制电价。

1997 年 3 月，国家计委下发《关于调整四川电网电价的通知》，规定四川电网从 5 月起实行统一的销售电价，以 1996 年四川电网电价表为基础，将原来省统调电厂价外加收的均摊加价标准并入目录电价。国家规定征收的三峡基金、电厂建设基金、二滩基金、城市公用事业附加费仍在价外收取，各地区的地方小水（火）电厂上网电量仍实行"高来高去"（代购代销）政策，主要在地区内平衡，统一定价销售。

2000 年 6 月，国家计委行文调整四川电网电价，在电价分类中增加了"商业用电"的电价类别，该类电量适用于从事商品交换或提供商业性、金融性、服务性的有偿服务消耗的用电量。同时，为增加电价透明度，将电力建设基金、三峡基金和城市公用事业附加费并入销售电价。

四川电网的电价经过以上多次调整与改革，有一定程度提高，并逐步趋于合理，但与全省物价水平和其他省市电价相比，电价水平仍然明显偏低。

随着新的四川电网销售电价的出台，目录电价的调整和售电量的大幅度增加，实施电价优惠一定程度上刺激该类用电的快速增长（均为 10%以上），但直接影响了省电力公司的赢利能力。预计 2002 年若不作电价调整或优惠电价政策上的调整，省内正常售电均价将不可能有较大增长，甚至仍然负增长。故电力营销部特别向省电力公司领导提出建议，建议对电价优惠政策作必要的调整。如在丰水期不再对居民生活用电的峰、平段实施电价优惠，取消对大工业客户、普非工业客户和容量在 315 千伏安及以上的非居民和商业用电客户的超基数优惠电价，取消新引进外资企业的电价，改为按高耗能优惠电价执行等。这些建议得到了省电力公司领导的重视，多次向省政府提出了专题报告，虽然艰苦，但最终得以调整实施，预计调整后的优惠政策将避免省电力公司减少收入 1.6 亿元。

2002 年底，国家计委下发《国家计委关于四川省疏导电价矛盾和实现城乡用电同价问题的通知》，在清理现有电厂上网电价的基础上，提高了四川电网销售电价。

但实际上，2002 年因执行优惠电价政策而导致的销售收入还是受到了影响。全年省电力公司执行各种电价优惠措施，合计优惠电量 235.4 亿千瓦·时（含"直购电"电量），占全部售电量的 55%，合计优惠金额 16.38 亿元，较上年增加优惠电量 47.10 亿千瓦·时，同比多优惠（减少收入）4.56 亿元（含"直购电"相对减少的收入 3.96 亿元）。全年执行优惠电价主要项目见表 7-2-8。

表 7-2-8 2002 年四川省电力公司执行优惠电价主要项目一览表

项 目	优惠明细	当年累计优惠电量（万千瓦·时）	去年同期优惠电量（万千瓦·时）	同 比（万千瓦·时）	平均优惠标准	优惠金额小计（万元）
1. 大工业	新增高耗能用电优惠	17851.26	8672.10	9179.16	0.0567	1465.46
	基数内高耗能用电优惠	351506.08	383415.65	−31909.57	0.0567	19461.08
	低谷时段增加下浮比例	511307.35	317459.68	193847.67	0.0232	11935.28

续表

项 目	优惠明细	当年累计优惠电量（万千瓦·时）	去年同期优惠电量（万千瓦·时）	同 比（万千瓦·时）	平均优惠标准	优惠金额小计（万元）
1. 大工业	新引进外资企业大工业用电	50486.73	15651.18	34835.55	0.1165	6194.89
	“一事一议”用户	275035.13	199552.83	75482.30	0.0787	21641.75
	“直购电”用户	295339.29	155711.09	139628.20	0.1341	39607.00
	小 计	1501525.84	1080462.53	421063.31	—	100305.46
2. 非普	新引进外资企业非、普工业	20110.27	4357.41	15752.85	0.1972	3592.70
3. 非居民	“光彩工程”枯平期价格优惠	5319.82	2301.11	3018.71	0.3355	1790.43
	“光彩工程”丰水期低谷时段	637.33	556.82	80.51	0.0949	174.87
	小 计	5957.15	2857.93	3099.22	0.3299	1965.30
4. 居民	居民枯、平水期低谷时段下浮	11229.09	2605.25	8623.84	0.1967	2194.44
	居民枯、平水期降低3分优惠	209913.79	243515.04	−33601.25	0.0302	6372.49
	居民丰水期高、平段优惠	170855.71	145096.64	25759.08	0.2464	15975.94
	居民丰水期低谷时段下浮	23894.70	7755.54	16139.16	0.2464	6247.63
	小 计	415893.29	398972.47	16920.83	—	30790.51
5. 趸售	代管趸售企业用电优惠	123613.24	111587.88	12025.37	0.0568	6507.23
	趸售用电枯、平期生活照明优惠	64012.49	80246.40	−16233.91	0.0359	1837.44
	趸售用电丰水期生活照明优惠	52495.15	34744.11	17751.04	0.0433	1958.77
	小 计	240120.88	226578.38	13542.50	0.0429	10303.44
6. 超基数优惠		170488.62	288875.81	−118387.2	—	16872.40
合 计		2354096.05	1882104.54	471991.51	—	163829.81

（二）电价政策

电价是调节供求关系、促进电力营销的重要手段。依靠提高电价发展电力生产、抑制用电需求的办法，是在严重缺电情况下不得已采取的一种消极措施。随着电力生产的发展，此种抑制用电的办法已经成为历史，在电力相对过剩的条件下，应把工作重点放到正确贯彻实施国家现行电价政策、灵活运用价格策略、促进电力消费上。国务院批准国家计委关于改革还本付息电价政策的方案，决定将电力建设基金（2分/千瓦·时）并入电价，用于解决城乡电网改造的还本付息，同时对延长电力项目贷款还本付息年限、重新核定和降低上网电厂电价等方面作了若干具体规定。1998年，国家计委还批准四川电网在全国率先推行购售电丰枯峰谷浮动电价。这些电价改革政策和其他优惠用电措施，无论对于电力增供扩销，还是改善电网经营状况，都十分有利。

国家实行分类电价和分时电价。分类标准和分时办法均由国务院制定。

对同一电网内的同一电压等级、同一用电类别的用电客户，执行相同的电价标准。受电端不同的电压等级，电价标准有差异。

跨省、自治区、直辖市电网和省级电网的销售电价，由电网经营企业提出方案，报国务院物价行政主管部门或者其授权的部门核准。

独立电网的销售电价，由有管理权限的物价行政主管部门核准。

电价系国家政府性定价，任何单位不得超越电价管理权限制定电价，供电企业不得擅自变更电价。禁止任何单位和个人在电费中加收未经国务院物价行政主管部门批准的其他费用，禁止供电企业在收取电费时，代收未经国务院物价行政主管部门批准的其他费用。

（三）电价电费管理

电价电费管理是电网经营企业中十分重要的环节，电价管理的政策性、时效性和社会性都很强，其工作质量的好坏，对电力企业自身的经济效益和社会效益有着重大影响。

制定电价应遵循的原则是合理补偿成本；合理确定利润，依法纳税；坚持公平合理，促进电力建设；促进客户合理用电。

现行电价分类的目的是保证电力企业的合理收入；国家经济政策的需要；促进合理节约使用能源；公平合理的需要。

现行电价按照生产和流通环节划分，可分为上网电价、输电电价（电网间的互供电价）、销售电价；按照用电类别划分，可分为居民生活电价、非居民照明电价、商业电价、非普工业电价、大工业电价、农业生产电价和贫困县农业排灌电价等；按容量划分可分为单一制电价和两部制电价。

单一制电价是以客户安装的电能表每月计算出的实际用电量为计费依据的。每月应付的电费与其设备容量和用电时间均不发生关系，仅以实际用电量计算电费，用多用少均为一个单价。

两部制电价就是将电价分为两个部分。一部分是以客户接入系统的用电容量或需量表的最大需量采集值来计算的基本电价；另一部分是以客户计费电能表所计的用电度数来计算电费的电度电价。

（四）电价水平

2000 年 5 月，国家计委计价格〔2000〕646 号《关于调整四川电网电价有关问题的通知》中规定，解决新投运电厂上网电价核定及新投产电网项目，销售电价平均上调 2.64 分。

2001 年 1 月，国家计委计价格〔2001〕837 号《关于取消四川省二滩电站工程建设基金及调整四川省电价有关问题的通知》中规定，取消二滩基金，将取消的二滩基金电价 1.5 分/千瓦·时用于解决新投运电厂上网电价核定及新投产电网项目。销售电价平均上调 1.5 分。

2002 年 12 月，国家计委计价格〔2002〕2659 号《关于四川省疏导电价矛盾和实现城乡用电同价问题的通知》中规定，疏导电价矛盾和实现省电力公司直供直管的 35 个县和交叉供电县中的省电力公司系统的供区的城乡居民用电在四川电网范围内同价。销售电价平均上调 2.2 分。

以上几次电价调整，共引起四川省的销售电价总水平上调 7.84 分/千瓦·时。

四、电费收缴

（一）电费的抄、核、收管理

在电费管理上，四川省一直是按照抄表、核算、收费三个主要环节进行工作和管理的。

20 世纪 80 年代中期，随着国家集资办电政策的出台，电价体系日趋复杂，有的地方甚至出现一厂一价的情况，国家目录价外加价日渐增多，客户数量也日渐增加，电费再也不可能由手工计算。于是，成都、绵阳、自贡、内江等供电单位采用了计算机进行简单的客户管理和电费计算。四川省电力工业局于 1993 年下发了《四川省电力工业局用电管理信息系统总体设计方案》，在各供电局推广使用。1997～1998 年先后在 42 个重点供电局推行了统一规划、设计、开发的基于大型数据库和局域网的覆盖业务扩充、电费计量、客户多媒体查询等主要营销业务的“用电管理信息系统”，办理电费计收和简单的客户信息服务工作，处理的业务量总和占全网业务量的 70%左右。

抄表收费方式，各地电业局大致相同。基本做法是由供电局视用户情况给抄表人员制定抄表定额，用抄表本到用户现场抄收后交计算机将经审核后的收费凭据打印交收费人员收费。对居民用户均收现金，单位用户交由银行托收。315 千伏安以上大宗用户，每月分四次预交，月终结算。20 世纪 90 年代后期，由于加快了营业现代化建设，电力系统计算机与银行联网，实行银行代收电费、银行储蓄支付电费等，各供电局也增设了电费收缴窗口，大大方便了用户交纳电费。

随着“一户一表”改造工程的逐步实施，各电业局管理的电能表数量迅速增加，为了确保售电量的准确统计，按时收取电费，各供电局实行抄表器和人工抄表相结合方式，每月按时抄表。有些电业局为了加强抄、核、收管理，提高工作效率，成立了抄表公司。四川省电力工业局（公司）为了减少抄表人员数量和劳动强度，提高工作效率，给各电业局配置了 600 台抄表器，以满足抄表工作的需要。成都电业局还建成了全局的低压电力线路载波抄表系统，实现远程无人抄表。到 2000 年底，全局已有 345 个公用变压器台区，共 2.33 万只电能表实现了远程无人抄表。所有的抄表数据都能直接进入电费计算系统，用于结算用户电费，解决了人工抄表难以避免的错抄、漏抄、抄飞表等问题。该系统具有计算台区变损、线损和电量异常报警的功能，为各供电局进一步降低线损、查处窃电行为提供了真实可信的依据。

电费回收率高低是电力行业经营效益好坏的最终体现。由于种种原因，四川省在较长时期都存在拖欠电费现象。1990 年，省主电网的电费回收率为 82.95%，用户拖欠 4.4 亿元，地方电力建设基金为 1.8 亿元，合计 6.2 亿元。为了确保国家电费的回收和按时解缴，四川省电力工业局 1992 年颁发了《电价电费管理工作考核办法》，1993 年又专门对《电价、电费、代收基金和加价管理考核奖惩暂行办法》进行了修改，同时加大催收力度，如对欠电费地区和用户调减用电指标，不办业务扩充手续和采取限、停电等措施。有的基层供电企业在地方政府支持下，实行每月定期召开电费例会的方法，坚持做深入细致的思想工作，取得较好效果。有的电业局对少数长期拖欠电费、金额巨大且屡催不交的重点欠费大户，则由局长或分管副局长亲自出面到拖欠电费的企业催收，对实在久拖不交的欠费大户，甚至有的用电处长带着干粮住到欠电费的单位催收。采取这些措施以后，全局综合电费回收率由1995年的94.89%增加到1996年的96.41%。尽管如此，电费不能按时回收与解缴情况仍然不少。四川电网被拖欠的电费1994年高达7.99亿元，1996年上升到15.53亿元，拖欠电费在100万以上的企业达142户，最多的一户高达2.44亿元。这些欠费大户大都集中在冶金、化工、电铁、煤炭、机械等行业，其中冶金欠8.85亿元，电铁欠2.2亿元，化工欠2亿元。在“九五”计划后期，通过采取多种措施，在供电人员的努力下，新电费回收率不断上升并较为稳定，有的地区当年电费基本能全额收回。成都电业局1997年电费回收率为99.8%，解缴率为100.2%，并收回旧欠电费129.25万元。该局1998年以后当年的电费回收率仍然保持在100%，并追缴回大量的旧欠电费，所属各个供电局的售电量都保持了不同程度的增长，其中新都、龙泉、温江、青羊、高新五个供电局的售电量增幅达到10%以上，新都供电局最高达到22.33%。由于售电量的大量增加，用户能够用上比较充足和满意的电，为回收电费创造了有利条件。但全省历年拖欠电费未交数额仍然很大，到2000年底，四川省电力工业局（公司）多年被拖欠的电费仍然高达20.34亿元。

巨额电费拖欠，致使电力企业举步维艰，资金周转困难，正常生产难以维系，国家利益蒙受巨大损失。

2002年，四川省电力公司的电费回收任务十分艰巨。为确保2002年电费回收目标的按期完成，省电力公司在年初召开的全省电力营销工作会上重点突出了2002年电费回收工作目标。同时，修改完善了相关考核办法，对当年电费回收按月考核，对欠费额和未解缴额均按5%扣减工资基金，从而进一步加大了电费回收考核奖惩力度。同时，省电力公司领导及营销部明确专人分片包干，联系各电业局，专门负责相关电业局当年电费回收的协调、督促工作，并将营销部责任人年终收益与联系单位的电费回收工作成果挂钩，实行奖惩。在催收的过程中，省电力公司进一步加强了实物抵抹电费和做好破产企业破产前和破产后的电费追收工作，加大了实物、股权、资产抵抹旧欠电费的力度，积极组织协调各供电企业与欠费用户的实物抵抹电费工作。全年累计利用实物抵抹旧欠电费执行金额为6775.79万元（其中煤炭抵抹1162.81万元、省电力公司市场办实物抵抹3127.33万元、电业局自行实物抵抹2485.65万元），收回坏账电费（旧欠）1092.85万元；在所属供电企业内大力开展了电费专项清理检查工作，通过省电力公司系统全体电费人员的辛勤劳动，比较彻底地查清了所有用户的真实欠费情况，有效防止了电费的意外流失，保证应收电费100%的准确，实现了经营责任目标。

（二）12年电费回收的状况

1990年，应收当年目录电费287595.50万元。

年末，目录电费欠费30435.60万元（其中农电欠费599.8万元，燃运加价电费13990.90万元），电力建设基金欠费2741.40万元。

1991年，应收当年目录电费364241.83万元，电力建设基金23945.82万元，地方代购代销25140.83万元，网外电厂加价款21398.3万元，地方集资款8653.06万元。

年末，目录电费欠费44221.30万元（其中农电欠费455.50万元，燃运加价电费24174万元），电力建设基金欠费5168.80万元。

1992年，应收当年目录电费541777.74万元，三峡建设基金5096.10万元，燃运加价电费106804.60万元。

年末，目录电费欠费16925万元，欠费较年初下降27296.3万元，电力建设基金欠费10.95万元，三峡建设基金676万元。

1993年，应收当年综合电费817256.49万元，其中目录电费541777.73万元，电力建设基金40332.11万元，三峡建设基金7981.53万元，城市公用事业附加28134.02万元，均摊电厂加价电费181735.14万元，省市出台的电力建设基金17295.96万元。

年末，目录电费欠费12522.76万元，欠费额较年初下降4402.24万元，三峡基金欠费262万元，二滩基金欠费3298.45万元。

1994年，应收当年综合电费885881.10万元，其中目录电费646606.10万元，电力建设基金34403万元，三峡建设基金10506万元，城市公用事业附加30706万元，均摊电厂加价电费142315万元，二滩建设基金16930万元，重庆电网附加3882万元，代收地方附加533万元。

年末，目录电费欠费42352万元，三峡基金欠费937万元，电力建设基金欠费10821万元，二滩建设基金欠费335万元，均摊加价欠费35543万元。目录与各项基金欠费101207万元。

100万元以上的欠费用户75家，欠费65802万元。其中，冶金行业18家，欠费38217万元（峨眉山铁合金厂欠费6690万元，长城特殊钢厂欠费2621万元，重庆特殊钢厂欠费8109万元，重庆钢铁厂欠费11071万元，重庆铁合金厂欠费4234万元，重钢三厂欠费1100万元）；煤炭行业9家，欠费4162万元（中梁山煤矿欠费1040万元）；化工行业15家，欠费6720万元（泸州碱厂欠费1030万元，天原化工厂欠费1121万元，长寿化工厂欠费1464万元）；铁路行业10家，欠费7506万元；机械、军工及其他行业23家，欠费9197万元。

1995年，应收当年综合电费1075070.87万元，其中目录电费739029万元，电力建设基金35133.76万元，三峡建设基金12857.79万元，城市公用事业附加35133.25万元，均摊加价电费221744.18万元，二滩建设基金27015.31万元，重庆电网附加4084.86万元，地方附加66.33万元。

年末，目录电费欠费54164万元，三峡基金欠费1495.4万元，电力建设基金欠费15641.8万元，二滩建设基金欠费6060.2万元，均摊加价欠费63664万元。目录与各项基金共欠费15.83亿元。

100万元以上的欠费用户93家，欠费90963万元。其中，冶金行业24家，欠费50984万元（峨眉山铁合金厂欠费7900万元，长城特殊钢厂欠费9015万元，重庆特殊钢厂欠费8416万元，重庆钢铁厂欠费8435万元，重庆铁合金厂欠费4531万元，重庆钢铁三厂欠费 1101 万元，威远钢铁厂欠费 1633 万元）；煤炭行业 10 家，欠费 6245 万元（中梁山煤矿欠费 1508 万元）；化工行业 21 家，欠费 10757 万元（天原化工厂欠费 1940 万元，长寿化工厂欠费 1689 万元）；铁路行业 13 家，欠费 12181 万元；机械、军工及其他行业 25 家，欠费 10796 万元。

1996 年，应收当年综合电费 1353469.12 万元，其中目录电费 890511.60 万元，电力建设基金 36333.12 万元，三峡建设基金 23186.89 万元，均摊电厂加价 329329.95 万元，城市公用附加 37949.20 万元，其他附加电费 30032.82 万元，二滩建设基金 6126.53 万元。

年末，目录电费欠费 54540.49 万元，电力建设基金欠费 14937.80 万元，三峡建设基金欠费 1895.50 万元，二滩建设基金欠费 9489.06 万元，其他加价电费欠费 108427.59 万元。

1997 年，应收当年综合电费 1248842.49 万元。其中，目录电费 1035347.60 万元，电力建设基金 42333.90 万元，三峡建设基金 18237.20 万元，二滩建设基金 64561.80 万元，均摊电厂加价 60764.26 万元，其他附加电费 2888.61 万元。

年末，目录电费欠费 193588.20 万元，电力建设基金欠费 19980.95 万元，三峡建设基金欠费 3605.34 万元，二滩建设基金欠费 19902.09 万元。

1998 年，应收当年综合电费 1290153 万元。其中，目录电费 1078653.40 万元，电力建设基金 42802 万元，三峡建设基金 17803 万元，城市附加电费 27492 万元，二滩基金 73741 万元，代购代销二级均摊 48829 万元，其他附加电费 834 万元。

年末，目录电费欠费 254703 万元，电力建设基金欠费 23988.20 万元，三峡建设基金欠费 4930.95 万元，其他代收电费现查询不到详细数据。

1999 年，应收当年综合电费 1221362 万元。其中，目录电费 1062317 万元，电力建设基金 41239 万元，三峡建设基金 18013 万元，城市公用事业附加 18798 万元，其他基金及附加费 71518 万元，移民扶持基金 8985 万元。实收当年目录电费 1062317 万元，电力建设基金 34335 万元，三峡建设基金 16373 万元。当年新增欠费 8546 万元，其中电力建设基金 6905 万元，三峡建设基金 1640 万元，由于城市公用事业附加、其他基金及附加费、移民扶持基金在财务账上挂在“往来款”科目中，省电力公司未考核其回收情况。

1999 年回收陈欠目录电费 9089 万元，电力建设基金 5832 万元，三峡建设基金 7 万元。年末目录电费欠费额为 245110 万元，电力建设基金欠费 25060 万元，三峡建设基金欠费 6564 万元。

2000 年，应收当年综合电费 1319246.92 万元，其中省内目录电费 1154087.73 万元，电力建设基金 44814.21 万元，三峡建设基金 19200.51 万元，城市公用事业附加 6744.72 万元，二滩建设基金 47202.17 万元，移民扶持基金 5940.07 万元。实收省内当年目录电费 1153089.89 万元，电力建设基金 44784.42 万元，三峡建设基金 19187.16 万元，城市公用事业附加 6744.72 万元，二滩建设基金 40438.79 万元，移民扶持基金 5637.60 万元。当年新增欠费 8106.83 万元，其中目录电费 8106.83 万元，电力建设基金 29.79 万元，三峡建设基金 13.35 万元，二滩建设基金 6763.38 万元，移民扶持基金 302.47 万元。回收目录陈欠电费 14824 万元，电力建设基金 10987.43 万元，三峡建设基金 1106.68 万元，城市公用事业附加 12111.88 万元，二滩建设基金 24 万元，移民扶持基金 1099.85 万元。2000 年欠电费情况详见表 7－2－9。

表 7－2－9　　2000 年末四川省电力工业局（公司）拖欠电费结构表（营销口径）

单位：万元

项目		欠电费情况			
		总额	其中		
			1998 年及以前	1999 年发生	2000 年累计
电费总额		203411.36	165773.93	29530.60	8106.83
其中	一、目录电费	77209.43	76211.59	0	997.84
	二、电力建设资金	23614.67	23398.10	186.78	29.79
	三、三峡建设基金	4820.57	4755.57	51.65	13.35
	四、城市附加	0	0	0	0
	五、二滩基金	56934.46	20972.94	29198.14	6763.38
	六、其他	40832.23	40435.73	94.03	302.47

2001 年，应收当年综合电费 1375062.53 万元。其中，省内目录电费 1301251.03 万元，农网还贷资金 47391.56 万元，三峡建设基金 21225.55 万元，移民扶持基金 5522.80 万元。实收省内当年目录电费 1301251.02 万元，农网还贷资金 47391.56 万元，三峡建设基金 21225.55 万元，移民扶持基金 5194.39 万元。当年新增欠费 328.41 万元。回收目录陈欠电费 18781.64 万元，电力建设基金 866 万元，三峡建设基金 1106.68 万元，二滩建设基金 987.07 万元，移民扶持基金 294.74 万元。

省电力公司根据财驻川监字〔2000〕28、29、30 等文件批示，于 2001 年 12 月统一核销部分坏账基金。其中 1998 年的三峡基金 166.76 万元，电建还贷资金 301.92 万元，移民基金 0.35 万元，二滩基金 245.71 万元；1999 年的移民基金 0.2336 万元，二滩基金 191.71 万元。共计 906.68 万元。2001 年欠电费情况详见表 7－2－10。

表 7－2－10　　2001 年末四川省电力工业局（公司）拖欠电费结构表（营销口径）

单位：万元

项目		欠电费情况			
		总额	其中		
			1998 年及以前	1999～2000 年	2001 年累计
电费总额		174938.35	138648.58	35961.36	328.41
其中	一、目录电费	57184.43	56494.27	690.16	0
	二、电力建设资金	20196.09	19980.35	215.74	0
	三、三峡建设基金	4297.16	4233.67	63.49	0
	四、城市附加	0	0	0	0
	五、二滩建设基金	52426.26	17535.82	34890.44	0
	六、其他	40834.41	40404.47	101.53	328.41

2001年末，100万元以上的欠费用户共有115户，欠费127391.30万元。其中，冶金行业22家，欠费58958.26万元（长城特殊钢厂欠费25620.77万元，攀枝花钢铁集团公司欠费17124万元，峨眉山铁合金厂欠费3329万元，威远钢铁厂欠费3134万元，沙湾大渡河钢铁厂欠费2800万元）；煤炭行业9家，欠费8743万元（攀枝花矿务局欠费5727万元）；化工行业23家，欠费10413万元（南充市小龙氮肥厂欠费1297万元，乐山碱厂欠费1624万元，东控股份有限公司欠费1669万元，嘉峨实业公司欠费1644万元，五通乐天化厂欠费1457万元，五通市化工厂欠费1412万元）；铁路行业2家，欠费15176万元；机械、军工及其他行业59家，欠费49277万元。

2002年，应收当年综合电费1647913.60万元。其中，省内目录电费1485820.29万元，农网还贷资金52357.75万元，三峡建设基金23542.82万元，移民扶持基金6225.99万元。实收省内当年目录电费1485820.29万元，农网还贷资金52357.75万元，三峡建设基金23542.82万元，移民扶持基金6225.99万元。回收目录陈欠电费20568.48万元，电力建设基金1180.69万元，三峡建设基金676.55万元，二滩建设基金1828.57万元，移民扶持基金131.87万元。

省电力公司根据财驻川监字〔2000〕28、29、30等文件批示，于2002年2月统一核销部分破产企业、工商注销企业所欠的目录电费，共计1889.97万元。因省高院裁决川投峨眉山铁合金厂1997年3月及以前电建基金及二滩基金欠费予以豁免，故核减1998年及以前二滩基金欠费674.72万元和1997年3月以前的电建基金欠费1280.47万元。2002年欠电费情况详见表7-2-11。

表7-2-11 2002年末四川省电力工业局（公司）拖欠电费结构表（营销口径） 单位：万元

项目		欠电费情况			
		总额	其中		
			1998年及以前	1999～2001年	2002年累计
电费总额		146707.04	110729.62	35977.42	0
其中	一、目录电费	34725.98	34132.275	593.71	0
	二、电力建设资金	17734.93	17603.48	131.45	0
	三、三峡建设基金	3620.61	3573.94	46.67	0
	四、城市附加	0	0	0	0
	五、二滩建设基金	49922.97	15032.53	34890.44	0
	六、移民扶持基金	40702.54	40387.39	315.15	0

年末，100万元以上的欠费用户109户，欠费121039.57万元。其中，冶金行业21家，欠费52695万元（长城特殊钢厂欠费21137万元，攀枝花钢铁集团公司欠费16155万元，峨眉山铁合金厂欠费3329万元，威远钢铁厂欠费1941万元，沙湾大渡河钢铁厂欠费2800万元）；煤炭行业9家，欠费7408万元（攀枝花矿务局欠费4814万元）；化工行业

25 家，欠费 18013 万元（南充市小龙氮肥厂欠费 1276 万元，乐山碱厂欠费 1624 万元，东控股份有限公司欠费 1733 万元，嘉峨实业公司欠费 1644 万元，五通乐天化工厂欠费 1457 万元，五通市化工厂欠费 1412 万元）；铁路行业 2 家，欠费 11167 万元；机械、军工及其他行业 52 家，欠费 31756 万元。

第三章　模 拟 电 力 市 场

为了推动电力销售侧价格联动，体现社会效益，妥善解决困扰四川电网多年的调峰问题，四川省电力公司自 1999 年开始，在四川电网进行发电侧竞价市场的探索和实践，初步建立了四川电网模拟电力市场的基本框架。

第一节　竞　价　上　网

1996 年以后，随着四川省电力工业的发展和国民经济结构的调整，电力供需矛盾得到一定程度的缓解，部分地区出现了暂时性的供大于求情况，电力相对过剩，发电设备利用小时大幅度下降。同时，从 20 世纪 80 年代国家“集资办电”政策出台后，四川省电力工业逐步形成包括国家电力公司、华能公司、地方集资、股份制、外资或中外合资的多元化格局，在促进了电力供需矛盾缓解的同时，电厂多元化发展形成了利益主体的多元化。此时，协调处理各发电主体利益，建立公平、公正、公开的电力市场竞争机制成为电力市场迫切需要解决的课题。

一、竞价上网的产生

1997 年 12 月，全国电力工作会议将加强电力市场研究、全面启动模拟电力市场作为电力行业的重点工作内容，要求主要依靠电力市场来带动整个电力工业的改革和进一步向集约化发展。

四川电网从 1997 年开始试行扩大企业自主权后，相继进行了指标考核、评分记奖(内部核算、利润包干增利分成、指标考核)，以及内部电价核算、内部利润承包等改革。1997 年 1 月国家电力公司成立后，四川省电力工业局作为国家电力公司的全资子公司，为适应电力市场发展要求，于 1998 年初决定开始在全省范围内开展和推行电力市场。

由于在 1998 年四川省电力市场改革的外部环境尚未完全形成，无法在全省范围内建立起电力市场，于是决定先实行内部电力模拟市场。经过 1 年时间的试验，于 1999 年 1 月 1 日起首先正式建立省电力公司内部电力市场，2000 年建立全省发电侧电力市场。

省电力公司内部电力市场是在省电力公司不改变内部所属发电厂、电业局与省电力公司在行政管理体制、人事关系、产权结构和不涉及外部电力交易的前提下通过改变内部财务关系，划小财务独立核算单位，将省电力公司的职能划分成发电、电网调度、供电三个部分，并按市场运行规则，实施从内部发电厂购电，向电业局售电。并进行内部电价的会计结算，即在内部电力市场发电侧引入有限的市场竞争，对发电厂实行合同电量与竞争电量并存；在供电侧按照实际网供电量及核定的网供电价向电业局收取电费，并对电业局的全年网供电量、负荷预测等指标进行考核。

这种内部购售电模式，打破了原来的计划统一核算模式，确定了发电厂、调度和电业局的市场主体地位，实现了各主体责、权、利的统一协调。

二、电力内部模拟市场的特征

电力内部模拟市场的主要特征有以下四个方面：

（1）实行当量电价。所谓当量电价，即假定各发电厂的建设资金来源、技术条件、自然资源等都在相同的条件下的每千瓦·时的平均上网电价。当量电价解决了由于各发电厂竞争起点不一致，在“一厂一价”固定计划电价模式下所不能解决的问题。

（2）实行竞价上网。即各发电厂以当量电价为基础，根据电厂的经营目标，通过内部经营管理，挖掘自身潜力，向市场进行投标竞价。市场根据各电厂的报价，按照排序电价从低到高的顺序，依次购进各电厂的电力、电量，以满足发供电力、电量的平衡。这是一种利用价格杠杆公平、公正、公开解决各发电厂利益多元化的有效方法。

（3）内部电力模拟市场算账不“模拟”。实施的电力内部模拟市场，彻底改变了过去的统计核算方法，对发供电企业实行独立会计核算，及时兑现。这种会计核算方法充分调动了发电厂、电业局当家理财的积极性，使发电厂、电业局能自主合理安排和调度资金，真正行使当家做主的权利。

（4）废除了过去由省电力工业局（公司）向发供电企业下达上缴利润基数指标的做法。过去长期实行的“上缴利润基数指标”方法，是计划经济制度下的一种带有不确定性的、不科学的管理方法。电力内部模拟市场对发供电单位均不下达上缴利润基数，但并不是没有上缴利润，而是将上缴利润体现在发电厂的当量电价、竞价电价和电业局的网供电价及实际的上网电量和网供电量中，从而将省电力工业局（公司）与基层企业的利益摆在同一位置上，共同承担市场风险。该措施有利于调动发供电企业的生产、经营积极性，减少发供电企业的经营压力。

2001年1月，四川电网建立并启动了发电侧竞价市场。四川电网发电市场的建立，按照厂网分开、形成竞争主体，制定市场交易规则，建立电力市场运行管理机构，以及建立技术支持系统四个方面进行。

由于实行竞价上网，电网共节余购电费9.35亿元（2000年4.4亿元、2001年2.88亿元、2002年2.07亿元），并将以上节余全额用于省内的销售环节。其间，市场运行平稳有序，市场成交电价正确反映了市场供求关系的变化，市场购电费用有了较大的降低，推动了电力销售侧价格联动，体现了一定的社会效益，并妥善解决了困扰四川电网多年的调峰问题。参与市场的各成员单位竞争意识加强，企业管理水平得到了提高。市场交易规则在运行过程中得到了充分的实践和完善，市场管理和技术系统运转良好，运行可靠。当然，四川省的电力市场还存在一些不足，如规则还应进一步完善，未建立辅助服务补偿机制，技术支持系统需要进一步提升和优化等。

四川省的竞价上网工作，对适应市场经济发展的需要，正确引导四川省电力工业有序、规范、健康发展，促进四川省水电资源的开发和资源的优化配置，推动地方经济发展起到了积极作用，同时也取得了十分有益的经验。

三、推行电力市场有待解决的问题

四川省内部电力市场从 1999 年 1 月 1 日正式运行之后，参与市场运行的各发电厂、电业局在思想观念、市场意识、经营管理和运作水平等方面都发生了根本性转变，并逐步适应了市场经济的竞争模式。实际运行情况表明，四川省电力内部市场的运行情况是良好、健康的，效益是明显的。1999 年全网各发供电单位加强了设备的运行、维护管理，确保了电网安全、稳定，使电网频率合格率都达到了历史最高水平。但是，由于四川省电力市场实施时间不长，从运作情况看，还有以下问题需要解决：

（1）要协调好梯级水电站之间的出力问题。在同河流梯级水电站之间，历来存在上下级间协调发电、合理利用水资源的问题。在内部电力市场运作的条件下，若上、下游电站分属不同的经济实体，参与电力市场竞争时为独立报价，由于两者的申报数据不一致，根据竞价规则，很难找出最优的出力协调方案。如果能够在同一河流中对不同经济实体所属的梯级电站成立梯级调度中心，实行同河电站统一报价，或许是值得一试的可行方法。

（2）四川省大部分水电站的调节性能都较差，进入电力市场后，由于环境和气象等条件的制约，这些电厂很难提前一日准确预测来水情况，这样就使提前一日申报的发电能力与实际发电能力有一定偏差，从而造成这些电厂在完成发电计划上的困难。同时，参与电力市场的各水电厂每日发电计划是通过竞价来确定的，在减少水电弃水损失和合理控制水库运行水位方面，电厂与电网的协调机制尚需进一步完善。

（3）在计算方法上，对竞价后产生的电网运行方式中，有关电压稳定等问题还无法进行准确校验，对于一些次要的联络线是否过载也无法进行控制。在实际运行时，只能靠调度员修改发电计划来解决。同时，由于采用动态规划算法的核心软件计算时间较长，无法让调度员在临时调整电厂出力过程中使用，从而加大了调度员的工作量和出现差错的可能性。

（4）在电力内部模拟市场实施规则中，未对提供辅助服务的电厂给予必要的补偿，难以调动电厂提供辅助服务的积极性，给系统运行带来了不便。

第二节　水火电量置换

四川电网水电调节性能差，汛期季节性电能丰沛，在装机相对富裕时，水电汛期弃水严重。如何充分利用四川省的水电资源，利用市场手段减少水电厂弃水电量，减少环境污染，增加市场各参与方的经济效益，针对四川省以径流式水电为主的特殊电源结构，优化配置资源，尽量多发水电，就成为一个公共利益问题，经省政府批准，四川省水火电合同电量置换交易市场于 1999 年 7 月 1 日首次启动，其后每年的丰、平水期均保持运行，至 2002 年已有 3 年历史。

一、交易的基本规则

市场主体为并入四川电网、装机容量大于 1 万千瓦的电厂（二滩电厂未参与市场）。至 2005 年市场规模已达到 974.1 万千瓦，其中水电装机容量为 459.8 万千瓦，火电装机容量为514.3万千瓦。

合同电量置换交易的原理是通过市场手段，由水电厂以弃水电量替火电厂发合同电量，实质是火电厂买水而不是买煤发电。通过该交易不仅可以减少水电厂的弃水电量、节能减排，还可以增加市场各参与方的经济效益，达到多赢的目的。

（一）基本规则

（1）交易电量为合同电量。

（2）以集合竞价方式确定交易电量和交易价格，水、火电分别按报价排序，低卖高买先成交。即按照火电报价由高到低，水电报价由低到高的优先次序逐对撮合，直至买、卖方无价格重合，以最后一笔成交的价格（边际价格）作为该次交易的统一成交价格。

（3）原纳税关系不变。

（4）向煤炭企业补偿10元/1000千瓦·时。

（5）在丰水期及平水期进行交易，每旬一次。

（6）提前下达许可额度，确保电网安全稳定运行。

（7）实施一次预成交并公布结果，促进成交量最大化。

（8）成交电厂的置换电量在该旬的每日计划中实施。

（二）具体流程

市场每旬进行一次交易，该旬之前的两个工作日为该旬的置换交易日；市场运行部门根据系统运行情况及各电厂来水情况提前三个工作日下达各电厂置换额度；各电厂根据自身情况在置换交易日上午十点前申报预报价资料。

在执行交易中，一方面是将买方的申报按价格由高到低、卖方申报按价格由低到高的次序分别排队，根据买方申报价格高于卖方申报价格最多的先成交的原则，依照以上排队的先后次序，逐对撮合买方和卖方的置换交易；另一方面是按“高于成交价的所有买方申报和低于成交价的所有卖方申报均成交、等于成交价的申报不一定能全部成交”的原则确定置换交易市场的成交价。所有电厂成交的置换电量均按照一个成交价结算。

对于成交价的确定，一方面是当最后一笔交易买方或卖方同一报价上有剩余量时，则成交价为该剩余量对应的买价或卖价，有剩余量一方的成交量按比例分摊至该报价下的各报价单位；另一方面是当最后一笔交易买方或卖方同一报价上没有剩余量时，若没有任何买方的其他剩余量报价低于最后一笔的平均价且没有任何卖方的其他剩余量报价高于最后一笔的平均价时，则成交价为最后一笔交易的平均价。若有买方其他剩余量报价高于最后一笔的平均价，则成交价为最后一笔成交的买方报价；若有卖方其他剩余量报价低于最后一笔的平均价，则成交价为最后一笔成交的卖方报价。若有买方和卖方的其他剩余量报价同时高于或同时低于最后一笔的平均价，则成交价为剩余量报价中最靠近的一组买卖价的平均价。

市场运行部门在置换交易日11点前发布预成交信息；各电厂根据预成交信息在置换交易日14点前申报正式的报价资料，不再申报的以预报价资料为准；市场运行部门在置换交易日17点前发布最终成交信息，置换成交的电厂置换电量安排在该旬的每日计划中。

二、水火电置换的成效

水火电置换前两年情况较好，2002 年，市场成交电量减少，成交价格上升。置换市场自 5 月上旬运行至 11 月中旬，累计完成置换电量 13.23 亿千瓦·时，其中发电侧市场完成置换电量 6.58 亿千瓦·时，较上年同期减少 3.9 亿千瓦·时，减幅达 37.21%。平均成交电价为 1152 元/万千瓦·时，较上年同期高出 332.5 元/万千瓦·时，增长 40.57%。置换市场明显地表现出成交量急剧萎缩，成交电价迅速上升的特点。由于担心合同电量不能顺利完成，很多水电厂大量放弃了置换额度，不参与置换市场的竞争。2002 年，水电厂置换额度累计下达 18.52 亿千瓦·时，成交电量占总下达额度的 35.5%，较上年同期下降 12 个百分点。

1999～2002 年的 4 年中，累计优化配置水火电量 65.55 亿千瓦·时，减少弃水损失电量 65.55 亿千瓦·时，节约标煤 261.94 万吨，置换双方增加收益约 4.5 亿元，减少对空排放二氧化碳近 481.33 万吨，二氧化硫气体约 9.82 万吨。可见，四川省开展的水火电合同电量置换交易符合国家的能源政策，多发水电、减少弃水，既节省煤炭资源，又减少环境污染，同时有利于电网结构的调整，是实践中摸索出的一套关闭小火电厂的行之有效的办法，也是电网运行管理上的一项创新，使得参与市场的各方均能受益，达到多赢的效果。

1999～2002 年四川省水火电置换市场运行情况统计见表 7-3-1。

表 7-3-1　1999～2002 年四川省水火电置换市场运行情况统计

年　份	置换电量（亿千瓦·时）	弃水电量减少（亿千瓦·时）	节约标煤（万吨）
1999	11.23	11.23	44.80
2000	21.59	21.59	86.30
2001	19.50	19.50	77.95
2002	13.23	13.23	52.89
合　计	65.55	65.55	261.94

第八篇　电网管理与电力调度

第八篇　电网管理与电力调度

1991～2002年，四川电网发展迅速，规模不断扩大，由联系比较薄弱的220千伏网架，发展成为以500千伏环网为主网架，并使广元、绵阳、德阳、成都、乐山、南充、达州等电网均形成了220千伏环网，区域划分较前更清晰。随着500千伏站和线路的增多，各区域间的联系也将逐步过渡到500千伏等级。四川电网设立三级调度机构，即省电力公司调度中心（简称省调）、地区电业局（电力公司）调度中心（简称地调）、县级供电局（电力公司）调度所（简称县调）。运行方式主要有年度运行方式，月、周、日度运行计划，以及特殊运行方式和节日运行方式等。截至2002年底，四川电网全网统调容量为1424万千伏安；500千伏输电线路11条，共1917千米；220千伏输电线路162条，全长8436千米。共有500千伏变电站3座，500千伏开关站1座，主变压器4台，总变电容量为300万千伏安；220千伏变电站64座，220千伏开关站2座，主变压器91台，总变电容量为1225万千伏安。在通信方面，由20世纪90年代以前的有线通信发展为电力载波通信手段。尤其是经过近几年光纤通信电路建设，四川省的通信网络结构发生了根本变化。随着新技术的应用，电网调度自动化系统功能日臻完善。为了保证电网的安全稳定运行，1991～2002年四川电网装设了多套计算机安全稳定控制系统，所采用的设备大部分为功能齐全、性能良好的成套计算机型安全控制装置，并建立起川电东送安全控制系统、攀钢安全控制系统、宝珠寺安全控制系统、广安电厂安全控制系统。在继电保护方面，四川省电力公司实施了十二期继电保护更新工程，1992～2002年，改造继电保护装置和故障录波装置300多套。至2002年底，四川电网220千伏及以上线路保护已全部实现计算机保护双套配置，电网继电保护配置水平、健康水平大大提高，为四川电网安全运行打下了基础。图8－0－1所示为四川省电力公司调度中心主控室。

图8－0－1　四川省电力公司调度中心主控室

第一章　电　网　划　分

四川省的电网组成主要有三个部分：一是由四川省电力公司经营管理的“统调电网”，

通称大电网，又称省主电网，承担四川省的主要电力供应任务；二是由有关县（市）电力公司经营管理的“地方电网”，简称小电网，它是随兴建小水电开始逐步形成的地区性电网，并以不同的方式与统调大电网相连，双方发生购售关系，从而共同形成了四川电网；三是偏远地区的“孤立电网”，与四川电网互不相连。地方电网和孤立电网以小机组、小电网为主，主要承担偏远地区和广大农村的电力供应。

1991～2002年，四川电网调度经历了省内逐步联网、川黔西北联网、调度体系调整、大机组并网发电、川渝分治、电力市场运作、500千伏高压输电系统投运、供需矛盾转变、全国电网互连、川电东送等变化发展。截至2002年，四川电网统调装机由百余万千瓦发展到1800万千瓦；电网结构由重庆—龚嘴—成都“三点一线”形成以220千伏为骨干网架，500千伏多回线连接电源和负荷中心，超高压、远距离、大容量输电的现代化电网。

第一节 区域性电网

1991年，四川电网由川西北、川中南、川东、攀（攀枝花）西（西昌）4个区域性电网构成，其中仅川东地区的重庆电网具备了220千伏双环网结构，其余地区均为单环或辐射状网络，安全可靠性较差，尤其攀西电网仅为110千伏联络，电网联系弱。

1992年，220千伏青龙山变电站及220千伏西青线投产，攀西电网与主网实现220千伏联络，四川电网由川西北、川中南、川东和攀西4个220千伏区域性电网连接构成。

1993年，220千伏龙王、陈家桥开关站投产，川西的成都电网和川东的重庆电网两个局部电网得到增强。

1994年，220千伏龙昭双回线及太昭线投运，成都电网形成了不完全的220千伏双环网结构。

1995年，500千伏降压至220千伏运行的舒洪陈线投产，川中南与川东电网的联系得到进一步增强。

1998年，随行政区划的变更，四川电网与重庆电网在调度与管理上分离，构成四川省的区域性电网变化为川西北、川中南、川东北和攀西，其中川东北电网需通过重庆电网与主网联系。

1999年，220千伏惠荆双回线路的投产实现了川东北电网与四川主网的直接联系。

2000年，二滩送出配套工程全面建成投产，成都、自贡电网形成220千伏双环结构，新棉—西昌—越西220千伏环网的形成解决了长期存在的西昌电网与主网单线联系的问题。

2002年，500千伏二石线投产，攀枝花电网通过500千伏线路与主网联系，构成四川电网的主要区域性电网变为川西北电网、四川主网、宜宾泸州电网、川东北电网、攀枝花电网。

根据2000～2005年规划，四川电网将按照规划，加快建设，迅速发展。广元、绵阳、德阳、成都、乐山、南充、达州等电网均将形成220千伏环网，四川电网的区域划分比过去更清晰，随着500千伏站和线路的增多，各区域间的联系将逐步提升到500千伏等级。

第二节 四 川 主 网

1991～2002年，四川电网规模迅速扩大，输、变电容量倍增，电网随之迅猛发展。发展情况见表8-1-1。

表8-1-1 四川电网1991～2002年发展情况统计

年份	220千伏线路		500千伏线路		220千伏变电站		500千伏变电站	
	条数	总长（千米）	条数	总长（千米）	数量	容量（万千伏安）	数量	容量（万千伏安）
1991	77	4300	0	0	30	591.60	0	0
1992	80	4589	0	0	33	624.60	0	0
1993	89	4875	0	0	36	660.60	0	0
1994	96	5083	0	0	37	690.60	0	0
1995	105	5483	0	0	39	738.60	0	0
1996	121	5663	0	0	42	801.60	0	0
1998年起，重庆电网与四川电网分别调度运行，以下数据不含重庆电网								
1997	86	4573	0	0	33	711.60	0	0
1998	105	5723	4	829.8	39	786.60	2	150.00
1999	115	6156	6	1318	42	861.60	2	225.00
2000	124	7212	10	1881	49	1019.00	2	225.00
2001	143	7817	10	1881	56	1112.00	2	225.00
2002	166	7984	11	2119	64	1225.00	3	300.00

1998年，四川电网网架结构发生了重大变化，随着二滩电站及其配套输变电工程的投运，四川电网首次出现500千伏超高压网络，并逐步发展形成四川电网新的骨干。同年，重庆电网与四川电网分开调度运行，新的四川电网形成。

2000年，二滩送出工程500千伏二普、普洪三回线路及洪陈、洪龙双回线路全部投产，四川电网500千伏辐射型网架从此基本形成。

2002年5月，川渝电网通过500千伏万龙线与华中电网相连，首次“川电外送”。

第二章 调度机构

四川电网调度机构分为省、市（州）、县三级调度。省级调度为四川省电力公司调度中心（简称省调），市级调度为各电业局（电力公司）调度中心（简称地调），县级调度为电业局下属的供电局（电力公司）调度所（简称县调）。

电网调度承担电网运行的组织、指挥、指导和协调工作，既是生产运行单位，又是电网管理部门的职能机构，代表本级电网管理部门在电网运行中行使调度权。各级调度机构在调度业务上是上下级关系，下级调度机构必须服从上级调度机构的调度。调度机构调度管辖范围内的发电厂、变电站的运行值班单位，必须服从该级调度机构的调度指挥。

第一节 省级调度

省级调度简称“省调”，由四川省电力公司调度中心承担。省调的主要任务是对四川电网全部500千伏输变电设备、220千伏及以上电压等级的电网实施统一调度管理；对接入主网总装机容量在1万千瓦及以上的并网电厂实施调度管理；对川渝500千伏、220千伏跨省联络线实施调度管辖。同时，对四川电网继电保护、电力通信及调度自动化进行专业职能管理；负责电网计划用电考核和并网电厂的电力电量统计、考核、结算工作。在电网调度管理业务上，华中电网有限公司调度中心（简称华中网调）和四川省调是上、下级关系，四川省调接受华中网调的调度管理，按规定进行调度汇报联系。在电网运行上，华中网调负责华中电网全网的频率控制，四川省调负责川渝联络线输送功率的调整。受华中网调委托，四川省调负责二滩电厂及其送出工程，以及川渝联络线的调度管理，涉及上述设备的操作，需经华中网调许可。

截至2002年底，四川省调有职工232人，设有7大职能处室。在职职工中，大专以上文化程度职工191人（博士研究生4人，硕士研究生33人），具有各级各类职称人员181人（教授级高级工程师1人，高级职称78人）。

一、省调的调度管辖范围

（1）500千伏电网（含500千伏站内无功补偿装置）。

（2）220千伏电网（不含220千伏站内主变压器）。

（3）电网内装机容量1万千瓦及以上的发电厂及其送出系统。

（4）有关上级部门指定或委托调度的发输变电系统。

二、省调的调度许可范围

（1）运行状态变化对省调调度发电厂有影响的110千伏及以下送出设备。

（2）220千伏主变压器中性点。

(3) 安全自动装置所辖供电设备。

(4) 在不同220千伏厂站间合解电磁环网（转移负荷）操作。

(5) 其他运行状态变化对省调调度管辖范围电网运行影响较大的非省调调度管辖设备或省调委托调度设备。

三、省调的职责和权限

(1) 接受国调、网调的调度管理。

(2) 负责所辖电网调度运行、继电保护、电力电量、经营、通信、自动化等专业管理和技术监督。

(3) 负责指挥所辖电网的运行、操作和事故处理。

(4) 负责电力市场即期交易的组织实施和电力电量的考核结算。

(5) 负责指挥所辖电网调频、调峰及调压。

(6) 负责组织编制所辖电网年、月、日和特殊运行方式并下达执行及监督、考核。

(7) 会同有关部门编制电网事故和超负荷拉闸限电序位表。

(8) 负责所辖电网的安全稳定运行管理。

(9) 根据水库调度方案，结合电网情况，合理安排水电发电计划，配合水电站的防洪、灌溉、航运和供水工作。

(10) 受理并批复新建或改建管辖设备投运申请，编制新设备启动调度方案并组织实施。

(11) 参与所辖电网的规划、设计审查和设备选型。

(12) 参与签订调度管辖范围内并网电厂（网）、大用户的购（售）电合同，负责签订并网调度协议。

(13) 参与所辖电网事故分析和事故调查。

(14) 负责修编所辖电网调度的有关规程和制度，经省电力公司批准后执行。

(15) 行使上级和省公司或者国调、网调授予的其他职权。

第二节　市（州）级调度

市（州）级的地区调度简称“地调”。截至2002年底，四川电网设有17个地调，分别是成都地调、德阳地调、绵阳地调、广元地调、资阳地调、内江地调、自贡地调、宜宾地调、泸州地调、乐山地调、眉山地调、达川地调、南充地调、巴中地调、西昌地调、攀枝花地调、广安地调。

一、地调的调度管辖范围

(1) 本地区220千伏站内主变压器（含站内无功补偿装置）。

(2) 本地区110千伏及以下电网。

(3) 本地区装机容量1万千瓦以下发电厂及其送出系统。

(4) 本地区电网与其他地区电网间的110千伏联络线由相关调度机构协商调度。

（5）有关上级部门指定或委托调度的发输变电系统。

二、地调的职责和权限

（1）接受省调的调度管理。

（2）负责所辖电网调度运行、继电保护、电力电量、经营、通信、自动化等专业管理。

（3）负责指挥所辖电网的运行、操作和事故处理。

（4）负责所辖电网电力电量的考核结算。

（5）负责指挥所辖电网调峰及调压。

（6）负责组织编制所辖电网年、月、日运行方式并下达执行及监督、考核。

（7）会同有关部门编制所辖电网事故和超负荷拉闸限电序位表。

（8）负责所辖电网的安全稳定运行管理，落实省调提出的安全稳定管理措施。按省调下达的方案和要求，负责制定所辖地区电网低频、低压自动减负荷方案，并负责检查执行情况。

（9）根据水库调度方案，结合电网情况，合理安排水电发电计划，配合水电站的防洪、灌溉、航运和供水工作。

（10）受理并批复新建或改建管辖设备投运申请，编制新设备启动调度方案并组织实施。

（11）参与所辖电网的规划、设计审查和设备选型。

（12）参与签订调度管辖范围内并网电厂（网）、大用户的购（售）电合同，负责签订并网调度协议。

（13）参与所辖电网事故分析和事故调查。

（14）负责修编所辖电网调度的有关规程和制度，经本电业局（公司）批准后执行。

（15）行使上级和电业局（公司）或者省调授予的其他职权。

第三节　县　级　调　度

设在各供电局的调度机构，基本上是以县级行政区划为单位设立的，因此简称“县调”。截至2002年底，四川电网所辖地调直调和代管的县调机构约80个。

一、县调的管辖范围

（1）供电局调度管辖本供电局所辖电网范围内除地调调度管理和用户自行管理外的全部35千伏和10千伏设备。

（2）电力公司调度管辖本公司所辖电网范围内除上级调度（含省调、地调）调度管理外的全部设备。

二、县调的职责和权限

（1）接受地调的调度管理。

（2）负责所辖电网调度运行、继电保护、电力电量、经营、通信、自动化等专业管理。

（3）负责指挥所辖电网的运行、操作和事故处理。

（4）负责所辖电网电力电量的考核结算。

（5）负责指挥所辖电网调峰及调压。

（6）负责组织编制所辖电网年、月、日运行方式和特殊运行方式，并下达执行及监督、考核。

（7）会同有关部门编制所辖电网事故和超负荷拉闸限电序位表。

（8）负责所辖电网的安全稳定运行管理，落实地调提出的安全稳定管理措施。按地调下达的方案和要求，负责制定所辖地区电网低频、低压自动减负荷方案，并负责检查执行情况。

（9）批复新建或改（扩）建管辖设备投入运行申请，编制新设备启动投运方案并组织实施。

（10）参与所辖电网的规划、设计审查和设备选型。

（11）参与签订调度管辖范围内并网电厂（网）、用户的购（售）电合同，负责签订并网调度协议。

（12）参与所辖电网事故分析和事故调查。

（13）负责修编所辖电网调度的有关规程和制度，经供电局（电力公司）批准后执行。

（14）行使上级电网管理部门及地调授予的其他职权。

第三章　调　度　运　行

四川电网的调度运行，由四川省电力公司调度中心负责，并制定全网年度运行方式和月、周、日度运行计划，以及特殊运行方式和节日运行方式等多种运行方式。

随着电力体制改革的不断深入，四川电网继续保持快速发展，500千伏网架基本形成，电力市场正式运作。经营专业从无到有，从简单的报表抄收、人工统计，发展到通过采集装置、广域网络、计算机考核，定期分析市场。

20世纪末至21世纪初，由于四川省国民经济的迅速发展，省内用电需求增幅较大。这一时期四川电网的特点是枯水期全网可供电力电量均不能满足用户的需求，被迫实行严格的负荷管理措施，各电业局必须严格按计划用电；丰水期，为满足全网高峰时段的负荷要求，火电厂必须大量开机运行，但高峰时段全网的出力仍然不能满足用户的需求；低谷、平段却仍有大量弃水电量，运行的经济性下降，安全运行的隐患极大，全网调峰能力不足的矛盾凸现。为提高四川电网供电能力和水电资源利用率，四川省电力公司实施资源优化利用，丰水期采用“长单全天卖、长单高峰买”的跨省购售电策略，提高了水能利用率，节约了煤炭资源，实现了电煤的“丰存枯用”。这些措施最大限度地满足了省内用电需要，避免了无序拉闸限电，保证了对城乡居民、重要企业、重要用户持续稳定供电。

第一节　运　行　方　式

为保证电网调度运行的计划、有序，电网严格按制定的运行方式运行，四川省电力公司调度中心负责制定全网的运行方式，主要包括年度运行方式、月、周、日度运行计划，以及特殊运行方式和节日运行方式等。

其中年度运行方式是指导全网各级运行人员生产运行的总纲，主要内容包括电网规模及新设备投产进度、主要设备检修计划、电力电量平衡、水电水库运行计划、电网接线方式、潮流电压、稳定及安全控制系统等，而且随着电网发展和运行的需要不断引入新的内容，如$N-1$静态安全分析及解决措施、电网结构改进建议、电力需求形势预测、提高电网输电能力措施等。编制的工具和印刷效果也与时俱进，由1991年的手工绘图、制表、油印，发展到2002年的全电脑排版、软件制图、专业彩印及装订。

四川电网位于全国互联电网的末端，电网阻尼特性较弱。自1998年以来，四川省调积极采用PSS（电力系统稳定装置）控制措施，提高系统动态稳定水平。预计2005年四川电网要完成20万千瓦及以上火电、10万千瓦及以上水电共36台运行机组的励磁系统参数测试和PSS试验工作。四川省水电丰、枯出力悬殊，枯水期电网调压困难，为此大力开展了发电机组进相试验，至2005年网内20万千瓦及以上火电机组、10万千瓦及以上水电机组全部进行了进相试验，并根据试验结果，下达了低励限制运行定值。

第二节　经济调度与运行

进入21世纪后，四川电网继续保持快速发展。四川省电力市场由四川电网发电侧电力市场、四川省电力公司内部电力市场，以及四川电网水火电合同电量置换交易市场组成，这三个市场同时独立运行，相互关联，互为补充。四川省调在各发电单位、各电业局经营专业工作者的大力配合下，通过组织培训、现场指导等多种方法，对各市场参与主体在经营理念、市场意识、运营模式等方面进行指导，定期分析市场的情况，并提出解决的办法，从而使三个市场形成一个有机的整体。而实际运行情况证明，参与电力市场的各个主体在思想观念、经营管理、运作水平等方面都发生了根本性的转变，市场意识普遍增强，创造了较好的经济效益和良好的社会效益。通过对市场的分析，对发电量和电价的比较，各市场参与企业从自己的经济利益出发，争取多发高峰电量，少发低谷电量，解决了多年以来电网调峰困难的问题，同时还给出了高峰时段电价高于低谷时段，枯水期电价高于丰水期电价的经济信号，从而引导投资者修建有调节能力的水电站，对改善四川电网的电源结构有一定的帮助。

随着电力体制改革的不断深化，企业逐渐由单纯的生产型转变成经营型的实体，其工作的成效直接影响到各企业自身的经济利益。

在电力市场中，经营工作主要是负荷预测、竞价上网、考核结算。由于这些工作直接影响该企业效益，需要深入对系统的实际负荷情况、季节变化，以及天气的变化进行研究，全面掌握该单位的具体情况（机组的运行状况、发电成本、水情的变化等），合理地安排检修，将系统和自身的实际情况相结合，采取最优的报、竞价策略，才能使有限的资源，发挥最大的效益。各电业局在负荷预测方面，通过整理分析历史资料，总结历年负荷性质、类型的变化，建立了资料数据库，从而使负荷预测更加准确，更加符合实际。

在大电网电力电量交易营运工作中，四川省调度中心通过国家电网调度中心（简称国调）协调，并取得华东电网公司同意，用四川省丰期的水电置换华东电网火电。这一举措既有效支援了华东地区夏季的电力电量缺口，又解决了四川省夏季窝电的问题，还缓解了四川电网枯期缺电压力，受到各方支持与好评。

第三节　电能调度与电能质量

1991年，四川电网因新投产30万千瓦的机组不稳定，又受外部（如天然气等）条件制约，运行时间长；上半年水电径流偏少，洪水来水迟、退水早，影响水电少发。在治理整顿中，市场启动迟缓，电力供需矛盾虽缓解，但因计划用电不能适应新的用电结构的变化，高峰时段电力不足，拉闸限电，低谷时段电力富余，严重窝电，峰谷差增大。该年完成发购电量259.60亿千瓦·时，新增装机容量74万千瓦，电网频率、电压合格率分别为99.22%和97.18%。

1992～1997年的6年，由于四川省电力系统网架结构薄弱，供需矛盾突出，缺电严重，峰谷差逐年增大，调峰调频困难，拉闸限电一直是困扰四川电网的问题。虽然在这6年中装机容量不断扩大，新增发电装机容量342.20万千瓦，使总装机容量达到903.13万千瓦，但仍然不能缓解电网安全运行与经济运行日益突出的矛盾。

1998年，随着500千伏网络形成和二滩电厂、宝珠寺电厂配套的一批220千伏变电站接入系统，四川电网网架结构有所加强，但仍存在无功补偿配置不尽合理，峰谷差逐年增大，负荷率进一步降低，电网调峰调频调压困难等问题。全局完成年发购电量304.09亿千瓦·时（包括全网均摊电厂购电），其中自发电量271.22亿千瓦·时；电网建设新增装机容量129万千瓦，其中二滩电厂110万千瓦（二滩电厂装机容量的27.2%向重庆电网售电），宝珠寺电厂17.50万千瓦，华能明台电厂1.50万千瓦；新增500千伏变电容量150万千伏安，220千伏变电容量75万千伏安；新投运500千伏线路4条共计829.80千米，220千伏线路19条共计1150.11千米。截至1998年底，四川电网统调统分装机总容量为851.54万千瓦，500千伏变电总容量为150万千伏安，220千伏变电总容量为786.60万千伏安；全网500千伏线路4条共计829.80千米，220千伏线路达105条共计5722.70千米。系统频率、电压合格率分别达到99.86%和98.36%。

1999年，随着二滩、广安、嘉陵等一批大中型发电厂的相继投产发电，全网装机容量快速增长。但由于工业体制结构调整和宏观经济环境对电力需求的增长产生了负面影响，四川电网电力供需矛盾趋于缓和后又暂时出现供过于求的局面。从1999年1月1日起，四川省电力公司内部电力市场正式开始运作。

2000年，四川电网安全形势较为严峻，500千伏设备故障对整个电网的冲击和危害很大，系统安全稳定运行承受了严峻的考验。经过加强管理，尽管在500千伏网架结构薄弱，设备运行状况不理想，市场竞争力度加大的情况下，仍然保证了四川电网的安全稳定运行。2000年，四川电网全年统调统分购电量完成319.70亿千瓦·时，全网最大负荷630.60万千瓦；四川电网频率合格率达99.99%，电压合格率为99.08%，220千伏网损率为3.33%，500千伏网损率为2.28%；统调统分新增装机容量93.60万千瓦，新增220千伏变电容量90万千伏安，新增500千伏线路627千米，新增220千伏线路8条。为实现资源的优化配置，推动四川省电力工业良性、可持续发展，四川省电力公司在内部电力市场运行取得成功经验的基础上，在全省发电领域引入了市场竞争机制，建立了省级发电侧电力市场，与水火电置换市场和省公司内部电力市场同时运作。从一年时间的实际情况可以看到，各发电厂竞争意识增强，设备可用率提高，系统购电成本下降，用户电价降低，四川电网多年存在的调峰问题也得到基本解决。水火电置换市场为充分利用水力资源，节约煤炭资源，减少环境污染，提高企业经济效益摸索出一条新路。3个市场运作取得了良好的经济效益和社会效益。2000年，发电侧市场竞价电量为33.64亿千瓦·时，平均成交电价为92.6元/1000千瓦·时，电价下降166.1元/1000千瓦·时；水火电合同电量置换市场累计成交21.59亿千瓦·时，减少弃水电量21.59亿千瓦·时，节约煤炭资源 86.30 万吨；四川省电力公司内部电力市场竞价电量为 68.50 亿千瓦·时，发电单位成本下降 8.37%。

2001 年，全网最大负荷为 730.50 万千瓦，较 2000 年增长 15.84%；统调统分发购电量完成 370.62 亿千瓦·时，较 2000 年增长 15.93%；新增统调统分装机容量 50.20 万千瓦，新增 220 千伏变电容量 93.20 万千伏安，新增 220 千伏线路 19 条。四川电网频率合格率按±0.2 赫兹考核，全年累计频率合格率为 99.99%，与 2000 年持平。500～220 千伏电压监测考核点的电压合格率为 99.09%，比 2000 年提高 0.01%，达到历年最高水平。

2002 年，四川电网最大发电负荷为 895 万千瓦，较上年增长 22.52%；统调统分电厂上网电量完成 449.38 亿千瓦·时，较去年增长 21.15%；新增统调统分装机容量 16.40 万千瓦；新增 500 千伏变电容量 75 万千伏安，新增 220 千伏变电容量 113 万千伏安。2002 年，四川省用电负荷大幅增加，而各水电厂来水偏枯，火电厂电煤供应不足且煤质较差，全网尤其是川西北地区出现了不同程度的电力供应不足问题。按四川省统调统分电厂发电量计算，2002 年水火电机组综合发电利用小时数为 4224 小时，较 2001 年增加 976 小时；水电机组发电利用小时数为 3821 小时，较 2001 年增加 440 小时；火电机组发电利用小时数为 4948 小时，较 2001 年增加 1892 小时。2002 年，由于四川省国民经济的迅速发展及近年来实行的电价优惠政策效应的逐渐显现，省内用电需求增幅较大，但反常的气候状况，使各水电厂来水普遍偏枯。2001 年 1 月、3 月、7 月、8 月、11 月、12 月全网、尤其是川西北电网均不同程度出现了电力供应不足的问题，四川电网出现了三次缺电时期。

第一次缺电时期为 1 月 17 日～2 月 10 日，电煤供应十分紧张，火电厂存煤严重低于警戒线。系统缺煤最严重时，主力火电厂存煤仅够运行几小时，火电机组被迫停运或减出力运行。为确保春节期间电力正常供应，从 1 月 17 日起，电网被迫大面积拉闸限电。若排除电煤供应不足因素，2002 年 1 季度火电机组全部开机发电，基本能够满足用电需求。

第二次缺电时期为三季度四川盆地出现了罕见的持续高温天气，电网出现了两次持续用电高峰。一次是 7 月 9 日～7 月 22 日，日最大负荷为 884 万千瓦；另一次是 8 月 28 日～9 月 13 日，日最大负荷为 895 万千瓦，计及拉闸限电因素后，最大负荷已达 960 万千瓦左右。8 月下旬以后，四川盆地又出现多年未见的持续干旱，各流域来水明显减少，尤其是白龙江、嘉陵江流域，水电发电能力严重下降，高峰时段全网供需矛盾非常突出，被迫采取了拉闸限电措施。

第三次缺电时期为进入 11 月份后，各流域来水大幅减少，发电能力不足。加之因 8 月下旬起各流域来水减少，二滩、宝珠寺和大桥水库没能按计划达到高水位运行，到 10 月下旬宝珠寺水库接近死水位 558 米，被迫机组全停蓄水。10 月 27 日江油 31 号机又出现低压缸叶片拉筋脱落，打坏凝结器铜管的事故，低压缸需揭缸处理，直到 2002 年底才基本恢复并网发电，进一步加剧了枯水期缺电局面。尤其是成都市及其以北地区供需矛盾十分突出，川南—川西断面联络线功率严重超过稳定极限，被迫采取大面积拉闸限电措施。尽管出现了三次缺电时期，但四川电网频率合格率按±0.2 赫兹考核，全年累计频率合格率仍为 99.99%，与 2001 年持平。500～220 千伏电压监测考核点的电压合格率则为

99.46%，比2001年提高0.37%，又一次达到历年最高水平。

第四节 系 统 稳 定

20世纪90年代初期，四川省和全国很多地区一样电力供需矛盾紧张，电源和电网建设严重滞后，电网结构薄弱，安全稳定问题突出。四川电网仍是220千伏电压等级的独立电网。安全稳定问题主要表现为负荷中心受端电网缺乏大电源支撑，送端和受端电网之间联络线薄弱，区域机组同步稳定问题、电网频率和线路热稳定问题突出，电网安全稳定运行主要依赖于继电保护快速切除故障，以及控制线路输送潮流等手段，电网抵御故障能力低下。

到20世纪90年代中期，四川电网中的一批大中型电厂——重庆、成都、江油、珞璜、白马、黄桷庄、宝珠寺等相继投产运行，电力供需矛盾缓和，但是电网建设滞后于电源建设，电厂送出系统不稳定，区域联络线不稳定和过载，成为电网安全稳定运行的主要矛盾。为了提高网络送电能力，四川电网根据《电力系统安全稳定导则》里的规定，按三道防线的标准校核四川电网的稳定水平和制定安全运行措施，并积极采用稳定控制技术，先后配置了多套区域型计算机安全控制装置，在电网安全稳定运行中发挥了重要作用，并且为大型水电站二滩的送出工程做了安全控制装置方面的技术准备。

在电网运行计算分析技术方面，由20世纪80年代单一计算分析程序，每年计算一次，逐步发展到配备了多种计算分析程序，以及根据运行方式变化计划进行深入分析计算和紧急方式出现前的紧急计算，制定紧急措施的水平。

1997年川渝电网分开调度运行，四川电网由原来东西部水火电互补电网变成水电比重超过50%、丰水期严重弃水、枯水期缺电的电网。丰水季节，为了大发水电，不得不大量停火电机组，但是负荷中心的电压支撑又必须由附近的火电机组承担，加上调峰的需要，火电机组不能全部停运。为此，特别制定了四川电网火电厂丰水期特殊开机方式，以保证电网的电压安全和调峰需要。

1998～1999年，二滩电站第一阶段送出工程投运，四川电网出现了500千伏电压等级网架，发展为超高压、大容量、远距离输电系统。网架结构的加强使电网稳定水平有很大提高。但是，电网的安全稳定又出现了新的问题，主要表现为动态弱阻尼易诱发低频振荡，失去二滩大电源后的系统频率如何稳定，500千伏主设备跳闸引起的大功率转移，以及二滩电厂500千伏送出系统和川南—川西500千伏与220千伏电磁环网的安全稳定等问题。针对四川500千伏电网安全稳定出现的新问题，技术人员超前分析，超前部署，开展了四川电网低频振荡现象及控制措施研究、失去二滩大电源后川渝电网频率和电压变化特性分析，以及防止大面积停电的紧急控制技术研究，积极采用PSS控制措施和稳定控制技术，在二滩电厂机组投入PSS功能，有效抑制了二滩单机单线并网的低频振荡现象，保证了二滩机组顺利投产。为提高二滩电厂送出工程的能力，四川省调在川渝电网装设了一套覆盖川渝500千伏电网、涉及26个220千伏切负荷执行站的川电东送安全控制系统。

这套安全控制系统利用电力载波通道，采用集中管理、分层分布控制结构，是当时国内解决问题最多、规模最大的安全控制系统，大大提高了川渝 500 千伏电网输电能力（如图 8-3-1所示为电力调度人员精心调度以确保电网安全运行）。

图 8-3-1 电力调度人员精心调度以确保电网安全运行

2000 年前后，国民经济结构调整，用电增长速度下降，电网安全与经济运行之间的矛盾上升为主要矛盾。为多发水电，减少弃水，在极端运行方式下，负荷中心 4 个电厂 8 台 20 万千瓦及以上机组仅 1 台运行，多个火电厂全停，负荷中心的电压稳定问题、线路重载问题突出。为解决电网安全稳定出现的新问题，四川省调开展了四川电网电压稳定问题研究，提出了丰水期保证电网安全运行的最小火电开机方式，减少了火电机组开机，节约了煤炭资源，社会效益和经济效益十分显著。

2002 年，川渝电网与华中主网实现联网运行，川电大量外送，以缓解外部电网的严重缺电局面，结束了川渝电网长期孤网运行的历史。联网运行以后，四川电网的频率质量有了明显的改善，但是川渝—华中主网经长距离单回线路联网运行，系统的动态阻尼进一步恶化，稳定水平大幅降低，四川 500 千伏任一元件相间故障，都会引起川渝机组与华中主网机组失步，电网安全稳定运行高度依赖于改造后的川电东送安全控制系统。并且进一步提高川渝电网与华中主网间的稳定水平，已经超出了川电东送安全控制系统的能力。为此，四川电网积极配合华中网调和国调对川渝－华中主网的稳定问题进行计算分析，除了在原来二滩安全控制系统上加装故障联切三（三峡）—万（万县）线路的安全措施外，还要求在联络线加装可靠快速的失步解列装置，保证在川渝—华中主网发生振荡时及时解列，保证两个电网的各自稳定运行。同时，为改变四川电网的被动局面，四川省电力公司于 2002 年着手立项在二滩电厂出线加装串补装置。

第四章 调度设施与电网保护

四川电网调度设施包括四川电网调度自动化系统，电力市场技术支持系统（含电能量计费系统、报竞价系统、电量考核和结算系统、信息发布系统），调度管理信息系统，以及四川省电力调度数据网络。

1991～2002年，四川电网调度自动化系统主要经历了自动化二期工程PCS-32系统和自动化三期工程EMS系统两个阶段的发展，加快了新技术在电网自动化中的应用，促进了调度手段的现代化。

四川电网建设发展过程中，先后应用过短波电台、特高频通信、散射通信、卫星通信、数字微波通信和移动通信等多种无线通信方式。这些通信方式在不同地域、不同时期都发挥了它们各自的作用。

第一节 调度自动化

四川电网调度自动化工作从20世纪70年代初起步，经历了常规远动（1968～1980年），自动化一期、二期工程（1981～1991年），实用化（1992～2000年），以及正在完成的三期工程（2001～2003年）、新技术应用等阶段。80年代以前，仅以厂站远动装置采集的信息反映电网运行概况；80年代初期，开发了电网调度自动化系统，从此电网调度手段由单纯依赖电话调度提升到计算机监控与管理模式。随着新技术的应用，电网调度自动化系统功能日臻完善，四川电网调度自动化系统正在促进调度手段的现代化。

一、调度自动化机构的建立和发展

四川电网调度自动化系统运行管理工作实行统一领导、分级管理。各级自动化系统运行管理机构之间是业务领导关系。

（一）机构设置

1. 省调自动化机构

1988年，四川省电力工业局调度局将计算机科和远动科合并为自动化科。1993年，自动化科更名为调度局自动化处。2000年更名为四川省电力公司调度中心自动化处。

2. 地调自动化机构

各电业局调度所，简称地调，1990年，14个（包括现重庆直辖市）地调都设有自动化（远动）班；1993年后，14个地调都设有自动化科，在业务上由省调自动化处管理和指导，行政关系隶属各电业局。

1997年重庆市直辖后，重庆电业局调度所自动化科划归重庆市电力公司管理。

1997年，成都电业局机构调整，成立自动化通信公司，成都电业局调度中心设自动化专责1人。

1998年以来，绵阳、乐山等电业局先后撤销了地调的自动化科，成立了电业局的自动化公司，将所在地区的自动化建设和管理纳入公司化运作，业务上受省调自动化处的管理和指导。

3. 县调自动化机构

1996年以后，一些县调开始设立自动化班（组），到1999年已有40个县调设立了班（组），成都电业局的县调未设立班（组）和专责，由成都电业局自动化通信所与自动化通信公司运行和维护，其余县调设立了自动化专责。县调自动化人员在业务上受地调自动化科的领导和指挥，行政关系隶属于各县级供电局。

（二）机构的职能

四川电网调度自动化系统运行管理工作实行统一领导、分级管理。各级自动化系统运行管理机构之间是业务领导关系。

自动化处是四川省电力公司调度中心技术职能处室之一，承担着为四川电网安全、经济、优质运行提供自动化、现代化管理工具和手段的重要任务，主要负责四川电网调度自动化系统、电力市场技术支持系统（含电能量计费系统、报竞价系统、电量考核和结算系统、信息发布系统）、调度管理信息系统和四川省电力调度数据网络的运行维护工作，同时代表四川省电力公司对全川电力系统自动化专业进行业务领导和技术管理工作。

二、调度自动化系统建设与发展

电网调度自动化工作关联着国家的技术政策与科学技术发展两个方面，在国家发展的进程中，这项系统工程伴随着电网规模的形成而发展。

（一）电网调度自动化系统一期工程

1981年，西南电管局总调度所与南京自动化研究所开始联合研制以PDP－11/24为主机的自动化系统。1985年10月正式投入生产运行。该系统是新中国投运的第一套全汉字调度自动化系统，具有数据采集与监控系统（SCADA）和自动发电控制装置（AGC）功能。1987年4月25日，李鹏副总理到西南电管局总调度所察看电网调度自动化系统运行情况。看到龚嘴电厂对碧（碧口）广（广元）线交换功率自动调节控制时，时任副总理的李鹏说，这是国内第一家实现跨省电网联络线控制。作为第一期工程，该系统功能与规模按西南电网1990年电网发展水平配置系统和功能，以后随电网发展再进行系统扩充、升级或换代。

（二）电网调度自动化系统二期工程

1. 二期工程的建设

二期工程于1988年12月签订了工程合同，于1991年1月通过工厂验收（FAT）。系统设备于1991年5月抵成都，系统于1992年1月投入试运行，1992年4月通过现场（SAT）验收并投入正式运行。

二期国外系统关键设备的引进与国内一期设备的结合，是四川电网调度自动化系统二期工程的特点。1993年，在南京自动化研究院的帮助下开始电力系统高级应用软件的研究。1994年PAS（电力系统应用软件）进行调试，达到可以初步入网运行的条件，但由于计算机内存容量不足和处理速度慢的影响，未能达到实用化的水平。1996 年 AGC 投入运行。

2. 四川电网调度自动化系统二期工程的系统结构

主站系统结构为以 DECnet 以太网为核心的网络型集中式系统。

以太网上的节点有两台 PDP－11/24 和两台 VAX6210。PDP－11/24 通过 Intel 8086 前置机与国产 CDT 规约 RTU 相连，将采集的实时数据通过网络传送给 PCS－32 系统。VAX6210 通过 LMU 采集 POLLING 规约 RTU 的实时数据，接收 PDP－11/24 通过网络送来的国产 CDT 规约实时数据并完成全网的 SCADA 功能，两台 VAX6210 互为备用，由双机切换装置 WDT 监测系统的运行状况并负责故障情况下主机和外设的自动切换。接入系统的子站系统共计 43 台（套），采集全网 52 个厂站的信息。

3. 二期工程时期的子站系统

20 世纪 90 年代初期，随着自动化二期工程 PCS－32 系统的建立，引进了 6 台美国 SC 公司的 SC1801 远动设备，从而进一步扩大远动覆盖范围，通信规约也从单一的 CDT 方式发展为 CDT 制式与 POLLING 制式并存。

220 千伏主网的远动设备分为两类，一类是使用 POLLING 制式的 SC1801 或仿 SC1801 规约的 MB88；另一类是沿用一期工程 CDT 制式的 MWY 系列的 RTU。SC1801 是美国 ABB 公司生产的远动装置，该装置具有组态灵活、自动生成 I/O 配置、数据处理能力强、装置可靠性高等特点。MB88 是美国 VALMET 公司生产的远动装置。

POLLINE 制式的 RTU 是通过 LMU 接入 PCS－32 系统的，传输速率根据信道介质的情况有 1200 比特/秒上下行和 600 比特/秒上下行。每台 LMU 可以管理 32 条远程信道，每条信道上可接入多台 RTU。如江油电厂的新老厂、龚嘴电厂，以及铜街子、映秀湾总厂就是通过一条信道接收 2 台 RTU 的信息。CDT 制式的 RTU 是通过一期工程中 Intel 8086 前置系统接入 PCS－32 系统的，传输速率为 600 比特/秒，8086 前置系统可接收 CDT 制式的远动装置 32 台。通过 DMA 方式与 PDP11/24 机相连，PDP11/24 机通过 DECNET 进入 PCS－32 系统 EUT 数据库。

220 千伏主网共有各类远动装置 43 套，PCS－32 系统直收的 RTU 有 45 台，接收转发设备 3 套，分别在川东中调（转发川东 4 个变电站）、攀西中调（攀西地区 5 个发电厂及地区总加信息）、二台山开关站（转发渔子溪电厂和二台山开关站）。

模拟盘系统是随 PCS－32 系统引进的美国 CIS 公司生产的 CIS 系列模拟盘驱动器，该系统能支持 97 路模拟量，1920 个数量的不下位操作，具有变位快闪（BLANK）和慢闪（DIM）等功能，通过 PCS－32 系统的 WDT 与 SCADA 系统相连。上盘实时显示共有 51 个模拟量和 281 个数字状态量，主要显示发电厂有功出力、联络线潮流、中枢点电压、主要水电厂水位及所有 220 千伏开关状态和少量主要线路隔离开关。

（三）电网调度自动化系统三期工程

1. 三期工程的建设

四川省电力公司能量管理（EMS）系统（简称自动化三期工程）于 2001 年 9 月评标；2002 年 3 月，四川省电力公司与中标的加拿大 SNC－Lawalin（兰万灵）公司签订合同，确定了合同金额为360万美元（即建设投资360万美元）；2002年5月在成都开第一次联络会；2002年10月，调度中心派出15名专业人员到加拿大兰万灵公司完成了工厂培训。

2. 四川电网调度自动化系统三期工程的系统结构

三期工程四川电网能量管理系统包括五大功能子系统，分别是数据采集与监控（SCADA）子系统、自动发电控制（AGC）子系统、电力市场及计划管理（OPS）子系统、网络分析（NAS）子系统，以及调度员培训模拟（DTS）子系统。

三期工程四川电网能量管理系统是由服务器和工作站节点组成的一个整体，不同的服务器或工作站节点负责实现不同的系统功能，内部局域网是实现节点互联的桥梁。

（1）SCADA服务器。该服务器通过前置机、COM服务器和其他服务器接收数据，形成完整的SCADA实时数据库。同时，监视状态点的状态变化，检查模拟量点是否越限，执行要求的计算，以及将实时数据通过网络向其他服务器和其他节点发布以保证数据的一致性。

（2）系统数据库和历史数据服务器（SYS）。该服务器用于存储和管理历史数据，它按照指定周期从SCADA/AGC服务器的内存中取得数据并长期保存。

（3）EMS服务器。该服务器为AGC、NAS、OPS等电力应用软件提供支持，并管理电力应用数据库。

（4）电力市场应用服务器。该服务器提供了方便灵活的管理功能去定义和修改交易规则并以数据报表和图形两种方式返回交易结果。

（5）通信服务器。该服务器通过路由器实现与其他外部系统的实时通信。例如实现与国调、华中网调、重庆调度中心，以及一些电厂监控中心的SCADA系统的通信。

（6）WEB服务器。该服务器连接着MIS、TMR和水调系统等以保证系统的安全控制。

（7）DTS服务器。该服务器提供了与实际调度一致的操作环境，用于进行日常的和紧急情况下的调度培训。

（8）DTS工作站。该工作站主要用于调度员模拟训练。例如模拟正常情况或紧急情况下的电网静态或暂态过程，尤其是电网长时间的动态平衡环境。

（9）前置机部分。前置机通过MODEM与RTU连接。主/备用运行方式能够根据需要手动或自动地进行切换，而且切换时不会丢失数据。前置机的主要功能是对RTU数据进行扫描、规约转换、安全性检查，监视模拟量点数据变化和状态点状态变化，以及发送控制命令并生成相关的统计信息。

三、新技术在电网自动化的应用

1998年4月通过了四川电网AGC功能实用化专项验收和SCADA功能的实用化复查。从此以后，四川电网加快了新技术在电网自动化的应用，建设了四川电网调度管理信息系统、四川省电力调度数据网、电力市场技术支持系统，促进了调度手段的现代化。

（一）四川电网调度管理信息系统的建设

随着四川电网向高电压、大电网、高度自动化发展，500千伏电网的投产和四川省电力市场的建立，要求四川省调度中心充分应用高新技术提高专业管理水平和业务处理能力，适应电力工业改革和发展的要求。自动化处是中心计算机应用和信息化归口管理部门，总体负责全中心各计算机信息系统和网络系统的规划、建设、维护，向各业务部门提供技术支持。各业务部门均有兼职系统管理员负责部门内部计算机系统的管理维护。

1997 年，调度中心进行了管理信息系统的可行性研究和初步设计，完成了《四川电网调度管理信息系统可行性研究报告》、《四川电网调度管理信息系统对象词典》、《四川电网调度管理信息系统功能词典》和《四川电网调度管理信息系统总体设计方案》，确定了管理信息系统的基本框架和功能，并作为科技项目获四川省电力公司批准立项。

1998 年底，四川省调度中心 MIS 系统工程正式启动。目标是建设基于 Intranet 和客户、服务器管理模式的企业综合信息查询、管理系统，实现各类生产、经营、管理信息的网上共享和交换，提高调度中心的管理水平和办公效率。1998 年 10 月，经过公开招标和严格评审，调度中心与四川托普集团签署了四川电网调度管理信息系统合同书，由四川托普集团为调度中心开发四川电网调度管理信息系统（PDMIS)。

调度管理信息系统对调度中心各个部门都是一个全新的课题和挑战，需要各部门将已有的生产管理流程与先进的信息技术充分结合。在工程实施的过程中，调度中心专门成立了以生产副主任和总工程师为组长的 MIS 系统协调小组，在每个处室抽调 1～2 名熟悉本专业业务流程、计算机水平较高的同志任 MIS 系统联络员，负责本专业在需求分析、接口确定、界面设计、功能测试等各方面与开发方的协调、联络，由自动化处负责技术抓总，从制度上保证了 MIS 系统建设的顺利进行，保证了 MIS 系统软件与电力系统业务的紧密结合。

工程实施之初，调度中心就派出 MIS 系统协调小组成员与开发方人员一起去河南省调、安徽省调等兄弟单位考察学习，获得了大量第一手资料，结合本单位实际情况，确定了 MIS 系统建设的基本模式和正确方向。

1999 年底，MIS 系统实时信息发布系统基本完成，实现了全网生产实时信息在省公司广域网上的动态发布。

（二）四川省电力调度数据网络的建设

四川省电力调度数据网络包括调度中心内部网络平台和四川省电力调度数据广域网两部分。

1996 年在达标环境整治中，调度中心实施了综合布线工程（PDS)，将所有办公室接入统一的局域网中，共有信息点 121 个。

1998 年，结合电力市场技术支持系统和 MIS 系统建设，调度中心建设了以综合布线系统为基础，以三层交换机为核心的交换式局域网，并通过防火墙、路由器与省公司广域网相连。整个网络采用划分虚拟局域网、IP 子网的方法来隔离广播风暴，保证网络安全，各子网间的互联通过三层交换机进行。

1996～1997 年，调度中心完成了国家电力数据网络二期工程四川节点的建设工作，开通了至国调的 X.25 广域网络，实现了 SCADA 信息、经营生产日报、川渝电量系统等与国调的数据交换。1997 年，调度中心开通了至国调中心的电子邮件系统，并经国调出口与 Internet 互联，打开了一扇通往外部世界的门，1998 年调度局又开通了经国调中转的 Internet 访问，方便技术人员追踪世界先进潮流。

根据调度自动化技术的发展趋势，越来越多的厂站采用监控系统，到省调的信息传输方式也由 RTU 改为计算机网络通信方式，四川省电力调度数据网也逐步建立起来。1997 年，调度中心首先建成了至宝兴河梯调和东西关电厂的计算机网络，1998 年建成了至二滩电厂的计算机网络。

（三）电力市场技术支持系统的建设

1999 年 1 月 1 日启动的四川省电力公司内部电力市场，2000 年 1 月 1 日正式启动的四川电网发电侧电力市场和四川电网供电侧电力市场，是四川省电力工业的重大改革。调度中心承担了技术支持系统的建设任务。

1998 年 10 月，调度中心在国家没有颁布电力市场技术支持系统相关技术规范、国内没有现成的系统可以借鉴的情况下，对《四川省电力公司内部电力市场运行（暂行）办法》认真分析，参考国外先进经验和技术，充分利用现有的条件和技术，在 3 个月内完成了方案设计、设备招标、软件编制、工程实施等工作，确保了四川省电力公司内部电力市场在 1999 年 1 月 1 日如期投入运营。随后，调度中心分两次对电力市场技术支持系统进行了扩容改造，扩充了系统容量，完善了系统结构，提高了系统性能和安全性。

四川电网电力市场技术支持系统由报竞价系统、电能量采集系统、结算系统、信息发布系统等应用系统和网络平台组成。

电能量采集系统对参加电力市场的各电厂关口电量进行自动采集，并根据能量区域及市场运行规则计算出日、月、年的汇总电量，供结算系统使用。

1999 年 1 月 1 日，电能量采集系统一期工程投入运行，采集了龚嘴电厂等 15 个发电厂的 125 个省网关口的分钟电量数据。电能量采集系统二期工程投入运行时，采集了二滩电厂等 20 个发电厂的 155 个省网关口的分钟电量数据。

调度中心技术人员与软件公司共同承担系统的开发工作，在没有任何参考和借鉴的情况下历时 2 个月完成了软件开发任务，其后根据市场发展情况和规则变化不断加以调整，目前已形成较成熟的软件系统。

第二节　通　　信

20 世纪 90 年代以前，有线通信先是由电缆开始，而后电力载波逐渐成为了电力系统通信的主要通信手段。电力线载波机在集成化和数字化方面不断发展，四川电网又相继采用了 ESB－500 和 ETI 型等更先进的载波机。但由于其传输容量的限制和多次转接引起的传输质量下降，电力线载波在四川电网的应用范围进入 90 年代后开始逐年缩小，目前基本上是作为数字微波和数字光纤通信干线的补充和备用通道，更多地应用于地区支线上。

一、四川电网有线通信的发展

（一）电力载波通信

1990 年和 1999 年，四川省（不含重庆市）220 千伏载波电路的装机台数和通达里程见表 8-4-1。

表 8-4-1 四川省 1990 年和 1999 年 220 千伏载波电路装机台数和通达里程统计

年 份	1990	1999
载波机（台）	210	330
通达里程（千米）	4800	8400

1989 年启动的二滩水电站建设工程使四川电网出现 500 千伏输电线路，电力线载波通信随之进入一个更高的阶段。四川电网 500 千伏系统运行的特殊需要，要求 500 千伏载波提供的业务一改长期以来电话为主同时复用远动通道的模式，变为以传输远方保护和安全自动装置的信令为主，传输电话和远动信息为辅的模式。这在四川省的电力系统载波通信发展史上，是一项重要突破。

二滩水电站以三回 500 千伏线路送出，经昭觉普提开关站至自贡洪沟变电站。在洪沟变电站分两个方向：往北至成都龙王变电站为同塔双回 500 千伏线路，往东至重庆陈家桥变电站为双回 500 千伏线路。其中二滩—普提—洪沟段跨越大凉山，是输电线路施工的最困难段，也是运行条件最恶劣段。该两段线路长，处于高海拔地区，结冰期半年左右，载波信号传输衰减变化很大。采用相相耦合方式，二滩—普提段最高使用频率为 148 千赫兹，普提—洪沟段最高使用频率仅 126 千赫兹。根据传输远方保护和安全自动信令的需要，在两段三回线路上，从 36 千赫兹起，紧邻布置了 14 对载波机，共 28 个标准载波频带。这两段线路所使用的线路阻波器和结合滤波器，经过公开招标，选定由 ABB 公司依据设计要求专门定做。特别是昭觉普提站的设备，除满足信号传输需要外，还须适应高山站环境要求。载波机的选择，除可靠性外，最主要是考虑传输四个远方保护和安全自动信令的需要。在这样近乎苛刻的要求面前，国内外众多生产厂都望而却步。最后经公开招标，全部 500 千伏线路选定 ABB 公司生产的 ETL 型（80 瓦）载波机。

1998 年二滩水电站送出工程第一条 500 千伏线路零期升压试验前，二滩—普提—洪沟—龙王 500 千伏载波通信电路安装调试完成，传输远方保护信令的试验获得完全成功，500 千伏载波电话连接调度程控总机也同时调试完成。

1999 年底，二滩送出工程的 500 千伏载波通信全部开通投运，目前运行状况良好，传输质量高，未发生过故障。

（二）数字光纤通信

四川电网光纤通信电路建设起步于 80 年代末。1989 年 5 月开始建设由华能成都电厂至四川省调的首条光通信电路，电路光缆采用西安西古光缆公司生产的单模（1310 纳米）骨架式管道光缆（11 千米），采用 34M/PDH 光传输设备，光传输设备、复接设备和 PCM 设备均由意大利马可尼公司提供产品。该电路于 1991 年 10 月建成开通。与此同时，建成开通了省调至石羊的 34M/PDH 光纤通信电路。该段光缆仍采用西古公司单模（1310 纳米）管道光缆（7 千米）和直埋光缆（6 千米），设备采用重庆五一五厂组装生产的意大利伊达泰尔光传输、复接设备和 PCM 设备。光纤电路投入运行，使四川省电力通信网的传输容量、传输质量及传输可靠性得到极大提高。

进入20世纪90年代，四川省电力通信网开始推广应用数字光纤通信，相继建成了省调—昭觉寺—龙王变电站34M/PDH光通信电路37千米，省调—蓉东—大面变电站34M/PDH光通信电路23千米。部分电业局如成都、德阳、西昌、自贡、南充等，以及发电厂如龚嘴、映秀湾均开始投入光通信电路建设。

到20世纪90年代中期，随着电网大规模建设，新建220千伏变电站及并网电厂的通信工程建设已主要采用光通信，微波及专用载波通信已开始用做备用通信手段。在220千伏先锋变电站投产时，开始形成第一条省调—石羊—徐家渡—先锋—平春—乐山的SDH/155M光通信干线（南干线）雏形，90年代末则开始形成省调—昭觉寺—龙王—青白江—古城—五里堆—永兴的SDH/155M光通信北干线雏形。南干线（省调—石羊—徐家渡—先锋段）及北干线光传输设备及接入PCM设备均由西门子公司提供，光缆采用电力专用全介质自承式光缆（ADSS），光缆芯数为12芯。

二、无线通信在四川电网的发展

四川省电力通信网的无线通信方式主要有短波、特高频、散射、卫星、移动通信，特别是进入20世纪90年代后，数字微波得到了迅速的发展，恒温机房等一系列技术的应用具有相当的特色。

四川电网建设发展过程中，在20世纪90年代以前先后应用过短波电台、特高频通信、散射通信、卫星通信、数字微波通信和移动通信等多种无线通信方式。这些通信方式，在不同地域、不同时期都发挥了它们各自的作用。

（一）数字微波通信

20世纪90年代前，数字光纤通信尚未普及，微波接力通信是广泛使用的电力干线通信手段。20世纪70年代数字微波通信尚未在电网系统通信中全面推广前，四川电网通信已开始进行微波通信网的规划勘察和试验。1978年建成成都至青白江速调管式固态型9GC模拟微波电路，并在位于传输通道中间的成都北郊阳明山建立了绕射网。配合散射通信，又建立了龙泉山至成都、缙云山至重庆的7GC微波电路。这些模拟微波电路的投入，发挥了应有的作用，也为20世纪80年代和90年代的数字微波通信电路的建设和运行管理积累了经验。

20世纪80年代中期至2000年，是数字微波通信在四川电网快速发展的时期，数字微波成为四川电网系统通信的主要干线通信手段。随着几条长距离、跨地区数字微波电路的相继建设投运，四川电网系统通信向数字化迈进了一大步。在此期间，初步建设完成以数字微波为主的星型传输网络，为省电力公司至地区电业局和主力发电厂的行政交换机联网、调度电话、自动化数据传输、全省会议电话联网提供了有力的传输支撑平台，大大提高了电网管理和调度的技术水平。

1989年，四川电网抓住白马发电厂和重庆发电厂扩建工程的契机，建设完成“成都—自贡—重庆”数字微波电路。该电路微波设备从美国GTE公司引进，速率为34兆比特/秒（480路），电路全长503千米，共14个微波中继站。各站通信电源因地制宜采用国产直流不间断供电电源，建设于野外的独立微波站均架设了10千伏交流线路供电。该电路1989年建成运行至2002年末，未出现过重大设备损坏导致电路中断的事故。成渝微波干线沿线经过四川盆地最发达地区，连接位于川西、川南、川东三个地区的电力调度中心、电业局及发电厂、变电站，为成渝微波沿线的电网调度电话、远动信息、数据传输、行政交换机联网，提供了可靠的大容量数字通道。成都—重庆间的微波通信，是川渝电网间不可或缺的重要通道。

1990 年，四川电网配合铜街子水电站建设，建成了成都经乐山至铜街子的数字微波通信电路，并从乐山延伸，电路经西昌再至攀枝花，建成二滩水电站施工通信使用的数字微波电路。电路全长 735 千米，共 20 个微波站，其中有 4 个站为位于海拔 3000 米以上的高山站。该电路建设施工困难，个别站在一年中有半年时间均被大雪封山，运行条件十分恶劣。在这条电路上，首次采用分集的方法，开通超长距离（约 120 千米）接力段。

进入 20 世纪 90 年代后，数字微波通信建设发展十分迅速。相继建成了成都—江油电厂—宝珠寺水电站、成都—南充（东西关水电站）—达州两条 34 兆比特/秒 PDH 微波干线，以及成都—雅安（铜头雨城电厂）、成都—都江堰（太平驿电厂）等地区的 6 条干线微波电路。主干及支线微波站共建有 132 个，电路覆盖全省 14 个电业局、各主力发电厂及 220 千伏变电站，共计里程 2800 千米，四川省电力微波通信网初步形成。在网络接点处，干线与支线间、支线与支线间的信号连接，采用数字交叉连接设备，做到了既方便又可靠。

1998 年，随着二滩—自贡—成都数字微波电路建成（SDH、155 兆比特/秒），使四川电网通信上了一个新台阶。该电路经成都、内江、自贡、宜宾、西昌至二滩，共建站 28 个，其中跨越大凉山高海拔地区的微波站共有 5 个。建设中，采用金属恒温机房成功解决了高山站防雷、防冻问题；利用太阳能电池与其他供电方式相结合，使微波站获得了较为可靠的通信电源；云母岩地质条件下的防雷接地也取得满意的效果；采用频率、空间分集方法，保证超视距、长站距（70 千米）间信号稳定传输。二滩—成都微波电路开通至 1999 年末，运行情况一直良好，为保障二滩水电站强大电能的送出和四川省 500 千伏输电网的稳定运行，提供了可靠的信息传输通道。

2002 年，根据国家信息产业部新的频率规划，对 2G 频段微波干线进行了改造建设。

南充至达州干线微波改造工程，由 PDH 制式改造为 SDH 制式，传输速率由 34 兆比特/秒改造为 155 兆比特/秒，工作频段由 2 吉赫兹改造为 7 吉赫兹。

太和—都江堰—映秀湾干线微波改造工程，传输制式仍为 PDH，传输速率仍为 34 兆比特/秒，工作频段由 2 吉赫兹改造为 7 吉赫兹频段。

（二）移动通信

20 世纪 90 年代初，公用移动电话尚不普及，为适应电力系统野外作业频繁的需要，四川电网开始建设移动电话基站。1992 年 10 月，龙泉山、峨眉山和安县 3 个移动通信基站建成，开通友利电（UINIDEN）800 兆赫兹集群系统，系统使用频段为 816～820 兆赫兹。当时各基站的覆盖范围，车载台大约为 50 千米，单工手机大约为 20 千米。移动通信系统分别在省公司、乐山电业局、绵阳电业局三点与行政交换网实现联网，800 兆赫兹移动通信机站功率覆盖范围内，任何移动手机和车载电台均可以和四川电网内的任何联网交换机用户通话。1993 年又增设了成都市内电力调度大楼基站，使成都市区域的覆盖范围扩大。1995 年建成江油窦团山、内江马鞍山基站。这样，800 兆赫兹集群系统初期投入运行 6 个基站，共计信道数量为 30 个，移动电话服务区域进一步扩大。

1998～1999 年，随二滩微波工程建设的开展，相继建成了成都、内江、自贡大安寨、宜宾七星山、龙洞坪、天喜、昭觉木佛山、解放沟、西昌开元、德昌、灯草坪、二滩、大尖堡、攀枝花营盘梁子等 13 个移动通信基站，开通了友利电 800 兆赫兹集群系统。该系统具有自动漫游功能，可以群呼、组呼、单呼，也可以通过上交换机拨叫电网内任意用户。这个系统的开通，主要是为二滩送出工程输电线路的巡线检修服务，也满足了沿线微波站检修和故障处理的通话需要，对四川电网 500 千伏电网的安全运行起到了十分重要的保证作用。

三、电力数字通信网的建设

初期的数字通信网利用已有的数字微波、数字光纤及数字程控交换网，承担了电力生产与管理所有信息传送的繁重任务，宽带数字通信网的建设正处于起步阶段。

四川省电力通信网已经建成以数字微波和数字光纤为干线的高速高质量的数字通道，在此基础上建立数字通信网已具备必要的物质基础。四川电网“九五”通信规划，不失时机地提出了建立数字通信网的建议。当时提出以数字程控交换网提供数据传输通道，利用综合数字业务网（ISDN）技术构建数字通信网，传送电力调度综合自动化实时信息、MIS 管理系统、办公自动化、电子电报和邮件、数字传真、电费计量及负荷控制等信息。在四川省电力通信网中选取 7 个节点，用 2 兆比特/秒数字中继连接，构成初期数字数据网络。该建议利用已建成的数字程控交换网络，只需加必要的接口转换装置，实现起来相对较容易。但随着高科技信息技术的发展，该建议未及实施已显落后了。

1996 年开始，四川省电力通信系统开始为四川省电力系统计算机广域网提供通道。由于大部分传输电路为 PDH 数字微波，提供的带宽受到一定限制。一部分电业局和电厂提供 2 兆比特/秒通道，另一部分电业局和电厂提供 64 千比特/秒通道，部分地区还采取汇接的方式解决通道的窘境。

2000 年省公司重措工程立项建设了“四川电力 ATM 广域宽带综合业务数字网”。一期工程建设省调度中心、乐山局、大安寨 3 个核心层节点和省公司、自贡局 2 个接入节点。一期工程 2002 年竣工投运，解决了成都、乐山、自贡 3 地区间通信业务的自动迂回保护，提高了通信可靠性。

随着 SDH 设备传输容量的不断增加，从 2002 年开始，四川电力通信网已逐渐开始为计算机广域网提供 100 兆比特/秒的带宽，目前只有除少数电业局外，都提供了 100 兆比特/秒带宽的网络接口，网络通道带宽不足的情况已得到有效缓解。

四、行政通信交换网的发展

20 世纪 90 年代以前，四川省电力通信网采用纵横制交换机承担电话总机的任务。进入 90 年代，四川电网行政交换机间的多段拨号、接通率低下、通话质量差等问题已越来越突出，四川电网着手实施全网行政通信交换机联网计划。省调通信科专业技术人员到国内友邻省（市）电力局调研和取经，经过广泛征求意见和讨论，制定了详细的行政交换网技术规范。规范制定后，省局主管生产领导主持了对规范的审查，审查会邀请了电力部、高校和研究所的有关领导和专家参加。与会成员对技术规范的二级汇接、三级交换网络结构等重大技术原则和规范基本内容给予了充分肯定，规范得以一致通过。其后通过招标确定美国哈里斯公司生产的 H20－20 数字程控交换机为主选机型，按省调牵头、各单位出资的方式，由成都、自贡、乐山、重庆等地区的电业局和发电厂建成首批统一行政电话交换网。四川省电力通信行政交换网共进行了多期组网工程［第一期工程配置 7 台哈里斯 20－20 交换机，省局两台 LH1920 型机（3840 容量）成为第一级汇接中心，第二期工程配置 13 台哈里斯 20－20 交换机，第三期工程配置 17 台哈里斯 20－20 程控交换机］，在几年的时间内逐步使数字程控交换机覆盖了四川省绝大部分电业局和发电厂。

“十五”初期是四川省电力事业和电力系统迅猛发展的时期，大电站、大机组、超高压输电线路不断增加，电网规模越来越大。随着四川省电力事业和电力系统的迅猛发展，四川省的电力通信也进入了大发展期。光纤传输网络的不断建设与完善，使传输通道可以充分满足主干网交换机全部采用 2 兆比特/秒数字中继电路和采用共路信令方式组网。与此同时，数字程控交换设备技术越来越成熟、性能越来越先进、价格越来越低廉，使数字式程控交换机可以在全省大面积普遍采用。

20 世纪 90 年代后期，四川省电力系统开始了从省公司到市（州）局、县级供电企业的交换设备程控化、中继电路数字化、信令方式共路化的建设和网络优化工作，目前已形成了一个统一编号、统一管理的二级汇接、三级交换的网络，实现了全省交换设备程控化，主干网中继电路数字化，建成了四川省电力行政程控交换网内汇接局 7 个、交换局 25 个。四川省电力公司中心与自贡、乐山、绵阳、南充、攀枝花、映电总厂基地、科试院 7 个汇接局通过 2 兆比特/秒数字中继连接，各汇接局又连接到相应地区内的各局、厂。与公用电话网的连接现为各局就地接入当地公网，省公司交换机与铁通采用 24×2 兆比特/秒数字中继两点连接，并实现了 DID+DOD1，信令为 NO.7。

到 2002 年，四川省电力行政交换网已通过数字光纤、微波传输手段构建而成了一个以成都为中心，覆盖全省 17 个市（州）局及各直调发电厂、县级供电企业的数字程控行政交换网。整个交换网的发展，从无到有，从小到大，从共电式、纵横制到先进的数字程控交换式，从局部点线通信方式到覆盖全省和以数字中继为主的网络方式。

五、电力调度总机的建设和发展

1995 年，四川电网利用行政交换网提供了一套哈里斯智能调度通信系统，作为 DYD 调度总机的备用系统。

二滩工程建设，专门为 500 千伏调度系统设计配置了数字程控调度总机。省调为 400 门，二滩、昭觉普提、自贡洪沟、成都龙王和重庆陈家桥各站分别为 200 线。经招标确定采用从美国进口瑞康（REDCOM）公司生产的数字程控调度总机。该调度总机通过微波、500 千伏电力线载波通道连接，成为统一的自动交换系统。于 1998 年首期开通省调—龙王—洪沟—普提—二滩间的调度电话自动交换系统。该系统自动优选路由，运行十分可靠，通话质量高，为首条 500 千伏线路零期升压试验成功提供了确实的通信保障。1999 年重庆市陈家桥变电站 500 千伏接入系统，瑞康调度总机被提前调试开通，川渝 500 千伏电网调度电话交换系统形成一个整体。

瑞康调度交换机投运同时，即拆除了 734 厂的 DYD 调度总机，这样，就有瑞康和哈里斯两套系统同时运行。由于瑞康调度交换网只覆盖 500 千伏系统，其余未覆盖的地区大多通过微波数字通道由省调瑞康交换机直接施放延长线来解决，部分通道组织不便的地区则通过哈里斯行政交换网在各地放号或公网市话，直接在哈里斯智能调度台上设置内部或市话号码来解决。

为了建设独立的调度通信网络，省调在 1999 年编制了一个调度交换网络技术规范，但由于种种原因，一直未获省局正式批准。与此同时，四川电网随着一次系统的建设，通过招投标，各种调度交换机开始陆续进入系统，但基本上采取就近进入当地行政交换网的办法简单地解决联网问题，而未形成覆盖面大、可靠性高、功能完善的调度交换网。未使用调度交换机的地调、发电厂、变电站和已建成的部分调度交换网络，以及分散使用的调度机使得调度交换机在功能、信令上不能兼容，在组网连接时只能实现简单呼叫功能，无法实现诸如“一键到位”、强插、强拆、会议、优先级设置、紧急呼叫、路由自动迂回等调度交换网特殊功能。

由于调度通信的高可靠性要求，调度通信单独组网逐步形成共识，并在国家电网“十五通信规划”中得到明确，各网省局在“十五”期间相继组建了专门的调度通信网，国家电网公司也制定了专用调度通信交换网的相关技术规范。同时，随着四川省电力通信网在“十五”初期的快速发展，数字光纤及数字微波电路已成为四川省电力专用通信网——传输网的主体，这个网已具备了一定的规模，基本覆盖了全省大部分电业局、主力水火电厂、电力建设企业和变电站。因此，在传输网络及覆盖面上，已具备了建设调度交换网的条件。

六、通信网运行支撑系统及设备的安全运行措施

通信设备的安全运行，对电网的安全和经济运行有着不可忽视的影响。从四川省电网通信专业角度考虑，保证通信网安全运行的手段无非是两条：①前期规划、设计、施工等工作要做到全面、周密、严谨，使通信工程质量过硬；②对运行中的通信设备做好管理、监视、巡检和维修工作，确保设备安全可靠的运行。本部分仅对通信设备的安全运行中的主要措施作重点记叙。

（一）通信站防雷

在四川电网微波通信干线建成之前，作为主要通信手段的电力线载波设备和通信电缆的耐雷水平相对较高，而且载波站通常都建在防雷设施十分完备的发电厂和变电站内，或建在雷击机会较小的调度所大楼内，所以那时的通信站防雷问题并不十分突出，在通信设备及电缆终端安装上生产厂家提供的避雷器，即可满足防雷需要了。

微波干线建成后，由于四川电网不少微波站设在高山上，遭雷击机会增大。再加上目前微波、光纤、程控等设备集成电路元件耐雷水平很低，防雷问题就尤为突出。四川省电力通信网中建成较早的成渝和成铜微波干线各站，开始未作完善的防雷措施，虽然未遭严重雷击，但从馈线或供电线路串入的雷击损坏个别元件的事故也曾发生过。为此，四川电网于 1991 年集中对这两条微波干线各站，严格按部颁防雷措施进行了整治。按照“限幅、均压、分流、接地”的原则，各微波站接地系统重新施工，均压带接地点按规定制作，对

馈线、音频线、电源线按规定作屏蔽，并加设雷电限幅措施。上述四项防雷措施完成后，与原有的避雷针、消雷器一道共同对站内通信设备起保护作用，效果明显，不再发生雷击损坏事故。

1992 年以后新建的微波站，从设计到施工均增加了上述四项防雷措施。

（二）通信电源系统

通信电源供电的可靠性，对电网事故状态下确保通信畅通有着决定的作用。四川电网各载波站，1990 年以前均使用交流直接供电，逆变电源备用。此种方式在变电站不出现全站失压事故时看似很可靠，作切换试验也发现不了问题，而在变电站全站失压时，由于蓄电池电压陡降，逆变电源的电压根本不能保持载波机正常运行。这样的事故在四川电网发生过多次，载波机在变电站全站失压时不能正常工作，延误了调度指挥事故处理。1990 年以后，四川电网对各载波站陆续进行电源改造，采用整流电源与通信专用蓄电池配合使用，载波机供电不再间断，从而确保通信畅通。

四川电网各微波站的供电电源因站址不同而方式各异。有条件架设交流供电线路的站，采用蓄电池浮充供电；交流电停电时间较长的站，再配以柴油发电机；没有可能架设交流供电线路的偏远高山站，则采用柴油发电机加风力发电机；日照较多的攀西地区，则采用太阳能电源系统。经过运行检验，太阳能电源系统在四川地区有较好的应用前景，在随后的通信工程中，便比较多地采用太阳能电源作为通信电源的第二种方式。各站通过因地制宜地综合采用这些措施，较好地解决了微波站、光纤站通信电源的可靠性问题，即使是二自成微波电路中一些条件十分恶劣的高山站，也能有相当可靠的电源供给。

（三）通信监控系统

随着四川电网通信设备总量增多，分布地域扩大，省调通信管理部门为了能及时掌握电路设备的运行状况，于 20 世纪 90 年代初开始试验通信网监测系统。当时载波站的监测信号是利用上音频段来传送的，各载波机的监测主要选择电源电压、载波频率源、功放输出等关键点抽样变换，在本站汇集处理后，经一条载波电路送至调度所通信值班室。省调管理的一些枢纽载波站都开通了南京自动化所与省调通信科合作开发的通信监测系统，实现了对电力载波设备和 1 条微波干线电路的监测管理，在省调通信值班室的大屏幕显示屏上可以看到各站实时的运行状况。试验获得成功后，系统共进行了三期工程建设，监测系统覆盖了当时 90%左右的主干网通信设备，为通信值班人员提供了及时、直观的运行信息。后来由于输电线路频繁开断接入新建变电站，原有载波设备移动调整较多，监测系统的站端数据采集方式不够灵活，不能很好地适应设备的搬迁变化，加上主站系统软件及计算机技术水平不高，很难适应新硬件和软件技术的发展，最终这套监测系统未能坚持搞下去，退出了运行。

20 世纪 80 年代末开通的成渝微波干线，监测信号包括微波设备、电源、机房环境等，均随路送至省调和各地区维修中心。后相继开通的成铜、成宝等微波线路，也都有各自独立的监控系统。1998 年二滩工程开通的 SDH 微波干线及近期开通的 SDH 光纤干线，其监控系统也更加先进和完善，成为电路的网管系统。这些网管系统对于保证通信设备和电路运行十分重要，但由于各条线路的设备不是出自一个生产厂，也不是选用同一型号，因此四川电网的各条微波和光纤通信电路的网管系统尚不能统一起来，只能相互独立运行。

在原建的通信监测系统退出运行后，四川电网较长时间内没有再进行通信网监测系统的重建，但省调一直在寻找影响四川省电力主干通信网可靠运行的主要原因。经过分析，通信电源系统故障引起的电路中断占了约75%。但通信电源系统恰恰是管理的薄弱部分，基本没有有效的远程监控手段，常因交流停电或设备故障造成蓄电池组过放电而停止供电。为此，2000年通过科技项目立项试点建设了“四川省电力通信站电源系统及机房环境监控系统”，并在2001年进行了扩容和功能扩展。

（四）数字同步网

数字同步网是通信网的重要支撑网，随着PDH传输设备的逐渐淡出和SDH传输设备的大量采用，特别是随着电网的进一步发展，大量的数据业务对通信网的同步提出了越来越高的要求。到2000年左右，已有多起由于同步问题未能妥善解决引起的数据业务中断现象发生，建设数字同步网的要求已迫在眉睫。

四川省调通信处经过充分考察，编制了建设四川省电力通信数字同步网的可行性研究报告，提出了在全省建立以省公司为中心，各电业局为节点的采取主从同步方式的数字同步网，在审查通过后委托四川省电力勘查设计院进行了设计。2002年3月29月，四川省电力工业第一期ATM（多媒体高速通道网）数字网建成并投运，初期建三个节点，为成都、乐山、自贡片区的通信传输提供了可靠的迂回通道，并提供了多种信息接口，四川省电力通信数据网初具雏形。数字同步网的形成，为四川电网数据通信业务提供了可靠的质量保证。

第三节　安全自动装置

安全自动装置主要包括安全稳定控制系统（简称安全控制系统）、各种解列装置、低周减载装置和与继电保护装置配合的自动重合闸装置，是保证电力系统稳定运行的重要装置。

由于四川电网具有长线路、重负荷、远距离输电的特点，受端系统又比较薄弱，电网的稳定问题十分突出，仅二滩电厂送出工程，安全控制系统的投运就将送出功能从190万千瓦提高到290万千瓦。为了保证电网的安全稳定运行，1991～2002年，四川电网装设了多套计算机安全控制系统，所采用的设备大部分为功能齐全、性能良好的成套微机型安全控制装置，使用较多的是南瑞公司安全稳定控制系统所生产的FWK型分布式稳定控制装置。

一、四川电网重要安全自动装置的配置

为了保证四川电网的安全稳定运行，1991～2002年装设了多套计算机安全控制系统，主要的微机型安全控制系统配置如下。

（一）川电东送安全控制系统（2001～2002年）

川电东送安全控制系统为二滩电厂、洪沟变电站、龙王变电站、陈家桥变电站、长寿

变电站、万县变电站、三峡左岸电厂联合安全稳定控制系统的总称，是保证川渝与华中互连电网安全稳定运行的重要设备。其中，川电东送安全控制系统的四川部分为二滩电厂、洪沟变电站、龙王变电站、石板箐变电站的安全控制装置和所连接的切负荷站，称为“四川电网川电东送安全控制系统”。

川电东送安全稳定控制系统是一套集中管理分散控制的区域性安全稳定控制系统，主要功能包括以下方面。

(1) 在华中川渝电网发生系统失步，以及华中川渝电网发生其他严重故障需要电网解列运行时，按照川电东送安全控制系统预定方案解列电网。

(2) 当500千伏电网正常运行的线路、变压器、机组等发生故障，或线路、变压器过载，或二滩电厂母线频率过高等，危及华中川渝电网系统稳定运行和可能导致电网设备损坏时，按照川电东送安全控制系统策略表的要求，切除二滩电厂部分机组和川渝电网的部分负荷，最大切负荷量依据国调批准的最大切负荷量控制。

(3) 无论何种原因，当华中川渝电网的频率电压低到危及电网安全的程度时，安全控制系统将按预定的低频低压轮次切除部分负荷。

(4) 当二滩电厂检测到500千伏二普线发生故障或振荡时，按照二滩安全控制系统预定方案切除二滩电厂部分机组。

(5) 在川渝电网500千伏与220千伏电磁环网解开后，500千伏洪龙线和洪陈线如发生振荡，川电东送安全控制系统按预定方案解列电网。

(二) 攀钢安全控制系统 (2002年)

2002年8～12月，完成了攀钢安全控制系统的设计、调试和投运工作，攀钢电厂第3台10万千瓦机组可以并网发电。攀钢安全控制系统是石板箐变电站、施家坪变电站、攀钢电厂、东方红变电站安全稳定控制系统的总称（其中石板箐变电站和施家坪变电站又属于川电东送安全控制系统），是保证攀枝花地区电力送出时攀枝花电网安全稳定的重要措施。

攀钢安全控制系统是一套集中管理分散控制的区域性安全稳定控制系统，主要功能如下。

(1) 攀枝花电网由500千伏二石线并网运行，二滩有功功率送往攀枝花地区电网时，500千伏二石线三相跳闸或石板箐变电站500千伏主变压器跳闸后，石板箐安全控制装置按策略表定值要求切除施家坪变电站和东方红变电站的负荷。

(2) 攀枝花电网由500千伏二石线并网运行，攀枝花地区有功功率送往二滩方向时，500千伏二石线三相跳闸或石板箐变电站500千伏主变压器跳闸后，石板箐变电站安全控制装置按策略表定值要求联切攀钢一台机组。

(3) 500千伏二石线断开运行，攀枝花地区电网通过220千伏石昌线与四川主网相连，四川主网有功功率送到攀枝花电网，当220千伏石昌线三相跳闸时，石板箐变电站安全控制装置测到潮流达到策略表定值，切除施家坪变电站和东方红变电站的负荷。

(4) 500千伏二石线断开运行，攀枝花地区电网通过220千伏石昌线与四川主网相连，攀枝花有功功率输送到四川主网，当220千伏石昌线三相跳闸时，石板箐安全控制装置测到潮流达到策略表定值，联切攀钢一台机组。

(5) 施家坪变电站 220 千伏出线、110 千伏出线、220 千伏主变压器发生相间故障跳闸后，施家坪安全控制装置根据策略表定值要求切除攀钢一台机组。

(6) 攀施三回线任一回相间故障，攀钢电厂安全控制装置根据策略表定值要求切除攀钢一台机组。

(7) 攀钢电厂高周切机功能。

(8) 东方红变电站低周低压切负荷功能。

(三) 宝珠寺安全控制系统 (2000～2002 年)

宝珠寺安全控制系统的主要功能如下：

(1) 当宝珠寺电厂出线因故跳闸并满足一定的条件后安全控制装置将动作切负荷或切机。

(2) 当机组跳闸并满足一定条件后切负荷(切负荷命令可以传至白石岩、袁家坝、江油北，再通过江油电厂安全控制装置转传至大康、永兴、五里堆等变电站)。

(3) 当宝丰双回线或宝袁线、宝白线发生振荡失步时安全控制装置将动作切机。

(四) 广安电厂安全控制系统 (2002 年)

广安安全控制系统由安装在广安发电厂、代市变电站、华蓥山发电厂、复兴变电站、荆溪变电站、保宁变电站的广安安全控制装置和相应的通道组成(由于一次系统的要求，只投入了广安电厂安全控制装置的切机功能，其他厂站的切负荷功能暂时未投)。

广安安全控制系统是一套集中管理分散控制的区域性安全稳定控制系统，主要功能如下。

(1) 当广安发电厂送出的 220 千伏出线在某些运行方式下因故失压、线路过载或广安发电厂母线频率过高，危及电网稳定运行和可能导致电网设备损坏时，执行安全控制系统策略表，切除广安发电厂、华蓥山发电厂部分机组和川东北电网的部分负荷。

(2) 无论何种原因，当电网的频率电压低到危及电网安全的程度时，安全控制系统将按预置的低周低压轮次切除部分负荷。

二、安全控制自动装置的运行

对于四川电网来说，重要的安全控制系统停运，将导致电网稳定水平大大降低。为了将电网维持在一个新的稳定水平，不得不控制电厂出力，降低负荷水平，使城乡人民的生活用电受到影响，电网的经济效益受到严重损失。

以二滩电厂为例，在丰水期电网需要时，川电东送安全控制系统正常运行，二滩电厂允许发电 290 万千瓦功率，如果川电东送安全控制系统因故停运，二滩电厂则只能将发电出力控制在以 170 万千瓦以内。

安全稳定控制系统对四川电网的安全稳定运行起着至关重要的作用，在电网危急时刻，安全控制系统能够根据事前制定的控制方案，采取切机切负荷等控制措施，以损失电网负荷水平为代价，将电网维持在一个新的低层次的稳定水平，然后采取措施，逐渐恢复到正常稳定运行的负荷水平。

该系统投运以来，总体运行情况良好，经受了多次电力系统扰动、正常操作、各种运行方式变化的考验。曾发生过的几次500千伏线路故障，如2001年7月25日4时06分，二普一线发生C相接地故障，7月25日22时43分，普洪一线再次发生C相接地故障，8月3日15时53分，普洪二线发生故障，10月15日17时22分，二普三线发生C相接地故障，二滩安全控制装置均正确启动，并作出不切机切负荷的正确判定。

运行中也逐渐暴露出一些问题，如小功率误判为线路或变压器停运，二滩电厂开关检修不能正确判定故障组合的问题等，更为严重的是，川电东送安全控制系统还出现过几次误动。例如2002年5月18日10时34分与11时29分，二滩电厂安全控制装置高频切机功能动作，切机两次，第一次切除2号、6号机组，第二次切除1号、2号、5号机组。事故时系统最低频率降至49.23赫兹，二滩电厂500千伏母线电压最高升至564千伏。而现场调查确认二滩安全控制装置该次动作为高频切机功能误动。

第四节 继 电 保 护

一、继电保护装置的发展进步

20世纪50～80年代，中国工业落后，四川电网使用的继电保护装置是由单个的电磁型或整流型继电器组成的。这些继电器原理落后，制造工艺差，各级领导对继电保护装置的维护检验、运行管理重视不够，管理工作存在疏漏，继电保护误动、拒动的情况较多，正确动作率停留在60%～80%之间，严重影响电网安全运行。

1991年，四川省电力工业局确立了在继电保护专业上实行统一领导、分级管理的原则，在四川省电力工业局、下属电业局及发电厂设置相应的继电保护专业管理机构。四川省电力工业局在其调度中心设置继电保护处，负责全省继电保护专业领导工作，同时，负责所辖系统继电保护的整定计算及运行管理等工作。1995～1996年，四川省电力工业局按照电力工业部决定，在四川电网开展“继电保护管理年”活动；1996年，制定了《四川省电力工业局继电保护技术监督管理条例》和实施办法，建立了技术监督管理网。1991～2002年，四川电网继电保护的配置、运行水平不断提高，保证了电网的安全稳定运行。

1987年4月，由华北电力学院杨奇逊教授为主研制的WXB-01型微机保护在220千伏永五东线投运，这是中国自己生产的第一代微机保护，四川电网的继电保护装置从模拟式保护开始转向数字式保护。1991年以后，相继推出了11型微机保护、100系列等微机保护，在四川电网得到广泛采用。同时，南京电力自动化研究院继电保护所在总结CKJ、CKF系列集成电路保护的运行经验的基础上，研制开发的LFP-900系列微机保护也于1991年通过鉴定。该保护原理先进、调试简单、运行方便，也很快在四川电网220千伏系统得到推广，1998年在四川500千伏系统二滩送出工程中得到全面使用。2001年，南京电力自动化研究院继电保护所推出了LFP系列微机保护的升级换代RCS系列产品，2001～2002年，RCS系列微机线路保护约占四川电网220千伏及以上系统线路保护的60%，同时，微机型的主变压器、母线等元件保护也得到了越来越广泛的应用。

二、继电保护的配置

1992～2002年，四川省电力公司实施了12期继电保护更新工程，共投入资金4000多万元，改造继电保护装置和故障录波装置近300套。

（一）线路保护

1987年，中国第一套微机保护问世。此后，在短短的几年时间内，微机保护以极快的速度迅猛发展。由于微机保护功能强、维护简单、比传统的整流型保护装置更有优势，而在四川电网249条220千伏及以上线路中，多数线路要求在0.1秒内切除故障，电网的稳定运行对继电保护快速切除故障的要求越来越高，所以在1992～2002年，四川电网实施了近10项继电保护更新工程，将电网的集成电路和整流型线路保护全部更换为微机型线路保护，以后新设计的220千伏及以上线路一般都配置了双套微机保护装置。

（二）母线保护

1991～2002年，新上的变电站一般都选用了微机母线保护，用得较多的是南瑞深圳所的BP-2A型、BP-2B型，南瑞继保电气有限公司的RCS-915型母线保护，国电南京自动化股份有限公司（简称国电南自）的WMZ-41A、WMZ-41B、SG-B750型，许继电气有限公司生产的WMH-100型、WMH-800型，以及四方公司的CSC-150型。

部分500千伏的母线保护采用了美国GE公司的BUS-1000型集成电路型的母差保护。

（三）变压器、发电机保护

1991～2002年，新上厂站一般均采用微机型的发电机保护和发电机—变压器组保护，主要有南瑞继保电气有限公司的RCS-978系列、国电南自的PST-1200系列、四方公司的CSC-300系列变压器保护；南瑞继保电气有限公司的RCS-985、国电南自的ZFB-W300系列、DGT-800系列发电机—变压器组保护。

三、继电保护装置的运行管理

（一）继电保护专业队伍的培养和壮大

1994年，电力工业部决定于1995年和1996年在全国范围内开展“继电保护管理年”活动，从此以后，四川省电力公司更加重视继电保护专业人员队伍的建设，在人员配备、工资待遇上都实行了倾斜政策。针对不少继电保护专业人员走上领导岗位，新人员较多的情况，继电保护和调度运行专业联合举办继电保护、调度运行基层培训班和500千伏继电保护培训班，对提高继电保护和运行人员的技术水平起到了很好的效果。在1999年220千伏主变压器调度权下放地调时，继电保护处举办了220千伏主变压器保护整定计算培训班，对地调整定计算人员进行培训并组织进行资料收集，使其熟悉了保护原理，以及整定计算方法和原则，确保了220千伏主变压器调度权的顺利下放和设备的安全运行。

（二）开展继电保护技术监督工作

技术监督工作是贯彻“安全第一，预防为主”方针的重要保证。在省公司的统一领导下，四川电网于1996年制定了《四川省电力局继电保护技术监督管理条例》和实施办法，建立了技术监督管理网。通过培训，建立了一支技术过硬的技术监督专业人员队伍。定期或不定期对省公司所属电业局和电厂的继电保护技术监督工作进行检查，了解继电保护专业人员配置和技术水平，以及继电保护设备状况。重点对继电保护技术监督管理制度、基础管理、指标完成情况进行检查，对地调重点检查了定值整定计算和校核工作、保护定值卡片的管理工作、分界点保护定值的校核及管理工作，以及运行维护部门反措执行、设备运行健康水平、保护配置、装置检验、现场运行规程等情况进行检查，不断提高继电保护管理水平。

调度中心作为继电保护的技术监督、运行管理部门，严把设备选型关，坚持选用原理成熟先进、工艺质量可靠的保护设备，杜绝可能成为电网事故隐患的劣质设备入网运行。针对四川电网老式的母差保护、常规主变压器保护存在较多问题，微机母差保护、主变压器保护逐步广泛使用的实际情况，为进一步了解它们的原理、技术性能和工艺质量，1997～2002年，省公司组织了国内应用较多的微机线路保护、母差保护、主变压器保护的动模试验，发现了一些较大的装置缺陷，提出了整改期限。以上措施为此类保护装置在电网中安全可靠地使用、为下一步设备的选型打下了坚实的基础。

（三）继电保护整定计算

为满足继电保护整定计算选择性、灵敏性、速动性的要求，充分发挥继电保护装置的效能，必须合理地选择保护装置的定值，以保持各保护之间的相互配合关系。

1991～2002年，四川电网结构越来越紧密，保护配置通过几年的更新改造，达到了较为完善的状况。主网线路均采用了双套的微机高频保护和后备保护，后备保护的整定计算可以简化。

在整定工具上，逐渐使用了调度中心与高校联合开发的较为成熟可靠的整定计算程序，大大提高了整定计算的工作效率。

（四）继电保护装置的运行情况

继电保护及安全自动装置的正常运行和正确动作是电网安全稳定运行和电气设备安全的重要保障。从220千伏及以上系统继电保护正确动作率就可以反映出继电保护技术进步和继电保护运行水平的高低。20世纪70年代，四川电网220千伏继电保护正确动作率一直徘徊在80%左右；到了80年代中期，220千伏继电保护正确动作率上升到90%左右；90年代初，随着继电保护装置性能的提高，这一指标上升到93%左右。随着微机保护的逐步成熟和广泛采用，1996年使继电保护的正确动作率逐步提高到95%左右，并且稳定在较高水平。继电保护技术、运行管理水平日益提高，继电保护正确动作率，特别是220千伏及以上系统的继电保护正确动作率也在逐年提高，1999年为96.76%。1991～2002年没有发生任何因运行部门人员责任造成的主网稳定破坏、系统瓦解、大面积停电事故，省会城市大面积停电事故，以及大型发电机、变压器设备损坏（特大）事故。

1996～2002年的220千伏及以上系统正确动作率如下：1996年95.27%，1997年95.73%，1998年95.81%，1999年96.76%，2000年98.75%，2001年98.64%，2002年98.66%。

第九篇　地　方　电　力

第九篇　地　方　电　力

地方电力是由农村小水电逐步发展形成的。初期凡属省及以下单位结合防洪、灌溉兴建的水电站或主要由地方、群众举办和经营管理的水（火）电站及配套电网，以及为趸售国家电力由地方、群众兴建的输变电工程等统称“地方电力”。地方电力的主体是中小水电站及配套电网。

20 世纪 60 年代，为解决盆周山区、丘陵地区农田灌溉用水问题，中共四川省委提出“以机电提灌为主、提蓄结合、综合利用”的水利建设方针，采取“国家投资 1/3、地方投资 1/3、社队投工投料 1/3”的办法，兴建了一批水电站及其配套电网，成为早期地方电力的骨干。改革开放以后，通过对邓小平同志关于发展农村小水电的有关指示精神的深入贯彻，从 1983 年起按照国家统一部署，开展了农村电气化建设，进一步促进了地方电力的发展。在 1998 年国家启动农网改造工程后，四川省以农村水电为主体的地方电力进入新的发展时期。到 2002 年底，全省地方电力发电装机容量达到 246.46 万千瓦，年发电量为 177.13 亿千瓦·时。

第一章　管理体制与方针政策

地方电力的管理体制和方针政策，是根据国家有关水利、水电的政策法规和四川省的实际情况由四川省人民政府统一制定的。由于所有制不同，地方电力在管理体制和具体政策上与国家电力系统也有所不同。

第一节　管　理　体　制

从 20 世纪 60 年代开始四川省就在全省范围建立了统一的地方电力管理机构，改革开放后，随着地方电力的迅速发展，管理体制随之变化。

一、农村水电管理体制

早在 1955 年，四川省就在水利厅内设立了电力专管机构。1958 年成立省水利电力厅，统管全省水利、电力工作，在厅内设置了农村电站处，主管全省农村电站的建设和管理工作。1965 年四川电网上划中央，并成立四川电管局（后改为四川省电力公司）进行管理，同时保留水电厅（后改为水利厅），对地方各级结合治水兴办的水电站及其配套电网、配套火电，以及为趸售国家电力而兴建的输变电工程等进行管理。

20世纪60年代以后，从省到县均建立了各级政府领导下的水利水电职能部门和负责地方电力建设与管理的机构，并拥有相应的专业科技、管理队伍，形成了完整的水利系统地方电力管理体系。

二、电网管理和供电体制

1965年四川电网上划中央后，在全省范围形成国家电网（俗称大电网）、地方电网（俗称小电网）两个电网体系和相应的两种管理体制。国家电网由中央的管理机构直接管理，地方电网由省、地、县水利水电部门归口实行行业管理。

（一）联营与代管

从1988年国家电网与什邡县实行“大小电网供电联营”开始，一些地方的小电网相继交由国家电网代管。截至1993年底，国家电网代管的地方电力企业共有13个县（大邑、崇庆、蒲江、郫县、彭州、新都、温江、中江、什邡、安县、乐至、仪陇、达县）。全省179个县（市、区）中（不含重庆市），有36个县（市、区）由国家电网直供，92个县（市、区）以地方电网供电为主，其中5个县（市、区）的地方电网由国家电网代管，其余51个交叉供电县中，有8个县（市、区）的地方电网由国家电网代管。

（二）大小电网供区划分

为确保电网健康、稳定发展，中共四川省委、省人民政府针对大小电网实际，相继印发了《关于处理好大小电网关系，促进四川经济发展的通知》等文件，积极协调大小电网矛盾，对大小电网供电区域进行了明确划分，从而促进了大小电网协调发展。

按照供电区的划分，2002年底全省181个县中，地方电网供电县为92个，大小电网交叉供电的51个县（区）中地方电网供电为主的县31个，共计123个，占全省总县数的69%。

第二节　管　理　机　构

地方电力管理部门的职能与机构设置，是按照国家对全国农村水电行业管理职能和机构设置要求，并结合四川省地方电力需要确定的。省的主管部门2000年前为水电厅，2000年更名为水利厅，市、州的主管部门相应为水电局或水利局。

一、管理机构设置

（一）水利厅内设的电力建设管理机构

水利厅内的电力管理机构设置，随着地方电力建设事业的发展多次变化。20世纪60年代，水电厅相继内设了计划财务处、规划处、水利电力基本管理处（局）、科技教育处等职能部门，对地方电力的规划、计划、基本建设、科技和教育等相关业务进行管理。

（二）水利厅外设的直属电力管理机构

水利厅外设的直属电力管理机构主要有四川省地方电力局，该局为水利厅直属事业单位，代厅行使部分行政职能。地方电力局机关的职能部门设置，随着地方电力的发展而不断变化。

（三）水利厅下属的机构

水利厅下设的机构主要有水利电力勘测设计院、四川省电力设计院、四川省水利水电工程局、四川省送变电工程公司、四川省水电物资供应公司等。这些下属单位分别负责重点水电、火电、输变电工程的勘测设计、施工和物资供应；四川省水利电力学校（今四川省水利水电技术学院）、四川省地方电力研究培训中心负责水利电力的人才教育培训。

各地（市、州）和县水电（水利）部门均建立有水电（水利）职能部门，负责地方电力建设与管理，拥有一支经验比较丰富的勘测、设计、施工、监理、建设和管理队伍，形成了完整的水利系统地方电力管理体系。

二、管理机构的职能

根据省政府各时期的规定，地方电力管理部门的主要职能如下：

（1）归口管理隶属关系属地、县及以下各级举办的电站，以及相应的输变电工程。

（2）归口管理结合灌溉、防洪等水利工程或主要为灌溉服务兴办的电站。

（3）负责地方电力行业管理工作，组织建设和管理地方水电系统的水电站、火电站及地方电网。

（4）负责地方电网供电范围内的城镇、农村供电、用电管理。

（5）组织实施国务院安排的农村初级电气化县建设。

（6）会同省计委初审上报由中央审批的大、中型地方电力项目。

（7）会同省计委审批属省审批的中型水电站、中小型火电站和110千伏输变电工程项目的可行性研究报告。

（8）审批5000千瓦以上的小型水电站的项目建议书和可行性研究报告，并报省计委备案。

（9）编制地方电力的发展规划，并报省计委审批或综合协调、审核上报。

（10）统一管理凡隶属关系属地、县以下各级举办的电站，以及相应的地方电网。实行“谁投资，谁所有，准受益”的原则，推行业主负责制，由业主负责建设管理。

（11）预审全省水利、地电、水产工程项目的环境影响评价报告书（表），并报省环保局审批。

（12）监督省级和指导市、州、县水利行业地方电力国有资产的管理。

（13）组织指导水库、水电站和大坝的安全监管。

（14）指导全省水利行业的水电工作。

（15）组织实施职责范围内的地方电力管理工作。

（16）指导水利行业地方电站、电网管理。

（17）实施技术监督。

第三节　方　针　政　策

地方电力由于与国家电力的所有制不同，所实行的方针政策也有所不同。主要的方针政策有以下几方面。

一、"自建自管自用"方针

自建，就是农村小水电建设所需要的资金，主要靠地方自筹、社队自筹、农民集资和劳务投资来解决，国家用长期低息贷款和其他方式给予适当的补助和扶持。小水电的利润不纳入地方财政收入，而是全部用于发展小水电，实行"以电养电"。

自管，就是在小水电建成后，所有权、管理权归地方、社队和农民所有。在小水电集中的村镇和县（市、区）可以有自己的供电区，形成农村电网，实行独立核算，自负盈亏。

自用，就是办电的方向是面向农村和小城镇，主要为农业生产和农民生活服务的，不以卖电盈利为主要目的。小水电发出的电力，实行就近供电，就地平衡。

二、"建管统一"与"发供统一"政策

在统一规划下，省、地、县可以建设容量大于2.5万千瓦（后改为5万千瓦）的中型水电站和电压等级高于35千伏的输变电工程，实行"谁建、谁有，谁管、谁受益"的政策。大小电网联网保持产权不变，实行电力电量交换，国家电网对地方电网给予扶持，国家电网不上收和变相上收地方建设管理的农村水电电网及其供电区；有条件的地方，提倡县与县之间联网，并与国家电网连接，连接后与国家电网是送电与受电的关系；建设资金以地方自筹为主，国家给予必要的扶持，"以工代赈"、扶贫开发等资金可用于地方电站电网建设，各级财政相应安排专项资金，进一步增加银行贷款规模；地方电力价格由地方以市场取向自定；地方水电企业执行"6%增值税率"政策。

三、"以电养电"政策

四川省地方电力的"以电养电"政策，是在实践中不断发展变化和完善的。1966年四川省开始对单机容量在500千瓦及以下、总容量在3000千瓦及以下的农村水电站实行"以电养电"政策。从1976年开始实行"凡单机容量在1000千瓦及以下的县办（三个自治州的州属及以下）国营电站，所得收入不纳入地方财政预算，并免征所得税，其收入由县水电部门（州属电站由州水电部门）掌握，主要用于水电工程的配套，调剂发展农村小电站、小电网等；县办国营电站提取的设备折旧费，除主要留企业用于设备更新改造外，地（市、州）、县水电部门分别提取一部分，用于余缺调剂"。1984年开始对当年及以后建成投产的地方水、火电站和转供电企业，不论省办、地办、县办、联办，也不论容量大小，均以实现的利润全部实行"以电养电"。1990、1994、1998年又多次对"以电养电"政策作了调整。

四、"多种渠道筹集建设资金"政策

1990年以前，四川省小水电建设主要靠国有资本投入（包括中央、地方、企业国有资本）引导。1990～2000年，除了国有资本投入引导和信贷资金外，普遍引入社会资本，包括股份制融资、股票市场融资、民营资本投资、境外资本投资、农村集体和农民投资等。进入21世纪，更多的社会资本在更大范围内投资小水电开发建设。农村电气化建设的资金可以争取"以电养电"资金、按规定征收的电力建设资金、农田水利事业费中的农村小水电经费和扶贫资金、"以工代赈"资金、三州民族开发基金，以及社会融资等方面的支持。从1996年起省政府有关部门对小水电进行资金扶持，具体措施包括：省财政小水电周转金在1997～2000年，每年安排2000万元主要用于电气化建设；省计委每年安排1000万元主要用于电气化县建设；省扶贫资金和“以工代赈”资金，优先安排电气化县中贫困县的电气化建设工程；三州民族开发基金优先安排少数民族地区电气化达标工程建设；国家安排给四川省的水电贷款，首先保证电气化县工程的需要。

五、“大小电网联网”相关政策

电网联网政策主要依据1982年11月水利电力部、四川省人民政府联合制定的大小电网联网的政策。主要内容包括以下方面：

（1）兴建小水电需要直接和国家电网并网的，要事先签订并网协议。并网后，小水电站和地方电网所有制、隶属关系、财务关系不改变。与国家电网并网的地方电网内兴建的电站，只要不改变趸售电价为互供电价的，由地方电网主管部门审批，抄当地供电局备案。

（2）联网方式和电量交换。

1）小水电站（网）与国家电网联网运行可因地制宜地采取以下三种方式。①小水电站（网）单独与国家电网联网，只发不供；②小水电站（网）保留自己供电区联网；③多个小水电站（网）联成地方电网后，以一点或几点方式与国家电网连接。

2）只发不供的电站，枯水期发电可全部上网，丰水期每日7时～23时按发电机实际出力满发上网，低谷时（23时～次日7时）按7时～23时发电量一半的65%上网。

3）有供电区的小水电站和电网，自发、自供，平衡后的多余电量上网，其上网电量，仍按2）条规定办理。

4）枯水期国家电网要根据当地需电情况，和国家电网供电可能情况，分配计划指标供电给地方电网。

（3）大小电网并网点的力率按0.8考核，以有功电量为基础，超出和不足的无功电量，每千瓦·时相互按1分结算。

（4）大小电网并网后，其电量交换，实行互供或趸售。国家电网除国防军工重要大用户外，不要在地方电网内发展直供用户。谁供电，谁对用户负责。

（5）互供电量的价格和电费结算。并网电站（网）双方，按照有关规定，在产权分界点装设计度仪表，作为计量电费结算的依据。地方电网自己的发电能力，全年中有6个月持续大于用电负荷（事故等特殊原因除外）可向国家电网返供者，视为互供，执行进出同价。电能的结算根据有功、无功调度曲线，在并网点力率按0.8考核，有功部分每千瓦·时5分，无功超出的或不足部分每千瓦·时均按1分计算。全年有6个月以上需要国家电网供电的地方电网，按季互抵后，执行不同的电价，有功部分地方电网送国家电网的每千瓦·时5分，国家电网送地方电网的执行综合电价打7折，无功超出部分，均按1分结算。只发不供的并网地方电站的电价，力率按发电机铭牌考核，有功每千瓦·时5分，超出或不足的无功均按1分结算。专作调相运行的并网小电站，上网无功每千瓦·时按1.5分计算。

六、“百分之六增值税率”政策

1994年国家实行税制改革，流转税由产品税、营业税改为增值税，并规定统一执行

17%税率。县级地方水电企业过去执行低税率（又发又供企业执行产品税，税率为5%，转供电企业执行营业税，税率为3%），税制改革后税负是税制改革前的近3倍，税负增加过大，企业反映强烈。特别是四川省，地方水电企业多，地电企业和水电主管部门都强烈要求国家减轻企业税负。经过调查研究，1994年3月29日，财政部与国家税务总局联合行文规定，“县以下小型水力发电单位生产的电力”为“按简易办法依照6%征收率计算缴纳增值税”，不抵扣进项税额，并可开具6%的增值税发票。

1995年7月10日，四川省国家税务局印发《增值税若干问题解答》中明确规定：县以下水力发电单位的标准，可按装机容量为5万千瓦及以下或县级及以下主管部门管理的水力发电企业两个标准掌握执行；对水电部门所属水力综合利用电站，以及发供电实行统一核算的县及以下地方电网，也可按6%的征收率计算缴纳增值税；对认定为增值税一般纳税人的县及以下小型水力发电单位既有自发电又有转供电业务的，鉴于自发电和转供电划分困难，为规范计征办法，上述企业只能选择一种计税办法，或按6%，或按17%计算增值税，征税办法一经确定，3年内不得变更。

1996年3月28日，国务院办公厅批复水利部《关于第二批农村水电初级电气化县完成情况和建设第三批电气化县的报告》中规定，“农村水电及电网企业继续执行缴纳6%增值税的政策”。

但是，6%增值税率的政策，由于政策不配套，存在税负转嫁问题，具体操作难度大，至今未得到全面贯彻执行。

第二章　规 划 与 建 设

四川省地处长江上游，水电资源丰富，开发条件优越，可开发量也大，为全国重要水电基地。其中中小水电资源分布广泛，为发展地方小水电提供了得天独厚的有利条件。

第一节　资　　源

1991～2002年，地方电力电源建设迅速发展，开发力度不断加大，从而使发电能力大幅度提高。

一、资源概况

四川省全省水能资源技术可开发量1.03亿千瓦中，单站装机容量为5万～25万千瓦的中型水电站和单站容量在5万千瓦的小型水电达2532万千瓦，约占全省水能资源技术可开发总量的25%左右，居全国第一位。中小水电资源主要集中在金沙江、大渡河、岷江、涪江、嘉陵江、青衣江、渠河上游的盆周山区丘陵地区。

二、资源开发

四川省一直把结合中小河流治理，开发中小水电、建设农村电气化，作为实施“治水兴蜀”战略的重要内容来抓。贯彻执行国家扶持中小水电发展的方针政策，调动了全社会办电的积极性。结合农村水电初级电气化、水电农村电气化建设，使四川省的中小水电得到迅速开发。1991～2002年，地方电力新增发电装机容量为286.51万千瓦，增长148.73%；新增3～110千伏输电线路6.83万千米，增长79.23%；新增35～110千伏变电容量738.29万千伏安，增长455.99%。年发电量达177.73亿千瓦·时，增长134.65%，占全省当年发电总量的25.27%。

第二节　规　　划

1991年3月由四川省计经委牵头，四川省水电厅和电力局指导，能源部、水利部成都勘测设计院和四川省水利水电勘测设计院共同编制了《四川省中型水电资源开发规划》。

一、总体规划

总体规划是将全省分为盆底区、盆周区、川西北区、攀西区，根据各区经济社会发展对电力的需求、地方电力现状、能源资源条件，在分区规划的基础上，作出了全省地方电力“七五”时期发展规划和1990～2000年发展设想。该规划报经省政府批准执行。各地、市、州也相继作出了自己的地方电力建设规划。

（一）电源布局

（1）盆底区。按照负荷预测到 2000 年，盆底区需新增电源 118 万千瓦，达到 165 万千瓦。根据资源条件，盆底区以开发水电为主。沱江、涪江、嘉陵江、渠江及各河支流，发源于盆地边缘山区，水资源开发具有发电、灌溉、航运、防洪等多目标。规划提出了开发的骨干项目。盆底区的邻水、大竹、渠县、开江、岳池、泸县、威远、什邡、绵竹、大邑、荣县、彭县等小煤矿较多的县可以配合水电开发建设中、小火电厂。

（2）盆周区。预测盆周区到 2000 年需新增装机容量 144 万千瓦，达到 196 万千瓦。盆周区许多中小河流都可以近期开发，不少河流上游有建龙头水库的条件。盆周区的电源建设远期应考虑向水能资源较为缺乏的盆底区送电的要求，如青衣江、西宁河、州河、岷江上游支流，都可以建成地方电力的电源基地。规划提出了开发的骨干项目。盆周区是四川省的主要产煤区，可以建设与水电配套的地方坑口中、小火电厂。

（3）川西北区。川西北区包括阿坝、甘孜两州。区内各县幅员辽阔，人口稀少。区内森林茂密，是四川省重要的林业基地，由于高山林区长期集中过伐，森林覆盖面积明显减少，草甸上升，水源涵养功能减弱。为了保护森林，防止水土流失，规划今后继续建设小水电，并实行“以电代柴”来解决当地农牧民生活、生产用能。小水电建设采取小型、分散的原则，规划提出了开发的骨干项目。

（4）攀西区。攀西区包括攀枝花市和凉山州，区内大多数县的生产、生活用电都由地方发展小水电供给。攀西地区的多数县都以开发小水电为主，就地分散解决工农业生产用电，并发展“以电代柴”。规划提出了开发的骨干项目。

（二）电网布局

四川省许多县镇农村用电主要由地方兴建小水电解决，形成了大量以县为单元的地方小电网，有条件的地方还逐步形成了跨县的市、地、州地方电网。国家电网在供重点厂矿用电的同时，就近供应部分地方用电，逐步与地县电网建立并网关系。大小电网并存、既相对独立又相互连接的电网结构，是四川电网规划中的一个特点。

盆底区岷江、沱江、涪江、嘉陵江、渠江等河流中下游的沿岸县、区，可以通过开发中小水电、发展地方电网满足当地电力需求。有的地方还可以发展跨县地方电网，再与国家电网联网互补余缺。盆底区缺乏电力资源的少数县仍主要由国家电网供电。在规划上要求建设供地方专用的 110 千伏或 35 千伏的线路和变电站，并便于这些县的零星小水电并网发电。

盆周区水电资源丰富，主要由地方自建电站并发展地方电网供电。电网的布局规划主要结合电源布局来进行。地方电网规划应尽量做到相对独立和完整，并应充分考虑国家电网在当地的结构，做到一点或少数几点与国家电网并网，相互调剂余缺。为充分发挥当地资源的互补、区位与比较优势，以及地方电力的综合经济效益，可以进一步发展雅安、达县、万县、涪陵、遂宁、蓬溪、潼南等跨县地方电网。

除盆地区以外的边远山区县，用电负荷小而分散，一般宜小型、分散开发电源，就近小范围联网供电，形成 35 千伏级的县电网。较远的区、乡亦可单独供电或划片供电。

二、中型水电项目规划

根据国家“2000年实现国民生产总值翻两番”和“2000年前全国新增中型水电装机1000万千瓦”的奋斗目标，四川省于2000年结合自身水能资源特点，编制了电力发展中、长期规划，提出了“优先发展水电，适度发展火电”，以及“大中小相结合”等一系列的电力建设方针。并提出在继续抓紧开发大型骨干水电站的同时，充分发挥中型水电站短、平、快的优势，根据需要和可能在今后十年内，相继建设中型水电装机250万～300万千瓦，以适应国民经济和社会发展的要求。

全省可开发中型水电站（装机容量为2.5万～25万千瓦）共212座（其中10座为界河电站，其装机容量和发电量按一半计），总装机容量为1489.54万千瓦，年发电量为850.37亿千瓦·时，分别占全国中型水电资源的22.2%和26.3%，居全国首位，分别占四川全省可开发水电资源的16.2%和16.5%。

在212座中型电站中，单站在25万～10万千瓦的电站有51座，共可装机744.02万千瓦，年发电量为419.55亿千瓦·时；单站小于10万千瓦大于5万千瓦的电站63座，共可装机419.05万千瓦，年发电量为240.8亿千瓦·时；单站小于5万千瓦大于或等于2.5万千瓦的电站98座，可装机326.47万千瓦，年发电量为190.02亿千瓦·时。

按照规划目标，“八五”期间全省新增装机容量142.7万千瓦（含原重庆市和万县、涪陵、黔江地区），其中水电117.7万千瓦；“九五”期间新增装机容量179.7万千瓦（不含原重庆市和万县、涪陵、黔江地区），其中水电160万千瓦；“十五”期间新增装机容量242.8万千瓦，其中水电236.3万千瓦。规划1991～2005年15年平均每年新增装机容量37.68万千瓦，其中水电34.27万千瓦。

预计到2005年底，地方电力总装机容量达到679.5万千瓦，超额完成规划目标。随着电源建设规模增大，配套地方电网也迅速发展，电网电压等级由35千伏发展为110千伏，全省形成了100多个比较完善的县级电网和11个具有相当发、供、用电能力的跨县地方电网。

第三节　建　　设

1991～2002年，由于认真贯彻执行了国家有关中小水电发展方针政策，地方电力电源和电网建设不断加快，为四川省经济与社会发展作出了卓越贡献。

一、电源电网建设

（一）“八五”（1991～1995年）时期的电源电网建设

“八五”期间，全省列入各级计划开工建设的地方中小电站和配套输变电工程累计投产情况，列入各级计划建设的地方电力工程及累计投资、组成情况（均含原重庆市和万县、涪陵、黔江地区）详见表9-2-1。

表 9-2-1 1991～1995 年四川省地方电力投产的电源和电网规模统计

列入各级计划开工建设的地方中小电站和配套输变电工程累计投产							
新增电源装机（千瓦）			新增输变电工程				
合计	水电	火电	高压线路（千米）			供电变电站（台/千瓦·时）	
			110 千伏	35 千伏	10 千伏	110 千伏	35 千伏
1426856	1177406	249450	1000	3729	16677	40/802000	237/1186920

列入各级计划建设的地方电力工程累计投资及组成											
总投资（万元）	其中			资金来源（万元）							
	电站	电网	其他	中央筹集	农水补助	省级筹集	地县自筹	以电养电	电力建设基金	银行贷款	其他
1023833	824005	173182	26646	62580	4516	41365	181360	11028	12718	392570	317696
占总投资比重（%）	80.48	16.92	2.6	6.11	0.44	4.04	17.71	1.08	1.24	38.34	31.04

（二）“九五”计划时期（1996～2000 年）电源电网建设

“九五”计划期间，全省列入各级计划开工建设的地方中小电站和配套输变电工程累计投产情况，以及全省列入各级计划建设的地方电力工程累计投资及组成情况（均不含原重庆市和万县、涪陵、黔江地区）详见表 9-2-2。

表 9-2-2 1996～2000 年四川省地方电力投产电源和电网规模统计

列入各级计划开工建设的地方中小电站和配套输变电工程累计投产							
新增电源装机（千瓦）			新增输变电工程				
合计	水电	火电	高压线路（公里）			供电变电站（台/千瓦·时）	
			110 千伏	35 千伏	10 千伏	110 千伏	35 千伏
1796995	160002	136993	1775	3740	20426	39/1178900	321/1280530

列入各级计划建设的地方电力工程累计投资及组成											
总投资（万元）	其中			资金来源（万元）							
	电站	电网	其他	中央筹集	农水补助	省级筹集	地县自筹	以电养电	电力建设基金	银行贷款	其他
1245549	1037770	176637	31142	18308	5069	19913	246444	5300	549	478518	471448
占总投资比重（%）	83.32	14.18	2.5	1.47	0.41	1.6	19.79	0.42	0.04	38.42	37.85

（三）“十五”计划时期（2001～2002年）电源电网建设

“十五”计划期间，全省列入各级计划开工建设的地方中小电站和配套输变电工程累计投产情况，以及列入各级计划建设的地方电力工程累计投资及组成情况详见表9-2-3。

表9-2-3　2001～2002年四川省地方电力投产电源和电网规模统计

列入各级计划开工建设的地方中小电站和配套输变电工程累计投产

新增电源装机（千瓦）			新增输变电工程				
			高压线路（公里）			供电变电站（台/千瓦·时）	
合计	水电	火电	110千伏	35千伏	10千伏	110千伏	35千伏
392992	368992	24000	1125	4329	29375	38/1205550	229/1053940

列入各级计划建设的地方电力工程累计投资及组成

总投资（万元）	其中			资金来源（万元）							
	电站	电网	其他	中央筹集	农水补助	省级筹集	地县自筹	以电养电	电力建设基金	银行贷款	其他
877083	210082	577914	89087	198610	3934	37216	95655	119	1728	417890	121931
占总投资比重（%）	23.95	65.89	10.16	22.64	0.45	4.24	10.91	0.0001	0.2	47.66	13.9

预计到2005年末，全省地方电源总装机容量达到679.45万千瓦，其中水电631.3万千瓦（超过规划31.3万千瓦），占92.9%，火电48.14万千瓦，占7.1%；年发电量达到259.93亿千瓦·时，其中水电238.9亿千瓦·时，占91.9%，火电21.03亿千瓦·时，占8.1%。地方电力的装机占当年全省电力总装机容量2245.56万千瓦的30.26%；地方电力的年发电量占当年全省电力总发电量1018.76亿千瓦·时的25.51%。全省地方电网有高压线路17.03万千米，其中110千伏线路6477千米，35千伏线路19018千米，10千伏线路14.48万千米；有110千伏变电站151处、变电容量为628.6万千瓦·时，35千伏变电站852处、变电容量为542.2万千瓦·时，配电变压器13.07万台、变电容量为1160万千瓦·时。有123个县主要靠地方电网供电，占68%；全省4641个乡镇中，地方电网供电3161个，占68.1%。

二、发电装机容量

1991～2002年，地方电力的电源建设不断向规模方向发展，装机容量也迅速增长。由于行政区划调整、关停等原因，电厂个数从1991年的4591处下降到2002年4343处，而发电装机容量则由1991年的192.64万千瓦，上升到2002年的479.15万千瓦。预计到2005年将上升到679.45万千瓦。1991～2002年装机容量（不含原重庆地区）逐年增长情况详见表9-2-4。

表 9-2-4　　1991～2002 年四川省地方电力发电装机容量统计

年份	新增装机容量（千瓦）		累计装机容量					
	合计	递增率（%）	合计（处/千瓦）	其中		水火电容量比重（%）		平均水电单站容量（千瓦/站）
				水电（处/千瓦）	火电（处/千瓦）	水电	火电	
1991	338394	21.3	4591/1926436	4553/1726348	38/200088	89.6	10.4	379
1992	178705	9.28	4542/2105141	4477/1868627	65/236514	88.8	11.2	417.4
1993	146072	6.94	4418/2251213	4374/1978479	44/272734	87.9	12.1	452.3
1994	189138	8.4	4269/2440351	4223/2139067	46/301284	87.7	12.3	506.5
1995	221031	9.06	4233/2661382	4186/2349998	47/311384	88.3	11.7	561.4
1996	284350	10.7	4187/2945732	4141/2633948	46/311784	89.4	10.6	636.07
1997	346882	11.78	4350/3292614	4219/2935107	131/357507	89.1	10.9	695.7
1998	269485	8.18	4412/3562099	4276/3183602	136/378497	89.4	10.6	744.5
1999	252060	7.08	4473/3814159	4342/3412382	131/401777	89.5	10.5	785.9
2000	593303	15.56	4582/4407462	4458/4005925	124/401537	90.9	9.1	898.6
2001	137782	3.13	4524/4545244	4403/4130107	121/415137	90.9	9.1	938
2002	246263	5.42	4343/4791507	4315/4368467	28/423040	91.2	8.8	1012.4

三、发电量

随着装机容量的增加，地方电力的发电能力不断提高，发电量迅速增长，年发电量由 1991 年的 75.74 亿千瓦·时，上升到 2002 年的 177.73 亿千瓦·时，增长 1.35 倍。特别是水电发电能力提高幅度较大，由 67.71 亿千瓦·时，上升到 163.43 亿千瓦·时，增长 1.41 倍。地方电力系统 1991～2002 年发电量详见表 9-2-5。

表 9-2-5　　1991～2002 年四川省地方电力发电量统计

年份	年发电量（万千瓦·时）			发电设备年平均利用小时（小时）		
	合　计	其　中		综　合	其　中	
		水　电	火　电		水　电	火　电
1991	757434	677119	80315	4415	4404	4516
1992	916340	815180	101160	4671	4653	4820
1993	1019550	892185	127365	4784	4728	5213
1994	1092383	947505	144878	4796	4739	5213
1995	1204053	1050390	153663	4854	4824	5066

续表

年份	年发电量（万千瓦·时）			发电设备年平均利用小时（小时）		
	合　计	其　中		综　合	其　中	
		水　电	火　电		水　电	火　电
1996	1318058	1156513	161545	4877	4794	5568
1997	1358689	1173123	185566	4511	4351	5973
1998	1392467	1206842	185625	4162	4040	5336
1999	1530637	1323296	207341	4227	4082	5636
2000	1654538	1463911	190627	4208	4142	4925
2001	1711274	1547781	163493	3909	3892	4173
2002	1777313	1634333	142980	3709	3741	3383

四、电网建设

四川省20世纪50年代初就开始结合兴修水利开发利用分散的小水电资源，建设农村小型水电站，就地成网，就近供电。在国家、地方“两条腿走路”、“多家办电”、“自建、自管、自用”方针的指引下，四川省少数民族地区、盆周山区、革命老区及丘陵地区依靠中央支持，依托资源优势，各级政府组织群众治水兴电，就地开发，就地成网，就近供电，不断壮大，解决了占四川省约2/3地域的用电问题，成为四川省电力工业的重要组成部分。特别是1998年以后开展的农网和县城电网建设改造，使地方电网结构更趋合理、完善。

（一）电网经营

四川省地方电网经营方式主要有：①以县为单元自发自供；②在一个县内既有国家电网、也有地方小电网的供电区，大小电网联网调剂余缺，实行分片供电；③市、州级建设的电源电网，主要自发自供市、州政府所在地用电；④县级电网与市、州级电网联网相互调剂余缺，有的实行资产联合，形成紧密型的跨县市、州地方电网；⑤不少乡镇农村自建自管的小水电站及配套电网，仍实行自发自供，与县级、市（州）级电网或国家电网联网调剂余缺；⑥少数县级电网自身电源少，主要靠趸购邻县电网、市（州）电网或国家电网电力转供本县用电；⑦部分实行自发自供并与国家电网联网的县级电网，由于丰水期的余电和枯水期的缺电都需要国家电网支持，因此实行“发供分开”，分开后有的地方电网由国家电网“代管”。

（二）电网发展

随着电源建设的加快，四川省地方电网建设也迅速发展。2002年与1991年相比，10～110千伏输电线路净增68283千米，增长78.17%，其中110千伏线路净增3684千米，增长766.33%；35～110千伏变电站净增560座，增长191.78%；变电容量净增738.29万千伏安，增长455.99%，其中110千伏变电站增加92座，变电容量增加410.25万千伏安，增长1483.19%。1991～2002年电网发展情况详见表9-2-6。

表 9-2-6 1991～2002 年四川省地方电网发展情况统计

年份	高压线路（千米）				低压线路（万千米）	变电站（处/万千瓦·时）			配电变压器（台/万千瓦·时）
	合计	其中				合 计	其中		
		110千伏	35千伏	10千伏			110千伏	35千伏	
1991	86244	790	7538	77916	29.56	292/161.91	11/27.65	281/134.26	62797/387.9
1992	90801	963	8131	81707	30.46	322/192.44	14/44.92	308/147.52	66958/410.68
1993	94090	1225	8692	84173	32.18	355/215.98	17/53.08	338/162.89	67637/440.7
1994	96669	1280	9116	86273	33.22	386/254.23	20/65.38	366/188.85	72787/477.45
1995	99798	1435	9642	88721	34.48	423/290.55	28/80.45	395/210.1	76780/510.11
1996	102799	1823	10100	90876	34.46	443/325.61	29/100.83	414/224.78	77383/542.44
1997	112254	2637	11133	98484	37.84	533/541.09	58/258.66	475/282.43	86592/736.7
1998	115742	2992	11596	101154	38.46	558/568.71	60/266.56	498/302.15	88861/725.08
1999	120914	3177	12398	105339	41.96	591/592.76	61/274.83	530/317.93	92676/775.61
2000	128724	3447	13880	111397	43.51	612/690.96	80/324.01	532/366.95	97679/812.83
2001	135517	3877	14894	116746	51.37	786/791.45	91/361.97	695/429.48	102968/879.07
2002	154527	4474	16037	134016	56.44	852/900.2	103/437.9	749/462.3	129904/1181.24

注 已扣除原重庆地区数据。

五、供电区

全省 181 个县（市、区）中，建有地方电网的县 142 个，由地方电网供电为主的县 123 个。预计到 2005 年底，全省 4641 个乡（镇）中，通电乡 4522 个，其中由地方电网供电的占 3049 个，乡通电率为 97.89%；全省 50925 个村中，通电村 49786 个，村通电率为 98.41%，全省 24032838 户中，通电户为 23702776 户，户通电率为 99.15%；尚有无电人口 86.12 万人。

预计到 2005 年底，地方电网供电区年用电量达 194.70 亿千瓦·时，其中地区及以上企事业生产用电 17.82 亿千瓦·时，占用电总量的 9.15%；县及以下用电 174.74 亿千瓦·时，占用电总量的 89.74%（其中居民生活用电 31.34 亿千瓦·时，占用电总量的 16.10%）；农村用电 62.53 亿千瓦·时，占用电总量的 32.11%，农村居民生活用电 24.21 亿千瓦·时，占用电总量的 12.43%。

地方电力发展中存在的不足主要是在机构改革中，水利厅划出了水电建设方面的政府职能，一些市县也撤销了水利部门的水电管理机构，个别的撤销了水利局，严重削弱了水利行政主管部门对水能资源开发和中小水电建设管理的职能，造成管理混乱和水电市场监管缺位，出现了违反流域规划和河流水能开发规划，“跑马圈河”，滥占资源，违反基本建设程序，无序开发和事故增多现象。此外，中央和省制定的有关地方电力建设的方针政策有的未能全面贯彻执行，保护和促进清洁可再生绿色能源发展的政策措施尚未建立，法律法规建设滞后，不利进一步激发国家、集体、个人和各类经济主体多渠道投资、有序开发中小水电的积极性。同时，地方电网与国家电网间存在的矛盾尚未彻底解决，对地方中小水电建设和发展积极性有一定影响。

第四节 农村电网建设与改造

根据国务院关于全国加快农村电网建设和改造规划精神，四川省于1998年全面启动农村电网建设与改造工程。省水利厅所属地方电力系统在农村电网（简称“农网”）的建设与改造中，率先在全国突破“一省一贷”模式，实现“一省两贷”，首先从资金来源上为农网建设改造打下了基础。随后，通过多年努力，全省的农网建设与改造工程均取得了显著成效。

一、资金来源

地方电力的农网建设与改造资金，在主要依靠国家投资的同时采取多种方式筹集。1998～2002年，国家计委和四川省计委批准四川省地方电力系统一、二期农网建设与改造工程总投资80.95亿元（一期下达45.95亿元，二期下达35亿元），涉及建设与改造全省20个市（地、州）的113个县（市、区）的农村电网。但是这些资金不能完全满足建设的需要，于是，地方电力管理部门按照国家和省政府有关农网建设改造政策，采取多渠道、多层次筹措建设与改造资金，确保了农网建设与改造工程的顺利进行。一是农网建设改造总投资的20%（资本金），由中央财政安排国债资金转贷给各省（市、区）解决，其余主要由项目法人申请银行贷款解决，从而解决了农网建设与改造资金的主要来源；二是将阿坝、甘孜、凉山三个少数民族自治州的农网改造资本金比例由20%提高到50%，以解决少数民族地区建设资金缺少问题；三是国家财政部将中央财政转贷给西部省（市、区）的农网改造国债资金，全部转为中央财政对省（市、区）拨款；四是国家计委和人民银行对农村电网建设与改造贷款实行以电费收益权作为质押担保，解决了农网建设资金量大、担保难的问题；五是农村电网改造贷款本息原则上在本省（区、市）全部售电量上均摊加价偿还，从2001年1月1日起，将征收的“两分钱”电力建设基金取消后并入电价收取，用于解决农村电网改造还贷问题，并实行“一省两贷或多贷”的省（区、市）建立农网还贷基金，由各级电网经营企业收取后缴入国库，根据国家批复的各承贷主体农网贷款比例和投资完成情况，分别拨付给各承贷主体专项用于偿还农网改造贷款本息。贷款总期限不得超过20年。

在农网改造工程的投资中，除电表以下农户进户线和部分改造投资不足地区电表费用可由农户承担外，不再向农民收取农网改造工程贴费（增容费）、材料费、施工费等其他费用，农户确需购买或更换电表并由电力企业统一购置的，每户农户在130元以内收取。

二、组织领导与管理

地方电力的农村电网建设与改造，是采取层层负责的领导方式进行管理的。省政府于2000年初成立了全省农网建改工作领导小组，下设办公室，并制定了一系列配套实施文件，建立了目标责任制，并将农网建设与改造工程列为十件为民办实事目标之一；水利厅成立了农网改造领导小组，下设农网“两改一同价”办公室，将目标任务分解下达到各级水利部门，签订双向目标责任书，作为年终考核的主要指标之一；地方电力局和四川水电产业集团公司于1998年8月29日联合成立四川地方电力农村电网建设（改造）办公室，下设体改、规计、工程管理、质量监督等专业组，采取集中办公、一站式服务的方式，搞好农网改造工作的服务、监督、指导、协调。

四川水电产业集团公司为农网建设改造承贷主体，负责组织实施农网建改，对国家资本金统一发放，对银行贷款实行统贷统还。农网建改工程实行项目法人责任制、招投标制、施工监理制和合同制。110千伏工程由有资质证书的监理单位进行工程监理，35千伏工程由市、地、州水利局认定的有资质的监理人员进行工程监理，10千伏工程由县水利局认定的人员监理。

在管理方面，一是加强技术指导和督促检查，省水利厅组织4个督导组，实行分组负责制，对工程质量、资金管理等方面进行定期和不定期督促指导，使每个县、每项工作都有人负责，有人督促，从而降低工程造价；二是开展农网建设与改造工程竣工验收、审计和监督检查工作，加强农网建改项目资金使用管理，控制工程造价；三是由地方电力局组织“两改一同价”工程预验收督导工作组，分片派出工作组对第一期工程竣工县进行预验收，对不合格者制定整改、补充措施，限期完成，为国家正式验收做了充分准备，预计2005年底全省20个市、州共113个县（市、区）达到或基本达到了验收要求；四是凡有地方电网的县（市、区），均制定了城乡用电同网同价分阶段实施方案及具体措施。

通过农网建设与改造，农村用电价格有明显降低，从2002年5月1日起，全省农村居民生活到户电价，经物价部门批准调整为0.8元/千瓦·时的最高限价。第二批农网改造后，已改造到户的电价降到0.65元/千瓦·时以下。未进行农网改造的地方执行0.8元/千瓦·时过渡最高限价。在已进行农网改造的地方都低于0.65元/千瓦·时，不少地方电价已经低于0.5元/千瓦·时。

三、农网建设与改造的主要成效

地方电力的一、二期农电建设与改选工程均取得了显著成效。截至2002年底，累计完成一期工程投资48.25亿元，占下达计划的105.5%。建设、改造110千伏线路918千米，110千伏变电站34座，主变压器容量95.6万千瓦·时；35千伏线路4055千米，35千伏变电站291座，主变压器容量135.5万千瓦·时；10千伏线路26878千米；低压线路63659千米；配电台区18576台，容量为116.1万千瓦·时；累计完成二期投资计划36.03亿元，占计划的102.9%。建设、改造110千伏线路155千米，110千伏变电站2座，主变压器容量1.55万千瓦·时；35千伏线路1450.1千米，35千伏变电站60座，主变压器容量16.31万千瓦·时；10千伏线路26068.6千米，配电台区26145台，配电变压器容量110.61万千瓦·时；低压线路118598.5千米；改造户表7446312户，户表工程到户率内地达到85.3%，三州达到65.2%。

地方电力系统的农网建设与改造，已经取得了六个方面的明显成果：①农村生活用电到户电价每千瓦·时平均下降0.38元，全省地方电网供电地区，每年可减轻农民电费负担约 5.38 亿元；②电能质量有所提高，10 千伏及以上供电电压合格率为 98%以上，低压用户端电压合格率为 90%；③降低了电能损耗，低压线损率普遍降低到 12%以下，比改造前平均下降 5%～9%；④提高了农村用电安全性和可靠性，触电伤亡事故呈直线下降；⑤扩大了用电面，农户通电率由 94.73%提高到 97.71%，加之电能质量改善提高了农村家用电器普及率，促进了家用电器的消费和生产；⑥加速了农村基础设施建设步伐，改善了招商引资条件，为农村经济发展创造了良好的外部环境。

四川省地方电网的农网建设与改造工程存在的主要问题是作为农村基础设施的农网建设过去欠账较多，总体上计划投资不足，需要的资金与实际投资有一定差距。仍有部分供区和村社未能得到改造，部分县（市、区）35 千伏及以上骨干网络建设还需进一步完善，有的 10 千伏配电网络仍需继续改造，特别是民族地区由于基础薄弱，高压输电网架仍不完善，在很大程度上使得低压改造无法发挥应有的效益。

第三章 管 理

地方电力管理，是在20世纪80年代贯彻中共中央、国务院相继颁发的《关于国营工业企业进行全面整顿的决定》、《关于经济体制改革的决定》、《关于加强工业企业管理若干问题的决定》，和《全民所有制工业企业厂长工作条例》、《中国共产党全民所有制工业企业基层组织工作条例》、《全民所有制工业企业职工代表大会条例》，以及《中华人民共和国企业法》的基础上进一步加强、深化、完善的。1991～2002年，无论在企业管理、技术管理、职工培训、农电管理、电价管理，以及优质服务和供电营业区域划分等方面，都取得了新的突破和提高。

第一节 企 业 管 理

地方电力系统的行业管理，侧重于企业管理，1991～2002年间通过“深化改革、转换机制、资产重组”，进一步加强了全省地方电力企业的管理，促进了地方电力企业素质的提高，推动了地方电力建设的发展。

一、推行股份制、实行资产重组

地方电力行业是四川省实行股份制较早、建成股份制企业较多的行业之一。继1993年4月出现全国电力行业首家上市公司——乐山电力股份有限公司后，截至1994年上半年有明星（遂宁）、岷江（阿坝）、三峡水利（万县）、川东（涪陵）、乌江（黔江）、大渡河（峨边）、都江堰、马回（蓬安）、明珠（射洪）、和益（泸县）、永安（三台）、永川、安宁、槽鱼滩（洪雅）、江油、西昌、富益（富顺）、雅安、犍为、夹江、绵阳等21户地方电力股份有限公司和有限责任公司注册挂牌运营。截至1997年8月，四川省地方电力行业已拥有42户股份制企业（不含重庆市），占国有地电企业总户数的14%、发电装机总规模的40%，还有一部分股份合作制企业、民营股份制企业和小企业联合体在创建、发展；拥有乐山、雅安、西昌、阿坝、康定、遂宁、广安、达川等规模不等的市州级地电企业和范围不一的跨县电网。

1997年8月，由地方电力局牵头，在保障成员企业独立法人地位不变、财税解交关系不变、统计口径不变、基本权益不变的基础上，以产权为纽带，筹组全省性的地方电力产业集团。四川水利电力产业集团有限责任公司于1998年4月8日成立，2004年底四川水利电力产业集团的母公司——四川省水电投资经营集团公司成立。

继“乐山电力”上市后，“明星电力”、“岷江水电”、“西昌水电”、“广安爱众水电”相继上市。

到2002年底，全省大部分国有地电企业实现了股份制改革，并涌现出一大批县镇农村股份合作制企业、民营股份制企业和小企业联合体。

二、坚持"改制、改组、改造"相结合，全面加强企业管理

根据国家有关全民所有制工业企业转换经营机制规定，四川省通过举行一系列的相关会议和印发文件，对地方电力管理工作提出了"坚持改制、改组、改造相结合，全面加强企业管理"的具体意见和要求，具体如下。

各级水利部门管理的地方电力企业（包括发电和供电企业），不分生产规模大小，都必须按照国家颁布的《企业法》及国家有关政策，实行独立核算，自主经营，自负盈亏。

地方电力企业在自觉接受宏观调控下，全面落实《转换企业经营机制条例》规定的14项经营自主权。主要包括生产经营决策权，均价不变下的丰枯、峰谷电价浮动权和劳务定价权，投资决策权，留用资金支配权，劳动用工权，人事管理权，工资奖金分配权，以及拒绝摊派权等。

积极探索多种资产经营形式和经营方式。要通过界定产权，理顺企业的资产归属关系，明确企业作为法人实体和市场主体应承担的资产责任，来确定国有资产的有效实现形式。

建立和完善企业领导体制，坚持实行厂长（经理）负责制，充分发挥企业党组织的政治核心作用，全心全意依靠工人阶级。厂长（经理）和书记可以一肩挑。公司制企业中的股东会是公司最高权力机构；董事会是公司经营决策机构，公司董事长原则上由水利（水电）主管部门或其领导下的国有水利地电资产产权运营机构推荐，经董事会选举产生，为公司法定代表人；公司总经理负责公司日常经营管理活动，对公司的生产经营进行全面领导，依照公司章程和董事会授权行使职权，对董事会负责；董事长、总经理也可以"一肩挑"；监事会是公司监督机构，由股东和职工代表按一定比例组成，对股东会负责，依法和依照公司章程对董事会和总经理行使职权的活动进行监督，有权审核公司的财务状况，保障公司利益及公司业务活动的合法性，对董事会成员、总经理的任免及奖惩提出建议，为了保证监督的独立性，监事不得兼任公司的经营管理职务。公司制企业党组织，处于政治核心地位，发挥政治核心作用，保证监督党和国家方针政策的贯彻执行，围绕生产经营开展工作。公司制企业中的股东会、董事会、监事会与党委会、工会、职工代表大会等组织，不能互相代替，但有关负责人员可以适当相互兼职。应做到新老三会并存，按任职或兼职，实行三参与，即参与重大事项决定，参与决策，参与监督。

打破企业内部管理人员和工人的身份界限，实行全员劳动合同制和岗位技能工资制，以"按劳分配"为主，辅以"按资分配"。

持续深入开展以市场需求为导向，以深化改革为动力，以安全文明生产为基础，以提高经济效益为中心，以优质服务为宗旨的"安全、文明生产双达标"活动和"转机制、抓管理、练内功、增效益"活动。

深化企业内部改革，健全以安全、运行、调度为主体的生产系统和以供用电为中心环节的经营体系；建立健全人事、财务、计划、生产技术、企业管理、营销、科教等一系列管理制度；强化基础管理，狠抓现场管理，加强基层建设，搞好专业管理，推行技术进步，推进管理现代化。

多渠道增资减债，将“拨改贷”和“经营性资金债务”转为资本金，调整负债和资本金结构；剥离非生产经营性资产，深化“一业为主，多种经营”，完善“社会统筹”，妥善解决好“历史债务”、“富余人员”、“退休职工”、“企业办社会”等问题。

抓好领导班子建设，提高领导人员思想、业务素质，培养和造就地方电力企业家队伍，并积极探索建立地方电力企业家和高级管理人才市场的途径。

以企业为本，以人为本，健全民主决策、民主管理、民主监督，充分调动和发挥职工的主动性、创造性；认真贯彻落实“三法”(《企业法》、《公司法》、《劳动法》)、“两则”(《财务通则》、《会计准则》)、“两条例”(《转换企业经营机制条例》、《国有资产监管条例》)；创建企业精神、企业文化；严格执行企业章程、规范、规程和各项规章制度，保障地方电力企业在民主管理的基础上实施严格的管理。

坚持“改制、改组、改造相结合，全面加强企业管理”的方针，通过调整不合理的企业组织结构，取得规模效益，充分发挥存量资产的作用。同时通过盘活存量、取得增量，着力于技术改造，增强企业发展后劲；要通过科学管理，巩固、扩大“三改”成果，把改革措施变为具体的管理制度、管理方式、管理方法，促进提高企业的整体素质，增强企业实力、活力和后劲。

三、依靠“行业、产权、协会三种手段”加强管理

进入21世纪后，四川地方电力管理部门逐步形成了“依靠行业、产权、协会三种手段，加强地方电力行业、产业、企业管理”的管理方式。这种管理方式的主要内容如下。

地方电力管理工作的指导思想是“高举邓小平理论伟大旗帜，认真贯彻党的十五大精神，以发展为主题，以结构调整为主线，以改革和科技创新为动力，抓住机遇，加快改革，加强管理，促进发展。坚持电力工业改革方向，加大改革、改造、改组和创新力度，切实加强地方电力行业管理、产权管理和企业管理，大力开拓农村电力市场，更好地为农业、农村、农民和地方经济与社会发展服务。”

依靠行业、产权、协会三种手段加强省、市（州）、县三个管理层次建设。通过规划计划、方针政策、统筹协调、督导检查的手段加强行业管理；通过积极培育行业产权连接关系，逐步完善以产权为纽带的手段加强产权管理；通过加强行业协会建设的手段，充分发挥桥梁、参谋、调研、咨询、中介、服务的作用，加强企业管理。

坚持“打破垄断，引入竞争，建立制衡机制，培育多法人主体有序竞争的电力市场”的电力工业改革方向。要坚持以整个配电网（或整个企业）为单元竞价上输电网消化余电，通过借网过路选择发电商、供电商，取得外来电源的补充，保障向最终用户更好地供电和服务。

坚持公有制为主体、多种所有制经济共同发展的基本经济制度，积极探索地方电力公有制多种实现形式，改善所有制结构，在产权主体、投资主体多元化的基础上，增强国有资产的控制力、影响力和带动力。

采取改组、联合、兼并、租赁、承包经营和股份合作制、出售等多种形式，放开搞活国有小型地方电力企业。出售主要限制在电源方面，同时要严格按照国家有关规定进行。

加强法制建设，规范电力交易与监督机制。全面贯彻执行《电力法》，在经贸委的指导下，水利部门在自己的职责范围内，依法行政，积极做好地方电网供电营业区的核定划分、供用电的督导检查等工作，防止恶性竞争，更好地为用户服务。

加强反垄断、反不正当竞争的法制法规建设，建立和规范电力交易与监督机制，保护老少山边穷地区农村水电发展。与国家电网联网的农村水电企业，应保障其主要实行自发自供，多余电量上网，不足电量国家电网补给，不应限制其自发自供低价电，而强制其使用下网的高价电。

深入开展以“为人民服务，树行业新风”为主题的群众性精神文明创建活动和文明示范窗口创建活动，加强营销队伍建设，严格作风纪律，提倡文明经商。

四、依靠科技创新推动地方电力改革深入发展

随着四川省地方电力的快速发展，技术装备水平和职工素质也在不断提高。变电站自动控制装置大量采用，电力自动化调度系统在许多市县电网中运用，以计算机为中心的办公自动化系统逐步推广使用。但从总体上看，设备技术性能较差、整体技术水平滞后、职工技术水平偏低、科技知识普及程度不高，严重影响地方电力的改革发展。

省水利厅为此于2001年7月印发了《关于依靠科技创新，推动地方电力快速健康发展的实施意见》。《意见》明确提出，科技创新，最主要的是人的观念和意识的创新；要促进地方电力的改革发展，就必须充分调动科技人员的积极性；要增大地方电力企业技术含金量，职工素质的提高是关键；进一步加强与大专院（校）、科研院（所）的合作，开展技术革新，共同开发新产品，推广应用新技术、新工艺，积极开展科技情报交流活动；针对地方电力发展中存在的问题，以及地方电力发供用电中普遍存在的技术问题，积极开展学术研讨活动。

在这个《意见》的指导下，四川省地方电力系统科技工作不断发展进步，取得了较好成效。

（1）开始大力引进和推广应用新技术和高科技技术，对新建单机1250千瓦及以上电站和35千伏及以上变电站，尽可能使用自动化程度高的生产设备，或全微机监控的生产设备，提高发电厂、变电站的自动化水平。对原有老设备要加大技术改造力度，积极采用新技术、新工艺，改变技术性能、提高发供电设备可靠程度。“十五”期末，基本淘汰或改造完成高耗能、低效率、质量差的落后设备，建成了一批具有全微机监控的骨干电站和无人值守的枢纽变电站。

（2）利用微机技术，改善调度通信手段。“十五”期间，地、县两级调度系统基本实现遥测、遥信、遥调，提高地方电网调度通信的现代化水平。

（3）利用先进技术，改变农村用电管理落后状况。

（4）企业应用和普及微机技术进行电网管理、用电营销管理、财务管理、科技管理、人事档案管理，积极促进地方电力企业的管理现代化、科学化。

（5）广辟科技发展资金来源，增加科技投入。建立以企业投入为主，多渠道出资为目标的科技投入体系，提高科技投入总量，改善投资结构，提高投资效益。

（6）强化基础管理工作，完善电力生产技术管理标准，加强标准化体系建设，建立健全各种规章制度。

第二节 技 术 管 理

地方电力的生产技术管理，主要集中在标准化、安全监察、电测计量、电能质量等方面。1991～2002年，地方电力生产技术管理始终坚持以国家颁布的《中华人民共和国标准化法》，以及各级政府颁发的规章制度为依据，有力地加强了全省地方电力的生产技术管理。

一、标准化管理

（一）标准的编制与印发

1988年12月全国人大通过《中华人民共和国标准化法》和1990年国务院发布《中华人民共和国标准法实施条例》后，省地方电力局于1992～1993年间对地方电力行业急需的现行标准进行了收集整理，汇编了《电气安全运行和管理》、《电力系统调度自动化》、《设备运行和管理》、《电力系统运行和管理》、《电力线路》、《设备检修试验》、《农村用电管理》等生产运行、检修用标准。

1985～1992年，四川省水电厅地方电力管理处（四川省地电局）根据国家标准，结合四川省地方电力行业实际，针对生产管理急需，组织有丰富实践经验的工程技术人员，通过大量调查研究，制定了19种规程、规范，由四川省水电厅或省技术监督局作为地方标准发布实施。部分规程、规范填补了地方电力行业生产管理标准的空白。

为使制度能落实，全省各级水电主管部门对所发布的相关规程、规范开展了广泛的宣传贯彻活动，从而使这些法规、规程、规范对推动全行业开展标准化管理发挥了重要作用。

（二）生产技术标准化管理

地方电力系统的生产技术标准化管理，是从1984年开始的。1984～1992年，在全省地方电力系统开展了企业生产技术标准化管理活动。通过省、地水电主管部门的专业技术人员深入地电企业举办《四川省地方电力生产技术管理标准》专题讲座，进行现场指导，督促《标准》的贯彻执行，收到良好效果。使94座35千伏变电站，1054千米35千伏线路、1365千米10千伏线路，44个调度室，17个计量室，7处火电厂，25处水电站都实现了生产技术标准化管理。

二、安全管理

（一）建立安全监察体系

根据国务院1987年颁发的《关于加强安全生产管理的通知》和2002年国家正式颁布的《中华人民共和国安全生产法》，四川省水电厅于1987年制定了《四川省地方电力安全监察条例》（试行），建立了省、地、县水电主管部门和地电企业、车间、班组两个三级安全监察体系。各级水电部门和所有地电企业都建立了相应的安全管理机构，配备了专（兼）职安全监察员和安全员，实行持证上岗。省地电局组织对全省地电行业的安监人员进行培训、考核、发证和定期复审。安全监察机构、人员按《条例》赋予的职权，有效地开展了安全宣传、安全技术培训、安全检查、事故调查处理、制定反事故措施等一系列安全活动，形成目标明确、职责分明的安全监察体系，从组织和制度上加强了安全管理。

（二）开展安全管理活动

安全管理活动主要是通过组织安全培训、开展安全宣传教育、开展安全检查等方式进行的。

（1）培训考核。各级水电主管部门和地电企业，以《电业安全工作规程》和《电气安全技术》等为主要教材，坚持对地电企业职工进行安全管理培训。1990 年，省水电厅地电处根据水电部颁发的《电工作业人员安全技术培训考核标准》，结合地电行业实际编写了《电工作业人员安全培训教材》，制定了电工作业人员培训考核计划，并建立了统考题库。省、地、县水电主管部门都成立了电工作业人员安全考核委员会，对地电全行业电工作业人员进行考核，合格者由省水电主管部门发给电工安全合格证。截至 2002 年底，全省地电行业有 12.12 万人取得了合格证，基本做到持证上岗和按期复审。2002 年国家安全生产监督局发布《特种作业人员安全技术培训考核标准》并实行全国统一培训大纲及教材后，四川省地电局用新标准对全省地电系统电工作业人员进行了培训复审，有 6767 人获得中华人民共和国特种作业人员操作证，有 85 名工程技术人员获得省安全生产监督管理局颁发的特种作业安全技术培训考核教师证。

（2）宣传教育。1990～2005 年间，省地电局陆续将电影电视片、录音广播资料、安全宣传画、安全手册等安全宣传资料发送到各县，仅 1990 年就印发了《电力设施保护条例》、《关于严禁窃电通知》宣传挂画 35000 套，安全用电录音带 150 套。各县水电局和地电企业会同当地安全办公室，采用电台、电视台、宣传车、图片展览、座谈会、文艺演出等形式进行用电安全宣传。各地电企业普遍设置了安全生产宣传橱窗，安全警示，宣传安全生产、安全用电。

（3）安全检查。地方电力系统早在 1983 年就建立了安全大检查制度，这项制度一直被坚持下来。省水电主管部门每年拟定安全检查大纲，下达到地电全行业。安全检查以企业自查为主，在自查的基础上，由省组织市、州、县交叉抽查，针对查出的管理及设备隐患，制定整改计划并实施，有效地控制了事故的发生。对出现的事故，都要进行认真查处和统计分析，按照“三不放过”原则，到事故发生单位总结经验教训，研究事故规律，采取预防措施。西昌、三台、遂宁、雅安等电力企业还对典型事故和易发事故拟定事故预案，作事故预演，提高了电力人员应对事故的能力和安全意识。

（三）“安全、文明生产双达标”

根据国家管电部门关于全面开展发供电企业安全、文明生产达标工作的决定，四川省于 1995 年 6 月 15 日，开始在全省地方电力生产企业中开展安全文明生产达标（简称“双达标”）活动，由地方电力局对“双达标”活动负责考核。达标考核合格的企业，由省水电厅批准命名，由企业酌情给予职工奖励（月人均不超过 20 元），并可酌情核增企业工效挂钩（包干）工资基数。达标企业的各级水电主管部门可从掌握的“以电养电”资金中给组织者、有功人员一次性奖励。省地方电力局为此制定了《四川省地方电力企业安全、文明生产达标标准》，《标准》对企业开展“双达标”活动提出了基本要求和安全管理、可靠性管理、经济管理、文明生产四个方面的 31 个考核指标。

为了加强对全省地电行业开展“双达标”活动的领导，四川省地方电力局于 1995 年 7 月 13 日成立了四川省地方电力企业安全、文明生产达标活动领导小组，下设办公室，具体组织开展“双达标”活动。1995 年，雅安电力股份有限公司、和益电力股份有限公司等一批企业率先开展“双达标”活动。1997 年底，省水电厅首批命名的“地方电力安全、文明生产达标企业”有雅安电力股份有限公司、江油电力股份有限公司、北川县电力总公司、文峰电厂、荣县火电厂、简阳石桥电站、和益电力股份有限公司、名山县电力有限责任公司、峨边大堡水电有限责任公司等 10 家企业。到 2002 年底，全省的“地方电力安全、文明生产达标企业”上升到 36 家。

省地方电力局由于安全生产管理成绩突出，曾 3 次获得水利（水电）部“安全管理先进单位”荣誉称号，获省政府十多次表彰奖励。

三、电测计量和质量监督管理

四川省地方电力系统的电测计量和质量监督管理的具体工作，由省地方电力局下设的四川省地方电力试验研究所承担，地方电力局统一管理。试验研究所有职工 42 人，其中高级工程师 7 人，工程师 28 人，助理工程师 5 人，技术工人 2 人。设有高压、继电保护、水机、电测计量室，有 1436 米^2 的试验楼，有检测仪器设备 118 台（件）和相应的技术服务设施，建立了一整套标准及管理制度。

（一）电测计量管理

根据有关规定，省水利（水电）厅早在 1987 年就成立了“四川省水利电力厅电测、热工计量委员会”，负责对全省地方电力系统企事业单位从事电测、热工仪表强制检定的人员进行考核发证工作。并相继颁发了《四川省地方电力系统电测、仪表监督管理标准》、《四川省地方电力系统的电测计量工作人员技术考核办法》。试验研究所成立后，对全省地方电力系统的电站、变电站进行了数百座（次）交接和预防性调试，共检定计量器具、仪器、仪表 3100 件，调试电站 21 座（次）。举办了 20 期电测计量检定人员培训班，4 期继电保护调试培训班，7 期可控硅励磁调试培训班，1 期高压试验人员培训班，2 期水轮机调速器人员培训班，2 期压力表试验人员培训班，培训了继电保护、高压、水机、计量检定等专业技术人员 2000 多人，这些人员多数已成为地电企业的技术骨干。

（二）质量监督管理

四川省地方电力系统的质量监督管理工作，主要由省水电厅下属的四川省地方电力系统质量监督检验站（后更名为四川省地方电力机电设备质量监督检验站）承担。四川省地方电力机电设备质量监督检验站建站以来对地方电力系统的电站、变电站进行了数百座次的交接和预防性调试。“十五”期间，共完成 31 座电站质量监督检验，21 处 110 千伏输变电工程质量监督检验，28 次变压器生产厂质量监督检验，为全省地电企业培训继电保护、高压试验、水轮机调速器等专业技术骨干 1000 多人次。保证了地方电力行业基本建设工程质量，提高了电站和电网的运行水平。

四、科技进步

1991～2002 年，四川省地方电力系统通过加强科学研究，不断引进、消化、吸收和推广应用高新技术、新设备、新材料、新工艺，将全省地方电力系统的科技水平向前推进了一大步。

（一）推广应用新技术

四川省地方电力局在“八五”、“九五”期间先后多次组织地方电力企业负责人和工程技术人员约350人次，赴深圳、广州、南京等地，实地考察电网调度自动化系统，调度通信系统，变电站、发电站微机综合自动化系统，分时计量系统，以及开关设备、节煤技术、漏电保护器等新产品。1～2年召开一次新技术展示会。1993年12月14～16日，省水电厅科教处、地电局在名山县召开“PM-1000系列35千伏变电站微机综合自动化系统应用鉴定暨企业现代化管理现场交流会”。1996年召开的新技术展示会参展生产厂家20多家，展示项目包括微机自动化装置、防渗漏防腐蚀处理技术、发电机组改造、前池清淤技术、弹性金属氟塑料推力瓦等，全省100多家地电企业派代表参观。

针对新设备在使用过程中存在维护、操作不当的问题，省地电局多次请长沙湘南电气设备厂、南京恒星公司等生产企业到现场进行技术培训，培训了数百名地电企业技术人员。

省地电局经常召开新技术现场交流会、研讨会，组织全省地电行业相关人员共同探讨解决技术难题，推广新技术。如1992年在名山县召开电站、变电站微机自动化研讨会，1994年在彭山县召开微机用电管理现场会，1996年在简阳县、高县召开发电机增容改造现场会，1995年在西昌、蓬溪县召开电网调度系统研讨会等。

预计到2005年底，全省地电企业将100%采用微机进行电力生产和企业管理；90%以上110千伏电压等级使用光纤调度通信；65家企业建立电网调度微机自动化系统；20%变电站实现无人值班、少人值守；37个县级电网建立用电管理信息系统。2001年以后建成的电站、变电站普遍采用了无油开关、互感器设备；防腐蚀、防渗漏等新技术得到普遍推广；全省地方电力基本建设、生产管理统计使用了网络电子报表系统。

（二）科研工作

20世纪80年代，四川省水利电力厅每年下达8～9项有关地方电力建设、管理的科研项目，累计专项拨款180余万元，此外还有逾千万元企业配套资金用于地方电力的科学研究。研究课题主要是企业普遍存在的技术难题、能促进电力企业现代化发展的项目，以及标准修编、制订等。如农村电气化研究、生产技术管理研究、发电厂微机自动化装置、电网微机调度自动化系统、电网线损计算机计算程序、水轮机改造、技工技术等级规范等。1986～2005年，地方电力科研项目累计获部、省级科技进步一等奖1项、二等奖3项、三等奖5项，获省水利电力（水利）厅科技进步一等奖68项、二等奖51项，科技成果被推广后创造了良好的经济效益和社会效益。

（三）学术活动

地电行业先后成立了中国电机工程学会农村电气化专委会四川分会、四川省水利学会地方电力专委会、四川省地方电力企业管理协会小火电专委会、电测计量专委会，并参加了中国电机工程学会中小设备专委会、水力发电学会四川分会、四川省电工技术学会等，经常组织、参加学术交流、学术研讨活动，帮助企业解决生产技术难题。如小火电专委会不仅组织省内小火电企业技术骨干赴山东、河南等火电企业考察，1991 年还与中国机电工程学会小火电分会联合在四川省乐山市举行全国地方火（热）电厂节能改造技术学术研讨会，来自全国 24 个省（市）的 50 余名专家参加了会议，发表论文 26 篇。这些活动促进了四川省小火电企业的技术改造。1995 年全省小火电企业年利润和上交税金由 1991 年的 2.4 亿元和 0.756 亿元，增加到 1995 年的 2.5 亿元和 3.03 亿元；粉煤灰年综合利用量由 1990 年的几万吨上升到 1995 年的 42.3 万吨，综合利用率达 48%，超过当时有关部门规定的 40%要求。

（四）农村水电技术现代化规划

2002 年，四川省地方电力局根据国家关于《农村水电技术现代化指导意见》，制订了《四川省农村水电技术现代化实施计划》（2003～2015），对农村水电厂、配套电网的技术现代化提出了分阶段实施方案。计划到 2010 年，全省水利系统 67.57%的农村水电站、68.6%的变电站、94.23%的县电网调度系统将完成技术现代化改造；31 个县电网基本实现配电自动化；全省地方电力系统 110 千伏、35 千伏电压级的骨干通信网络将全部使用光纤通信；87.13%的企业将建成规范、适用的管理信息化系统。届时全省农村水电现代化水平将步上一个新台阶。

第三节 职工教育培训

地方电力的快速发展，新职工大量增加，职工队伍不断扩大，加之大力推广采用新技术、新设备，全行业技术力量严重不足。为提高职工素质和技术水准，地方电力系统在 1991～2005 年大力加强了职工教育培训工作。

一、管理机构

为提高职工技术水平，早在 20 世纪 80 年代中期，在省、地（市、州）、县水电主管部门和电力企业中都相继成立了专管或兼管的教育管理机构，针对职工素质现状、电力发展需要制订职工教育中长期规划和年度计划，并组织实施。四川省地方电力局和绵阳、乐山等地（市）水利局先后建起了电力培训中心，多数县水利局和企业开辟了培训场地。培训教育经费、推广新技术对有关人员的培训费用直接计入成本，作为技术开发、技术引进、技术革新项目服务的培训费，在项目资金中开支。其他培训经费，除企业按工资总额 1.5%提取、并在工会职工教育经费、企业利润留成中解决外，各级水电主管部门还从提留的“以电养电”资金、并网电站管理费中安排。

二、培训标准与教材

1990～1992 年，省水电厅科教处与四川省地方电力局共同组织编写了一系列地电行业企业岗位规范及技术等级标准，经省劳动人事厅批准，由省标准计量管理局发布实施。1991 年发布的《四川省地方电力企业技术工人等级标准》（DB51/T 34—1992），规定了 21 个工种各级别技术工人的基本要求和应知应会内容。1991 年发布的《四川省地方电力企业技师等级标准》（DB51/T 35—1992），对 22 个工种技师的基本要求、技术理论和实际操作技能提出了要求。1992年发布的《四川省地方电力企业岗位规范》(DB51/T 101—1992)，规定了地方电力企业63个岗位的主要职责和任职条件。这些标准由具有相当理论知识和丰富实践经验的工程技术人员和技术工人编制，切合当时四川省地方电力实际，有较强的可操作性，可直接指导培训教材编写和职工学习，也是对职工考核的依据。

为解决培训教材缺乏问题，四川省地方电力局组织成都科技大学、重庆大学和全省地电行业中有实践经验的工程技术人员编写了大量的培训教材。

三、培训方法

各级水电主管部门和地电企业，采用多层次、多形式、多渠道方式对职工开展培训教育。

四川省地方电力局主要承担企业领导和高层管理人员的统考培训、专业性较强的业务技术培训、国家和省级认证培训，以及专业师资培训。1985～2005年共办培训班250多期，培训20000余人次。

地（市、州）、县水电局和企业采用脱产与自学、分散与集中相结合的办法就地培训，有的还采用一事一训、单科培训的速成办法，重点进行生产管理岗位的业务技术培训。1985～1998年，普遍举办了电气安全技术、生产安全管理、漏电保护、节电技术、电气运行、线路维护等学习班，培训覆盖面20年内达到90%以上。

同时，各地方电力局与河海大学、华北水利学院、四川大学、成都科技大学、四川工业大学等大专院校以联合办学或委托培训形式，办了电力系统自动化、热力动力机械、水力学及河流动力学、水利水电工程、财务管理等专业的本科班和专修班。学员由地电行业企事业单位选派（在职职工或者职工子女），参加国家统考，合格者录取入学进行系统学习，考试成绩及格者，学校发给相应学历毕业证书，返回派出单位工作。累计送培人数达数百人。

此外，凉山、泸州、达州等市（州）的地电企业还与凉山大学、都江堰水利学校、达州水电校、泸州水电校等长期挂钩委培，这些院校的毕业生到地电企业工作大都成为工作骨干。

四、职业技能鉴定

根据国务院公布的《工人考核条例》和《中华人民共和国劳动法》规定，四川省地方电力局于1998年开始筹建四川省水利行业水电职业技能鉴定站，落实机构、场地、设备，鉴定评审人员资格等。四川省水利行业水电职业技能鉴定站（简称“04号站”）2001年4月正式挂牌成立。该站在水利部及四川省水利行业特有工种职业鉴定指导中心指导下工作，同时接受四川省劳动和社会保障厅的指导和监督管理。该站配置专兼职人员86人，其中站长1人，专职管理人员5人，专兼职考评人员80人。专兼职考评员均具有高级工或技师、中级以上专业技术职称，都分别接受过水利部职业技能鉴定指导中心的职业技能鉴定管理专门培训，取得了国家职业技能鉴定考评员证书，在技能鉴定中承担相关工种、相应技术等级的考评工作。

“04号站”执行劳动和社会保障部1999年颁发的《国家职业技能鉴定规范》，按该规范配备考评员，确定鉴定方法、鉴定时间，配置鉴定工具和设备，并根据规范规定的相关工种、相关等级的鉴定内容建立了21个工种考核题库。技能鉴定现场选在“四川省地方电力试验研究所”、“四川省水利水电技术学院试验室”和电力企业的发电厂、变电站、校验室等。

2002年1月至2005年12月，“04号鉴定站”在全省21个市、州共完成4945人次的职业技能考核鉴定工作，其中技师501人，高级工1606人，中级工2076人，初级工762人，获得了国家统一颁发的职业资格证书。

五、职业技能比赛

为了推动工人技术培训工作的开展，四川省地电系统从1989年起大力开展了工人技术比赛。

涪江流域的潼南、遂宁、射洪、合川、江油、三台、盐亭等地方电力公司联合每年轮流主办一次青工比武，1989～2005年共举办了12届。参赛青工均为各企业内选拔的技术尖子，每届换人必须超过50%以上。比赛项目有发电运行、变电运行、供用电管理、外线工、内线工、计量检定、继电保护、计算机应用、财会和钳工等，总计参赛人数约1500余人。涪江流域青工比赛能持续举行，反映了企业领导对提高工人技术水平的强烈愿望。

由四川省水电厅、四川省劳动人事厅、四川省总工会联合举办，四川省地方电力局承办的全省地方电力系统输电线路、电气运行、变电站运行省级（2类）技术工人比赛，在1992年、1997年、2000年分别举行了使用《四川省地方电力企业技术工人等级标准》所规定的高级工的应知应会内容。竞赛项目包括理论考核和操作考核。参赛者是各市（地、州）选拔出来的优秀者，参赛人员累计超过500人。比赛成绩获得前三名者，由四川省水电厅、四川省经贸委、四川省劳动人事厅、四川省总工会联合颁发“四川省技术能手”称号；获得前10名者，技术等级晋升一级。

2002年3月，由水利部和劳动和社会保障部联合在四川省名山县举办的全国水利行业技能竞赛变电站值班员工种决赛中，四川省地方电力系统15名参赛者全部进入全国决赛前30名，8人进入前10名，获“全国水利技术能手”称号；2人以第一、第二名次进入前3名，获“全国技术能手”称号。

第四节　农　电　管　理

地方电力系统的农电管理主要是农村用电管理。四川省供电体制比较复杂，县以下农村，有的由大电网供电，有的由地方电网供电，有的由乡镇集体自办小水电站供电，有的由厂矿转供电。为了保障农村用电安全，减轻农民用电负担，促进农村电力事业健康发展，各级水电（水利）主管部门在地方政府的领导下，逐步加强对地方电力系统的农村用电管理，取得显著成绩。

一、农村用电管理体制

四川省较早就建立了乡电管站对农村用电进行管理。20世纪80年代在管理体制、管理方式上存在不少问题。有的由乡镇企业局、农业局管，有的由乡政府管，有的由乡镇水管所、农机站管。管理方式无统一要求和统一标准，农电管理人员业务差、素质低、责任心不强，农村用电事故多、可靠性低、电价高等问题依然存在，群众对此反映强烈。1992年10月22日，四川省水电厅颁布《四川省地方电力系统乡电管站管理办法》和《四川省地方电力系统乡电管站财务管理办法》，对全省地电系统的管理作了详尽规定。

按照《办法》规定，凡由地方电力供电的乡，原则上应建立乡电力管理站（简称乡电管站），乡电管站设站长、会计、出纳各一人，站长、会计、出纳实行合同聘用制，一聘三年，期满经复审后可继续聘用。乡电管站的管辖范围，包括本乡产权的公用高压线路、配电变压器及全部低压设备设施，自办有小水电的乡，乡电管站可对本乡的发、供、用电实行统一管理，按用户收费电量，在国家规定电价基础上，每千瓦·时加收0.5～2分作为乡电管站的维护管理费。维护管理费用于站内人员的工资、劳保和保险、安全用电宣传、技术培训、必须的生产器具设施的购置等。按收费电量，在国家规定电价基础上，除农业排灌用电外的农村用电，每千瓦·时加收1～4分的大修更新改造基金，用于高低压线路和配电设备的大修和更新改造。乡村集体或群众自筹资金兴建的高压配电线路，属地、县电力企业供电的，交地方电力供电部门代管，由地方电力供电部门核定固定资产，提取基本折旧和大修理基金，并负责维护、管理。不愿实行代管的，可在产权分界点计量，地方电力供电部门对乡电管站实行趸售，由乡电管站进行维护管理。乡电管站开展电气安装、维修和电气设备代购代销等服务性多种经营业务的收入盈余部分，除按比例适当提取奖励、福利、后备基金外，应用于乡电管站管理费和低压电网整修改造，实行“以电养电”。

在财务管理上，乡电管站按照“钱账分管”的原则，电管站分设会计和出纳（可兼职）。财会人员必须经县水电局组织培训、考试，合格者方可聘用。电管站的财会工作，必须严格执行归口管理部门制定的《电管站会计核算办法》及有关规定。建立电管站资金收支账，严格执行收支两条线，按月向“管理部门”报送报表。电管站收取的管理费、大修更改基金，必须使用管理部门统一印制的收费收据，不得无据收费。电管站每年年底要编制下一年度资金计划，报管理部门审批后执行。管理部门设置专（兼）职农电会计，负责对电管站的财务管理工作进行指导、检查和监督。维护管理费资金来源，一是按规定向用户收取的维护管理费，二是由当地水电主管部门按有关规定从提留的“以电养电”资金中给予的定额管电补贴费。维护管理费必须专款专用，开支范围为：按规定支付乡电管站人员和村电工的报酬和补贴；电管站管理人员的办公费、差旅费；开展农村安全用电宣传及村电工的业务技术培训；按电管站管理人员工资总额提取规定比例的福利基金；购置生产必须的电工器具及维护用电工材料；管理部门批准购置的交通工具及生产用房；除以上各项费用开支外，其余全部用于低压电网的维护和整改补贴。

通过管理办法的实施，全省绝大部分地县逐步理顺了农电管理体制，有了专（兼）职的农村电工，乡电管站的财务管理得到了加强。根据各地不同情况，全省农村用电主要有三种管理方式：①由水电局统一归口管理全县乡电管站；②由水电局委托电力公司统一归口管理乡电管站；③一些供电范围不大的地方，由电力公司直接管理到用户，不设乡电管站。两个办法实施后，到 1996 年底，全省乡电管站总数达 1712 个，有农村电工 33657 人。

1999 年国务院批转国家经贸委《关于加快农村电力体制改革加强农村电力管理意见的通知》后，四川省抓住“农电管理体制改革的核心是改革乡（镇）管电体制”这个核心，取消了中间管理层次，由县电力公司按区域设立供电所、组（派出机构）对农村用电实行统一管理。结合农网改造，全省地方电力系统撤销了 1028 个原有的乡镇电管站，成立了 743 个由电力公司统一管理并严格执行收支两条线的供电营业所，对农村管电人员通过培训考核、择优聘用、持证上岗。基本做到了“三公开”（电量公开、电价公开、电费公开）、“四到户”（销售到户、抄表到户、收费到户、服务到户）、“五统一”（统一电价、统一发票、统一抄表、统一核算、统一考核）管理，基本杜绝了“三电”（人情电、权力电、关系电）、“三乱”（乱加价、乱收费、乱摊派）现象，切实减轻了农民用电负担。

二、农村电价

为了加强农村电力价格的管理，使农村用电电价纳入物价管理轨道，制止乱摊派、乱加价、乱收费行为，切实减轻农民的不合理的用电负担，省物价局、电力工业局、水电厅于 1991 年 9 月 17 日联合印发了《四川省农村电价管理办法》。地方电力系统按照该《办法》进行了深入的电价治理整顿工作。

通过治理整顿，基本上制止了乱收费、乱摊派，解决了农村用电管理的经费问题，加强了农村用电管理的组织建设和制度建设，农村生活用电到户电价有了较大幅度降低。

三、农村供用电安全管理

基本理顺农电管理体制和解决管理经费后，农村安全用电管理工作逐步走上正轨，建立并完善县、乡、村三级安全监察网，落实安全监察机构和人员，普遍落实了农村安全用电管理责任制，制订了农村安全用电管理办法，加强了农村电工培训和管理。广泛开展了农村安全用电宣传，加强了农村高低压线路整改和安全检查，消除许多事故隐患，全省地方电力系统农村触电死亡人数由 1985 年的 322 人，下降到 1996 年的 29 人。

第五节 电 价 管 理

20 世纪 80 年代前，由于电价偏低，地方电力企业负债过重，地电行业缺乏自我改造和自我发展能力，严重影响地方电力发展。根据国家经委、水电部、物价局 1986 年《关于小水电电价的几项规定的通知》中“小水电电量属于计划外电量，可参与市场调节”有关规定，四川省相继制定了征收电力建设基金、电价制度调整改革等政策。

一、地方电力建设基金

1987 年 11 月，四川省人民政府决定从 1988 年 1 月 1 日起征收电力建设基金，全省部属电网范围内除执行照明电价、农排电价及购买用电权和电力债券的电量外，一律按每千瓦·时附加 2.5 分征收电力建设基金。与国家电网并网运行的地方电站（网）、独立运行的地方电站（网）也按此办法征收电力建设基金。地方电站（网）供区内征收的电力建设基金由地、市水电局在当地建行单独列账，专项储存，全数留给地方用于发展地方电力事业，专款专用。西南电管局以5分/千瓦·时保护电价收购地方电站（网）的上网电量，扣除规定免收电力程设基金的电量及线损后，所征收的数额在“代收地方电力建设基金”中单独立项。代收地方电力建设基金由省计经委、省水电厅、省财政厅统一安排用于发展地方电力建设。1991年12月31日，按照国务院的决定，从1992年1月1日起在农村水电供电地区征收农村水电建设基金。

二、电价改革

为了使早期建设投产的电站（网）具有一定偿还贷款余额和自我改造、自我发展的能力，经省政府批准，地方电力系统对电价进行了多次调整。

经省政府批准，从1993年1月1日起，提高全省小水电向国家电网送电的上网保护性电价，同时实行丰枯峰谷差别电价。即：1986年以前修建的小水电上网保护性电价由原规定的5分/千瓦·时提高到9分/千瓦·时；小水电上网电价实行丰枯、峰谷电价，丰水期上网电价为6.5分/千瓦·时，平水期上网电价为9分/千瓦·时，枯水期上网电价为13分/千瓦·时。

以上丰水、平水、枯水三个时期电价为同期峰谷调峰电价的平段电价。高峰时段向上浮动50%，低谷时段向下浮动50%。

1993年根据中共中央、国务院《关于减轻农民负担的指示》精神，省政府批准将地方电力供电售电综合电价进行调整。即：取消乡镇管电组织向农民收取的电力维护管理费；将原来对农村用户收取的维护管理费纳入地方电力企业的供电成本，由除电力排灌、化肥生产用电以外的其余所有用户分摊，相应提高地方电力企业对这些用户的综合售电电价，综合电价增加幅度应控制在0.2～0.8分/千瓦·时范围内；售电综合电价调高部分的电费收入，主要用于农村集体产权的供电设备、设施的运行维护，乡电管站人员和农村电工的合理报酬等。

1995年10月，四川省物价局印发《关于调整改革地方电力电价制度的通知》，决定对地方电力电价制度进行适当调整改革。《通知》要求：①制定地方电力的电价，要符合成本补偿、合理盈利、公平负担、考虑社会承受能力，要有利于地方电网的发展五条原则；②电价构成要素包括电力成本费用、税金和合理利润。独立经营核算的地方电站和电网，其向大电网和地方电网送电的不含税上网电价，按“计划期发（供）电单位成本、费用＋单位合理利润”核定，1986年以前投产的水电站（网）不含税上网电价，不低于13分/千瓦·时；地方电网含税销售电价按“（电网发供电计划期总成本、费用＋外购电含税总成本）/计划期售电量＋单位税金＋单位合理利润”核定；地方电网向县级转供电企业供电的趸售电价，按用户分类销售电价的七折核定；地方电网外购电量实行高来高去的部分，除国家规定必须优待的项目外，原则上对其余用电实行均摊加价；所有地方电网都要按有关规定对有关用户实行功率因素调整电费办法。

1998年9月，国家计委批准并颁发了《四川省电网丰枯、峰谷电价暂行规定》。实行丰枯、峰谷分时电价总的原则是：在电价总水平不变、总体上不增加用户负担的基础上，确定各季节和时段的价格；通过合理确定丰枯季节和峰谷时段、浮动幅度，调动发电企业枯水季节和用电高峰时段的发电积极性，促进用户避峰填谷，提高社会经济效益；上网电量丰枯电价执行范围为装机容量在2000千瓦及以上水电厂的上网电量。丰水期电价在基准电价基础上下浮25%；枯水期在基准电价基础上上浮50%；平水期按基准电价执行。基准电价为按物价管理部门批准的上网电价；上网电量峰谷电价执行范围为四川电网主网内装机容量2000千瓦及以上电厂的上网电量，以及地方独立电网送四川电网主网的上网电量。平段电价执行基准电价；高峰电价在基准电价基础上上浮33.5%，低谷电价在基准电价基础上下浮50%。基准电价为物价管理部门批准的上网电价，其中装机容量在2000千瓦及以上的水电厂根据不同季节分别以丰、枯、平水期电价为基准电价。销售电量丰枯、峰谷电价的执行范围为：受电变压器容量在315千伏安及以上的大工业用户；受电变压器容量在50千伏安时及以上的非工业、普通工业用户；除党政机关、事业社团、学校、医院、民政福利单位和城市公用路灯以外的非居民照明用户；趸售用电。丰枯销售电价为丰水期电价在基准电价基础上下浮10%，枯水期电价在基准电价基础上上浮20%，平水期电价按基准电价执行。峰谷销售电价为在丰枯电价基础上，高峰用电电价上浮60%，低谷用电电价下浮60%。

第六节 供电营业区的划分和供电营业许可证的发放

一、营业区划分和营业许可证发放

为了搞好供电企业之间的供电区域划分，理顺电网之间的供电关系，在中共四川省委办公厅、四川省人民政府办公厅于1996年11月25日专门印发了《关于处理好大小电网关系促进四川经济发展的通知》后，四川省经贸委根据省委、省政府办公厅的《通知》精神，于1997年9月29日印发《关于做好供电营业区划分工作的通知》和《四川省供电营业区划分及管理办法（试行）》。根据省政府的规定，省水电厅于1997年11月3日发出《关于贯彻执行〈四川省供电营业区划分及管理办法（试行）〉有关问题的通知》，结合四川省地方电力管理体制实际，就申报程序等有关问题提出以下具体贯彻实施意见。

依据《电力法》和四川省政府批准的省水电厅"三定方案"的规定，地方电力企业申请核发《供电营业许可证》的程序为：①县属地方电力企业（包括国家电网"代管"、联营企业）向县水电局提出申请，县水电局协调并签署意见后，送县经贸委（经委），县经贸委会同有关部门对全县供电区进行会审、协调并签署意见后，在县经贸委（经委）上报市、地、州经贸委（经委）的同时，由县水电局报送市、地、州水电局；②市、地、州属地方电力企业向市、地、州水电局提出申请，市、地、州水电局协调并签署意见后，送市、地、州经贸委（经委），市、地、州经贸委（经委）会同有关部门对全市、地、州（包括县上报的县级供电营业区）供电营业区进行会审、协调并签署意见后，在市、地、州经贸委（经委）上报省经委的同时，由市、地、州水电局报送省地方电力局。

供电营许可证只核发到县级供电营业区。对乡镇电站供电区的处理方面，有供电区的乡镇电站可以向县水电局申报核发委托供电营业许可证，乡镇电站凭委托供电营业许可证向工商行政管理部门申请领取营业执照，委托供电营业许可证由市、地、州经贸委（经委）统一印制，由县经贸委（经委）核发。

供电营业区划分，在尊重历史、维持现状的基础上进行。对于电网交叉需要进行适当调整的供电营业区，本着保持一个供电营业区相对完整的原则，其供电区在调整时可以依据产权关系追溯到20世纪90年代初期的状况，并由企业提出调整意见，由各级经贸委（经委）会同有关部门进行协调。大小电网以及不同产权关系地方电网联网运行，一年内相互有电力、电量交换，不构成趸售转供为主关系的，双方用合同确定互供电关系，一方均不把对方视为趸售营业区，不申请趸售供电营业许可证。电网交叉、影响供电安全、确需进行适当调整的供电营业区，调整时坚持平等互利、协商一致的原则，电力企业可以提出调整意见，由当地经贸委（经委）会同有关主管部门进行协调。协调成功的，按双方达成的调整意见上报；协调不成的，最后由省经贸委会同省级有关主管部门再协调、裁定。“用户自备电厂应自发自供厂区内的用电，自供有余的电量应上网销售。”对有自备电厂向外供电的地方，要在此次划分供电营业区、核发供电营业许可证中，由水电主管部门配合当地经贸委（经委）进行协调处理。兼售电能的地方国有、股份制发电厂，可以申报核发供电营业许可证。

二、领导机构

为加强对全省供电营业区划分、管理工作的领导，四川省成立了由省“三电办”主任为组长、省电力局一名副局长和省水电厅一名副厅长任副组长的四川省供电营业区协调领导小组。下设办公室，省经贸委生调处处长任主任，省电力局用电处处长和省地方电力局局长任副主任。各市州也相应成立了供电营业区协调领导小组，设立办事机构，做好本地区供电范围内的指导、协调并办理日常工作。

三、审核和发放供电营业许可证

1998年11月18日，四川省经贸委主持召开第一批地方电力企业供电营业区的审核会，省供电营业区划分协调领导小组的水电厅、电力局成员共同参与审核。依据《四川省供电营业区划分及管理办法（试行）》，本着尊重历史、基本维持现状、民主协商、求同存异的原则，经对各企业申报材料及各市、地、州经委、水电局初审意见的逐一审核，雅安地区电力股份有限公司、明星电力股份有限公司等42户地电企业顺利通过会审，由省经贸委颁发供电营业许可证。1999年有21户地电企业通过会审并发证。截至2000年底，全省首次供电营业区划分、审核、发证工作基本结束，有146户地电企业颁发了供电营业许可证，其中达川市、峨嵋山市由于大小电网交叉比较严重，经省经贸委协调，调整了部分供电区域。

第七节 文明服务示范窗口建设

1998年3月，四川省水利厅在三台县召开四川省地电行业创建文明示范窗口建设工作会，部署全省地电行业开展文明服务示范窗口建设。随后组织开展了文明服务示范窗口建设活动。

一、考评标准和办法

2001 年，省水利厅印发《四川省水利系统地电行业文明服务示范窗口考评实施细则》，2004 年又将修改、补充、完善的《四川省地电行业文明服务示范单位、优质服务窗口和优质服务标兵个人的评审管理办法及考评（复查）验收实施细则》印发各地，要求全省地电企业认真贯彻执行。

文明服务示范单位考评标准，对精神文明建设、文明服务、安全生产、内部管理 4 个方面进行考核，考评项目 32 项，考评内容 97 个。

优质服务窗口考评标准，对精神文明建设、优质服务、内部管理 3 个方面进行考核，考评项目 27 项，考评内容 82 个。

优质服务标兵个人考评标准，对思想道德、业务技能、遵纪守法、优质服务 4 个方面进行考核，考评内容 26 个。

《评审管理办法》规定：①被命名授予“四川省地方电力行业文明服务示范单位”和“四川省地方电力行业优质服务示范窗口”称号的，每个职工按人平一个半月工资给予一次性奖励；②被授予“四川省地方电力行业优质服务标兵个人”称号的，由企业另按500～1000元给予一次性奖励；③发现作假者，取消荣誉称号，并对有关负责人给予通报批评。

二、建设活动

在开展文明服务示范窗口建设活动中，各级水利部门和地电企业重点抓了以下工作：

（1）加强教育培训，提高干部、职工的思想素质、职业道德和业务技术水平。

（2）建立健全各项管理制度，实行制度化、规范化管理与优质服务，广泛接受社会各界和客户的监督。

（3）注重企业领导班子建设，建立党风廉政建设责任制、经理与客户专访接待日制度等。

三、创建成果

1998～2005 年，全省有 73 个地电企业荣获四川省地方电力行业文明服务示范单位称号，占全省县级以上地电企业总数的 70%；有 252 个供电营业所荣获四川省地方电力行业优质服务示范窗口称号，占全省地电企业供电所总数的 40%；有 40 名地电职工荣获四川省地电行业优质服务标兵个人称号。

第八节 企业管理协会及行业管理

改革开放后，为了在市场经济条件下加强地方电力行业管理，由省水电部门牵头成立“四川省地方电力企业管理协会”，并开展了一系列活动。

一、四川省地方电力企业管理协会的成立

1985 年 3 月 28 日，省水厅决定成立四川省地方电力企业管理协会筹备组。经过一年多的筹备，四川省地方电力企业管理协会（简称地电企协）成立大会于1986年12月14日在成都召开，第一批加入协会的148个团体会员单位派代表参加了成立大会。四川省是全国地电行业最早成立省级协会组织的省，曾带动其他省（区、市）相继成立省级地电协会。

地电企协成立之初，全省（含重庆市）几乎所有县级及以上的地方电力企业都参加了协会。重庆市直辖后，原重庆市参加企协单位已不再参加四川省地电企协活动。2005年底，省地电企协的在册团体会员共有204个。

协会章程规定，协会的领导机构是理事会，理事会由会员民主协商推荐产生。理事会推选会长、副会长、常务理事，根据会长提名确定秘书长、副秘书长，理事会闭幕期间，常务理事会执行理事会职权。

1990年4月21～25日，四川省地电企协在雅安召开年会，进行了换届选举，组成了第二届理事会。

1995年9月5～6日，四川省地电企协在成都召开换届会议，组成第三届理事会。

二、协会活动

根据行业管理工作需要，地电企协下相继成立了厂长（经理）工作研究会、思想政治工作研究会、火电专业委员会、公益基金管委会、计量专业委员会和咨询服务部，各专业委员会成立理事会，在协会常务理事会的领导下分别开展活动。历届协会理事会在省水电（水利）厅的领导和会员单位的支持配合下，组织各研究会、专委会分别围绕稳定和完善地方电力管理体制、加强地电行业管理（包括专业管理、思想政治工作）、推动地电企业实行股份制集团化改革、实施农电“两改一同价”工作、开展水电农村电气化建设和小水电代燃料试点，与行政紧密配合，在调研、咨询、培训、信息、出版等方面做了大量工作，取得了重要成绩。

(1) 厂长（经理）工作研究会（简称厂研会）于1989年4月7日成立。厂研会成立以来，围绕调研、咨询、培训、考察、宣传等方面开展工作。

1) 在都江堰、涪陵、犍为、新都等多次召开四川省地方电力体制改革研讨会，就完善现行地方电力管理体系、处理好主管部门和企业间关系、改善大小电网关系、建设跨县区域性地方电网、巩固发展县电网等问题提出建议，对逐步改革、完善四川省地方电力体制起了重要作用。

2) 1991年3月组织省内8个区域性地方电网主管部门和电网公司的负责人赴湖南怀化、广西梧州、云南大理考查区域性地方电网建设和管理，并于4月3～5日在西昌召开区域性地方电网研讨会，提出：“区域性地方电网的建设与管理，必须坚持‘以小型为基础，中型为主导，电源电网同步发展，建中抓管，以管促建’的指导思想。必须有中长期发展规划，分步实施。应积极建设有调节性能的骨干电站。电网网架建设应适当超前。提倡地县、省地县联办，更好地为基层和企业服务。”同时提出了妥善处理大小电网之间、地县电网之间权益关系问题的思路和办法。

3) 1990～1995年，参加全国水利系统《电力法》立法调研活动，先后13次就《电力法》、《电力供应与使用条例》等电力法律法规的起草、制定，提出了建议和意见。

4）参加了全国水利系统对《可再生能源法》立法的研讨，提出了以“可再生能源法与农村水电”为题的综合与具体意见和建议。参加起草了《中国水电农村电气化2001～2015年发展纲要》，四川省是起草小组执笔单位。接受水利部的委托，协会与省地电局配合主编了《水电农村电气化标准》。参加编制了《全国小水电代燃料生态保护工程规划》和《小水电代燃料项目验收规程》。

5）协助行政开展新形势下继续执行“以电养电”政策和地方电价调整、改革的调查研究，形成了“以电养电”和电价调整的政策性文件。

6）与行政配合举办了企业管理、股份制、现代企业制度等多期培训班，对转机建制、搞好搞活企业发挥了促进作用。

7）组织开展课题研究，撰写了《四川电力工业合理格局》、《关于发展地方电力工业的几个问题》、《缓解四川电力紧张局面的对策》、《地方电力工业发展战略》、《大小电网矛盾实质》、《论地方电业公司制改组、商业化运营、法制化管理》等文章，分别在《地方电力管理》、《中国水利报》、《水利政策研究》、《小水电》、《中国电力企业管理》、《中国农村电气化》、《经济管理》等报刊和“国研网”、“中国能源网”、“中国农村水电及电气化信息网”等网站上登载，起到了加强调研、扩大宣传、推动工作的作用。

(2)“公益事业基金管理委员会”于1989年4月6日成立。基金管委会利用会员集资形成的公益基金参股地方小水电站建设等的收益，至1995年共安排了652名地电企业和水电主管部门职工赴省外免费疗休，获得职工好评，增加了行业凝聚力。

(3)“思想政治工作研究会”于1990年4月24日成立。研究会成立后，联系地电行业实际，对如何加强企业思想政治工作，促进企业精神文明建设进行了深入调查研究，并组织开展了多次专题研讨会，对地电企业发挥党组织的政治核心作用，形成党政工团齐抓共管，建设一支有理想、有道德、有文化、有纪律、素质优良的职工队伍等起了重要作用。

(4)“火电专业委员会”于1990年9月16日成立。成立后，组织交流了地方火电厂管理工作经验，研究了存在的主要问题，提出了治理整顿意见。出版内部刊物《地方火电通讯》，交流技术和管理经验。1991年6月6～24日，组织全省地方火电厂的负责人赴河南、江苏考察，学习小火电的企业管理、技术管理经验。1991年10月7～12日，全国地方电厂节能改造技术学术研讨会在乐山召开的同时，召开了四川地方火电专业委员会年会。会上，交流了地方火电厂治理整顿、节能技改经验，提出了下步工作安排意见。

(5)“计量专业委员会”于1996年8月21日成立，成立后，开展了电测计量技术研讨、新产品推广、经验交流等活动。

(6) 咨询服务部于1988年成立，成立后，组织开展了多项咨询服务活动。主要项目如下。

1）受阿坝州草坡水电厂的委托，1990年2～7月，对该厂企业管理工作进行咨询，提交了《对阿坝州草坡水电厂企业管理工作的咨询报告》；1993年3～9月，对阿坝州草坡水电厂改组成股份制水电企业进行咨询，提交了《阿坝州草坡水电厂改组成四川草坡水电股份有限公司的可行性研究报告》及相关附件，对该厂加强管理、推进企业改革、提高经济效益、组建成定向募集股份制企业和股票上市起了重要作用。

2）受四川省水电厅委托，1991 年 9 月，对内江市沱江电网运行管理方式进行咨询，通过调研、论证，提出了《关于沱江电网运行管理方式调整和建设的意见》。

3）受成都市水电局委托，1991 年 10 月，对成都市市郊电网建设和管理进行咨询，深入到温江、彭县、都江堰、郫县、新津等县市考查，提出了《对成都市郊县电网建设管理的咨询意见》。

4）受南充地区水电局委托，1992 年 11 月，对南充地区地方电网规划进行咨询，通过调研、论证，提出了《对南充地区地方电网建设和管理的初步意见》。

5）配合中国水利企协水利地电分会完成了 10 余项重要课题的调查研究和 20 多个项目的综合咨询和专题诊断。

6）地电协会参与合办了《地方电力管理》杂志。该杂志于 1987 年获得内部期刊准印证，1989 年取得广告经营许可证，开始在全国水利系统地方电力行业内部征订发行和刊登行业形象宣传广告。1992 年 9 月国家科委批准《地方电力管理》杂志（月刊）正式在国内公开发行，国内统一刊号为 CN51－1421/TM。

7）协会配合各市（地、州）经委（企协）共同向省企业联合会、企业家协会推荐了 14 个地电企业、18 名经理参加全省优秀企业、优秀企业家评选，并派员与省企业联合会组成专家组到企业考察，共有 7 个地电企业和 6 个地电企业经理被省政府命名为优秀企业和优秀企业家。

第四章 农村电气化建设

四川省的农村电气化建设，始于20世纪80年代，预计到2005年底，四川省将建成电气化县65个。

第一节 第二批农村水电初级电气化县建设

第一批农村水电初级电气化试点工作取得成效后，1991年3月23日，国务院决定1991～1995年在全国建设第二批农村水电初级电气化县，全国共安排200个县，四川省列入计划的占25个县，另外四川省政府确定理县、金口河区、城口县和三台县也同时实施农村水电初级电气化试点工作，实际四川省实施的第二批初级电气化建设的共29个县(今重庆市地区占10个县)。其中列为国家和省重点扶贫的县9个，占31%；少数民族县8个，占27.6%；全县人口在100万以上的大县有4个；50万人口以上的县有10个。截至1995年底，邛崃市、崇州市、平武县、射洪县、夹江县、蓬安县、屏山县、高县、宣汉县、大竹县、雨城区、名山县、汉源县、理县、泸定县、康定县、西昌市、德昌县、米易县、犍为县、金口河区等21个县经省政府验收达到了初级电气化标准，超额2个县完成国务院下达的指标。

一、建设标准

四川省水电农村电气化县建设，是严格按照水利部颁发的标准规定执行的。其具体标准如下：

(1) 建立健全县、乡两级电气化领导机构，负责农村电气化建设，贯彻执行发展农村水电的各项方针政策。

(2) 建立“地方为主、县为实体”，发、供、用电统一归口水利部门的管电机构。

(3) 农村电气化地（市、州）、县（市、旗、区）应按该标准各项要求编制规划。电源建设、电网布局、负荷发展计划应和当地经济发展水平相适应。

(4) 电源建设应立足于开发当地的水电资源，并因地制宜地建设其他配套电源，自供电量应占县总供电量的60%以上。

(5) 全县电网的网络布局基本合理。

(6) 全县户通电率达到90%以上，用电保证率达到85%以上；全县人均年用电量必须不低于200千瓦·时；全县户均年生活用电量不低于200千瓦·时；全县有10%以上的户在丰水期使用电炊，或有20%以上的户采用以电节柴、节煤措施。

(7) 建立健全完整的运行、检修、安全规章制度，并有完善的岗位责任制及经济责任制。农村水电电力系统应建立调度中心，实行科学管理，不断提高系统通信调度水平。

二、建设成效

四川省第二批建设的21个县农村水电初级电气化达标县，在“八五”期间新增电源装机容量30.61万千瓦，新建高低压线路2.4万千米，新增变电容量110.36万千伏安，累计投资14.21亿元。截至1995年底，21个县累计电源装机容量达到58.37万千瓦，高低压线路8.07万千米，变电容量212万千伏安；全年发电量29亿千瓦·时，比基准年的1991年增长2.3倍。

（1）提高了用电水平。21个县的乡平均通电率达到91.57%，村平均通电率达到93.78%，户通电率达到92.54%，都较基准年有较大提高。电炊户率从7.45%上升到19.12%，人均年用电量由140千瓦·时提高到266千瓦·时，户均年生活用电量由127千瓦·时提高到270千瓦·时。

（2）促进了地方经济发展。21个县1995年国民生产总值为133.83亿元，比1990年增长2.25倍；工业产值为174.86亿元，增长3.84倍。

（3）促进了农民和地方财政增收。21个县1995年的农村人均年收入为743元，比1990年增长了1.69倍。1995年财政收入为10亿元，比1990年增长2.35倍。

三、基本做法

第二批农村水电初级电气化建设的主要做法如下：

（1）加强领导，落实政策。在农村水电初级电气化试点县建设中，四川省政府就成立农村电气化领导小组，下设农村电气化办公室。在第二批农村水电初级电气化县建设中，省政府加强了农村电气化领导小组和办公室，列入国务院和省计划的电气化建设县行列的县委、县政府都成立了由主要领导任组长、有关部门参加的领导机构和办事机构，领导和组织开展初级电气化建设。从省到县，层层贯彻落实“自建、自管、自用”、“谁建、谁管、谁受益”、“以电养电”和大网扶持小网等方针政策。

（2）加强政府部门间的协调配合。第二批农村水电初级电气化县建设任务重、时间紧，在省政府农村电气化领导小组领导下，省水电厅组成分管厅长牵头，有计划处、规划处、基建局、地电局、电气化办公室主要负责人参加的工作班子，深入重点县调查研究，找出各县完成任务的差距和工作重点，制订计划，狠抓落实，帮助解决具体问题。组织召开了近10次现场办公会，及时解决了工程建设、资金筹集、电力供给等方面的问题。省市有关部门从项目审查、工程立项、配套资金、技术力量等方面尽可能给予支持，做到上下一心、目标明确、紧密配合，有力地推动了电气化建设。

（3）全面规划，分步实施。各电气化建设县结合当地水、煤资源和电力状况，制定了电源、电网、负荷发展规划和分期实施计划。21个县都有丰富的水能资源，其中适合地方开发的中小水电资源每个县有几万到几十万千瓦；有的县还有一定的煤炭储量。电气化建设中，实行多渠道、多模式办电，县办骨干电站，乡、村（组）、厂矿和农民群众建小型、微型电站，21个县共建成小水（火）电站装机容量30.61万千瓦，每个县都建成了一定数量的骨干电站，基本解决了缺电问题。

（4）建设配套电网。贯彻“自建、自管、自用”的“三自”方针，电源、电网统一规划、配套建设，是电气化建设的重要指导思想。

电气化建设前，21 个县一般只有少量 35 千伏线路，有的县只有 10 千伏线路，乡村电站大都孤立运行，供电质量差。电气化建设中，各县在电源建设的同时，十分重视配套电网建设，都建成了 35 千伏输变电骨干网络，有的还建有 110 千伏输变电工程，逐步形成了发、供、用电统一管理、比较完善的县级电网和统一的调度机构及相应的设备、设施。

（5）立足自力更生，争取各方支持。电气化建设一次性投资大，除中央和省少量资金扶持外，主要靠地方政府、乡村集体和农民群众自筹，以及贷款解决。21 个县 5 年来投入农村电气化建设资金共 14.21 亿元，其中中央补助 8710 万元，占总投资的 6.13%。

（6）宣传典型，鼓舞各县下定战胜困难完成任务的决心。第二批初级电气化建设县中有三分之一以上县基础较差，资金困难，技术力量薄弱，困难不少，对完成任务有畏难情绪。金口河区是个仅有 5.5 万人口的彝族自治区，1982 年建区时，地方电力基本上是空白的。电气化建设之初，全区没有一条 35 千伏线路，地方负荷由电站以 6 千伏供电，电力公司租用 2 间房子办公，条件十分困难。但该区仅用了 3 个月就高质量地建成了一座 35 千伏变电站，架设了 40 千米 35 千伏线路，8 个月建成了一座调度大楼和微机自动化调度系统，一跃成为乐山市装备最先进的电力公司。省水电厅以金口河区为典型，召开电气化建设现场会，鼓舞了其他县战胜困难、加快电气化建设的士气。

（7）加强经营管理，提高经济效益。一手抓建设，一手抓管理，以管促建，是电气化建设的又一特点。许多县电气化建设前没有统一的管电机构和县电网。电气化建设中，普遍建立了发供用电统一管理的县电力公司，使县内小水电站尽可能联网运行，同时建立健全各项规章制度，加强管理，采取多种形式培养管理人才，提高了管理水平和经济效益。

第二节 第三批农村水电初级电气化县建设

在第二批农村水电初级电气化县建设完成后，国务院于 1996 年决定在 1996～2000 年间继续建设第三批农村水电初级电气化县，全国共计安排 300 个县，四川省占 45 个县（市）。

一、规划目标

四川省对第三批农村水电初级电气化县的建设规划为：列入全国第三批初级电气化县建设计划的 45 个县（市），从 1996 年开始建设，到 2000 年（达标年），发电装机容量要从基准年（1995 年）的 56.5 万千瓦增长到 127.6 万千瓦；年发电量从 22 亿千瓦·时增长到 65.5 亿千瓦·时；户通电率从 81.4%增长到 95.6%；年人均用电量从 124.3 千瓦·时增长到 294.2 千瓦·时；户均年生活用电量从 136.8 千瓦·时增长到 288.7 千瓦·时。要新建 110 千伏输电线路 595 千米；110 千变电站 19 处共计容量 64.1 万千伏安；新建 35 千伏线路 1857 千米；35 千伏变电站 108 处共计容量 65.9 万千伏安；增加 10 千伏配电线路 9920 千米，配电变压器容量 205 万千伏安；规划总投资 33 亿元，其中电源投资 22.4 亿元，电网投资 10.6 亿元，自筹资金 16 亿元。

二、建设成果

中共四川省委、省政府对农村水电电气化县建设非常重视，于 1996 年 12 月 2 日批转了省计委、省水电厅《关于加快第三批农村电气化县建设有关问题的报告》。要求各级政府切实加强领导，做好统筹协调工作，搞好规划，理顺管理体制，改革、调整电价，加大资金投入力度，实行优惠政策，加快建设速度。151 号文件规定，省计委、省财政厅每年各拿出 1000 万元用于农村电气化建设，省扶贫资金、"以工贷赈"资金和少数民族"两项"资金也要向电气化建设项目倾斜。

第三批初级电气化建设过程中，国务院部署实施了农村电网"两改一同价"工程。电气化建设与"两改一同价"工程相结合，促进了电气化建设的全面发展。

截至 2000 年末，全省第三批农村水电初级电气化建设达标验收县共 68 个，超额 23 个县完成国务院下达的建设任务。这 68 个县分别是丹棱县、彭山县、泸县、合江县、三台县、盐亭县、马边县、沐川县、南部县、高坪区、珙县、兴文县、长宁县、广安区、渠县、达县、通川区、开江县、南江县、巴州区、通江县、金川县、松潘县、小金县、阿坝县、黑水县、马尔康县、若尔盖县、九龙县、丹巴县、炉霍县、道孚县、甘孜县、巴塘县、得荣县、乡城县、白玉县、冕宁县、越西县、喜得县、普格县、盐源县、昭觉县、雷波县、郫县、纳溪区、叙永县、雁江区、元坝区、遂宁市中区、阆中市、筠连县、武胜县、邻水县、资中县、万源市、平昌县、茂县、九寨沟县、会理县、宁南县、西充市、营山县、江安县、富顺县、岳池县、壤塘县、会东县。

2000 年底，68 个县拥有电源装机容量 127 万千瓦，较基准年 1995 年增长 44.8%，年发电量 50 亿千瓦·时，增长 43%；拥有 110 千伏线路 1489 千米，110 千变电站 52 处，容量为 231.2 万千伏安；35 千伏线路 6535 千米，35 千伏变电站 354 处，容量为 194.2 万千伏安；10 千伏线路 59838 千米，低压线路 263394 千米，配电变压器容量为 383.9 万千伏安。年总用电量 78 亿千瓦·时，人均年用电量从基准年的 120 多千瓦·时增加到达标年的 242 千瓦·时，户均年生活用电量从 130 多千瓦·时增加到 275 千瓦·时，户通电率由 83%提高到 97.7%，电炊户率从 6.3%发展到 21%。累计投资 50.5 亿元，其中电源投资 31.8 亿元，电网投资 18.7 亿元。总投资中，国家及省补助资金 2.2 亿元，占 4.4%，其中省计委与省财政投资 4442 万元，"以电养电"资金 6750 万元；银行贷款 18 亿元，占 35.6%；其余 60%的建设资金是地方多渠道自筹解决的。

初级电气化建设有力地促进了地方经济发展、财政和农民增收。68 个电气化县达标年工农业总产值为 1114 亿元，比基准年增长 59.8%；县财政收入 44.4 亿元，比基准年增长 72%；农村人均年纯收入从电气化建设前的 765 元增加到 1427 元，增长 86.6%。"九五"期间国家实行退耕还林、还草以来，一些以木材砍伐、销售为经济支柱的县，把发展小水电作为支柱产业来抓，成为这些县经济振兴的亮点。

在第三批初级电气化县的建设中，雅安地区充分发挥水力资源优势，通过不懈努力，除 8 个县、区都建成了初级电气化县外，还建成了单站装机容量 1 万千瓦以上的将军坡、花滩、丁村坝 3 个具有调节能力的骨干水电站，建成了贯通全区南北的 110 千伏输变电网络，实现了全区电网的联网运行，完善了调度自动化系统，使全区人均年用电量达到了

827千瓦·时，户均年生活用电量达到了424千瓦·时，户通电率达到98.4%。2000年6月通过了农村水电初级电气化地区达标验收，成为继广西梧州、云南德宏州之后全国第三个农村水电初级电气化地区。

第三节　水电农村电气化县建设

在第一、二、三批初级电气化县建设取得显著成效的基础上，国家于2001年末作出了“十五”期间（2001～2005年）建设400个水电农村电气化县的安排。

一、电气化县建设指标

2003年7月8日，水利部批准发布《水电农村电气化标准》。《水电农村电气化标准》的主要规定和要求如下。

（一）基本条件

电气化县建设的基本条件主要有以下五方面。

（1）水电农村电气化建设应符合水资源（水量、水能、水质、水域）统一管理与河流综合开发治理的要求，坚持为农业、农村、农民服务的方向，与经济建设、江河治理、扶贫开发、生态建设相结合，推进农村现代化进程和经济社会可持续发展。

（2）水电农村电气化建设应坚持分散开发、就地成网、就近供电、自发自供、联网运行的原则。

（3）水电农村电气化电网建设应坚持独立配电公司方向，推进电力体制改革，建立现代企业制度。

（4）各级水行政主管部门对农村水电有效行使行业管理职能。

（5）要经政府授权，确立水行政主管部门履行国有水利水电资产出资人职责。

（二）电源和电网建设要求

（1）电源、电网应同步规划，协调发展。

（2）电源建设应以开发农村水电资源为主，优先开发调节性能好的水电站。因地制宜利用风能、太阳能、生物质能等能源发电。

（3）电网建设应适应城乡经济社会发展对用电的需求，提倡跨县联网和跨区域联网，调剂余缺，保证安全、可靠、经济供电。

（4）电源、电网工程建设必须注意符合环保要求，美化环境。

（5）电源、电网建设必须采用新技术、新工艺、新设备、新材料，新建水电站和变电站应实现无人值班、少人值守。

（6）电网应建立调度综合自动化系统。

（三）用电水平

电气化县建设对用电水平的要求较高，主要指标如下：

（1）全县乡、村通电率应达到100%，户通电率应达到98%以上，牧区、少数民族地区、边境地区、偏远山区县可适当降低，但不应低于95%。

(2) 全县供电可靠率应达到95%以上，晚高峰时段农村用电保证率应达到90%以上。

(3) 丰水期全县实行小水电代燃料的户应达到20%以上。

(4) 全县人均年用电量应达到500千瓦·时以上，牧区、少数民族地区、边境地区、偏远山区县可适当降低，但不应低于400千瓦·时。

(5) 全县户均年生活用电量应达到500千瓦·时以上，牧区、少数民族地区、边境地区、偏远山区县可适当降低，但不应低于350千瓦·时；

(6) 由农村水电提供的电量应占全县乡镇及以下农村用电量的50%以上。

(四) 管理水平要求

电气化县建设的管理，一是各级水行政主管部门农村水电管理机构应健全、职责明确、工作到位；二是应完成农村水能资源规划，建立水能资源开发许可、有偿使用和市场交易制度；三是农村水电企业职工须经职业技能培训，取得资格证书后持证上岗；四是农村水电企业法人治理机构完善，决策、执行、监督职责明确，形成制衡、约束和激励机制；五是农村水电企业规章制度健全，职工人数、技能和知识结构应符合农村水电行业规定；六是农村水电企业应加强管理现代化建设，初步实现管理系统信息化；七是县电网电压合格率应达到95%以上，发电、变电主要设备年平均事故率应低于0.5次/(台·年)，杜绝重大设备及人身伤亡事故，高压电网综合网损率应低于10%，低压线损率应低于12%；八是设备完好率要求发电厂（站）主要设备完好率应达到100%，其中一类设备应占80%以上，35千伏及以上输变电主要设备完好率应达到100%，其中一类设备应占80%以上，10(6)千伏线路及配电台区设备完好率应达到95%以上，其中一类设备应占75%以上。

(五) 效益水平

通过电气化县建设，收益水平得到大幅提高。一是农村水电企业的劳动生产率增长率、净资产收益率，应高于本省农村水电行业的平均水平；二是全县国内生产总值、农民人均纯收入、地方财政收入的年均增长率应高于本省的平均水平；三是文化教育、科技卫生事业有较大发展，人民物质文化生活质量有明显提高；四是在江河治理、水土保持、保护生态、改善环境、提高森林覆盖率等方面成效显著。

按照国家计划，四川省有60个县被列入国家计划。

二、电气化县建设成果

四川省按照国家规定标准，迅速开展了电气化县建设，并取得了显著成果。预计到2005年，全省有65个县（市、区）经省政府验收达到水电农村电气化标准，超额8%完成了国务院下达的建设任务。这65个县（市、区）分别是泸县、合江县、峨边县、犍为县、峨眉山市、沐川县、马边县、金口河区、兴文县、筠连县、高县、长宁县、江安县、珙县、广安区、邻水县、荥经县、名山县、雨城区、宝兴县、天全县、石棉县、芦山县、汉源县、普格县、甘洛县、宁南县、西昌市、盐源县、昭觉县、冕宁县、会东县、蓬安县、营山县、西充县、南部县、阆中市、三台县、盐亭县、平武县、资中县、剑阁县、道孚县、乡城县、甘孜县、泸定县、炉霍县、康定县、白玉县、丹巴县、九龙县、阿坝县、茂县、小金县、九寨沟、马尔康、汶川县、金川县、大竹县、渠县、射洪县、遂宁市中区、米易县、盐边县、富顺县。

上述65个县（市、区）幅员为20.84万千米^2，占全省总面积的42.96%，共辖1986个乡（镇）、20473个自然村，达标年总户数820.12万户，总人口2844.72万人，分别占全省总户数和总人口的32.12%和33.35%。65个县（市、区）中，有少数民族县26个，占全省少数民族县总数的52%；有国家（11个）和省（12个）重点扶贫县23个，占全省贫困县总数的42%；有长江流域综合治理县57个，占全省长江流域综合治理县总数的38.25%；有生态保护重点县30个，占全省生态保护重点县总数的42.86%；有退耕还林试点县47个，占全省退耕还林试点县总数的37.50%；有水土流失治理县23个，占全省水土流失治理县总数的37.10%。其中100万以上人口的大县10个，60万～100万人口的县7个，20万～60万人口的县15个，20万以下人口的县33个。65个县共有耕地面积2516万亩（约为16773.3千米^2），基准年森林覆盖率为31.07%；水能资源可开发量3166万千瓦，目前已开发613.6万千瓦。

65个县（市、区）通过水电农村电气化建设，“十五”期间新增发电装机容量141.83万千瓦，期末累计拥有发电装机总容量357.87万千瓦，年发电量为142.88亿千瓦·时，发电设备年均利用小时数3992小时。其中水电装机334.57万千瓦，年发电量为130.81亿千瓦·时，发电设备年均利用小时3910小时。

水电农村电气化建设结合农网改造，65个县（市、区）共建成110千伏线路1476千米，110千伏变电容量62.85万千伏安；35千伏线路3043千米，35千伏变电容量147.78万千伏安；10千伏线路21624千米，配电容量156.99万千伏安，0.4千伏低压线路89491千米。有23个县（市、区）对电力调度系统进行了技术更新改造。基本上形成了110千伏跨县联网、35千伏为网架、10千伏辐射城乡的地方电网，供电能力、安全可靠供电水平都上了一个新台阶。

“十五”期间，65个县（市、区）水电农村电气化建设共投入资金168.2亿元，其中电源建设105.13亿元，占62.5%；电网建设59.85亿元，占35.58%；调度自动化及技术改造3.22亿元，占1.91%。总投资中国家投资27.2亿元，占16.17%。

预计到2005年底，65个县（市、区）乡通电率为100%，户均通电率为99.45%，“十五”期间新增通电户50.4万户。年总用电量为156.07亿千瓦·时，人均年用电量为658千瓦·时。年生活总用电量为41.33亿千瓦·时，户均年生活用电量为592千瓦·时。丰水期小水电代燃料户达到238.11万户，代燃料户率为29.03%。县均森林覆盖率达为37.06%，比基准年提高了5.99%。65个县（市、区）的国内生产总值为1361.77亿元，较2000年增长57.12%；县级财政收入60.69亿元，增长51.08%；工业增加值395.16亿元，增长62.33%；农业增加值326.76亿元，增长37.95%；农民人均年纯收入2469元，增长30.98%，增长速度均高于全省同期平均水平。广播电视覆盖率达到90.48%，比基准年提高12%；医疗卫生保健及文化教育机构拥有率增长明显，家用电器迅速进入农村家庭。

第四节　小水电代燃料生态保护工程

四川省96.5%的面积属长江水系，是国家建设长江上游绿色屏障的重要区域。根据国家有关“天然林保护和退耕还林”决策，和国务院主要领导2001～2003年要“实施小水电代燃料生态保护工程”的多次指示，水利部于2003年12月30日在四川省广安市召开了全国小水电代燃料工程启动会，宣布四川、云南、贵州、广西、山西5省（区）的小水电代燃料生态保护工程同时启动。这次批准启动的全国首批试点县（5省、区）共26个县（项目）中，四川省有7个，占27%。

一、总体规划

“十五”期间全省设施“小水电代燃料生态保护工程”的为15个市（州）中的98个县、2999个乡（镇），面积40.21万千米^2，总户数943.45万户，总人口3489.96万人。要求到2005年，98个县小水电代燃料户要在2000年151万户的基础上提高到370万户，代燃料户率由16.01%提高到38%，年代燃料用电量37.8亿千瓦·时，新增发电装机容量197万千瓦。为达此目标，计划在98个县中建设电源工程项目571处，装机容量213.32万千瓦（其中新建185万千瓦）。总投资143.86亿元，单位千瓦投资0.6744万元，年发电量113.45亿千瓦·时，发电设备年均利用小时5318小时。

二、试点工程与初步成效

为了更好地开展小水电代燃料工程建设，国家批准四川省先行对7个县（项目）进行试点。这7个试点县总投资规模为8507万元，新增发电装机2.54万千瓦，其中代燃料发电装机1.615万千瓦。预计2005年底，全省将完成小水电代燃料电站项目发电装机容量13700千瓦，发展小水电代燃料户14835户。项目区平均代燃料电价为0.23元/千瓦·时，试点项目区实现小水电代燃料后，经济、社会、生态效益显著。

（1）生态效益明显。通过小水电代燃料试点工程建设，共发展小水电代燃料户14835户，保护森林面积84万亩（约为560千米^2）。天全县项目实施前，项目区农民平均每户每年要烧柴2800千克。项目实施后，项目区3240户农户每年可节约木材920万千克，节约用煤32万千克，可保护天然林6718亩（4.48千米^2），保护退耕还林32490亩（21.66千米^2）。据测算，实行小水电代燃料后，项目区每年可减少排放一氧化碳7000余千克、二氧化碳48万千克、二氧化硫1万千克和烟尘2.2万千克，环境得到明显改善。项目区群众说，“两毛钱节约了一座山，一个项目保护了几代人”。

（2）提高了群众生活质量。小水电代燃料工程实施后，农民用上了清洁能源，减少了由于烧煤、烧柴产生的有害气体对人体的危害，减少了上山砍柴的繁重体力劳动，生活条件显著改善，增加了受教育和外出就业的机会，促进了农村两个文明建设和社会稳定。珙县在试点中将代燃料项目同美好新村、村通公路、集中供水建设有机结合，改厨1887户、改水364户、改厕328户、改圈328户，使代燃料农户的灶、厨、厕、水、路、园、圈、池得到明显改观，体现了“绿、美、亮、净”，项目区的群众由衷地说，“小水电代燃料工程简直是一场绿色的革命，使我们一夜之间生活跨过几重天”。珙县项目区农户实现小水电代燃料后，可减少被砍柴束缚的劳动力 630 人，减少砍柴及运煤工日 19680 个，增加其他劳务工日 9436 个，可避免 560 人因烧煤、烧柴引起的火眼、呼吸系统肺肿等疾病。项目区农民形象地说：“烟熏火燎几千年，一根电线全改变。”

（3）经济效益显著。项目区的农民外出务工的多了，在家发展畜牧业的多了，收入也增加了。天全县依托小水电代燃料基础设施建设，带动了第三产业发展。借助项目实施后生态环境改善的有利时机，大力发展生态旅游、特色旅游。项目区紫石乡紫石关村建起了“生态民俗村”、“茶马古驿站”，对 40 余间传统民居进行了整修，修建了古城门洞、古街、古店，让茶马古道重见天日，并很快成为旅游热点。群众深有感触地说：“昔日不起眼的羊肠小道、深山老林竟然是举世闻名的‘茶马古道’，要不是实施小水电代燃料项目，谁能想到它还会有出头之日！”据统计，2005 年紫石关村共接待游客 1000 余人，户均收入 2000 元。

使用廉价的小水电取代柴火、煤炭，减少了农户生活用燃料的开支。珙县小水电代燃料试点项目区内共有代燃料农户 1887 户，原来户均年生活用燃料支出费用为 526 元，按目前代燃料户的用电水平和电价计算，户均年支出代燃料电费为 369.60 元，与过去生活用燃料年支出相比，尚节约 156.4 元，相当于项目区农民每年增收 30 万元。

三、主要做法

（1）领导重视。小水电代燃料以县为单位组织实施，部门协调、资金筹措、人力物资组织、征地及资源开发、宣传动员等，均与县一级政府关系密切。各试点县都将小水电代燃料工作纳入县级政府的议事日程，领导分工明确，并与政绩考核挂钩。

（2）宣传和发动群众。群众是否积极参与是项目建设成败的基础，因此，必须宣传、发动群众，激发群众参与工程建设的积极性、主动性，取得群众的支持和拥护。

（3）机构健全、部门配合。小水电代燃料是社会性、公益性很强的工程，试点工程建设牵涉到计划、国资、财政、金融、国土、水利、环保等众多职能部门，需要多部门协调配合，才能保证工程建设的顺利推进。各试点县都成立了小水电代燃料试点工程建设领导小组，乡、村也建立了管理机构，层层落实职责，签订目标责任书，为项目区工程顺利开展提供了组织保障。

（4）筹措建设资金。国家发改委下达的四川省小水电代燃料试点计划，国家投入资本金 2050 万元，为核定电源建设投资 8507 万元的 24%，仅占规划总投资 19778 万元的 10.36%。7 个试点县共承诺配套资金 1844 万元，银行贷款 3568 万元。争取国家投资和配套资金、银行贷款尽快到位，是保证代燃料工作顺利开展的关键，各试点县都加大了资金筹措力度。喜德县委、县政府克服“吃饭财政”的困难，积极筹措资金，保证了工程建设的基本需要；天全县委、县政府为保证工程提前竣工验收，从国资公司配套资金 1000 万元，项目业主自筹 1700 多万元。全省在中央投资未到位的情况下，利用部分到位资金和配套资金、银行贷款开始了代燃料电站的施工建设。

（5）实行低电价，减轻农民用电负担。电价是实施小水电代燃料的关键因素。各县充分考虑了农民对代燃料电费的支付能力，对构成电价的经营成本、投资收益进行反复测算，多方案论证比较，确定了较低的电价水平。珙县项目区执行代燃料电价为 0.22 元/千瓦·时，两年一调整。代燃料电量每人每月 30 千瓦·时，每月专人抄表公布。代燃料电站和电力公司签订了并网协议，生态电站只发不供，电力公司确保每年在代燃料电量内按基准价 0.15 元/千瓦·时收购，其余电量按 0.35 元/千瓦·时收购，并执行丰枯峰谷电价。当生态电站在某段时期内发电总量低于代燃料电量时，由电力公司补充供电，确保代燃料户用电（电价不变），其所供电量从生态电站其余上网电量中合理扣减。天全县小水电代燃料户实行“核定基数、统一计量、按月结算”办法，代燃料农户生活照明基数用电量统一按 2003 年照明月平均用电量核定，在代燃料用电期间，照明基数电量按目录电价 0.43 元/千瓦·时计费，除去照明基数电量以外的用电量为代燃料电量，按 0.20 元/千瓦·时计费。

（6）实行三权分立，形成长效机制。代燃料电站能否长期稳定地向代燃料农户提供代燃料用电，是农民最关心的问题。试点过程中，通过探索、实践，走出了一条所有权、经营权、使用权三权分立，形成相互监督、相互制约的机制，保证代燃料电站的公益性质长期稳定的路子。即：省水电产业集团作为国有资产出资人代表，制定有关政策、措施和办法行使所有权，监管国有资产；项目法人行使国有资产经营权，负责国有资产的保值增值，对代燃料电站及配套发供电设施的建设和运营进行管理，保证按代燃料电价安全、可靠、经济提供代燃料电力、电量；使用权量化到各代燃料农户，通过代燃料用户协会的形式，对代燃料电站的建设、运营、保障供电和代燃料户用电，禁止砍伐林木，确保巩固退耕还林、天保成果全过程实施监督。当地乡镇人民政府为监督方。

第五节　“送电到乡”和缺电县电源工程建设

改革开放后，虽然四川省电力工业迅速发展，发电装机容量和发电量大幅度提高，特别是经过第一、二期农网建设与改造，国家投入大量资金，在少数民族地区和边远贫困地区建设了一些发电厂和供电网络，但是电网结构仍然十分薄弱。截至 2001 年底，全省共有 257 个乡政府所在地未通电，有无电户 10.2 万户，无电人口 44.43 万人。这些缺电户主要分布在少数民族地区的 16 个国定贫困县和 11 个省定贫困县，多数处于高寒山区和边远地区，自然条件恶劣，生态环境脆弱，电力基础设施建设严重滞后，缺乏骨干电站，供电网络也不完善，供电保证率差、可靠性低。装机容量小于 0.5 万千瓦的严重缺电县有 14 个，电源装机容量在 0.5 万～1.0 万千瓦的缺电县有 13 个县。电力不足严重制约着少数民族地区的经济发展。四川省根据国家计委《关于加强“送电到乡”工程项目管理的通知》，于 2002 年正式启动了“送电到乡”和缺电县电源工程的建设。

一、“送电到乡”工程建设

（一）工程规划

省发改委、省水电厅根据“统一规划，分步实施，突出重点，集中建设，因地制宜，分类指导”的原则，组织编制了《四川省少数民族地区“十五”及 2010 年电源开发和电网建设规划》。要求在规划实施中，电源电网建设并重，并坚持实行“四结合一优先”，即：解决缺电县问题和无电乡问题相结合，水电建设与太阳能等新能源建设相结合，中小型和微型水电相结合，分散布点就地供电和集中布点较长距离送电相结合，优先建设调节性能好的电源点和骨干网络。

“送电到乡”工程规划总投资15亿元。其中光伏电源工程装机容量为1600千瓦，投资1.76亿元；小水电“一站多乡”供电的电站装机容量为3.25万千瓦，投资4.85亿元；小水电“一站一乡”供电的电站装机容量为6.25万千瓦，投资为8.39亿元。

（二）资金投入与建设成果

国家发展改革委员会2002年和2003年分两批下达四川省2002年、2003年“送电到乡”工程投资计划共计152452万元，其中中央预算内专项资金（国债）73426万元，地方配套资金79026万元。建设电源装机总规模15.933万千瓦，其中水电站120座、装机容量为15.743万千瓦，光伏电站64座、容量为1890千瓦，专项用于解决甘孜、阿坝、凉山、攀枝花市263个无电乡的用电问题。工程全部建成后，可解决263个乡的7万多无电户、30余万人的用电问题。

2003年1月18日，为解决昭觉色底、柳切两个无电乡用电的竹核一级电站正式开工。该工程由四川水电产业集团公司为主承建设。电站装机5000千瓦，是四川省的第一批68个小水电“送电到乡”规划工程项目中最大的一座水电站。全省“送电到乡”工程从此全面展开。预计2007年底将全部竣工投产。

二、缺电县电源工程建设

在“送电到乡”工程实施过程中，对部分装机容量较大的水电项目采用“一站多乡”供电方式，在解决无电乡用电的同时向县城输送部分电力，缓解县城缺电矛盾。但是由于“送电到乡”工程规模有所限制，无法兼顾县城的用电，因此仍有部分县城的缺电问题未能得到根本解决，于是决定实施缺电县电源工程建设。

（一）建设规划

2003年5月，省发展改革委员会和省水利厅组织力量完成《四川省缺电县电源建设规划》编制并获得批准。《规划》涉及甘孜州16个县、阿坝州5个县、凉山州6个县，规划电源建设项目21个，总装机规模12.2万千瓦，总投资10.4亿元。其中，甘孜州规划电源建设项目16个，装机规模9.2万千瓦，投资7.7亿元；阿坝州规划电源建设项目5个，装机规模1.13万千瓦，投资2.7亿元；凉山州规划电源建设项目6个，总装机规模2.11万千瓦，总投资1.34亿元。

2003年10月，按照国家发改委的要求，结合“送电到乡”工程的实施，四川省向国家发改委上报了甘孜、阿坝两个州21个县（其中甘孜州16个县，阿坝州5个县）电源建设规划方案。凉山州暂未纳入该次向国家申请的缺电县电源建设计划。

（二）资金投入与建设成果

2004年4月2日，国家发改委通过《关于下达2004年四川少数民族地区（甘孜、阿坝）缺电县电源建设中央预算内专项资金（国债）及配套投资计划的通知》下达，对四川省少数民族缺电县电源建设计划投资60274万元。其中中央预算内专项资金27000万元，项目法人自有资金12055万元，省预算内资金、以工代赈资金和民族地区资金6027万元，农业银行贷款15192万元。共新建7座、扩建7座水电站，总装机容量78360千瓦。7座新建水电站总装机容量57000千瓦，计划投资43214万元，其中中央预算内专项资金20170万元，业主资本金8643万元，省州配套资金4321万元，农业银行贷款10080万元。新建电源项目中有甘孜州道孚县孟拖电站（9600千瓦）、乡城县玛依河一级电站（1.20万千瓦）、新龙县日则电站（5000千瓦）、九龙县辞秋电站（4000千瓦）、理塘县无量河电站（5000千瓦）和阿坝州金川县杨家湾电站（1.89万千瓦）、若尔盖县巴西二级（2500千瓦）。

道孚县孟拖电站2005年8月开工，预计2007年底建成发电，其余电站项目均于2006年开工建设，2008年全部建成发电。

四川省地方电力在1991～2002年间无论在电源建设、电网建设、企业管理等方面都取得了卓越的成就，并仍在快速发展中。预计到2005年末，地方电力系统的中小电站将达到4213座，发电装机容量679.45万千瓦，年发电量259.93亿千瓦·时，其中水电装机容量为631.31万千瓦，年发电量为238.91亿千瓦·时。发电装机容量在1万千瓦及以上的电站将增加到18座，装机容量为50.86万千瓦。10～110千伏输电线路17.03千米，其中110千伏6477千米。35～110千伏变电站976座，变电容量为1170.8万千伏安。地方电力一定会为四川省国民经济和人民生活的发展与提高作出更大的贡献。

第十篇　设　备　修　造

第十篇　设　备　修　造

四川省是一个电力设备修造能力较强的省份。设备修造力量，主要为四川省电力公司所属制造企业，此外还有一些地方小型修造企业。

四川省电力公司的设备修造企业主要是四川启明星电力设备制造集团公司，该公司是以成都铁塔厂、成都电力机械厂、成都电力金具总厂、都江电力设备厂为骨干企业，四川莱特钢结构工程建设有限公司、启明星发科蓄能工程技术有限公司、启明星电气开关有限责任公司为子公司的大型国有电力装备制造集团。

第一章　生　　产

四川省电力设备修造企业在生产经营中，坚持“不厌其小，不厌其少，不厌其杂，不厌其繁”的服务精神，按照电力生产和用户的需要进行生产。各企业坚持走技术进步道路，提高产品的质量，重视新产品的研制和开发，有计划地对原有设备进行更新和改造。

第一节　设　　备

四川省电力设备修造企业建立初期，厂房、设备都极为简陋。为适应电力建设发展的需要，不断提供更多更好的电力设备产品，在国家和有关部门的支持下，其生产设备从小到大，从少到多，从普通到精密，从半机械化到自动化不断发展。为增加产品品种，提高质量，降低消耗，减轻劳动强度，提高经济效益奠定了物质基础。

在1991～2002年，启明星电力装备制造集团所属单位在前十年都是在四川省电力工业局直属领导下独自“作战”的，只有进入“十五”期间才划归集团公司管辖，所以，各厂的设备主要是该厂自己配置的。

一、成都铁塔厂设备状况

生产设备是工厂生产铁塔的关键因素和物质基础。设备的好坏、优良与否决定生产的质量和数量。工厂目前拥有主要生产设备198台。其主要包括角钢加工自动生产线4条，钢板加工自动生产线2条，镀锌生产线1条，以及金属切削机床、锻压机床、起重运输、电焊切割等设备。

成都铁塔厂设备品种繁多，规格复杂，分布广泛。详见表10-1-1。

表 10-1-1　成都铁塔厂主要生产设备使用状况统计

序号	设备名称	型号规格	使用状况
1	铁塔角钢加工生产线	CNC-L15	良好
2	铁塔角钢加工生产线	CNC-L20	良好
3	铁塔角钢加工生产线	CNC-L25	良好
4	铁塔角钢加工生产线	C20	良好
5	板加工生产线	F401P	良好
6	板加工生产线	P1104P	良好
7	镀锌生产线		良好
8	数控切割机	EXA-5000	良好
9	角钢较直机	20MN	良好
10	摇臂钻床	Z3080	良好
11	四柱液压机	YA32-315	良好
12	剪板机	Q12Y-20×2500	良好

二、成都电力机械厂设备状况

成都电力机械厂自1986年和1997年从德国KKK公司分别引进静叶可调轴流风机和动叶可调轴流风机专有设计及制造技术后，通过不间断地进行技术改造和KKK公司的技术支持，从而使工厂具有设计、制造2.5万～60万千瓦火电机组各种离心式和轴流式引风机、送风机、一次风机、排粉风机及其他多种电站辅机的能力和经验。拥有各种制造设备628台，其中大型、重型高精设备41台，建有国内最大、技术最先进的通风机试验台。

为了适应市场发展的需要，1994～1995年，该厂投资550万元建成由工厂自行设计安装的30万～60万千瓦国内同行业中功能最完善，功率最大的风机试验台，该试验台的建成为工厂生产制造30万千瓦机组乃至60万千瓦的风机可靠安全性能检测提供了保证。

1997年购置数控切割机、6.3米立车、型材弯曲机等设备；引进德国KKK公司AP动调风机技术。2002年成都电力机械厂再次引进德国KKK公司60万千瓦静调风机技术。这一系列的技术引进和改造工作为企业赢得市场起到决定性的作用。

三、成都电力金具厂设备状况

截至2002年底，为了进一步扩大再生产，成都电力金具厂新建厂房一座，新添置设备27台（套），涉及新增工艺项目13项，工厂生产能力进一步提高。涵盖了黑色铸造、有色铸造、锻造、冲压、切割、机床加工、试验检测等十余个工艺的生产。锻压冲压设备以300吨、630吨摩擦压力机，150千克、250千克、500千克空气锤为主要锻压、冲压生产线。

黑色铸造以1966年5月投产Z145线马铁铸造机械生产线为主；1998年以后推广了“机造改手造”铸造方式。

成都电力金具厂设备品种繁多，规格复杂，分布范围广，拥有汽动微震铸造线，Z145铸造生产线，有色金属生产线，热镀锌生产线等机械半自动化生产线。工厂现有电力金具生产设备共582台，其中主要生产设备445台。

对于超高压金具产品，严格控制产品质量尤为重要，必须进行相应的产品控制。经过几十年的发展，工厂已具备了一定的试验能力，具有测试、检验设备 20 多台，有多种测试手段对产品质量进行控制。

模具加工设备主要有电火花机床、线切割机床、金属切割机床等。

2002 年工厂实施重大技术改造，总投资 550 万元，新添压铸、有色表面处理生产线，拱形新型轻钢屋面车间 1440 米^2。成都电力金具厂主要生产设备分类统计见表 10－1－2 和表 10－1－3。

表 10－1－2 成都电力金具厂主要生产设备分类统计

序号	设备类别	数量（台）	序号	设备类别	数量（台）
1	金属切削类机床	91	4	起重运输类设备	51
2	锻压类设备	46	5	工业炉窑及其他类设备	138
3	铸造类设备	119			

表 10－1－3 成都电力金具厂主要生产设备使用情况

序号	设 备 名 称	使 用 范 围	设 备 级 别
1	铜铝闪光对焊机	有色金属生产线	关键设备
2	630 吨摩擦压力机	锻压生产线	重要设备
3	中频电热装置	锻压生产线	重要设备
4	250 吨闭式单点压力机	锻压生产线	重要设备
5	数据切割机	模具生产	重要设备
6	电火花成型机	模具生产	重要设备
7	电蚀加工机床	模具生产	重要设备
8	龙门刨床	机修	重要设备

四、都江电力设备厂设备状况

截至 2002 年底，工厂具有开发、设计、生产电站锅炉高频电阻焊管、螺纹管、管式空气预热器、热管式空气预热器、螺旋肋片管省煤器、鳍片式省煤器、膜式水冷壁、螺旋肋片管低温再热器、螺旋肋片管低温过热器、脱硫装置换热器、冶金高炉余热回收装置及余热锅炉换热组件等能力。主导产品为 60 万千瓦及以下锅炉配套 A 级锅炉承压部件、换热器及配件。工厂拥有近百台金属切削及机械加工设备和检测设备，还拥有高频焊管机、螺纹管专机、脉冲氩弧焊机、自动埋弧焊机、剪板机、卷板机、涡流探伤机、X 射线探伤机和引进美国 Thermatool 公司的螺旋肋片管生产线等专用设备（见图 10－1－1）。都江电力设备厂主要

图 10－1－1 都江电力设备厂引进美国 Thermatool 公司高频焊接自动生产线

生产设备见表 10－1－4。

表 10－1－4 都江电力设备厂主要生产设备明细

序号	设 备 名 称	型号参数	数量（台）	用 途
1	管子对接自动 TIG 焊机	WZZG76T＋LR	2	承压管子对接焊
2	自动弯管机		2	
3	工业电视		1	
4	等离子数控切割设备		1	
5	大型热处理炉	20×5×4M3	1	高等级产品热处理
6	油压机	800T	1	附件制作
7	剪板机	Q11－25×2500	1	
8	管子除锈机		1	
9	行车	5T	2	
10	小半径弯管挤压成型设备	C146	1	小半径弯管制作
11	翅片管高频绕焊专机	左旋	1	换热器翅片绕制
12	四坐标加工中心	KV800/1	1	附件制作
13	普通车床	CD6140A	2	
14	组装平台	1000M2		换热器组装
15	卧式带锯		2	
16	管子坡口机		2	
17	手工氩弧焊机	WSM－400	10	管子焊接
18	逆变式整流焊机	ZX7－400	16	
19	交流焊机	BX3－500	10	产品组焊
20	CO_2 气体保护焊机	NBC－500	4	
21	仿形切割机	CG2－150	2	附件加工
22	手工空气等离子切割机	LQK－100	1	
23	半自动火焰切割机	CGI－30	2	
24	便携式管道坡口机	JIP－GXZ－63	1	
25	悬挂式坡口机		1	

第二节 产 品

四川省电力设备修造业，成立初期产品比较单一。随着设备修造企业的发展壮大，在不断进行设备更新和技术改造的基础上，不断满足市场需要。

启明星电力装备制造集团公司以“银角”牌铁塔、“全”牌金具、“三新”牌风机、“都江”牌换热器、“银光”钢管杆、“银塔”紧固件、“都江”避雷器、“爱意”热水器等国优名牌为主导产品。集团公司还涉足轻钢结构建筑、大型烟气净化成套设备、蓄冰制冷空调安装和电力工程服务等领域。其下属单位主要产品分述如下。

一、成都铁塔厂主要产品

成都铁塔厂主要产品有变电站构架、电视塔、高低压混凝土电杆、热浸镀锌输电线路铁塔、塔紧固件、特种跨越塔、通信电杆、通信微波塔、混凝土电杆、转角塔等。加工产品先后为二滩、韶北、龙政、自渝自蓉Ⅱ回、环网等十余条国家重点线路工程服务，还曾远销布隆迪、喀麦隆、埃及、巴基斯坦、斯里兰卡、泰国、菲律宾、老挝、法国、意大利等15个国家和地区。

二、成都电力机械厂主要产品

1991～2002年，成都电力机械厂生产的主要产品有悬臂式（D式）风机、轻型抓煤斗（U21、U47、U21G）、锅炉双吸离心式风机、钢球磨煤机、锅炉离心式一次风机（F式）、轴流通风机（三新牌AN系列）、锅炉离心式引风机（Y4－2×60系列）等。

成都电力机械厂根据自己的经验，首创国内第一台空心轴双吸承高效离心式锅炉引风机。现已被国家电力公司指定为配套生产30万千瓦和60万千瓦火电机组辅机设备的推荐单位。

为了适应市场的需要，该厂努力对产品进行开发和更新。2002年，工厂又从德国KKK公司引进60万千瓦静调轴流引风机技术。第一台60万千瓦静调轴流引风机（台山、定州工程）AN37e6（＋KSE）的设计开发，首次采用了MDT等三维设计技术，并作了近20项技术革新，采用以上新技术后获得了巨大成功，该产品经实际运行后反映良好。随着该产品的中标和投运，工厂逐步取得了在30万千瓦、60万千瓦及100万千瓦机组的AN静调轴流引风机的国内领先地位，先后获得了托克托、沁北、常州、利港、沙洲、滇东等60万千瓦机组引风机90%以上订单，以及玉环、邹县、外高桥、临海等100万千瓦机组引风机100%的订单，使工厂静调引风机市场占有率达80%以上。

三、成都电力金具厂主要产品

成都电力金具厂是中国西部唯一具备可锻铸铁类、锻件类、铜铝类、铸铁类生产许可证和进出口经营许可权的厂家，拥有输电线路防晕球、挂点金具、悬垂线夹、导线矩型四分裂阻尼间隔棒四项实用新型国家专利。工厂的“全”牌电力金具系四川省名牌产品，该产品在西南地区市场占有率高达60%，在全国金具市场中占据了18%的市场份额，具有很强的竞争实力。

该厂生产的优质高效“全”牌系列电力金具，特别是在高海拔重冰区、大跨越及大截面导线用系列金具的设计、制造方面具有独特优势。2002年设计完成500千伏高海拔、重冰区导线用配套金具的国产化、三峡大截面导线配套金具，填补了国内空白。进入“十五”后，工厂在保证主导产品的基础上拓展发展思路，积极探索如何在主导金具产品之外开发新品、闯出新路。

该厂除生产电力金具系列产品外，还生产高低压成套配电设备、电力构件、合成绝缘设备、紧固件、出口栅栏配件等产品，并提供电力器材流通领域的服务。“全”牌产品畅销国内二十多个省市、自治区、直辖市，并远销北美、中东、欧洲和东南亚国家及地区。

从1996年起，全线承接了二滩水电站500千伏送出工程金具供货，因二滩送出工程金具供货的卓越表现，工厂于1999年9月被省政府授予AAA级信誉制造单位。

成都电力金具厂从建厂以来，先后有数批高、中级技术工程师、技术员，以及工作在生产一线的高级技师，为金具的研发、试制提供技术保障，为全国数十条具有时代典型意义的高压、超高压的线路金具设计、研发及供货。工厂的科技人员队伍经过十余年的发展壮大，至今已具备从220千伏交流及以下、330千伏交流、500千伏交直流、750千伏交流、±800千伏直流直至1000千伏交流特高压线路金具的研发、试制、生产能力，工厂稳居全国电力金具生产厂家前列。

四、都江电力设备厂主要产品

都江电力设备厂主导产品为A级锅炉承压部件、换热器及配件，兼营发电机高压绕组、汽轮机配件。具有开发、设计、生产电站锅炉各类换热器、余热锅炉组件、脱硫装置换热器、冶金高炉余热回收装置等能力。生产能力已达换热器类产品15000吨/年，发电机静子绕组、汽轮机叶片等重要配件的年产量达2万件，与东方电气集团在锅炉、电机、汽轮机领域建立起长期合作的战略伙伴关系。随着环保产业的异军突起，对工厂的产品性能、质量、加工精度有了更高的要求。为了从根本上解决换热元件生产的传统落后工艺，弥补生产效率低下、加工质量不易控制的缺陷，1994年以后该厂先后从美国引进了一条具有国际先进水平的高频焊接螺旋肋片管生产线和另一条与哈尔滨焊接研究所合作，消化吸收美国先进技术研制成功具有独特优势的国内第一台大型螺旋肋片管生产线。这两条生产线能加工管径为ϕ20～ϕ146低碳钢、低合金钢和不锈钢翅片管，加工精度能满足世界上最苛刻的肋片绕制焊接标准，年生产能力达4000吨。从法国引进的MS自动焊管机、涡流探伤机、X射线探伤机确保了管材的进厂质量和焊接质量，并在工厂建起了30万千瓦汽轮机动平衡试验台，1999年为华蓥山电厂1号10万千瓦机组完成汽轮机转子回厂修复工程。现拥有各种设备600余台，可根据用户的需要研制加工多种换热设备、脱硫装置、热交换器。

截至2002年底，都江电力设备厂已为国内100余家大型企业提供了60万千瓦机组及以下电站锅炉管式或肋片管式的省煤器、再热器、过热器、空气预热器、脱硫装置换热器，水冷壁、吊挂管、垂直管束，锅炉等离子点火暖风器；60万千瓦机组及以下汽轮机叶片；30万千瓦机组及以下发电机绕组线棒；4063米^{3}大型冶金高炉热风炉余热回收装置。换热器产品已广泛应用于电力、冶金、石油、化工等行业并出口到国外。都江电力设备厂1991～2002年专利产品情况见表10-1-5。

表10-1-5 都江电力设备厂1991～2002年专利产品情况

时间	产品名称	时间	产品名称
1994年8月	电站锅炉热管空气预热器	2000年4月	分离型热管换热器
1999年12月	螺旋肋片管省煤器	2000年4月	螺旋肋片管低温再热器

第三节 质量

电力设备修造企业投产初期，质量管理活动主要是对产品进行质量检验。由于生产设备简陋，检验手段落后，产品加工主要靠人工操作，劳动强度大，产品质量很不稳定。随着电力设备修造企业的发展和科学技术的不断提高，检测手段向着现代化迈进，产品质量也随之向着高、精、尖的方向发展。

一、成都铁塔厂产品质量

1991～2002 年，为了赢得市场、求生存、求发展，成都铁塔厂不断建立健全全面质量管理、ISO9000 质量保证体系，持续改进质量管理、提高产品质量。1996 年 3 月就获得 ISO9002 质量体系认证证书和出口商品企业 ISO9001 质量体系认证证书，2002 年获得 ISO9002：2000 标准质量体系认证证书。

1991～1994 年，成都铁塔厂为了提高产品质量，开展了大规模的 QC 小组活动，最多达 40 个，多次被省电力工业局、中国电力企业联合会评为优秀 QC 小组。1994 年工厂主导产品“500 千伏热浸镀锌铁塔”荣获“四川名牌”产品称号。

1997 年，该厂修订了“产品质量考核细则”，在国企中率先提出了“赔偿制、下岗制”。荣获原电力部“质量效益型”先进企业，再次荣获“四川名牌”产品称号。

1998 年，该厂对体系文件进行了第三次修订，顺利通过了质量体系认证换证复评工作，在阳淮工程中深受用户好评，荣获原电力部“质量效益型”先进企业称号，荣获国家“全国用户满意先进工程”奖，是原电力部当年唯一一家获奖单位。1993 年，输电铁塔热浸锌合金镀层工业生产应用项目获四川省电力公司科技进步二等奖，同时获广东省科技进步二等奖。2001 年，C20 角钢加工自动线技术改造项目获四川省电力公司科技进步三等奖。

2002 年，在工厂内部营造了“重质量、守规则、讲诚信”的良好氛围。从外部质量问题入手，细分各类质量问题，并进行分类管理和控制，下发了《工程项目补件管理规定》，将补件分为厂内补件（质量补件、差/少件补件、镀锌补件）和工地补件（工地质量补件、差/少件补件、施工补件、商业补件）。工地差/少件补件限制在 1‰范围内（1‰以外算商业补件），将质量补件控制在目标内（内部质量损失目标为 0.15%，外部质量损失目标为 0.1%）。彻底改变了过去为了迎合用户“想补就补”、将质量补件瞒报成工地补件，出了质量问题采用多补件的方式来不了了之、一团和气的无序状况等怪现象，大大降低了质量成本。

二、成都电力机械厂产品质量

成都电力机械厂为了全面提高产品质量，从采购、设计、制造、检验到供货均严格执行国家标准、国际 ISO 标准及其他有关标准，尤其重视不断完善已建立起来的全面质量管理及质量保证体系，使工厂产品从市场调研、设计、制造、检验直到出厂等各个环节均处于严密受控状态。

1991～1996 年，工厂群众性全面质量管理活动十分活跃，各车间科室都有 QC 小组，工厂也有意识地加以领导和组织，取得了良好的效果和荣誉。据统计，自 1990～1997 年，每年工厂都有 QC 小组获四川省电力局、四川省经济委员会质量管理协会、中国电力企业联合会优秀 QC 小组称号。1991 年，工厂获四川省电力工业局、四川电力工会“全面质量管理基础知识统考先进单位”，1992 年获四川省经济委员会“产品质量赶超国内国际先进水平”证书，1995 年获国家技术监督局“国家二级计量单位”。

自1996年起，工厂开展贯彻ISO9000质量标准，健全工厂质量体系工作。1997年1月完成《质量手册》的编写与体系文件的制定，还组织全厂班组长以上干部140余人参加了学习。1997年7月通过了中国质量协会认证中心认证，取得ISO9001质量认证和出口产品注册认证；1998年获成都市质量认证先进单位，并于2002年底顺利通过了ISO9001质量认证2000版的换证。

三、成都电力金具厂产品质量

1991～2002年，成都电力金具厂持之以恒地开展了质量管理工作，经历了全面质量管理、ISO 9000质量体系两个阶段。

1991～1997年，工厂广泛开展了全面质量管理工作。按PDCA质量改进方法对生产、经营各个相关环节开展了大规模群众性QC活动，取得了良好的工作效果和荣誉。

1998年初，工厂通过了ISO 9001质量体系IAF/MLA国际认证，是中国中西部金具行业第一家通过该认证的企业。通过质量方针和质量目标开展工作，制订了一系列规章制度使日常工作规范化。

2000年，工厂质量管理以全面质量管理为大纲，结合深化ISO 9001质量管理模式，完善质量体系的运行。在具体实践中，锻压产品质量损失率为1.67%，铝件废品率为3.54%，铝合金废品率为0.84%，全部比年度综合计划目标下降2%～3%。2000年4月获得全国电力行业质量效益型先进企业。

2001年11月下旬，工厂在现场验证审核中获得了通过，取得了2000版认证证书，并评为2001年国有决策层QC小组。

成都电力金具厂从1996年起，全线承接了举世瞩目的二滩电站500千伏送出工程金具供货，因二滩送出工程金具供货的卓越表现，该厂于1999年9月被省政府授予AAA级信誉制造单位。

四、都江电力设备厂产品质量

都江电力设备厂坚持以“精良产品和优质服务”为宗旨实施“用户满意工程”，经过自身不懈的努力，产品质量和用户的满意度有了显著的提高。产品不仅以先进的技术、精良的质量、完善的服务赢得了用户，占领了市场，更以产品独特的优势蜚声国内外，工厂的产品成功地远销新加坡、伊朗、巴基斯坦、美国等国际市场。由于工厂在节能、环保领域的杰出贡献，多次获得“四川省重合同守信用企业”（见图10-1-2）、“全国电力工业先进集体”、“四川省先进企业”、“四川省最佳综合经济效益企业”、“电力部质量效益型企业”等荣誉称号。工厂研制开发的“电站锅炉热管空气预热器”、“螺旋肋片管低温再热器”通过了国家鉴定，“螺旋肋片管省煤器”通过了省级鉴定，产品皆具有国内先进水平，肋片

图10-1-2　都江电力设备厂生产的换热器产品荣获2000年度全国用户满意产品的获奖证书

管低温再热器更是国内首创、国际领先。高效传热元件热管获“四川省优质产品”称号，热管及热管空气预热器获国家科技进步三等奖和四川省重大科技成果奖。“电站锅炉热管空气预热器”、“分离型热管换热器”、“锅炉螺旋肋片管省煤器”及“螺旋肋片管低温再热器”已取得国家专利。为珞璜电厂 36 万千瓦烟气脱硫系统配套制造的烟气换热器（GGH）运行效果良好，成为中国电站脱硫设备唯一有业绩的单位。为上海宝钢 3 台 4063 米^3 高炉设计制造的空气、煤气双预热余热回收装置热管换热器节能显著，为世人瞩目。

该厂于 1990 年取得国家计量Ⅱ级资格，1998 年 4 月 30 日，经中国方圆标志认证委员会巴蜀认证中心专家组来厂预审，工厂 ISO 9001 体系贯标试运行通过。1998 年 5 月 22 日，工厂通过 GB/T 19001—ISO 9001 质量体系认证，2001 年取得国家 A 级锅炉承压部件制造许可证。

第二章 经 营 管 理

1991～2002 年，由四川省电力工业局（公司）直接领导的四川省电力设备修造企业成都铁塔厂、成都电力机械厂、成都电力金具厂和都江电力设备厂经历了由分散到集中的过程，于 2000 年 12 月 1 日由四川省电力工业局（公司）新成立的启明星电力装备制造集团公司统管，走上集团化发展的道路。

第一节 体 制

1991～2000 年，成都铁塔厂、成都电力机械厂、成都电力金具厂、都江电力设备厂都是在四川省电力工业局（公司）的直接领导下独立经营的，在管理体制上基本没有什么变化。

图 10-2-1 成都铁塔厂生产的输电铁塔

一、成都铁塔厂管理体制

成都铁塔厂始建于 1958 年 10 月，始建注册名称为成都杆塔厂，1978 年 9 月 7 日与成都电力金具厂合并为成都电力线路器材厂，先后隶属于西南电业管理局供应公司（四川省电力工业局供应公司）、四川省电力工业局管辖。1984 年 10 月，成都电力金具厂从成都电力线路器材厂划出。1988 年 1 月 15 日，根据西电供〔1988〕005 号文件，成都线路器材厂更名为成都铁塔厂，其主要产品输电铁塔见图 10-2-1。

二、成都电力机械厂管理体制

成都电力机械厂成立于 1958 年 9 月 26 日，始名为四川省水利电力厅水电工程管理局机械修制厂，隶属于四川省水力发电工程局。其间厂名和隶属关系几经变更，于 1983 年 6 月，改名为“成都电力机械厂”，隶属于四川省电力局供应公司，1989 年 12 月，隶属于四川省电力局。2000～2002 年工厂划归启明星电力装备制造集团有限责任公司（简称启明星公司），自主经营，独立核算。2002 年，工厂经营权由启明星电力装备制造有限责任公司代管，资产所有权划归四川省电力公司。

三、成都电力金具厂管理体制

成都电力金具厂成立于 1958 年 10 月，1965 年隶属西南电力修造厂管辖，1978 年 9 月 7 日同成都杆塔厂合并为成都电力线路器材厂。1984 年 10 月，该厂又从成都电力线路器材厂划出，成立成都电力金具厂。1988 年 10 月该厂正式并入成都电业局，1993 年 10 月经成都电业局批准，更名为成都电力金具厂，2000 年 7 月划归四川省启明星公司。

四、都江电力设备厂管理体制

都江电力设备厂的前身是 1944 年由民国政府行政院资源委员会电力处和四川省政府联合筹建的一个小火电厂。1971 年以后，该厂由单一发电逐渐转产，演变为既发电、又从事发电设备备品配件修造，继而制造多种火电设备技改产品，并兼营金属门窗制造的专业电力修造企业。1991 年，四川省电力局与蒲阳镇在双柏村蒲阳河段联建装机容量为 2×5000 千瓦（后又扩机 3200 千瓦，总容量达 1.32 万千瓦）的双柏电厂。由省电力局与香港华润艺林有限公司联建的“天府换热器有限公司”，也在都江堰大道边建成并开业。双柏电厂和天府公司均受省局委派由厂代管，厂属大集体也在主厂区边租地建起高频焊管厂。至此，实施“劳动、人事、工资”三项改革后的都江电力设备厂形成集团规模，原厂的各科室先改为处、后改为部；原车间按经济责任制改为分厂，工厂成为直属四川省电力工业局管辖的部属中型一类企业，2000 年成为启明星电力装备制造有限责任公司的子厂之一。

五、启明星电力装备制造集团公司管理体制

成都铁塔厂、成都电力金具总厂、成都电力机械厂、都江电力设备厂四个厂家，其管理关系在 1991 年以前虽然几经变更，但最终还是由四川省电力工业局（公司）直接管辖的省属企业。它们生产的主导产品“银角牌铁塔”、“三新牌风机”、“全牌金具”、“都江牌换热器”均是国内数一数二的知名品牌。但在市场经济条件下，老国企的问题逐渐显露，各个制造企业先后陷入困境。四川省电力公司（原四川省电力工业局）虽然通过拆并，减员分流，并给予资金、市场等方面的支持，但终因产品单一、个体实力不强、市场竞争无序等诸多原因，经营状况每况愈下。至 2000 年底，四个主要企业当年亏损近 5400 万元，加上各厂历年的亏损、潜亏，累亏高达 2.04 亿元。

四川省电力工业局（公司）决心用集团化方式改变各制造厂单兵作战竞争乏力、产品结构单一、企业发展后劲不足的被动局面，通过“资源整合、结构调整、资本运营、产业开发”来帮助制造厂走集团化道路脱困。

2000 年 7 月 24 日，四川省电力公司以川电人资〔2000〕14 号《关于同意成立四川启明星制造集团有限公司的批复》、川电人资〔2000〕11 号《关于组建四川启明星制造集团有限公司有关事项的通知》，成立了四川启明星制造集团有限责任公司，即现在的四川启明星电力装备制造集团有限责任公司。

2000 年 8 月 7 日，四川省电力公司以川电人事〔2000〕27 号《关于委派四川启明星设备制造有限责任公司董事会、监事会成员的通知》，委派了名誉董事长石万俭、董事长邓天杰、副董事长杜伟龙。以川电人事〔2000〕60 号《关于杜伟龙等三位同志任职的推荐函》，推荐杜伟龙同志任公司总经理、曾旭阳同志任公司副总经理、邓瑞琪同志任公司

副总经理。于2000年12月1日正式开始营运。

第二节 经 营

1958年，四川省开始有了电力设备修造企业，其产品生产主要根据上级管理部门下达任务进行，并围绕产品生产进行经营管理活动，具有强烈的指令性计划特点，企业的各项工作均以完成任务为目的。20世纪90年代，完全进入市场经济时代，各设备修造企业根据电力生产建设的需要和市场的供求情况，积极参与市场竞争，在经营活动中日益重视市场动态和产品供求情况的变化，及时通过各自的信息反馈系统掌握情况，对市场进行预测和分析，采取“以销定产、以产促销”的经营方针，随时调整生产计划。为了适应市场的发展，尤其是20世纪末到21世纪初，四川省各设备修造企业的自主创新意识加强，主要是集成性自主创新和引进、消化、吸收后再创新，以提高企业的市场竞争力。具体体现在两个方面，一方面通过研发提升产品档次，进而提高产品附加值，增强企业竞争力；另一方面通过引进消化，研发替代进口的高附加值产品，进而打开市场，提升企业竞争力。这样，不仅在国内占据较为稳定的市场，而且走出了国门。

启明星公司的组建，改变了过去四川省电力公司所属修造企业无专门机构管理、各自为政的状况。

2001年4月，由公司副总经理曾旭阳、邓瑞琪带领两个调研组，对四厂进行了深入的调查研究。形成了“实事求是、区别对待、一厂一策”的管理思路。

启明星公司的基本战略是以核心技术为龙头的竞争战略和以国际化为主攻方向的发展战略。以资本营运、资源整合、结构调整、产业开发为主要职能，按照“勤奋创新的立业原则、稳妥审慎的发展原则、四自两体的管厂原则、绩效优先的评判原则”进行运作，全面提升企业盈利能力和市场竞争力。

启明星公司成立之初就十分重视形势的分析和公司战略的规划，意识到中国“入世”后，国际竞争就在家门口。2002年1月成立国际商务处，利用集团公司下属各厂、公司拥有在国内排位三甲以上的铁塔、风机、金具等传统产业，蓄冰制冷、轻钢结构等高新技术产业的优势和过去曾有过的国际市场业绩，大胆冲击国际市场。

2002年4月18日，国家外经贸部核准（川外经贸贸发〔2002〕142号文）启明星公司流通性进出口资格，具备自营和代理各类商品的技术的进出口权。

启明星公司在一无资质二无资历的情况下，充分运用电子邮件、国际商务网、商会、行协等多种手段，努力开拓业务。在不到一年的时间里，在国内先后与四川省和云南省的机械设备进出口公司，华电、中仪、中技等驻京公司，中国东南亚商会，四川省外经贸厅、外经会、贸促会等各方建立了友好工作关系。在国外与美国FAFCO公司、英国DGE公司、日本NGK公司、澳大利亚DOWNER公司等，进行了广泛的联系，为宣传集团公司品牌、提高集团公司知名度、对外合作业务开展等，打下了良好的基础。

2002年4月，启明星公司同美国规模最大的聚合物热交换器生产商FAFCO公司，签订了蓄冰制冷中央空调的蓄冰槽购买合同，拿到了第一份 42 套蓄冰槽订单，依托都江电力设备厂消化图纸、组织技术攻关，制造出满意的产品，顺利发往美国，实现对外贸易零突破。

第三节　效　　益

四川省电力设备修造企业所经历的 1991～2002 年的 12 年，正是市场经济发展的重要时期，在满足电力生产建设需要的同时，也求得了自身的发展。各修造企业的生产能力、产值、利润逐年提高，取得了一定的经济效益。

启明星公司成立后，公司的整体效益是逐年上升的，但各厂的具体情况不相同，效益也参差不齐，甚至有的厂出现阶段性亏损。

一、成都铁塔厂效益

成都铁塔厂在 1991～2002 年，效益是极不稳定的。

1991～1995 年，成都铁塔厂陷入困难时期，以 1995 年为例，全国输电铁塔市场总量只有 66778 吨，仅占全国铁塔行业生产能力 214140 吨的 31%，工厂出现严重亏损，截至 1996 年上半年，账面亏损额已达 2027.5 万元。出现了建厂以来，企业的经营形势最为严峻的局面。

1996～1999 年，企业进入快速发展时期，特别是二滩工程给成都铁塔厂带来了机遇，使工厂的经济持续好转，1998 年工厂实现利税达 1700 余万元。由此，成都铁塔厂走上了健康稳定发展道路，工厂铁塔产品于 1998 年代表中国首次打入秘鲁电力市场。

2000 年，工厂经过二滩工程 4 年持续发展后，首次出现严重亏损，当年亏损 1897.3 万元，累计未弥补亏损高达 2857.3 万元。

在市场经济条件下，铁塔市场早已成为买方市场，竞争异常激烈，产品盈利空间越来越小。该厂通过积极开拓市场，强化内部管理，经济效益出现稳定增长，亏损额大幅下降。2001 年，实现利润－1097 万元，超额完成集团下达减亏 50%的经营目标；2002 年，工厂经济效益实现扭亏为盈，利润达 138 万元。

成都铁塔厂历年经营指标和全员劳动生产率和职工年收入情况见表 10-2-1 和表10-2-2。

表 10-2-1　　成都铁塔厂 1991～2002 年主要经营指标

年　份	销售收入（万元）	利税总额（万元）	利润总额（万元）	产值（万元）	产量（吨）
1991	4858	296	124	6128	18081
1992	3842	－35	－194	4723.7	10005
1993	13971	818	354	9900	16049

续表

年 份	销售收入（万元）	利税总额（万元）	利润总额（万元）	产值（万元）	产量（吨）
1994	7424	204	2	9258.6	12606
1995	3719	－1468	－1585	5457.3	6543
1996	19320	931	314	15455.9	29602
1997	19828	1155	630	20010	31424
1998	22332	1519	324	19690	36139.897
1999	19988	2032	68	14806	21551.635
2000	8501	－1573	－1897	7826	12986.933
2001	10761	－1227	－1907	10345	18885.508
2002	14247	712	138	14876.6	27301.367

表 10-2-2　成都铁塔厂 1999～2002 年全员劳动生产率和职工年收入统计

年 份	全员劳动生产率[元/(年·人)]	职工年收入（元）
1999	90189	16308
2000	91891	13213
2002	258521	21542

二、成都电力机械厂效益

“八五”计划期间（1991～1995 年），成都电力机械厂的工业总产值始终在 3200 万元左右徘徊。

到“九五”计划期间（1996～2000 年），工厂才处于市场的成长阶段。1996 年完成产值 3271 万元；1997 年工厂总产值第一次突破了 4000 万元大关；1998 年再上台阶，完成工业总产值 5642 万元；“九五”计划后期出现亏损。

“十五”计划初期为工厂市场的发展阶段。2001 年为该厂的“管理年”，全年完成产品销售收入 4500.9 万元，完成年计划的 112.5%，比 2000 年增长 27.9%。2002 年为工厂的“理顺流程年”，全年完成工业总产值 5554.8 万元，比 2001 年增长 133.9%；完成产品销售收入 7240 万元，比 2001 年增长 160.9%；结束了连续 3 年亏损的局面，实现利润 51.7 万元。其中合同订货额为 8806 万元，销售收入 7240 万元，货款回收 8071 万元，均创历史最高水平；完成工业总产值 5554.8 万元，创历史次高水平（最高为 1998 年的 5642 万元）。成都电力机械厂企业生产经营、职工及劳动生产率情况见表 10-2-3 和表 10-2-4。

表 10－2－3　成都电力机械厂 1991～2002 年企业生产经营情况

年　份	工业总产值（万元）	工业销售收入（万元）	利润总额（万元）
1991	3161.4	2874.5	300.3
1992	3201.6	2991.3	200.7
1993	3040.7	4190.5	－318.3
1994	3205.2	4486.9	19.2
1995	3068.3	3835.2	－138.3
1996	3273.1	4854.4	－112.5
1997	4076	4847.4	－111.9
1998	5642	5871.3	17.9
1999	2936	4490.9	－474.3
2000	2169.3	3517.3	－2162
2001	3689.5	4500.9	－897.9
2002	5554.8	7240.1	51.7

表 10－2－4　成都电力机械厂 1991～2002 年企业职工及劳动生产率情况

年　份	职工人数	劳动生产率（元/人）	年　份	职工人数	劳动生产率（元/人）
1991	1535		1997	1114	34867
1992	1396		1998	984	51168
1993	1300		1999	974	37786
1994	1236	24749	2000	746	25468
1995	1218	23857	2001	606	90000
1996	1223	24226	2002	538	121592

三、成都电力金具厂效益

1991 年，成都电力金具厂销售收入达 1633 万元，1996 年该厂销售收入达 2902 万元。成都电力金具厂主要经营指标完成情况、全员劳动生产率和职工收入情况详见表10－2－5 和表 10－2－6。

表 10－2－5　成都电力金具厂 1991～2002 年主要经营指标完成情况

年　份	产量（吨）	产值（万元）	销售收入（万元）	利税总额（万元）	利润（万元）
1991	1392.2	1092.8	1633	201	145
1992	2360.4	1655.6	1034	103	17
1993	2689.5	1824.8	3030	248	69
1994	1827.4	5078.88	2603	238	46

续表

年 份	产量（吨）	产值（万元）	销售收入（万元）	利税总额（万元）	利润（万元）
1995	1882.2	2732.9	2556	221	10
1996	2363.1	4009	2902	—195	—363
1997	3344.3	7010	4667	296	160
1998	3482.2	7300.8	5320	394	148
1999	3751.9	6404.2	5281	353	15
2000	4667.2	7208.8	6975	689	15
2001	3218.1	6437.9	4959	434	43
2002	4645.1	9577.1	6209	476	70

注 以上数据不包含多经企业，产值产量由生产处提供，销售收入、利税总额、利润由财务处提供。

表 10-2-6 成都电力金具厂 1991、1996、2001 年全员劳动生产率和职工收入统计

年 份	全员劳动生产率[元/(年·人)]	职工年收入(元)
1991	15435.03	2443.80
1996	55266.54	11328.92
2001	192754	22623.58

四、都江电力设备厂效益

都江电力设备厂主要经营指标、全员劳动生产率和职工收入情况见表 10-2-7 和表 10-2-8。

表 10-2-7 都江电力设备厂 1991～2002 年主要经营指标

年 份	产量（吨）	工业总产值（万元）	产品销售收入（万元）	利税总额（万元）	劳动生产率（万元/人）
1991	1785	1874	1435	101	1.94
1992	2100	1378	1518	114	1.67
1993	2372	2074	2158	1	2.68
1994	1698	1845	1068	—166	2.06
1995	1958	2367	2359	—159	2.39
1996	1273	1613	1682	—347	1.99
1997	2240	2610	2322	136	3.62
1998	2834	3127	2828	—181	4.72
1999	2464	2515	2848	—154	4.27
2000	1590	2017	1998	—1320	3.44
2001	1965	1985	1463	—947	6.66
2002	2905	2853	3365	—120	9.96

表 10-2-8　都江电力设备厂 1991、1996、2001 年全员劳动生产率和职工收入统计

年　份	全员劳动生产率[元/(年·人)]	职工年收入(元)
1991	19465.98	2210.46
1996	25228.45	12842.79
2001	45160.82	16800.58

第三章　修造企业简介

四川省电力设备修造企业以不同领域中的贡献奠定了不容忽视的历史地位。

第一节　成都铁塔厂

一、概况

成都铁塔厂始建于1958年，位于成都市东郊跳蹬河，是生产各类超高压输电铁塔、变电站构架的专业厂家，年生产能力达3万吨。工厂目前占地19万米^2，拥有两条铁路专用线。截至2002年底，现有资产2.2亿元，所有者权益6922.5万元。工厂现有全民职工668人，在职职工中高级职称15人，中级职称60人，初级职称70人；高级技师2人，技师5人，高级工122人；大学本科以上学历35人，专科123人，中专技校204人。50岁及以上人员118人，1998年以后进厂的短期合同工59人。另外，企业还有离退休人员761人，其中老红军1人，离休干部14人。

二、企业发展

该厂作为专业厂家，加工技术稳定娴熟，加工精度能满足国内最苛刻的制塔标准；拥有行业所需的各种资质证书，技术实力强，产品质量高；拥有一批加工经验丰富，加工手段多样化的骨干队伍；加工产品先后为二滩、韶北、龙政、自渝自蓉Ⅱ回、环网等十余条国家重点线路工程服务，还曾远销布隆迪、喀麦隆、埃及、巴基斯坦、斯里兰卡、泰国、菲律宾、老挝、法国、意大利等十五个国家和地区；“银角”品牌声誉好，售后服务优良；铁塔市场同比看好，铁塔产品在今后相当时期内是有市场的，市场潜力大。

成都铁塔厂拥有从德国、意大利引进的3条具有国际先进水平的角钢加工自动化生产线及2条板件加工自动化生产线，能加工∠40～250mm的塔材，加工精度能满足世界上最苛刻的制塔标准；从德国引进一条热浸镀锌生产线，锌锅尺寸为12.5m×1.6m×2.5m，熔锌量为340吨；拥有各种大型设备210台，可根据用户的需要研制加工多种钢结构产品。

第二节　成都电力机械厂

一、概况

成都电力机械厂地处成都市武侯区红牌楼，是隶属于四川省电力公司（原四川省电力工业局）的全资子公司，四川省重点企业，国家西南地区重点生产电站辅机及配件的专业厂，以及中国风机行业协会和中国机械工程学会流体学会的理事单位。

该厂始建于1958年，占地面积10万米^2，拥有工程技术人员200人。自1986年和1997年从德国KKK公司分别引进静叶可调轴流风机和动叶可调轴流风机专有设计及制造技术以来，通过不间断地进行技术改造和KKK公司的技术支持，从而使工厂具有设计、制造2.5万～60万千瓦火电机组各种离心式和轴流式引风机、送风机、一次风机、排粉风机及其他多种电站辅机的能力和经验。拥有各种制造设备628台，其中大型、重型高精设备41台，建有国内最大、技术最先进的通风机试验台。该厂于1997年通过了ISO9001国家质量体系认证，并于2002年又通过了质量体系2000版的认证，拥有先进的制造检验设备，能按照国际先进的技术标准进行生产，并能满足其严格的工艺要求。

二、企业发展

该厂一直与德国KKK公司、TLT公司，瑞典ABB公司、Flaktwoods公司等世界一流的风机制造商建立有良好的技术合作伙伴关系。同时，该厂还是美国GE公司、法国Alstom公司、英国Mitsui Babcock公司、意大利BE公司、日本荏原公司等国际知名公司的合格分包商。

2002年该厂各项经济指标稳定增长，均创历史最高水平，工业总产值与销售产值比上一年增长38.21%，产品销售收入增长60.86%，工业增加值增长147%，订货额增长24.3%，货款回收增长50.22%，利润总额增长949.6万元。2002年该厂生产制造的引风机、送风机排列全国同行业之首，引风机有四项指标居第一，送风机有三项指标居第一（该厂生产的AN系列轴流风机见图10-3-1）。

图10-3-1　成都电力机械厂生产的AN系列轴流风机

第三节　成都电力金具厂

一、概况

成都电力金具厂坐落在成都市锦江区柳江工业园区，位于三环路内侧，紧邻风景秀丽的锦江河畔。该厂为四川省电力公司（原四川省电力工业局）全资子公司，是全国定点生产电力金具的专业厂家之一，属全国电力金具标准委员会成员单位，是中国西部唯一齐全具备可锻铸铁类、锻件类、铝铜类、铸铁类生产许可证和进出口经营许可权的厂家。工厂经过40年的艰苦创业，现已发展成为集科研、生产、商贸为一体的多元化扩张型企业。工厂现拥有固定资产3500余万元，员工500余人，年产值逾亿元。工厂的“全”牌电力金具系四川省名牌产品，该产品在西南地区市场占有率高达60%，在全国金具市场中占据了18%的市场份额，具有很强的竞争实力。

二、企业发展

长期以来，成都电力金具厂致力于以全优、全新、全方位服务的宗旨，向全球客户提供优质高效的“全”牌系列电力金具，电压等级覆盖包括500千伏在内的所有范围，特别是在高海拔重冰区、大跨越及大截面导线用系列金具的设计、制造方面具有独特优势。从1996年起，全线承接了举世瞩目的二滩电站500千伏送出工程金具供货，因在二滩送出工程金具供货中的卓越表现，工厂于1999年9月被省政府授予AAA级信誉制造单位。

除生产电力金具系列产品外，该厂还为广大客户提供高低压成套配电设备、电力构件、合成绝缘设备、紧固件、出口栅栏配件等产品，并提供电力器材流通领域的服务。“全”牌产品畅销国内二十多个省市、自治区、直辖市，并远销北美、中东、欧洲和东南亚国家及地区。

该厂拥有输电线路防晕球、挂点金具、悬锤线夹、导线矩形阻尼间隔棒四项实用新型国家专利。

1993年9月，成都电力金具厂被国家统计局授予“中国500家最大电器机械及器材制造企业”称号；1999年8月被四川省政府授予“二滩送出AAA设备供应商”称号；1999年二滩送出500千伏线路工程非标金具荣获国家电力公司科学技术进步一等奖；1999年12月，“全”牌金具被四川省政府授予“四川省名牌产品”称号；2000年荣获成都市“市级文明单位标兵”称号；多次被四川省工商行政管理局授予省“重合同，守信用”单位称号。

为了进一步扩大再生产，该厂在2002年共完成固定资产投资额598.2万元，其中基本建设投资242.6万元，技术更新改造投资355.6万元。新建厂房一座，新添置设备27台（套），涉及新增工艺项目13项，工厂生产能力进一步提高。

第四节　都江电力设备厂

一、概况

都江电力设备厂的前身是始建于1944年的都江发电厂。

根据省局要求，原小火电于1993年停止发电，1998年正式拆除机组。

1995年工厂更名为都江电力设备厂，主营电力、冶金、石化热交换器设备及电力汽轮机、发电机配件和部件等设计制造。工厂控股天府换热器有限公司，另管理有多经企业都江电力钢窗厂及劳动服务公司、技术协会等。

二、企业发展

1998年工厂经中国方圆标志认证委员会巴蜀认证中心专家组审核，通过ISO9001质量体系。2000年荣获中国质协用户委员会授予的“全国用户满意产品”称号。2002年取得国家质检总局颁发的A级锅炉承压部件的制造许可证。

工厂在满足系统大修、技改市场需求的情况下，努力拓展系统外市场。2001年，开始与大型锅炉成套企业合作经营，已成为东方锅炉厂、四川锅炉厂、杭州锅炉厂的协作厂，特别是东方锅炉厂已把工厂作为其扩散厂，为其提供低温再热器、低温过热器、省煤器、空气预热器等产品。

都江电力设备厂主导产品为A级锅炉承压部件、换热器及配件，兼营发电机高压绕组、汽轮机配件，具有开发、设计、生产电站锅炉各类换热器、余热锅炉组件、脱硫装置换热器、冶金高炉余热回收装置等设备的能力（图10-3-2所示为该厂生产的汽轮机转子）。生产能力已达换热器类产品1.50万吨/年，发电机静子绕组、汽轮机叶片等重要配件2万件/年，与东方电气集团在锅炉、发电机、汽轮机领域建立起长期合作的战略伙伴关系。随着环保产业的异军突起，对工厂的产品性能、质量、加工精度有了更高的要求。为了从根本上解决换热元件生产的传统落后工艺，弥补生产效率低下，加工质量不易控制的缺陷，1994年以后都江电力设备厂从美国引进了一条具有国际先进水平的高频焊接螺旋肋片管生产线，并与哈尔滨焊接研究所合作，消化吸收美国先进技术，研制成功具有独特优势的国内第一台大型螺旋肋片管生产线。这两条生产线能加工管径为$\phi20$～$\phi146$的低碳钢、低合金钢和不锈钢翅片管，加工精度能满足世界上最苛刻的肋片绕制焊接标准，年生产能力可达4000吨。从法国引进的MS自动焊管机、涡流探伤机、X射线探伤机确保了管材的进厂质量和焊接质量，并在工厂建起了30万千瓦汽轮机动平衡试验台。现拥有各种设备600余台，可根据用户的需要研制加工多种换热设备、脱硫装置、热交换器。

图10-3-2 都江电力设备厂生产的汽轮机转子

截至2002年底，工厂已为国内100余家大型企业提供了60万千瓦机组及以下电站锅炉管式或肋片管式的省煤器、再热器、过热器、空气预热器、脱硫装置换热器，水冷壁、吊挂管、垂直管束，锅炉等离子点火暖风器；60万千瓦机组及以下汽轮机叶片；30万千瓦机组及以下发电机线圈线棒；4063米^{3}大型冶金高炉热风炉余热回收装置。换热器产品已广泛应用于电力、冶金、石油、化工等行业并出口到国外。

第十一篇　科技与教育

第十一篇 科技与教育

1991～2002年，随着改革的深入发展，四川省电力行业的科技与教育工作均发生了巨大变化。

在科学技术方面，通过认真贯彻“科学技术是第一生产力”的方针，依靠科技进步，开展技术创新，围绕企业“达标创一流”、电力安全生产、电网自动化、企业信息化、环境治理、节能降耗等方面进行了一系列技术研究与推广，使技术创新能力和科技水平得到进一步提高，为电力安全生产和电力建设打下了坚实的基础。

在教育方面，成立了四川省电力教育协会（在省民政厅正式注册），协会设立有发电、供电、修造、基建、仿真培训、基础教育、焊接培训等专业委员会。协会及其专业委员会均具有四川省电力工业局委托的行政职能，协助行政组织横向联合分工办学习班，组织检查评比先进，交流经验，交流信息，评选教育论文，组织编写和印发书刊、教材、试题库等，是一个办实事的社团。1991年，四川省电力工业局有成都热电厂、重庆发电厂、江油发电厂等子弟中小学21所，成都电力职工大学、成都水力发电学校、重庆电力职工大学、重庆电力学校和重庆电力技工学校等高、中等职业技术学校5所。局属子弟学校的教育教学质量在当地均名列前茅，专业学校也受到上级有关部门的表彰。1994年，成都水力发电学校、重庆电力学校及重庆电力高级技工学校被评定为国家级重点中专和国家级重点技工学校，重庆电力职工大学和成都电力职工大学分别被四川省教委评为全省25所职工大学的优秀奖第一、第二名。从1995年开始，随着一部分发电厂生活区向城市搬迁，部分子弟学校停办，学校数量逐步减少。到2002年底，子弟学校全部移交地方教育部门管理；专业学校因川渝分家，归四川省电力工业局的有四川电力职业技术学院和成都电力职工大学两所。

第一章 科技创新

1991～2002年，四川省电力科学技术结合电力生产、建设的实际，围绕重大科技问题进行技术攻关，取得了显著成绩，仅四川省电力公司就获得国家级科技成果奖10项，省、部级科技成果奖44项。

第一节 科 研 机 构

四川省电力系统的科研机构，主要有四川电力试验研究院、四川电力设计咨询有限公司、四川电力建设调整试验所，以及各电力企业的科研单位。

一、四川电力试验研究院

四川电力试验研究院（简称四川电研院）位于成都市青华路23号，是四川省电力工业局（公司）直属试验研究单位和技术中心。该院电力专业门类齐全，技术力量雄厚，测试手段先进，获ISO9001—2000质量体系认证证书。该院始创于1952年4月，原名西南电业管理局中心试验室，1954年8月15日更名西南电业管理局中心试验所。1965年，四川省电力管理体制调整，分别成立四川省电业管理局和西南电力建设局，试验所划归四川省电业管理局管辖。1988年6月更名为四川电力科学试验研究所，1993年9月更名为四川电力试验研究院。

截至2002年底，四川电研院职工总人数为426人，专业技术及管理人员341人，其中博士生2人，硕士生40人，本科生145人；教授级高工8人，高级工程师139人，中级职称138人，享受国务院政府津贴专家2人。全院拥有固定资产原值1.27亿元。院本部设有院长工作部、安全生产计划部、人事劳动教育部、物资公司、质保部5个职能部门。下设四川通能电力科技实业发展总公司、四川联瑞电力发展有限公司、四川电力科学技术工程公司、四川华隆电力技术实业公司、四川博鼎科技有限公司。承担科技开发、工程调试、技术服务等管理职能。同时还设有高压室、锅炉室、汽轮机室、系统室、热工室、电子室、化学室、金属室、环保室、电测室、计算机室、水机室、仿真室、调试所等专业试验研究室。

该院已投入使用的主要设备有0.01级电能功率标准装置，0.02级四川电网的工作标准电能表标准装置，0.02级电能表现场校验仪，电磁兼容试验设备，电能表性能试验设备，以及电力系统动态模拟装置。此外，还有一批20世纪90年代进口的先进检验、测试和试验仪器设备，建有超高压试验基地、电测标准计量室，热工标准计量室，水、煤、油化验室、金属元素分析室、金相试验室等30多个专业试验室，承担了大量生产科研、基建调试、量值传递、设备检定项目。

该院的RTS串联谐振耐压设备，可开展800千伏及以下GIS、SF_6断路器等设备的耐压试验。250赫兹发电机组可开展500千伏及以下变压器类设备感应耐压和局部放电试验，500千伏户外模拟试验线段可开展500千伏线路试验研究和带电作业培训。此外还拥有33万千瓦火电机组仿真系统，20万千瓦火电机组仿真系统（见图11-1-1），水电仿真系统，500千伏变电站仿真系统，RTDS实时数字仿真系统。

该院质量管理体系从2000年5月正式建立运行，2001年5月顺利通过四川省巴蜀质量认证中心认证审核，获得ISO 9002—1994标准质量认证证书。通过ISO—1994版的宣传贯彻和实施，确保院质量方针的贯彻执行，达到院质量目标的要求，未发生一起质量事

图 11-1-1　四川电力试验研究院的20万千瓦火电仿真系统

故和顾客投诉的情况，为该院某些项目的对外竞标取得了“入场券”。

二、其他科研机构

（一）四川电力设计咨询有限责任公司

该公司拥有电力行业甲级设计资质、新能源发电工程设计、水力发电工程设计、送变电工程设计、工程勘察综合类甲级资质、甲级工程咨询资质；甲级建设工程消防设计资质；甲级地质灾害防治工程勘查、设计资质；甲级工程总承包；甲级工程监理；甲级环境污染防治工程工艺设计；乙级建设项目环境影响评价资格证书，乙级电子通信广电行业通信工程、乙级电力工程施工图审查、建筑工程设计、水土保持方案编制等资格证书和国外承包工程劳务合作经营许可证书。主要承担电力系统规划设计、发电工程、送变电工程及电力系统通信工程勘测、设计、工程咨询、工程监理和工程总承包等业务。

（二）四川省电力调度中心和通信自动化中心

两中心具有较强的研发能力，在解决生产建设中遇到的技术难题的同时，还承担了国家和国家电网公司下达的科研和攻关项目，并对发供电和施工企业的技术革新、技术标准化实施、合理化建议等科技活动起着引导带动作用。

第二节　新技术开发与应用

四川省电力行业在科学技术研究中，按照将科学技术转化为现实生产力的要求，在新技术开发中，紧密围绕电力建设和生产的中心，不断进行科学试验和新技术开发，取得了显著成效。

一、设备完善化

1991～2002年，四川省电力系统的科研基础设施得到了较好加强。

在电网一次方面，建立了500千伏户外模拟试验线段、SF_6微水检测实验室、互感器校验实验室，拥有配置了1500千伏工频、3600千伏冲击电压、900千伏冲击电压、100

千安冲击电流、500千伏和110千伏防污秽、250千伏无晕试验变压器等设备的高压大厅，在这些试验室内可以进行500千伏及以下一次电气设备的工频耐压、冲击耐压和污秽等试验研究项目。高压基地还拥有四川省高压带电作业技术中心的培训场地，可进行110千伏、220千伏、500千伏输电线路及配网带电作业的培训和试验研究工作。此外，还拥有一些专门的设备进行专项试验和电气设备的故障诊断，如250赫兹的倍频电源、800千伏串联谐振装置、AGMA570红外热成像仪、COROCAM＋紫外成像仪等设备，具备了开展电力设备各种测试试验的条件。

在电网系统方面，建立了动模、电力系统数字仿真、继电保护、电能表、电测仪表、直流仪器、电压标准、时间标准等实验室，拥有BPA综合稳定分析程序、电磁暂态仿真、EMTP等系统分析软件，具备了电力系统实时仿真、电力系统稳定控制等技术领域的研究和开发能力。

在发电专业方面，建立了振动校准、汽轮机热力试验、振动分析、叶片分析、无损检测、金属元素分析、金相试验、热工仪表检定、环保检测等实验室。

二、火电技术应用

火电技术的应用主要有以下方面：

(1) 西藏地热生产井化学除垢方法。该技术首次在西藏地热生产井使用时，清洗13口羊八井地热生产井，结果证明汽水总流量由1240吨/小时提高到1647.6吨/小时。

(2) 电站锅炉卫燃带合金抓钉焊接技术研究。该技术比原抓钉焊接技术可延长卫燃带使用寿命1倍。

(3) 电站金属材料金相图像分析处理系统研究。该技术的电站金属材料专项分析测试功能具有国际先进水平。

(4) 火电厂高温承压薄壁管弯头内壁轴向裂纹超声检测法。该技术在国内属首创。

(5) 超音速电弧喷涂技术在火电厂的应用研究。针对火电厂腐蚀、磨损早期失效部件的现场修复特点，通过对超音速电弧喷涂设备的系统改造研究，完全满足了火电厂失效部件的现场实际应用要求，工艺技术简便、稳定可靠。开发了相应超音速电弧喷涂工艺，很好地解决了火电厂的腐蚀和磨损问题。该技术大大提高了耐磨部件的寿命。

(6) 火电厂汽水承压管弯头内壁轴向裂纹超声检查法。该技术于1997～1999年在9家电厂的137个机组弯头处进行了应用。

(7) 油液颗粒污染度检测仪。该技术可准确快速测定润滑油、液压控制系统中所使用的抗燃油、透平油等油液中的颗粒污染度。1999年在6个单位20万千瓦及以上的火电机组的透平抗燃油上进行了应用。

(8) 10万～60万千瓦火电机组化学水处理DCS控制系统。该技术在通过DCS的控制手段和测流实现大型火电厂从原水、除盐水、炉内、炉外（凝结水和给水）加药和连续排污及工业废水处理等化学水处理全过程的自动控制，属国内首创，其实施炉水磷盐＋炉水连续排污综合控制改善炉水品质等多项新功能，改善了工业废水处理环境，节省了环保排污费。

(9) 智能红外测硫仪研制。该技术试验过程的优化控制居国内领先水平。

（10）锅炉灭火保护装置、HI 制剂循环清洗汽轮机硅垢方法研究、给水系统节能改造、热管空气预热器、入厂煤自动采样装置、大型风机安全监测装置。火电厂灭火保护全省共装 21 台，除豆坝和白马 2 台炉因取样孔结焦堵孔不能投入外，其他全部投入了跳闸保护。

另外还有“ALOK＋汽轮机叶轮超声成像检测系统”、“国产 20 万千瓦汽轮发电机组中压缸启动技术研究”成果，在重庆电厂两台 20 万千瓦机组上多次应用后，专家们认为该成果技术先进、安全可靠、实用，经济效益和社会效益十分显著。“火电厂循环冷却水系统防腐防垢技术研究与应用”、“电站金属材料金相图像分析处理系统”的研究、“瞬态动平衡仪的研制”，具有国际先进水平；“火电厂高温承压薄壁管弯头内壁轴向裂纹超声检测法”在国内尚属首创；“承压管道弯头内表面纵向裂纹探伤法”为国内填补了一项空白。

三、水电技术应用

进入 21 世纪，四川省水电建设迅猛发展。截至 2002 年底，全省电网全口径装机容量已达到 2245.6 万千瓦，其中水电装机容量为 1496 万千瓦；统调装机容量 1649.12 万千瓦，其中水电装机容量为 1043 万千瓦，占总容量的 63.2%，因此，研究水电技术及其应用急不可待。尤其是中转速水轮机主轴密封研究，较好地解决了中转速水轮机常用密封的易磨损、寿命短和维护难等技术难题。该技术经检索查新为国内首创，达到了国内领先水平。历时两年，四川省水电仿真系统研制成功（见图 11－1－2），荣获 2002 年四川省科技进步一等奖。

图 11－1－2　四川省电力公司研制的水电仿真系统

四、输变电技术应用

四川电网位于全国互连电网的末端，电网阻尼特性较弱，电网的暂态和动态稳定问题较为突出。自 20 世纪 90 年代初，四川电网广泛采用了安控装置来提高电网输送能力。截至 2002 年底，四川电网内有 10 套区域安控系统投入运行。特别是川电东送的安控系统，覆盖 4 个 500 千伏变电站和 26 个切负荷子站，是目前国内解决问题最多、控制策略最完善、效益最明显的大型区域安控系统之一。

由于四川省电力工业局（公司）的高压、超高压各变电站普遍采用了变电站自动化系统，使 110 千伏及以下变电站大部实现无人值班，部分 500 千伏变电站实现少人值班。继电保护正确动作率、故障快速切除率不断提高。

在输变电技术的研究中，“绝缘油中糠醛含量测定方法的研究”为现场开展绝缘油中糠醛含量测定提供了抗干扰能力强、灵敏度高、测量偏差小的测试方法，其方法在国内首次提出，技术上居国内先进水平。

500 千伏带电作业是电力部提出的科研项目，它的研制成功将填补国内外在 500 千伏同塔双回线路带电作业方面的空白，现已完成了500千伏同塔双回线路操作波冲击试验，现场工频场强测试及场强模拟计算，500千伏同塔双回线路带电作业工具研制、组装、试验，编制500千伏同塔双回线路带电作业操作导则等课题内容。

电力系统500千伏充油设备油中含气量测定系统对102G－D气相色谱仪的电流和气路，尤其是热导检测器进行改造，使该仪器达到或超过了同类高档仪器的检测水平，对于在系统内以较高的起点开展色谱法测试500千伏充油电气设备油中含气量奠定了坚实基础，节约了购置高档仪器的大量开支，提出用空气替代定制标气的办法，简化了操作，属国内电力系统首创。

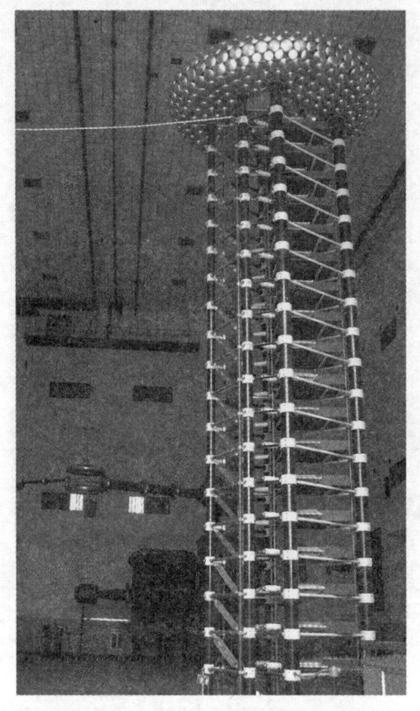

图11－1－3 四川省电力公司的高压试验厅

500千伏同塔双回线路带电作业试验研究是试验院和东北电科院共同合作完成的一个重大科技项目，是我国成功研制的第一套500千伏同塔双回线路带电作业工器具，在经过安全论证的基础上，第一次成功进行了500千伏同塔双回线路带电作业。此外，在500千伏同塔双回线路上开展带电作业可使供电部门提高供电可靠率，提高电网安全运行可靠性，加强检修计划性和节省检修时间（图11－1－3所示为四川省电力公司的高压试验厅）。

在电能计量方面，研制的新型电流互感器，采用了双级补偿原理，特殊的铁芯结构和磁屏蔽措施，与传统的电流互感器相比，具有剩磁影响小，误差曲线随一次电流变化小、准确度高、抗外磁场干扰能力强的特点。在二次侧采用小电流测量该电流互感器的误差，简便易行，准确可靠，解决了长期以来高压电流互感器现场校验困难的问题。

“110千伏、220千伏交流输电线路用有串联间隙复合外套金属氧化物避雷器”项目的研究成果，对保护线路绝缘子免受雷击损坏，大幅提高线路耐雷水平，有效降低线路跳闸率，最终达到提高输电可靠性，减少线路维护工作量，降低生产运行成本都具有明显的效果。

五、节能技术

四川省电力工业局（公司）以建设“资源节约型、环境友好型”企业为目标，广泛开展节能降耗措施的研究和电网与环境相协调措施的落实。特别是研究网损统计技术及建立实时网损监测系统，分析电网结构和运行方式对网损的影响，研究降低超、特高压线路和变电站设备电晕损耗的方法及技术措施，研究节能变压器等节能设备的应用，研究降低电网损耗的技术和政策措施，以及收集分析新上电力客户转移高峰空调负荷潜力等方面，取得了一定的成功。

四川电力试验研究院与新庄电厂等单位共同研制完成的“新庄电厂DG200t/h锅炉尾部受热面综合改造技术研究”，同时采用螺纹肋片管省煤器、螺纹管空气预热器及热管空气预热器三大新技术，取代传统的光管省煤器，提高了降耗的能力。回转式空气预热器，改造后每年仅减少 8 天停机清洗时间即可收回投资，可多发电 900 万千瓦·时："电除尘高效运行优化技术"研究，结合振打加速度试验、气流分布试验和漏风试验的故障诊断技术，成功应用在省内外 3 座火电厂 7 套（11 台）电除尘器，除低烟尘排放量 10281 吨，年减排量为 7592 吨，有效地提高了除尘效率，取得了良好的经济效益和社会效益。

六、电子计算机应用

四川电网自动化技术基本达到国内先进水平。截至 2002 年底，调度中心实现了 AGC 功能和高级应用软件基本功能，建立了 DTS 系统。电网调度能量管理系统（EMS）及 17 个地调调度自动化系统全部实现 SCADA 功能实用化及部分系统实现 PAS 功能实用化。整个四川电网装备了电能量计量系统、电力市场报竞价系统、考核结算系统、电力市场信息发布网站、调度员培训 DTS 系统、水调系统、安控系统、广域向量测量系统等。调度生产管理系统（DMIS）也在建设阶段。

"ALOK＋汽轮机叶轮超声成像检测系统"、"电力变压器绝缘放电性故障在线监测系统"，采用了先进的软、硬件技术和智能分析系统，它可对各种信号进行波形分析、判断设备绝缘状况，为变压器放电性故障监测及绝缘状况诊断提供了有效的手段。

"直流电源柜计算机系统的研制"项目取得成功，并在雅安、宜宾、万县、内江等电力公司和电业局的变电站投入运行。

"汽轮机扭振及寿命监测管理系统研究"采用高新技术，对机组运行状况及参数进行在线监测和实时计算，分析机组扭振应力对转子寿命的损耗，形成的技术软硬件产品广泛应用于机组寿命管理工作中。

七、废水回收和灰渣利用

1991～2002 年，四川省电力工业局（公司）加大了废水回收利用的投入，各火电厂加强了对燃煤煤质管理和环保设施运行、维护的监督管理，努力降低污染物的排放量。

据 2002 年度的统计，四川省电力公司所管的火电厂总装机容量为 391.9 万千瓦，年原煤耗量为 1134 万吨，燃煤平均灰分为 39.5%，灰渣排河量为 0，灰渣综合利用量为 206.9 万吨，综合利用率为 48.9%。在各火电厂，大力推进粉煤灰综合利用，黄桷庄电厂液态排渣全部实现了综合利用；白马电厂粉煤灰分选装置于 5 月投入使用后，一、二级粉煤灰供不应求，豆坝电厂粉煤灰分选工程正在建设中。宜宾发电总厂 2002 年前三季度完成灰渣综合利用量 31.0 万吨，内江发电总厂 1～10 月灰渣综合利用量 28.0 万吨，均超过全年计划指标。但由于燃煤灰增加，省电力公司火电厂前三季度的粉煤灰综合利用率仅为 48.9%，比 2001 年全年的利润率 55.3%有所下降。

从统计指标分析结果来看，由于 2002 年四川省电力公司所管的火电厂发电量有所回升，年耗煤量增加，但灰水排放量均有所降低，集中体现了四川省电力工业局（公司）火电厂近年来在污染物排放治理方面取得的成果。

八、计量装置

1991～2002 年共建立了计量标准 50 项。其中，25 项为西南地区最高计量标准，25 项为西南地区次高计量标准。

第三节　科　技　成　果

1991～2002年，四川省电力工业局（公司）获得国家级科技成果奖10项，省、部级科技成果奖44项，省电力公司成果奖208项。

一、获国家科技奖项目

1991～2002年，四川省电力工业局（公司）获得国家级科技成果奖12项。其中在“十五”初期，省公司荣获国家科技进步奖5项，包括1项国家科技进步二等奖、1项全国职工技术创新成果三等奖、1项国家电网公司科技进步二等奖、2项国家电网公司科技进步三等奖。

由四川电力试验研究院完成的“电站煤粉锅炉大型高效热管空气预热器工业性应用试验研究”获1992年国家科技进步三等奖。

二、获部、省级科技奖项目

1991～2002年，四川省电力系统获省、部级科技进步奖31项，具体项目见表11-1-1。

表11-1-1　1991～2002年四川省电力系统获省、部级科技奖统计

序号	获奖项目名称	获奖年度	获奖级别
1	高海拔外绝缘及电晕特性研究	1991	部级二等
2	火电厂主蒸汽管道寿命微机在线监测实时估算系统	1991	部级三等
3	电力变压器故障诊断专家系统	1993	部级三等
4	螺旋泵式水轮机主轴密封技术	1994	部级三等
5	汽轮机超声波自检测及成像系统	1995	部级二等
6	DZY-1型旋转机械轴系对中仪	1996	部级四等
7	四川省电力局技术标准体系表	1996	部级三等
8	新型大电流互感器	1998	部级三等
9	油液颗粒污染度检测仪	2000	部级三等
10	PDL-90高压多功能测试仪	1991	省级二等
11	HI制剂循环清洗汽轮机硅垢技术	1992	省级三等
12	拉萨电网110千伏系统绝缘配合研究	1993	省级二等
13	四川33万千瓦火电机组全仿真机	1994	省级一等
14	狮子滩电站水轮机组改造增容技术研究	1994	省级三等

续表

序号	获奖项目名称	获奖年度	获奖级别
15	20万千瓦机组中压缸启动技术研究	1995	省级二等
16	地热生产井化学除垢工艺	1995	省级三等
17	糠醛含量测定法	1995	省级三等
18	电站锅炉卫燃带合金钢抓钉焊接技术研究与应用	1996	省级二等
19	大机组热力系统汽水质量自动监测及故障诊断系统	1996	省级三等
20	刀刃式铠装热电偶高温测试技术	1996	省级三等
21	电站金属材料金相图像分析处理系统	1997	省级二等
22	火电厂循环冷却水系统防腐防垢技术	1997	省级三等
23	四川20万千瓦火电机组全仿真机	1998	省级二等
24	水内冷发电机空芯铜导线腐蚀防护应用研究	1998	省级三等
25	直流电源柜自动监控系统	1999	省级三等
26	火电厂主蒸汽管道蠕变寿命C射影预测方法	2000	省级三等
27	油液颗粒污染度检测仪	2001	省级三等
28	四川水电仿真系统研制	2002	省级一等
29	500千伏同塔双回线路带电作业技术试验研究	2002	省级二等
30	220千伏交流输电线路用有串联间隙复合外套金属氧化物避雷器开发	2002	省级三等
31	多谐波源响应的Monte-Carlo模拟及谐波监测的数据库查询	2002	省级三等

第四节　技　术　监　督

一、化学技术监督

化学技术监督包括化学及环境保护技术监督两个部分。

1991～2002年，随着输变电压不断提高和新技术的大量引入，四川省电力公司对技术监督提出了更高的要求。

为加强环境保护管理，四川省各火电厂于1980年初陆续配备环境保护专（兼）职管理人员。四川省电力工业局环境监测研究中心站（简称中心站）于1984年成立，挂靠在四川省电力科学试验研究所，负责全局环境监测及技术管理、环境统计等工作。1987年水电部《火电厂环境监测条例》颁发后，四川省各火电厂先后组建了环境监测站，开展本单位污染物排放监测，监测项目主要为废水pH值、COD_{Cr}、SS及噪声，烟气污染物和除尘效率监测则委托中心站和地方政府环境监测站完成。这些环境保护管理工作已经涉及了环境保护技术监督的各个方面，但是直到1995年12月，环境保护技术监督才在全国电力工业技术监督会议上被正式列为电力工业9项技术监督之一。

环境保护技术监督以环境保护设施和污染物排放为对象，以环境保护标准为依据，以环境监测为手段，监督环境保护设施的正常投运和污染物的达标排放。

环境监测是环保技术监督的重要手段，四川省电力系统建立了完整的环境监测网络，1991～2002年共举办环境监测技术培训班5次。中心站于1991年取得环保部门颁发的监测资质，到1997年火电厂环境监测人员均取得了环境监测资质。

环境统计是环保技术监督的基础工作，从1986年起实现了微机化管理，并建立了完整的环境统计档案，统计范围包括污染物排放、污染治理设施、废物综合利用、环境监测、环保缴费等方面数据，为全省电力工业环境保护管理提供依据。

1991～2002年，火电厂大气污染物排放标准修订了2次，废水污染物排放标准修订了1次，排放标准逐次提高。四川省电力工业局（公司）在机组建设和生产运行中积极采用先进环保技术，同时开展环保科学试验研究，以推进环境污染治理。

二、电气绝缘监督

1991～2002年，是中国电力工业大发展的12年，绝缘监督工作在此期间也得到了长足的发展。由于厂网分开等体制改革的原因，绝缘监督的管理体制也随之发生了很大的变化。

四川省由于二滩电站的建成，在1998年后相继形成了500千伏电网，一跃而成为国内500千伏线路最长的省份，而四川省的500千伏工程，又具有高海拔、重冰区、多雷、多泥石流等特殊因素，因而绝缘监督的工作尤其显得重要。

三、仪表监督

四川省电力工业局（公司）投入了大量资金，提高、完善了各电业局的电能计量标准，标准电能表最高等级由0.1级提高到0.02级。为各电业局配备了满足生产、经营需要的多功能电能表检定装置和电能表现场校验装置，配备了互感器自动检定标准装置及TV二次压降测量仪。由于电网电测计量最高标准不断完善，四川电网的最高电能标准已达到0.01级（三相），标准互感器电压等级已达到500千伏。

为配合城农网改造，四川电研院建立了电能表性能实验室和电磁兼容实验室，有效地扼制了不合格计量表计的入网。各电业局加强了对一、二类关口电能表的现场校验力度，电研院提高了监督抽查比例，使关口电能表误差合格率在2001年达到97.2%，要求2005年提高到98.9%；大用户电能表误差合格率2001年为94.2%，要求2005年提高到100%；TV二次压降合格率2001年为18.8%，最大压降误差为3.21%，要求2005年合格率提高到93.5%。2001年由于试验端子排设计不正确，不能进行现场校验的占25.93%，要求2005年仅占3%。扩建和新建变电站220千伏及以上电压等级互感器验收校验率已达100%。

四川省电力工业局（公司）的技术监督机构——四川电研院，还参加起草并完成了国家电网公司交流采样测量装置作业指导书的编写工作，完成了《四川省电力公司电测技术监督条例》的修订，起草了《电测技术监督考核办法》。

四、电能质量技术监督

1994年5月19日，四川省电力工业局（公司）川电用〔1994〕16号文下达《四川省电力工业局谐波监督管理办法（试行）》，这是四川省电力系统第一部有关电能质量技术监督管理的法规。

同年8月，四川省电力工业局（公司）成立“电网谐波监督管理领导小组”，何荣钦副局长任组长，同时批准成立四川省电网谐波监测站，作为四川省电力局所属的电能质量技术监督管理机构。其主要职能担负着全川电网电能质量（谐波、电压波动闪变、电压不平衡度）的监测工作和电网内发生电能质量纠纷的技术仲裁工作，负责网内大型干扰源负荷及其治理工程的相关咨询、评审、验收和监测工作。

1995～1999年，四川电网谐波监测站第一次对四川电网90多个变电站不同电压等级和100多家谐波源用户进行谐波普查工作。

为保证西昌卫星发射中心的电能质量，西昌电业局克服困难，于2001年4月建成国内第一个最大的电能质量在线监测网。

由于四川省的工业负荷主要是二次产业负荷，谐波污染的行业如电气化铁路、冶金，其中黑色冶金、有色冶金均为耗电大用户，且为主导工业用户，大型电弧炉炼钢、轧钢机，以及大型铝厂（整流负荷）产生的谐波对供电系统的污染日益加重。另外，居民生活用电和家用电器基本上是单相负荷，负荷不易对称，用电时间相对集中，同时频率很高，大量分散的谐波污染呈明显快速地上升趋势。为了提高电能质量，四川省电力公司十分重视对电网谐波的管理工作，2002年下达第二次四川电网谐波普查工作任务，预计2004年完成。

五、金属技术监督

1988年12月，为了加强锅炉压力容器金属质量的监督、检验，成立了四川省电力工业局锅炉压力容器检验中心（简称锅检中心），又称四川省电力工业局锅炉压力容器检测站。1988年，四川省劳动人事厅以川劳锅〔1988〕31号文，批准锅检中心为临时认可的第二批固定式在用压力容器检验单位。1992年9月，四川省劳动厅组织资格审查小组对锅检中心的管理、质量、条件三个方面进行了全面资格审查认证，并报国家劳动部备案注册。锅检中心作为四川电研院的下属部门于2001年5月通过ISO9002认证。

自锅检中心成立以来，先后对华能重庆珞璜电厂一期2×36万千瓦机组锅炉压力容器（法国Alstom公司）、江油发电厂2×33万千瓦机组锅炉压力容器（法国Alstom公司）、广安发电厂一期2×30万千瓦机组锅炉压力容器（东方锅炉厂）、广安发电厂二期2×30万千瓦机组锅炉压力容器（东方锅炉厂）、江油发电厂2×30万千瓦机组锅炉压力容器（东方锅炉厂）、重庆发电厂2×20万千瓦机组锅炉压力容器（东方锅炉厂）等数十台进口、国产锅炉压力容器的安装前安全性能进行了检验。检验过程中发现了大量危及生产运行的安全隐患，并提出整改，防患于未然（图11-1-4所示为技术

图11-1-4 技术人员在现场调试

人员在现场调试）。

随着电力体制改革，厂网分开，四川电研院和所有发电企业建立了金属监督的合同关系，金属监督工作的重要性得到了发电企业的充分重视。

电力工业的技术水平不断提高，高参数、大容量、高效率的大型发电机组数量不断增加，新设备、新材料、新技术的运用，对设备运行的安全性、可靠性要求越来越高，因此，金属技术监督的范围也越来越广。随着诊断技术的不断改进，先进的检测监督技术如磁记忆检测技术、氧化层厚度测量技术等的使用，金属监督技术标准不断完善，使金属技术监督工作逐步走向标准化。

六、热工技术监督

在对内江发电总厂22号和宜宾发电总厂21号2台20万千瓦机组实施热控分散控制系统（DCS）改造时，鉴于当时对DCS的认识不足，也缺乏全面改造机组热控系统的实际经验，更兼受改造经费的限制，改造范围不够彻底。即便如此，2台20万千瓦机组通过热控DCS改造后，其自动化水平较改造前仍然得到了一定程度的提高，机组的安全、经济运行水平也有所提高。因此，技术监督部门人员加深了对DCS的认识，培养了一批热工专业技术人才，为今后实施更大规模机组热控DCS改造奠定了坚实的基础。

1998年，再次对内江发电总厂21号和宜宾发电总厂22号2台20万千瓦机组实施热控DCS改造。在内江发电总厂21号机组的改造中，首次在西南地区国产20万千瓦机组上采用国产汽轮机高压纯电调系统（DEH），彻底解决了由于油质变化、电液转换器卡涩等低压电液切换汽轮机调节系统存在的不可靠因数，极大地提高了汽轮机高压纯电调系统运行的可靠性和控制精度。

在技术监督部门的指导下，一系列热工技术的运用和改造不断取得成功。

2000～2001年，顺利完成重庆发电厂21、22号和重庆九龙电力股份有限公司23号3台20万千瓦机组热控DCS的改造，在改造中增加了辅机顺控（SCS）功能。

2002年，完成巴蜀公司江油电厂32号（33万千瓦）引进机组的DCS改造，在改造中增加了电气ECS功能。

七、节能技术监督

1991年2月，根据国务院颁发的《节约能源管理暂行条例》，为推动火力发电厂加强节能管理，能源部颁发了《火力发电厂节约能源规定（试行）》（能源节能〔1991〕98号），主要从各级管理部门和人员职责、节能工作基础管理、火力发电厂运行管理、燃料管理、设备维修和试验、技术革新和技术改造、火电机组经济调度、节约用水、节能管理培训工作、节能奖惩等方面作出了细致的规定。四川省电力工业局（公司）根据能源部的要求，在省内发供电企业中开展了节能监督工作，并于1996年10月修订了《四川省电力工业局节能监督工作条例》，随即，根据条例制定了《节能监督考核评比办法》，从调峰节能奖考核、省煤节电奖考核、超发电奖考核三方面作出规定。同时，还修编成立了四川省电力系统节能技术监督网络。

在新的形势下，作为四川省电力工业局（公司）技术监督部门的四川电研院，不得不调整节能技术监督的工作模式。

（1）将各发电厂节能监督管理纳入四川省电力系统节能监督网，实施电力行业管理。

（2）召开各发电厂参加的年度节能监督会议，参加总结、交流。督促、指导发电厂编写年度监督总结，制订节能年度工作计划。

（3）及时向各发电厂提供节能方面的相关信息、规程、标准等，协助、指导发电厂制订节能规划和节能项目。

（4）组织各发电厂相关专业人员参加本院开展的专业培训、考核取证、复查和技术交流。

（5）每年派出专业人员3～4人次到各发电厂现场进行监督管理检查，并协助现场处理监督工作中出现的问题。

（6）协助各发电厂进行节能改造项目和节能试验方案的制订，应邀参与发电厂节能项目的验收。

（7）向发电厂提供新技术、新工艺、高科技设备、先进试验仪器、标准仪器等方面的资料和信息，供发电厂选型时参考。

水电节能监督工作开展于2000年。为了切实加强水电节能技术监督工作的领导及管理，映秀湾、龚嘴、宝珠寺、二滩、南桠河、磨房沟、红叶、太平驿、姚河坝、福堂等电厂建立了由厂级领导主管的水电节能管理机构，加强了各级水电节能技术监督人员的职责，进一步完善和加强了三级节能管理网络，并充分发挥三级技术监督网作用。

在节能工作中，各电厂严格执行检修三级验收管理制度和质量验收管理办法，保证设备检修质量，减少主、辅设备临检次数和时间，坚持“应修必修、修必修好”的原则，并进一步完善原有的设备缺陷管理制度，从而保证设备的健康状况，为节能降耗打下良好的基础。在运行中，精心组织、合理安排机组运行方式，使机组尽量在高效区运行，降低综合耗水率。

八、坝工技术监督

四川省大坝中心自成立后，于1994年和1996年制定了《四川省电力局大坝监测管理办法》、《四川省水电站大坝技术监督管理条例》和《大坝安全管理手册》。在办法和条例中同时明确了四川电研院为局所属水电站大坝技术监督管理单位。该办法、条例和手册的制定在全国尚属首次。

1996年，坝工技术监督被四川省电力工业局（公司）纳入十大技术监督，设立了四川省坝工技术监督机构，对大坝观测设施逐步进行改造，实现大坝观测系统自动化。为确保大坝安全管理工作的正常运作，由四川省电力工业局（公司）主管的各水电厂建立了以总工程师为首的水电站大坝安全技术监督机构，明确厂长为水电站大坝安全的第一责任人。

针对中国大坝安全管理工作相对落后的状况，国家大坝安全监察中心依据国务院颁发《水库大坝安全管理条例》等有关法律、法规，建立和完善了大坝安全管理法规体系。1987年9月，颁发了《水电站大坝安全管理暂行办法》，随后又制定了《水电站大坝安全检查施行（细则）》，于1997年1月经修订后正式颁发了《水电站大坝安全管理办法》，同年，先后制定了《水电站大坝安全注册规定》、《水电站大坝安全监测工作管理规定》等。

这些规定的出台，为四川省大坝安全工作提供了指导和规范，并使大坝安全管理逐渐配套和完善。

截至 1998 年底，被纳入四川省电力工业局（公司）坝工技术监督网络中的水电厂大坝共有 13 座（包括当时还未分出去的长寿发电厂 5 座大坝），已由国家大坝安全监察中心办理注册登记，在注册审定中各个大坝均被评为正常坝，注册为甲级。随着四川省后续水电站的建成并通过竣工验收，各大坝正陆续完成大坝安全注册登记工作。

坝工技术监督的主要目标是加强运行期间大坝安全管理工作，所以，掌握大坝运行状况，首先应提高大坝安全监测技术和水平。1998 年，四川电研院受四川省电力工业局（公司）的委托，对所属水电站大坝监测状况进行了收资和调查，编写了《四川省水电站大坝水工建筑物安全监测自动化系统设计规划》。根据规划和设计要求，1999～2002 年各水电站相继完成了大坝安全监测自动化改造工程，至此，各水电站的大坝安全监测手段均得到提高和完善，大坝安全监测数据采集和初始化分析均实现自动化。至 2002 年底，四川省内已全面实现水平位移、垂直位移、扬压力、绕坝渗流和环境量等项目自动监测的主要大坝有：龚嘴大坝、铜街子大坝、宝珠寺大坝、映秀湾闸坝、渔子溪闸坝、耿达闸坝、南桠河闸坝、太平驿闸坝、福堂闸坝、竹格多闸坝、冷竹关闸坝、金康闸坝、自一里闸坝等。个别老电厂和部分新建电厂的大坝监测项目均为人工观测（或部分项目采用自动采集）。

各水电厂大坝通过第一轮和第二轮的定检工作，发现了一些较为严重的缺陷问题，为了保证大坝的安全运行，电厂组织设计、施工对工程缺陷进行了整治和维护。

为了提高电站水情测报技术和测试手段的精度，龚嘴电厂、映秀湾电厂（联合太平驿水电厂、福堂水电厂、龙潭水电厂）、宝珠寺电厂、南桠河水电开发公司均实现了水情测报自动远程控制。

经过四川省电力工业局（公司）和各电厂近十年的共同努力，老电厂的水工建筑物和灰坝的安全运行管理工作已正式进入正规化、规范化、制度化，而新建电厂的水工建筑物安全运行管理工作虽在逐步完善之中，但其安全管理手段还有待提高和加强。

第五节　科　技　管　理

一、经费管理

四川省电力工业局（公司）为深入基层对科技项目执行情况、资金使用及科技管理进行检查，下发了《关于做好科技项目验收、评审、鉴定和申报奖励工作的通知》，规定对项目完成不好的单位和项目负责人将取消 1～3 年承担省电力工业局（公司）科技项目的资格，使重大科技项目顺利实施。

2002 年，四川省电力工业局（公司）承担国家电力公司重大科技项目 2 项，费用 450 万元；安排重大科技项目 38 项，总费用 3575 万元，其中资本金 1600 万元，成本 1975 万元。为提高四川省电力工业局（公司）系统企业科技开发和科技成果推广的积极性，另安排了 900 万元作为四川省电力工业局（公司）所属企业科技自控费用，2002 年四川省电力工业局（公司）投入科技经费合计 4475 万元。

二、情报管理

四川省电力工业局（公司）的技术情报与信息中心，承担了收集和馆藏技术情报信息资料，进行情报研究和技术课题调研，提供技术情报服务的任务，主要反映在以下几个方面。

1. 科技情报信息工作

为了适应电力科技发展的速度，更好地利用资源和掌握了解先进技术，四川省电力工业局（公司）开办了“四川电力技术信息网站”。该网站面向电力系统、立足电研院，快速采集相关科技信息、生产信息、电力建设和科技发展动态。网站设有国内外科技动态，以及四川省电力工业局（公司）及电研院的新闻报道、电力新闻、时事新闻。同时，网站还有信息检索系统，它包括电研院的馆藏文献、CNKI 文献资料全文检索镜像站点，自产文献数据库、电力标准全文数据库、万方数据库、维普数据库、国电信息数据库、专题资料、科技快报、技术监督资料等，通过这些数据库可以轻松地查找所需的相关资料和信息，全文阅读电力科技文章并可下载打印，了解当前科技发展动态。该网站的建立实现了资源共享，提高了技术服务的深度和力度，同时承担了四川省电力工业局（公司）科技环境部网站特高压栏目的日常维护和信息更新。

在情报调研方面，根据四川省电力科研生产的难点和热点，编辑出版了《四川电力科技快报》。该快报为月刊，并已制作成电子文档，挂接在四川电力技术信息网站，全系统可以通过局域网登录电研院网站查阅。该快报设有最新国内外电力经济新闻、新技术、新成果、电力文献文摘等栏目。

针对四川省电力生产的实际，编辑出版了反映中国电力工业发展现状和水平的各类专题技术汇编。主要有《特高压输电技术文献汇编》、《电网串联电容补偿技术文献汇编》、《输电线路杆塔接地电阻测试技术文献汇编》、《输电线路巡线技术文献汇编》、《电网安全管理技术文献汇编》、《电网防雷技术文献汇编》，为广大科技工作者提供了最新科技信息。

2000 年以来出版发行《外文期刊题录》6 期，并对此建立了期刊题录数据库，通过电研院网站可以查询期刊题录。这些题录数据库为广大科技人员提供了快捷方便的信息检索服务，提高了电研院馆藏中文期刊、特别是外文期刊的利用率。

2000 年以来翻译、编辑出版了《最新国外电力科技译文集》5 期。该译文集从最新的外文期刊中选择翻译了国外最新科研文章，及时反映了世界电力的科技发展，为中国电力科技研究人员了解世界科研动态、科研成果提供了有力帮助。

2. 咨询服务

四川省电力科技成果查新咨询中心，为四川省电力安全生产、科研提供了大量的科技咨询服务，承担本系统内科技查新服务。全部查新项目建档，并进行数据库管理。

3. 科技文献管理

经过 12 年的发展，四川省电力工业局（公司）完成了文献管理系统图书、标准的软件升级，查阅图书可以进行机检，还可以通过电研院的网站进行图书查询，从而提高了图书管理的效率和利用率。

第二章 教 育

按照国家教育分类，四川省电力系统的教育分为成人教育（职工教育）、职业技术教育（中等专业学校、技工学校职业高中班）、基础教育（职工子弟中小学校），以及普通高等教育（电力高等专科学校、高级职业班、职工大学成人高等函授和自学考试，以及各单位举办的广播电视大学等）。在教育培训管理上，主要分为职工教育，学校学历教育两大类。

为适应电力企业改革和发展的实际，围绕全面提高员工队伍整体素质和创新能力这一根本任务，四川省电力工业局的职工教育培训工作开展力度逐步加大。同时，为提升职工的素质和技能水平，开展了成人电力高等教育、成人电力中等教育、函授教育和高等教育自学考试，电力职工积极参加成人学历学习。针对该局部分职工文化素质较低的现状，四川省电力工业局还开展了大面积的初中文化补课，通过补课使学员达到初中文化程度。另外，每年分层次有计划地组织开展经营者（厂、处级干部）、管理人员、专业技术人员、生产技能人员的岗位培训、技能训练、技术竞赛和继续教育等，这些教育与培训的开展，极大地提高了职工的综合素质和专业技能水平。

第一节 职业技术教育

四川省电力工业局的职业技术教育分为高等职业技术教育和中等职业技术教育两类。电力工业局直属的职业技术学校在重庆市设立为中央直辖市之前，有成都水力发电学校、重庆市电力学校（重庆电力高等专科学校）、重庆电力技工学校（重庆电力高级技工学校）、成都电力职工大学、重庆电力职工大学。1997年重庆设立为中央直辖市，重庆市电力公司成立后，由四川省电力工业局直属的成都电力职工大学和成都水力发电学校，在管理上有明确分工：人、财、物由电力工业部和四川省电力工业局（主要是四川电力工业局）负责管理，教学业务由电力工业部和四川省地方教育部门负责管理。学校的规模、招生培训任务、专业设置、定编定员，由四川省电力工业局负责决定或报批。

一、职业技术教育的发展

1991年，四川省电力公司有高、中等职业技术学校5所，分别为成都电力职工大学、重庆电力职工大学、成都水力发电学校、重庆电力学校和重庆电力技工学校。四川省电力工业局在1991～2002年间，对职业技术教育十分重视，特别在学校的改革发展和建设资金的投入方面做了大量的工作，取得了良好的效果。

（一）改革发展

1991年，为贯彻国务院《关于大力发展职业技术教育的决定》，省电力工业局下发了川电教〔1992〕59号文件，对提高5校学生的人头经费、发展校办产业、加快学校基本建设、强化师资队伍建设等方面提出具体要求。经过3年的努力，在各校教职工的共同努力下，"学临汾电力技工学校、创三优、争一流"活动取得了显著成绩。

1993年重庆电力技工学校升级为重庆电力高级技工学校，1994年重庆电力学校升格为重庆电力高等专科学校。在取得上述成果的基础上，四川省电力工业局对5校提出了"面向企业、自主办学，依靠企业、自我发展"的进一步改革发展意见。1996年，完成了重庆电力高级技工学校兼办重庆电力工业学校（中专）的报批工作，并于1997年9月招生；成都水力发电学校获得国家教委批准可以试办高等职业技术教育班的资格，并于1997年开始招收高等职业技术教育班（初中入口，学制实行3年、4年、5年分流套办，即3年毕业为技校生、4年毕业为中专生、5年毕业为大专生）。

1998年，重庆电力高等专科学校、重庆电力高级技工学校、重庆电力职工大学划归重庆市电力公司管理后，四川省电力工业局针对人员培训及学校减少的实际情况，下发了川电教〔1998〕71号《四川省电力工业局关于加强直属学校管理，促进学校教育改革与发展的意见》。《意见》要求力争把成都水力发电学校办成高等职业技术学院和一流的生产人员培训基地，把成都电力职工大学办成一流的电力职工和管理人员培训基地，加大学校为企业培训服务力度，真正做到把学校办成企业欢迎的育人基地。

2000年，为贯彻国务院国办发《国务院办公厅转发教育部等部门关于调整国务院部门（单位）所属学校管理体制和布局结构实施意见的通知》精神，响应国家电力公司"省公司原则上要办好一个管理人员培训中心和一个生产技能人员培训中心，或者办好一个中心，使其具有多种功能"的号召，四川省电力工业局在向四川省政府和省教育厅多次汇报，并确定成都水力发电学校和成都电力职工大学均不能交地方办的情况下，根据本单位职工多且人员文化素质低、技能素质差的实际，原则上成立两个培训中心，分别是成都电力职工大学为管理人员培训中心，成都水力发电学校为生产技能人员培训中心（同时开展职业技术教育）。进一步促进了学校把学历教育转向职业培训、职前教育转向职后教育的转变。

2001年，四川省电力工业局培训中心在成都电力职工大学挂牌成立；经四川省政府批准，成都水力发电学校升格为四川电力职业技术学院，并于5月18日挂牌。四川省电力工业局召开教育委员会，专题研究四川电力职业技术学院的改革与发展问题，同意四川省电力工业局为学院担保贷款2000万元，支持学院在温江新校区的建设，使其逐步实现自主发展。从"学校定位和办学思路、产学研结合、师资队伍结构、质量与建设、教学基础设施、实践教学条件、教学经费、专业、课程、职业能力训练、素质教育、管理队伍、教学质量控制、知识能力素质、就业与社会声誉"15个方面考察学院综合实力。

（二）经费投入

随着学校改革发展的逐年推进，四川省电力工业局加大了对学校办学条件建设的投入，主要在设备的购置和固定资产大修上投入。从1991～2002年，四川省电力工业局向学校（培训中心）共投入资金12827万元。详见表11-2-1和表11-2-2。

表 11-2-1 四川省电力工业局 1991～1997 年向 5 所学校投入的资本金和大修费统计

单位：万元

项 目	1991 年	1992 年	1993 年	1994 年	1995 年	1996 年	1997 年	累 计
资本金	233	256	149	300	500	399	490	2327
大修费	302	814	425	500	500	500	640	3681
合 计								6008

注 1. 投入方向为向成都水力发电学校、重庆电力学校重庆电力技工学校、成都电力职工大学和重庆电力职工大学。

2. 1997 年重庆电力高等专科学校、重庆电力高级技工学校、重庆电力职工大学划出四川电力局。

表 11-2-2 四川省电力工业局 1998～2002 年向 2 所学校投入的资本金和大修费统计

单位：万元

项 目	1998 年	1999 年	2000 年	2001 年	2002 年	累 计
资本金	231	285	290	1250	207	2263
大修费	476	390	280	250	650	2045
合 计						4308

1991～1997 年对 5 所学校的总投入为 6008 万元，平均每年投入 858 万元，平均每年每校投入 172 万元。按规划，1998～2002 年对 2 所学校的总投入为 4308 万元，平均每年投入 861.6 万元，平均每年每校投入 430.8 万元。以上分析数据说明：

(1) 四川省电力工业局对职业技术教育的投入逐年加大，12 年投入资金上亿元。

(2) 1997 年重庆电力高等专科学校、重庆电力高级学校和重庆电力职工大学划出四川省电力工业局（公司）以后，学校减少到 2 所，但省电力工业局对职业技术教育平均每年的投入并没有减少，平均每年每校投入从 172 万元增加至 430.8 万元。

二、高等职业技术教育

四川省电力工业局的高等职业技术教育主要是通过成都电力职工大学（包括职工大学、党校、培训中心、团校）、重庆电力职工大学、重庆电力高等专科学校和四川电力职业技术学院进行的。成都电力职工大学和重庆电力职工大学均为 1981 年由电力工业部正式批准成立的成人电力高等学校，相继开设了“发电厂及电力系统”、“发电厂及变电站”、“电厂热能动力设备”、“输电线路及电力工程”、“电力工程及自动化”、“电力系统调度”、“水电站及电力系统”、“电力系统继电保护”、“用电管理”、“计算机及应用”、“电力市场营销”、“企业管理”、“会计电算化”等专业。除全日制成人高等学历外，两校还开办了电大（广播电视大学）和函大（函授大学）教学班。如图 11-2-1 所示为省电力公司与蒙特利尔大学高等商学院举行国际合作培训项目签字仪式。

重庆电力高等专科学校于 1994 年由重庆电力学校升格为普通高等专科学校，同年开始招收专科学生 80 名，逐年增加招收专科学生比例，与招收中专学生同时进行，逐步过渡到全部招收专科学生。

四川电力职业技术学院于2001年由成都水力发电学校升格为普通高等专科学校。早在1993年，经上级教育部门批准，招收了两个高职试点班80名学生。由学校编写了高职试点班37门课的教学大纲约15万字，对数学、物理、外语、计算机等课程的教学内容与教学方法进行了大胆的探索和改革。从2000年起招收高职学生，当年招收高职学生562名。

图11-2-1 省电力公司与蒙特利尔大学高等商学院举行国际合作培训项目签字仪式

除以上教育形式外，自学考试（简称自考）也是电力职工高等教育的一种形式。

1982年5月3日，国务院批转教育部等部门《关于成立全国高等教育自学考试指导委员会的请示》文件下达后，成为四川省电力工业局系统多数单位开展的教育形式。1998年，中国电力企业联合会（简称中电联）委托全国自考委，开设了电力系统自动化和电厂热力动力装置工程专业的本科和专科自学考试。四川省电力工业局与四川省自考办协商，决定在川开考。成立了四川省电力工业局自考管理委员会，并在成都电力职工大学成立助学指导中心。1998年10月，全局50多个单位5076名职工报名，经过两轮考试后，约有500多人在读。自考淘汰率高，读完毕业很不容易。

另一种形式是组织选送骨干就读高等学校。1980年，国家计委、教育部、财政部《关于高等学校中等专业学校举办干部专修科和干部培训班暂行办法的通知》下达后，电力工业部委托有关院校举办两年制干部专修科，面向全国电力系统招生。1996年，四川省电力工业局选送35岁左右的青年干部8名，攻读电力工业部组织的工商管理硕士学位。1997年组织招收厂（局）级干部和中青年干部40人，参加武汉水电大学举办的“在职人员申请硕士学位学习班”。同年，组织基层单位生产领导干部20人攻读重庆大学管理工程硕士研究生班，以及按中电联计划推荐6名参加首都师范大学教育管理、中文及数学硕士研究生课程进修班。1998年约有30人、1999年约有40人分别攻读西南财经大学、四川大学、重庆大学管理工程专业和四川省工商管理学院等院校的硕士研究生班。

20世纪90年代和21世纪初的学位班、研究生班，以及各类成人学历教育，一般是业余学习，这就为职工自主、自觉与学历教育的个人行为提供了一个机会，但同时，工学矛盾伴随始终。

三、中等职业技术教育

四川省电力工业局的中等职业技术教育主要是通过成都水力发电学校、重庆电力学校和重庆电力技工学校进行的。多种形式办学，是四川省电力工业局直属中专、技校改革的一大特点。

1991年以前，本属中专的学校不仅办普通的中专班和技工班，而且经上级批准办电视大学班、大学专科班、高等职业班，以及各类短训班。

1992 年，经能源部同意，成都水力发电学校开办函授中专。职工中专（包括函授中专）招收在职职工入学，缓解了工学矛盾，有利于生产技术骨干学习。1997 年，四川省电力工业局开始逐步实行减员增效，未达到中专水平的职工面临着离岗的局面，于是，攻读函授中专人数骤增，使各类职工中专在籍学员达到 4327 人，占全局职工总数的 10%。到 1999 年共计毕业 3408 人。

1992 年，能源部决定电力系统技工学校毕业生试行两种证书制度，即学生按原规定取得毕业证书，同时按照工人技术等级标准，经企业工人技术考核委员会考核合格发给相应的技术等级证书。这是技工教育的一项重要改革。四川省电力工业局于 1992 年 4 月 20 日，向全局各单位下文部署此项工作，成立了由省局副局长、总工、生技、劳资、教育等处室组成的考核委员会，安排学生到企业上岗实习。要求企业对实习学生按照新工人上岗培训对待，学生上岗实习期间应与班组师傅订立师徒合同。在学校精心组织下，两种证书制度推行工作进行顺利。

新型电力职业技术学校的成功试办，是电力工业部对学校的一项重大改革。1994 年，电力工业部在《关于确定首批试办新型电力职业学校的通知》中确定成都水力发电学校试行“三四五”学制（初中毕业生学三年按技工学校毕业生对待，学四年按中专毕业生对待，学五年按高级职业班毕业生对待）。1996 年电力工业部批准重庆电力高级技工学校兼办重庆电力工业学校后，该校试行“三四”学制（与成都水力发电学校“三四”学制部分相同）。此项改革，得到国家教委、劳动部，以及四川省教委和劳动厅的批准。这对于打破中专、技工学校界线，鼓励学生上进，提高职业学校教育水平，取得了良好的效果。

成都水力发电学校（1985 年同时挂成都水电职工中专学校牌子）创建于 1917 年，相继开设了“电厂及电力系统”、“电力系统继电保护及自动化”、“电厂热能动力装置”、“高压输配电线路施工运行与维护”、“用电管理”、“水利水电工程建筑”、“水电厂机电运行”、“机电一体化技术”、“工业与民用建筑”、“市场营销”、“计算机应用”、“财会电算化”等专业。

重庆电力学校（1985 年同时挂重庆电力职工中专学校牌子）创建于 1953 年，相继开设了“电厂热能动力设备”、“电厂热力设备运行”、“电厂热力设备安装与检修”、“电厂热力过程自动化”、“热工计量与测试技术”、“发电厂及电力系统”、“发电厂及电力系统运行”、“发电厂及变电站设备安装与检修”、“继电保护与自动装置”、“电测仪表与电能计量”、“计算机应用”、“电力系统载波通信”、“无线电通信”和“电厂化学”等专业。

重庆电力技工学校创建于 1955 年，相继开设了“电厂热能动力设备”、“电厂水能动力设备运行与检修”、“发变电电气设备运行与检修”、“输电工程施工”、“电厂热工仪表及自动装置”、“电气检测与实验”、“电厂化学”等专业。

1991～2002 年，3 所学校共培养全日制中等专业层次学生 20000 余名（其中含职工中专 5000 余名）。

四川省电力工业局的高、中等职业技术教育的开展，为国家电力事业培养出了大量的专家、学者、工程师及中高级技术人才。

第二节　职　工　教　育

四川省电力系统的职工教育，采取了多渠道、多形式进行。20世纪90年代以前，主要采取了一些扫盲教育、小学教育和初高中教育。随着电力生产的发展，这种教育形式已不能满足实际的要求。1992年，在成都水力发电学校创办了函授中专教育班，后设3个函授站点，又由3个站点发展成27个。1997年，拉开了四川省电力工业局高等教育自学考试的序幕。除以上几种形式外，还有组织、有计划地开展了岗位培训、现场培训、高级工培训与鉴定、技能培训考核、技术竞赛和调考（统考）等方式的技术培训。对于厂、处级领导干部、管理人员和专业技术人员，有针对性地办领导干部读书班和进行岗位、继续教育培训。12年来的多种教育方式，对提高干部职工的文化素质和业务水平起到了很好的作用。

一、文化教育

（一）对未达到初中毕业文化水平的人员进行补课

四川省电力工业局虽然在1990年前采取了一些扫盲教育、小学教育和初高中教育，但是由于每年轮换工制度都有一部分低文化程度的人员进入电力企业，所以到1997年底，仍有1000余名35岁以下的职工文化程度在初中以下。为了提高这部分人员的文化素质，四川省电力工业局下发了川电教〔1998〕25号《四川省电力工业局关于职工初中文化补课的实施意见》，决定对35岁以下不具备初中文化程度的职工实行先离岗，然后参加由局组织在成都热电厂子弟学校和内江发电厂子弟学校进行的脱产一年的学习；36～45岁的人员由各基层单位组织脱产一年的学习；46岁以上的人员可自学或自愿参加脱产学习。四川省电力工业局在1999～2000年每年安排统一考试，考试合格者发给初中毕业证书。对2000年底仍未达到初中毕业文化水平者，不符上岗条件，一律不能应聘上岗。四川省电力工业局组织子弟校教师和成都水电校教师用较短的时间编写了语文、数学、物理、电业职业道德和电力生产常识5门教材，从此作为考试的依据。经过两年的补课学习与统考，总参考人数为810人，398人合格，取得初中毕业证，对未合格的，按川电教〔1998〕25号文进行政策兑现。

（二）函授教育

四川省电力工业局1992年在成都水力发电学校创办了函授中专教育班，以提高在职职工的学历水平和素质，函授教学站从成都水力发电学校、重庆电力学校、攀枝花电业局3个站点，逐年新增了成都送变电公司、映秀湾电厂、成都铁塔厂、岷江电厂，以及德阳、自贡、内江等电业局，函授站从3个增加到27个。先后开设了水电厂机电运行、发电厂及变电站电气运行、发电厂及变电站电气检修、发电厂及变电站电气运行与检修、电厂热能动力工程、水利水电工程施工、建筑装饰、给水与排水、建筑安装、计算机应用、电子技术应用、工模具设计与制造、机械制造等专业。从加强函授教学的组织和管理入手，首先制订出一套规章制度，如《四川电力函授中专工作手册》。其次是加强函授站的建设，因为函授站是教学计划的实施者，是维护正常教学秩序的关键。在加强函授站建设方面着重抓了站际交流，每学年召开函授工作年会，评选优秀函授站，定期进行教学检查与教研活动。再次是加强自学指导与面授工作。至1997年6月，共编写课程自学指导书43门共计83万字，组织检查小组并进行自学情况检查。最后是把好考试及毕业设计关。对试题进行统一审定并统一试卷规格，严格考纪，加强监考，把好质量关。1991～2002年，共培养函授中专毕业的电力系统职工约6000人。

（三）自学考试

1997年，全国高等自学考试指导委员会和中电联下发考委〔1997〕19号《关于在全国开考电力系统及自动化、电厂热能动力工程两个专业的通知》，拉开了四川省电力工业局高等自学考试的序幕。四川省电力工业局与四川省自考办协商，于1998年上半年，在四川省开设电力系统及自动化本科、专科，以及电厂热能动力工程专科自学考试。四川省电力工业局成立了高等教育自学考试管理委员会及办公室，负责全川电力系统高等教育自学考试的统一管理。成都电力职工大学作为全局助学指导中心，成立了自学管理委员会，自考工作办公室设在教务处，承担自考工作的统一协调和日常事务性工作。助学指导中心在江油发电厂、成都电业局、绵阳电业局、广元电业局、攀枝花电业局设立了辅导站，中心派教师先后到各辅导站开展自学辅导。助学指导中心编印了《自考助学指导手册》、《自考助学工作通报》，组织人力负责自考的报名和资料发放等具体工作。1998～2002年，四川省电力工业局系统50个单位的约5000人报名参加自考。第一轮2284人参加单科考试，其参考率为45%，实考及格774人，及格率为33.9%，居全国中等水平。1999年4月24～25日，1978名考生报名参加第二轮考试，参考997人，304人及格，及格率为30.49%。由于高等教育自学考试严格、试题难度大，经过几年的努力，电力系统及自动化、电厂热能动力工程两个专业有210人达到所修学分取得毕业证书。

2000年1月，在中电联教培中心和全国电力高等自考委召开的工作会议上，四川电力助学指导中心被评为先进省级助学指导中心，学校从事自考助学的胡家明、张帆、郑爱玲被评为全国电力行业高教自考优秀助学工作者。张善祥、马定国、陈筱亭被评为优秀助学教师。

2002年11月，四川电力助学指导中心被评为全国电力行业高教自考先进助学指导中心，成都电培中心被评为先进助学辅导站。

以上文化素质教育活动的开展，大大提高了公司职工的文化素质和学历水平，对四川省电力工业局的建设、生产、经营和发展起到了很大的作用。

二、技术培训

四川省电力工业局有组织、有计划地开展工人技术培训工作，主要开展了岗位培训、现场培训、高级工培训与鉴定、技能培训考核、技术竞赛和调考（统考）等方式的技术培训。1991～2002年共培训工人30多万人次。

（一）岗位培训

1991～2002年，四川省电力工业局对工人的岗位培训一直没有间断，特别是1994年全国教育工作会后，四川省电力工业局决定从1995年起到1997年底，用3年时间对电力系统全体人员进行一轮全面的岗位培训与取证，要求班组长从1996年元旦起实行执证上岗，其他生产人员从1998年元旦起执证上岗。经过3年的努力，31793名生产人员通过培训并执证上岗。1998年，四川省电力工业局开展全面检查，通过领导小组审定，成都电业局等19个单位被评为岗位培训优秀单位，西昌电业局等22个单位被评为岗位培训达标单位，龚嘴水力发电总厂等2个单位被评为基本达标单位，公司对评选出的优秀单位给予表彰奖励，大大提高了生产人员学习的积极性。1991～2002年工人参加岗位培训共26万多人次。

（二）高级工培训与技能鉴定

对高级工的培训一直由四川省电力工业局统一进行，中级工及以下培训由各单位培训中心负责。1995年，电力教育培训工作开始由学历教育向职工培训重点转移，同时，把职业技能鉴定与工人培训结合起来，1991～2002年共培训高级工约9万人次。

（三）技术竞赛和调考

1991年以后，四川省电力工业局组织开展了各类技能竞赛，积极参加国家电网公司、劳动部组织的竞赛。12年中，四川省电力工业局举行了220千伏变电站站长和20万千瓦火电机组值长技术竞赛，发电厂电气运行值班人员技术竞赛，20万千瓦机组值班人员技术竞赛，110千伏变电站站长运行技术竞赛，农村电工岗位知识及技能竞赛，继电保护竞赛，水轮机组运行值班员反事故演习竞赛，电力营销专业人员技能竞赛，以及计算机技术技能竞赛。四川省电力工业局对在竞赛中获得优秀的选手均给予奖励。

1996年9月，四川省电力工业局组织参加了云、贵、川、藏四省区110千伏变电站运行人员的技术竞赛，推荐10名选手参赛（实际参赛9名），9人全部获奖，取得了可喜的成绩。其中南充电业局徐凯波、成都电业局姚洪元获一等奖，达川电业局朱春艳、成都电业局邓平、内江电业局黄家胜、南充电业局唐诚等4人获二等奖，达川电业局刘立斌、攀枝花电业局杨奎禄、乐山电业局王朝平等3人获三等奖。

2002年4月，四川省电力工业局组织参加国家电力公司、中电联组织的有36个网省公司代表队参加的继电保护竞赛，获得团体第三名和个人第三名的好成绩。

2002年，四川省电力工业局开展了焊工技能调考，20万千瓦火电机组运行人员技能调考，对财会人员进行“会计电算化”合格考试，公司系统首次农电人员统考等。

以上竞赛和调考，达到了以竞赛和调考促进培训的目的，对促进安全文明生产起到了积极作用。

三、干部培训

四川省电力工业局的干部培训分为经营者（厂、处级领导干部）、管理人员和专业技术人员培训，有针对性地开展领导干部读书班、岗位培训、继续教育培训。

（一）经营者（厂、处级领导干部）培训

按照中组部和国家电力公司的要求，四川省电力工业局每年都要组织对在职经营者（厂、处级领导干部）的培训。1998年开展工商管理培训，到2001年底，在职经营者全部参加。1991～2002年组织经营者参加的各类培训共5000余人次。

(二) 管理人员和专业技术人员培训

四川省电力工业局对管理人员和专业技术人员主要开展了岗位培训、继续教育和国际合作等培训。

在岗位培训方面，四川省电力工业局从 1995 年起到 1997 年底，用 3 年时间对电力系统全体人员进行了一轮全面的岗位培训与证书获取，要求厂、处级领导干部从 1996 年元旦起实行执证上岗，中层干部从 1997 年元旦起执证上岗，其他岗位人员从 1998 年元旦起执证上岗。经过 3 年的努力，14835 名管理人员和专业技术人员全部通过培训并执证上岗。1991～2002 年，管理人员和专业技术人员参加岗位培训共 11 万多人次。

在继续教育培训方面，四川省电力工业局把继续教育作为对管理人员和专业技术人员进行培训提高的重点，组织编写了《电力技术继续教育科目指南丛书》、《电力系统生产人员技术考核外的问答》等 70 多本继续教育教材，大部分由中国电力出版社正式出版。采取自学、办班、讲座和远程教学的多种形式开展继续教育工作。1991～2002 年，管理人员和专业技术人员参加继续教育学习共 5 万多人次。

在国际合作培训方面，四川省电力工业局采取“走出去，请进来”的培训模式对高层次管理人员和专业技术人员开展了国际合作培训，先后与国外知名院校举办了能源行业管理开发课程高级培训班（EMDP）、能源行业管理研究生班（DESS）。到 2002 年底，四川省电力工业局举办了 3 期 DESS 班、2 期 EMDP 班，199 人参加学习，31 人取得 DESS 毕业证书（见图 11－2－2），40 人取得 EMDP 结业证书。另外，1999～2002 年，四川省电力工业局有 300 余人参加四川大学工商管理 MBA 班学习，取得学位证书。

图 11－2－2　在培训中心举行的 DESS 研究生毕业典礼

干部培训工作的开展，提高了四川省电力工业局的管理水平，也促进了建设、生产、经营和发展。

第三节　高等专业院校

四川省与电有关的高等专业院校有四川大学水电学院、成都电力职工大学、重庆电力职工大学、重庆电力高等专科学校和四川电力职业技术学院。1997 年重庆市单列为直辖市，直接为四川省电力职工服务的高等专业院校只有成都电力职工大学和四川电力职业技术学院两所。四川电力职业技术学院以学历教育为主，成都电力职工大学以在职培训和函授教育为主。这两所学校为四川省电力行业培养了一大批企业一线岗位需要的、高素质、高技能电力应用型人才。

一、四川电力职业技术学院

（一）学院概况

四川电力职业技术学院（见图11-2-3）是原国家级重点中专——成都水力发电学校升格而成的一所电力类全日制普通高等专科学校。学院自1917年建校以来，90余载兴学育才，矢志不渝地致力于现代职业技术知识的传播，为国家电力事业培养出了大量的专家、学者、工程师及中高级技术人才。学院占地56公顷，设草堂、温江、青峰岭三个校区。

图11-2-3　四川电力职业技术学院

2002年学院设有6系1部，分别为电气工程系、动力工程系、水利与水电建筑工程系、信息工程系、经济管理系、国际合作教育中心和基础部，涵盖电力、建设、机械动力、自动化、计算机、管理等与国内外市场相适应的近30个专业。其中，供用电技术被国家命名为“国家精品级专业”；水利水电工程建筑技术被列为四川省重点专业；中国和澳大利亚两国政府联合开发的涉外会计、计算机软件、电气技术等重点专业被列为国家级综合教改试点项目。

学院师资力量雄厚，现有教职工365人，其中教师148人，教师中有教授、副教授、高级讲师职称的66人，占教师总数的52%。

学院的实训基地在高职、高专中处于领先水平，拥有自行勘测、设计、安装和运行管理的青峰岭教学电厂，该厂占地面积为12公顷，装机3×1250千瓦，年平均发电量为2000万千瓦·时，年均产值700多万元，是学院教学、生产、科研的重要基地。同时，学院还与四川省电力工业局下属100多个电厂、供电公司等建立了长期稳定的实训合作关系，校内外优秀的实训基地，为学院培养高素质高技能的电力复合型、应用型人才提供了良好保障。

学院办学模式多样，聘请重点高校教授和电力企业专家成立了办学指导委员会（见图11-2-4），制订了四大办学模块（普通教育、继续教育、国际合作教育和职业技能培训），实施“大专业、小方向”的模块式教学模式；引进了国际质量管理体系；与企业挂钩，实行“订单式”培训；与澳大利亚公立启思蒙（CHISHOLM）TAFE学院联合办学，走与国际联合办学的路子；培养了一大批社会和企业一线岗位需要的，高素质、高技能的电力应用型人才。

图 11-2-4　四川电力职业技术学院成立办学指导委员会

（二）教师队伍建设

1. 中专教职工队伍建设

20 世纪 90 年代，四川电力职业技术学院的前身成都水力发电学校从着力提高师资队伍的整体素质、重点加强青年教师的培养、鼓励教师成为“双师型”（懂理论、懂实践）教师、坚持教学质量测评并与奖励晋升挂钩等方面入手，建设了一支合格的中等专业教师队伍。

（1）着力提高师资队伍的整体素质。

1）对教师进行全面岗位培训。要求教师均通过人均 8 门课程，总计 340 学时的培训。所有培训课程都聘请有经验的教师讲授，经考试、考查合格者发给岗位培训合格证书，不合格的要限期补学、补考，否则不能上岗。同时，开办教师计算机学习班和英语口语学习班，参加学习并经考试结业的教师达 400 多人次。到 1997 年，能使用计算机的教师占总数的 2/3 以上，英语按照教师外语的不同水平进行分级培训，要求在 2～4 年内达到能阅读一门专业外文书刊并具备会话能力的水平，以适应对外交流的需要。

2）加强校内外教学研究。校内教学研究间周一次，各教研组按学期初制订的计划进行，活动内容除传统的公开课或观摩课评议、学习教学法外，还搞一些有新意的教改研究。在校外教学研究方面，主要是派出教师参加全国水利中专教研会和全国电力职教委下属的各个研究会、课程组的研究活动，以及省市各相关学会，从教学计划、大纲、教材的编写，到教学手段、教学方法，对一些带共性的教育教学问题进行研究探讨。20 世纪 90 年代，全国电力职教委电力专业教研会、四川省职教学会中专教育工作委员会、成都中专教育学会教学研究委员会等挂靠在学校，有 60 余人担任学会、研究会的领导或骨干。

（2）重点加强青年教师的培养。针对 20 世纪 90 年代青年教师日益增多的具体情况，学校采取一系列措施来提高他们的思想、业务素质和教学水平。例如进校时先搞集中培训，包括敬业精神教育，校规校纪、教学规章制度、教育学及教师法的学习等；上讲台前进行试讲，安排老教师带新教师，有的还派到水电站进行跟班实践；在青年教师中开展课堂教学竞赛等。学校通过组织进修学习提高青年教师素质，对未达到《教师法》规定学历（本科）的青年教师，要求在 3～4 年内通过多种途径达到本科水平，否则调离教师岗位。1991～1999 年，通过各种成人学历培训方式取得高一层次学历的有 54 人，其中取得研究生学历的 1 人，本科学历的 27 人，专科学历的 12 人，中专学历的 14 人。2000 年正在就读的有 90 人。与此同时，学校从优秀青年教师中选拔了一批担任教研组长、科主任，还选拔了一批作为学科带头人的培养对象，在外出进修学习、参加学术活动及编写教材等方面给予优先安排，为青年教师的茁壮成长创造条件。20 世纪 90 年代有 30 多名青年教师担任了中层干部、教研组长或学科带头人。

（3）加强实践能力的培养，鼓励教师成为“双师型”教师。学校为使教师成为懂理论、能实践的“双师型”教师，采取了以下措施。

1）进行实践能力考核，通过考核，激励教师努力提高实践技能，积极参加实践活动。学校有设计2.5万千瓦以下水电站的部颁丙级证书，20世纪90年代先后组织教师完成了江油大城堰电站、德昌县偏桥电站，以及尼泊尔屠依拉姆水电站的设计工作，使一批教师在专业技术方面受到了锻炼。

2）利用青峰岭教学电厂进行技术革新和科研。1996年4月，谈代秀校长组织了部分中青年教师和电站技术负责人共16位同志，进行“青峰岭教学电厂3号机组及厂站级计算机监控系统”科研项目开发，经省电力局批准立项并拨给科研经费106万元，项目历时2年10个月完成，是学校有史以来完成的最大科研项目。1999年8月，该项目已通过省电力局组织的专家验收，其控制系统的功能指标已达到或超过部颁标准。

(4) 坚持教学质量测评并与奖励晋升挂钩。为客观、公正、全面地了解教师每个学期的教学情况，从不同角度对教学质量进行综合评判，20世纪90年代，学校实行学生、同行和教务处三个方面教学质量评估制度。评估的权重按40%、40%、20%掌握，测评结果记录在案并存档备查。自1994年下学期起，学校将测评结果与奖金和岗位工资挂钩，并设立“教学质量奖”。开始只设一、二等奖，授奖面控制在60%以内；随后除设一、二、三等奖还可评单项奖，授奖面不超过80%。一、二、三等奖的金额视当年学校的经济情况而定，获奖人员名单由以校长为首的教学质量评审小组进行最后审定。在审定中，针对不同情况，采取相应措施。

通过以上措施，学校的师资力量得到强化，为晋升高职院校打下了坚实的基础。

2. 高等职业技术学院教师队伍的建设

2001年，学校由原国家级重点中专升格为四川电力职业技术学院。为加强高等职业技术学院教师队伍的建设，学院从以下几个方面入手。

(1) 培养教师爱岗敬业、从严治教、师德良好、师风高尚。为此，学院制定了《教师工作规范》、《辅导员工作手册》、《四川电力职业技术学院师德师风规范》、《进一步加强师德、师风建设的实施意见》、《教师教学事故处理暂行办法》等规章制度，及时发布教学事故处理通报；严格执行教学检查和听课制度，教师相互听课、领导检查听课、督导检查听课、学生评教等，教学检查、评教活动已在学院形成制度；积极开展“先进党支部”、“优秀共产党员”、“先进党务工作者”、“先进教育工作者”、“师德先进个人”等评先活动和青年教师讲课竞赛；完善教师规范，对教师从师德上规范、精神上鼓励、业务上提升、待遇上倾斜，极大地提高了教师的积极性，学校涌现了一大批爱岗敬业、师德高尚、业务能力强的优秀教师。

(2) 努力提高教师教学改革意识和质量意识。学校多数教师积极参加教学改革和教学研究，注意教学内容与生产实践的紧密结合，注意教学方法、教学手段的改革，教学质量显著提高。近两年教师的教学评价中95%以上的教师为良好以上，学生满意率达到85%以上。学校鼓励教师积极开展教学科研，制定了《教师参与科研、教改等学术业绩统计办法》和《学术业绩奖励暂行办法》，并建立了学院教学科研专项基金，纳入学校年度经费预算，每年30万元，专款专用，重奖教学科研成果突出者。2000年以来，学院已完成教学科研项目21项。其中教学科研成果18项，国家级1项，省部级4项，校级13项；科研成果3项，国家级2项，省部级1项。积极开展对外科技服务和科技合作，近年来承担了云南的运鹏、泸州北方有限公司的窝洞、白玉县的麻通等电站的安装、大修、调试，以及崇州市的温泉高压输电线路改造的设计施工等工程10余项。

(3) 通过加强内培，提高教师队伍的综合素质。

1）加强新教师的培养。学校要求新进教师必须参加省教育厅定期组织的教育学、心理学、《教师法》、职业道德和普通话等岗前培训班，参培新教师79人。实行“导师制”，学校要求各系部必须按照《四川电力职业技术学院青年教师导师制实施暂行办法》对本部门新教师进行培养，近年共培养新教师25人。

2）加大学校内部培训力度。利用中加、中澳合作办学的有利条件，举办外籍教师为主讲的教师英语培训班，提高教师外语水平，参培教师50人，参加多媒体教学和课件制作班的教师120余人。

3）学校采取优惠的政策措施，鼓励有潜力的青年教师参加研究生学历学位培训，通过在职、业余学习取得高一层次学历者，视其所取得学历（学位）的高低给予不同的一次性奖励，取得研究生毕业者，另报销70%的培训费，极大地提高了青年教师参加学历学位培训的积极性。

4）积极拓展出国进修，拓宽教学思路，提高教学业务水平。

(三) 专业的办学力量

1. 中专专业的办学力量

1991～2000年，学校在中等专业教育发展中，主动适应社会需求，完善了实践性教学设施和专业设置。

1993年，单独成立实验科（1999年改设实训部），将原来分散到各专业的实验室集中统一归实验科管理。

1996年，学校新建了单片机（装置了单片机25套）与可编程控制实验室、微机保护实验室，填补了新技术应用实验室的空白；新建了60座外语语音实验室，安装投入了有线发射、无线接收的感应式音频系统。

1998年，学校投入80万元建成了多媒体多功能教学室，恢复了化学实验室，扩展了物理实验室。应用电子技术实验室购置了彩色和黑白电视机示教板，以及组合式电工、电子实验装置40套，价值26万元；购置了20多万元的热动、水动及电气模型，仅这一年用于实验实习场地建设与设备购置的费用就达150多万元。

此外，为适应计算机教学实践与办公自动化的需要，1992～1999年间，先后6次购置计算机共522台，其中教学用428台，管理用94台。至1999年，全校新老专业合计实验开出率可达95%以上，其中一些老专业实验开出率可达100%。实验教学在1993年下学期实验科成立时为1400学时，到1998年下学期便达到4648学时，而实验人员则从22人减少到17人，大大提高了设备利用率及人员效率。

除实验室外，学校还加强了校内实习工厂与青峰岭教学电厂这两个实习基地的实践性教学。1993年上学期，实习工厂完成教学实习41周，到1998年下学期则完成了28个班

67.5 周的实习任务，添置了剪板机、冲床、折弯机等对外生产服务的设备，生产过保险柜、霓虹灯等产品。1998 年学校花费 3 万元，建成了 5 个热动实训室，可开出动静平衡、晃动与瓢偏度测量、滑动轴承检修、联轴器找中心，以及起重共 6 个实习项目。1999 年，投资 8 万元，建成了锅炉实训室、流体力学实训室、热力实训室，使新办的热动等专业的实践环节得到了加强。1999 年教学电厂实现了“计算机监控”，这为培训水电站现代监控人员，以及提高实践教学水平都起到了积极的作用。1998 年在青峰岭电厂建成了“土建实训基地”，经省建委批准，学校成立了“建设职业技能岗位鉴定站”，并在土建实训基地对学生进行操作训练和技能鉴定。1999 年前已有 100 余名校内学生在该基地通过了土建几个工种的技能鉴定。

2. 高等职业技术学院专业的办学力量

（1）教育基础设施。学院自 2001 年升高职以来，大力推进建设与发展。2001 年，学院在四川省电力工业局的大力支持下，在温江万春镇投资 1 个多亿建立了温江新校区，新添土地 39.52 公顷，建成温江校区。

（2）实验实训场地。学院实验实训场地面积为 93500 米^2（其中草堂校区 6600 米^2，温江校区 12400 米^2，青峰岭教学电厂 64200 米^2），学生人均占地面积为 14.87 米^2，已经超过教育部颁发的生均 8.21 米^2 的标准。

（3）图书馆。截至 2002 年底，学院图书馆已发展为总面积 10600 米^2，每学生平均所占面积为 1.69 米^2。图书馆年均新增图书资料 58000 余册（生均年进书量 9 册），图书馆藏书总量为 428000 余册，其中纸质图书 277000 余册，电子图书 150000 册。此外，图书馆引进了金盘图书馆管理系统，图书资料查询、图书借阅、期刊管理、数据报表统计等全面实现计算机化管理。同时还创建了电子图书馆，拥有电子信息资源 15 万册，内容涵盖 22 大类 50 多个专业信息。接入校园网的教师办公室的电脑只需安装超星阅览器便可进入电子图书馆进行阅读，为教学工作提供了一个更便捷的支持平台。图书馆周开放时间达 71 小时。

（4）体育设施设备。截至 2002 年底，学院各类体育设施齐备，设备价值 21 万元。风雨操场总面积约 4000 米^2（其中草堂校区约 2000 米^2，温江校区 1500 米^2，青峰岭教学电厂 189.75 米^2），每学生均值为 0.65 米^2。现有田径运动场 3 个，其中 400 米标准田径运动场 1 个，50 米标准游泳池 2 个，各类体育运动训练场馆 5.37 公顷。

（5）学生宿舍总面积。学生宿舍总面积为 60243.51 米^2（其中草堂校区 16510.49 米^2，温江校区 40281.8 米^2，青峰岭教学电厂 3451.22 米^2），生均值为 9.57 米^2。

（6）升高职后的继续投入。2001 年升高职以来，学院累计投入 2000 多万元购置教学仪器设备，以便广泛应用现代教学技术和手段。全院现有教学计算机 1521 台，达到每百名学生 24 台；有语音室 5 间，共 390 座；多媒体室 14 间，共 3243 座，平均每百名学生 50 座。

二、成都电力职工大学

（一）学校概况

成都电力职工大学创办于 1978 年，是经国家教育部批准备案的独立设置的成人高等学校。学校位于成都市青江路罗家碾，学校占地2公顷，建筑面积21977米^2，固定资产6610万元。学校开设发电厂及电力系统、输电线路及电力工程、电力工程及自动化、水电站及电力系统、电力系统继电保护、计算机及应用、电力市场营销、企业管理、会计电算化等专业。学校在进行成人专科学历教育的同时也开展各级各类培训，专科学制文科脱产2年，业余3年，理科脱产3年，业余4年。学校设有继电保护实训室、电力营销实训室、电工实训室、变电运行仿真实训室、计算机机房、远程教育中心等，有较好的教育和培训条件。

（二）学历教育

1. 成人专科脱产教育

成都电力职工大学成立后，设置了发电厂及变电站、电力系统继电保护、输电工程、电力工业企业管理、水利电力财务与会计、思想政治教育等6个专业，主要招生对象为电力系统的在职职工，进行成人专科脱产教育。

2. 校外专科业余班

为了解决电力企业职工的工学矛盾，减轻在职职工参加学历教育的经济负担，更好地为基层企业的生产、经营服务，1994年，学校经省教委同意，在举办脱产班的同时，举办专科学历教育业余班，文科学制3年，工科学制4年，每学期集中面授40天。

3. 专业证书班

专业证书班是在改革开放初期兴起的一种新型的证书教育制度，是国家当时提倡的多出人才、快出人才的办学模式。根据能源部《电力系统职工大学管理条例》关于“职工大学要以开展中高层岗位职务培训为重点，办好本科、专科教育，当前，主要是办好专科，同时开展‘专业证书’、‘单科合格证书’教育和继续教育，采取多层次，多规格，多种形式培训人才”的要求，1991年，学校共有5个专业证书班，即输电专业证书班、继电保护专业证书班、物资管理专业证书班、思想政治教育专业证书班、水电企业管理专业证书班。上述专业证书班均为脱产学习，学制除输电线路施工与检修专业为1.5年外，其余均为1年。

4. 成人自考教育

1998年，根据中电联的安排，四川省电力工业局成立了高等教育自学考试管理委员会及办公室，负责全川电力系统高等教育自学考试的统一管理。成都电力职工大学作为全局助学指导中心，成立了自学管理委员会，自考工作办公室设在教务处，承担自考工作的统一协调和日常事务性工作。作为全局的助学指导中心，学校同时负责川北、攀西地区及成都市的专科助学。

5. 成人本科及以上学历教育

成都电力职工大学自成立始，主要进行专科层次的教育，随着教育体制改革的深入，学校用不同的形式和省内外的本科院校合作，开展本科及以上的学历教育。

2001年9月，由中电联发起，中华电力教育基金会适当赞助，四川大学管理学院举办，学校的“管理科学与工程专业硕士学位研究生课程进修班”开班，中电联、中华电力教育基金会和四川省电力工业局领导参加了开学典礼，来自云南、贵州、广西、四川的

38 名学员参加学习。

2002 年 6 月，学校和成都信息工程学院合作，联合进行成人专科升本科教育，由成都信息工程学院招生，学校组织教学。此次联合办学是学校和外校合作时间最长，培养学生最多的一次。从 2002 年开始，先后开办会计、电子信息、工商管理、电气工程及自动化等专业，分别在成都、自贡、泸州、内江、都江堰、广元、资阳、广安等地举办。

（三）培训工作

1. 党校的培训工作

（1）党史党建理论培训班。四川省电力工业局党校成立后，为了提高领导干部的党性修养，系统地掌握党的建设的理论，省电力工业局党委决定，分期分批地对现任的厂（局）级干部进行党史党建理论培训。1991 年 11 月举办第一期厂（局）级领导干部党史党建理论培训班。1992 年 3 月，连续举办第二、第三期厂（局）级领导干部党史党建理论培训班。1992 年 11 月，第四期厂（局）级领导干部党史党建理论培训班和贯彻十四大精神学习班一起举办。1994 年 3～6 月，第五～第九期党史党建理论培训班和学习《邓小平文选》第三卷及十四届三中全会精神学习班一起举办。

经过 3 年时间，共举办 9 期党史党建理论培训班，培训学员 750 名，将四川省电力工业局厂（局）级领导干部全部轮训一遍。

（2）中青年干部培训班。四川省电力工业局党校成立后，就开始举办中青年干部培训班，旨在对选拔的后备干部进行系统的理论学习和党性修养锻炼，提高其综合素质。经过到省委组织部、省委党校和全国其他省局党校进行调研后，确定该班开设马克思主义理论、毛泽东思想、邓小平理论、领导科学、党史党建理论等课程。首期中青年干部培训班于 1991 年 10 月 19 日开办，到 2002 年共举办 9 期，共培训中青年干部 322 名。

（3）纪委书记培训班。1998 年 9 月，党校举办纪检监察干部培训班，24 名纪检监察干部参加培训。2000 年 10 月，举办纪检监察文秘班，45 名纪检监察秘书参加培训。

2. 管理人员培训

成都电力职工大学从成立时，就开展过各类培训。从 1991 年党校成立后，各类培训开始走向系统化和专业化。

管理人员的培训主要分为干部岗位培训，厂、处级领导干部岗位培训班，集体企业经理（厂长）岗位培训班，中层干部岗位培训班，以及县级供电局长培训班。

按照国家电力公司的安排，对全国电力系统的县级供电局长进行系统的管理知识培训；受国家电力公司的委托，2000 年 10 月，学校承办了全国农电局长岗位培训班，来自河北、浙江、安徽、河南、福建、云南、新疆、四川等省（区）共 46 名县级供电局长参加培训。在总结经验的基础上，学校相继对四川省电力工业局系统的县级供电局长开始培训。到 2002 年，共举办 11 期，培训 467 名县级供电局长（含山西省 7 名，重庆市 6 名）。

3. 其他培训

成都电力职工大学的培训工作是提高四川省电力系统干部职工业务水平的主要任务，除以上培训外，还进行了工商管理培训、国际合作培训、军队转业干部培训班、生产人员技能培训、电网生产人员技能培训、电力营销人员客户服务技能培训、计算机培训、焊接技能培训。

（四）科研工作和学术交流活动

培训中心成立后，为了提高教育培训水平，学校（中心）积极开展科研工作和学术交流活动。

2001 年 5 月，经四川省电力工业局批准立项的科研项目 CX－2000 用电监制系统（实时用电管理软件开发）获 2001 年省电力工业局科技进步四等奖。同时，学校（中心）WBBZ－3 三项无功功率自动补偿装置获省电力工业局 2001 年科技进步四等奖。

学校（中心）开展大型的学术交流活动开始于 2001 年。该年 11 月，学校（中心）趁召开党校成立十周年之际，以“WTO 与党校建设”为题，召开学术交流会。省电力工业局领导、省委党校、省社科院、420 厂党校负责人和专家到会，与正在学校（中心）学习的工商班、中青班和本校教师参加了学术交流活动。

第十二篇　多种经营与医疗卫生

第十二篇　多种经营与医疗卫生

1991～2002年，四川省电力系统各企业中的多种经营工作均有不同程度的发展，其中省电力公司的多种经营企业发展最为迅速。医疗卫生工作则主要是按照各企业的实际开展职工保健和各种疾病的预防工作。在各电力单位中，省电力公司一直设有公司所属的电力医院和电力职工疗养院（后改为培训基地）。

第一章　多　种　经　营

四川省电力工业系统的多种经营，是随着电力工业的发展，从20世纪70年代末创办为“小集体”开始逐步发展起来的。在1991～2002年，在巩固提高的同时得到大力发展。到2002年底，共有各类多经企业288家，职工总人数2.02万人，资产总额59.74亿元，经营总收入达31.49亿元，实现利税2.27亿元。

第一节　多种经营的发展

1991年，水利电力部“昌平会议”提出“电为核心，多种经营，三大支柱，协调发展”的多种经营发展方针后，四川省电力工业局于1992年成立了多种经营局，各基层单位也相继成立了多种经营处（局、办）。各单位均由分工管理经营工作的领导分管多经工作，使多经工作从组织领导上得到进一步加强。同时制定了《四川省电力公司关于发展多种经营若干问题的规定（试行）》，推动了多经的快速发展。在“八五”时期的头三年，多经企业收入连续取得年均增长66%的成绩，后两年虽有诸多不利因素，总收入仍然保持年均递增15%。5年累计实现总收入翻了三番，人均创收年均增长27%，实现利润年均增长35%，人均创利润年均增长15%。“八五”期末职工人数达到3.48万人，5年累计安置待业青年1.91万人次，职工家属2833人，其他人员4829人。到1995年，多种产业的工业、建筑安装业、商业、旅游服务业、养殖业等都已初步形成规模，开始向产业化推进。固定资产原值达到5.3亿元，年均增长144%。所有者权益6.1亿元，拥有独立法人资格的多经企业542个。多种经营企业自有的生产、办公、职工住房面积共计16.28万米^2（其中职工住房8.11万米^2），自有建筑面积投资达1.23亿元。

1993年1月，多经企业的职工实现了以省电力工业局多经局归口管理的省级养老保险统筹，统一了退休办法。到 1995 年底，参加统筹的集体企业 293 个，涉及 42 个主办单位，统筹职工 9559 人，退休退职职工 657 人，结余统筹基金 900 多万元。

“八五”计划期间，四川省电力系统的多经企业虽有较大成绩，但也存在一些问题。主要是在分配上的“大锅饭”问题没有彻底解决，整体素质较低，发展的层次低，缺乏市场竞争力，没有发展后劲。

“九五”计划期间，针对存在的问题，四川省电力工业局制定了多种经营新的发展目标和战略，进一步明确多经企业要由计划经济的产品生产向市场经济的商品生产转变。在经营方式方面，由商品经济的粗放型向资本经营的集约型转变；在发展方向方面，由主要依托内部市场向以参与市场竞争为主的外部市场转变；在管理模式方面，由人治为主的企业管理向以法制为主的经营管理转变。着重抓好多经企业经营方式和经营机制的转变，逐步将多经企业建设成为产权清晰、权责明确、政企分开、管理科学的新型企业。

各单位结合企业改制，通过参股、联合、联营、兼并、限产、联产等多种形式，进行规模资产重组，增强了市场竞争能力。通过改制，共组建多经企业集团总公司 40 多个，这些集团公司的年收入均在 2000 万元以上，有的上亿元。

宜宾电业局在对多经企业完成股份合作制改造后，于 1997 年 6 月成立了宜宾电力建设集团有限公司。集团公司成立后改变了过去企业规模小、分散经营、各自为政的粗放格局，充分发挥了整体经营优势和协调作战优势，仅一年时间，经营总收入就突破亿元大关，实现利润 1536 万元，被国家电力公司授予全国电力行业“双文明”单位称号，成为全省多经系统唯一获此殊荣的多经企业。

1998 年 8～12 月，多经企业组织开展了清理整顿工作，通过整顿，撤销了 35 个对资金、资产管理不严，产权约束机制不健全，造成企业资产流失，资产运营效率低的多经企业，对行业相近、效益不好的 46 个企业实施了合并。到 1998 年，多经总收入达 24.8 亿元，实现利润 1.04 亿元，资产总额达到 34.17 亿元。1999 年，主要多经指标继续增长，总收入达到 26.44 亿元，比上年增长 6.3%，实现利润 1.44 亿元，比上年增长 0.5%，资产总额达到 38.82 亿元，比上年增长 13.6%，提前一年完成了“八五”计划目标。

2000 年 6 月，四川省电力公司多种产业管理部成立，多种产业发展进入到一个新的发展阶段。多种产业管理部成立后，明确了多经发展改革思路，拟订了“十五”发展规划和 2012 年远景战略目标，提出了“一个集团、一个品牌、三个层面、十大产业”的发展战略思想。重点抓在基层厂（局）层面上，推进基层多经企业体制改革、以资本为纽带推进资本运营扭亏为盈举措、以优质产品和服务推进企业升级等工作。

2000 年 8 月成立了四川启明星控股有限责任公司，作为启明星公司集团的母公司，一方面在省公司层面进行资本运作，另一方面对其所属子公司实施投资、控投、参股。启明星控股公司按“十大产业”的产业发展格局组建子公司，子公司与基层多经企业再以资产为纽带，以产业、项目为载体，组建各类的专业子公司，进行产业、产品的生产经营，形成了分层发展，以上带下，各有侧重，整体推进规模化、集约化发展的新格局。

到 2002 年底，四川省电力多经产业已具有较大规模，涉及电解铝和多晶硅高耗能产业、制造、建安、信息技术、房地产、金融保险、配电网经营、饭店旅游、商贸服务等诸多领域。特别是近年来通过资源整合和结构调整，培育了一批以四川启明星蜀达、成都科星、四川电力建设、四川启明星铝业、四川蜀能、乐山一拉得、四川华仪、成都智达等为代表的重点优势企业和以成都蜀电集团、绵阳启明星集团、乐山嘉能集团等为代表的区域型集团企业，成功打造出“启明星”品牌。以该品牌为枢纽，兼容规模经济和范围经济的“大多经”布局初步形成，共有各类多经企业（法人）288 家。

第二节　主要多经企业

四川省电力多经企业分为“省电力公司层面”和“基层单位层面”两类。省电力公司层面包括启明星控股公司母子公司序列，以及职工出资设立的民营公司——四川启明星科技发展有限公司及其控参股子公司；基层单位层面包括各基层单位主办的多经集团公司和各具体多经企业，由各基层单位多种产业管理部门（多经总公司）代为行使监管职能。

一、四川省电力公司层面职工出资公司

主要有四川启明星科技发展有限责任公司、四川广元启明星铝业公司、四川启明星信息技术有限公司、四川启明星保险代理公司、四川电力设计咨询公司、四川汶川启明星发电公司、四川启明星蜀达电气公司、四川启明星电力公司。

二、四川启明星控股有限责任公司

四川启明星控股有限责任公司是依法自主经营、自负盈亏、独立核算、具有独立法人资格，由四川省电力公司通过股权划转和现金投入的方式组建的有限责任公司，是四川省电力公司全资子公司。该公司成立于 2000 年 8 月，注册资本 5.8 亿元人民币。截至 2002 年 12 月 31 日，公司对 6 家子公司进行控股经营管理，参股 3 家公司。

三、四川启明星铝业有限责任公司

四川启明星铝业有限责任公司是由四川启明星控股有限责任公司控股，按现代企业制度组建的大型股份制企业，成立于 2002 年 3 月，公司总部设在成都市，电解铝生产基地位于眉山市。公司年产 25 万吨电解铝项目，项目一期 12.5 万吨电解系统拟于 2003 年 10 月建成投产，项目第二期 12.5 万吨电解系统拟于 2004 年 5 月投产。该公司采用了国内领先、国际一流的技术装备，还从法国、德国、瑞士等国家引进设备 15 项。其中包括国家鼓励使用的 300kA 电解槽、国内率先使用的中间通道转移技术、19 万吨阳极生产线、60 吨倾动炉、瑞士 P&D 焙烧燃烧系统、烟气净化系统、法国 ECL 多功能天车、德国 KHD 公司的滑动式振动成型机、德国 CP 公司的振动筛等。这些先进技术和设备在国内达到一流水平。技术的高起点为启明星铝业赢得了明显的后发优势，不但符合国家环保政策，而且成为向客户提供高品质产品的根本保证。

第二章 医 疗 卫 生

四川省电力系统的医疗卫生工作，除四川省电力工业局（公司）设有专门的电力医院和电力职工疗养院外，其余各单位均设有医务室等简单的医疗机构，处理本单位日常疾病预防和职工一般性疾病。四川省电力工业局（公司）所属医疗卫生单位主要有四川电力医院和四川电力疗养院。

第一节 四川电力医院

四川电力医院为四川省电力工业局（公司）直属单位，成都市卫生局为四川电力医院医疗机构行业管理单位。该医院成立于1985年1月1日，成立时名为“西南电业管理局职工医院”，1988年6月更名为“四川省电力工业局职工医院”，1993年1月更名为“四川电力医院”。

一、医院概况

四川电力医院位于四川省成都市东郊崔家店北一路7号。这里地处市郊，工业厂矿较多，交通不便，是东郊地区唯一的一所综合性职工医院。2000年12月，四川电力医院确定为成都市基本医疗保险定点医院，2001年7月核定为非营利性医疗机构，2002年5月正式挂牌为“华西医大附一院网络协作医院”。医院在市区还设有2个独立的卫生所，即四川电力医院机关卫生所与四川电力医院第二卫生所。

截至2002年底，医院共有固定资产4190万元，流动资产434.9万元。

二、医疗条件

（一）基础建设

四川电力医院1985年成立以后至1991年，医院医疗、办公用房简陋，院内仅有两栋20世纪70年代修建的简易楼房，其中一栋1985年清产核资时已审定为危房，其余还有几间简易平房。为加强医院建设，1992年将临时搭建的简易供应室平房拆除，改建为供应室和办公用房为一体的建筑面积为560米^{2}的三层综合楼房，从而解决了供应室和部分办公用房的问题。从1992年起，医院经过长达4年的时间多方面考察选址，4次向四川省电力工业局提出扩建医院建议方案，于1996年1月4日得到省电力工业局同意利用现院址改建一栋集门诊、住院部为一体的综合医疗楼。新建医疗楼建筑面积为8416米^2，共投资2500万元，1997年7月11日破土动工修建，1999年7月7日竣工，10月25日正式投入使用。医院通过彻底改造，成为布局合理、功能齐全、设备先进、环境优美的现代化企业医院。

新的医院综合大楼投入使用后，为进一步完善旧房改造，拓宽医院业务范围，在四川省电力工业局（公司）离退休工作部的提议下，1999 年 6 月 25 日院长办公会研究决定，为适应社会和人口年龄结构改变的形势，决定将原住院楼进行全面改造，建立“四川电力老年康复保健部”，为四川省电力行业的老年职工创造良好的康复保健场所。经省电力工业局（公司）批准，于 1999 年 12 月动工改造，2000 年 4 月竣工完成，从而对完善医院结构，增强医院整体功能，拓宽医院业务范围创造了条件。

（二）医疗设施

1991～2002 年，四川电力医院经过 12 年的建设与发展，医疗设备基本达到成都市级医院水平，特别在 1995～2002 年之间投入资金约 1115.1 万元购置医疗设备，其中购置万元以上的医疗设备 50 余件。大型医疗设备有德国西门子 800 毫安数字减影 X 线机、医用高频遥控 X 线机、法国 ELIIYS 型号牙片 X 光机、美国 GE 数字化彩色多普勒超声诊断系统、日本东芝 SSA－270A 全身彩色多普勒超声诊断仪、法国 ALMasynx4080 多功能手术床、美国 Welchallyn8900 电子阴道镜、意大利连体牙科治疗椅、德国心电运动负荷测试平板系统、德国 DC－3002IH/P/S 除颤监护仪、美国雷鸟“维持”TBird VELA Ventilator 呼吸机、日本 HITACI 7080 全自动生化仪、日本 KX－21 多项目自动血球计数仪、法国 ABX 公司全自动血球计数仪（21 项参数），意大利半自动生化分析仪等先进的医疗技术设施。其中德国西门子 800 毫安数字减影 X 线机，在 1999 年购回时为西南地区第一家大型数字减影 X 光影像设备。

三、机构设置

1985 年医院成立时根据西南电劳〔1985〕008 号文件规定医院属西南电业管理局直属单位，1988 年 6 月根据人事制度改革精神，宣布医院体制为科级单位，属西南电管局机关直属单位，由机关事务管理处管理，劳资、财务与局劳资处、财务处直接业务联系，至 1991 年，医院仍然是科级单位。党组织设置为中共四川省电力工业局职工医院党支部，属局直属机关党委管理；工会设置为四川省电力工业局职工医院工会委员会，归局直属机关工会管理。

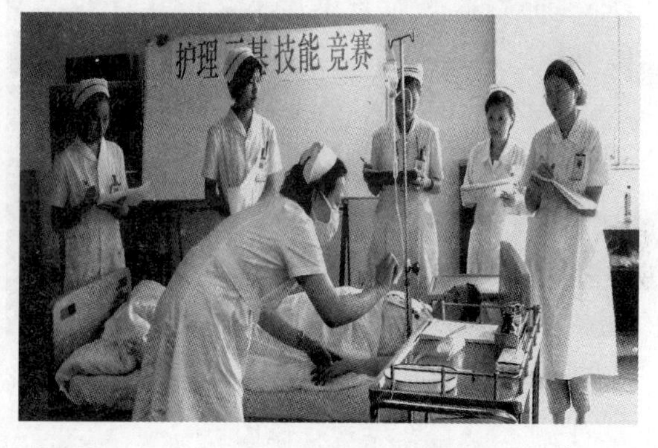

图 12－2－1　电力医院组织护理人员开展“护理技术竞赛”

1991～2002 年间，医院经历国有企业改革、电力体制改革、医药卫生体制改革的不同阶段，医院体制也发生了变化。1994 年 2 月根据四川省电力工业局（公司）川电劳〔1994〕15 号文件《关于四川电力医院升为县（处）级单位的通知》，将四川电力医院升为（县）处级单位，直属四川省电力工业局（公司）领导；1996 年 10 月四川省电力工业局（公司）川电委组〔1996〕43 号文件《关于建立四川电力医院党委的通知》，为加强党的建设，充分发挥党组织的政治核心作用，经局党委常委会研究决定建立四川电力医院党委。至此，四川电力医院机构设置基本健全。

1995年医院设置职能科室8个，分别是办公室、医务科、劳动人事科、财务科、总务科、工会、党务办公室和保卫科；医疗科室设置5个，分别是内科、外科、门诊部、医技科和药剂科；其他科室2个，分别为预防卫生科和工业卫生站。

四、技术力量

1991年医院职工128人，其中大学本科学历16人，专科学历20人，中专学历25人，高中以下67人。医院共有专业技术人员103人，其中卫生技术人员98人。无高级职称人员，中级职称37人，初级职称55人，非医疗专业技术人员5人（财会人员）。

经过12年的专业技术队伍建设，全院有职工117名，各类专业技术人员105名，占全院职工总数的89.75%。其中卫生技术人员92名[主任医师2名，副主任医师10名，主治医师24名，医（护）师（士）56名]，占全院职工总数的78.64%。其他技术人员13名，占全院职工总数的11.12%。

截至2002年底，全院职工中，具有大专以上学历的71人（大学本科38人，大学专科32人），中专学历的18人。

五、医疗水平

1991年开展外科手术19台，主要为胆囊切除术、腰椎间盘切除术、左下肺叶切除术、膀胱取石术等。1991～2002年，开展各种手术约800余台次，其中无任何手术意外事故。

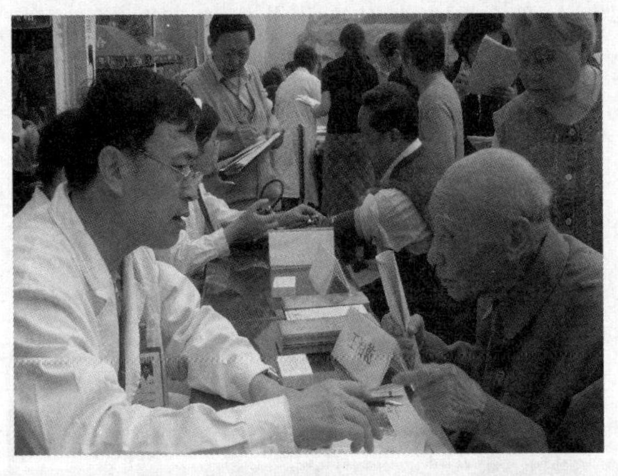

图12-2-2　电力医院开展创建“诚信示范医院”活动

医院门诊部能够开展门诊、急诊、院前急救、内科、外科、骨科、中医科、五官科、口腔科、儿科、妇科、理疗科等医疗活动，能够治疗各种内科、外科、口腔科、妇科、五官科等种类疾病。

四川电力医院作为华西医院网络协作开展华西医院专家教授院内会诊、手术，同时还开展家庭病床、健康体检、职业健康检查、老年康复保健等医疗服务（见图12-2-1和图12-2-2）。

六、科技进步与科研成果

1996年4月，四川省电力工业局卫生科、四川电力医院等局属有关卫生单位出版《巴蜀电力医学论文荟萃》，由重庆大学出版社发行。

第二节　四川电力疗养院

随着改革开放的不断深化，由计划经济体制下的电力职工福利型疗养院，逐渐向自负盈亏、自主经营、自我积累、自我发展的经营服务型单位转变，初步形成了集疗养、旅游、度假、会议培训为一体的大型综合性疗养院。

一、机构设置

1991～1999年，四川电力疗养院按照行业特点分为宾馆、医疗中心、公园、旅行社四大部门运行。

1991年3月12日成立医务处、总务处、综合处，3月28日成立管理科。

1993年3月11日，经四川省电力工业局多种经营局同意和四川省旅游局批准，四川电力疗养院成立四川电力旅行社，经营第三类旅行社业务，即经营中国公民在国内旅游业务。该旅行社属集体所有制企业，实行独立核算、自主经营、自负盈亏，是具有法人资格的经济实体，并纳入四川省电力工业局多种经营局归口管理。四川电力旅行社的资产由四川电力疗养院负责，具有双重职能，对外是自主经营、自负盈亏的法人单位，在内部是疗养院的接待科，仍履行接待职能。

1994年7月7日，四川电力疗养院成立翠月湖康复度假村，属全民所有制的非独立核算经营实体，由疗养院的接待科、疗养食堂、休养部组成。1995年1月12日，四川电力疗养院成立医疗中心，由住院部、门诊部、医务科、职工食堂组成。1995年12月，通过四川省成都市医疗机构评审委员会评审，四川电力疗养院已达到了医疗机构执业的基本标准，并经成都市卫生局批准同意，四川电力疗养院取得医疗机构执业许可证。

1997年疗养院全面推广实行了部分经营承包责任制，形成电力旅行社、多经处、公园（见图12-2-3）、宾馆、治疗部、休养部、商贸部、生活部、花木公司、康复堂餐厅、翠月湖餐厅、果香餐厅、急救保健室、五疗区、文化中心15个经营实体。

2000年设有属后勤保障部门范围的院长工作部、党委工作部、工会办公室、计划财务部、人力资源部、保安部、物业公司、物资采供部8个部门。2001年，院长工作部与党委工作部合并成立院办公室；经四川省公安厅电力公安处批准，组建四川电力疗养院经济民警中队，列编四川省电力公司经济民警大队第三中队，撤销保安部；为促进企业创三星级宾馆工作，新设质监部。2002年，增设员工保障部与工会办公室合署办工；质监部与人力资源部合并，后勤保障部门减至7个。

图12-2-3 四川电力职工疗养院一角

2000年经营系统设有营销部、前厅部、客房部、公园、医务部、门诊部、休养部、餐饮部、康乐部、旅行社共10个经营部门。2001年因上年旅行社划归旅游公司经营部门减少，当年成立宾馆，将餐饮部、康乐部、客房部、洗涤部、工程部划属宾馆，经营部门减为7个。2002年撤销宾馆，设宾馆客房部、度假村客房部、福乐园餐厅、康复堂餐厅，休养部、医务处、门诊部、翠月湖餐厅合并成立疗休养部，部门增至10个。

二、疗养区建设

（一）扩大疗养院规模

四川电力疗养院占地面积为31.67公顷。1991～1999年9年中，扩大土地26.67余公顷，使疗养院占地面积达58.34公顷。1991年5月29日，四川省电力工业局以川电办〔1991〕38号文通知撤销四川省电力工业局骆家河坝农场，农场的固定资产、土地、鱼池、果园、员工分别划给成都铁塔厂和四川电力疗养院管理。农场全民职工21人，由局干部处、劳资处负责安置在都江堰市范围内的局属有关单位，离退休职工10人划给四川电力疗养院管理，社会青年18户、23人划给成都铁塔厂管理。农场固定资产（不含都江堰市家属宿舍楼一幢1596.7米^2）和四川电力疗养院围墙外的占地10.33公顷（其中田地6.67公顷、土地0.67公顷、鱼池1.53公顷、水渠及道路1.47公顷）划归成都铁塔厂管理；农场在都江堰市区建设路的家属宿舍一幢1596.7米^{2}和四川电力疗养院围墙内的原农场管理的鱼池3.8公顷，果园2.2公顷划归四川电力疗养院管理。

1994年7月19～20日，为便于疗养院的统一规划，充分利用自然地理条件，进一步改善疗养院环境，将成都铁塔厂所管理的农场土地约20公顷和固定资产划归四川电力疗养院。1996年5月27日，四川省电力工业局以川电计规〔1996〕80号文同意四川电力疗养院扩建征地0.3公顷，修建疗养院大门外的停车场。

（二）建设第五疗区（新区）

1992～1995年，四川电力疗养院先后新建餐厅、锅炉房、办公室、水上茶楼、单身宿舍等各类用房2524米^2；改建改造门诊楼、第四疗区4500米^2；新建文化中心4000米^2；修建院大门及广场1680米^2；改造二号鱼池、建水上公园、修院区大小水泥道路8500米^2，改建果园围墙150米；新购医疗器械10余万元，新开了牙科、痔瘘科，增加了医疗保健服务项目。1993年初安装投运2吨/小时锅炉一台，1994～1995年安装分体式空调机18台，制冷功率为51匹，改变了院区供热供气条件；改建了职工食堂，建大小餐厅5个；新建办公楼，添置了桌椅、计算机、传真机等现代化办公设备。1996年2月，装修改造得月楼。

1997年完成了翠华楼、鹤苑会议室的装修改造工程；改造和完成全院通信和闭路电视系统；完成了康复堂等餐厅厨房煤灶改油灶工作，新修院区道路1300余米。在省电力工业局的支持下，疗养院新区建设于1996年10月1日正式开工。新区按欧洲式建筑风格设计，建筑面积为1.7万米^2，总投资概算为12566.63万元。按三星级以上标准设计装修，包括高干疗养楼、普干疗养楼，共有套房和标准客房118间，计218个床位，配套设施有占地8公顷的高尔夫球场，8个球道的保龄球馆，音乐喷泉广场，可供300人就餐的餐厅，以及游泳池、网球场等娱乐设施。五疗区工程于1997年7月20日全面竣工投入营运，一座崭新的现代化宾馆呈现在世人面前（见图12-2-4）。1998年1月罗马宫破土动工，7月竣工投入营运。至此，全院床位从1987年的200余张上升到680张，其中高档床位20张，中档床位348张，普通和简易床位312张。建筑面积由原来的6174米^{2}增加到20809米^2。

图 12-2-4 风景如画的四川电力疗养院新疗区

（三）基础设施日趋完善

1992 年以来，四川电力疗养院结合现有建筑风格，提出造园的原则为“既有西式园林的风格，又有中式园林的神韵”，最终目标是把疗养院建成川西名园。截至 1993 年，全院绿化面积 20.16 公顷，价值 100 余万元，绿化覆盖率达 64%，院内梅、兰、竹、桂四季飘香，种植雪松、水杉林、楠木林、香樟林 6.67 公顷。在新建扩建工程的同时，一并制定绿化规划，做到基本建设竣工一处，绿化完成一处，并建立了各种爱护花鸟树木的规章制度。1995 年以来，又新建林间小道 1300 余米，新植草坪 0.8 公顷，种植各种名贵树木近万株；将鱼池改造成可供游人观赏、娱乐的宽阔湖面 13.33 公顷，修建了拱桥和湖堤，种植了柳树和桃树；完成了水上公园的修建工程，建立了两个卡拉 OK 厅，购进游船 12 只，开设茶园 3 座，修建钓鱼池 1000 余平方米。至 1998 年，全院内有森林 10 公顷，湖泊 13.33 公顷，果园 6.67 公顷，草坪 8.67 公顷，应绿化面积 100%。1991 年以来先后建成了翠月湖公园、水上康复度假村、文化中心、康乐中心、第五疗区等新的项目，使四川电力疗养院成为都江堰、青城山、龙池国家森林公园后都江堰市第四大景区。1993 年 12 月，疗养院被评为成都市“园林式单位”，连续多年被评为都江堰市“十佳文明旅游景点”；1998 年被评为“四川省宾馆最大规模 300 强”、“四川省旅行社最大规模 100 强”，同年获省绿化委员会颁发的 1997 年度“四川省部门绿化 100 佳单位”称号；1999 年被四川省旅游局批准为“旅游定点接待单位”。

三、服务内容与质量

（一）综合性疗养院

1993 年，疗养院经过 10 多年的建设已初具规模，建成 4 个疗区，床位共 300 余张，除接待各种慢性病、职业病疗养外，主要接待健康性休养、度假和会议。

随着四川省电力工业局职工疗养院对外开放和院内环境建设的不断完善，其接待能力和知名度不断提高。为适应市场经济发展和疗养院对外拓展业务的需要，四川省电力工业局（公司）于 1994 年 6 月 15 日以川电劳〔1994〕45 号文，同意四川省电力工业局职工疗养院更名为“四川电力疗养院”。更名后疗养院的全民所有制性质不变，机构级别和人员编制也不变。同年9月6日，电力工业部以电人教函〔1994〕109号文，同意四川电力疗养院冠以电力工业部都江堰疗养院的名称。该院与四川电力疗养院实行一套班子，两块牌子，全民所有制性质、机构级别、人员编制及隶属关系均不变动。

1998年4月6日，四川省电力工业局（公司）以川电便劳组字〔1998〕5号文批准认定四川电力疗养院为国家中型一类企业。四川电力疗养院由原来的小型企业调整为中型一类企业，发展成为集疗养、旅游、度假、会议于一体的多功能综合性疗养院。

2000年7月10日，四川省电力工业局（公司）川电总〔2000〕6号文件下达决定“组建启明星旅游产业开发集团有限公司”，“原四川省电力公司投资的电力疗养院人、财、物及债权债务，从发文之日起一并划转给旅游公司统一经营管理”。

（二）优质的服务质量

1998年5月25日，疗养院召开“创星”动员大会，开展全院范围的争创三星级宾馆活动；1998年9月，派职工参加旅游学校涉外培训班学习，派职工参加B超、心电图、X光、理疗、针灸专业的学习，从而不断提高职工自身素质，提高服务质量和水平。

2001年，制定了《工作质量奖励与处罚实施细则》、《内部投诉制度》、《VIP接待程序》、《礼貌待客规范》等制度和工作程序。通过请进来、派出去和电视授课等多种方式进行员工强化培训，当年举办了计算机、英语、酒店管理及服务礼仪等学习培训班14个，参培人数1680人次。通过“创三星”工作的实践，各部门修订完善规章制度，经汇编成册约有23万字的《翠月湖宾馆岗位职责、工作内容、工作程序》、《翠月湖宾馆管理制度》。疗养院通过举行“诚信服务、争创一流”优质服务竞赛，达到了训练目的，并在竞赛中涌现出6名优质服务能手和28名优质服务先进个人。

第十三篇　管　理

第十三篇　管　　理

四川省电力管理体制在1991～2002年间经历了四川省电力工业局撤销、四川省电力公司成立、“川渝电网分开”、“厂网分开”等多次重大变革。管理体制的变化，形成企业管理的巨大变化，也有力地促进了电力事业的发展。

在电源建设方面，国家西部大开发为四川省电力建设提供了发展机遇，到2002年底，全省发电装机达到1800万千瓦，水电装机达到1185万千瓦，成为全国水电第一大省。1991～2002年间，四川省水电装机容量增长了2.49倍，成为四川省电力从严重缺电到电力外送的重大转折点。

在电力市场建设方面，1999年7月启动了水火电合同电量置换交易市场。在1999～2002年间，共完成置换合同电量65.65亿千瓦·时，节约标煤约262.6万吨，置换双方增加收益约4.48亿元，减少排放二氧化硫气体约9.87万吨。

在电网建设方面，形成了500千伏骨干输电网架和220千伏主网架，特别是大规模的城农网改造工程的实施，使四川电网结构得到了改善。2002年与1990年末相比，电网覆盖范围不断扩大，售电量比1990年增长92%，220千伏及以上变电容量由492万千伏安增加到1468.5万千伏安，增长了1.98倍；220千伏及以上线路长度由4043千米增加到9373千米，增长了1.32倍。四川电网于2002年5月实现四川电网与华中、华东电网联网运行，进入到川电东送、丰枯互济、跨大区优化资源配置的新阶段。

在电力供应方面，电网供电能力逐年提高，供电能力由1991年的341.95万千瓦提高到2002年的674.94万千瓦，增加332.99万千瓦，增长97.38%，年均增长8.12%，并于2002年底在国家电网直供区内实现了城乡居民生活用电同网同价，减轻了人民负担，促进了社会用电快速增长，2002年全社会用电量达到474.26亿千瓦·时，比1990年增长39.68%。

图13-0-1　四川省电力工业局领导深入都江电力设备制造厂检查工作

在企业建设方面，到2002年底，四川省电力公司系统的生产单位已经全部建成达标企业，还有11家荣获“一流企业”称号，5家单位获得国家电网公司一流企业称号。图13-0-1所示为四川省电力工业局局长石万俭（左二）深入都江电力设备制造厂检查工作，要求该厂加强管理，不断提高经济效益。

在精神文明建设方面，四川省电力公司坚持狠抓精神文明建设和行业作风建设，积极推进供电优质服务，取得了丰硕成果。截至2002年底，四川省电力公司所属单位全部建成了地市级以上文明单位，其中省级文明单位和最佳省级文明单位 41 个，占 90%；省公司所属 17 个电业局有 14 个建成了地市级文明行业，占总数的 82%。四川省电力公司获得“四川省文明行业”和“国家电力公司双文明公司”荣誉称号，公司系统两个文明建设迈上了新台阶。

第一章　管　理　体　制

1991～2002 年，四川省的电力管理体制发生了多次重大变革。这些变革主要是 1993 年 3 月成立了四川省电力公司，1997 年 6 月四川电网划分为新的四川电网和重庆电网，2001 年 2 月撤销四川省电力工业局，2002 年实行“厂网分开”。管理体制变革，给企业管理带来了巨大变化。

第一节　政企合一体制

四川省电力行业的管理体制，在体制改革前很长时期均实行的是“政企合一”体制。承担管理职能的单位主要是四川省电力工业局。

1991 年，四川省电力工业局隶属于能源部，为四川省政府管电、办电的职能部门，受能源部和四川省人民政府双重领导，对四川省电力工业实行行业管理。所属发电企业 20 家，供电企业 15 家，直属单位 22 家。

1993 年 3 月 26 日，能源部根据国务院《关于印发〈电力工业管理局体制改革方案〉的通知》和四川省电力工业局 1993 年 3 月 23 日《关于成立四川省电力公司的请示》，以能源政发〔1993〕307 号文，批准成立四川省电力公司。电力公司与电力工业局实行“一套班子，两块牌子”。

1993 年 5 月，国务院撤销能源部成立电力工业部，四川省电力工业局划归电力工业部，同时又是四川省政府管电、办电的职能部门，受电力工业部和四川省政府的双重领导。

1997 年 1 月国家电力公司成立（1998 年 3 月撤销电力工业部），四川省电力工业局（公司）隶属于国家电力公司，同时为四川省政府的办电、管电职能部门。

1997 年 6 月重庆市成为中央直辖市后，成立直属国家电力公司的重庆市电力工业局，原四川省电力工业局所属的重庆、万县电业局，重庆、白鹤发电厂，狮子滩水力发电总厂，四川电建一公司，重庆电力职大，重庆电力专科学校，重庆电力高级技校 9 个单位及所属职工 1.68 万人，划归重庆市电力工业局。

2001 年 2 月 22 日，经国家经济贸易委员会批准，撤销四川省电力工业局，将原由四川省电力工业局行使的行政管理职能移交政府电力行政管理部门。四川省电力公司实行一套机构，一块牌子办公。

经过2002年“厂网分开”，四川省电力公司由原统一管理全省发、供、建的政企合一公司“转轨变形”为电网公司。华电、国电、华能、大唐等发电集团和三峡集团公司等建设单位的直属机构分别在川成立。到2002年底，电力勘测设计、施工建设、发电生产、输变电管理、电力营销、设备制造企业在四川省省级层面的管理机构达到20余家，真正形成“多家办电，一家管网”格局。

四川省电力公司成立于1993年3月26日，是国家电力公司的全资子公司，国有特大型企业，四川电网主网的主管单位。公司实行总经理负责制（如图13-1-1所示为四川省电力公司总经理朱长林向中共四川省委书记张学忠汇报电网建设与管理工作情况）。

图13-1-1 四川省电力公司总经理朱长林（左）向中共四川省委书记张学忠（右）汇报电网建设与管理工作情况

到2002年底，四川省电力公司总资产405.56亿元。公司本部设25个职能部门，下辖生产、设计、施工、修造、科研及学校等企事业单位50家。其中发电企业1家、供电企业21家、直属单位9家、事业单位1家、全资公司14家、控股公司4家。另外有参股公司14家。全公司职工总人数3.1万人，其中供电企业职工19594人，占67.66%，修造企业职工1867人，占6.45%，施工企业职工3785人，占13.07%，其他直属单位职工2483人，占8.58%。长期职工中每千人有研究生1.02人，大学本科文化程度职工132人。高级职称职工（含高级技师）占长期职工总人数的5.83%，中级职称职工（含技师）占16.22%。

有发电设备装机容量705.18万千瓦（水电286.78万千瓦，火电418.40万千瓦），年发电量为294.16亿千瓦·时（水电93.28亿千瓦·时，火电200.68亿千瓦·时），年售电量为476.31亿千瓦·时，35千伏及以上输电线路24926千米（其中有500千伏1826千米，220千伏7446.70千米），固定资产原值382.95亿元。

供电覆盖面积约10万千米^2，占四川省国土总面积的20%，直供区供电人口约2860万人，趸售区供电人口约3180万人，合计约占全省总人口的70%。公司为2002年四川省100强企业，并保持了国家电网公司双文明单位、四川省文明行业等荣誉称号。

第二节 政企分开与厂网分开

2001年2月22日四川省电力工业局撤销，并将原行使的行政管理职能移交当地政府电力行政管理部门。从此，四川省电力行业实现政企分开的目标，四川省电力公司则转变为主要经营全省发供电生产的电力企业。但随着电力体制改革的深入发展，四川省电力公司于 2002 年初根据国家电力体制改革方案要求，在国家电力公司的统一安排下，全面实施了“厂网分开”工作。

四川省的厂网分开工作，是按照国务院《电力体制改革方案》要求，由四川省电力公司于 2002 年初分别向国家电网公司和四川省人民政府提交《贯彻电力体制改革方案的意见和建议》开始启动的。省政府为此成立了“四川省实施电力体制改革方案协调领导小组”，并设立了办公室（设省计委），并以省政府名义向国务院报送了《四川省人民政府关于实施电力体制改革的意见》。四川省电力公司也相应成立了以朱长林总经理为组长的四川省电力公司电力体制改革领导小组，并设立了领导小组办公室。厂网分开的电力体制改革从此正式展开。

当年 7 月，四川省人民政府正式印发《四川省实施电力体制改革方案协调领导小组关于四川省电力公司所属发电资产重组中有关问题的意见》。根据《意见》要求，国电、华电两大发电集团在川分公司的筹建工作迅速展开并顺利进行。四川省电力公司也对所属的发电资产、人员、财务、投资、计划、技改等各类资料和数据进行了详细整理和移交准备，并向两大发电集团提出了企业移交意见和具体实施建议。厂网分开准备工作基本就绪。

12 月，国家计委印发《关于国家电力公司发电资产重组划分方案的批复》，《批复》规定，四川省电力公司所属发电资产除电网预留调峰调频电厂映秀湾发电总厂外，将分别移交中国国电集团公司和中国华电集团公司两大发电集团。四川省电力公司的职能是负责四川电网的统一规划、建设和资产等项管理，以及全省负荷及发电机组并网的调度管理，而发电企业含新建电源点的开工建设则分别由中国国电川渝分公司和中国华电集团四川公司等有关单位负责。

根据国务院提出的“总体设计、分步实施、积极稳妥、配套推进”的原则和国家电力公司印发的《国家电力公司发电企业划转移交实施方案》的精神，并经四川省电力公司与中国国电集团公司（简称国电集团）、中国华电集团公司（简称华电集团）协商一致，厂网分开的移交工作分为两个阶段进行。

第一阶段移交的企业如下：

划归华电集团的全资电厂 6 个，控股发电企业 5 个，参股发电企业 4 个；可控容量为 329.80 万千瓦，权益容量为 298.11 万千瓦；职工总人数 9665 人，退休总人数 3788 人。

划归国电集团的全资电厂 6 个，控股发电企业 4 个，参股发电企业 3 个；可控容量为 199.41 万千瓦，权益容量为 174.65 万千瓦；职工总人数为 6141 人，退休总人数为 2827 人。

第二阶段移交的企业如下：

2003 年 1 月 21 日零时起，将原四川省电力公司所属的成都热电厂、江油发电厂、华蓥山发电厂、岷江发电厂、南桠河水电流域开发公司、四川电力股份有限责任公司等发电企业的安全生产、经营管理和职工稳定工作移交并由国电集团承担相应责任。

2003 年 2 月 21 日零时起，将原四川省电力公司所属的宝珠寺水力发电厂、宜宾发电总厂、攀枝花发电公司、内江发电总厂、五通桥发电厂、磨房沟发电厂、四川广安发电有限责任公司、四川宜宾发电有限责任公司、四川黄桷庄发电有限责任公司、四川杂谷脑水电开发有限责任公司、成都三源热力有限公司等发电企业的安全生产、经营管理、干部人事及组织关系管理、职工稳定工作移交并由华电集团承担相应责任。

完成“厂网分开”改革后，四川省电力公司承担四川电网的规划、建设、运行调度管理和公司所属的供电、调峰电厂、基建、修造、学校、科试等单位的管辖工作。

到2002年底，四川省电力公司所属企业主要有以下几类。

(1) 发电企业。映秀湾水力发电总厂。

(2) 供电企业。成都、德阳、南充、宜宾、自贡、内江、乐山、泸州、广元、广安、巴中、达州、西昌、攀枝花电业局，资阳、眉山电力公司。

(3) 直属单位。电力物资公司、电力医院、电力试验研究院、电力调试所、电力培训中心、电力老年活动中心、西南电力报社、电力通信自动化中心、四川电力人才交流服务中心。

(4) 全资公司。电力建设二公司、电力建设三公司、电力送变电建设公司、电力建设管理公司、启明星设备制造集团公司、启明星控股有限责任公司、成都电力机械厂、启明星物业管理公司、电力设计咨询有限责任公司、水电工程建设监理公司、电力通信有限公司、电力进出口公司、电力燃料有限公司、京川电力设备经营公司、成都铁塔厂、都江电力设备厂。

(5) 控股公司。西南电力科技咨询开发有限公司、四川阿坝州水力电网资产经营有限公司、北京国华荏原环境工程有限公司、四川国华荏原环境工程有限公司。

(6) 事业单位。四川电力职业技术学院。

公司本部设职能部门24个。

第三节　主要电力开发公司

经过多年的电力体制改革，到2002年，四川省已经完全形成多家办电格局。省级层面涉及电力勘测设计、施工建设、发电生产、输变电管理、电力供应、设备制造的管理公司有20多家，本志记述主要的国有电力开发公司。这些公司是华能四川水电有限公司、四川巴蜀电力开发有限公司、国电大渡河流域水电开发有限公司、二滩水电开发有限责任公司、四川省港航开发有限责任公司。四川省地方电力管理机构在本志的《地方电力篇》中作专门记述。

一、华能四川水电有限公司

华能集团四川分公司成立于1990年5月，2000年7月与华能国际电力开发公司成都分公司合并重组。公司有8个控股子公司，即四川华能太平驿水电有限责任公司、四川华能宝兴河电力股份有限公司、四川华能嘉陵江水电有限责任公司、四川华能东西关水电股份有限公司、四川华能康定水电有限责任公司、四川华能涪江水电有限责任公司、华能明台电力有限责任公司和华电成都电厂。公司本部设 9 部 1 室，分别为总经理工作部、计划部、工程部、财务部、生产技术部、安全监察室、人力资源部、市场营销部、监察审计部、政工部。

华能四川水电公司主要集中在“三江两河”（嘉陵江、岷江、涪江、宝兴河、瓦斯河）流域进行梯级滚动开发。“三江两河”共规划 25 座水电站，总装机容量为 333 万千瓦，预计在 2011 年全部建成投产。截至 2002 年底，公司已先后建成投产 7 座水电站，分别为太平驿、雨城、铜头、东西关、明台、小关子、冷竹关水电站，投产装机容量为 96.5 万千瓦；在建水电站 5 座，分别为小天都、硗碛、青居、水牛家、自一里水电站，在建规模为 81.6 万千瓦。

二、四川巴蜀电力开发有限公司

四川巴蜀电力开发有限公司（简称巴蜀公司）成立于 1993 年 8 月 26 日，1996 年 4 月 12 日与四川省投资公司合并，组建四川省投资集团公司，巴蜀公司为川投集团的全资子公司。

2002 年底，公司本部及控股企业共有职工约 2400 人。资产总值 65 亿元，净资产 16.4 亿元，年发电能力为 80 亿千瓦·时。公司及控股企业累计发电 454.8 亿千瓦·时，实现累计销售收入 97.65 亿元。全资、控股、参股装机总容量 659.74 万千瓦，其中投运容量 159.74 万千瓦（火电 146 万千瓦），权益装机容量为 280.78 万千瓦。

巴蜀公司有分公司 3 个，分别为巴蜀江油电厂（装机容量为 66 万千瓦）、巴蜀江油电力工程分公司（主要从事电力设备检修安装）和巴蜀江油燃料物资分公司（主要从事燃料及物资采购管理）。

巴蜀公司控股运营的水电企业有 6 个，分别为四川西部能源股份公司（巴蜀公司持有股份 97.88%，装机容量 0.72 万千瓦），北川巴蜀通口河电力公司（巴蜀公司持有股份 30%，装机容量 4.5 万千瓦），绵竹巴蜀水电开发公司（巴蜀公司持有股份 70%，装机容量 2.3 万千瓦），江油巴蜀通口河电力有限公司（巴蜀公司持有股份 60%，装机容量 2 万千瓦），什邡巴蜀金河电力公司（巴蜀公司持有股份 60%，装机容量 1.82 万千瓦），卧龙巴蜀龙潭水电有限责任公司（巴蜀公司持有股份 51%，装机容量 2.4 万千瓦）。共计装机容量 15.74 万千瓦。

参股企业 4 个，即四川广安发电有限责任公司（装机容量 120 万千瓦，巴蜀公司持有股份 20%），四川黄桷庄发电有限责任公司（装机容量 60 万千瓦，巴蜀公司持有股份 30%），四川电力股份有限责任公司（装机容量 500 万千瓦，巴蜀公司持有股份 10.17%），四川白马循环流化床示范电站有限责任公司（装机容量 30 万千瓦，巴蜀公司持有股份 20%）。共计装机容量 260 万千瓦。

三、国电大渡河流域水电开发有限公司

国电大渡河公司成立于 2000 年 11 月 16 日，注册资本为 15.8 亿元。公司主要负责已投产的 132 万千瓦的龚嘴水电站和铜街子水电站的生产运营，瀑布沟水电站（330 万千瓦）的建设管理，深溪沟（66 万千瓦）、大岗山（260 万千瓦）、猴子岩（176 万千瓦）、双江口（200 万千瓦）、金川（80 万千瓦）、巴底（110 万千瓦）等电站的筹建工作。并积极推进大渡河流域水电资源的“流域、梯级、滚动、综合”开发。

四、二滩水电开发有限责任公司

二滩水电开发公司成立于1991年，1995年由国家开发投资公司、四川省投资集团公司和四川省电力公司（后股权划归中国华电集团公司）三方股东分别以48%、48%、4%的比例出资，将公司改组为二滩水电开发有限责任公司，注册资本为46亿元。公司主要业务方向是水力发电，通过开发、运营二滩水电站，实现雅砻江水能资源开发。

二滩水电站总装机容量为330万千瓦，设计多年平均发电量为170亿千瓦·时，水库库容为58亿米^3。

2000年二滩电站投产后，大大缓解了四川省长达20多年的缺电局面，四川省由此成为季节电力输出省，有力地促进了四川省国民经济的发展和社会进步。二滩水电站充分发挥高坝大库的作用，自投产之日起，即担任川渝电网第一调频调峰电厂，为川渝电网的供电和电网安全稳定运行提供强有力的支持。

五、四川省港航开发有限责任公司

四川省港航开发有限责任公司成立于1996年5月27日，是由省政府批准成立的国有独资企业，主要从事四川省港航基础设施的投资、开发、建设和管理。2002年拥有总资产32.5亿元，净资产15.4亿元，资产负债率为47.9%。公司主要开发嘉陵江渠化工程，是交通部“西部大开发内河航运发展规划”的重点。公司主要投资经营项目有控股建设渠江金盘子航电枢纽、嘉陵江桐子壕航电枢纽、乐山大件码头、泸州集装箱多用途码头、南充港一期工程，以及宜宾港莱园沱码头一期工程。参股建设嘉陵江东西关航电枢纽、红岩子航电枢纽，以及重庆长江水运股份有限公司（已于2001年在上海上市）。

第二章 计 划 管 理

1991～2002年期间由于管理体制改革，计划管理模式相应发生了深刻变化。生产计划管理由发电量计划指标管理改变为“综合指标”（包括电网发展、资产质量、供电服务、经营业绩和财务指标等）管理；基建计划管理由单一的国家拨款发展为“拨改贷”、“集资办电”和“合资办电”等多种渠道。

第一节 计 划 管 理 体 制

四川省电力系统的计划管理体制，在电力体制改革前的政企合一时期，是由电力工业部给各省电力工业局下达发电量预期目标作为评价指标的，而不是通过考核。电力体制改革后（政企分开和厂网分开），则由国家电网公司发展策划部编制下达综合计划，各省电力公司根据本省实际具体组织实施。综合计划内容主要有电网发展指标（包括固定资产投资、电网新开工规模、电网投产规模、科技投入、教育培训投入），资产质量指标（包括资产总额、资产负债率、流动资产周转率、净资产收益率、上缴投资收益、总资产报酬率、电费回收），供电服务指标（包括电网频率合格率、城市综合电压合格率、城市供电可靠率、农网综合电压合格率、农网供电可靠率），经营业绩指标［包括售电量、国家级电力市场交易电量、公司管理机组发电量、购电量、主营业务收入（净额）］，利润总额、利税总额，可控费用，成本费用利润率，经营活动产生的现金流量净额，线损率，公司管理机组供电煤耗，职工人数，工资总额，以及全员劳动生产率（增加值）。

一、计划的编制

1991～2002年间四川省电力的发展规划，是西南电管局在1984年7月～1987年5月间组织编制的，主要包括《四川电网“七五”计划及2000年设想》、《四川电网发展纲要(1986～2015)》、《四川电力工业2000年发展战略规划》（初稿）。该规划在指导思想上坚持“水火并举，以水为主”的方针，强调在尽可能多开发水电的前提下，加快火电建设，以缓解严重缺电局面。规划要求到2000年四川全省发电总装机容量达到1800万～2000万千瓦，年发电量达到620亿～720亿千瓦·时。规划的近期重点项目为续建“三水二火”工程（渔子溪二级、铜街子、宝珠寺水电站工程和重庆、白马电厂火电扩建工程），新建“四水五火”工程（二滩、瀑布沟、太平驿、紫坪铺水电站工程，珞璜、黄桷庄、攀枝花钢铁公司自备电厂，以及江油、华蓥山发电厂火电扩建工程），总装机容量1256万千瓦（火电501万千瓦、水电755万千瓦），进一步完善220千伏网架，并结合铜街子、二滩等电站建设，进行500千伏输变电建设。该规划促进了宝珠寺、铜街子、重庆、白马等新建、扩建重点工程在“六五”计划期间正式开工，并为二滩、太平驿、江油、珞璜、黄桷庄、攀枝花钢铁公司自备电厂和成都热电厂等新建、扩建工程做了大量前期准备工作，为“七五”计划和“八五”计划期间的电力发展奠定了坚实的基础。全省发电装机容量迅速增长，1990年为748万千瓦（火电406万千瓦、水电342万千瓦），1996年增长为1356万千瓦（火电714万千瓦、水电642万千瓦），2002年进一步增长为1800万千瓦（火电749万千瓦、水电1496万千瓦）。

二、计划的调整

1997年原四川电网分为新的四川电网和重庆电网后，四川省对全省的电力建设规划布局进行了调整，拟订了新的四川省电力建设规划。新的规划将“西电东送”作为四川省电力发展的重要发展战略，积极实施“川电外送”工程，将四川省电力建设发展与全国电力工业发展和全国的国民经济发展紧密结合起来，从而使四川省电力工业实现了跨越式发展。

新的四川省电力建设规划（即1998年拟订编制的《四川电力发展规划提纲》），是按照《四川国民经济和社会发展“九五”计划及2010年远景目标的建议》要求制定的。该规划要求“大力发展具有调节能力的水电，鼓励流域、梯级、滚动开发，控制径流式水电，适当发展大型火电，主网覆盖区杜绝新建小火电，规划发展核电，加快发展电网，大力改造城网，不断满足市场需要”，并提出“广开门路，落实资金，确保规划落实”的要求。规划要求四川省电量增长率“九五”计划期间为7.88%，“十五”计划期间为6.78%。

在电源建设方面，按原规划安排，在二滩水电站、宝珠寺水电站、广安发电厂和成都电厂扩建项目，以及地方已开工的一些发电项目投产后，到2001年四川省就再无大的投产项目了。新的规划则安排“九五”期间新开工的发电项目为331.7万千瓦（水电149.2万千瓦、火电182.5万千瓦），“十五”期间新开工的发电项目为552万千瓦（水电372万千瓦、火电180万千瓦）。但是，宝珠寺大型水电站和二滩水电站相继建成投产后，正遇社会经济不景气，厂矿企业开工不足，全省用电增长速度减缓，四川省电力出现暂时性“富余”，加之建设资本金不足等，新的电源点规划项目未能全部如期进行。

新的规划根据四川电网建设滞后的实际情况，要求大力加强电网建设，特别是加快500千伏输变电网络和城乡电网的建设与改造工程。在1995年完成第一条500千伏输电线路工程后，1996年9月便开始了二滩500千伏送出工程建设。为与二滩500千伏送出工程相配套，在兴建二滩500千伏输变电网络的同时，相应发展了220千伏和110千伏输变电网络，以及35千伏及以下配电线路建设。到2000年，全省35千伏及以上输电线路达到4.58万千米，其中220千伏6804.50千米，500千伏1956.30千米。35千伏及以上变电设备容量达到3732.37万千伏安，其中220千伏设备容量为933.40万千伏安，500千伏设备容量为225万千伏安。到2002年末，四川电网500千伏线路长1826千米，变电容量为300万千伏安，220千伏线路长7547千米，变电容量为1168万千伏安。四川电网已经建设成为以500千伏超高压网络为主要骨干的跨省区的大型电网，电网“卡脖子”问题基本得到解决。地方电网发展也十分迅速，到 2002 年地方电网共有 35 千伏及以上输电线路 2.46 万千米，35 千伏及以上变电容量为 832.55 万千伏安。

第二节　生　产　计　划

四川省电力生产计划的主要指标有发电量（供热量）、发电（供电）最高负荷、标准煤耗率、厂用电率、线损率、购电量、售电量、售热量和总产值等。

四川省电力生产计划一般采取“三上三下”的办法进行，即按计划年度在上一年 6 月底前由各发电厂、供电局提出计划指标建议数，经电业局汇总报送四川省电力工业局综合平衡后，上报水利电力部（电力工业部、能源部）和省计经委，9 月份由水电部和省计经委下达年度计划指标控制数，10 月份四川省电力工业局组织电业局和发电厂、供电局逐级编制计划上报，12 月底前国家向四川省电力工业局正式下达年度生产计划，四川省电力工业局再逐级下达到电业局和基层发供电企业。有的企业由于客观原因影响计划指标的完成，四川省电力工业局一般在年底还要对年度计划进行一次调整。

为了提高计划的准确性，四川省电力工业局会开展调查摸底、预测和综合平衡工作。调查摸底工作一年进行 3 次，即按年度计划在上一年 6、7 月份对大用户和主要用户进行函调，调查各用户所送预测计划；11 月份召开有各大用户和主要用户参加的“三电”会议，进行会调，由各用户在会上提出下年的用电计划。此后，根据函调和会调掌握的材料，结合自身的设备状况、发电能力、外购电量和煤炭供应情况等，进行预测对比和综合平衡，对计划加以调整，于次年 2、3 月份再对用户进行一次登门采访，征求意见，最后确定各用户的负荷水平和用电指标，使用电可靠性和供电可能性结合起来。

四川省电力工业局除了编制年度电力生产计划外，还根据各个时期的实际情况、制订季度计划和月度计划。以调度局编制的调度计划，作为考核各发供电企业计划完成情况的依据，以加强电网的集中统一调度，提高全网的经济效益。由于调度局对下月设备状况、水电来水情况、用户生产情况、燃煤供应情况和负荷预测的变化很难完全准确掌握，每月的调度计划一般在月底还要进行适当调整。同时，四川省电力工业局坚持每天召开生产调度电话会议制度，由主管生产的副局长、总工程师主持，生产、用电、安监部门、调度局，以及基层发供电企业的有关负责人参加，及时解决电力生产中的重大问题，确保电网安全经济运行。

2002 年厂网分开后，电网企业年度生产计划主要是售电量计划，其编制依据是国家电网公司下达的任务，结合本省的经济发展，以及电网和电厂的实际情况，制定年度生产目标，分解下达给省公司所属各电业局、公司。

售电量计划的编制则应遵循两个大的原则：

（1）缺电的电网是以产定销，发电企业能供给多少电量，电网企业就销售多少电量。

（2）供大于求的电网，以销定产，以电网企业预测的当年售电量来决定发电企业的上网电量。

第三节 基 建 计 划

基建计划是指为了完成中长期规划确定的基本建设项目而制定的年度计划。基建计划的编制一般采取“两上两下”的方法进行，即每年年中由四川省电力工业局根据基层上报的材料向电力工业部提出计划建议数，电力工业部于7、8月份下达投资控制指标，四川省电力工业局再将控制指标逐级下达至基层，然后由基层根据控制指标编制年度基建计划，经四川省电力工业局平衡后上报中央主管部门，最后由中央主管部门审查平衡后正式下达。计划中对关系到国民经济发展的重大项目，均冠以“限额以上”或“大中型”项目戴帽下达，由四川省电力工业局负责计划的实施。“限额以下”或“小型”项目，则由四川省电力工业局经过“两上两下”，平衡安排。在计划执行过程中，四川省电力工业局规定基层单位编制季度计划上报，以便掌握计划的执行情况，并于当年三季度根据施工进度和存在的问题，对计划和投资进行调整和修正，并将修正计划报部审批，作为当年执行的法定计划。

四川省电力基本建设，对水电、火电和送变电建设分别实行不同的计划管理体制。火电和送变电是在四川省电力工业局统一领导下，实行甲乙方制，项目投资由甲方掌握，计划是否完成由甲方向国家负责，乙方负责施工并向甲方负责。水电采用施工单位承包制，项目投资、施工均由水电施工单位全权负责，电站建成后交由生产单位运行，计划执行由施工单位直接向国家负责，生产单位在施工过程中负责进行配合，了解施工进度和工程验收等工作。

1978年中共十一届三中全会以后，四川省电力基本建设进行体制改革，逐步开展了多渠道、多层次、多形式办电，电力基本建设计划仍为“两上两下”定案，投资来源已从过去全由国家拨款改为“拨改贷”和“集资办电”、“合资办电”等多种途径解决。“八五”期间基建投资194亿元，“九五”期间则加大基本建设投资力度，投入560亿元。

第四节 统 计 工 作

1991～2002年，四川省电力工业局（公司）按照《中华人民共和国统计法》、《中华人民共和国统计法实施细则》和部、省的规定，负责电力生产和基本建设统计工作。建立了电力生产和基本建设月、季、年定期报表制度和统计工作评比制度，并对电力生产指标、基建指标的解释，以级统计报表的种类、表号、报表名称、报送期别（月、季、年）、报送单位、统计范围、报出日期等分别进行了明确规定，使统计工作形成规范化和制度化。

四川省电力系统运用统计报表提供的数据资料，每年进行半年期和全年期两次统计分析活动，通过分析，找出生产经营活动中的内在联系和发展规律，更好地为电力生产建设和各地领导决策服务。同时，加强了统计计算和数据传输技术现代化建设，从而准确、及时地完成了各项统计报表任务，多次受到电力工业部和四川省统计局的奖励和表彰。

1996 年，完成全国第三次工业普查四川省电力行业普查的任务。

2002 年 2 月对全省 2001 年底 6 千千瓦及以上发电机组情况进行了一次普查。

第三章　人力资源管理

1991～2002 年，四川省电力工业局（公司）在人力资源管理上，通过三项制度改革，坚持以人为本，提高员工素质，实施“减员增效、下岗分流”，降低了企业用人水平，提高了全员劳动生产率。从 1998 年起连续 5 年实现职工人数负增长，有效地控制了人员膨胀问题，全员劳动生产率逐年提高。2002 年，公司全员劳动生产率达到 37.87 万元/(人·年)，比 1990 年增长 11.38 倍。

第一节　人事管理

1996 年川渝电网分开前，四川省电力工业局（公司）有局级领导干部 9 人，隶属电力工业部党组管理。全系统共有基层单位 65 个，直接管理的厂局级（处级）领导干部 536 人。其中男 526 人，女 10 人；正职 133 人，副职 403 人；公司机关 71 人，基层单位领导干部 465 人；平均年龄 52.3 岁；大学本科及以上学历 205 人（研究生 6 人），大专 202 人，中专以下 129 人。高级职称 186 人，中级职称 293 人，初级职称 35 人，无职称 22 人。

1997 年初川渝分家时，划转重庆电力公司正处级领导干部 11 人、副处级 32 人（含保留待遇人员）。2002 年发电企业移交后，四川省电力公司有公司（局级）领导干部 8 人，由国家电力公司党组管理。公司系统有 44 个基层单位（含控股企业），直接管理的厂局级（处级）领导干部共 298 人，其中男 282 人，女 16 人，正职 95 人，副职 203 人，平均年龄 47.1 岁；大学本科及以上学历 252 人（其中博士 2 人、硕士研究生 66 人），大专 36 人，中专以下 10 人。其中具有高级职称的有 256 人，中级职称 41 人，初级职称 1 人。

1991～2002 年，四川省电力工业局（公司）共接收和安置副营级以上的军队转业干部 838 人。

一、人事管理制度

为不断适应新形势下人事管理需要，四川省电力工业局（公司）在 1991～2002 年间相继制定了《关于进一步规范后备干部材料填报工作的通知》、《关于干部管理的暂行办法》、《关于加强局管干部年度考核的通知》、《领导干部考核工作细则》、《关于加强对领导干部监督的实施意见》、《干部交流任职实施办法》、《关于加强后备干部工作的意见》、《四川省电力工业局实行新任领导干部岗位试用制试行办法》、《关于加强培养选拔优秀年轻干部的通知》、《关于厂、处级以上领导干部廉洁自律的规定》、《关于转发〈电力工业部贯彻执行“关于党政机关县（处）级以上领导干部收入申报制度的规定”的实施办法〉的通知》、《关于实行局管干部个人重大事项请示报告制度的若干规定》、《关于开展局机关处级以上领导干部年度考核和职代会民主评议办法的通知》、《关于加强县级供电企业领导班子建设管理的通知》，为规范和加强干部队伍建设打好了基础。

二、干部队伍管理

四川省电力工业局（公司）在领导班子和干部队伍管理上，始终坚持以提高素质、优化结构、改进作风和增进团结为重点，不断提高领导干部的政治素质和理论水平。坚持干部“四化”方针和德才兼备的原则，严格执行中组部《关于党政领导干部选拔任用工作条例》的规定，加强了对基层单位领导班子的考核选拔任用和监督力度，领导班子和干部队伍素质不断提高。

1991～2002 年，围绕四川省电力企业改革与发展，深入开展以“学习、团结、勤政、廉洁”为内容的创建“四好班子”活动，有力地促进了各级领导班子的思想作风建设。2000～2002 年，四川省电力公司领导班子连续两年荣获中共四川省委授予的“四好领导班子”称号，有 26 个基层单位领导班子获公司党委表彰的“四好班子”称号，对 29 个基层单位进行了四好领导班子工作表扬。

四川省电力公司为了全面提高干部队伍素质，对全体干部和部分聘用干部开展了以德、能、勤、绩为主要内容的全面考核工作，2 万多名干部参加考评，除个别干部外，均考评合格。

在干部使用上，全面实行“双向选择、竞争上岗”制度，把干部个人的愿望与组织的需要有机结合起来。仅 1999 年，就有 836 人由原生产岗位组聘到管理和专业技术岗位，有 1504 人从管理和专业技术岗位落聘，从而加大了继续教育力度，促进了干部队伍素质的提高。

在专业技术职称评审上，四川省电力工业局（公司）建立了评选表彰优秀中青年专业技术人员、享受省公司特殊津贴人员、学术带头人的制度。1992～2002 年，共选拔省局优秀中青年专业技术人员 28 人，向国家电力公司和四川省政府推荐各类专家人选 200 余人次，选拔享受省局特殊津贴人员 40 人，享受政府特殊津贴人员共 30 人。各基层单位也建立了相应的评审制度，较好地调动了各级各类专业技术人才的积极性。

在领导干部薪酬待遇方面，从 1999 年起，四川省电力工业局（公司）对进入内部电力市场的 25 个发供电企业的 189 名领导干部实行了年薪工资制，把领导干部的报酬与企业安全生产、经济效益和精神文明建设等方面的成果切实挂钩，逐步实行对企业经营成果显著的领导人员的期权、实物奖励制度和对经营业绩较差或严重违纪、决策失误的企业领导人员实行赔偿等重惩制度。同时，对修造、科研、学校等单位进行目标考核，其领导干部每年按照企业类型和干部职别缴纳风险金，每年进行考核并兑现奖惩。连续两年考核结果在 C 等及以下的单位党政主要领导和分管主要指标的副职领导须引咎辞职。

在领导干部的选拔、任用方面，加强了特殊人才的培养选拔，轮岗交流，异地提拔，整合资源工作。做到“三坚持，二加强，二严格”，即坚持领导干部考察预告制，坚持领导干部任前公示制，坚持新任领导干部试用制；加强对年轻干部的培养和使用，加强后备干部队伍建设；严格执行领导干部选拔任用程序，严格按照科学规范的领导人员选拔任用工作机制选拔任用干部。

三、离退休人员管理

四川省电力工业局（公司）系统的离退休人员，在2002年电力体制改革实行厂网分开前，共有离退休人员2.75万人，厂网分开后有1.84万人。其中离休干部270名，退休人员1.65万名，退养人员1575名，随着时间推移，还将不断增加。为了加强对离退休人员的管理，四川省电力工业局（公司）于1991年设立老干部处，1997年12月调整和充实了离退休工作领导小组，1998年3月成立离退休管理处，与老干部处实行两块牌子，一套人马，人员编制14人，统一管理全局系统的离退休人员。2000年在机构改革中设立了离退休工作部，人员编制8人，负责公司系统离退休人员管理服务工作。至此，四川省电力公司的离退休管理工作形成了统一的管理机制。公司所属有离退休人员的34个单位中，成立了离退休专门管理机构的有18个，离退休工作领导小组33个。离退休管理部门专职人员93名，兼职人员21名。

四川省电力工业局（公司）1991～2002年的离退休人员管理工作侧重点主要是制定离退休工作管理办法，落实离退休人员的政治待遇，加强离退休人员思想政治教育，确保离退休人员的生活待遇，建立健全离退休人员“两费”（养老费、医疗费）保障机制，开展“三位一体”助老工程，组织离退休人员开展丰富多彩的文体活动，做好离退休人员的医疗保健。2002年，四川省电力公司系统共建有老年活动场所（室）134个，总建筑面积达11.11万米^2，总投资达4698万元。

第二节 劳 动 管 理

1991～2002年，四川省电力系统随着体制改革的深入发展，在劳动管理方面，特别是在用工制度方面发生了重大变化。

1993年，四川省电力工业局（公司）在认真总结试点单位经验基础上开始推进劳动、人事、工资制度改革；1995年全面实行全员劳动合同制；1998年制订实施“减员增效”办法，制订了《新进人员劳动管理试行办法》，对1998年新进的人员实行“聘用制”；1999年对中温中压小火电机组关停后的3500余名全民在册职工实行下岗分流；2000年4月2日起停止办理因工死亡补员，从2000年5月7日起停止办理因工致残补员和非因工死亡补员；是年8月，四川省电力公司按照国家电力公司颁布的《供电劳动定员标准（试行）》，开展新定员标准的贯彻执行工作，供电劳动定员总数为14501人，水电厂劳动定员为434人。

一、劳动、人事、工资制度改革

1992年2月，能源部将成都电业局、绵阳电业局、河门口发电厂、成都热电厂4个单位列为全国电力企业劳动、人事、工资三项制度改革（简称“三改”）的试点单位，率先进行三项制度改革的试点。成都电业局于1993年4月率先通过能源部和省电力工业局的考评认定，其余3个单位也相继于1993年4月、8月、11月通过省电力工业局组织的考评认定。为了推动“三改”工作，省电力工业局在总结试点单位经验的基础上，于

1993年4月在广汉召开了四川省电力系统“三改”工作会议，全面部署“三改”工作。到1995年4月，四川省电力工业局所属的54个单位已全部完成阶段性工作，通过了四川省电业工业局的考评认定，通过“三改”工作的考评认定单位的职工人数占总人数的99.46%。

“三改”的主要内容如下：

（1）按照“精简、统一、效能”和“精干高效、一岗多责”的原则，通过撤、并、转等办法调整和精简了管理机构和重新编制了主业岗位定员。据54个单位统计，其职能部门比改革前减少33.8%，主业岗位人数比部颁布定员标准人数减少16.2%，比1994年末职工人数减少20.2%。

（2）进行定机构、定人员、定岗位、定职责为内容的“四定”和岗位规范的编制工作。对每个单位和部门所需设立的岗位以及每个岗位的主要职责、上岗条件都作了明确规定。同时，实行工资总额与经济效益挂钩，坚持“增人不增工资，减人不减工资”的政策，使四川省电力企业长期未能解决的“按定员组织生产，把定员落实到岗位”的问题得到初步解决。

（3）在“四定”和岗位劳动考试考核基础上按照“四公开”（岗位名称和职数公开、岗位职责公开、上岗条件公开、岗位工资岗级公开）原则，破除论资排辈的陋习，打破工人与干部身份界限，实行双向选择、竞争上岗，将劳动人事的用人制度引入竞争激励机制。在1995年完成的第一轮劳动组合中，有936名工人通过竞争走上管理和专业技术岗位，新提拔聘任中层管理岗位人员409名，原中层干部中有561人通过改革转到其他岗位，原一般干部中有350人转换到生产岗位。

（4）以岗位技能工资制度取代了传统的等级工资制度。对现代企业如何贯彻“按劳动分配，体现效率和效益优先，兼顾公平”的劳动分配制度进行改革实践，体现工资激励作用。

通过“三改”，一是促进了多种经营发展，省电力工业局系统从事多种经营和第三产业的全民职工达到1.19万人，占1994年末全系统职工总人数的16.3%，多种经营企业1994年与1993年相比，产值增长了28%，利润增长14%；二是激发了职工学技术、学理论、学文化的热情，增强了职工的竞争意识和社会主义市场经济观念，促进了安全生产，提高了劳动生产率；三是企业管理水平普遍得到提高，由于组合聘用上岗的职工岗位职责明确，减少了工作中相互推诿的现象。

二、建立新型用工制度

为了适应企业改革要求，建立电力企业的新型用工制度，形成新的用人机制和新的工资分配制度，四川省电力工业局（公司）在1997～2000年，在人事用工及工资制度方面采取“先开渠，后放水”的方式，以“减员增效”为突破口，出台了一系列的改革措施，从而逐步建立起用人制度上的竞争机制。

四川省电力工业局（公司）在1998年3月召开的二届十七次职工代表大会联席会议上通过了《四川省电力工业局减员增效实施意见》，在实施减员增效中，配套出台了“控制新进人员、把好人员入口关”、“合理分流超编人员”、“依靠科技进步减员”、“建立新型机制”、“清退临时工”、“规范上岗条件”、“建立以竞争上岗为核心的用人机制”等一系列措施，有力地推动了劳动人事制度的改革。当年职工人数比上年减少4659人，降低率达8.12%，提前实现职工人数负增长的要求。工资总额为7.66亿元，比上年增加4240万元，增幅为5.8%，实现了国家电力公司对四川省电力工业局（公司）工资总额宏观控制增长在6%以下的要求。1999年，四川省电力工业局（公司）进一步强化人事用工制度改革，采取“先开渠、后放水”的办法，从政策上对减员增效加以引导，为减员提供多种分流方式和优惠政策，使全局系统多数单位的减员增效工作都取得了显著成绩。到1998年末，全局（公司）共有待岗职工953人，轮岗歇岗669人，长期离岗学习931人，内部退养2597人（较上年的895人增加1.9倍），当年辞职1346人（较上年的130人增加9.35倍），在该年新进人员较多（1426人）的情况下，仍然实现了职工总人数负增长的总体规划要求。

三、劳动合同与劳动定员

2000～2002年，四川省电力行业普遍实行了劳动合同用工制，建立以竞争为核心的企业用人机制。

从1995年印发《全面施行劳动合同制暂行办法》到2002年底，四川省电力工业局（公司）劳动合同签订率达到99.9%。

1998年，为深入开展减员增效、下岗分流和实施再就业工作，四川省电力工业局（公司）先后制订了《四川省电力工业局减员增效实施意见》、《四川省电力公司关于进一步深化企业减人增效工作指导意见》。对1998年4月1日以后到四川省电力工业局（公司）工作的新进人员，按《四川省电力工业局新进人员管理办法》进行管理。

四川省电力工业局（公司）执行的劳动定员标准，是按国家电力公司2000年颁布的《供电企业劳动定员标准（试行）》和《水力发电厂劳动定员标准（试行）》进行的。四川省电力工业局（公司）结合所属供电企业的实际情况，制订了《关于贯彻国电公司供电劳动定员标准实施意见的通知》，规定供电劳动定员管理为动态管理，即每年度根据供电企业资产设备和供区的变化，调整供电劳动定员。

由于强化了劳动定员管理，2002年末，四川省电力工业局（公司）的长期职工人数为3.1万人，全局（公司）职工人数连续5年实现了负增长。

第三节 工 资 与 劳 保

四川省电力行业的劳动工资和劳动保险工作，在1991～2002年随着电力体制改革的深入发展而不断发展，在内部工资的分配方面彻底打破了“铁饭碗”和“大锅饭”，在劳动保险方面为职工全面建立了养老保险、工伤保险和医疗保险。

一、劳动工资管理

1991年6月，四川省电力工业局根据能源部电力企业经营承包会议精神，结合“内部电价核算、内部利润承包”的实施情况，制订了《四川省电力工业局发、供电单位承包经营责任制实施办法》和《四川省电力工业局修造企业承包经营责任制实施办法》，对所属发电厂、供电局和修造企业分别实行内部承包，将成本、利润（对供电局）、技术改造任务、资产、设备等指标进行考核挂钩。同时将更改、大修基金承包办法，安全、节能奖惩办法等一并纳入承包经营责任制。对修造企业承包形式为包完成基数利润总额，超过利润总额基数部分，实行超利留成；包完成电网任务、技术改造，资产、设备完好并有所增值和改善等指标。

（一）实行工资总额与经济效益挂钩

1994年11月，四川省电力工业局（公司）在1991年经营承包责任制的基础上，制订了《四川省电力工业局发、供电单位经济责任制试行办法》、《四川省电力工业局直属单位内部经济责任制试行办法》、《四川省电力工业局修造企业经济责任制试行办法》，对下属各发电厂、供电局规范和明确了内部电价模式、内部利润计算、公益金的计算、投资收益的分配和工资总额分配原则，明确了工资总额包括挂钩工资总额基数、挂钩外工资（含单项奖）、新增效益工资三部分。对直属单位采取工资总额同效益挂钩，成本指标节约分成的分配办法。各修造企业在保证完成电网安排任务的前提下，努力扩大营销业务，增收节支，多创税利。1999年9月，四川省电力工业局（公司）制订了《四川省电力公司进入模拟电力市场发、供电企业工资总额同经济效益挂钩试行办法》，对原有工资总量的分配模式进行了改革。1999年以前，全局（公司）的工资基金管理和控制方式为按计划实施的“预算管理”，基本上是效益共享、均衡增长的“大锅饭”模式，与企业的自身效益联系不大，其权重仅占工资总额的5%左右。随着全局（公司）模拟电力市场的启动，推出了企业工资总额与上网（网供）电量和内部利润双挂钩的新的工效挂钩改革方案，并在模拟电力市场内实施。即将企业工资核入电价，同时考核企业内部利润，将企业工资总额通过企业自身效益来体现工资差别的比重提高到了95%以上。这些措施使企业和职工树立起了新的自身效益观念，职工的成本意识显著增强，检修时间普遍缩短，维修费用普遍降低，同时也极大地降低了公司的经营成本，多年持续上升的成本费用在内部电力市场运转后出现了负增长。

2001年，四川省电力公司对原有工效挂钩办法进行了修订，修订的办法进一步强化了“坚持效率优先、兼顾公平”的原则，实现职工收入与企业经济效益相联系，与劳动力市场价格相联系，逐步形成能增能减的激励机制。

（二）建立岗位技能工资制

从1992年起，四川省电力工业局（公司）就开始进行深化企业工资制度改革的有关工作，完善按工作（劳动）责任、能力（技术）要求、劳动强度、劳动条件等四个劳动要素，以科学、求实的态度，制定劳动评价方案，以多层次、多形式的岗位劳动评价体系，实施以技能、岗位工资为主要内容的岗位技能工资制，体现一岗一薪，岗变薪变的管理模式。同时，初步建立健全了职工考试考核晋级制度和岗位技能工资的动态管理办法。在三项制度配套改革中，打破了传统的等级工资制度，在员工中初步形成了“岗位靠竞争，收入凭贡献”的良好机制，职工工资收入有所增加。1994年10月～2002年7月，根据经济效益状况和工资基金的承受能力，四川省电力工业局（公司）多次调整了岗位工资标准和技能工资标准，职工工资收入得到稳步增长。2002年11月，四川省电力公司结合系统内职工的工资分配现状，制订了《完善职工工资分配制度，实行多种分配方式的指导意见》，提出了继续完善以岗位技能工资为主的基本工资制度，允许和鼓励多种分配方式并存，实现职工收入与本企业经济效益相联系，员工收入有所提高（含内部退养员工）。2000年，四川省电力工业局（公司）在攀枝花发电公司开始进行结构工资制试点。结构工资由基本工资、辅助工资、效益工资共三大块组成。其中基本工资占35%，辅助工资占10%，效益工资占55%。基本工资由基础工资及生活费组成，保证职工的基本生活需要，体现工资的保障职能，由技能工资、年功工资、补贴归并而成。辅助工资由各类津贴及补贴、加班费、单项奖组成，并统一和规范了津贴补贴、加班费、单项奖的标准及考核管理办法。效益工资根据计划合同电量、上网电量、内部利润基数、工资基数，工资结构中的基本工资、辅助工资，内部退养人员费用来确定公司可用于分配的效益工资总额。各部门的效益工资根据月上网电量、月计划上网电量、部门月度总岗级数、计划合同电量确定的每分平均效益工资含量、部门分配系数、完成轮岗休息的指标数、考核数来确定。利润在年终进行考核。各部门分配系数同生产的紧密程度有关。全面、具体地对生产经营过程进行审视，重点考核各部门在生产经营过程中的工作质量，物质消耗，对职工工作中的行为主要由所在部门进行考核，由各部门按照部门制定的效益工资分配办法和考核细则进行再分配到个人。攀枝花发电公司通过基本工资制度改革，打破了原来高度统一管理的工资分配制度，工资分配权力下放到部门、班组，极大地调动了广大员工的积极性，拉开了收入分配差距，取得了明显的实效。正当四川省电力工业局（公司）准备将试点在发电企业中普遍推广时，由于电力体制改革，厂网分离，推广计划未能施行。

（三）企业经营者工资制度改革

四川省电力工业局（公司）从1999年开始进行企业经营者年薪制改革。经营者年薪由基本年薪、效益年薪和奖励年薪三部分构成。年薪考核指标主要由“安全生产责任制、资产经营责任制和党风廉政建设责任制”三项责任制指标及其他有关指标构成，主要包括电量、利润、售电均价、可控成本、线损率、电费回收率等二十多项考核指标。其中，与效益年薪挂钩的指标方面，发电企业为上网电量、利润两个指标，供电企业为售电量、利润、售电均价三个指标，调度中心为全公司售电量、上网电量、利润、售电均价、可控成本五个指标。

（四）劳动工资计划管理

为了加强劳动计划管理，促进劳动计划管理的科学化、规范化、制度化，避免工资管理中的随意性，四川省电力公司先后制订了《四川省电力公司劳动计划管理办法》、《四川省电力公司工资收入管理暂行规定》，坚持“效率优先、兼顾公平”的原则，积极引导所属企业和员工正确处理个人、企业、国家三者利益关系，正确处理眼前利益与长远利益的关系。严格按照国家电网公司（原能源部、原电力工业部）下达的劳动工资计划持续、稳定地贯穿于工资总额控制全过程，并根据所属发、供电企业核定的定员、职工人数和生产实际需要，以及企业承受能力，编制下达所属企业的年末人数和工资总额计划。按年度下达所属企业的年末人数和工资总额计划不得突破使用。通过预算计划控制工资成本，把工资总额管理工作推向新的高度。

二、劳保统筹管理

四川省电力工业局（公司）的社会保险工作从1986年开始建立，1996年开始建立补充养老保险和个人储蓄性养老保险，1998年开始建立了基本医疗保险、工伤保险，拟于2003年建立企业补充医疗保险。

（一）基本养老保险

四川省电力工业局是从1986年开始试行电力企业离退休费用统筹的。经历了建立企业离退休费用统筹、扩大离退休费用统筹项目、规范离退休费用统筹支出、建立职工基本养老保险个人账户、规范完善职工基本养老保险职工个人账户、行业基本养老保险统筹移交地方管理等过程。为切实保证和提高职工退休后的生活待遇，四川省电力工业局从1992年7月开始实行基本养老保险职工个人缴费。缴费范围和对象是参加电力行业养老保险费用统筹单位的全民固定职工、劳动合同制职工、1971年底前参加工作的计划内临时工，以及全民支援集体或从事多种经营保留全民身份的职工。缴费标准是职工个人缴纳基本养老保险费（简称“个人缴费”），按本人工资总额（按照国家统计局规定的工资总额构成）的2%缴纳。凡参加电力行业养老保险统筹的单位和职工必须按月缴纳基本养老保险费，单位缴纳的基本养老保险费，按国家统计局关于工资总额的统一口径以本单位职工工资总额为计提基数，根据电力行业实际需要，按财政部核定的计提比例，由企业按月计提；职工个人缴纳基本养老保险费，自1995年起按职工本人上一年月平均工资总额的3%缴纳，以后逐步提高个人缴费的比例。职工个人缴纳的基本养老保险费，由企业在发放工资时按月代为收缴。

1993～1998年，职工本人的缴费工资高于全国电力行业职工平均工资300%的，按全国电力行业平均工资300%封顶，作为个人缴费基数；低于全国电力行业平均工资60%的，按全国电力行业平均工资的60%作为个人缴费的基数。

从1993年起为职工建立基本养老保险个人账户，按职工工资收入12%的费率记入职工个人账户。职工本人按个人缴费工资基数的3%缴纳的全部计入养老保险个人账户，单位缴纳的养老保险统筹费中按个人缴费工资基数的9%划转记入个人账户。职工个人账户实行分级负责逐级核查确认的原则。

1998年9月，按国务院规定，行业基本保险由原电力行业统筹移交属地管理。基本保险职工个人账户于2000年4月移交四川省社保局管理。

截至2002年末，四川省电力公司统一归口管理的全民职工基本养老保险参保单位有64家，其中四川省电力公司所属单位38家，代管单位26家；年末账户4.98万个，其中四川省电力公司所属单位3.1万个，代管单位1.88万个，基本养老保险参保率达100%。

（二）企业补充保险和个人储蓄保险

2000年，国务院为完善社会保障体系，对基本养老保险制度改革进行试点，基本养老保险的模式将实行低水平、广覆盖。为维持电力企业职工较高水平的养老保障水平，四川省电力公司建立了企业补充养老保险制度。从2000年1月1日起，四川省电力公司按四川省政府的规定建立企业补充保险，即按职工基本养老保险基数的5%建立企业补充养老保险，职工按1%缴纳。实行企业补充养老保险与职工个人储蓄性养老保险挂钩办法。凡职工不按规定缴纳个人储蓄性养老保险金的，企业不得为其办理企业补充养老保险。2000年1月在四川省电力公司工作已满一年的职工，个人账户从2000年1月建立；新进四川省电力公司工作的职工，个人账户从到四川省电力公司工作满一年后的次月起建立；转业、退伍、复员军人，个人账户从起薪之月起建立。企业补充保险、个人储蓄保险于2002年12月31日停建。

（三）职工工伤保险

四川省电力工业局（公司）职工工伤保险从1996年开始。在具体做法上一是采取各单位建立劳动鉴定委员会对因工负伤或患职业病伤残后丧失劳动能力的程度和护理依赖程度进行等级鉴定，报当地区（市）、县级劳动鉴定委员会；二是实行分级管理，工伤保险基金按照“以支定收、留有储备”的原则，实行分级管理。工伤保险费率实行不同行业的差别费率，企业按照上年度工资总额的比例计提，个人不缴费。企业提取额的10%作为风险储备金上缴四川省电力工业局（公司）社保局，余款由企业按照《四川省电力公司职工工伤保险实施办法》自行管理。

（四）基本医疗保险管理

1996～1997年，四川省电力工业局（公司）在绵阳电业局、泸州电业局和江油发电厂按统账结合的方式进行医疗保险制度改革试点。1998年，经局职代会讨论通过，制订了《四川省电力公司职工医疗保险制度改革实施细则》，从1998年1月1日起在公司系统全面实施基本医疗保险制度。2000年11月，四川省电力工业局（公司）所属各单位及其职工都按照属地管理原则，以电业局、发电厂、电力建设公司及其他二级机构为单位，成建制参加所在地基本医疗保险，统一执行所参保统筹地区的基本医疗保险政策。基本医疗保险基金由所参保统筹地区社会保险经办机构统一筹集、使用和管理。

第四章 财务与审计

1991～2002年，四川省电力工业局（公司）的财务管理随着电力体制、会计政策、税收政策和财务管理体制改革发生了重大变化，从资金管理、资产管理、成本控制、预算管理、税收管理、经济责任制考核和财务研究等方面积极探索新的机制和行之有效的措施，经营形势、盈利能力、财务状况逐步得到改善，并保持了高速发展的势头。截至2002年底，资产总额为456.5亿元，为1991年的6.86倍，其中固定资产原值382.95亿元，为1991年的5.86倍。

第一节 财务管理

四川省电力公司是依法自主经营、自负盈亏、独立核算、具有法人资格的全民所有制企业。在1991～2002年逐步建立起以总经理为中心的生产、建设、经营管理指挥系统。其生产经营、基本建设、多种经营，按统一领导、分级管理原则进行。

一、会计核算

财政部1992年11月发布《企业会计准则》后，四川省电力工业局（公司）根据财政部的要求，于1993年7月1日顺利完成新旧会计制度的转轨，实行新的财务通则和会计准则。同时，按照国家《工业企业会计制度》和会计核算的一般原则，对资产、负债、所有者权益、收入、费用、利润等会计要素进行可靠的计量和确认。

从1995年开始，对二滩送出工程使用世界银行外币业务的会计核算，严格按照国家有关规定进行认真核算和管理；在1999～2000年，对资产、负债和所有者权益等会计要素进行了严格的界定，对使用财务会计报告的部门和机构的行为也作了规定，对重大的会计政策、或有关事项、关联交易、企业合并和分立、重大的投资融资活动等事项进行了披露，进一步规范了会计行为，保证了会计信息的真实完整；1997年5月，成立四川省电力公司基本建设与工业企业财会制度接轨领导小组及接轨办公室机构，制订了《四川省电力公司基本建设与工业企业财会制度接轨方案》、《四川省电力公司基本建设与工业企业财会制度接轨的实施办法》、《四川省电力公司基本建设与工业企业财会制度接轨工作进度计划》，保障了接轨工作的顺利实施；1997年9月30日实现接轨后，资产总额54.4亿元从基本建设并入到了生产企业会计核算，促进了企业基建与生产两大经营活动的有机结合。

1991～2002年，四川省电力工业局（公司）会计核算经历了手工到会计电算化。1991～1999年，四川省电力工业局（公司）相继制订了《四川省电力财会计算机应用规划》、《财会计算机应用暂行规定》、《通用计算机会计核算系统推广办法》、《计算机会计核算替代手工核算的验收办法》等若干财会计算机应用管理办法，公司系统各单位陆续完成了计算机会计核算替代手工核算，会计核算开始进入计算机核算阶段。随着计算机硬件和支持系统的环境变化，会计核算系统软件日趋成熟，使用界面也从DOS环境升级到Windows环境。2000年，四川省电力公司修订了《四川省电力公司会计电算化管理办法》、《四川省电力公司会计电算化验收细则》，并根据办法及细则，对公司系统使用的会计核算软件进行了升级，并逐一进行了验收，公司系统会计核算已步入会计电算化阶段。

二、资金管理

1996年，四川省电力工业局（公司）成立了结算中心，着力于挖掘资金潜力与加强内部资金融通。1991～2002年，资金结算中心开户单位由成都市发展到全省，结算手段从柜台到传真再到网络结算，建立了一系列资金管理制度，确保了资金管理工作的制度化、规范化。包括资金集中结算、电费回收考核、资金解交考核、收支两条线、资金安全管理、货币资金管理等制度，使四川省电力工业局（公司）的现代化资金管理体系得以完善。为了改变银行账户多头开户，资金分散、管理松散的问题，四川省电力工业局（公司）多次开展银行账户清理、压缩以及规范的工作，堵住了资金管理的缺口，使本部的资金调控能力得到加强。为了保证会计信息的真实、全面、可靠，四川省电力工业局（公司）加强了对资金账务的管理，提供电子自动对账工具，方便核对未达账。未达账户要求及时核对、及时处理，促进了资金账表、账账、账实相符。资金集中能力、结算能力不断加强。

三、资产管理

2002年，四川省电力公司在“厂网分开”的发电企业资产财务划转中，与中国华电集团四川公司、中国国电集团四川公司进行了多次协商，积极稳妥推进厂网分开发电资产移交工作。

按照2002年财务决算，划转发电企业的可控资产总额为139.48亿元，其中分公司（直属发电厂）68.88亿元，控股子公司49.51亿元，参股公司21.09亿元。按2002年母公司口径，划转的资产总额93.32亿元，其中流动资产划转5.62亿元，长期投资划转24.66亿元，固定资产划转62.91亿元。负债划转53.45亿元，其中流动负债划转－8.45亿元，长期负债划转61.9亿元。划转的净资产39.87亿元，其中分公司（直属发电厂）15.23亿元，控股公司10.42亿元，参股公司14.22亿元。划给华电集团可控资产96.53亿元，净资产19.26亿元。划给国电集团的可控资产42.95亿元，净资产20.61亿元。

四、成本管理

1991～2002年，四川省电力工业局（公司）的成本管理从传统的费用开支、成本核算逐步发展为“分级管理，逐级汇总”模式，按照完全成本法进行核算。公司成本费用的确认以权责发生制为会计核算基础，以历史成本作为计价原则，按照财政部颁发的《企业财务准则》、《企业财务通则》、《企业会计制度》、《国家电网公司会计核算办法》，以及公司自身制订的《四川省电力公司会计核算办法》对成本费用进行界定和分类。通过内部电力模拟市场的建立和全面预算的编制和管理，逐步建立起了成本、费用项目从预算编制、预算执行、预算分析和预算考核的管理体系。这个系统的主要内容，一是树立大成本管理理念，管理重心逐步实现关口前移，注重资产形成过程的成本管理，努力降低工程造价；二是加强购电成本、财务费用、三项可控费用管理；三是细化管理项目，推进成本、费用精细化管理。

五、预算管理

四川省电力工业局（公司）的预算管理工作始终以企业发展战略为先导，以效益为中心，落实集团化运作、集约化发展、精细化管理要求，推进公司发展方式转变，紧紧围绕公司年度目标，注重公司发展质量和健康成长趋势，努力改善公司财务状况，不断提升公司财务管理水平和经营业绩。其主要做法一是规范预算管理内容，确保预算完整、规范；二是建立健全预算管理组织体系，构筑预算管理保障制度。明确公司系统法定代表人为预算管理的第一责任人，总经理办公会为预算管理的决策机构，财务部作为预算管理组织协调机构，相关部门及其所属单位为责任中心；三是优化预算管理流程，强化预算管理硬约束，根据预算管理的主要环节，对预算编制、预算分解、预算执行、预算检查和控制、预算调整、预算考核和评价相关环节的流程进行了设计和优化。

六、税收管理

四川省电力公司税收管理是在发展中不断完善的。2002 年底，执行的是国家统一颁布的税收政策，采取应付税款法核算所得税。增值税税率为 17%，企业所得税税率为 33%。1991～1993 年，执行“一税两金”（产品税、能源交通重点建设基金和预算调节基金）税收政策，三年期间累计实现产品税 15.32 亿元，缴纳能源交通重点建设基金 6089 万元，缴纳预算调节基金 2.08 亿元。1994 年开始按照国家财税制度改革，实行新税制即增值税税收政策，到 2002 年，母公司口径累计实现增值税 77.81 亿元。1991～2002 年，母公司口径累计实现各种税金及附加 118.85 亿元（产品税 15.32 亿万元，增值税 77.99 亿元，所得税 9.48 亿元，城建税 6.18 亿元）。

七、经济责任制考核

1991～2002 年，四川省电力工业局（公司）在经济责任制的推行上，经历了内部经济承包责任制、内部模拟市场、资产经营考核三个阶段。到 2000 年，为了全面落实资产经营责任制，公司制订了《四川省电力公司资产经营责任制考核办法（试行）》，规范了资产经营行为，强化了内部电力市场管理力度，提高了资产经营效益，确保国有资产保值增值和各项经营目标的实现。资产经营考核指标体系分为以下五大类别：

（1）发电企业。除绩效挂钩考核的生产技术指标外，财务考核指标体系设置了目标利润、三项可控费用（材料、修理费用和其他费用中的考核费用）、发电单位成本、三项可控费用进项税抵扣率四个指标。

（2）供电企业。除绩效挂钩考核的生产技术指标外，考核指标体系设置了目标利润、万元资产净收入、单位电量供电成本、万元资产供电成本、三项可控费用（材料、修理费用和其他费用中的考核费用）、售电均价、购电均价、流动资产周转率、三项可控费用进项税抵扣率、资金解交率 10 个指标。

（3）全资企业。财务考核指标体系设置了目标利润、净资产收益率、资产负债率、资产保值增值率、投资收益率、流动资产周转率、上缴投资收益、主营业务收入、主营业务成本、管理费用10个指标。

（4）直属单位。财务考核指标体系设置了目标利润、其他业务利润、三项可控费用、其他业务收入、其他业务支出等指标。

（5）控股公司。财务考核指标体系设置了目标利润、净资产收益率、资产负债率、资产保值增值率、投资收益率、流动资产周转率、上缴投资收益、主营业务收入、主营业务成本、管理费用。控股县级供电企业另增加三项可控费用（材料、修理费用和其他费用中的考核费用）考核指标。

1999年起，每年年初由四川省电力工业局（公司）法定代表人与有关单位的负责人签订《资产经营责任书》，层层落实经营责任，确保公司资产经营目标全面实现。

第二节 审 计 工 作

四川省电力工业局（公司）的审计机构成立于1985年，到2002年已经在全系统形成自上而下的审计工作体系，有25个单位成立了内部审计机构（有19个单位为独的审计部门），在上级业务部门和本单位主要负责人的双重领导下进行审计监督工作。共有在岗的审计人员90人（公司本部11人，高级称职19人，其中公司本部8人，中级职称37人，其中公司本部1人）。

一、审计制度与职能

1991～2002年，四川省电力工业局（公司）相继制订了《四川省电力公司审计工作规定》、《四川省电力公司委托社会中介机构审计管理办法（试行）》、《四川省电力公司执行审计决定监督管理办法》、《四川省电力公司审计工作档案管理制制度》、《四川省电力公司审计工作报告制度》、《四川省电力公司审计工作奖励考核办法》、《四川省电力公司审计工作底稿管理制度》、《四川省电力公司重大审计事项报告制度》、《四川省电力公司任期经济责任审计办法》、《四川省电力公司工程审计办法》、《四川省电力公司小型基本建设和重点技术改造竣工决算审计实施办法》、《四川省电力公司城乡电网建设与改造项目审计办法》等16个审计制度。

审计工作实行的是“统一管理、分级负责”的管理模式，对基层单位审计工作实施指导，基层审计部门按照省公司确定的重点和思路，围绕本单位的中心任务开展工作。根据省公司审计业务的内在需要，省公司把基层审计力量和社会审计纳入审计资源全盘考虑，进行统一安排，改变了过去有多少审计人员做多少审计项目的现象。审计覆盖面不断扩大，从以前开展的专项审计、财务收支审计，逐步转变为任期经济责任审计、工程投资审计。开展了经营目标审计、预算管理审计、电力营销审计、改制企业专项审计、同级审计，还开展了盈亏专项审计。其目的是为领导摸清家底和经营决策提供服务。

二、审计成果利用

对于审计中发现的问题，一是及时对被审计单位下达审计决定和审计整改通知书，并要求按规定时间反馈执行审计决定情况，并不定期进行执行审计决定的检查和评价；二是及时将审计情况汇总，落实责任部门督促被审计单位认真整改；三是从 2000 年开始，每年对审计发现的问题进行了归纳，提炼出共性和倾向性的问题，提出审计管理建议；四是加大警示教育力度，对审计发现严重违纪违规问题的单位，按照企业绩效考核挂钩考核，并严格按照规定对经营者年薪或目标奖励进行考核；五是对因制度不健全产生的问题，立即组织制定管理办法，从源头上和制度上加强管理和规范，为避免经济事故的发生发挥了积极的作用。

第五章　物　资　管　理

1991～2002 年，随着物资供应体制的变革，电力系统物资供应管理体制和方式也由单一的国家计划分配物资变为全部由市场调节。到 2002 年，四川省电力公司全部实行由市场公开招、投标采购物资，为保证电力系统各生产基建企业所需物资，四川省电力公司为基层着想，想方设法确保了物资供应，从而保证了电力生产建设的正常进行。

第一节　物资供应机构

四川省电力系统的物资供应管理机构主要是四川省电力工业局供应公司。1993 年 2 月，该公司更名为四川省电力工业局物资供应处，2000 年更名为四川省电力公司物资部，对内行使物资管理职能。为适应物资市场经营的需要，1992 年成立四川电力物资公司，对外行使经营职能。供应公司（供应处、物资部）与四川电力物资公司实行两块牌子，一套人马。对内行使物资管理职能，对外行使经营职能。

供应公司（处）下设行政办公室，党委办公室、工会、人事科，业务机构设立有材料科、设备科、燃料科、财务科、综合管理科、修造生产科、二仙桥仓库、洪安乡仓库。1995 年，为保障二滩输变电工程建设的物资供应，专门设立了二滩办公室。

2000 年，物资供应处更名为物资部后，有关职能部门调整为总经理办公室、党委办公室、工会、人力资源处、发电处、电网处、财务处、综合管理处、二仙桥仓库、洪安乡仓库。燃料管理职能划归四川电力燃料公司，修造企业管理职能划归四川启明星电力制造集团。

四川省电力工业局（公司）所属各单位均设立有物资管理部门，物资部门名称为物资供应部、或物资供应处、或物资公司，行使物资管理和物资经营职能。

县级供电局实行主要物资领料制，不单独设立物资管理机构。

第二节　物　资　供　应

四川省电力系统的物资供应，主要是建设材料、电力设备和发电燃料供应。基本是采取集中采购，统一管理方式进行。

一、材料供应

1991 年，四川省电力工业局对物资管理实行省局和基层单位两级管理。省局供应公司设立有材料科对材料进行专门管理。材料管理的范围主要是黑色金属、有色金属、木材、水泥、保温材料、油料等。其中钢材、木材、水泥称为“三大材”。

“八五”期间，电力物资仍然处于短缺状态，“三大材”的供应实行计划分配和市场开拓的供应方式，化工、石油沥青等产品由地方供应。1991～1992年，钢材分配计划分别为68%、47%，木材分配计划为67%、74%；水泥分配计划为94%，有色金属分配计划为34%、78.9%。1993年上半年经济发展过热，固定资产投资大幅度增长导致钢材、油料、水泥等主要物资价格上扬，而下半年国家进行宏观调控，遏制经济过热发展，市场一度疲软，主要物资价格在短时间下跌。而且电力基本建设点多面广、资金严重不到位，给物资工作造成很大难度。为保障物资供应，面对生产资料市场和流通格局发生重大变化带来的极大压力，物资部门一方面发挥主渠道作用努力争取国家分配计划订货落实，另一方面根据市场经济的特点，采取以电换材、钢电互保等多种协作措施，开拓计划外资源。1991年以电换材开拓钢材6300吨，1992年以电换材开拓钢材5427吨，1993年开展钢电互保钢材2496吨，以电换材4476吨。1992年，物资部门响应四川省电力工业局的经济体制改革，物资经营工作与市场经济接轨，成立了四川电力物资公司，局系统大多数基层单位的物资部门从主业剥离出来，成为独立的经济实体，在保证物资供应任务的同时，开展联营联销、代储代运等业务，积极参与市场经营，开拓物资资源。由于物资体制的改革，一度出现了多头采购的情况。1993年，四川省电力工业局印发了《四川省电力工业局物资供应管理工作规定》，对物资的价格和质量实施行业管理，控制电力成本，确保电网安全。在采购上，强调质价相符，质量优先。主业物资严格按照分级管理目录实施分级集中订货采购，充分发挥整体优势、大批量的价格优势、大企业的信誉优势、大范围的信息优势、雄厚的资金优势、最终达到平抑价格、降低成本、提高质量、节约投资。“八五”期间，还开展了节约代用、调度调剂、规格品种串换等内部挖潜工作。结合四川省电力工业局对所属发、供电企业的流动资金核定，制订了各单位物资部门定额流动资金管理办法，在保证生产合理储备的前提下，尽可能减少资金占用，加快了库存资金周转，降低了生产成本，提高了电网经济效益。

“九五”期间，物资短缺现象缓解，基本取消了国家分配供应。物资市场繁荣的同时，质次价高的物资充斥市场，给电力生产和建设的质量与安全带来威胁。物资部门开始采用招议标制度、供应商资质审查制度和材料监督制度，以保证材料的供应和质量。1995年，电力工业部印发《电力工程设备招投标管理办法》，四川省电力工业局印发《四川省电力工业局电力设备采购招议标办法（试行）》。1996年，二滩500千伏送出工程开始建设，所需铁塔、金具、导线、钢绞线等物资的采购全部采用招议标方式进行。1996年，四川省电力工业局组建电力物资供应网络，规范电力物资市场，通过资质审查，提出了《主要设备、配件、铁塔、金具、混凝土电杆、保温材料推荐厂家名录》和《材料供应中间商推荐名录》，为有效防止劣质产品流入系统，形成稳定有序的四川省电力物资市场奠定了基础。此后，通过供应商资质认可制度，建立供需信息反馈制度，建立供应商资质档案，定期公布资质情况，逐步完善了电力物资质量管理网。1998年，26家产品质量下降的企业被清理出了电力物资市场。1998年，四川省电力工业局颁布《四川省电力工业局城市、农村电网建设物资采购管理实施细则》，110千伏线路铁塔、导线、绝缘子、钢绞线、电力电缆等材料由省公司采购，其他物资由各电业局集中批量采购。2000 年，四川省电力公司机构改革，撤销了超高压办公室，500 千伏输电线路的设备清理和备品配件的储备工作全部移交物资部。

“十五”期间，材料供应主要围绕城农网建设与改造工程服务。2001 年，第一期农网建设进入高峰，小导线、混凝土电杆产品供应不足，四川省电力公司分别召开产需见面会，鼓励投资新建企业、扩大生产、预付货款、倒排工期，千方百计保证供应。2001 年开展了实物抵抹电费的工作，四川省电力公司制订了《四川省电力公司内部市场管理办法》，物资部门配合营销、财务部门，当年抵抹电费 8938 万元，其中钢材 1285 万元，水泥 1073 万元，设备 2518 万元，煤炭 4062 万元。2002 年实物抵抹电费 7277.14 万元。

二、设备供应

“八五”计划期间，四川省电力工业局统一负责设备的采购供应，省局供应公司专门设立了设备科。由于电力建设资金短缺，物资设备款不能及时到位，又经历国家对经济过热的宏观调控，机电设备供大于求，产品质量和价格较乱，设备供应先后出现不足。为保证供应，四川省电力工业局充分发挥电力系统买方优势，进行统一计划管理，组织供需双方直接见面、比质比价、择优选厂、排产订货。为保证设备质量，对主机和大型设备制造厂派出驻厂代表进行催交和质量监造，对一般设备加强了订货管理和质量验收，防止劣质产品流入系统。1991～1995 年，主要完成了黄桷庄电厂新建、内江电厂循环流化床示范电站、铜街子电站、宝珠寺电站建设及配套送出工程的物资供应。

“九五”计划期间，物资工作全面实行招议标制度。1995 年，电力工业部下发《电力工程设备招投标管理办法》，火电项目 33 万千瓦及以上、送变电 220 千伏及以上物资全部实行招标。四川省电力工业局制订《四川省电力工业局电力设备采购招议标办法（试行）》，规定了“电力设备招（议）标目录范围”，规定电站项目大型辅机、小型成套设备、220 千伏及以上输变电项目以及采购金额 100 万元及以上设备必须实行招（议）标采购。1996 年，四川省电力工业局通过资质审查，提出了《主要设备、配件、铁塔、金具、混凝土电杆、保温材料推荐厂家名录》，建立设备供应商资质档案，有效地防止了劣质产品流入电力市场。1996 年，二滩 500 千伏送出工程启动，1998 年，开始城市、农村电网建设与改造，四川省电力工业局制订了《四川省电力工业局城市、农村电网建设物资采购管理实施细则》，工程所需设备全部采用招议标方式采购。“九五”期间，主要完成二滩 500 千伏送出工程、宝珠寺电厂、广安电厂、嘉陵成都电厂建设、白鹤电厂扩建、南桠河冶勒电站、姚河坝工程、成都热电厂余热发电工程、成昆电气化铁路改造以及城乡电网等重点工程设备的采购供应。二滩 500 千伏送出工程进口设备全部由省局超高压办公室负责国际招标采购。设备的催交和运输是设备供应的一项重要工作。向二滩工程运输的变压器及电抗器，单台重 70 吨以上，途经少数民族地区，路况极差，交通和物资安全隐患突出，物资部门克服重重困难，保证所有设备安全运抵现场。物资部门每年派出几百人次到制造厂催货、到施工现场交接验收和现场服务。

“十五”计划期间，四川省电力工业局（公司）组织了 500 千伏环网工程建设及城市和农村电网建设与改造和县城电网改造等重点工程的物资供应。1999 年 8 月 30 日，《中华人民共和国招标投标法》正式颁布，主要设备的采购全部采用招标方式集中采购。2001年8月，四川省电力公司制订了《电网物资集中招标采购管理办法》，提出了四川省电力公司集中统一招标采购目录，目录内物资由四川省电力公司集中招标采购，目录外物资由基层单位采购。

1993年，四川省电力工业局对《四川省电力工业局电站备品配件管理规定》进行了修订，修订后的《规定》明确对全局备品配件四大类17个品种实行计划管理，发电厂、供电局编制备品配件年度需求计划，由省局供应处统一归口统计、计划、供应、管理，省局生技处负责监督抽查。修造企业备品配件生产合同完成率要求不得低于95%，纳入指令性考核，局属修造企业不能生产的与原生产厂家或系统外厂家订货。省局供应处储备20万千瓦、10万千瓦和5万千瓦机组备品配件供调度使用。四川省电力工业局对各单位因临时大修和事故抢修紧急需要的备品配件在系统内统一调剂调度。1994年，华蓥山发电厂励磁机故障和绵阳局污闪事故发生后，四川省电力工业局及时组织备品配件供应，并通过电力工业部统一调度，保证了设备的供应，为及时抢修、恢复生产赢得了时间。

1996年，在全局资产清理的基础上，备品配件纳入“流动资金定额专项管理”，并将指标下达到各基层单位。各单位对备品配件库存进行了全面清理，结合生产建设任务及时消化利用，备品配件库存开始减少。四川省电力工业局不再指令性安排修造企业生产备品配件。

1998年，随着二滩500千伏送出工程的建设，四川省电力工业局（公司）制订了《500千伏事故备品管理办法》，增加了220千伏及以上输变电线路工程物资事故备品的集中管理，110千伏及以下输变电线路工程物资事故备品由基层单位进行专项管理。

2000年以后，四川省电力工业局（公司）和基层单位备品配件储备减少，充分依靠掌握的供应商信息，全力保证事故抢修工程的物资及时采购和供应。

三、燃料供应

1991年以前，四川省电力系统的燃料供应管理由四川省电力工业局供应处负责。1995年4月成立四川电力燃料有限责任公司，各火电厂成立了燃料科（公司），分级负责燃料管理和供应工作。

主要燃料为火电厂发电用煤和发电点火助燃使用的点火油。个别电厂曾短时间使用过天然气发电，后因天然气供应不畅，改为燃煤发电。

四川省的发电用煤，主要由省内煤矿企业（国有煤矿、地方煤矿、小煤矿）供给。电厂用煤实行定点、定矿、就近、定量供应，铁路沿线的电厂均设有专用线运输，部分电厂采用汽车或索道运煤。

为确保发电用煤，在地方政府领导下，建立了定期的煤炭企业、运输部门以及电力部门协作会议制度，及时协调解决煤炭调运中的问题，保证发电用煤的运力和资源，四川省电力工业局（公司）制订了《四川省电力工业局燃料工作管理办法》和《四川省电力工业局火力发电厂标准煤单价承包考核办法》，燃料管理不断规范化。

在成本管理方面，每年组织一次电煤订货会，在会前由财务部门和燃料部门根据国家和地方政府以及上级规定结合具体情况制定当年燃煤价格，各火电厂订货签订合同均不得突破规定限价。在非订货会期间若有突破限价的也由四川省电力工业局（公司）财务部门发文确定。各电厂签订的燃煤合同必须经过四川省电力工业局（公司）审查盖章。

在煤质管理方面，在四川省电力试验研究院成立了电煤质检中心，各火电厂设有入厂煤质量检验机构，按照国家标准配置了相应的采样、制样、化验设备。仅2000年，四川省电力公司系统火电厂通过检质查出亏卡4026.32万元，索赔金额3690.36万元。

国家电力体制改革实施“厂网分开”后，由四川省电力公司主管的各火电厂被分别划归中国华电集团、中国国电集团所有，原四川电力燃料公司的燃料管理职能由各发电集团燃料公司接管。

四、仓储管理

“八五”计划初期，四川省电力工业局实行两级物资管理，主要物资由省局采购供应、保管和中转。由于物资短缺，国家分配计划不足，为保证电力生产建设的物资需要，物资部门千方百计开拓市场资源，做好物资储备，仓库储备物资量增大。各基层单位一般不能直接取得国家物资计划，基本是按工程计划和进度向省局领取物资，直接用于工程，没有物资仓储。1993年，转换经营机制时，多数基层单位的物资部门在保证供应的前提下被剥离出来，面向市场开拓资源，大多建立了物资仓库。1993年，四川省电力工业局印发《四川省电力工业局物资供应管理工作规定》，对主业物资严格按照分级管理目录实施分级集中订货采购，实行调度调剂和先利库后采购的原则，逐步减少物资库存和资金占用。

“九五”计划期间，开始建设二滩500千伏送出工程和城市、农村电网建设与改造工程，四川省电力工业局二仙桥仓库和洪安乡仓库和基层单位物资仓库仓储物资量剧增，仓储管理人员增多，二滩500千伏送出工程的国内物资绝大部分通过二仙桥仓库和洪安乡仓库中转仓储。基层单位承担城市、农村电网建设与改造工程物资的中转仓储。随着物资体制改革的深化和物资服务功能的增加，仓库承担了中转运输和现场交接服务的部分业务。为适应市场经济的发展，省局仓库和基层单位物资仓库开展了对外仓储业务。

2002年，四川省电力公司各基层单位仓储管理人员共514人，其中电业局349人，占总数的67.90％，电厂104人，占总人数的20.23％，其他直属单位61人，占总人数的11.87％。

五、物资招标与集中采购

1995年8月，四川省电力工业局（公司）制订了《电力设备采购招（议）标办法（试行）》，规定了电力设备招（议）标目录范围，对电站项目大型辅机36项、小型成套设备5项、220千伏及以上输变电项目12项以及采购金额100万元及以上设备要求必须实行招（议）标采购。

1996年，从二滩送出工程开始，物资采购主要采取招标方式，由业主采用公开招标、有限招标和议标等招标方式。

2000年1月，《中华人民共和国招标投标法》正式施行，招标工作走上了法制化的轨道。2001年6月，四川省电力公司制订了《四川省电力公司招投标管理办法》，规定了招标范围、招标、评标、定标程序及规则。四川省电力公司同时成立了招标领导小组，在物资部设立了物资招标办公室，组织评标专家培训，建立评标专家库，制订评标专家管理办法、专家抽取办法。

四川省电力公司选择有资质的招标公司代理招标，招标方式采用公开招标、邀请招标，取消了议标（公司所属各基层单位仍然采用业主招标与邀请招标方式）。2001 年，四川省电力公司当年物资招标总金额为 8.0 亿元，其中公开招标金额 3.99 亿元，占招标采购总金额的 49.82%，邀请招标金额 4.02 亿元，占招标采购总金额的 50.18%。

针对邀请招标中存在的一些不规范环节，统一建立了物资邀请招标记录。为规范邀请招标中对投标企业的资格审查，统一开展了对投标企业的资格预审工作，建立了资质预审合格供应厂商的记录和档案。

2001 年 8 月，为加强统一招标采购的力度，发挥批量采购的规模优势，有效控制工程造价，保证工程质量和工期，四川省电力公司制订了《四川省电力公司电网物资集中招标采购管理办法》，进一步完善了四川省电力公司集中统一招标采购目录。11 月又印发了《物资集中招标采购资金管理和会计核算实施办法》，规定由四川省电力公司集中统一招标采购目录物资的资金，计划、农电、发电、输电等部门在下达项目年度计划时，资金不予下拨。

四川省电力公司在 2002 年 1 月印发《四川省电力公司电网物资集中招标采购管理实施细则》后，2002 年又印发了《四川省电力公司物资采购招标管理补充规定》，规范了邀请招标推荐厂商的程序和有关业务主管部门推荐厂商、物资部门补充推荐厂商、物资部门与业务部门共同讨论提出推荐意见、推荐意见交主管领导审批等内容，进一步完善了招标管理办法。

第六章　国　际　合　作

1991～2002年，四川省电力工业局（公司）国际合作引进外资建设输变电项目金额1.75亿美元，利用国内资金采购进口设备金额达7200万美元。在引进外资建设或改造发电项目金额2亿多美元的同时引进了先进技术，促进了四川省电力系统科技水平的提高。2001年和2002年，四川电力进出口公司连续两年进入美国《工程新闻记录》（ENR）全球225家最大国际承包商行列。

第一节　国际交流与合作

1991～2002年，四川省电力工业局（公司）国际交流与合作进一步发展。1996年利用外资建成内江电厂（1×10万千瓦）循环流化床锅炉电站，1999年建成华能珞璜二期（2×36万千瓦）燃煤发电机组，2000年建成二滩水电站（6×55万千瓦）等项目。同时利用世界银行贷款2.73亿美元建成二滩电力的送出工程项目。“十五”期间，由于电力项目融资在国内条件宽松和国内电力设备制造能力的提高，常规发电设备和输变电设备利用外资和进口呈现下降趋势，但在发电新技术、环境保护、提高电力工业效率方面仍有所发展。利用外资建成四川白马（1×30万千瓦）循环流化床锅炉示范电站，中美合资建设成都热电厂技改工程（2×14.2万千瓦＋7.5万千瓦）等。随着国家外汇储备的持续上升，利用内资通过国际招标采购进口设备或者通过国内招标采购进口了普提开关站串联补偿装置，普提、茂县、石棉等变电站GIS设备。同时，与加拿大蒙特利尔大学商学院等国际培训机构开展了能源行业高级管理人员培训（EMTP）。

一、引进技术与设备

输变电项目引进，一部分是利用外资（包括国外政府贷款和国际金融组织贷款），另一部分是利用国内资金采购进口设备。

1991～2002年，四川省电力工业局（公司）先后利用外资建设的项目总计实际利用外资约合1.75亿美元，利用外资建设输变电项目见表13-6-1。

在“十五”期间，主要采购方式是利用内资换取外汇进行国际招标，或国内招标采购由国内厂商和国外厂商合作生产的设备。1991～2002年，利用国内资金采购进口设备的总合同金额约合646万美元，引进外资建设改造发电项目情况详见表13-6-2。

二、合资合作

20世纪90年代初，为了加强四川省电力工业局引进外资加快建设发电项目，特别是开发四川省丰富的水力资源，以及盘活存量资产，四川省电力工业局积极寻求引进外资开发新的电源项目或者出售存量发电资产。期间与国际上多家电力公司或者投资公司进行了

表 13-6-1 四川省电力工业局（公司）1991～2002 年利用外资建设输变电项目统计

序号	项目名称	建设规模及内容	贷款签约额	资金来源	时 间
1	四川省输电项目	建设 500 千伏输电线路 2260 千米，新建 500 千伏变电站 5 座，变电容量 525 万千伏安，500 千伏开关站 1 座，配套建设通信、安控、调度自动化等项目，同时实施工程咨询、管理开发培训、财务信息管理系统等技术援助项目	2.73 亿美元 注：实际利用资金 1.66 亿美元	世界银行贷款	1995～2004
2	110 千伏九都变电站新建工程	本期建设规模为 2×40 兆伏安双圈有载调压变压器，110 千伏屋外配电装置进线 2 回，10 千伏出线 18 回（电缆出线），电容器补偿为 2×3600 千伏安	2000 万元	澳大利亚政府贷款	1998.2～1999.7
3	110 千伏荣昌变电站新建工程	本期建设规模为 2×40 兆伏安双圈有载调压变压器，110 千伏屋内配电装置进线 2 回，10 千伏出线 20 回（电缆出线），电容器补偿为 4×2000 千伏安	2300 万元	奥地利政府贷款	1998.11～1999.11
4	110 千伏苍溪变电站新建工程	本期建设规模为 2×40 兆伏安双圈有载调压变压器，110 千伏屋外配电装置进线 2 回，10 千伏出线 13 回（电缆出线），电容器补偿为 2×3600 千伏安	1900 万元	澳大利亚政府贷款	1998.5～1999.8

表 13-6-2 四川省电力工业局（公司）1991～2002 年引进外资建设或改造发电项目统计

项目名称	外资来源	外资金额	建设年限	备 注
四川内江高坝 1×10 万千瓦循环流化床锅炉示范电站	芬兰政府贷款 北欧投资银行贷款	3800 万美元	1993～1996	
利用外资进行龚嘴水力发电总厂综合自动化改造项目	国外政府贷款		1995～2004	项目总投资 1.346 亿元

续表

项目名称	外资来源	外资金额	建设年限	备　注
成都热电厂技改工程(2×14.2万千瓦+7.5万千瓦)	美国安然公司投资	5600万美元	1997～2001	
中日合作成都电厂电子束脱硫示范项目	日本国（株）荏原制作所赠款	1000万美元	1996～1998	
四川冶勒水电站建设利用外资采购水轮机组及辅助设备	法国政府混合贷款	3660万美元	2001～2002	
四川白马1×30万千瓦循环流化床锅炉示范电站	利用内资引进设备和技术	650万欧元（合同金额）		利用内资引进设备和技术

接触、洽谈，但由于四川省电价水平低，水电开发周期长、投资大、风险大，鼓励水电开发的优惠政策不到位，投资环境不理想等因素，除与美国安然公司成功谈成合作建设和经营成都热电厂技改工程（2×14.2万千瓦+7.5万千瓦）、合资成立四川英惠燃气发电有限责任公司建设燃气发电项目外，其他项目均未谈成。随着电力企业在国内融资环境逐渐转好，同时国内发电设备制造能力逐渐提高，加之1997年后中国电力出现暂时性的供大于求，电力需求增长率下降，发电市场前景不看好，外资投资电力的比例逐年下降。

三、国际咨询与培训

1991～2002年，四川省电力工业局（公司）国际咨询与培训见表13-6-3。

表13-6-3　　四川省电力工业局（公司）1991～2002年国际咨询与培训统计

项目名称	资金来源	合同金额（万美元）	咨询公司	执行时间（年）
四川（二滩）500千伏输电项目变电咨询	四川输电项目世界银行技术合作信贷	95	美国HARZA公司	1994～1997
四川（二滩）500千伏输电项目线路咨询	四川输电项目世界银行技术合作信贷	89	加拿大Dessau国际公司	1994～1997
四川（二滩）500千伏输电项目实施阶段咨询服务	四川输电项目世界银行贷款	173	加拿大Dessau-Soprin国际公司	1997～2002
四川省发电侧电力市场咨询	四川输电项目世界银行贷款	30	加拿大艾克斯公司	1999
四川省电力财务管理信息系统咨询	四川输电项目世界银行贷款	150	美国普华公司	1997～2000

续表

项目名称	资金来源	合同金额（万美元）	咨询公司	执行时间（年）
四川电网规划咨询	公司自有资金	100	加拿大 Dessau - Soprin 国际公司	2000～2001
四川省售电侧电力市场设计和规划咨询	公司自有资金	90	阿根廷墨卡多斯公司	2000～2001
川电外送咨询	加拿大国际开发署赠款，Dessau-Soprin 国际公司自有资金		加拿大 Dessau-Soprin 国际公司	2002～2003

四、国际交流

1994 年 4 月，四川省电力工业局（公司）与日本中国电力株式会社签订了交流协议书，协议规定双方每年可协商互派专家对所选定的专题进行交流。第一个团组于 1994 年 11 月访问日本电力株式会社，到 2002 年双方各有 8 个代表团到对方进行访问，交流的专题涉及电力系统、火力发电、配电技术、信息技术、水电资源、综合管理、教育培训、基本建设、行政管理等。

2002 年 11 月 18～20 日，由中国国家电力公司和中国煤炭工业协会承办的亚太经济合作组织（APEC）第九届煤流研讨会暨第十届洁净化石能源技术研讨会在四川省都江堰电力疗养院召开。来自美国、澳大利亚、加拿大、日本、韩国、菲律宾、泰国、越南和中国等国家的能源专家和学者 160 余人参加了会议。

第二节 国外工程承包

四川电力进出口公司是四川省电力工业局（公司）的全资子公司，1993 年成立，是专门从事对外贸易和经济技术合作的专业公司。在此之前，四川省电力工业局的对外贸易和经济技术合作窗口为 1985 年成立的中国水利电力对外西南公司。四川电力进出口公司与中国水利电力对外西南公司为一套人员、合署办公的两个经济实体。

四川电力进出口公司（包括中国水利电力对外西南公司）成立后，在对外工程承包方面迅速发展。从只能开展劳务分包到开展工程分包，再发展到工程总承包；从只能进口单项设备材料到进口大型成套电力设备；从设备进出口、工程承包到海外项目投资。公司在海外工程承包、经济技术合作、技术咨询，以及进出口业务的诸方面积累了丰富的经验，培养了一批熟悉现代经营管理、精通工程技术、掌握多种技能的复合型人才，在国际工程承包行业中具有较强的竞争力，2001、2002 年连续两年进入美国《工程新闻记录》（ENR）全球 225 家最大国际承包商行列。

第七章　集　资　办　电

随着国家经济体制改革的发展，电力管理体制不断发展，新中国成立后长期实行的“独家办电”政策再也不能适应电力建设发展需要，于是在1970年开始的电力管理体制的“转轨变型”中，集资办电开始在四川省出现。

第一节　方　针　政　策

四川省的办电政策是在电力建设管理体制的改革、发展过程中，在国家政策法规统一指导下，经过较长时间实践而逐步发展、不断完善的。是一个由“独家办电”逐步向“多家办电”、“集资办电”发展的过程。

一、统收统支政策

四川省的电力工业管理体制，从1949年底到20世纪中期的很长时期内，与全国电力系统一样，实行的是高度的“统收统支”政策，被称为国家“独家办电”，电力行业因此也被称为“高度垄断”行业。“统收统支”办电政策在国民经济恢复时期和计划经济条件下，对电力工业发展发挥过重要的推动作用。但是，随着国家经济建设以及电力工业的发展，这种由国家“独家办电”的弊端便不断显现出来，资金短缺、企业缺少活力，电费拖欠严重，电力企业无力正常运转，前期准备工作因资金不足而无法进行，导致选厂、勘测和设计工作推迟，可供建设的电源点不多，错过了不少电力建设机遇，形成四川省长达20多年严重缺电的困难局面。1994年，枯水期全省缺电负荷达200多万千瓦，丰水期缺电负荷100多万千瓦，全年缺电量为200多亿千瓦·时，全年拉大闸4436条次。1993年，因电力供应不足，全省有30%左右的工业企业生产能力得不到发挥，损失的工农业产值达200亿～300亿元。严酷的事实迫使国家在电力管理体制上必须改变“独家办电”管理体制，实行“多家办电”、“集资办电”政策。

二、集资办电政策

“七五”期间，为适应建立社会主义市场经济体制的要求，国家出台了多项投资体制改革措施，颁发了《集资办电管理办法》，四川省在该办法精神的指导下，结合自身实际，制订了一系列集资电力政策。

一是制订了《四川省集资办电实施办法》，规定实行除农业和居民生活用电以外的其他用电一律每千瓦·时增收2.5分的电力建设基金。二是采取以卖用电权方式筹资电力建设资金（主要是在“七五”计划期间）。三是由四川省电力工业局（公司）发行电力企业债券。四是实行中央与地方合资办电。五是由华能公司与四川省政府合资办电。六是引进外资办电。七是采取地方加价集资、分摊投资比例方式集资建设电网。此外还制订了“出让土地使用权”等多种形式的集资办电。

集资办电政策彻底改变了电力投资管理体制，改变和增加了电力建设资金渠道，激发了“国家办电”和“社会办电”两方面的积极性。1990～1995年，四川省实际投入的电力基本建设资金共计为194.06亿元，来源多达13项。与“七五”计划时期相比，利用外资金额由6.20亿元上升到24.92亿元，地方集资金额由3.35亿元上升到27.31亿元，债券金额由6.47亿元下降到2.98亿元，自筹资金金额由7.56亿元上升到18.45亿元，贷款和拨改贷金额由21.40亿元上升到114.18亿元（拨改贷14.16亿元，建行贷款49.25亿元，地方建贷1.30亿元，开发银行贷款49.47亿元），其他投资金额也有较大增长。“九五”时期后，四川省电力工业已经完全由单一的国家投资、独家办电体制转变为“多家办电”、“集资办电”体制，集资渠道进一步扩展，自筹资金比例进一步提高。“十五”期间资金来源主要为银行贷款。

第二节 多家办电格局的形成

随着建设资金渠道的扩展，多家办电格局逐渐形成。在1997年川渝电网分开前，在资产管理体系上，有国家电网、地方电力、中国华能集团公司等中央在川企业和各厂矿企事业兴建的自备电站以及自建自用自管的乡村小水电站；在企业的所有制性质上有国营、集体、独资、国内合资、中外合资等多种所有制形式，在有的电厂资产中，既有全民股份资产、又有合资资产和集体所有制资产，形成“一厂三制”格局；地方电力送变电网络发展也很快，在全省已有35千伏及110千伏与国家电网一点或多点联结的区域性电网12个，农村供电覆盖范围亦不断扩大，约占全省通电面的2/3。1996年，各系统所属电厂主要办电情况见表13-7-1。

表13-7-1 各系统所属电厂主要办电情况

单位 （万千瓦）	设备容量 （%）	占总容量 （%）	年发电量 （亿千瓦·时）	占总电量 （小时）	年平均利用小时 （小时）
全省合计	1356.94	100.00	618.00	100.00	4750
省电力工业局	702.65	51.78	343.36	55.56	5160
地方电力	310.27	22.20	137.63	22.27	4585
自备电厂	151.34	11.15	60.14	9.73	4116
华能公司	116.23	8.57	47.79	7.33	4500
乡村办电	85.46	6.30	29.08	4.71	3509

1997年四川省与重庆市分开后，随着建设资金渠道的扩展，集资办电进一步发展，电力建设项目逐年增多。1991～2002年，四川省由集资办电兴建的主要发电项目如下：

（1）四川白鹤发电厂第一台发电机组工程（发电容量5万千瓦，1991年8月并网发电）。

（2）二滩水电站工程（总装机330万千瓦，1991年9月开工建设）。

（3）黄桷庄电厂一期工程（总装机120万千瓦，首台机组1993年11月并网发电）。

（4）宝珠寺水电站（总装机70万千瓦，1998年6月并网发电）。

（5）广安电厂一期工程（装机60万千瓦，2000年5月全面竣工）。

（6）瀑布沟水电站（总装机330万千瓦，2000年12月开工建设）。

（7）紫坪铺水电站工程（总装机76万千瓦，2001年3月开工建设）。

（8）汶川县福堂水电站（总装机36万千瓦，2001年6月开工建设）。

（9）溪洛渡电站和向家坝水电站工程（溪洛渡电站装机1260万千瓦，向家坝水电站装机600万千瓦，均于2002年10月经国务院批准正式立项）。

（10）二滩500千伏输变电线路工程（总投资129亿元，线路总长2072千米，1996年9月正式开工建设）。

以上发电项目总装机容量高达2887万千瓦，为1990年四川全省发电装机总容量的3.64倍。在这些建设项目的投资中建设资金，已经完全没有国家拨款。

第八章　安　全　监　察

四川省在电力生产建设中始终贯彻“安全第一，预防为主”的方针，将“安全”放在企业各项工作的首位。通过落实安全生产责任制，实行科学管理，1991～2002年，全省电力系统的安全生产水平不断提高。

第一节　机构与制度

一、机构设置

四川省电力工业局一直设有独立的安全监察机构。1991年的安全监察机构是安全监察处（设处长、副处长、发电专责、供电专责、基建专责、锅炉监察、统计专责等岗位）。2001年后为安全监察部（设发供电处和综合处，定员10人）。各发供电、基建企业设有独立的二级安全监察机构，人员根据企业规模而定。输变电、供电、发电和施工企业的主要生产性车间设专职安全员，其他车间和班组设兼职安全员。企业安全监察人员、车间安全员、班组安全员组成三级安全网。

安全监督制度在2000年前统称“安全监察”，2000年后改称“安全监督”。其监督方式为母公司对子公司、上级对下级进行监督。各企业的安全生产除接受公司系统内部的监督外，还接受所在地政府有关部门的监督。各级安全监督机构业务上受上级安全监督机构的领导，安全监督机构行使安全监督职能。机构的资质及人员的资格接受上级安全监督机构的审查。

二、规章制度

安全生产监督，主要是按照国家和省政府有关安全生产的法律法规和电力主管单位颁布的《电业安全工作规程》等标准进行。四川省电力工业局（公司）在贯彻执行国家法律法规和上级规定的同时，根据四川电网的实际，先后出台了一系列安全管理办法，主要有《四川省电力公司反“三违”工作实施办法》、《四川省电力公司反违章督察及创建无违章企业管理办法》、《四川省电力公司大面积停电应急与处理预案》、《公司安全监督管理工作策划及实施方案》、《四川省电力公司安全生产工作奖惩办法（试行）》、《四川省电力公司重特大生产安全事故预防与应急处理暂行规定》等。

第二节　安　全　措　施

1991～2002年，为了确保电力生产建设及电网运行的安全，四川省在安全管理上在提高职工安全意识、加强事故防范等方面采取了一系列措施。

一、安全教育

安全教育的方式和内容主要有以下四个方面。

（1）新入厂（局、公司）的生产人员（含实习、代培人员），必须经厂（局、公司）、车间和班组三级安全教育，经《电业安全工作规程》考试合格后方可进入生产现场工作。

（2）对新上岗生产人员必须经过培训，并经考试合格后才能上岗。如运行、调度人员（含技术人员）必须经过现场规程制度的学习、现场见习和跟班实习，20 万千瓦及以上机组和 220 千伏变电站的主要岗位运行人员，应经仿真机培训；检修、试验人员（含技术人员）必须经过检修、试验规程的学习和跟班实习；特种作业人员必须经过国家规定的专业培训，持证上岗。

（3）在岗生产人员的培训。在岗生产人员应定期进行有针对性的现场考问、反事故演习、技术问答、事故预想等现场培训活动；离开运行岗位 3 个月及以上的值班人员，必须经过熟悉设备系统、熟悉运行方式的跟班实习，并经《电业安全工作规程》考试合格后，方可再上岗工作；生产人员调换岗位、所操作设备或技术条件发生变化，必须进行适应新岗位、新操作方法的安全技术教育和实际操作训练，经考试合格后，方可上岗；20 万千瓦及以上机组主要岗位运行人员、地区（市）及以上供电企业调度部门的调度人员和 220 千伏及以上变电站的值班人员，应定期进行仿真系统的培训；所有生产人员必须熟练掌握触电现场急救方法，所有职工必须掌握消防器材的使用方法。

（4）新任命的生产领导人员，应经有关安全生产的方针、法规、规程制度和岗位安全职责的学习，由上级管理部门安排或组织考试。同时要求在各级领导人员参加的生产培训中，均应有安全方面的课程内容。

二、事故防范措施

1991～2002 年，四川省的安全生产从粗放型逐步向基本规范化管理，从事故比较频繁到安全相对稳定发展，特别是 1998 年及以后，人身伤害事故得到了有效的扼制。

主要防范措施有以下 7 条。

（1）对多发性事故和重大问题及时进行认真的总结，提出改进办法并形成有关规定和制度，治理薄弱环节。

（2）实行标准化管理，特别是生产作业人员、班组、车间从事生产时的标准化作业。

（3）制订职工安全生产基本准则，教育各级生产工作人员严格遵守各项规章制度，要求将“安全第一、预防为主”要变成具体的行动，在工作中要做到“三不伤害”，企业不断完善安全防护设施。

（4）围绕生产活动开展安全监察工作，健全安全监督机制，完善安全管理办法，总结事故教训，加强管理，杜绝事故的重复发生。

（5）完善了安全监督体系，严格执行安全奖惩制度。

（6）坚持“安全第一、预防为主”的方针，认真落实各级生产人员安全责任制。各输变电、供电、发电企业及在输变电、供电、发电企业内工作的其他组织、个人必须按规定严格执行两票（工作票、操作票）三制（交接班制、巡回检查制、设备定期试验轮换制）

和设备缺陷管理等制度。施工作业必须严格执行安全施工作业票和安全交底制度。对生产、基建、农电、多种经营企业都实行了统一的规范化的安全管理，四川省电力工业局（公司）安全生产实现了全面的整体提高。

（7）事故调查处理按照实事求是、尊重科学的原则，及时、准确地查清事故原因，查明事故性质和责任，总结事故教训，提出整改措施，并对事故责任者提出处理意见。

第三节 重大事故节录

1991～1998年，四川省电力工业局（公司）共发生重大事故3次（重大人身伤亡事故、重大设备损坏事故和大面积停电事故各1次），1998年以后安全趋于稳定，连续7年未发生重大人身死亡事故、重特大设备、电网事故和大面积停电事故。所发生的3次重大事故如下。

一、1992年的“1·22”大面积污闪事故

1992年1月19日开始，成都平原地区出现了罕见的浓雾，20日，220千伏石羊变电站发生污闪，22日凌晨，发生了以青白江地区和成都周边地区为中心的大面积线路污闪跳闸事故。至23日凌晨2时20分，总计220千伏线路跳闸13条，1100千伏线路跳闸16条，相继受影响发生过全停的220千伏变电站共6座，110千伏变电站共41座。

二、1994年的“1·1”重大设备损坏事故

1994年1月1日，华蓥山电厂由于厂内接地设施维护、管理不善，直流系统设计不合理，在受到系统污闪事故冲击时，厂内重要设备的控制、信号失效，发生了1台5万千瓦发电机报废，2台10万千瓦发电机转子严重受损的重大设备损坏事故。

三、1998年的“10·7”重大伤亡事故

1998年10月7日，四川送变电公司在500千伏自渝2回输电线路工程N433号拉门塔吊装前侧横担片的过程中，由于外单位民工越权指挥、违章作业，导致起吊用抱杆断裂，横担片坠落，发生5死2伤的重大伤亡事故。

第九章　“双达标”与“创一流”

1991～2002 年，四川省电力行业在企业管理上，按照国家电力主管部门统一布置，深入持续地开展了“安全文明生产达标创一流”活动。活动有力地促进了电力生产力水平的提高和企业两个文明的协调发展。

第一节　“双达标”　活　动

安全文明生产创水平达标，又称“安全文明生产双达标”或“双达标”。1989 年 10 月 6 日能源部颁发《火力发电厂安全文明生产创水平达标实施细则（试行）》规定后，四川省在各火电厂中立即开展了安全文明生产创水平达标活动。河门口发电厂于 1990 年被评为全国首批共 5 个火电厂“安全文明生产创水平达标企业”之一。随即在 1991 年全国 25 个火电厂达标企业中，成都热电厂、华蓥山发电厂又名列其中。

为推动“双达标”深入开展，能源部相继印发《关于在电力修造企业开展“质量、安全、文明生产创水平达标”活动的通知》、《火力发电厂安全文明生产达标考核实施细则》、《火电厂安全、文明生产创水平达标企业奖励办法》，《全面开展发、供电企业安全文明生产达标工作的决定》和《水电厂和供电企业安全文明生产达标考核实施细则》等。规定达标后给予正式职工人均上浮一级工资的奖励。

四川省电力系统按照能源部和电力部的要求，全面深入地开展了“双达标”工作，有力地促进了企业管理工作。截至 1996 年底实现双达标的企业如下：

（1）火力发电厂。河门口发电厂、成都热电厂、华蓥山发电厂、重庆发电厂、江油发电厂、白马发电厂、豆坝发电厂、新庄发电厂、万源发电厂、攀枝花发电厂 10 个企业。

（2）水力发电厂。狮子滩发电总厂、龚嘴发电总厂、映秀湾发电总厂、南桠河发电厂、磨房沟发电厂、岷江发电厂、太平驿发电厂 7 个企业。

（3）供电企业。重庆电业局、内江电业局、德阳电业局、成都电业局、攀枝花电业局、绵阳电业局、泸州电业局、达川电业局、南充电业局、乐山电业局、自贡电业局、宜宾电业局、万县电业局、广元电业局、西昌电业局 15 个企业。

这些已经达标的企业中，有 4 个火电厂和 4 个电业局因发生特大设备事故或因发生人身死亡事故而先后受到撤销称号的处分。被撤销称号的企业通过认真整改，加强管理，其中的 4 个火电厂和 2 个电业局先后恢复了“双达标”企业称号。

第二节 “创一流” 活 动

为了将安全文明生产创水平达标活动进一步开展下去，在开展“双达标”活动取得一定成绩的基础上，国家电力工业主管部门进一步要求在发电厂、电力试研院（所）和网（省）公司中开展“达标创一流”活动。四川省电力公司根据自身实际，于2000年制订了《四川省电力公司系统创建一流企业规划》，要求四川省电力公司系统建设一流企业的目标分以下两步实现：

第一步是从2001年起，经过3年努力，力争把四川省电力公司创建成中国一流电力公司，并列入四川省电力公司总经理的工作目标任务。

第二步是在建成中国一流电力公司的基础上，再经过5～6年的努力，即在2010年以前，力争把四川省电力公司建成具有世界水平的国际一流电力公司，跨进世界先进企业行列。

在规划四川省电力公司总体目标时，对基层企业的安全文明生产达标和建设一流企业工作进行了同步规划。要求在2001年底以前，四川省电力公司电网经营企业的安全文明生产达标率达到100％，2003年底进一步在安全文明生产达标基础上，凡是根据该标准规定具有申报资格的电网经营企业，力争70％的单位建成四川省电力公司一流企业，40％～50％的单位力争建成国家电网公司一流企业。2002年底以前，公司系统具有申报资格的电网经营企业，力争有90％的单位建成四川省电力公司一流企业，60％的企业建成国家电网公司一流企业，争取两个单位达到国际一流企业水平。到2010年，80％的企业要建成国家电网公司一流企业，并力争国际一流企业要达到具有申报资格单位总数的70％，绝大多数单位要达到同类水平，并争取同行领先。

四川省电力公司按照国家电力公司《关于新形势下建设一流企业的原则意见》、《国家电力公司系统关于安全文明生产达标和一流企业动态管理办法》等文件精神，提出了相应的贯彻落实措施，制订了《四川省电力公司安全文明生产达标及建设一流企业机关考核办法》和《四川省电力公司系统安全文明生产达标及一流企业动态管理办法》，加强了对达标、创一流企业的管理，督促企业巩固安全文明生产达标和建设一流企业成果。

至2002年底，按“厂网分开”后统计，四川省电力公司电网经营企业（包括各供电企业、映秀湾发电总厂、调度中心和试研院）共有20家，应达标企业均实现了安全文明生产达标，达标率为100％。具有申报四川省电力公司一流企业资格的电网经营企业18家，实现四川省电力公司一流企业目标的11家，占申报资格单位总数的61.6％。具有申报国家电力公司一流企业资格的单位18家（含眉山和资阳公司），实现国家电力公司一流企业目标的单位5家（包括调度机构），达到申报单位资格总数的27.8％。

截至2002年底，实现安全文明生产达标和一流企业的单位如下：

（1）达标企业。

1）供电企业（17家）。分别为成都电业局、绵阳电业局、德阳电业局、乐山电业局、攀枝花电业局、南充电业局、宜宾电业局、泸州电业局、内江电业局、西昌电业局、达州电业局、自贡电业局、广元电业局、广安电业局、眉山公司、资阳公司、巴中电业局。

2）发电企业（11 家）。分别为内江发电总厂、江油发电厂、华蓥山发电厂、广安发电有限责任公司、成都热电厂、攀枝花发电公司、宜宾发电总厂、宝珠寺水力发电厂、映秀湾水力发电总厂、岷江发电厂、磨房沟发电厂。

3）调度、科研单位（2 家）。分别为电力调度中心、电力试验研究院。

（2）一流企业。

1）达到并保持国家电力公司一流企业称号的单位（6 家）。分别为成都电业局、绵阳电业局、德阳电业局、宝珠寺水力发电厂、乐山电业局、电力调度中心。

2）达到并保持四川省电力公司一流企业称号的单位（11 家）。分别为成都电业局、绵阳电业局、德阳电业局、映秀湾水力发电总厂、宝珠寺水力发电厂、乐山电业局、攀枝花电业局、自贡电业局、泸州电业局、宜宾电业局、江油发电厂。

3）内江发电总厂于 2002 年 6 月 11 日发生生产人身死亡事故，根据相关规定，限期 1 年整改，一流企业称号的连续计算时间被中断。

第十四篇　党　群　工　作

第十四篇　党　群　工　作

本志记述的党群工作，主要是四川省电力工业局（公司）系统的中国共产党组织、工会组织、共青团组织，以及企业中的群众组织工作。

第一章　中共在四川省电力行业中的组织及工作

中国共产党（简称中共）在四川省电力系统的各级管理机构中均设立有基层组织。电力体制改革前，四川省电力工业局统一领导和管理中央在川电力生产、经营企业党的工作。

1991～2002年，中共四川省电力工业局（公司）委员会坚持以邓小平理论和“三个代表”重要思想为指导，坚持党要管党和从严治党的方针，把握改革发展稳定大局，以加强领导班子建设为关键，以发挥党委政治核心作用为重点，以加强党的基层组织和党员队伍建设为基础，全面加强和改进公司党的建设，为完成公司各项工作任务提供思想政治和组织保证。

第一节　组织机构及组织建设

一、中共四川省电力工业局（公司）委员会

中共四川省电力工业局（公司）委员会（简称“公司党委”）的组织关系曾多次调整变化。到2002年，公司党委的组织关系隶属于四川省国有资产管理委员会党委，公司内党的关系实行系统垂直领导。截至2002年底，共有基层党委38个，党总支103个，党支部824个，党员2.25万名。

1991年，四川省电力工业局系统党的关系隶属中共四川省委组织部，下属基层单位党委共有50个，党的组织关系各有不同。其中局机关党委党的关系隶属中共四川省直机关工委，成都水力发电学校（现四川电力职业技术学校）、四川电力建设二公司、四川电力送变电建设公司党的关系分别隶属中共成都市委宣传部、中共成都市委建设管理政治部。1992年，四川省电力工业局党委下属基层单位党委共有51个。

1997年6月，因重庆市设立为中央直辖市，成立重庆市电力工业局，行政区划属重庆市的重庆电业局、重庆发电厂、重庆电力职工大学、重庆电力高等专科学校、重庆电力高级技工学校、狮子滩水电发电总厂、白鹤发电厂、万县电业局等8个单位党的组织关系由四川省电力工业局党委转移至中共重庆市委组织部。同年6月，四川电力职工医院党的关系由省直机关工委转移至公司党委管理。10月，成都水力发电学校、四川电力建设二公司、四川电力送变电建设公司党的关系分别由中共成都市委宣传部、中共成都市委建设管理政治部转移至公司党委管理。至此，公司党委下属基层单位共有党委46个。

1997年11月27日，中共四川省电力工业局（公司）第二次代表大会在成都召开，进行了党委和纪委换届选举。

大会采取无记名投票的方式和差额选举的办法，选举（以姓氏笔画为序）马怀新、王龙陵、孔林泉、邓天杰、邓元明、石万俭、甘德一、代先荣、刘长江、江宇、李成玉、李祚富、杨大礼、杨清廷、何源森、宋丕、陈智方、晏玉清、唐万琴、黄忠、蒋伦元等21人为四川省电力工业局党委第二届委员会委员；马文举、王廷光、王丽辉、甘和全、刘发祥、刘隆齐、李启茂、宋丕、张洪文、陈连治、罗永铭、梁云飞、赫庆达13人为中国共产党四川省电力工业局纪律委员会委员。大会还选举孔林泉、石万俭、付重、刘俊峰等4位人为出席四川省第七次党代会的代表。

1997年11月29日，中共四川省电力工业局第二届委员会和中共四川省电力工业局纪律检查委员会分别召开了第一次全体会议。局二届党委一次全体会议到会委员20名，全会采取无记名投票方式和差额选举办法，选举石万俭、晏玉清、甘德一、杨大礼、马怀新、李成玉、王龙陵、宋丕、邓天杰等9人为中共四川省电力工业局第二届委员会常务委员会委员；石万俭为书记，晏玉清、甘德一为副书记。中共四川省电力工业局纪律检查委员会一次全体会议到会委员13名，全会采取无记名投票方式和差额选举办法，选举宋丕、甘和全、王丽辉、罗永铭、刘发祥等5人为中共四川省电力工业局纪律检查委员会常务委员会委员，宋丕为书记，甘和全为副书记。

1998年6月，中共四川省委办公厅批复，同意启用中国共产党四川省电力公司委员会印章。

2001年，国家经济贸易委员会发文撤销四川省电力工业局，相应原四川省电力工业局党委名称停用，启用四川省电力公司党委名称。

二、基层党组织

公司党委紧紧围绕公司中心工作，牢牢把握改革发展主线，以制度建设为基础，班子建设为关键，队伍建设为重点，主题活动为载体，发挥作用为目的，全面加强和改进公司系统党的基层组织建设，充分发挥党组织的政治核心作用、战斗堡垒作用和党员的先锋模范作用。先后制订了《关于建立四川省电力公司系统保持共产党员先进性长效机制的若干意见》、《基层党委工作考评办法》等办法，将企业改革和生产经营工作中的难点作为企业党组织工作的重点，有针对性地开展企业思想政治工作，把党委领导企业思想工作和精神文明建设的责任落到实处，使参与、保证、监督融为一体，工作的出发点和落脚点始终放在促进企业改革发展稳定上。

为了加强基层党支部建设，公司党委先后印发了《关于加强和改进基层党支部建设的意见》、《关于加强退（离）休职工党支部建设和思想政治工作的意见》、《关于加强和改进党员教育管理的意见》、《关于理顺公司系统农电工党员组织关系的暂行意见》等文件，明确了公司系统党员队伍建设的总体目标，建立和完善了党员强化意识、增强能力、发挥作用、保障权利、民主监督、自我约束、进步激励等机制。并进一步理顺关系，规范管理，使支部工作更加规范。

在基层党组织的建设中，特别重视了党务干部队伍建设，按照“稳定队伍、优化结构、提高素质”的要求，配备政治强、业务精、作风正的专职党务工作人员，纳入人才管理考核体系，并加强党务政工干部的交流。

三、党员队伍

公司党委在党员队伍建设上，认真贯彻“坚持标准，保证质量，改善结构，慎重发展”的发展党员工作十六字方针，积极做好党员发展工作，特别重视在生产、经营工作一线、高知识群体和青年中发展党员，坚持“党建带团建”，把推荐优秀团员做党的发展对象作为团员入党的主渠道。始终坚持突出重点，保证质量，“双向培养”，严把“入口”，正确处理“数量与质量、需要与可能、重点与一般、培养与发展、个人自愿与党组织主动开展工作”的关系。党的组织发展工作始终处于健康、协调态势。

2000 年，中共四川省委组织部《关于建立发展党员公示制度的精神》下发后，公司党委开始在发展党员工作中实行公示，增强了发展党员工作的透明度和对发展党员工作的监督，确保新党员质量。2002 年，实施“双向培养计划”，基层党委在当年发展的新党员中，生产一线的技术能手、生产骨干、科研（教学）骨干、行政管理骨干和技术拔尖人才应达到 70%以上。通过重点培养帮助，现有生产一线党员中每年要有 20%左右成为技术能手、生产骨干、科研（教学）骨干、行政管理骨干和技术拔尖人才。

1991～2002 年，公司系统共发展党员 6844 名。

1991～2002 年，公司系统的党员队伍不断发展壮大，年龄结构、文化结构和岗位分布结构也明显的改善。党员总数由 1991 年底的 1.32 万名增加到 2.25 万名，其中在岗职工党员占职工总数比例比 1991 年同期增长 8.7%；党员中具有大专及以上文化程度的党员比 1991 年同期增长 19.30%；35 岁及以下党员比 1991 年同期上升 10.48%。

四、党员管理

公司党委对党员的经常性教育管理，主要是以学习贯彻党的路线、方针、政策，针对党员的思想实际，解决带倾向性、普遍性的问题为主。教育形式为脱产培训和不脱产培训等多种方式。

由于公司系统农电工的党员组织关系和管理方式不统一，给党员教育管理带来一定的困难。为贯彻落实国家电力公司“新农村、新电力、新服务”的要求，确保每个党员都能纳加入中国共产党的一个组织教育管理，公司系统各单位按照各供电企业现有的管理模式和农电劳务派遣用工的实际，在充分调查研究和与地方党组织积极协商的基础上，根据劳动合同关系，逐步予以理顺并妥善处理好相关问题，加强对农电工党员的教育管理。做到有党员的地方就有党的基层组织管理，保证党组织的管理覆盖。

对流动党员提出了处理组织关系的十种方式，使公司系统流动党员的教育管理有了明显改善。

按照共产党员保持先进性、体现时代特征的要求和提高党员队伍整体素质的目标，公司党委认真贯彻《中国共产党党员权利保障条例（试行）》，切实保障党员参与党内事务的民主权利，保障党员的知情权、参与权、选择权和监督权，增强党员的政治荣誉感，充分调动党员积极参与党内事务，发挥作用的积极性。

五、党内主要活动

1991～2002 年，公司党委在公司系统的党组织内组织开展了一系列活动，不断推动着党的建设。

（一）“创先争优”活动

公司党委陆续在公司系统开展了创建先进党组织，争当优秀共产党员的“创先争优”活动，并坚持两年评选表彰一次，更好地发挥了基层党组织的政治核心作用、战斗堡垒作用和党员的先锋模范作用，基层党组织的战斗力和凝聚力不断提高。1996 年，公司党委印发《中共四川省电力工业局委员会基层党委工作考评办法》，2000 年 12 月又对该办法进行了修改和完善，将“创先争优”中“先进党委”称谓改为“红旗党委”，同时增加了“达标党委”的考评。基层党组织围绕企业的中心工作，结合本单位的实际情况，不断充实和丰富活动内容，不断完善考核办法，逐步形成了本单位系统的评比标准。1991～2002 年，受表彰的先进党委共有 47 个，表扬的党委 23 个，受表彰的党支部 223 个，优秀共产党员 862 名，优秀党委工作者 288 名。

（二）民主评议党员活动

1992 年 3 月 2 日，公司党委制订了《中共四川省电力工业局委员会民主评议党员工作细则》，通过对全体党员进行做新时期合格共产党员的教育，经过民主评议和组织考察，检查和评价每个党员在贯彻执行党的基本路线和在电力生产建设和深化企业改革中发挥先锋模范作用的情况。表彰优秀党员，清除腐败分子和妥善处置不合格党员，切实解决基层党组织和党员队伍中存在的突出问题，以提高党员素质，增强党组织的凝聚力和战斗力，促进全局的两个文明建设。民主评议党员工作每年进行一次，一般分为评议准备、学习教育、民主评议、表彰处置和评议总结几个步骤，由局属各单位党委领导部署，具体评议工作以党支部为单位进行。1992～2002 年，不合格党员人数仅为 12 名。

图 14－1－1　四川省电力公司在全系统广泛深入地开展党员先锋工程

（三）共产党员服务队活动

2002 年 4 月，开展了学习李庆长，打造优质服务品牌活动（见图 14－1－1），成都电业局党委率先在该局所属青羊、锦江、金牛、高新四个城区供电局组建了“成都电业局共产党员服务队”。党员服务队坚持“一呼必应，有难必帮，优质服务千万家”的承诺，为用电客户提供优质高效的服务，收到了良好的社会效益，成为企业优质服务的窗口，企业形象的品牌。成都电业局共产党员服务队的事迹得到了成都市委、四川省政府、国家电网公司的充分肯定，受到广大群众的交口称赞，被誉为“电力 110”，先后在成都市、四川省和全国范围内进行了宣传报道。四川省电力公司、国家电网公司和成都市委分别做出了向成都电业局省共产党员服务队学习的决定。

（四）党员送光明义务服务队活动

公司党委落实原省委书记周永康的指示，筹措 100 万元资金，选拔思想好、技术精的共产党员组成“光明工程”共产党员义务服务队，赴甘孜州开展扶贫助困送光明义务服务活动，帮助少数民族地区进行微型水电建设，解决农牧用电难的问题。2002 年 3 月底～8 月初，短短 4 个月时间，党员义务服务队克服了高原缺氧、干燥、气候恶劣带来的高原反应和塌方、泥石流、高海拔、交通不便等难以想象的困难，行程达 1.60 万多千米，足迹遍布巴塘、雅江等县的 10 余个乡，无偿维修微型发电机 50 多台，新建示范电站 3 座。历代靠松木火把照明的山里人第一次用上了向往已久的电灯。

（五）党员先锋工程

2002 年初，省委组织部和省委企业工委先后下发了《深入学习实践“三个代表”重要思想，在全省党员队伍建设中实施“党员先锋工程”的意见》，公司党委成立了“党员先锋工程”办公室，建立了激励机制，设立 40 万元的专项奖励基金，制订了《四川省电力公司“党员先锋工程”实施办法》和考评细则。基层单位党委按照公司党委的部署，建立了活动领导小组和办公室，制订了具体措施，形成了上下结合，一级抓一级，层层抓落实的工作格局。在“党员先锋工程”中组织开展了“实践‘三个代表’，争当时代先锋”活动，广泛开展了以激励党员在工作中发挥先锋模范作用，塑造企业新形象、展示党员新风采为目的的外塑形象、内强素质的“示范岗”活动，保障企业安全生产和稳定的“党员身边三无”活动，“三个代表”在基层、体现党的关怀和温暖的“党员送光明”、“党员扶贫助困”活动，以发挥党员先锋作用为目的，体现“人民电业为人民”宗旨的“党员服务队”活动。这四项活动既结合电力企业行业的特点、紧贴企业的中心工作，又较好地体现了党员的先进性，展示了党员的新风采。

广泛深入的活动，有力地推动了基层党组织思想建设、组织建设和作风建设，涌现出不少先进集体和个人。1996 年 7 月，四川省委分别授予中共成都电业局委员会、四川省电力工业局直属机关党委书记徐兆德、河门口发电厂党委书记赫庆达等“先进基层党组织”与“优秀党务工作者”称号。

第二节　党委重大决策

1991～2002 年，四川省电力工业局（公司）党委对全省电力工业规划、建设、管理体制改革等方面，作出了一系列重大决策。特别是在电力体制改革的深化和电力发展战略方面，结合四川实际，相继作出了加快电力体制改革、加快水电开发、加快电网建设、建设电力模拟市场等重大决定，有力地促进了四川省电力工业的健康发展。

一、加快电力管理体制改革的决策

1991～2002年，四川省电力系统的体制改革主要是1993年3月成立四川省电力公司；1997年6月国家对四川省行政区划进行调整，将四川电网划分为四川电网和重庆电网；2000年2月撤销四川省电力工业局，2002年电力行业实行厂网分离。在这些重大改革中，虽然基本原则国家已经有明确规定和部署，但由于涉及机构、人员调整和资产分割等重大事项，在一些具体而又重大的问题上，主要是由四川省电力工业局（公司）党委具体决策进行的。

（1）电力工业局机关体制改革的决策。1992年9月7日，根据能源部核定的机关定员指标，明确机关各处室岗位设置和定员人数，确定各处室的岗位设置和定员指标。并决定各处室因工作需要内部设科的由分管局领导决定，正、副科长由各处室征求主管局长意见后聘任。机关代管单位和直属部门与机关改革同步进行。为了推进机关人事制度改革，引入竞争机制，合理组织人员结构，拓宽选才用人渠道，决定实行职工双向选择，择优聘任上岗的办法，颁发了《关于机关职工双向选择聘任（用）的暂行办法》和《局机关在“双向选择”中未被组合人员安置的暂行办法》。对要求“停薪留职”的人员，按上级有关政策规定，并经有关领导批准，由干部处（或劳资处）办理“停薪留职”手续。在“停薪留职”，期间，按月向局机关交纳本人月标准工资两倍的管理费；对待岗人员不服从安排达6个月的，发80%的月标准工资，达一年以上的，发60%的月标准工资。9月14日进一步对“停薪留职”人员在“停薪留职”期间交纳保险费问题作出规定：凡因落聘而“停薪留职”的，按规定交纳本人月标准工资的保险费；如已被聘而拒绝受聘的，按借调的有关规定，交纳本人月标准工资的管理费。还颁发了《四川省电力工业局关于企业年老体弱职工提前退休待遇暂行规定》和《四川省电力工业局关于进行电力企业劳动、人事、工资制度综合配套改革的试行意见》。

在2000年5月22日召开的党委常委扩大会议上，批准了劳资处草拟的《四川省电力公司机关机构设置方案》和干部处拟定的《四川省电力公司机关职工竞聘上岗办法》，随即全面展开竞聘上岗，到6月30日圆满完成竞聘上岗工作。

（2）对川渝电网分家中有关问题的决策。1997年四川省行政区划调整，重庆市电力公司的组建过程中，为了妥善处理好重庆市电力系统从四川省电力工业中划出的问题，最大限度地实现平稳过渡和两地区电力系统的平稳运转，确保川渝经济持续、快速、健康发展，四川省电力工业局组织人员进行了大量调查研究，并提出了划割原则和意见，于4月21日向国家电力公司呈报了《关于重庆市电力公司组建中四川电力公司与重庆市电力公司的划割意见》。重庆市于1997年6月成立中央直辖市后，即将四川省电力工业局所属的重庆、万县电业局，重庆、白鹤发电厂，狮子滩水力发电总厂，四川电建一公司，重庆电力职大，重庆电力专科学校，重庆电力高级技校共9个单位职工1.68万人，划归重庆市电力工业局。到10月6日，四川省和重庆市对分家有关问题基本达成协议，圆满完成川渝电网分家工作。

（3）厂网分离中有关问题的决策。根据国家有关厂网分离的精神，党委认为厂网分离是电力体制改革的必由之路，有利于引入竞争机制。1998 年 5 月 12 日讨论决定，按照现代企业制度的要求，对电厂进行股份制改造和内资购买股份的方式共同组建合资电厂，对有投资前景的水电站进行滚动开发，并争取国家电力公司在四川省进行厂、网分离的试点工作。2002 年，厂网分离工作正式实施，四川省电力公司由原统一管理全省发、供、建的政企合一公司“转轨变型”为电网公司。华电、国电、华能、大唐等发电集团和三峡公司等电力企业相继进驻四川，其直属机构分别在川成立。到 2002 年底，四川省级层面有电力勘测设计、施工建设、发电生产、输变电管理、电力营销、设备制造企业在省级层面的管理机构达到 20 余家，真正形成“多家办电，一家管网”格局。

二、加快水电开发的决策

四川省是一个缺煤少油富水电的省份，在所有一次能源中，水能资源约占 80%，占全国可开发量的 1/4，而四川省在很长一段时间又是全国闻名的缺电省份。为了加快水电建设，四川省电力工业局（公司）决定设立水电建设机构，采取国家投资为主，多渠道集资办电，滚动开发四川水电资源的方式，大力开发水电，并于 1991 年 4 月 19 日成立了水电工程公司，确定近期开发目标以南桠河流域为重点。1993 年 4 月 6 日，四川省电力工业局（公司）决定成立大渡河流域水电开发公司和南桠河流域水电开发公司，进一步加快了大渡河和南桠河流域水电资源的梯级开发步伐。

1995 年 12 月 8 日，四川省电力工业局（公司）草拟的《四川水电建设开发条例》，经省法制局同意，正式列入四川省 1996 年度立法计划。

经过多年努力，中共四川省委、省政府于 2000 年将四川省水电开发列入全省经济发展的第一支柱产业。随后国电集团、华电集团、华能集团、三峡总公司等电力建设单位纷纷投身四川水电建设，大渡河、金沙江上一大批大中型以至巨大型水电站相继投入建设，四川省水电建设取得历史性突破。1986 年底，全省水电装机仅有 250 万千瓦，1994 年就达到 500 万千瓦，8 年翻了一番；到 1999 年水电装机跃上了 1000 万千瓦的台阶，5 年又翻了一番。到 2001 年，全省发电装机容量为 1791 万千瓦，其中水电 1153 万千瓦，使四川成为全国水电第一大省。电力的快速发展，改变了四川省持续多年的缺电局面，并且在丰水期出现了富余，从而为川电东送提供了前提条件。

三、加强多经企业管理的决策

为了贯彻原能源部“昌平会议”提出的“电为核心，多种经营，三大支柱，协调发展”的多种经营发展方针，1991 年 10 月 10 日，四川省电力工业局成立了多种经营局，与“就业服务处”一套机构，合署办公。各基层单位也相应成立了多种经营处，制订了《四川省电力公司关于发展多种经营若干问题的规定（试行）》。在“八五”时期的头三年，多经企业收入连续取得年均增长 66%的成绩，后两年虽有诸多不利因素，总收入仍然保持年均递增 15%。五年累计实现总收入翻了三番，人均创收年均增长 27%，实现利润年均增长 35%，人均创利润年均增长 15%。“八五”期末职工人数达到 3.48 万人，5 年累计安置待业青年 1.91 万人次，职工家属 2833 人，其他人员 4839 人。到 1995 年，多种产业的工业、建筑安装业、商业、旅游服务业、养殖业等都已初步形成规模，开始向产业化推进。固定资产原值达到 5.3 亿元，年均增长 144%。所有者权益 6.1 亿元，拥有独立法人资格的多经企业 542 人。

1998 年 8～12 月，多经企业组织开展了清理整顿工作。通过整顿，撤销了 35 个对资金、资产管理不严，产权约束机制不健全，造成企业资产流失，资产运营效率低的多经企业，对行业相近、效益不好的 46 个企业实施了合并。到 1998 年，多经企业总收入达 24.8 亿元，实现利润 1.04 亿元，资产总额达到 34.17 亿元。

到 2002 年底，四川省电力系统的多经企业已具有较大规模，涉及电解铝和多晶硅高耗能产业、制造、建安、信息技术、房地产、金融保险、配电网经营、饭店旅游、商贸服务等诸多领域。特别是 2000 年后通过资源整合和结构调整，培育了一批以四川启明星蜀达公司、成都科星公司、四川电力建设公司、四川启明星铝业公司、四川蜀能公司、乐山一拉得公司、四川华仪公司、成都智达公司等为代表的重点优秀企业和以成都蜀电集团、绵阳启明星集团、乐山嘉能集团等为代表的区域型集团企业，成功打造出“启明星”品牌。以该品牌为枢纽，兼容规模经济和范围经济的“大多经”布局初步形成，共有各类多经企业（法人）208 家。

四、加快 500 千伏电网建设的决策

1991～2002 年，随着电源建设的加快和用电市场的变化，四川省决定大力加强电网建设，特别是 500 千伏输变电网络，以适应电力市场发展的需要。

1991 年 9 月 27 日，四川省电力工业局党委常委扩大会议讨论决定成立 500 千伏输变电工程领导小组。领导小组下设办公室，500 千伏输变电工程办公室挂靠计划规划处。

为了加强对 500 千伏输变电工程建设管理，1995 年 2 月 20 日，四川省电力工业局（公司）在超高压办公室的基础上充实人员，成立四川二滩 500 千伏输变电工程建设管理局。实行一套机构人员，“两块牌子”，对外代表业主——四川省电力公司行使业主职权；对内为超高压办公室，为四川省电力工业局归口管理二滩 500 千伏输变电工程建设项目的职能部门，代表四川省电力工业局组织、牵头、协调工程建设管理工作和代表业主负责工程建设的招标、投标和承发包合同管理工作，并负责国内外资金的筹措和工程的涉外工作等。

四川二滩 500 千伏输变电工程是利用世行贷款建设的特大型工程，总投资达 130 亿元，建设规模大，技术要求高，而且时间紧迫，必须与二滩水电站同步配套建成投产。

为与二滩 500 千伏送出工程相配套，在兴建二滩 500 千伏输入变电网络的同时，相应发展了 220 千伏和 110 千伏输变电网络，以及 35 千伏及以下配电线路的建设。

到 2002 年末，四川电网 500 千伏线路长 1826 千米，变电容量为 300 万千伏安；220 千伏线路长 7547 千米，变电容量为 1168 万千伏安。四川电网已经建设成为以 500 千伏超高压网络为主要骨干的跨省区的大型电网，电网“卡脖子”问题基本得到解决。地方电网发展也十分迅速，到 2002 年，地方电网共有 35 千伏及以上输电线路 2.46 万千米，35 千伏及以上变电容量 832.55 万千伏安。

500 千伏输变电网络的建成，使川电东送由梦想变为现实。川电东送通道创下了中国 500 千伏超高压输电系统的多项纪录：一是输电距离最长，从四川的 500 千伏交流输电通电通道直达华中电网，再由 500 千伏直流输电线路送至华东地区，总长度达 2525 千米，是国内当时最长的输电通道；二是全国最大的电网安全稳定控制系统，由7个500千伏厂、站和近30个220千伏厂、站组成，面积覆盖了整个川渝电网的重要电源支撑点，对整个川渝电网的安全稳定运行提供了重要的技术保证。

川电东送缓解了四川电网丰、枯期矛盾，使资源优势变为经济优势，实现了东西部优势互补的“双赢”战略。

五、劳动、工资、人事制度改革的决策

1991～2002年，随着电力体制改革的不断深入，劳动、工资、人事三项制度的改革也不断深化和发展。

1992年3月30日，四川省电力工业局开始进行劳动人事分配制度配套改革试点。成立了劳动、人事、分配制度改革领导小组。由局长、党委书记石万俭担任领导小组组长。在河门口电厂、成都热电厂、成都市供电局和绵阳市供电局进行以优化（合理）劳动组合和岗位技能工资为主要内容的劳动，人事和分配制度的配套改革试点，试点工作于九月底全部完成。11月7日，党委常委扩大会议对《四川省电力工业局转换经营机制试行办法》进行了审议修改并原则通过，局属各单位从1993年1月1日起试行。并将乐山、宜宾、达县、西昌、内江、德阳、自贡、泸州、攀枝花和重庆市电业局，重庆、江油、映秀湾、万源发电厂，成都电力机械厂，都江电力修造厂，电建一公司，电建二公司，调度局、设计院、调试所，成都、重庆电力职业大学，成都水电学校、重庆电力技工学校等25个单位列为第一批三项制度改革工作。

在此次“三项制度”的改革中，影响较大的是实行浮动效益工资问题。1992年2月12日，决定从1992年1月1日起实行“效益浮动年功工资”，并印发了《关于实行效益浮动年功工资的暂行规定》（草案）。1992年1月1日起开始实行效益浮动年功工资，并于1995年5月对基层厂、局长实行责任目标考核奖惩。从1999年起，对进入内部电力市场的25个发供电企业的领导干部实行了年薪工资制，把领导干部的报酬与企业安全生产、经济效益和精神文明建设等方面的成果切实挂钩，逐步实行对企业经营成果显著的领导人员的期权、实物奖励制度和对经营业绩较差或严重违纪、决策失误的企业领导人员实行赔偿等重惩制度。同时对修造、科研、学校等单位进行目标考核，其领导干部每年按照企业类型和干部职别缴纳风险金，每年进行考核并兑现奖惩。连续两年考核结果在C等及以下的单位党政主要领导和分管理主要指标的副职领导引咎辞职。

四川省电力工业局（公司）进行的劳动、人事、分配三项制度改革，在人事制度引入竞争机制，工资制度打破平均主义、大锅饭的格局，确立了劳动合同和保险制度，充分调动了广大职工的积极性。通过实施“减员增效、下岗分流”，降低了企业用人水平，提高了全员劳动生产率。从1998年起连续5年实现职工人数负增长，有效地控制了人员膨胀问题，全员劳动生产率逐年提高。2002年，公司全员劳动生产率达到37.87万元/(人·年)，比1990年增长11.38倍。

六、建设电力“模拟市场”的决策

1999年，随着二滩、广安、嘉陵等一批大中型发电厂的相继投产发电，全网装机容量快速增长。但由于工业体制结构调整和宏观经济环境对电力需求的增长产生了负面影响，四川电网电力供需矛盾趋于缓和，暂时出现供过于求的局面。从 1999 年 1 月 1 日起，四川省电力工业局（公司）内部电力市场正式开始运行，2000 年在全省推开。

内部电力市场的准备工作从 20 世纪 90 年代中期已经开始。1998 年 12 月 1 日印发了《四川省电力公司模拟市场运行规划》、《四川省电力公司模拟电力市场运营方案》、《四川省电力公司模拟市场运营规则（电价、电费部分）》。1999 年 4 月 30 日，《四川电网发电侧电力市场运行规则》和《四川电网发电侧电力市场运营方案》经修改完善，报告交省政府。7 月 6 日将《四川电网发电侧电力市场运行规则》报省政府批准执行。内部电力市场经过半年运行取得了较好成绩，降低了生产成本，打破了系统内的大锅饭，引入了竞争机制，职工的思想观念发生了深刻转变，设备的利用小时数提高了，安全生产形势较好，并为在全省建立电力市场积累了经验。但由于是第一次试行，有些规则和办法不够完善，有些计算方法不够准确。2000 年 10 月 13 日，正式将《四川省电网侧电力市场总则》报中共四川省委、省政府批复。2001 年 1 月 1 日开始在全省电力系统内外统一试运行。2000 年在内部电力市场运行取得成功经验的基础上，在全省发电领域引入了市场竞争机制，建立了省级发电侧电力市场，与水火电置换市场和省公司内部电力市场同时运行。通过一年时间的实践，各发电厂竞争意识增强，设备可用率提高，系统购电成本下降，用户电价降低，四川电网多年存在的调峰问题也得到妥善解决。水火电置换市场为充分利用水力资源、节约煤炭资源、减少环境污染、提高企业经济效益摸索出一条新路，三个市场运行取得了良好的经济效益和社会效益。2000 年，发电侧市场竞价电量 33.64 亿千瓦·时，平均成交电价为 926 元/万千瓦·时，节约煤炭资源 86.30 万吨；四川省电力工业局（公司）内部电力市场竞价电量 68.50 亿千瓦·时，发电单位成本下降 8.37%。

2001 年，国务院印发《关于整顿和规范市场经济秩序的决定》，国家电力公司系统开展了市场整顿和优质服务年活动。四川省电力公司通过实施全省“光明工程”，提高了优质服务水平，改变了电力职工观念，想客户所想、急客户所急，受到社会的赞许，“电老虎”真正变成了“电保姆”。“光明工程”活动中形成的规章制度已形成常态机制，成为职工的自觉要求。《四川省电网侧内部电力市场实施细则》于 2001 年 7 月 1 日起在系统部分单位开始实施并在试行中逐步完善。

四川省电力公司推出电网侧内部电力市场，使发电企业和供电企业在电量和电价上直接见面进行交易。四川省电力公司优质服务、安全生产确保供电，又促进了四川省经济发展。形成一种互动多赢局面。

七、调度机构调整的决策

为全面贯彻《电力法》和《电网调度管理条例》，确保四川电网的安全、稳定、经济运行，1996 年 6 月 28 日，四川省电力工业局（公司）决定将调度机构由原来的四级调整为三级。撤销 4 个调度分局，原分局成建制划给就地的 4 个电业局，在《关于调整四川电网调度机构的决定》和《四川电网调度机构的职权及其调度管辖范围的划分原则》文件即下发执行。四川电网的三级调度机构依次为省电力公司调度中心（简称省调）、地区电业局（电力公司）调度中心（简称地调）、县级供电局（电力公司）调度所（简称县调）。承担电网运行的组织、指挥、指导和协调，既是生产运行单位，又是电网管理部门的职能机构，代表该级电网管理部门在电网运行中行使调度权。各级调度机构在调度业务上是上下级关系，下级调度机构必须服从上级调度机构的调度。调度机构调度管辖范围内的发电厂、变电站的运行值班单位，必须服从该级调度机构的调度。调度机构的调整进一步理顺了全省电力调度关系，促进了电力工业建设与发展。

第三节　思想政治工作

一、宣传教育

1991～2002 年，公司党委根据各时期企业的中心任务和国内国际形势，在全系统党员和职工中广泛开展了多种形式的思想教育，推动党员队伍和职工队伍思想素质提高。

（一）道德教育

公司党委高度重视员工道德建设特别是职业道德建设，把职业道德建设作为电力企业的一项基础性建设，牢固树立在依法治企的前提下，以德治企、以德育人、以德兴业的管理理念。制订了《四川省电力公司贯彻〈公民道德建设纲要〉实施意见》，将道德建设形成制度，重点加强日常学习与示范培训相结合的职业道德教育，加强养成训练与规范行为相结合的职业道德考核，加强主题活动与文明创建相结合的职业道德实践，加强先进人物的榜样作用与领导干部的表率作用相结合的职业道德示范，加强舆论导向与评选表彰相结合的职业道德氛围，把工作抓细抓实，公司员工的职业道德素质不断提高。

公司党委在道德建设上，从坚持开展以提高职工素质为目标的“学理论、学文化、学技术，争当岗位能手”的“三学一争当”活动，以提高企业形象为目标的“提供优质电能、开展优质服务、创造优美环境，争创文明行业”的“三优一争创”活动，以转变经营观念、规范行业行为、提高服务质量为主要目的“光明工程”活动，以强化服务观念和服务理念为目的的“守诚信诺言，建诚信电力”主题活动和“优质服务是国家电网生命线”主题活动等，把强化职业道德建设作为有力抓手，把坚持开展职业道德教育和实践活动作为有效载体。通过多年的努力，员工服务意识逐步提高，服务作风明显好转，服务水平有了很大改进，尤其是员工的服务观念得到增强，企业的服务理念达成共识，这为优质服务的制度化、规范化打下了坚实的基础，为公司抓优质服务工作从“活动型”向“管理型”转变提供了必要的思想保证。

在抓好职业道德教育和实践活动的同时，还坚持树立先进典型，充分发挥典型引路作用，着力在全体员工中培育爱岗敬业、诚实守信、办事公道、服务群众、奉献社会的职业道德，向社会展示全行业道德建设水平。荣获全国五一劳动奖状、全国职工职业道德建设先进集体、国网公司优质服务十大标兵的成都电业局共产党员服务队，全国职业道德建设十大标兵李福德、国家电网公司十佳服务之星刘曙新等，就是公司职业道德建设中的典范。与此同时，公司还坚持 8 年在全公司范围内开展季评文明新风奖活动，已累计评出在职业道德、社会公德、家庭美德方面具有典型性的文明新风 300 余件，使一大批立足本职、求实奉献、弘扬正气、见义勇为、救死扶伤、扶危济困、助人为乐、自强不息的先进典型，成为公司员工学习的楷模，起到了倡导文明、弘扬美德的导向作用。所有这些身边典型，激励着全体员工在实践电力优良职业道德的道路上不断奋进。

（二）理论教育

公司党委坚持把各级党委理论学习中心组作为干部理论教育的重点。通过不断改进理论学习方式，增强理论教育效果。进一步健全学习组织，明确学习内容，完善学习制度（学习计划制度、学习日制度、学习记录制度、读书班制度、调查研究制度、学习成果交流制度、缺勤补课制度），强化对学习的考核。在加强对基层单位党委中心组的指导上，认真落实领导干部理论学习的“五个一”制度（坚持领导干部每月不少于一次以上的中心组学习、每年不少于一次以上的集中理论学习、每年撰写一篇以上的学习体会或调研文章、每年评比交流一次学习调研成果、每年作一次以上的形势报告或理论辅导）。坚持从学习组织、学习计划、学习内容、学习制度和学习考核等环节入手，全面规范各级党委中心组的学习。建立健全领导干部理论学习的激励约束机制，坚持把领导干部理论学习情况同干部的任用同评选先进相结合的原则，建立述职与述学结合的制度，把领导干部参加理论学习、运用理论指导工作，改造思想的情况作为选拔、培养和考核、使用干部的重要依据。把领导班子理论学习情况作为评选先进党委、四好班子时的一个重点内容，促使各级领导班子自觉地加强思想作风建设，不断提高班子的整体功能。

（三）思想教育

公司党委每年组织编写形势教育宣讲材料，集中时间深入宣传党的路线方针政策，深入宣传公司改革发展的形势任务，使公司的发展理念、主要目标和工作重点深入人心，统一思想，凝聚力量，不断增强广大职工做好本职工作，促进企业发展的责任感和使命感。同时，认真做好深化改革中的教育疏导，充分发挥宣传思想工作，解疑释惑、理顺情绪的作用。从讲政治和维护稳定大局的高度，教育和引导广大职工深刻认识和理解不断深化电力体制改革的重要性。坚持职工思想动态信息分析报告制度，认真分析和研究在深化改革的进程中出现的新情况、新问题，针对职工关注的热点和难点问题，做好深入细致的思想政治工作，帮助和引导职工理智地对待个人利益和集体利益、局部利益和整体利益、眼前利益和长远利益，理解和支持改革，减轻改革的阵痛，保证改革的顺利进行。传承党的优良传统，坚持以人为本，尊重人、理解人、关心人、帮助人，把解决思想问题同解决职工在生产、工作、生活中面临的实际问题和困难结合起来，多办得人心、暖人心、稳人心的好事实事。

（四）新闻宣传

新闻宣传工作始终围绕中心，服务大局，坚持正确舆论导向，内宣与外宣齐头并进，不断增强公司的凝聚力和社会的影响力。电力一直是社会新闻媒体关注的热点，为加强相互的联系和沟通，公司职能部门定期有重点的走访驻川新闻单位，向新闻媒体通报公司的宣传报道重点。为统一对外宣传口径，制订下发了《公司新闻宣传管理办法》，坚持了新闻通稿制度，凡是公司需要对外宣传的大事、要情及重要政策措施，均按制度实施。为随时把握社会舆论导向，公司实行了社会宣传舆情分析报告制度，较好地发挥了社会舆论的引导作用。在电力迎峰度夏期间及枯水期因电煤紧缺造成拉闸限电的情况下，公司通过社会媒体和西南电力报加大舆论引导，各供电单位通过召开新闻发布会、客户座谈会，宣传国家电力法规政策、供用电常识、电费电价政策及电网企业为客户服务的各项措施等，对电力供应基本形势等情况进行了通报和说明，取得了客户的理解和支持。此外，公司还充分利用“95598”服务热线和组织“共产党员服务队”队员参加“阳光政务热线”、“盛夏用电服务周”热线等活动，现场接受客户用电咨询、报修、投诉，受到广大客户和相关媒体的称赞。同时，广泛开展保护电力设施宣传、用电安全宣传、电价宣传、电力法规等活动，制作宣传品，举办了各类宣传讲座，进一步增强了广大群众的安全用电、依法用电意识。在积极做好弘扬主旋律的同时，采取措施对社会新闻媒体出现的有关负面报道积极处置，以化解和消除影响。对于大小网问题、电费收缴难、农村电价等方面的负面报道，公司宣传部门都主动沟通，妥善处理，使负面报道带来的负面影响最小化。此外，公司还积极与省级新闻宣传主管部门和省级及以上社会主流媒体建立良好的互动关系，共同策划了多项主题宣传。

二、精神文明建设

1991～2002年，公司党委始终坚持“两手抓、两手都要硬”的方针，把精神文明建设纳入企业总体发展目标与物质文明建设一起规划、一起部署、一起落实，使两个文明相互促进、协调发展、共同提高。以实现公司精神文明建设“八五”、“九五”和“十五”规划为目标，按照“抓巩固提高，抓创建升级”的总体要求，不断推动精神文明创建工作向广度和深度拓展，精神文明建设一直在全省和全国电力行业居于前列位置。截至2002年底，四川省电力公司所属单位全部建成了地市级以上文明单位，其中省级文明单位和最佳省级文明单位41个，占总数的90%；省公司所属17个电业局有14个建成了地市级文明行业，占总数的82%。四川省电力公司获得“四川省文明行业”和“国家电力公司双文明公司”荣誉称号，公司系统两个文明建设迈上了新台阶。

在精神文明建设创建工作中，注重突出广泛参与性，不断深化群众性精神文明创建活动。公司党委始终把优化文明细则、巩固创建成果、提高文明水平，作为一项系统工程来抓，坚持在“做文明员工，建文明集体，创文明单位”上下工夫，行业内形成了不同层次的创建格局和侧重点。在生产区抓好文明员工、文明班组、文明车间的创建；在生活区抓好文明家庭、文明楼舍、文明小区的自建；在所在社区积极参与军民共建、工农共建、厂校共建，共同为提高社会的文明程度作贡献（如图14－1－2所示为四川省电力公司领导石万俭、朱长林、陈晓林会见参加“川电东送”文艺晚会的演职人员）。通过多年来的不懈努力，使公司精神文明建设取得长足进步，文明单位水平不断迈上新台阶。同时，坚持大

图14－1－2　四川省电力公司领导石万俭、朱长林、陈晓林会见参加“川电东送”文艺晚会的演职人员

力推进共建活动，积极参与各项社会公益活动，切实履行社会责任，发挥省级文明行业在创造社会效益方面的示范带头作用。公司在仪陇县连续多年开展了“伟人故里联片共建”活动，建设了“希望小学”、村民活动室，在通江县开展了“结对帮扶活动”，在木里县开展了青年志愿者帮扶藏区贫民活动等，都收到了较好的效果，受到了当地群众和政府的一致好评，得到了中共四川省委、省政府的充分肯定。

三、企业文化建设

1991～2002年，四川省电力工业局（公司）系统各单位有目的、有规划地不断加强企业文化建设，通过坚持不懈的培育，通过确立育人为先的管理思想，把企业文化贯穿于管理、质量、服务的全过程，提高了全员管理水平，提升了服务品质，牢固树立起企业在社会公众中的良好形象。

以优质服务为着力点，推动企业文化建设。2001年，根据国家电力公司关于开展“电力市场整顿和优质服务年”活动的安排和部署，公司积极响应，结合公司系统服务文化建设，着眼于制度创新、机制创新和管理创新，深入广泛地在公司供电系统内开展活动，并把活动命名为“光明工程”。通过强化组织领导，加强员工思想教育，广泛进行社会宣传，加大活动奖金投入，认真受理投诉举报，积极进行专项治理，努力规范经营行为以及大力加强监督考核等有力措施，使供电企业的经营理念发生了根本性的转变，员工的服务意识明显增强，电力市场开拓取得了可喜成绩，企业的整体形象得到很大的改善。在全党努力实践“三个代表”重要思想，全省兴起“党员先锋工程”的活动中，在广泛开展向李庆长同志学习和全公司巩固“光明工程”成果、深化优质服务的背景下，成都市电业局成立了“共产党员服务队”，通过“共产党员服务队”发挥党员的先锋作用，激励并带动全体员工不断提高服务意识和服务质量，推动了企业创新服务机制，提升了优质服务水平，展示了电力企业良好的服务形象。“共产党员服务队”的创建与发展壮大，为继续保持企业健康发展的势头找到了一个新的动力和切入点。为巩固“光明工程”成果，深化优质服务，推动企业创新服务机制，提升优质服务水平，展示电力企业良好的服务形象，四川省电力公司在全系统大力推进服务文化建设，在制订下发《公司服务文化建设指导意见》、《公司营销文化建设指导意见》等的基础上，着重加强了两个建设即员工队伍建设和企业形象建设，推进两个创新即市场营销创新和管理流程创新的基本内容，加强了组织落实，从而使公司的服务文化建设步入正轨。公司还大力倡导“共产党员服务队”精神，充分发挥其“外树形象，内树标杆”的作用，公司所属16个电业局（公司）先后成立了“共产党员服务队”，“共产党员服务队”已成为所在各市（州）人民生活与社会发展中的一道靓丽风景线。

第四节　纪　检　工　作

一、机构设置

1991～2002年，四川省电力工业局（公司）按党章规定，一直设有纪检机构。1992

年以前，局纪委与监察专员办公室分设。1992 年，按照上级纪检监察机构的管理体制，结合省局机关三项制度改革，局纪委与监察专员办公室实行合署办公，两块牌子、一套人员、统一安排。1997 年川渝分立后，对纪检工作机构作了调整。

1997 年 11 月 29 日，中国共产党四川省电力工业局第二次代表大会选举纪委委员 13 人，经纪委全委一次全体会议选举，宋丕、甘和全、王丽辉、罗永铭、刘发祥为纪委常委会委员。宋丕同志于 1992 年 12 月任四川省电力工业局纪委书记、监察专员。

二、党风廉政建设

在工作实践中，纪检监察的工作思路逐步清晰并更加切合企业实际。1993 年开始，主要是按照中纪委十四届第二次全会明确的反腐败斗争的三项任务为格局（领导干部廉洁自律、查处违纪违法案件、纠正部门和行业不正之风）开展工作。反腐败坚持标本兼治，抓好治标，着力治本的方针。1997 年 9 月，党的十五大召开后，公司系统进一步明确了反腐败的领导体制和工作机制，即党委统一领导，党政齐抓共管，纪委组织协调，部门各负其责，依靠群众的支持、参与和监督。公司系统反腐败工作从侧重遏制，逐步走上标本兼治、加大治本力度的轨道。中共十六大以后，公司纪委在组织协调反腐败工作的同时，高度重视源头防腐工作，在教育、制度、监督等方面做了大量卓有成效的工作。

（一）党风廉政建设责任制

1997 年以前，一些基层单位先后实行了党风建设责任制、党风廉政目标管理责任制等责任管理制度。1997 年，省局纪委在全局实行了党风廉政工作责任制。1998 年，中央颁布《中共中央、国务院关于实行党风廉政建设责任制的规定》后，公司系统党风廉政建设责任制进一步深化，配套制度更加完善。1999 年开始，四川省电力工业局（公司）党委每年都与公司所属各单位党政主要领导签订当年度党风廉政建设责任书，严格进行责任考核和责任追究；在公司厂处级及以上领导干部中实行了廉洁从政保证金制度，各基层单位也逐步推行到所管理的中层干部，对推动各项工作起到了重要的“龙头”作用。1999～2002 年，共有 149 名厂处级领导干部受到责任追究（含党风廉政建设保证金考核）。

（二）党风廉政教育和领导干部廉洁自律

一是加强理想信念和党风廉政建设理论的学习，二是加强党纪条规和有关法律法规的学习，三是认真开展典型案件警示教育，通过学习和教育，强化了领导干部拒腐防变的思想防线。同时，认真落实上级和省公司关于领导干部廉洁自律的有关规定，每年都要确定重点进行监督检查。如 1998 年重点抓了通信工具清理、控制会议和严格公务接待三项工作；1999 年突出抓了禁止公司系统到峨眉山、九寨沟等风景名胜区开会及公费旅游，严格控制新建、购买、装修办公楼和新建宾馆，坚决制止公费出国（境）旅游；2000 年重点要求不准接受用公款安排的私人旅游，不准用公款为领导干部配备住宅电脑和支付上网费用等；2002 年后，重点抓好“四大纪律、八项要求、四个不得”规定的落实。

（三）制度建设

先后实行了局管干部个人重大事项请示报告制度、领导干部收入申报制度、礼品登记、业务招待费使用情况向职代会报告和对新提拔的领导干部实行廉政谈话制度。党的十五大召开后，省公司纪委更加重视制度建设在预防腐败中的重要作用。在党风廉政建设基础制度方面，先后出台了四川省电力工业局（公司）《党风廉政建设责任制实施细则》、《党风廉政建设责任追究办法（试行）》、《监督工作管理办法（试行）》、《党风廉政建设问题实行“一票否决”的规定（试行）》、《领导干部“三项谈话”制度实施细则》、《关于认定和处置嫌疑腐败问题的暂行规定》等重要的管理制度，对推动党风建设和反腐倡廉工作起到了重要作用。同时，不断完善干部人事、财务审计、工程建设、物资采购、电力营销、行风建设等方面的管理制度，使企业源头防腐能力大大增强。

（四）监督检查

公司党风建设和反腐倡廉工作始终坚持以经济建设为中心，服从和服务于公司各个时期的中心工作。1991～2002 年，先后围绕农村电管站财务管理、基建后勤管理、招工就业、学生升学与分配、三项制度改革、领导干部车辆使用、住房情况、公务接待、以电谋私、无偿占用企业钱物、公款出国（境）旅游、手机配置等热点问题开展监督检查和专项治理。组织各单位围绕火电厂燃煤管理、工程建设、物资采购、财务管理、营销管理等难点热点问题选题立项开展效能监督。针对群众信访和日常工作中发现的苗头性问题组织有关管理部门的人员开展专项督察。通过这些工作，及时发现并纠正了一些苗头性问题，改进和规范了管理行为。

（五）信访管理和查办案件

公司系统按照干部管理权限，对群众信访举报实行分级管理。1991～2002 年，公司系统纪检组织、监察部门共查结案件 342 件，有 403 人受到纪律处分。其中，党纪处分 195 人，政纪处分 261 人（53 人受到党纪、政纪双重处分）。

在预防和查处违纪违法案件工作中，四川省电力工业局（公司）加强了与检察机关的联系与合作。1993 年 8 月 13 日，成都市人民检察院决定成立市检察院驻四川省电力工业局检察室，检察人员由局纪检监察室的 9 名干部组成，设主任 1 人、副主任 2 人。检察室与省局纪检监察室合署办公。在此期间，检企双方在共同预防和打击省局系统违纪违法案件方面，进行了很好地合作。1997 年，按照最高人民检察院的有关规定，成都市人民检察院驻四川省电力工业局检察室撤销。为继续加强检察机关与企业在预防和查处职务犯罪方面的合作，省公司纪委、监察专员办公室（纪检监察部）与四川省人民检察院于 1999 年 2 月共同制订了加强配合、有效防止电力系统违法犯罪的 10 条意见，建立了定期联系制度。检企双方定期沟通情况，加强查办案件、法制教育、法律咨询、监督检查等方面的合作，取得了较好成效，得到国家电网公司主要领导的充分肯定，并在国家电网公司系统推广。

（六）纠风和行风建设

公司行风建设经历了五个阶段。第一阶段是从 1991 年国务院“八·二三”电话会议到 1995 年 5 月，特点是刹风整纪，以纠为主。重点是贯彻原能源部颁布的《关于严禁以电谋私的若干规定》，广泛深入地开展以刹风整纪为主要内容的教育整顿工作，初步遏制了公司系统不正之风蔓延的势头，为行风建设的深入开展奠定了基础。第二阶段是 1995～1996 年，特点是纠建并举，以纠为主。着力解决城市供电营业系统报装难、接电难、抢修不及时等一系列问题，积极规范收费项目、规范办电流程和实行“一口对外”；在农村则狠刹“人情电、关系电、权力电”和电费“三乱（乱收费、乱罚款、乱摊派）”的不正之风，深入开展农电为农业、为农民、为农村经济的“三为”服务达标活动，推行“三公开（电价、电费、电量）”、“四到户（销售、抄表、收费、服务）”、“五统一（电价、发票、抄表、核算、考核）”、“一上墙（电费公布）”等行之有效的做法。第三阶段是 1996～2001 年的供电服务承诺活动。特点是纠建并举，以建为主。这一阶段的主要任务是在公司系统广泛推行供电社会服务承诺制、开展“为人民服务，树行业新风”示范窗口建设和地级以上城市及农村供电营业系统规范化服务活动，推动纠风和行风建设工作向纵深发展。第四阶段是 2001 年开展的“电力市场整顿和优质服务年活动”即“光明工程”活动。省公司郑重推出“供电服务八项承诺”，虚心接受政府及社会各界的监督，接受民主评议行风，这是公司行风建设工作力度最大、涉及面最广、影响最广泛的行风建设活动。通过一年的努力，初步收到了讲政治、转观念、树形象、强素质、要效益的良好效果。第五阶段是 2002 年以后，主要任务是巩固成果、完善机制、深化服务。在继续建章立制、强化管理、完善“95598”服务热线、加强窗口建设的基础上，继续深化“光明工程”活动，开展行风评议活动、创建“省级文明行业”活动。2002 年 5 月，四川省电力公司被省委、省政府正式命名为“文明行业”，7 月又被国家电力公司命名为“双文明公司”。通过以上各阶段的活动，使行风建设不断深入，塑造了企业自律、负责的社会形象。

第二章　工会和共青团工作

四川省电力工会和共青团四川省电力工业局（公司）委员会在1991～2002年，遵循《工会法》，组织职工参加民主管理和民主监督，代表职工合法权益，依法维护职工的合法权益，紧紧围绕企业中心工作，开展形式多样的活动，发挥桥梁和纽带作用，为电力工业局（公司）改革发展稳定工作作出了积极贡献。

第一节　工　会　工　作

四川省电力工会成立于1979年，为省级电力产业工会，同时按受四川省总工会和国家电力主管部门工会、中华全国总工会及行业工会领导。在成立四川省电力公司工会之前，四川省电力工会分别履行四川省电力工业局（公司）工会和四川省电力产业工会的职能。

一、工会体制的发展演变

1991年底，四川省电力工会领导四川省电力工业局所属59个基层单位的工会组织。

1997年，重庆市成立直辖市后，重庆市电力工业局所属9个基层单位的工会组织从四川省电力工会分出。

2002年电力体制改革，实行“厂网分开”，四川省电力工会领导国家电网公司四川省电力公司所属基层单位的工会组织，暂时领导华电集团公司四川公司、国电集团四川分公司和国电集团大渡河流域水电开发公司所属基层单位的工会组织开展工会活动。

截至2002年底，四川省电力工会所属50个厂（局）级基层工会组织、656个车间级分工会、4293个班组工会小组，共有57677名工会会员，共有298名专职工会干部、508名兼职工会干部。四川省电力工会系统涵盖的法人单位建会率达到100%，职工入会率达到99%。

二、工会组织建设

四川省电力工会为确保基层工会组织健全、活动经常、工作规范，充满活力，认真贯彻落实全国总工会提出的“组织起来，切实维权”的工作方针，积极稳妥地推进组建多经企业工会和农电工会，积极做好发展会员工作。工会活动坚持制度化、经常化、规范化；严格按照《工会基层组织选举工作暂行条例》的规定进行基层工会换届改选，新建单位及时组建工会组织；加强工会领导班子的思想作风建设，严格按照党对领导干部的要求标准选拔任用工会领导干部；各级工会组织机构健全，人员配备精干；干部队伍具有较高的政治思想素质，文化知识、年龄结构得到较大改善。

1991年以后，建设职工之家活动的内容与时俱进，常建常新，不断适应新形势的需要。四川省电力工会以开展建设职工之家活动为载体，指导基层工会紧密围绕四川电力企业生产经营中心任务积极开展工会工作，突出履行维护职工合法权益的基本职责，认真履行工会的参与、建设、教育职能，不断加强基层工会组织的自身建设，依法维护职工的经济利益和政治权利，不断提高广大职工的政治思想素质，积极动员广大职工为推进企业的改革、发展建功立业。截至2002年底，四川省电力工会所属基层工会全部达到合格职工之家的标准，其中有31个基层工会被命名为四川省电力工会模范职工之家。此外，有6个基层工会被命名为全国模范职工之家，有10个基层工会被命名为四川省模范（先进）职工之家。

三、职工民主管理

自1989年建立职工代表大会制度以后，各级工会组织坚持党的全心全意依靠工人阶级的根本方针，按照《全民所有制工业企业职工代表大会条例》，不断健全和完善公司及所属基层企业职代会各项制度，落实职代会的各项职权，充分发挥职工民主管理、民主监督作用，以调动职工积极性为主线，以保障职工主人翁地位为根本，努力探索企业民主管理工作新途径和新方法。经过十多年的不断发展和完善，全公司职工民主管理工作有了长足的进展，多次受到上级有关部门的表彰奖励。

为坚持和完善四川省电力工业局（公司）及基层三级民主管理网络，四川省电力工会先后制订了《四川省电力工业局贯彻全民所有制工业企业职工代表大会条例》（后修改为《四川省电力公司职工代表大会实施细则》）、《四川省电力公司职工代表大会联席会议制度》、《四川省电力公司职工代表大会专门委员会工作制度》，以及职代会各专门委员会工作职责等。在公司所属基层单位、车间（二级单位）相继建立了职代会制度，生产班组建立了班组民主管理小组，形成了公司四级民主管理网络，使全公司职工民主管理形成制度化、规范化，保障了职工主人翁地位的落实。

四川省电力工业局（公司）坚持定期召开职代会，听取审议总经理工作报告和财务工作报告，使职工代表直接参与公司年度计划、生产目标、经营方针、改革措施以及全公司经营状况、经济效益的审议。坚持每年将企业业务招待费使用情况向职代会报告制度，接受职工代表的审议和监督。从1998年起将省公司审计工作情况作为向职代会报告的内容，拓展了职代会新的内容。此外，每年召开的职代会把企业重大决策和职工关心的热点问题列为会议议题。几年来，省公司职代会先后审议了《四川省电力系统发供电单位经营承包办法》、《试行企业效益工资浮动与固定试行办法》、《四川省电力公司集体合同》、《四川省电力公司“十五”发展规划》、《安全生产工作奖惩办法》等十几项议案，保证了职工代表真正行使职代会所赋予的权力。

在公司职代会闭会期间，四川省电力工会作为职代会工作机构，按照《企业法》和《职代会实施细则》认真履行联席会议职能。1991～2002年，先后组织召开了46次职代会联席会议，共审议行政提交的有关企业重大改革方案、企业自有资金使用及分配方案、劳动工资制度改革、重大劳动保护措施、涉及职工切身利益的福利方案、全局性奖惩办法及其他重要管理办法等87项议案。多年来，联席会议成员在审议议案过程中始终站在全局的高度，较好地处理了国家、企业和职工个人三者之间的利益关系。按照民主程序审议的议案，其群众性、权威性、科学性和可操作性都得到增强，得到行政的支持和好评。

四川省电力工会作为职代会工作机构，为保证民主渠道的畅通，印制了《职工代表意见、建议传递卡》，除平时职工代表可随时填报反映情况外，每年职代会随会议通知再次印发各单位，由职工代表在本单位征求职工意见后，将意见通过传递卡交职代会提案专委会。自1989年以来，职代会提案专委会共征集提案、意见、建议近2000余条，形成有代表性的提案1000余件。按照省公司有关部门提出处理意见或答复、公司领导审批的相关程序，使全部提案做到件件有答复，绝大多数提案得到落实。从而保证了全公司民主管理渠道的畅通，职工民主权利得到较好的落实。

健全和完善职工代表大会民主评议企业领导干部制度，是加强党风廉政建设、建立企业内部监督和自我约束机制的重要手段。1999年，公司制订了《四川电力系统企业职工代表大会民主评议领导干部实施办法》，对民主评议企业领导干部工作提出了规范性的要求。多年来，公司及所属各单位党、政、工密切配合，按照有关规定和程序，由领导干部在职代会上述职，职工代表进行严肃认真的评议和测评，并提出奖惩建议意见，收到了较好效果。

厂务公开是加强企业民主政治建设的重要措施，是落实"依靠"方针，调动职工积极性、创造性，推动企业改革和发展的有效途径。1999年制订了《中共四川省电力工业局委员会关于实行厂务公开，加强民主监督、民主管理工作的试行意见》，成立了四川省电力工业局（公司）厂务公开工作领导小组，定期研究厂务公开工作，及时解决工作中出现的重大问题。1999年，四川省电力工会组织开展了《实行厂务公开，加强基层民主政治建设》专项课题的调研，获优秀成果奖。课题的研究工作为厂务公开工作在公司系统的全面推行提供了较为有力的理论政策依据。进一步推进厂务公开制度向深层次发展，不断提高厂务公开的质量，推动基层企业二单位、班组推行事务公开工作。2000年，公司制订了《四川省电力公司基层企业二级单位、班组推行事务公开工作的指导意见》，进一步加大了职工民主管理力度，拓展了职工民主管理的新领域。截至2002年底，公司系统100%的基层单位建立了厂务公司制度，95%以上的单位厂务公开做到制度化、规范化；430个二级单位推行了事务公开制度，2663个班组实行了事务公开工作。2001年起在全公司系统全面推行了职工代表巡视督察制度，制订了《四川省电力公司关于建立职工代表巡视督察制度的意见》，并在基层单位开展了职工代表巡视督察工作评比活动，较好地发挥了广大职工民主参与、民主管理和民主监督作用。

认真贯彻《劳动法》，推进企业建立平等协商、签订集体合同制度，是企业建立协调的劳动关系，深化改革和完善法律程序的需要。四川省电力工业局（公司）于1997年建立了平等协商签订集体合同制度，所属基层企业全部建立了平等协商制度，签订了集体合同。成立了四川省电力工会劳动法律监督委员会，制订了《四川省电力工会劳动法律监督工作暂行办法》和《四川省电力公司集体合同履行情况监督检查办法》，定期对集体合同履行情况进行监督检查，认真做好集体合同的续签工作。针对每一轮集体合同履行情况，根据国家现行法律法规和企业的实际，与行政进行认真、充分、平等、规范的协商后，对到期的集体合同条款进行了补充和完善，并经职代会审议通过后续签新一轮集体合同。至2002年，先后签订了四轮《四川省电力公司集体合同》。通过平等协商、签订集体合同制度的建立，使稳定企业劳动关系的工作格局、工作机制得以形成。职工的主人翁地位和积极性得到充分体现。四川省电力公司曾两次被评为四川省厂务公开工作先进单位，并被授予四川省职工民主管理先进单位称号。

四、群众生产和劳动保护工作

1991～2002年，四川省电力工会紧紧围绕改革、发展、稳定的大局，进一步落实全心全意依靠工人阶级的指导方针，组织职工积极开展劳动竞赛、群众性合理化建议与技术改进建议活动、群众性岗位技术练兵与技术比赛、群众性劳动保护与劳动安全卫生工作，为公司挖掘潜力、提高经济效益和不断改革与发展作出了积极贡献。从1996年起连年被评为四川省劳动竞赛组织工作先进单位。

为了促进全公司发供电企业安全文明生产水平的不断提高，巩固安全文明达标成果，从1993年起，坚持开展了评选水、火电红旗机组和220千伏及以上变电站运行管理工作的竞赛活动。这两项竞赛活动中不断修改竞赛的指标考核体系，使竞赛指标向国内外的先进看齐，从而对提高变电和水火电机组的运行管理起到很好的促进作用。在建立了比较完整和先进的考核指标体系的同时，对竞赛先进单位实行“动态”和“末位淘汰”等先进的管理机制，从而使竞赛活动保持了活力。全公司220千伏及以上变电站的运行基本做到了标准化、规范化和科学化管理。

为了表彰先进、树立典型，使广大职工学有榜样、干有方向，按照原国家电力公司、四川省总工会有关文件及《四川省电力工业局劳动模范管理办法》的要求，严格按照评选条件和评选程序，推荐并经上级组织批准，命名了全国总工会表彰的五一劳动奖状（单位、班组）4个，全国总工会表彰的五一劳动奖章获得者11名，国务院命名的全国劳动模范3名，四川省政府命名的劳动模范17名，国家电力公司命名的先进单位、集体12个，国家电力公司命名的特等劳动模范1名，国家电力公司命名的劳动模范21名，四川省电力工业局（公司）命名的劳动模范195名。

四川省电力工会不断改进合理化建议活动开展的形式和内容，努力拓宽活动的空间。不断指导各基层单位实行分级、分层次组织评审和管理，使合理化建议活动的评审和奖励两个关键程序能及时兑现，较好地保护了广大职工参与活动的积极性。此项活动已进入常态化运行管理，长期以来保持了较好的势头。据不完全统计，1991～2002年共收集合理化建议1610.63万条，其中被采纳5.39万条，已实施3.4万条，创造（或节约价值）产值5.4亿元。

电力企业是技术密集型行业，对职工的文化和业务素质都有较高的要求。四川省电力工会立足于生产一线职工，以培养本职岗位的实际操作技能为重点，组织广大职工开展群众大练兵、大比武活动。每年组织2～3项全公司范围的技术比武活动，1991～2002年共组织50余项比武活动。在大比武活动中，首先是对职工进行理论和实际操作技能的系统培训，然后经过逐级选拔，最后组织到省公司参加打擂比武。四川省电力工会还牵头组织了西南五省市电力行业的职工技术比武4项，促进了西南省与省之间电力职工切磋技艺、交流经验、沟通信息、拓宽视野。培育了职工爱岗敬业、刻苦钻研、作风严谨、工作踏实、肯干的良好风尚，涌现出不少的能工巧匠和技尖技能人才。例如在1995年全国焊工技术比赛中获CO_2保护焊接个人成绩第4名的陆惠根，2002年获国家电力公司、能源化学工会举办的全国电力系统继电保护专业赛个人成绩前第三名的陈军等拔尖人才。

深入开展群众性劳动安全卫生工作。首先，根据各单位的机构变更情况，采取措施始终保持各单位工会三级劳动保护监督网的完整性，并做好业务培训工作以提高工会干部业务和办事能力；其次，强化职工的自我保护和防范意识，提高反“三违”的自觉性；最后，结合省公司实际情况，从2000年起在一线班组工会小组开展了生产作业前的“安全三查”活动，这项活动就如何发挥一线班组工会小组在安全生产中的作用进行了具有创新性的探索，其效果不但受到了省公司领导和上级工会有关领导的认可，而且受到四川省政府及所属部门的充分肯定，还得到省总工会和不少兄弟省、市电力工会的重视和推广。2001年8月7日，四川省总工会第二期《情况通报》将四川省电力公司开展“安全三查”工作的作法和经验印发到各市、州和产业工会，并抄报省委、省人大、省政府和全国总工会；2001年12月，四川省安全生产委员会办公室在《安全生产简报》第63期将安全“三查”的主要作用和经验，再次在全省范围内作了推广，同时上报省委、省政府主要领导和国家安全生产委员会及省政府有关部门。

第二节 共青团工作

一、组织建设

1991～1995年，共青团四川省电力工业局（公司）委员会通过创建“标准化团支部”，建立健全多经企业团组织，开展“三会二制一课”，贯彻新时期团员发展方针，发展新团员近3000名。相继召开了第三次团员代表大会和第四次团员代表大会，选举产生了第三届和第四届委员会成员。

1996～2000年，按照“四好”标准重新修订了《共青团工作管理考核办法》，1999年底表彰了首批6个“五四红旗团委”。制发了基层团委工作月报表，并由基层党委分管领导签署意见，定期了解基层工作动态、典型情况以及意见建议，健全信息沟通渠道，推行目标管理。夯实基础，对2002年机构调整后的各单位团组织关系及时接转，按要求进行团员教育评议和团籍注册工作。在多种经营和新经济组织加强团的工作，积极探索农电代管单位共青团的组织形式和管理模式，使团建工作不留盲区。公司党委以川电委〔1999〕3号文印发了《关于进一步加强和改进企业共青团工作的意见》，给予了充分的政策支持。

2001年，制订了《四川省电力公司青年工作发展纲要》并以党委名义印发。纲要明确了“十五”期间青年工作的总目标，对围绕总目标开展的基本任务、工作重点和实施步骤作出部署，致力于构建四川省电力公司共青团青年工作新格局。在基层团委持续开展“五四红旗团委”创建活动，从班子建设、支部建设、活动建设、阵地建设四个方面按照《四川省公司共青团工作管理考核办法》系统地提高整体团建水平。团支部工作不再是单一的文体活动包打天下，而是呈现出围绕企业经营管理中心不断延伸团组织工作手臂的局面。积极举荐青年人才，以畅通健全的组织渠道保证优秀青年人才的健康成长与合理使用。

2002年，四川省电力公司党委制订了《优秀青年人才举荐办法》，将获得四川省级以上表彰的各级青年能手、标兵等先进个人纳入人才数据库，每年由团委向干部人事部门择优举荐。

二、活动开展和获奖

1991～2002年，四川省电力工业局（公司）围绕公司党、政中心工作，组织共青团员、青年职工开展各项活动，在电力生产和基本建设各项工作中发挥生力军作用。各级团委围绕安全生产工作，协同安监、人力资源部在电力生产一线青年职工中开展安全生产承包、分级签订承包协议，交纳责任保证金，制订了考核细则并进行严格考核。同时，加强“青年安全监督岗”长效机制的建设，开展创建“青年文明号”、青春光明行优质服务和各项技术比武活动。四川省电力工业局（公司）团委分别荣获“全国青年文明号活动优秀组织单位”称号、四川省“十佳团组织”称号、“全国五四红旗团委”称号等。四川电力试验研究院梁柱获四川省十佳青年技术能手称号，周松获国电公司青年科技创新奖，内江总厂舒福平获国电公司青年管理创新奖。成都电业局团委和宜宾发电总厂团委被评为“国电公司五四红旗团委”，西昌电业局团委获“四川省五四红旗团委标兵称号”。公司所属的成都电业局双流调控中心、德阳电业局220千伏新市变电站、德阳电业局德电信息技术有限公司、德阳电业局罗江供电局客服中心、乐山电业局范坝变电站、乐山电业局客服中心、宜宾电业局南溪供电局客服中心、自贡电业局沿滩供电局客服中心等8个共青团组织荣获国家级集体荣誉称号，启明星铝业车间荣获全国青年安全生产示范岗。

第三章　学会和协会工作

四川省电力系统各学会、协会结合自身的特点，按照各自章程规定，积极开展活动，为电力改革发展稳定献计献策并服好务，充分发挥了桥梁和纽带作用。

第一节　四川省电机工程学会

四川省电机工程学会挂靠在四川省电力工业局（公司），会员分布在全省电力、电机、机械、学校系统等168个单位。至2002年底，现有会员4760人，其中高级会员81人。会员中具有工程师以上技术职称的4079人，占会员总人数的93%。学会下设高压技术、自动化及计算机应用、热工及自动化、规划及动能经济、安全技术、农村电气化、理论电工、自动控制、发电技术和环保技术10个专业委员会，以及科普、学术、咨询等三个工作委员会。

学会坚持民主办会，每5年召开一次会员代表大会，实行了独立法人社团管理。学会充分发挥会员代表大会、理事会、常务理事会的领导作用，真正让科技工作者"当家做主"，做到会员代表大会、常务理事会按期开会，每年召开两次常务理事会；明确了理事会、常务理事会和办事机构之间的关系，真正做到民主决策、民主管理和民主监督。

一、学术研究

学会围绕电力生产建设和运行开展了"目前电力市场形势分析"、"电源竞价上网运作情况"、"四川省电力电量供需平衡规划"、"四川电网及西电东送联网规划"等学术交流和研讨。

针对四川省500千伏安全稳定问题及其对策组织了专题讨论会。对如何加强川渝500千伏电网网架，提高二滩电站送出工程稳定水平以适应"川电外送"的需要，提出了建议和措施。为上级领导和有关行政部门提供了加快四川电力发展建设的决策依据。

学会结合学术研究，组织召开了"四川电网2010年规划"、"金沙江水电基地输电方式探讨和联网方案技术经济分析"、"四川省2000年220千伏电网规划研讨"、"二滩电站接入后四川电网安全控制装置研讨会"等较大规模的学术会议。这些学术会议除邀请了国内知名专家、教授共同研讨，还邀请了决策部门领导参加会议，直接听取专家们的意见，以保障决策的科学性。

二、科普活动

四川、云南、贵州等省的电机工程学会联合在《西南电力报》定期刊出《电力科普专栏》，每年举办一次电力杯知识竞赛，四川省电机工程学会获得了电力部颁发的"优秀组织奖"。完成了电力科普读物《电力科普知识问答丛书》的出版及发行工作。组织编写的

《电力科普知识问答丛书》共分《电与生活》、《火力发电（上）》、《火力发电（下）》、《水力发电》、《输配电》、《电与环保》等六分册，共960问、54万余字，第一版8000册在北京正式发行。根据国家电力公司和中国电机工程学会的要求，在四川省彭州市龙凤镇举办了电力科普下乡宣传活动。活动历时三天，参加群众上万人次。在新津花源镇举办了“科技下乡活动”，向群众散发了《农村用电知识》、《农村安全用电宣传画册》、《电力科普知识问答丛书》、《农村供用电事故分析100例》等资料4种计1200余册，安全用电挂图10种，农民咨询达1500余人次，取得了较好效果。

三、科技咨询服务

受四川省电力工业局（公司）委托承担了《能源大辞典》电力篇的审查、修改、评审及编制附录工作；编制了《1984～1995年人身伤亡事故汇编》，现已出版发行了15000册；修编了《继续教育规划》、《科学技术发展规划》、《九五电网改造规划》、《农村电气化规划》、《农电联网规划》，这些规划都广泛征求四川省电力工业局（公司）系统内有关单位意见后进行修改，再经过评审通过；为西昌谐波的治理出谋划策，确保了卫星发射中心的电能质量。承担了影响配电网经济效益的因素——电能质量的分析及其对策研究、区域电力系统电压稳定性及其在电力市场下的经济分析和供电企业安全性评估等课题研究。对供电企业的安全生产起到了较大的推动作用。

第二节　四川省水力发电工程学会

四川省水力发电工程学会成立于1981年5月，为全国各省（区）最早成立的水电学会之一，是依法登记的法人社团，为四川省科学技术协会和中国水力发电工程学会的组成部分。

截至2002年底，学会下属学术、科普、青年、咨询工作委员会4个，学报编委会1个，规划、地勘、水工、水机、施工、运行、工程造价专业委员会7个，分会有12个，团体会员单位2个，会员5000余人。

一、学术研究

早在1984年，学会就组织有关专家进行专题论证，形成了《西南地区“西电东送”的规划》上报有关领导机关，随后又组织撰写并发表了多篇“西电东送”的论文。1989年，经认真筹备，促成了由四川省人民政府出面组织50余位专家，行程5000多公里，历时38天的“三江”考察，形成了呈报中央领导及有关部委的考察报告。该报告明确提出四川能源的出路在于大力开发水能，电力发展应以水电为主的建设方针以及加速开发四川水电的具体建议，受到中央高度重视，报告提出的意见已经被国家采纳。

学会主办的“瀑布沟水电站尽快立项建设”研讨会，吸引了中共四川省委、省政府及省政协等33个单位的领导、专家共104人参加。研讨会讨论并通过了专题报告，为促进大渡河流域水电滚动开发，推动瀑布沟水电站尽快启动建设起了重要作用。

1998年5月，学会受四川省政府委托，组织大渡河流域水电考察团，经过考察形成了《大渡河流域水电开发的考察报告》，提出要“盘活存量资产，优化资本运营，建立大渡河水电滚动开发机构，并在开发瀑布沟水电站的同时抓紧做好其他几个梯级电站的勘测设计，为后续梯级开发做好准备，为抓住西部大开发机遇，把水电作为四川的支柱产业”。报告中提出的意见得到相关单位高度重视。

学会在《四川省“十五”～“十一五”（2006～2015年）水电开发最优规划研究》报告中提出，到2010年，四川省电力工业装机容量、水电装机容量、水力资源开发程度、全省人均用电量和全省全社会用电量各翻一番，这“五个翻番加川电外送1000万千瓦”的方案已被四川省人民政府采纳并正式列入省政府规划付诸实施。

二、学术交流

四川省水力发电工程学会始终把开展学术活动、推动水电生产建设与科技事业的发展和进步作为主要任务。1996～2002年，学会及各专业委员会、分会与工作委员会共举办了65次学术交流活动，交流论文1000余篇，参加人数4300人次。

学术活动形式多样、不拘一格，中国水电建设刚试行招投标时，学会就邀请鲁布革等招投标专家来成都市作报告，省内外100余位骨干参加。1996年举办的“金沙江水电开发学术报告会”，不仅使与会者对金沙江丰富的水能资源有了较深入地了解，而且对溪洛渡、向家坝两座水电站作为西电东送的重要电源点，对长江防洪、防沙具有巨大的不可替代的作用，还能增加三峡和葛洲坝水电站的效益有了进一步的认识。1997年9月，在二滩现场召开了历时4天的“二滩水电工程学术报告会”，国内外专家分别就二滩电站的设计、施工、建设管理，以及施工质量保证及与业主的合作等进行了深入的研讨，使与会代表见识了当今国际水电建设的最新技术。

2001～2002年，学会按照“发展水电支柱产业，建设全国水电基地”战略目标，每年坚持开展学术交流活动，针对水电建设中的重大课题进行了研讨。先后举办学术交流活动43次，参加人员约3000人次，交流论文1057篇。

三、科普宣传

四川省水力发电工程会把水电科技知识的普及宣传教育作为学会工作的一个重要内容，坚持分层次、有重点地开展。对较高层次的科技人员，利用学报《四川水力发电》加以普及，并利用四川大学水电学院有利条件举办“水工病害及处理”等研究班，由川大教授介绍新技术知识。对一般层次的水电战线工人和广大青少年，则利用四川电力职业技术学院教学电站举办“农村小水电运行管理技术培训班”，为四川巴塘、芦山等边远山区及峨眉、大邑等全国农村电气化重点县共20余县培养了近300名小水电运行骨干。1991～2002年，学会先后举办了10余期电力科技夏令营，夏令营主题鲜明，内容丰富，安全生动，受到了教员、家长和学校的热情赞誉与好评。1998年，学会组织编写了《水电明珠》科普读物，图文并茂，深入浅出，并发行到省外，受到了读者的广泛好评。

四、科技咨询

多年来，水电学会发挥知识密集的群体优势，开展咨询服务，为企业排忧解难，为学会增加收入。如由学会出面组织国内、外专家，对龚嘴水电站溢流坝下游消力塘周边建筑物严重冲蚀方案进行咨询，解决了该站历年汛期提心吊胆的老大难问题；先后组织完成了龚嘴、大洪河、渔子溪、耿达、苦蒿坪、宝珠寺、明台水电站的大坝安全检查工作，受到了业主的好评。在“金桥活动”中，“龚嘴电厂大坝定期安全检查”获省科协“优秀金桥工程”奖。学会承担的“映秀湾水电站取水口导墙冲刷分析与处理研究”，荣获中国科协、国家经贸委“千厂千会”优秀组织奖。十余年来，学会完成的几十项大小科研课题，有的已被采纳取得成效，有的正在实施，取得了巨大的社会效益和经济效益。

四川省水力发电工程学会历年被四川省科协评为“四川省先进学会”；多次被评为“全国水电先进学会”；中国科协学会部还授予该会“全国省级学会先进学会”称号；3 次在中国科协《学会》杂志社主办的全国省级“学会之星”评选活动中被评为“全国学会之星”；荣获中国科协、国家经贸委“千厂千会协作行动”第一批优秀组织奖；第一、二、三届理事长王尊相，第四、五届理事长马怀新还多次被中国水电学会、四川省科协评为先进个人；马怀新理事长代表四川省水力发电工程学会连续三届被选为中国水电学会常务理事和四川省科协委员；四川大学分会廖华胜同志获第四届青年科技奖；明珠集团分会杜明仁同志在全国科协“六大”上获“全国优秀科技工作者”称号。

第三节　四川省电力行业协会

四川省电力行业协会成立于 2002 年，由四川省电力公司、四川省投资集团公司、四川省地方电力企业管理协会、中国华能集团四川分公司、二滩水电开发有限责任公司 5 家单位发起，有发、输、供电力企业及设计、施工、修造企业的会员单位 130 余家。

协会成立后积极开展为电力企事业单位服务、为电力行业服务、为政府部门服务、为社会（电力用户）服务活动，发挥联系政府与电力企事业的桥梁和纽带作用。接受政府委托，依照国家有关法律、法规、协助政府实施行业管理，维护行业内企事业的合法权益，运用协调、服务功能，在政府与企事业单位之间发挥承上启下的连接作用，把国家宏观经济调控目标和政策取向传递给企事业单位，将企事业单位的意见要求和行业的建议传达给政府，对推动四川电力事业发挥了作用。

协会的组织结构层次如下：

（1）会员代表大会。协会的最高权力和决策机构。

（2）理事会。会员代表大会的执行机构，在会员代表大会闭会期间，领导行业协会工作。

（3）常务理事会。理事会闭会期间，常务理事会行使理事会职权。

协会的分支机构形式主要有以下方面：

（1）地区级分会。由于四川地域广，电力企事业单位多且分布不均衡，协会实行省级分会与地市级行协并存的组织形式。

（2）专业工作委员会。专业工作委员会是省电力行业协会内，各专业开展本专业业务活动的工作机构和学术探讨机构。

（3）管理服务中心。管理服务中心在协会理事会的领导下开展某一方面的工作。主要有可靠性管理中心、标准化管理中心、技能鉴定中心、定额管理中心、法律事务服务中心等。

第四章　报　刊、网　站

四川省电力系统各新闻报刊和网站按照新闻出版局的要求，在主管单位的领导下，充分发挥新闻的及时性和舆论导向作用，为四川省电力企业的两个文明建设服务，在四川省电力改革发展稳定和外塑形象方面作出了贡献。

第一节　新　闻　报　刊

一、《西南电力报》

《西南电力报》是经新闻出版局批准，由四川省电力工业局（公司）主管主办的全国公开发行的行业大报，创刊于 1984 年 1 月，李鹏同志题写报名，现为周二刊对开四版，月末八版（彩版），发行量近 10 万份。

作为全国公开发行、西南地区电力行业最具影响力的报纸，《西南电力报》及时反映西南地区、特别是四川省电力工业改革和发展的进程，公布四川省电力市场信息，反映电力客户的呼声和建议。20 多年来，该报已成为西南地区、特别是四川电力企业与广大用电客户欢迎和关注的报刊。

真实是媒体的生命，创新是媒体不竭的动力。依靠创新，《西南电力报》从四开四版的半月刊小报发展成为周二刊对开大报，内容不断丰富，质量不断提高，社会影响力不断增大。20 多年来，曾荣获中华全国新闻工作者协会授予的“全国先进新闻单位”称号，多次被中国电力报刊协会评为“十佳优秀报刊”。

《西南电力报》利用其公开发行的优势，面向四川省电力工业局（公司）系统内外和电力行业内外。

第一版为要闻版，传播四川省电力公司的决策意图，电力行业的方针政策和重要新闻，突出导向性；第二版开设有客户专刊、电与社会、农电天地、产业经济四个版块，向社会、客户和独立电厂提供咨询服务和市场信息，突出对四川省电力公司外部工作即市场的服务性；第三版为四川省电力公司所属单位工作动态版，形成四川省电力公司上下之间单位相互之间的工作交流通道，突出对公司内部工作的服务性；第四版为副刊，开设有西部、生活、热流、热流特稿四个版块，突出可读性；第五版为深度报道版，旨在反映电力行业的重大问题及主要电力政策解读；第六版为“电力纵横”版，旨在扩大视野，起到“他山之石”之用。“比较”是办好此版的原则，“选题”是此版运作的特点；第七版为“客户专刊”版，全心全意全方位为客户服务。信息新、服务贴近，亲和力强，有趣味，可读性强是此版应全力体现的特色；第八版为特稿专版，以增强报纸的可读性。

面对新的形势，《西南电力报》社坚持创新意识，高举服务大旗，努力为四川省电力公司、四川电力行业、广大读者服务，并以策划为先导，以互动为载体，以成果为支撑，以提升和巩固成果为目的，使报纸更贴近读者，增强了指导性和影响力。

二、《四川电业》杂志

《四川电业》杂志是1987年经四川省新闻出版局批准系内部双月刊物（四川省刊型内部资料第01-123号）。

《四川电业》杂志由四川省电力工业局（公司）主办，主办单位负责人为分管报社工作的公司领导。《四川电业》杂志由西南电力报社承办，承办单位负责人为报社社长。《四川电业》杂志编辑部为报社的一部分，工作受四川省电力公司报刊指导委员会指导。

杂志主要面向四川省电力系统管理层人员，为四川省电力系统企业和管理人员提供沟通思想、交流经验、探讨问题、发表探讨性和前瞻性观点的阵地和平台。

杂志坚持贴近四川电力企业生产经营活动和管理工作的实际，服务电力行业，服务电力企业，服务电力员工的办刊方针。努力为四川省电力企业两个文明建设服务、为四川省电力改革发展服务、为四川省地方经济发展服务。大力宣传四川省工业强省战略，加快发展水电支柱产业，实施“西电东送”、“川电外送”等大政方针；大力宣传四川省电力企业和员工在安全生产、优质服务、保障供电过程中的无私奉献精神和为地方经济发展所作出的巨大贡献。

《四川电业》杂志的栏目设置，坚持与时俱进，服务和服从于四川省电力工业局（公司）不同时期的工作重心、工作大局和正确舆论导向的原则。开设的主要栏目包括特约稿、本期专题、管理论坛、安全生产、电力营销、农电之声、电源建设、电与法、企业文化、党建之声、群团工作、视野、人物、焦点透视、工作研究、电力资讯、摄影故事、八小时以外等。

《四川电业》杂志的作者和读者主要是电力企业各级领导干部、生产经营管理人员。杂志除向四川电力行业各级领导干部、各级生产经营管理人员赠阅外，还同省外同行业之间进行交流。

在通信报道网络上，全川电力行业（包括四川省电力公司所属企业和中央在川直属电力企业、地方电力企业等）企业，均有本刊通信员和特约记者。因此，《四川电业》杂志也刊载电力行业各级领导、资深人士、专家、学者的讲话、专论、特约稿件和一些省外电力企业管理人员撰写的相关论文、投稿等。

第二节　综　合　期　刊

一、《川电职工》

《川电职工》由四川省电力工会主办，1991～2002年，《川电职工》共出刊260期，在传达工会信息、宣传方针政策、指导生产建设、宣传劳模业绩、交流工作经验、推动理论研究、传递基层动态、反映职工呼声、聚焦群众热点、推动精神文明建设等方面给人面目一新的感觉。并从不同侧面反映了系统各单位安全生产、班组建设、民主参与民主管理、劳动竞赛、企业文化建设等方面和工会组织在突出中心、围绕重点、抓住热点、全面履行四项职能等方面的经验，得到了基层职工、兄弟单位和上级工会的好评。

二、《电力青年》

《电力青年》由四川省电力公司团委主办，始创于1983年，由西南电业管理局团委主办。创立之初的目的是交流基层共青团工作经验，实现上下级团组织之间、不同行业之间的信息快递。1990年，为适应团员青年更高层次的文化需求，改版为团内刊物，封面为铜版纸彩色印刷，双月刊，栏目内容较之简报性质的青讯有很大程度的丰富和提高，刊物命名为《四川电力青年》，1996年更名为《电力青年》至今。

自2001年开始，为了以更加活跃的青春气息吸引青年，倾听青年心声，引导青年追求健康向上的精神生活，四川省电力公司团委对《电力青年》从版式设计、栏目内容设置进行大幅度更新改换。在把握好基本原则和宣传尺度的前提下，办刊形式一反机关内部刊物的呆板和沉闷，以清新活泼的风格、贴近青年现实的深度报道来吸引读者；内容调整增设"青春手卷"、"热点追击"等栏目，聚焦公司系统团员青年的成长状况和精神风貌，关注企业热点问题；专题策划瞄准基层团员青年中的典型人物，充分利用共青团拥有大量优秀青年人才的优势，定期推出青年员工身边的封面明星和封面故事，以增强刊物的亲和力、接近性和互动功能。

创刊20余载，《电力青年》随着时代的发展不断提高办刊质量，以大量翔实的文字和图片见证了不同时期青年员工和电力工业共同成长的历史岁月。

第三节 专业期刊

一、《四川水力发电》

《四川水力发电》杂志创刊于1982年7月，由四川省水力发电工程学会主办，先后由西南电管局、四川省电力工业局（公司）主管，是一本国内外公开发行的技术性刊物。1982年7月～1985年12月为半年刊，1986年1月～2002年12月为季刊，并定期发行两期增刊。国内刊号为CN51-1150/TV，国际刊号为ISSN1001-2184，国际刊名代码为CODEN SSFAFG。《四川水力发电》是学会对内、对外开展学术交流的窗口，也是学会联系广大会员和水电工作者的渠道，并成为他们提供论文发表和宣传学会重大活动的阵地。《四川水力发电》面向国内外公开发行，刊物越办越好，质量不断提高，现已是四川省一级期刊、四川省优秀期刊、中国科技论文统计源期刊、中国学术期刊（光盘版）入编期刊、"中国期刊网"入编期刊、中国学术期刊综合评价数据库来源期刊、中国科学引用文数据库来源期刊、《中国四川经济大典》光盘系列篇CD-ROM《四川新闻出版》电子信息光盘入编期刊、"万方数据系统科技期刊群入编期刊"，全文上互联网。1999年，在建国50年来四川省首次期刊评级中，被四川省新闻出版局、省委宣传部、省科委评为四川省质量一级期刊。此外，施工专委会主办的半年刊《施工技术与管理》与武警水电三总队分会主办的《高原水电》等内部刊物，实用性强，各具特色。

为宣传四川省丰富的水力资源，促进四川省的水电发展，《四川水力发电》认真贯彻执行“以坚持党的四项基本原则，贯彻‘双百’方针，宣传党的水电建设方针和技术政策，宣传四川省和全国水电建设事业的成就，总结交流技术经验，推广科研和新技术成果，促进学术交流，推动四川省和全国水电建设事业的发展”的办刊宗旨，紧密围绕四川省水电建设的特点，分别在能源供应紧张及电力相对富裕的不同时期，有针对性地进行选题、组稿，为开发四川丰富的水电资源，为“西电东送”和“川电出川”，为将水电作为四川省的支柱产业，为提高水利水电勘测设计、科研、教学、施工与管理、设备制造与改造的科技水平而不遗余力地进行有针对性的宣传，取得了良好的社会及经济效益，也使刊物质量不断上升。

经过不懈的努力，《四川水力发电》杂志现已办成具有自己特色、实用性强、版式设计合理、参考价值高、刊物覆盖面大、发行量递增、质量逐步提高的杂志，在国内省级水电学会所办的科技期刊中位居前列，是影响力日益扩大的优秀期刊，深受读者和作者喜爱。

二、《四川电力技术》

《四川电力技术》是四川省电力工业局（公司）主管下，由四川省电机工程学会和四川电力试验研究院联合主办的国内外公开发行的电力科学技术性双月刊，于1987年创刊。国内统一刊号为CN51-1315/TM，国际标准连续出版物号为ISSN1003-6954（国际标准刊号）。大16开本，彩色封面及插页，内文96页。该期刊是四川省电力科技期刊，其办刊宗旨和原则是紧密联系四川电网实际，交流电力科研和技术改造成果，介绍电力生产技术经验和国内外先进技术。刊载的主要内容有专题研究、综述评论、技术改进、技术讨论、简讯等。

该期刊自创刊之日起，历任主编如下：第一届为洪巨仁，第二届为刘尚贤，第三届为谢舫，第四届为朱康。期刊篇幅由创刊之日起的56页，发展到目前的96页。

至1991年以来，该刊先后被《中国电力文摘》、《电工文摘》、《动力机械文摘》、《中国科技期刊文摘（英文版）数据库》、电力部信息检索中心、中国版本图书馆等收藏。

期刊入编《中国学术期刊（光盘版）》、《万方数据数字化期刊网入网期刊》、《中国期刊网入编期刊》、《北极星》电力网站、《CNKI全文数据库》、《维普数据库》、农村电气化信息网、《中国学术期刊综合评价数据库》、《中国期刊全文数据库》等。

该刊以赠送、交换及征订方式发行到全国各电力局、供电局、全国大中小火电厂、水力发电厂、变电站、电力科研院所、全国大专院校、科研机构、国家及省市图书馆、档案馆等单位，发行量为4600册。

该刊在四川省首次科技期刊质量评审中被评为四川省质量一级期刊。

第四节 电 力 网 站

1991～2002年，四川省电力工业局（公司）系统计算机应用及信息化建设与管理取得了显著成绩。经过12年的努力，公司系统信息化建设得到全面发展，制订了相关的管理制度和标准，避免了信息化建设中各自为政的现象，确保了公司系统网络与信息系统安全、稳定地运行。

一、信息化建设

（1）公司广域网。至2002年，省电力公司系统广域网（国家电网信息网三级网）已实现将所属各基层单位全部接入四川电力广域网。在省电力以司所属21个地市电业局（公司）中17个电业局（公司）均建立了地市到县级供电企业的广域网（国家电网信息四级网络），为营销技术支持系统、FMIS、办公自动化等应用系统的运行提供了保障。

（2）统一实施应用系统初见成效。按国家电网公司电力营销系统建设规范的要求，四川省电力公司从2002年开始启动电力营销系统建设，电力营销管理系统的建立实现了各电业局数据管理中心化、业务办理无笔化、账务处理实用化、客户服务统一化，为进一步推进营销现代化建设奠定了坚实的基础。

（3）财务管理信息系统。财务管理信息系统的建设规划运用现代管理思想和计算机、网络、通信等先进技术，集财务预算、控制、核算、考核、分析和决策支持等功能于一体，建成财务信息与业务信息全面融合的信息系统，省电力公司与各电业局信息合一或同步，实现企业整体资源的优化配置，以提高企业的综合实力和竞争能力。该项目预计投入资金近亿元，分三期、三年完成。一期工程拟于2005年底完成。

（4）基层单位网站。为树立企业形象、宣传企业文化、加强企业之间的信息交流，省电力公司所属各单位按国家电网公司下发的Ⅵ系统要求，开发建设了各自的企业网站。尤其是成都市电业局刚开启的“95598”客户服务网站的开通，架起了企业与用户之间联系的桥梁，加强了企业与用户之间的沟通，在优质服务工作上起到了积极的作用。

（5）网络与信息系统安全、稳定运行。通过建立了全省信息化统计指标报送体系和信息网络安全报告、分析制度；加强网络与信息系统运行情况和安全形势的分析，制订科学、合理的运行方式，合理安排检修、消缺和升级工作；健全网络流量监控异常日志等一系列具体措施；有效提高了信息网络的安全运行水平，确保了公司网络与信息系统安全、稳定的运行。体现到同业对标数据指标中，指标水平逐渐提高。

（6）公司本部办公自动化建设。办公自动化系统的建设目标是建设一套适应现代化企业管理需要，提高办公效率，提高决策的科学性、正确性，降低管理成本，实现办公自动化。四川省电力工业局（公司）的办公自动化建设始于20世纪80年代，开始尝试利用计算机技术辅助一些最基础的业务活动，这是“办公自动化”初级阶段；进入20世纪90年代，国家信息化建设速度加快，原电力部也非常重视信息化工作，从而推动四川省电力工业局（公司）自动化建设开始加快步伐；到90年代后期，由于信息网络技术的快速发展和信息基础设施的不断完善，中国网络信息的发展进入快车道，突破了部门和地域限制。四川省电力工业局机关于1997年8月，由托普集团开发办公自动化系统，虽然这套系统存在不少缺陷，但自动化建设从此进入到发展阶段。进入21世纪后，由启明星信息技术有限公司负责四川省电力公司办公自动化系统建设，在原托普集团开发的办公自动化管理系统的基础上进行大幅度的修改完善。2002年，办公自动化系统已进入实用化阶段。

二、四川电力在线

四川电力在线（四川电力新闻网）创办于2000年。由四川省电力公司主管，西南电力报社主办，是四川省电力公司的一个重要宣传窗口，是四川省电力公司一个重要的新闻舆论宣传阵地，是四川省电力公司联系企业、员工和社会的桥梁和纽带，是广大读者的朋友。创建四川电力在线可充分利用网络媒体宣传阵地的巨大优势，达到更加全方位、立体化宣传四川电力企业和员工的目的。

主要内容：一是将每期《西南电力报》内容同步上传到四川电力在线网站上，形成《西南电力报》电子仿真版，大大方便广大读者随时上网阅读，扩大宣传效果；二是紧紧围绕四川省电力行业和四川省电力公司系统两个文明建设中的大事要闻和群众关注的热点话题，从接收到的来稿中选编或由本站人员自行采编相关新闻稿。

2001年和2002年，每期《西南电力报》的所有内容都分别同步上传到《四川省电力公司局域网》、《华中电力网》、《四川电力在线》、《中国电力新闻网》、《启明星信息港》等网络上，并对相关内容和数据进行储存。

此外，从2002年起，西南电力报社为每个员工建立了专用电子邮箱，供员工在写稿、约稿、组稿、编稿和通信联络时使用。现在绝大多数文件、稿件往来，都实现了电子网络传输。

实现了报社编辑部与印刷厂之间完全通过网络传输编排版样。印刷厂直接从电脑网络上下载版样，进行制版和印刷。既方便快捷，又大大减轻了从业人员的劳动强度。

对记者、通信队伍实施网络化管理，通过网络对记者、通信员采写稿件情况进行统计和储存管理，有利实施量化考核。

三、四川水力发电网站

随着信息技术的发展，为加强与会员单位的信息交流，经四川省水力发电工程学会研究，于2000年正式成立了“电虎-Powerfoo”网站，并委托四川省水力发电工程学会青年工作委员会主办，四川省清源工程咨询公司承办。

四川省是水电大省，水电工作队伍庞大，为了让水电工作者及时了解、掌握经济动态及行业发展态势，网站工作者树立为行业发展服务的指导思想，每日坚持采集、上传信息。坚持信息及时传递，短短的两年，“四川水力发电网”的读者点击量达300多万人/次。在国内的能源、电力、水力发电网站的排名中，“四川水力发电网”已经跃居前列。

人　　物

人　物

本志《人物》，主要记述1991～2002年间四川省境内电力行业的革命烈士、全国劳动模范和先进生产（工作）者、省部级劳动模范和先进生产（工作）者，以及相当省级层面的电力管理机构副局级以上领导成员。

人物资料的收录，以该单位领导机关常设于四川省境内为准，单位领导机关不在省内的单位，均不予收录。有个别单位虽然领导机关常设于四川省内，但因未能提供资料所以也未收录或只收录人物姓名，未收录事迹、简历材料。

一、革命烈士

胡传清　（1967年5月～1995年7月）男，四川省天全县人，成都电力职工大学1993级继电保护专业2班学生。1995年7月30日凌晨1点40分，胡传清同志为抢救被洪水围困在青衣江的4名高中学生，冒雨从横在江面上的废旧铁索上准备划进江心岛施救，不幸被滚滚的洪水卷走，壮烈牺牲。胡传清同志生前系天全县始阳水电厂供电所所长。1995年8月6日，中共天全县委、天全县人民政府在始阳镇召开胡传清同志追悼大会。当地数千群众自发地参加追悼会，始阳古镇男女老少排着1千米多长的队伍，抬着100余个花圈为英雄送葬。

1996年1月18日，中共四川省电力工业局委员会以川电委组〔1996〕4号文转发省委组织部《关于追认胡传清同志为中国共产党党员的批复》，并号召全局广大党员和职工要认真向胡传清同志学习；4月19日，四川省人民政府以川府民政〔1996〕13号批准胡传清同志为革命烈士；5月20日，中华人民共和国民政部授予胡传清同志革命烈士称号。

二、全国劳动模范和先进生产（工作）者

（一）全国五一劳动奖章获得者

李积伦　男，1956年6月出生，汉族，四川省富顺县人，大学本科学历，教授级高级工程师。参加工作以来历任水电三局三处施工技术科科长、主任工程师，水电三局三分局主任工程师，水电三局三峡指挥部副指挥长兼总工程师，水电三局副总工程师，二滩水电开发有限责任公司官地建设管理局（筹）副主任。在三峡工程建设中，李积伦同志大胆采用科学的施工方案安排生产，注重技术创新，极大地提高了工作效率，其组织建立的安全保证体系，实现了“零事故”的安全生产管理目标，使企业取得了良好的经济效益和社会效益。该同志所完成的课题曾获“陕西省质量管理优秀成果二等奖”，并先后获得“中国水利水电总公司百名优秀中青年专业技术人员”称号、“三峡工程优秀建设者”、“三七八联营体先进生产者”、“三峡工程质量管理工作先进个人”等荣誉，2002年5月获得全国五一劳动奖章。

陈茂奎　男，1937 年 1 月出生，汉族，四川省自贡市人，中共党员，大专学历。陈茂奎同志 1957 年 7 月～1964 年 7 月在北京市华北电管局中心试验所热工室任技术员，1964 年 7 月～1972 年在宁夏回族自治区电业局工作，1972 年调至四川省电力工业局华蓥山电厂工作。先后担任热工车间主任、生技科长、生产副厂长兼总工程师，主持技术研究项目 10 余项，3 次获得部级技术三等奖。其中的“汽轮机 20 万千瓦自动化”项目在华蓥山电厂试投成功，获国家技术进步一等奖。1992 年获得全国五一劳动奖章，并被授予“全国优秀科技工作者”光荣称号。

李福德　男，1950 年出生，1968 年进入德阳供电所绵竹供电站工作。在绵竹供电站工作期间，历任变电站值班员、抄表工、装表工、用监工、农电班长、农电科长、农电副局长。李福德同志一心扑在农电工作事业上，为农民排忧解难，被农民群众称为“心系农家管电人”。1989 年被评为四川省电力工业局劳动模范、全国能源工业部劳动模范，1993 年再次被评为四川省电力工业局劳动模范，并荣获全国五一劳动奖章、“全国优秀生产能手”称号，1995 年荣获四川省职业道德“十佳”标兵、全国职业道德“十佳”标兵称号。

付　重　男，1964 年出生，四川省电力公司通信自动化中心通信处处长，1997 年被中华全国总工会授予全国五一劳动奖章。

蒋兆荣　男，1941 年 11 月出生，中专文化，1962 年参加工作。1998 年被评为高级技师，原任成都电业局修试所电测仪表班班长。蒋兆荣同志具有极强的敬业精神和扎实的理论功底，他潜心钻研，建立了一整套独特可靠的技术管理理论体系，针对本局变电站各种监测装置的重大缺陷、安全隐患提出并实施了合理化建议和技术改造项目（获局级奖 125 项、获部级奖 1 项），确保了本局重要监测系统的安全运行。特别是在成都电业局近几年实现的 43 座综合自动化变电站（国内外共 9 种型号）微机监测系统中数据采集子系统的技术引进、验收调试、维护消缺、技术改造等高新技术领域中作出了重大贡献。1999 年 4 月荣获全国五一劳动奖章。

甄　威　男，1955 年出生，四川电力试验研究院中层干部。1999 被中华全国总工会授予全国五一劳动奖章。

谢　舫　男，1946 年出生，四川电力试验研究院中层干部。2001 年被中华全国总工会授予全国五一劳动奖章。

（二）全国劳动模范

李明节　男，1963 年 6 月出生，汉族，四川省雅安市人，中共党员，工学博士，

1991年7月毕业于清华大学电机系电力系统及自动化专业并参加工作。先后主持了多项电力科研项目，成果被直接应用于四川电网，取得了明显的经济效益。其中“四川电网灾难性事故及对策”、“500千伏网络双回输电线路继电保护及故障测距研究”等分别进行了省部级鉴定。“EAMS（管理系统）3000局级电能量采集与管理系统”获得四川电力科学技术进步一等奖。1999年获得“国家电力公司劳动模范”称号，2000年获得“全国劳动模范”称号。

金跃荣　男，1963年出生，中共党员，送变电公司送电二分公司施工队长。1996～1998年，在国家重点建设工程二滩水电站配套工程——二滩—自贡Ⅰ回500千伏输电线路施工中，承担大凉山重冰区的施工任务。在施工段气候条件十分恶劣（年平均雨雾雪天气有312天），地形复杂，地质破碎的无人原始林区中，作为施工队长，带领全队职工扎根一线，克服困难，努力工作，模范带头，无私奉献，在海拔3070米的高度上，在50毫米厚的重冰区，开挖和浇制基础，组立铁塔，展放导线，安全、优质、圆满地完成施工任务。2000年获“全国劳动模范”称号。

张柏林　男，1943年1月出生，重庆市人，四川电力试验研究院教授级高级工程师，1966年毕业于四川大学化学系本科。1992年被评为国家有突出贡献的专家，并享受国务院的特殊津贴，1993年被评为四川省电力工业局劳动模范、四川省先进科技工作者，1994年被评为中国电力系统特等劳动模范，1995年被评为全国劳动模范。张柏林同志长期从事电厂化学及防腐蚀的研究工作和管理工作，在有关电力化学的锅炉清洗、汽轮机和凝汽器清洗、炉内外水处理、火电厂停用保护等方面有较深的研究和突出贡献，科研成果共获国家专利4项，国家级、省（部）级和局级技术进步奖9项。

杜仁明　男，1949年4月出生，汉族，四川省射洪县人。1975年7月参加工作，1984年5月加入中国共产党，中央党校干函院经济管理专业毕业，教授级高级工程师，享受国务院特殊津贴的专家。曾任四川明珠集团有限责任公司董事长、总经理、党委书记。在杜仁明同志的带领下，四川明珠集团公司取得了迅猛发展，他本人因其扎实的专业功底和突出的经营业绩，被国家水利部水利地电企业特聘为专家，先后被评为全国劳动模范、国务院特殊津贴专家、全国优秀科技工作者、全国水利经济优秀管理者、全国农村水电初级电气化县建设先进工作者、四川省优秀企业家等荣誉。1995年9月被评为四川省劳动模范。

方长铨　女，1937年1月出生，汉族，四川省乐山市人，1957年7月毕业于成都工学院水工专业后参加工作，1966年10月入伍，1985年5月加入中国共产党，技术5级，教授级高级工程师，武警大校警衔。历任四川省水电局技术员，基建工程兵第六十一支队技术科技术员、工程师，武警水电一总队副总工程师，武警水电工程指挥所总工程师、主任兼总工程师，1991 年 6 月任武警水电第三总队总队长，1996 年 3 月任武警水电第三总队正师职咨询，1997 年 7 月退休。方长铨同志具有精湛高超的水电工程技术、丰富的水电建设指挥经验和出色的部队军事管理才能，在水电建设事业上取得了骄人的业绩，堪称军中女杰，她统率的武警水电第三总队被电力工业部授予“世界屋脊水电铁军”荣誉称号。因对中国的水电建设作出了重要贡献，她曾受到江泽民、胡锦涛、吴邦国、李铁映、罗干等党和国家领导人的亲切接见。方长铨同志 1991 年 7 月被能源部授予“先进施工企业优秀项目经理”称号，1991 年 2 月被建设部授予“全国施工企业优秀项目经理”称号，1992 年 3 月被西藏自治区授予“‘三八’红旗手”称号，1992 年 9 月被武警总部荣记三等功，1993 年 1 月经国务院批准从 1992 年 10 月起享受政府特殊津贴，1994 年 2 月被中华全国妇女联合会授予“‘三八’红旗手”称号，1994 年 3 月被全国城镇“巾帼建功”活动小组授予“巾帼建功标兵”称号，1994 年 4 月被电力工业部、中华水利电力工会授予“劳动模范”光荣称号。

赵秀玲 女，1962 年 11 月出生，1983 年 7 月毕业于天津大学水工专业后入伍，1985 年 12 月加入中国共产党，武警大校警衔，现为武警水电第三总队副总队长。赵秀玲同志入伍以来，长期奋战在水电科研与施工第一线，作为一名女性，赵秀玲同志长年坚持在高寒缺氧、气候恶劣，被人们喻为“生命禁区”的雪域高原从事水利水电建设，把当代女性和知识分子的可贵品行融入伟大社会实践中，以顽强的作风、坚强的意志、可贵的品质和出众的才干，创造了不平凡的业绩。赵秀玲同志多次被评为“优秀共产党员”，多次立功受奖。2000 年 7 月当选为第三届“中国武警十大忠诚卫士”，2001 年 3 月被全国城镇妇女“巾帼建功”活动领导小组授予“巾帼建功”标兵荣誉称号，同月被武警总部荣记一等功，2001 年 8 月荣获“全军作战部队专业技术优秀人才奖”，2002 年 7 月被国务院批准享受政府特殊津贴，同年 10 月被全国妇联评为“中国十大女杰”并光荣当选中共“十六大”代表，2005 年 5 月当选为武警部队第一次党代会代表。赵秀玲同志还多次受到党和国家领导人的亲切接见。

（三）全国先进生产工作者

熊显彬 男，1941 年 11 月出生，汉族，四川省德阳市人，中共党员，重庆大学热能动力装置专业毕业，1964 年 8 月参加工作，教授级高级工程师，熟悉火电厂热机专业设计技术。历任西南电力设计院工程处设计总工程师、副处长、处长、设计院副总工程师、专家委员会委员。熊显彬同志在主持中国西电东送大型发电工程设计、咨询工作中，取得了显著成绩，作出了突出贡献，主持的工程设计项目获国家优秀设计银奖 2 项、铜奖 1 项，行业优秀工程设计一等奖 2 项，行业优秀工程咨询成果一、二、三等奖共 4 项。2002 年享受国务院政府津贴。

三、省、部级劳动模范和先进生产（工作）者

（一）省级劳动模范

孙中弼 男，1937 年 6 月出生，汉族，上海市人，中共党员，大学本科学历，教

授级高级工程师。参加工作以来历任水电五局隧洞大队施工组组长、生产组组长、副主任工程师、总工程师室技术负责人，水电五局总工程师、副局长、局长，二滩水电开发有限责任公司总经理、党委书记、常务副董事长。在二滩工程几次面临停建的最困难时期，为解决资金困难，孙中弼同志全力投入引进了世界银行贷款，并在二滩工程建设与国际接轨方面起到了决定性作用，在水轮发电机国际采购中，创造性地提出了“斜线分割法”，在经历了两次大手术，胃部大部切除的情况下，仍在为二滩电站组建、运行、上网定价等后续工程奔忙，为二滩水电开发有限责任公司的发展作出了突出贡献。孙中弼同志曾获四川省“十大英才”提名奖、四川省科技进步二等奖，1994 年被评为“攀枝花市劳动模范”，1996 年获得国务院政府特殊津贴，1998 年 8 月被评为“四川省劳动模范”。1998 年 8 月正式退休。

刘俊峰　男，1942 年 2 月出生，汉族，辽宁省喀左县人，中共党员，大学本科学历，教授级高级工程师。参加工作以来历任水电一局白山电站浇筑队队长，水电一局开挖大队队长、支模队队长，水电一局第一工程处副处长，水电一局红石分局局长、党委书记，水电一局副局长、局长，二滩水电开发有限责任公司总经理、党委书记。刘俊峰同志具备扎实的专业理论和丰富的工作经验，领导和组织建设了多个大中型水电站施工，特别是二滩电站建设重要时期带领二滩员工克服了重重困难，保证了二滩电站施工的顺利进行和电站按期投产。刘俊峰同志曾被评为四川省电力局先进党务工作者，多次获先进工作者等荣誉，1993 年 10 月获得国务院政府特殊津贴，1998 年 8 月被评为“四川省劳动模范”。

王音辉　男，1943 年 10 月出生，汉族，河北省定县人，中共党员，大学本科学历，教授级高级工程师。参加工作以来历任水电一局技术科副科长、施工处副处长，鲁布革水电工程管理局工程处处长、总工程师，二滩水电工程公司工程师代表、总经理，二滩水电开发有限责任公司副总经理。王音辉同志在二滩电站建设时期，根据国际通用的 FIDIC 条款，建立了完善的工作制度，其在经营管理、工程项目管理和工程监理等方面为二滩电站建设作出了重要贡献。王音辉同志多次获得先进工作者等荣誉，1997 年 3 月获得国务院政府特殊津贴，1998 年 8 月被评为“四川省劳动模范”。

蔡新鉴　男，1938 年 8 月出生，汉族，四川省成都市人，中共党员，大学本科学历，教授级高级工程师。参加工作以来历任水电三局调度室副主任、计划处处长、总经济师，二滩水电开发公司总经理办公室主任，副总经理。在二滩工程主体施工最紧张、最关键的时期，很好地控制了工程质量、工期和投资三大目标，既充分确保了承包商的积极性，也极大地维护了业主的利益，并抓住公司改制的机遇，逐步建立了二滩水电开发有限责任公司现代企业制度。蔡新鉴同志多次获得先进工作者等各项奖励，1998 年 8 月被评为“四川省劳动模范”。1998 年 7 月正式退休。

赵志清　男，1952年5月出生，汉族，中共党员，安县电力联营公司技师。1969年1月参加工作。赵志清同志曾担任四川省绵阳电业局220千伏安县变电站站长，扎根变电站十余载，凭着一颗强烈的事业心和高度的责任感，抓住该站存在的主要问题，大刀阔斧地进行改革，坚持高标准、严要求，奖罚分明，敢于管理，善于积累经验，在工作上以身作则，带头苦干，处处关心职工，全身心扑在电力运行管理之中。1994年被评为“绵阳市劳动模范”，1995年被评为“四川省劳动模范”。该站曾被国家电力公司评为“安全先进集体”，多次被省公司评为“红旗站”、“标准站”。

陈兴禄　男，1940年6月出生，汉族，中共党员，大学本科学历，教授级高级工程师，1961年2月参加工作。陈兴禄同志在任绵阳电业局局长期间，狠抓了劳动、人事、工资制度配套改革，顶着压力从精简入手，振奋精神迎接挑战，出色地完成了省公司“三改”试点工作任务。超常规发展多种经营，引进人才，拓宽业务，从单一服务型向生产经营型和集团化企业转变，经济效益不断增长，使绵阳电业局多经公司进入四川省劳动就业系统百强企业十强，荣获就业先进单位和市明星企业称号。陈兴禄同志狠抓企业安全生产，制定措施，严加管理，建立健全了三级安全保障系统，促使企业安全生产一年上一级台阶，创造了建局以来最佳安全生产纪录。这些措施加快了绵阳电力建设步伐，促进了“三改”的纵深发展，劳动人事动态管理机制逐渐形成，内部竞争激励机制更趋完善，企业整体素质不断提高。发展后劲越来越足，经济效益不断提高。陈兴禄同志为企业发展作出了突出贡献，1995年被评为“四川省劳动模范”。

邓天杰　男，1946年1月出生，汉族，四川省泸县人，1969年7月参加工作，1969年9月毕业于重庆大学热动专业大学本科，1979年12月加入中国共产党，教授级高级工程师。现任四川省电力工会主席、四川省电力公司党委常委。1995年4月被四川省人民政府授予“四川省劳动模范”称号。

胡泽东　男，1949年4月出生，四川省南充市人，1985年1月加入中国共产党，1965年6月参加工作，高小文化程度。曾在四川省水利厅招考录取到泸州石棚发电厂、宜宾发电厂培训后在绵阳送变工程大队、成都供电局送变电工程大队、绵阳电业局送变电工程大队，以及南充供电局检修队、线路所、劳动服务公司工作。1995年4月被四川省人民政府授予“四川省劳动模范”荣誉称号。因病于1995年7月退休。

方文弟　男，1944年出生，四川省电力公司副总工程师。1998年被省政府授予“四川省劳动模范”称号。

季尚炯　男，1943年1月出生，中共党员，大学本科学历，于1968年9月由重庆大学毕业分配参加工作，教授级高级工程师，原四川电力送变电建设公司经理。1996～

1998年，在全国重点工程——二滩送出500千伏输变电工程建设中，担任工程建设副指挥长和东段分指挥部指挥长。四川电力送变电建设公司承建的二滩送出一期工程有“3站2线”，即昭觉500千伏开关站、龙王和洪沟500千伏变电站，自（贡）蓉（成都）同塔双回和二滩—自贡Ⅰ回500千伏输电线路工程（东段）。该工程工期紧，技术、质量要求高，尤其是二滩—自贡Ⅰ回输电线路途经3地（市）7县区，横穿大凉山腹地30～50毫米的重冰区段，气候条件恶劣，地形复杂，自然灾害频发，对公司施工管理和施工能力都是一次全面的考验。季尚炯同志不畏艰难，不言艰苦，以高度的责任感和出色的指挥才能，顺利地完成了二滩输变电建设任务。1998年6月，季尚炯同志被四川省人民政府授予“四川省劳动模范”称号。

刘贞云　男，1941年出生，四川电力建设（集团）公司副总经理。1998年被评为“四川省劳动模范”。

梁云飞　男，1943年1月出生，汉族，中共党员，大学本科学历，教授级高级政工师，1968年9月参加工作。梁云飞同志在任绵阳电业局党委书记期间，为企业改革、发展、稳定付出了大量的心血和汗水，是两个文明建设的带头人。他把精神文明建设纳入企业发展的总体目标，主持制定了“重在建设、自我加压、自强争先、整体推进、协调发展”的企业双文明建设发展战略。抓认识的提高，抓机遇的建立，抓载体的建设，抓物质的投入，使该局的创建工作始终走在全川电力系统的前列，为绵阳电力建设、经济腾飞和社会发展作出了突出贡献。绵阳电业局先后两届被省电力公司评为“先进党委”、“四好班子”，多年保持全省电力系统“思想政治工作优秀企业”称号，连续两届荣获全国电力系统双文明单位称号，1997年被授予“全国电力企业行风建设纠风工作先进集体”，连续三届荣获四川省最佳文明单位称号，多年被绵阳市评为先进单位等。梁云飞同志1995年被四川省电力公司评为劳动模范，2000年被评为“四川省劳动模范”。

李祖平　男，1964年出生，汉族，大学专科学历，带电作业技师，西昌电业局超高压管理局500千伏带电作业班班长。李祖平同志先后主持完成了一系列重大工程项目及技术资料的整理，2001年11月30日，带领班员以娴熟的操作技术完成了对普洪一线N16到N17塔之间受损导线的带电检查和导线补修工作，开四川省电力系统500千伏带电作业之先河。在他的带领下，500千伏带电班年年高效优质地完成了各级下达的任务，创下了安全生产5900天无事故的纪录。李祖平同志1999年被评为省局达标班组先进个人，2000年被评为“四川省劳动模范”，同年被评为全国电力行业技术能手。

严树康　男，1941年12月1日出生，四川省西充县人，1963年8月1日参加工作，1965年1月加入中国共产党，大学本科学历，高级经济师。1985年8月～2000年3月任新都供电局局长。严树康同志在任新都供电局局长的15年时间里，对部属严格要求，大胆管理，有敢为人先，永争一流的气魄。新都供电局连续15年实现了电费回收率、解缴率100%，每年的售电量、售电均价等经济指标均圆满完成，还曾连续6年未发生任何安全事故及重大事故苗头。1998年在国网公司尚未全面部署一期农网建设与改造之前，严树康同志超前思维，带领全局职工实施农网建设与改造工程，受到各级表彰奖励，为不断满足新都区经济发展和广大人民群众的用电需要作出了积极贡献。2000年4月被评为“四川省劳动模范”。

余治富　男，1947年4月出生，汉族，1969年1月参加工作，中共党员，原四川蓬溪供电局红江发电厂副厂长兼工会主席。余治富同志扎根山沟电站工作31载，在生产一线的工作中，勤学苦干，比常人多付出劳动时间1400多天。他潜心完成技改技革项目9个，仅支持盖自动排水和前池漂木拦污2个项目每年就为企业增收45多万元，使运行20多年的老电站焕发新活力。他甘当园丁，为企业和省内、外同行培养了一大批优秀电力技术和管理人才；顾全大局，积极投身改革，主动为干了10多年临时工的妻子办理了清退手续；2次主动放弃到县城工作的机会，把一生中最宝贵的青春奉献给了电力事业。余治富同志2000年4月被授予“四川省劳动模范”称号。

（二）部级劳动模范

李拔群　男，1928年10月出生，汉族，湖南省邵阳县人，1988年10月加入中国共产党，1952年8月参加工作，湖南大学电机系输配电专业毕业，大学本科学历，教授级高级工程师。先后在中南电业工程公司、中南电业局设计处、中南电力设计院、贵州省电力设计院、西南电力设计院工作，享受国务院政府津贴。李拔群同志长期从事高压送变电线路工程电气专业设计工作，先后担任过江西、河南、贵州、云南、四川等省20多条主要送电线路的工程设计，积累了丰富的设计经验。天生桥—贵阳送电线路是中国第一条重冰区500千伏线路工程，李拔群同志担任该工程设计总工程师，多次参加与日本的谈判和对外咨询，带领工程设计人员解决了重冰区500千伏送电线路工程设计的技术难题。天生桥—贵阳500千伏送电线路获国家优秀工程设计银奖。李拔群同志1994年4月被评为水电部“全国电力工业劳动模范”。

杨永清　男，1949年6月10日出生，1965年9月在上海水工厂参加工作，1969年2月调夹江水工机械厂工作，中共党员，高级工程师。历任车工、磨工、齿轮车间副主任、主任、水泵分厂厂长。杨永清同志在工作中任劳任怨，勤奋工作，表现突出，个人钻研小改革20余项，在生产制造过程中发挥了积极的作用。杨永清同志1994年被电力工业部评为劳动模范，1999年被国家电力公司、中国水利电力工会评为劳动模范。

吴　渝　男，1963年4月10日出生，1984年8月在夹江水工机械厂参加工作，中共党员，工程师。历任技术员、结构车间主任、工艺科副科长、经销处副处长、处长、市场开发部主任、副厂长。吴渝同志在工作中开拓创新，特别是在企业管理和市场开发中表现突出，为企业发展壮大作出了积极的贡献。1999年被国家电力公司、中国水利电力工会评为劳动模范。

马德民　男，1947年12月出生，汉族，云南大理人，中共党员，大学本科学历，教授级高级工程师。参加工作以来历任云南滇西电业局实验室主任、滇西电业局副局长，云南漫湾水电厂厂长，云南省电力局劳动工资处处长，二滩水电开发有限责任公司二滩水力发电厂厂长，二滩水电开发有限责任公司副总经理。马德民同志在认真研究国内外电厂运行管理经验的基础上，结合二滩水力发电厂实际，按照“高起点、高标准、高素质、高效益”的要求，敢于突破传统管理模式，实现了管理理念的三大更新，四大转变，五大突破，为二滩水力发电厂创国内一流电厂作出了突出贡献。其对中国水电管理模式深入研究、水电企业现代化管理新思路的积极探索，对国内水电厂管理具有一定的理论指导性。马德民同志1998年8月被四川省政府记“二滩水电站建成发电一等功”并授奖。

车梓陵　男，1947年出生，泸州电业局干部。1994年被电力工业部、全国水电工会授予“劳动模范”称号。

谢向阳　男，1939年出生，绵竹供电局局长兼农电局局长。谢向阳同志在电力“三为”服务工作中，勤勉工作，使绵竹供电局在四川省电力系统中首批荣获能源部电力“三为”达标单位，在农电“三为”服务中，面向农业，服务农民，为解决21个乡的农村照明和电价问题，抓农电管理，抓农网整改，抓降低农户用电电价。几年来组织农电员工，整改农网低压线3300千米，每年为农民减轻电费负担240万元。绵竹农电局1993年先后收到各级政府和用户送来的锦旗43面。谢向阳同志1989年被评为德阳市农业劳动模范，1994年被评为电力工业部劳动模范。

李孝荣　男，1939年出生，中共党员。1984～1990年，担任宜宾电业局输电班班长，曾多次荣获宜宾电业局先进个人、优秀共产党员、标兵等荣誉称号，并先后被评为四川省电力工业局先进生产者、劳动模范、优秀共产党员，1994年荣获电力工业部“劳动模范”称号。

1984～1990年间，李孝荣同志担任宜宾电业局输电班班长，带领全班13名同志，担负宜宾电业局28条35千伏及以上电压等级输电线路（共计605千米，跨经9县1市）的巡视和维护任务。在他的带领下，大家齐心协力，班组连续6年7个月保持了输电线路安全运行无上报事故的纪录，为宜宾电业局的安全生产、宜宾地区经济建设、农业生产的可靠用电作出了突出贡献。1990年该班荣获了全国先进班组“五一劳动奖章”的殊荣。

林吉荣　男，1948年2月出生，小学文化程度，1966年11月参加工作。林吉荣同志自白马发电厂扩建工程开始担任烟塔队钳工班长，先后参与了白马电厂、豆坝电厂、黄桷庄电厂等多座电厂烟囱、水塔的施工及主厂房构架的吊装，为优质、快速完成公司所承担烟囱、水塔的施工，特别是为黄桷庄电厂1号机组比国家计划提前投产发电，确保完成全国1993年投产120万千瓦发电机组的任务作出了突出贡献。他参与建设的白马电厂扩建工程烟囱被评为优质单项工程，豆坝电厂烟囱被评为样板工程；所领导的钳工班1991年底被能源部授予“安全生产先进集体”称号，本人多次被评为先进个人、一等功臣和特等功臣。1994年荣获电力工业部“劳动模范”称号。

张 建 男，1937年8月出生，四川省长宁县人。1962年7月毕业于成都科技大学，先后在长寿电厂、乐山511指挥部、五通桥电厂任技术员。1976年调入成都铁塔厂工作，历任副科长、副总工程师兼车间主任、厂长职务。张健同志自参加工作以来，工作责任心强，为人正直，作风正派。特别是1988年7月担任铁塔厂厂长后，深化改革、大胆创新，理顺了工厂管理流程，强调技术领先，引进C-25角钢自动生产线，提高了工厂产能和铁塔产品质量，满足了客户需求，为工厂顺利完成“二滩”工程奠定了坚实基础。张建同志1994年荣获电力工业部“劳动模范”称号，1997年8月退休。

周心福 男，1943年7月28日出生，1967年8月毕业于重庆大学热能动力装置专业，教授级工程师，享受国务院专家津贴。周心福同志1967年9月分配到四川省电力建设二公司工作，工作以来，历任公司锅炉工地技术员、专责工程师；1986年任公司副总经理，1988年任四川省电力建设二公司总经理。1989年带领公司参加成都热电厂20万千瓦扩建工程，为公司进驻成都打下了良好的基础；并率领公司先后承建了江油2×30万千瓦工程、宁夏大坝电厂工程、汕头电厂工程、内江高坝首台10万千瓦循环流化床示范电站等工程的建设，使公司以良好的社会信誉和工程业绩，受到各方的一致好评。周心福同志曾多次获得各项荣誉，1994年4月被评为电力工业部劳动模范。

叶小莲 女，1958年5月出生，汉族，大学专科学历。1976年9月参加工作，1979年走上供电营业服务岗位，现任自贡电业局自流井供电局客户服务中心主任。叶小莲同志在20多年的供电营业服务职业生涯中，认真钻研业务，带头执行服务规范，以严谨、细致、勤勉、务实的工作作风和模范服务为宗旨，她精湛的业务技能、一流的服务水平、持续的创新能力深受单位职工和客户的赞扬。她在担任客户服务中心主任期间，热忱为客户提供“优质、规范、方便、真诚”的服务，多年来赢得了客户和社会广泛赞誉，该中心成为国家电网公司城市供电营业规范化服务“示范窗口”，为树立“国家电网”服务品牌作出了积极的贡献。叶小莲同志曾被评为电业局标兵、自贡市“优质服务能手”、四川省电力系统“用电管理十佳服务能手”，1999年获得国家电力公司“劳动模范”称号。

冯长富 男，1940年11月出生，汉族，大学文化，1966年9月参加工作，1984年10月加入中国共产党，原成都电业局青白江供电局党总支书记、局长、高级工程师。

在冯长富同志主持工作期间，青白江供电局售电量连续3年上升，1998年完成售电量8.983亿千瓦·时，比1997年同期增长6.12%，售电收入3.81亿元。冯长富同志重视科技兴局、刻苦钻研，近几年来，为研制出满足电力系统安全生产需要的新型电力绝缘产品，几乎牺牲了所有的节假日。已取得“10kV绝缘隔离棒”、“母排绝缘罩”、“10kV稳线棒”、“10kV架空绝缘护套”、“10kV合成绝缘横担”、“输电线路绝缘护套”6项国家专利，在省内外电力系统广泛应用，促进了系统安全，取得了较好的经济效益和社会效益。冯长富同志1999年4月荣获国家电网公司“劳动模范”称号。

兰　苑　女，1950年11月出生，汉族，隆昌电器承装公司经理（内江电业局隆昌供电局管辖企业），1999年5月被国家电力公司授予“劳动模范”称号。在工作中，兰苑同志以强烈的市场竞争意识和顽强的拼搏精神，带领8名女工，以2000元资本，勇创市场，艰苦创业，使公司不断发展壮大，截至1998年末，公司已有资产2018万元，安置待业人员及供电局分流职工80名，总收入2078万元，利润186万元，劳动生产率达到46588元/(人·年)；近20年未发生过生产事故和质量问题，没有一起客户投诉，公司被地方政府授予“重合同、守信誉”企业；在公司内部打破平均主义分配方式，实现3种不同的工资分配制度；大力精减行政管理人员，实行竞争上岗，考试录用制度，公司仅设6名管理人员；率先对公司进行股份合作制改造，被列入四川省劳动服务企业改制试点单位；公司先后获得省、市、县及省电力公司、内江电业局等单位授予的先进集体40余次，本人被省电力公司、川南电业局、内江市劳动局、内江电业局等单位评为先进生产者、“三八”红旗手。

朱白桦　男，1957年出生，汉族，1974年9月参加工作，1982年1月毕业于成都科大电力系统专业，1985年9月加入中国共产党，高级工程师。朱白桦同志曾任四川省电力勘察设计院院长兼西南电力科技咨询开发公司经理，四川省电力公司副总工程师。1999年4月被能源部授予“全国电力系统劳动模范”称号。

曹元忠　男，1947年10月出生，四川省成都市人，中共党员，高级工程师，映秀湾水力发电总厂生产计划部主任。毕业于成都水力发电学校，1968年分配到水电六局一大队工作，1974年1月调映秀湾发电厂工作至今。在“三漏”治理期间，把抓设备整治，提高机组健康水平作为重要突破口，通过贯彻执行内部承包责任制、工程项目经理制、工程监理制、标准化大修等管理制度，使全厂设备健康水平得到很大提高，为映电总厂荣获省公司“无泄漏水电厂”称号作出了重大贡献。针对映电总厂设备缺陷多、运行可靠性差的实际，曹元忠同志带领有关人员大力推广新技术，努力攻克多年来困扰映电总厂的主轴密封漏水等一系列技术难题，取得了很大成功。曹元忠同志多次受到局、厂表彰，1984年荣获川西电业局“先进工作者”称号，“梯级水电站的开发与管理研究”成果荣获省局1992年科技进步二等奖，1997年获总厂“三漏治理标兵”称号，并被评为1995～

1996年度厂级劳动模范，多次被评为厂级"先进生产者"、"优秀共产党员"，1999年被评为国家电力公司劳动模范。

王孝全　男，1944年12月出生，汉族，四川省射洪县人，大学本科学历，高级工程师。1969年8月参加工作，1985年加入中国共产党。曾任四川明珠集团有限责任公司副董事长、常务副总经理。王孝全同志长期从事电力调度、水电技术及管理工作，在水力发电、电力运营等方面拥有精深的专业理论和丰富的实践经验，具有较强分析和解决问题的能力。在工作中，他科学调度、合理调节、增供促销成效显著，切实保障了射洪县工农业生产和城乡居民生活用电需求，为地方电力事业作出了卓越贡献。1995年9月，王孝全同志以优良的思想品德素质、优异的专业技术水平、丰硕的科研成果、杰出的管理才能，荣获国家水利部、全国水利系统"劳动模范"称号。

杨兴成　男，1937年10月出生，汉族，四川省射洪县人，1957年参加工作，技师职称。杨兴成同志一直在遂宁从事水力发电、电力调度和网络管理等工作，兢兢业业，勤勤恳恳，有良好的职业道德和丰富的工作经验，在水电系统和广大员工中起到了很好的示范带头作用。他勤于学习、善于钻研，努力探索安全调度、科学调度、效益调度，严格执行"三电"计划，使有限的水利资源发挥出了最大的发电经济效益，在供电方面积极缓解射洪县电力供需矛盾，最大限度地保证了系统内重要用户、工农业生产及人们日常生活的正常用电，为地方电力事业作出了突出贡献。1996年，杨兴成同志荣获国家水利部、全国水利系统"劳模工人"称号。

吴　平　男，1964年出生，汉族，大学专科学历，中共党员，高级技师。1980年11月参加工作，现任四川明珠集团有限责任公司供电所副所长。长期的电力行业外线工作，使吴平同志积累了扎实的业务技术和丰富的实践经验，他服从组织安排，任劳任怨、乐于奉献，按照规程办事铁面无私，认真编制供区内输配线路年度检修计划和安全措施计划书，精心组织检修实施，使供区的网络建设、负荷分配更加经济合理，为网络的安全经济运行提供了保障。吴平同志凭着过硬的业务技术、火热的事业心、高度的责任感和突出的业绩，荣获"四川省技术能手"称号，1996年10月荣获水利部"模范工人"称号。

（三）四川省先进工作者

吴华能　男，1944年4月出生，汉族，重庆市人，1964年8月参加工作，毕业于重庆电力学校电气专业，中专学历，高级工程师。吴华能同志长期从事送电线路工程勘测设计工作，1989年以后担任云南省漫湾—昆明和四川省二滩—自贡Ⅰ回、Ⅱ回500千伏送电线路工程的主设人和副设计总工程师。在二滩—自贡500千伏送电线路工程勘测设计中，先后10多次带领工程设计人员奔赴大、小凉山，穿越原始森林，搜集和掌握第一手勘测设计资料，解决了高海拔、重冰区和复杂地质地貌给工程设计带来的技术难题，获得了美国、加拿大等国专家的高度评价，顺利通过了世界银行贷款评估。吴华能同志组织设计的漫湾—昆明和二滩—自贡Ⅰ回500千伏送电线路工程分别获得国家级优秀工程设计铜奖和金奖，多次被评为西南电力设计院劳动模范、先进生产者，连续8年获得“西南电力设计院质量标兵”称号。1981年获“成都市先进生产（工作）者”称号，1995年被评为四川省先进工作者。

四、四川省电力企业管理机构领导干部名录

（一）四川省电力公司

刘金龙　男，1941年11月出生，汉族，江苏省海定县人，1965年9月毕业于武汉水利电力学院发电厂电力网及电力系统专业并参加工作，1973年6月加入中国共产党，高级工程师。刘金龙同志历任四川省渡口河门口发电厂电气分场副主任、运行副主任，四川省渡口电业局总工程师室工程师、电业局副总工程师、电业局副局长兼总工程师，西南电管局副局长、党组副书记，四川省计划经济委员会副主任、党组副书记，西南电管局局长、党委书记，四川省电力工业局长、党委书记，1991年12月调离四川省电力工业局。

石万俭　男，1944年3月出生，汉族，河北省武安市人，1968年7月毕业于哈尔滨电工学院工业电子学专业并参加工作，1978年12月加入中国共产党，教授级高级工程师。历任东方电机厂研究所综合室副主任、研究所副所长、副总工程师，中国东方电站成套设备公司副总经理、党组副书记，中国东方电气集团公司总经理、党委书记、党组副书记，四川省电力工业局局长、党委书记，四川省电力公司总经理、党委书记。

朱长林　男，1959年4月出生，汉族，山东省莒县人，1976年7月参加工作，1985年10月加入中国共产党，上海同济大学机械设计及理论专业博士，高级工程师。历任河南省南阳地区电业局输电工区技术员、副主任、主任、局办公室主任兼机关支部书记、副局长、局长、党委委员，中国华中电力集团公司总经理工作部主任，湖北省电力公司（局）副总经理（副局长）、党组成员，河南省电力公司副总经理、党组成员，四川省电力公司总经理（法人代表）、党委副书记。

张美崇　男，1959年11月出生，汉族，黑龙江省巴彦县人，1982年8月毕业于东北电力学院发电厂及电力系统专业并参加工作，1984年6月加入中国共产党，武汉水利电力大学管理工程硕士毕业，高级工程师。历任东北电力学院团委干事、常委兼建工系团委书记，水电部干部司主任科员，能源部人教司技术干部处、干部管理处副处长，沈阳市沈海热电厂厂长助理、副厂长，电力工业部人事教育司干部管理处负责人、人事教育司干部管理处处长，国家电力公司人事劳动局副局长、人事与董事管理部副主任，中国电力技术进出口公司临时党委委员、副书记、书记、总经理、临时党委书记，四川省电力公司党委书记、副总经理。

何荣钦　男，1937年2月出生，汉族，四川省威远县人，1960年11月加入中国共产党，1964 年 7 月毕业于成都工学院电厂电网及电力系统专业并参加工作，教授级高级工程师。历任成都工学院电机学团总支副书记、专业党支部书记，自贡电业局中试所技术员、清查办公室负责人、自贡电业局政治部副主任、电业局副局长、党委委员，喀麦隆高压输变电工程专家组组长，西南电管局副局长兼党委副书记，四川省电力工业局副局长兼党委副书记、四川省电力公司副总经理、党委副书记。1998 年 4 月退休。

杨大礼 男，1939 年 8 月出生，汉族，四川省阆中县人，1964 年 9 月毕业于成都工学院水工水能专业并参加工作，1966 年 12 月加入中国共产党，教授级高级经济师。历任大洪河电厂技术员，长寿电厂技术员，重庆电业局生技科技术员、副科长，川东电业局副局长，西南电管局副局长，四川省电力工业局副局长（四川省电力公司副总经理）、党委常委，1998 年 4 月工作调动。

王　梁 男，1931 年 11 月 17 日出生，白族，云南省大理白族自治州嘉州人，1955 年 1 月加入中国共产党，1955 年 9 月毕业于四川大学并参加工作，教授级高级工程师。历任水电部成都勘测设计院水工室副主任、工程负责人、设计部门党支部书记，水电部第七工程局设计组组长、设计处副处长，水电部成都勘测设计院设计办主任、政治部副主任、副院长、党委书记，西南电业管理局副局长，四川省电力工业局副局长（省电力公司副总经理）、党委常委，1995 年 2 月退休。

马怀新 男，1942 年 12 月出生，汉族，四川省苍溪县人，1966 年 9 月毕业于重庆大学热能动力工程专业并参加工作，1972 年 3 月加入中国共产党，教授级高级工程师。历任四川豆坝电厂技术员，四川自贡电厂技术员、化学班长、生产组负责人、革委会副主任、厂长，四川川南电业局工程师，四川白马电厂扩建处主任、副厂长，四川川南电业局副局长，西南电业管理局副局长，四川省电力公司副总经理、党委常委，2002 年 12 月退休。

李成玉 男，1942 年 4 月出生，汉族，天津市人，1965 年 9 月毕业于天津工学院工民建专业并参加工作，1979 年 10 月加入中国共产党，教授级高级工程师。历任贵州清镇电厂工程队技术员，万县电厂工程队主管技术员，华蓥山电厂工程处技术员、施工科副科长、副主任兼技术负责人，援建约旦王国侯赛因电厂扩建工程队副队长、总工程师，电建一公司副总工程师、副经理，四川省电力工业局工程承包公司总经理兼书记，四川省电力公司副总经理、党委常委，2002 年 12 月退休。

晏玉清 男，1941 年 9 月出生，汉族，重庆市万县人，1966 年 9 月毕业于重庆大学热动力装置专业并参加工作，1977 年 3 月加入中国共产党，教授级高级工程师。历任山西省娘子关电厂生技科技术员、副总工程师、副厂长兼总工程师、厂长，山西省电力工业局副局长兼总工程师，四川省电力工业局（省电力公司）副局长、党委副书记兼总工程师，四川省电力公司副总经理、党委副书记，2000年10月退居二线，2001年9月退休。

陈文彬　男，1944年10月出生，汉族，河北省唐山市丰润区人，1968年7月参加工作，1979年12月加入中国共产党，华北电力学院研究生毕业，教授级高级工程师。历任辽宁省海城县变压器厂设计员，东北电管局调度局计划科专工、副科长、科长，东北电管局调度局副总工程师，东北电管局计划处副处长兼总工程师、综合计划部副主任、主任、局副总经济师、副局长，四川省电力公司副总经理、党委常委，2001年2月调回东北。

薛嘉璋　男，1955年11月出生，汉族，江苏省徐州市人，1983年8月参加工作，大学本科学历，1994年3月加入中国共产党，高级会计师。历任水电部财务司副主任科员，能源部经济调节司综合处副处长，电力部经调司经济处副处长、处长，国家电力公司财经部融资处处长，云南省电力工业局（公司）副局长（副总经理）、党组成员，四川省电力公司副总经理、党委常委。

陈晓林　男，1955年10月出生，汉族，四川省宣汉县人，1972年3月参加工作，1988年10月加入中国共产党，四川大学工商管理专业研究生毕业，高级工程师。历任成都供电局继电保护所副主任、蓉东变电所主任兼支部书记，成都电业局局长助理、副局长、局长，四川省电力公司总经理助理、公司副总经理、党委常委。

何源森　男，1950年4月出生，汉族，四川省南充市人，1969年3月参加工作，1982年1月加入中国共产党，四川大学工商管理研究生毕业，高级工程师。历任四川省武胜县电力公司技术干部，西南电管局调度所调度员、副科长、局办公室主任，四川电力调度局副局长、党委书记、局长，四川电力调度中心主任、党委书记，四川省电力公司总经理助理兼调度中心主任、党委书记、公司副总经理、党委常委。

王　平　男，1955年7月出生，汉族，四川省彭州市人，1975年7月参加工作，哈尔滨工业大学电力系统及自动化专业本科、研究生毕业，1985年12月加入中国共产党，教授级高级工程师。历任四川省电力工业局调度局运行方式处专责、副处长、处长，四川省电力工业局生技处副处长，四川省电力公司输电部总经理、公司副总工程师兼输电部总经理、公司副总工程师兼生产技术部总经理、总工程师。

胡柏初　男，1956年8月出生，汉族，湖南省桃江县人，1981年7月参加工作，1986年4月加入中国共产党，武汉水利电力大学管理工程专业硕士研究生毕业，高级会计师。历任湖北省电力局财务处会计、财务处科长、财务处副处长、处长、局副总会计师，国电华中公司副总会计师兼财务部主任，四川省电力公司总会计师。

林浩垣 男，1932年6月出生，汉族，福建省福州市人，1954年9月毕业于南京工学院热动力装置专业并参加工作，1956年2月加入中国共产党，教授级高级工程师。历任成都热电厂汽机车间、生技科技术员，江油发电厂汽机车间主任，江油发电厂、豆坝发电厂副总工程师、豆坝发电厂副厂长兼总工程师、厂长，川南电业局副局长兼总工程师、电业局局长，西南电管局副总工程师，四川省电力工业局总工程师，1997年11月退休。

王龙陵 男，1947年11月出生，汉族，四川省仁寿县人，1982年2月毕业于重庆大学机械铸造专业并参加工作，1980年6月加入中国共产党，教授级高级工程师。历任渡口电业局中试所技术员，江油发电厂副总工程师、副厂长、厂长，四川省电力公司总工程师、党委常委，2002年12月调离四川省电力公司。

龚友明 男，1945年5月出生，汉族，浙江省义乌市人，大学专科学历，1962年8月毕业于云南洪河州财贸学校并参加工作，1972年5月加入中国共产党，高级政工师。历任云南开远电业局第二发电厂锅炉车间工人，四川省渡口电厂工人、团总支副书记、团委副书记、政工组干事、党委秘书、燃运分厂政治指导员、运行分厂党总支副书记、书记、党委副书记兼政治处主任、纪委书记，渡口电业局党委副书记兼工会主席，西南电管局政治部副主任、政治部主任，四川省电力工业局政治部主任、四川省电力公司党委副书记，1994年12月调湖北省电力公司工作。

朱宝义 男，1932年1月出生，汉族，辽宁省沈阳市人，1950年4月参加工作，1954年4月加入中国共产党，高级政工师。历任抚顺发电厂保卫科消防队消防班长、火电十三处团委干事、副书记、十三处、十四处团委组织部长、副书记，辽宁章党火电十四处团委、第一火电公司团委副书记、党委宣传部长，成都西南电力建设局政治部宣传处副处长，四川电力建设二公司革委会副主任、党委副书记，四川电力局基建指挥部办公室主任，西南电管局（四川省电力工业局）党委组织处处长、副局级监察员兼监察办公室主任、党委常委，1992年12月退休。

邓绍康 男，1937年7月出生，汉族，四川省泸县人，1958年7月毕业于成都水利电力学校电气专业并参加工作，1959年6月加入中国共产党，教授级高级政工师。历任成都水电学校教育革命领导小组负责人兼任电气专业科党支部书记、教务科党支部书记、成都水电校革委会副主任、副校长，成都电业局办公室主任，四川省电力工会副主席，中国水利电力工会西南电力工作委员会主任，四川省电力工业局工会主席、（四川省电力公司）党委常委，1998年退休。

甘德一　男，1954年1月出生，汉族，四川省自贡人，1971年5月参加工作，1981年9月加入中国共产党，经济管理专业研究生毕业，高级政工师。历任自贡供电局团委副书记，川南电业局团委副书记，自贡供电局党支部书记、职校副校长、宣传部长，自贡电业局党委副书记、党委书记，四川省电力工业局（公司）党委常委、副书记。

甘和全　男，1960年11月出生，汉族，四川省宜宾市人，1982年7月参加工作，1984年9月加入中国共产党，大学本科学历，高级政工师。历任四川省电力工业局纪委干事、监察专员办公室干事、局纪检监察室副主任、纪委副书记兼纪检监察室副主任，四川省电力公司纪委副书记兼纪检监察室主任（其中1998年9月～1999年1月兼任西昌电业局党委书记）、纪委副书记兼纪检监察部部长、纪委书记、党委常委。

宋　丕　男，1943年7月出生，汉族，贵州省遵义市人，1968年9月毕业于贵州工学院发电厂及电力网专业并参加工作，1977年4月加入中国共产党，高级政工师。历任贵州遵义供电局生技科技术员，“7·21”工大数学教员，贵州遵义供电局变电工区副主任、副政治指导员、党支部书记、供电局党委副书记兼工会主席、原西南电管局纪委副书记，四川省电力公司纪委书记、监察专员、党委常委。

邓天杰　男，1946年1月出生，汉族，四川省泸县人，1969年9月毕业于重庆大学热动专业并参加工作，1979年12月加入中国共产党，教授级高级工程师。历任重庆大溪沟电厂锅炉车间技术员，四川华蓥山电厂燃运车间技术员、副主任、主任、副厂长，四川白鹤电厂筹备处主任、厂长兼党委书记，四川省电力工业局生产技术处处长，四川省电力公司工会主席、党委常委。

（二）成都勘测设计研究院

王洪炎　生于1931年8月，天津市人，教授级高级工程师。1952年7月毕业于云南大学土木系，经统一分配到中央燃料工业部水力发电建设总局工作。历任电力工业部北京水电设计院规划组副组长，电力部成都水电勘测设计院规划组长、工程负责人、设计组长、设计总工程师、院副总工程师，1987年12月任院总工程师。1994年12月退休，2002年6月逝世。

王兆月　生于1932年6月，山西省河曲县人，高级工程师。1944年10月参加革命工作，1950年3月加入中国共产党。历任成都军管会、川西文联和什邡县土改团秘书，成都电厂筹建处秘书科代科长，成都电业局团总支书记、保卫科副科长，西南电管局人民检察室办公室主任，贵州新级工程处人事股长、普定工程指挥部基建办公室副主任、总支书记，贵州猫条河电厂厂长、党委第二书记，贵州省电力工业局副局长，电力工业部成都勘测设计院副院长、纪委书记，1993年2月退休。

鲁慎吾 生于1932年11月，安徽省巢湖市人，教授级高级工程师。1975年2月加入中国共产党，1954年8月毕业于大连工学院。历任原燃料工业部北京水电勘测设计院水工专业副组长，狮子滩水电溢洪道设计组长，电力工业部成都勘测设计院设计组副组长，紫平铺、坛罐窑、龚嘴、南桠河水电站工程负责人，水电部第七工程局设计科长，成都勘测设计院设计总工程师、设计队长、水工处副处长、处长，能源部贵阳勘测设计院任副院长、院长，成都勘测设计院副院长、总工程师，1994年11月去世。

杨培柏 生于1933年7月，江苏省无锡市人，教授级高级工程师。1956年9月毕业于成都工学院水利系。历任电力部成都勘测设计院工程组长、施工室副主任、映秀湾设计组副组长、第二勘测设计队副队长兼设计队长、施工室负责人、室主任兼专业总工程师、施工处处长兼专总。1981年7月后历任成都勘测设计院副院长、院长。1996年12月退休。

吉文儒 生于1935年5月，山东省茌平县人。高级政工师，教授级高级工程师，1960年5月加入中国共产党。1960年毕业于清华大学水利工程系，统一分配到水利电力部昆明勘测设计院参加工作。历任技术员、政治处干事、设计部门领导小组副组长、团委书记、政治处副主任、机电室主任等职，1981年7月任院党委副书记、纪委书记。1987年3月调水电部成都勘测设计院任党委副书记、书记等职。1996年12月退休。

李健曾 生于1935年10月，广东省梅县人。教授级高级工程师。1955年8月毕业于东北地质学院水文工程地质专业，经统一分配到中央燃料工业部西南水力发电勘测处(成都勘测设计院前身)，1979年2月加入中国共产党。曾任见习技术员、岷江下游勘测大队小队长、组长，岷江上游勘测大队组长、代理技术负责人、第四地勘队技术负责人、勘测处地钻科工程负责人、二勘队技术负责人、羊湖技术负责人、第五地勘队副队长、第一地勘队代队长、党支部副书记等职。1983年3月任成都勘测设计院副院长，1996年12月退休。

赵志钦 生于1936年2月，四川省广安市人，教授级高级工程师。1956年加入中国共产党，1956年8月毕业于成都工学院电机系发输配专业，同年10月分配到电力部技术改进局实习。1957年2月调电力部成都水电设计院，先后任机电室技术员、院办秘书、党委政治部办公室副主任、机电室主任，1981年11月后，历任院副院长、党委副书记、纪委书记、院长等。1996年12月退休。

张国华 生于1936年12月，安徽省安庆市人，教授级高级工程师，1956年10月加入中国共产党。1955年毕业于北京水电学校（1957年9月～1959年在北京地质学院进修)。分配到西南水力发电勘测处后，曾任岷江下游勘测大队地勘队分队长，院第三地勘队党支部副书记、队长。1983年7月调院勘测处任处长、总队长，1991年11月任院工会主席，1996年8月退休，2001年10月去世。

王连华　生于1937年11月，江苏省武进人，教授级高级工程师。1963年11月加入中国共产党，1964年9月毕业于清华大学水利系，留校担任学生政治辅导员。1965年8月分配到水电部成都勘测设计院工作，曾任816－130子项尾水电站工程负责人、渔子溪水电站设代组副组长、水工一处副处长、处长。1987年12月任水电部成都勘测设计院党委副书记兼纪委书记，1994年1月任成都勘测设计研究院副院长。1998年6月退休。

郑文正　生于1939年6月，江苏省六合人，教授级高级工程师。1960年4月加入中国共产党。1963年8月毕业于成都工学院水工专业，被分配到水利电力部成都勘测设计院，历任技术员、工程师、龚嘴设计队专业组长。1973年8月回成都勘测设计院后，历任院施工处专业组长、副处长、处长等职，1987年12月任副院长兼总工程师，1998年5月退休。

张超然　生于1940年8月，浙江省温州市人，教授级高级工程师。1966年2月毕业于清华大学水利工程系，1980年8月加入中国共产党。分配到水电部成都勘测设计院工作，历任水工处坝工室副主任、水工处副处长、二滩水电站设计副总工程师、设计总工程师、院副总工程师，1991年11月任院副院长、总工程师、院技术委员会主任。1996年，调到中国长江三峡工程开发总公司任总工程师。

程志华　生于1940年11月，江苏省江阴市人，高级工程师，享受政府特殊津贴专家。1964年7月毕业于华东水利学院河川枢纽及水电站建筑专业，同年9月分配到水利电力部成都勘测设计院工作，历任二滩水电站坝工组专业副组长、组长，二滩工程项目经理，二滩工程设计代表处副处长、处长，水工处处长兼副设总、设总兼建筑设计分院院长等职。1996年9月任成都勘测设计院副院长，1997年7月兼任总工程师。

胡敦渝　生于1941年5月，浙江省萧山市人，教授级高级工程师。1965年8月加入中国共产党。1968年8月清华大学研究生毕业，分配到水利电力部成都勘测设计院工作，历任龚嘴设计队机电组长，1969年5月到水电部第七工程局设计处任机电组长、专业组长。1977年5月调回水电部成都勘测设计院，历任院机电室水机专业组长、机电处副处长、处长、二滩副设总，成都勘测设计院副院长、院长。2001年11月退休。

高安泽　生于1942年1月，浙江省乐清市人，教授级高级工程师。1966年8月毕业于清华大学水利工程系水土建筑专业，工程硕士，1984年12月加入中国共产党。历任水电部第六工程局、四川勘测设计处技术员，成都勘测设计院水工二处副处长、处长、副院长。1992 年 4 月调任能源部水电开发司副司长，1993 年 9 月调水利部水利水电规划设计总院任院长。

李盛芳 女，生于 1945 年 12 月，湖北省黄冈市人，高级经济师，经济管理类高级咨询师。1963 年 9 月在四川叙永后山茶场参加工作，1982 年 5 月加入中国共产党，1986 年 7 月毕业于中央广播电视大学党政干部管理专业。历任统计员、会计员、主办会计、队委、团总支委员、总支副书记、总支书记、场妇代会主任等职。1979 年 6 月调入水利电力部成都勘测设计院，从事会计、劳动工资统计、人事调配等工作，历任人事处主任科员、组织干部处主任科员、副处长、处长、院党委副书记兼纪委书记。

胡志洪 生于 1948 年 7 月，山东省蓬莱市人，教授级高级工程师，高级经济师。1969 年 1 月参加工作，1977 年 1 月毕业于成都工学院水力工程建筑专业，分配到水利电力部成都勘测设计院工作，1985 年 7 月加入中国共产党。历任导流组副组长、施工处副处长、施工一处处长、羊湖水电站工程设代处处长、副院长兼任工会代理主席、院工会主席兼党委副书记。

张小庆 生于 1953 年 6 月，陕西省绥德县人，教授级高级工程师，高级经济师。1969 年 12 月参加中国人民解放军，1976 年 4 月加入中国共产党。参军后，任见习员、技术员、学员（1977 年 8 月～1980 年 8 月在解放军测绘学院学习）、助理工程师，曾任总参第五测绘大队中队长、计划工程师等职。1987 年 1 月转业到水利电力部成都勘测设计总队任科员、勘测总队工会主席、副总队长，建设公司总支书记、副总经理，院党委副书记兼纪委书记、党委书记。

宋胜武 生于 1953 年 11 月，汉族，湖北省孝感市人，1983 年 10 月加入中国共产党，教授级高级工程师，高级经济师。1982 年 2 月毕业于武汉地质学院水文地质及工程地质专业，分配到水利电力部成都勘测设计院工作。历任第二地勘队、冶勒地质队副队长、队长，院地质处副处长、院党委副书记兼纪委书记、副院长。

晏志勇 生于 1958 年 7 月，四川省成都市新都区人，高级工程师。1976 年 7 月参加工作，1978 年 10 月加入中国共产党，工程水文及水资源专业研究生。历任水利水电部成都勘测设计院规划处工程组长、外事办副主任、规划处副处长、处长、副院长。1996 年 12 月调水利部水利水电规划设计总院工作。

章建跃 生于 1958 年 6 月，四川省仁寿县人，教授级高级工程师，高级经济师。1978 年 9 月加入中国共产党。1976 年 3 月参加中国人民解放军，历任通信员、副班长。1979 年 9 月考入成都科技大学水利水电工程建筑专业学习，1983 年 7 月毕业，获工学学士学位，分配到水利电力部成都勘测设计院工作，历任施工一处室主任、副处长，多种经营办公室及经营开发部主任，1998年2月任副院长。

陈五一　生于1961年5月，土家族，重庆市酉阳土家族苗族自治县人，教授级高级工程师，高级经济师。1984年7月毕业于华东水利学院（现河海大学）河川系水工建筑专业，获工学学士学位，同年分配到水利电力部成都勘测设计院水工一处工作，曾任水工一处副室主任和副处长职务。1997年5月在国家电力公司水电水利规划设计总院挂职锻炼，任处长助理。1998年3月任国家电力公司成都勘测设计研究院水工一处处长，2000年2月兼任院副总工程师，2001年9月任副院长。

郑声安　生于1962年12月20日，安徽省安庆市人，教授级高级工程师，高级经济师，享受国家政府特殊津贴。1988年8月加入中国共产党。1983年9月毕业于华东水利学院力学系水工建筑力学专业，分配到水利电力部成都勘测设计院工作，历任水工一处副室主任、副处长、处长等职，兼任舟坝、金河水电站等多个工程的设计总工程师，后任成都勘测设计院副院长兼任总工程师、院长。

郭　勇　生于1962年12月，四川省射洪县人，教授级高级工程师，高级经济师。1986年12月加入中国共产党。1983年7月毕业于武汉水利电力学院水利工程建筑系水利电力工程施工专业，获工学学士学位。2001年7月在职学习于武汉水利电力大学管理工程专业毕业，获硕士学位。1983年7月分配到水利电力部成都勘测设计院工作，历任施工处副室主任、工程监理处室主任，施工一处室主任、副处长、处长兼支部书记，组织干部处处长兼劳资教育处处长，副院长。2002年8月调四川省投资集团公司工作。

胡　斌　生于1963年4月，湖南省常德市人，教授级高级工程师。1985年10月加入中国共产党。1983年7月毕业于武汉水利电力学院水利水电工程建筑系水工建筑专业，获工学学士学位。1983年7月分配到水利电力部中南勘测设计院工作，历任规划处副室主任、水工室主任、副设总、副处长兼支部书记、向家坝工程部设总兼项目副经理、总工程师办公室副总工程师，水利电力部中南勘测设计院总工程师，国家电力公司成都勘测设计研究院总工程师。

王仁坤　生于1962年10月，四川省达州市人，教授级高级工程师。1988年12月加入中国共产党。1986年7月毕业于华东水利学院河海系水电结构工程专业，获硕士学位，分配到水利电力部成都勘测设计院水工处工作，历任水工处溪洛渡工程室副主任、主任，水工一处主任工程师、副处长，水工二处处长兼副总工程师，院副总工程师兼溪洛渡项目部副经理、副总工程师、总工程师。

职小前 生于1964年4月，河南省温县人，高级工程师。1986年10月加入中国共产党。1984年8月毕业于武汉水利电力学院动力系水电站动力设备专业，获工学学士学位，分配到水利电力部成都勘测设计院工作。历任规划处副室主任，四川省大邑县人民政府县长助理，电力工业部成都勘测设计研究院院办副主任、院办主任兼任院长助理、副院长。

（三）西南电力设计院

储国余 男，汉族，1937年8月出生，江苏省宜兴市人，1981年12月加入中国共产党，1961年8月参加工作，毕业于南京工业学院热能动力装置专业，大学本科学历，教授级高级工程师。熟悉火电厂热机专业设计及综合技术，历任西南电力设计院第二工程设计队副队长、技术室机务专业工程师、机务室技术负责人、副院长、院长，1998年2月离任。

胥蜀皎 男，汉族，1943年10月出生，江苏省镇江市人，1985年12月加入中国共产党，1965年8月参加工作，毕业于吉林电力学院热能动力装置专业，大学本科学历，教授级高级工程师。熟悉火电厂热机专业设计，历任西北电力设计院机务处副处长、工程处设计总工程师、院总工程师助理、副总工程师、副院长，西南电力设计院院长，2000年8月调华东电力设计院工作。

周大吉 男，汉族，1954年2月出生，四川省三台县人，1973年11月加入中国共产党，1977年7月参加工作，毕业于成都电子科技大学管理工程与科学研究生班，教授级高级工程师，熟悉火电厂热机专业设计及综合技术。历任西南电力设计院办公室秘书、副主任，西南电力设计院江油电厂扩建工程承包公司办公室副主任兼外事办公室副主任，机务处党支部书记兼副处长，院党委副书记兼纪委书记、党委书记、院长。曾于1985年获水电部“支援西藏建设荣誉奖”。

魏光伯 男，汉族，1940年12月出生，重庆市万州区人，1963年8月参加工作，1965年9月加入中国共产党，毕业于北京业余动力学院动力专业，大学专科学历，教授级高级工程师，熟悉火电厂热机专业设计。历任西南电力设计院综合二室党支部书记、代主任、院科研所副所长、代所长、院党委组织处代处长、党委副书记、书记（其间曾于1987年10月～1994年5月兼任西南电力设计院江油电厂扩建工程承包公司党委书记）、副院长，2001年5月离任。曾于1989年被评为能源部“全国电力系统优秀思想政治工作者”。

卢良臣 男，汉族，1944年3月出生，四川省井研县人，1971年4月加入中国共产党，1965年2月参加工作，毕业于武汉水利电力学院政工纪检专业，大学专科学历，高级政工师，熟悉思想政治工作。历任西南电力设计院党委办公室干事、秘书，院勘测室党支部副书记、党委办公室副主任、院办公室副主任，党委办公室主任、纪委书记、副院长、党委副书记、书记。曾于1994年10月获电力工业部“纪检监察先进工作者”称号，2000年8月被评为国家电力公司“优秀思想政治工作者”。

宋培庆　男，汉族，1956年2月出生，四川省自贡市人，1993年12月加入中国共产党，1974年5月参加工作，毕业于成都科技大学，教授级高级工程师，熟悉电力系统规划设计业务。历任西南电力设计院系统处副科长、科长、副主任工程师、设计总工程师，院长助理、院副总工程师、副院长、党委书记。曾于2001年获中国电力规划设计协会“电力勘测设计科学技术进步应用成果”一等奖。

孙定安　男，汉族，1939年7月出生，贵州省贵阳市人，1959年6月加入中国共产党，1964年8月参加工作，毕业于重庆大学电机系发电厂电力网及电力系统专业，大学本科学历，教授级高级工程师，熟悉发电厂电力网及电力系统业务。历任系统室系统组组长、室主任兼党支部副书记、人事处处长兼党支部书记，西南电力设计院副院长，1998年12月任设计院海南分院院长，西南电力设计院江油电厂扩建工程承包公司总经理。

李克仁　男，汉族，1936年8月出生，上海市人，1984年5月加入中国共产党，1958年8月参加工作，毕业于清华大学土木系给排水专业，大学本科学历，教授级高级工程师，熟悉火电厂供水专业设计及综合技术。历任成都建筑工程学校教师，西南电力设计院综合室技术负责人、院水工室代理主任工程师、主任、院副总工程师、院副院长兼总工程师。1996年8月离任。

杨志森　男，汉族，1940年1月出生，河北省秦皇岛市人，1974年加入中国共产党，1965年9月参加工作，毕业于北京电力学院动力系经济与组织专业，大学本科学历，教授级高级工程师，熟悉电力系统动力经济与组织专业。历任西南电力设计院系统室系统组副组长、副主任、主任兼党支部副书记，院副总经济师兼财供处处长，院党委副书记、副院长，内蒙古达拉特电厂一期工程承包公司总经理，1999年6月～2000年6月任内蒙古国华准格尔发电有限公司党委书记兼副总经理。2000年6月离任。

梁恩全　男，汉族，1940年7月出生，四川省乐至县人，1974年8月加入中国共产党，1965年9月参加工作，毕业于重庆大学动力系热能动力装置专业，大学本科学历，教授级高级工程师，熟悉火电厂热机专业及综合技术。历任西南电力设计院政治部干事、学大庆办公室干事、院办公室秘书、计划科副科长、计划处处长助理、副处长、处长；副院长。2000年离任。

佘文才　男，汉族，1933年7月出生，河南省滑县人，1953年11月加入中国共产党，1953 年 3 月参加工作，初中学历。历任东北电力设计院团委干事、团支部书记、水工室党支部书记，西南电力设计院农副业生产办公室副主任、基建科副科长、第二大队领导小组副组长、综合二室党支部书记、电气室党支部书记兼主任，西南电力设计院副院长。1992 年 7 月离任。

金根发 男，汉族，1944 年 10 月出生，浙江省宁波市人，1976 年 10 月加入中国共产党，1964 年 8 月分配到西南电力设计院综合室自动化专业做工程设计工作，毕业于上海电力学校，中专学历，高级工程师，熟悉火电厂自动化专业设计技术。历任西南电力设计院自动化室副主任、工程承包处处长、江油电厂扩建工程承包公司物资部经理、副院长、江油电厂扩建工程承包公司总经理，1996 年 7 月调深圳能源公司工作。曾于 1978 年获水电部“全国电力勘测设计系统学大庆先进个人”称号。

秦定国 男，汉族，1951 年 10 月出生，浙江省慈溪市人，1986 年 9 月加入中国共产党，1969 年参加工作，毕业于南京气象学院大气环境影响评价专业毕业，大学本科学历，教授级高级工程师，熟悉大气环境影响评价技术。历任吉林农业学校教师；西南电力设计院环保处副处长兼副主任工程师、计划处副处长、院长助理、副院长。1999 年 4 月调北京国华电力有限责任公司工作。

郝群岩 男，汉族，1960 年 11 月出生，河北省平山县人，1982 年 8 月参加工作，毕业于西安冶金建筑学院工程系工业与民用建筑专业，教授级高级工程师，熟悉土建结构专业设计技术。1982 年 8 月～1986 年 11 月在重庆钢铁设计院工作，1986 年 11 月调西南电力设计院土建处做工程设计工作，历任土建处主任工程师助理、计划处副处长、院长助理、副院长。

辛晓光 男，汉族，1960 年 10 月出生，陕西省武功县人，1985 年 1 月加入中国共产党，1993 年 8 月参加工作，毕业于西安交通大学电厂热能动力装置专业，教授级高级工程师，熟悉火电厂热机专业设计技术。历任西南电力设计院工程处管理科科长、设计副总工程师、设计总工程师，院总工程师助理、副总工程师、院长助理、副院长、总工程师、副院长。曾于 1993 年被评为电力规划设计总院系统“优秀青年工程师”。

苑　奇 男，汉族，1953 年 7 月出生，北京市丰台区人，1992 年 10 月加入中国共产党，1972 年 3 月参加工作，毕业于成都科技大学，教授级高级工程师，熟悉火电厂水工专业设计技术。历任西南电力设计院水工处副处长、工程处设计总工程师、副处长、院总工程师助理、副总工程师，电力规划设计总院副总工程师，西南电力设计院总工程师、副院长。曾于 1992 年被评为电力规划设计总院系统“优秀青年工程师”。

丰玉祥　男，汉族，1958年12月出生，安徽省东至县人，1976年2月加入中国共产党，1976年3月参加工作，毕业于合肥工业大学地球物理勘探专业，大学本科学历，教授级高级工程师，熟悉地球物理勘探专业。历任安徽省东至县火花初级中学教师，西南电力设计院党委办公室秘书、副主任，内蒙古达拉特电厂一期工程承包公司党委副书记兼任副总经理，西南电力设计院党委组织处处长，电力规划设计总院挂职监理部副经理，电力建设咨询公司副总监理工程师，西南电力设计院副院长。

李　蕾　女，汉族，1963年3月出生，四川省雷波县人，1984年8月参加工作，毕业于西南财经大学工业经济专业，大学本科学历，教授级高级工程师，熟悉电力技术经济分析专业。曾在煤炭部规划设计总院技经处工作，1986年8月调西南电力设计院技经处工作，1988年2月加入中国共产党，历任西南电力设计院技经处副科长、科长、处长助理、技经处副处长、处长，院长助理兼副总经济师、兼任西南电力设计院海南分院院长、西南电力设计院副院长。曾于1993年被评为电力规划设计总院系统“优秀青年工程师”。

蔡约超　男，汉族，1964年11月出生，四川省大竹县人，1986年11月加入中国共产党，1983年2月参加工作，毕业于四川师范大学经济管理及政治教育专业，大学本科学历，高级政工师，熟悉思想政治教育工作。历任西南电力设计院团委干事、团委副书记、团委副书记兼青工处副处长、送电处党支部书记兼副处长，电力规划设计总院挂职政工处副处长，西南电力设计院纪委书记、党委副书记。曾于1988年获成都市“优秀团干部”称号，1990年被评为“全国电力系统优秀青年工作者”。

宋良善　男，汉族，1936年8月出生，四川省自贡市人，1981年4月加入中国共产党，1958年8月参加工作，毕业于重庆大学热能动力装置专业，教授级高级工程师，熟悉火电厂热机专业设计技术。曾在重庆大学动力系、西北电力设计院工作，后调西南电力设计院。历任综合一室热机组组长、综合四室主任工程师、院设计总工程师室副主任、院副总工程师兼江油电厂扩建工程承包公司总工程师，西南电力设计院总工程师。

傅宗海　男，汉族，1939年8月出生，四川省内江市人，1964年8月参加工作，毕业于重庆大学热能动力装置专业，1989年6月加入中国共产党，教授级高级工程师，熟悉火电厂热机专业设计技术。历任西南电力设计院机务室副主任兼副主任工程师、技术处副处长、院副总工程师、总工程师。

（四）中国水电建设集团第五工程局

郑久存　男，1963年出生，汉族，河北省滦县人，1984年7月参加工作，1995年7月加入中国共产党，毕业于华北水利水电学院农水专业，硕士研究生学历，教授级高级工程师。历任中国水利水电第五工程局（简称“水电五局”）对外工程经营部合同预算科副科长、对外工程经营部副主任、工程部副主任、三分局副局长兼大桥施工局党委书记、局长，工程局副局长等职，时任水电五局局长。

樊建平 男，1947年3月出生，汉族，江苏省启东市人，1968年12月参加工作，1973年10月加入中国共产党，毕业于水利电力部扬州水利学校陆地水文专业，高级政工师。历任共青团中国水利水电第八工程局厂房支队团委副书记、一处团委书记、修配厂委员会副书记、组织干部处副处长、离退休职工管理处处长、组织部部长、人事处处长、局纪委书记、党委副书记兼纪委书记、书记等职，时任水电五局党委书记。

宋维众 男，1949年出生，汉族，天津市人，1969年9月参加工作，1982年6月加入中国共产党，毕业于北京水力发电学校施工机械专业专科，教授级高级工程师。历任水电五局团委常委、技工学校团委负责人、二分局办公室主任、副局长、党委副书记等职，时任水电五局副局长。

吴高见 男，1963年出生，汉族，山西省河津市人，1983年7月参加工作，1994年12月加入中国共产党，毕业于华北水利水电学院农田水利工程专业，硕士研究生学历，教授级高级工程师。历任水电五局浇筑工程处碧口工程队副队长、第二工程队副队长、施工技术科副科长、施工科科长、浇筑工程处副处长、洪雅施工局副总工程师、五分局副局长兼总工程师、五分局局长等职，时任水电五局副局长兼总工程师。

卢学文 男，1954年出生，汉族，天津市蓟县人，1971年2月参加工作，1993年11月加入中国共产党，初中文化程度，后续学历大专，高级工程师。历任水电五局汽车队生产安全科副科长、科长、汽车运输处副处长、三分局副局长、局长、二分局局长等职，时任水电五局副局长。

孙兆铭 男，1948年出生，汉族，天津市武清区人，1969年9月参加工作，1990年6月加入中国共产党，毕业于北京水力发电学校中专，高级工程师。历任水电五局一分局棘洪滩工程质安科副科长，一分局烟台开发区机械化施工公司副经理、经理，一分局十三陵施工局副局长、局长，一分局局长，时任水电五局副局长。

李燕明 男，1964年出生，汉族，天津市人，1987年7月参加工作，1995年7月加入中国共产党，毕业于华北水利水电学院水工建筑专业本科，研究生学历，教授级高级工程师。历任水电五局施工技术处规划科科长、宝珠寺工程指挥部施工技术部厂坝组组长、宝珠寺工程指挥部副指挥长、洪雅施工局副局长、五分局局长等职，时任水电五局副局长。

赵　玉　男，1956 年出生，汉族，黑龙江省安达市人，1971 年 6 月参加工作，1982 年 4 月加入中国共产党，初中文化程度，硕士研究生学历，教授级高级工程师。历任水电五局汽车大队团总支副书记、书记，汽车运输处保修厂厂长、党支部书记、汽车运输处副处长，三分局副局长兼大桥施工局副局长、三分局油房坳工程项目部经理、三分局党委书记、三分局局长兼漫水湾施工局局长，水电五局党委常委、局工会主席，时任水电五局副局长。

贺鹏程　男，1964 年出生，汉族，浙江省宁波市人，1986 年 7 月参加工作，1998 年 9 月加入中国共产党，太原工业大学工业与民用建筑专业本科毕业，硕士研究生学历，高级工程师。历任水电五局房建队工段长、一分局天荒坪施工局质检科科长、施工局副局长、小瞬江水利枢纽项目部经理、北方管理局局长助理、一分局副局长兼陡岭子施工局局长、六分局局长兼襄十公路施工局局长、六分局党委副书记等职，时任水电五局副局长。

郝国英　男，1961 年出生，汉族，河北省河间市人，1980 年 6 月参加工作，1989 年 11 月加入中国共产党，毕业于江汉石油学院大专，硕士研究生学历，高级政工师，高级工程师。历任水电五局职工子弟中学团总支书记、团委书记，教育处团委副书记、书记，局团委负责人、书记，技工学校党委书记，鱼背山施工局党委书记，局工会主席兼鱼背山施工局党委书记，时任水电五局党委副书记兼纪委书记。

古昌祥　男，1954 年出生，汉族，重庆市江津区人，1978 年 7 月参加工作，1991 年 2 月加入中国共产党，技工学校毕业，硕士研究生学历，高级会计师。历任中国水利水电第七工程局安装工程处财务科副科长、基建处财务科科长、理县电站项目部劳财科科长、七分局总会计师、审计处处长、审计部主任、局副总会计师等职，时任水电五局总会计师。

王民安　男，1957 年出生，汉族，甘肃省文县人，1977 年 4 月参加工作，1987 年 6 月加入中国共产党，中技文化程度，硕士研究生学历，高级政工师，高级工程师。历任水电五局教育处职工教育科副科长、教育处党政办公室副主任、主任、教育处副处长、党委书记、局党政办公室主任等职，时任水电五局工会主席。

杨景星　男，1940 年出生，汉族、河北省围场县人，1956 年 4 月参加工作，1959 年 12 月参加中国人民解放军，1960 年 12 月加入中国共产党，1964 年 4 月转业到水利电力部西北勘测设计院工作，大专文化程度，高级政工师。历任共青团水利电力部西北勘测设计院团委副书记、水电五局团委书记、局党委副书记兼政治部主任、副局长、副书记兼二分局党委书记、局党委书记、工程局局长，1992 年 9 月调离水电五局。

何永定　男，1946 年出生，汉族，四川省营山县人，1968 年 9 月参加工作，1978 年 12 月加入中国共产党，毕业于水利电力部成都水力发电学校水工专业，大专文化程度，高级政工师，高级工程师。历任水电五局二分局办公室副主任，局党委办公室、工程局办公室副主任、主任，局党委副书记兼纪委书记、局党委书记。2002 年 12 月调离水电五局。

郭志强　男，1948 年出生，汉族，河南省巩县人，1968 年 9 月参加工作，1989 年 4 月加入中国共产党，毕业于成都水力发电学校农村电气化专业中专，教授级高级工程师。历任水电五局基地建设管理处经营科副科长、科长、副处长、房地产处处长、副局长兼洪雅施工局常务副局长、洪雅施工局书记、中国水利水电建设集团公司总经理助理、水电五局局长等职。

赵武京　男，1939 年出生，汉族，陕西省蒲城县人，1967 年 9 月参加工作，1971 年 3 月加入中国共产党，毕业于陕西工业大学水利系河川枢纽及水电站专业本科，高级工程师。历任水电五局二工区三连副指导员、区委员会副书记、浇筑工区委员会副书记、浇筑工区副主任、水电大队委员会副书记、二分局副局长、水电五局副局长等职。1992 年 5 月调离水电五局。

黄振武　男，1963 年出生，汉族，河南省南召县人，中共党员，1984 年 7 月参加工作，毕业于华北水利水电学院水工建筑专业本科，高级工程师。历任水电五局浇筑工程处碧口工程队副队长、浇筑工程处二队副队长、队长、浇筑工程处都江堰项目部经理、浇筑工程处副处长、处长、局党委副书记兼纪委书记等职。2001 年 2 月调离水电五局。

宋彦刚　男，1960 年出生，汉族，河北省博野县人，1982 年 7 月参加工作，1992 年 8 月加入中国共产党，毕业于大连工学院水利系水工专业本科，教授级高级工程师。历任水电五局施工技术处主体二科副科长、主任工程师、工程部副主任、鱼背山施工局副总工程师、总工程师、第一副局长、水电五局副局长兼总工程师等职。2001 年 6 月调离水电五局。

张建华　男，1962 年出生，汉族，河北省晋州市人，1982 年 7 月参加工作，1992 年 8 月加入中国共产党，毕业于大连工学院水工建筑专业本科，教授级高级工程师。历任水电五局施工技术处主体一科副科长、宝珠寺水电站工程指挥部工程科科长、三分局副局长、大桥施工局副局长、三分局副局长兼大桥施工局局长、水电五局副局长等职。2001 年 12 月调离水电五局。

孙志祥　男，1964年出生，汉族，甘肃省会宁县人，1986年7月参加工作，毕业于武汉水利电力学院施工专业本科，工学学士学位，高级工程师。历任水电五局总调度室二科科长、总调度室副主任，宝珠寺工程指挥部副指挥长、常务副指挥长、指挥长兼总工程师，七分局局长，水电五局副局长等职。

杨锡纯　男，1940年1月出生，汉族，河北省邯郸市人，1966年9月参加工作，1965年7月加入中国共产党，毕业于清华大学河川枢纽及电站建筑专业，教授级高级工程师。历任水电五局二工区政工组副组长、密云水库工程处政工组副组长、张峰分局党委办公室副主任、一分局副局长兼引滦入淮工程处第一副主任、水电五局副局长、局长等职。2002年2月退休。

余竹屏　男，1545年7月出生，汉族，浙江省鄞县人。1968年9月参加工作，1994年6月加入中国共产党，教授级高级工程师。历任水电五局施工技术处主任工程师、局副总工程师兼宝珠寺工程指挥部副指挥长、局总经济师、副局长兼总经济师等职。

李昭畔　男，1940年5月出生，汉族，湖南省嘉禾县人，1968年9月参加工作，1966年9月加入中国共产党，毕业于天津大学水利施工导流截流专业，研究生学历，教授级高级工程师，享受国务院政府津贴专家。历任水电五局施工技术处试验室副主任、主任、主任工程师、工程管理处处长、局副总工程师、总工程师、党委常委。2001年5月退休。

杨青海　男，1938年12月出生，汉族，陕西省蒲城县人，1958年3月参加工作，1972年11月加入中国共产党。毕业于交通部西安汽车机械学校汽车技术管理和修理专业中专（该校后改名为西安公路学院汽车技术使用与修理专业四年制），高级经济师，高级工程师。历任水电五局机电物资供应处业务组长、一分局机物科科长、一分局烟台开发区经理、物资供应公司副经理、经理、机电物资处处长、副局长兼宝珠寺工程指挥部指挥长等职。1998年12月退休。

赵福江　男，1932年6月出生，汉族，天津市静海县人，1952年3月参加工作，1955年10月加入中国共产党，初中文化程度，工程师。历任水电五局官厅水库工程局第一工程总队分队长，河南省三门峡工程局筑坝二分局混凝土分队队长、党支部书记，援外几内亚共和国金康水电站材料科长、混凝土队队长，水电七局混凝土营营长、革命委员会生产组副组长、生产部副部长，水电五局前方生产指挥部指挥、浇筑工区党委书记、革命委员会主任、浇筑工区党委书记、革命委员会主任，水电五局副局长兼二分局局长。1993年3月退休。

刘清秀 男，1942年6月出生，汉族，北京市平谷县人，1967年7月参加工作，1971年8月加入中国共产党，毕业于天津大学河川枢纽及水电站专业。历任水电部五局办公室秘书、副主任兼二分局副局长、党委办公室主任、水电五局党委副书记、书记等职。2002年11月退休。

王　巽 男，1937年8月生，汉族，河北省张北县人，1956年1月加入中国共产党，1956年3月参加工作，初中文化程度。历任水电二局密云水库、阜新煤矿支援大队二中队党支部书记、副队长，水电部卫河疏峻工程局机关团委书记、三工区党总支书记、三队书记，水电五局宣传处广播站站长、宣传处副处长、机械修配厂党委书记兼厂长、局办公室主任、保卫处党委书记（广元市公安四分局政委）、一分局党委书记、局长、水电五局副局长。1997年10月退休。

董其春 男，1941年7月出生，汉族，山东省青岛市人，1966年1月加入中国共产党，1966年6月参加工作，毕业于清华大学水利枢纽及电站建筑专业。历任水电五局二工区政工组宣传干事、一工区团委书记、局团委副书记、宣传处副处长、教育处副处长、处长、局工会主席、局党委常委、副局长等职。2001年8月退休。

吴静山 男，1929年5月出生，汉族，河北省滦县人，1955年7月参加工作，1960年4月加入中国共产党，毕业于清华大学水工结构专业，教授级高级工程师。历任水电五局瓯江水利发电工程局第三、第四工程队副队长，一工区生产组副组长，中国水利水电赴秘鲁专家组考察团总工程师，二工区主任工程师，密云水库工程处主任工程师，张峰分局主任工程师、质安处副处长，二分局副局长，水电五局副总工程师、总工程师。1992年1月退休。

胡裕志 男，1938年12月出生，汉族，河南省商水县人，1958年9月参加工作，1975年4月加入中国共产党，毕业于黄河水利学校，高级工程师。历任水电五局三工区调度室副主任、张峰分局调度室主任、一分局副局长、局调度室副主任、主任、水电五局副局长等职。1998年12月退休。

叶子矾 男，1937年7月出生，汉族，江苏省六合县人，1959年4月参加工作，1965年9月加入中国共产党，毕业于北京水力发电学校水力工程建筑专业，高级政工师。历任水电五局水电大队二中队指导员、党委副书记、技工学校校长、局纪委副书记、监察处处长、局纪委书记、局工会主席等职。1997年10月退休。

王锡佩 男，1940年11月出生，汉族，辽宁省海城市人，1965年9月参加工作，

1988 年 3 月加入中国共产党，毕业于哈尔滨建筑工程学院城市道路与公路专业，教授级高级工程师。历任水电五局工程管理处主任工程师、施工技术处副处长、处长、局副总工程师、江河水利水电咨询公司副经理、施工技术处处长、局副总工程师、对外工程经营部主任、局总经济师、局党委常委、副局长等职。2001 年 4 月退休。

刘生林　男，1941 年 7 月出生，汉族，湖南省溆浦县人，1964 年 7 月参加工作，毕业于湖南电力学院财务管理专业，高级会计师。历任水电五局一分局财务科副科长、财务处副处长、处长、局副总会计师、总会计师等职。2001 年 8 月退休。

申茂夏　男，1959 年 6 月出生，汉族，湖南省邵阳市人，1976 年 7 月参加工作，研究生学历，教授级高级工程师。1999 年 11 月加入中国共产党。历任中国水利水电第七工程局技术员、副科长、科长、总工程师办公室主任、局长助理、副局长兼总工程师，时任水电五局党委书记兼副局长。

宁俊云　男，1962 年 7 月出生，汉族，湖南省邵东县人，1979 年 12 月参加工作，硕士研究生学历，高级工程师。1996 年 12 月加入中国共产党。历任水电五局机械修配厂生产经营科副科长，水电五局川北厂产品开发部、经营开发部主任、厂长助理、副厂长、厂长，水电五局局长助理兼国际工程部主任，时任水电五局副局长。

张郮涛　男，1962 年 8 月出生，汉族，甘肃省陇西县人，1979 年 12 月参加工作，硕士研究生，高级工程师。1996 年 12 月加入中国共产党。历任水电五局机电安装工程处机械队队长、宝珠寺工程处队长、机电安装工程处副处长兼宝珠寺工程处主任、安装分局局长、党委副书记，时任水电五局副局长。

（五）中国水电建设集团第七工程局

刘国贤　男，汉族，1932 年 2 月出生，辽宁省新民县人。1956 年 7 月毕业于大连工学院水工结构专业并参加工作，1973 年 9 月加入中国共产党，大学本科学历，教授级高级工程师，享受国务院政府津贴。历任中国水电建设集团第七工程局（简称水电七局）工程师、现场调度组长、科长，局调度室副主任、主任等职务。1984 年 4 月～1995 年 12 月任水电七局副局长至退休。

张宝声　男，汉族，1940 年 2 月出生，北京市人，1959 年 4 月毕业于北京电力学校，中专学历，同年被分配到黄河三门峡工程局工作，1966 年转入水电七局。1981 年 3 月加入中国共产党，高级工程师。历任水电七局技术处科员、副科长、设代处科长、处长、水电七局副局长，后调入长江三峡开发公司任建设部副主任、党委书记、公司总经济师至退休。

邳大兴　男，汉族，1937 年 12 月出生，天津市宝坻区人。1952 年 9 月参加工作，1958 年 9 月～1962 年 7 月在三门峡水电大学电气装配专业学习，1959 年 4 月加入中国共产党，大专文化程度，教授级高级工程师，高级政工师。历任水电七局技术员、营教导员、局政治部科长、副主任、组干处长、局党委常委、组织部长、水电七局纪委书记、党委书记、党委书记兼局长，1997 年 5 月退休。

夏文泽　男，汉族，1941 年 4 月出生，湖北省孝感市人。1966 年 9 月毕业于武汉水利电力学院水工建筑系并参加工作，1973 年 9 月加入中国共产党，大学本科学历，教授级高级工程师。历任水电七局技术员、副科长、科长、局调度室副主任、党委副书记，1986 年 12 月～1999 年任水电七局副局长，后改任局咨询至退休。

任增荣　男，汉族，1935 年 11 月出生，浙江省杭州市人。1956 年 8 月参加工作，1956 年 4 月加入中国共产党，中专学历。历任水电七局技术员、局办秘书、机电处副处长、汽车运输处处长、党委书记、副局长，富春江水工机械厂党委书记，水电七局副局长至退休。2001 年 6 月因病逝世。

问庆阳　男，汉族，1932 年 11 月出生，江苏省扬州市人。1953 年 7 月毕业于天津大学水利系并参加工作，1983 年 4 月加入中国共产党，大学本科学历，教授级高级工程师，享受国务院政府津贴。历任技术员、工程师、副科长、副处长、主任工程师、局副总工程师等职务。1986 年 12 月～1996 年 5 月任水电七局总工程师至退休。

魏藏振　男，汉族，1942 年 12 月出生，河北省深县人。1967 年 7 月毕业于天津大学水利系并参加工作，1981 年 1 月加入中国共产党，大学学历，高级工程师，高级政工师。历任水电七局文书、副科长、政治处主任、副处长、处党委副书记、书记等职务。1987 年 5 月～2002 年 9 月任水电七局局党委副书记至退休。

王永和　男，汉族，1942 年 9 月出生，辽宁省沈阳市人。1961 年 10 月参加工作，1973 年 5 月加入中国共产党，大专文化程度，高级政工师。历任作业队副指导员，处工会副主席，局工会副科长、副主席等职务。1989 年 12 月～2002 年 9 月任水电七局工会主席至退休。

彭启虎　男，汉族，1936 年 6 月出生，湖南省湘潭市人。1952 年 6 月参加工作，1955 年 8 月加入中国共产党，大专文化程度，高级政工师。历任团支书，组织部干事，营教导员，分局党委副书记、书记，局纪委副书记，局党委常委、组织部长、水电七局纪委书记。1995 年 8 月～1996 年 12 月任水电七局咨询至退休。

吴树明　男，汉族，1943年8月出生，安徽省淮化市人。1963年10月参加工作，1983年5月加入中国共产党，大专文化程度，高级会计师。历任副科长、科长、副处长、局副总会计师兼财务处处长等职务。1992年10月～1998年11月任水电七局总会计师。

张乾元　男，1939年8月出生，江苏省淮安市人。1963年7月毕业于华东水利学院水工专业并参加工作，1982年10月加入中国共产党，大学学历，教授级高级工程师。历任技术员、工程师、副科长、科长、副处长、局副总工程师等职务。1992年11月任水电七局副局长，1999年8月退休，后聘为局长技术顾问。

方可权　男，汉族，1937年3月出生，安徽省祁门县人。1955年9月参加工作，1961年3月加入中国共产党，大专文化程度，高级经济师。历任技术员，局办秘书、副主任，安装处副处长，党办副主任、党委常委、党办主任、水电七局总经济师。1997年5月退休。

张　野　男，汉族，1957年4月出生，吉林省舒兰县人，1975年9月参加工作，1982年1月毕业于武汉水利电力学院水工专业，教授级高级工程师，享受国务院政府津贴待遇。历任技术员、副科长、副处长等职务，后任水电七局局长助理、副局长、局长兼党委副书记。2000年11月调任中国葛洲坝集团公司董事长、总经理、党委副书记。

冯觉林　男，汉族，1943年10月出生，江苏省启东市人。1966年7月毕业于华东水利学院水电站动力专业并参加工作。1982年10月加入中国共产党，大学学历，高级工程师。历任施工员，水电七局技校教务科长、副校长、校长、党委书记，水电七局副局长、局党委书记兼副局长。后聘为局长技术顾问。

逯建华　男，汉族，河北省邢台市人，1951年1月出生，1969年1月参加工作，1976年1月毕业于清华大学水电站动力设备专业，1976年1月加入中国共产党，大学学历，高级工程师、高级政工师。历任调度员、施工员、副科长、科长、副处长、局党委常委、组织部长、水电七局纪委书记。2002年9月任水电七局党委副书记兼纪委书记。

范集湘　男，汉族，四川省自贡市人，1954年10月出生，1971年5月参加工作，1983年12月加入中国共产党，研究生学历，高级经济师。历任副科长、副处长等职务。后任水电七局局长助理兼局副总经济师、副局长兼总经济师、局长兼党委副书记。

戴　波　男，汉族，四川省荣县人，1960年10月出生，1982年7月毕业于成都科技大学水工专业，同年分配到水电七局工作，1996年5月加入中国共产党，大学学历，工学学士，教授级高级工程师。历任副科长、科长、副处长、项目部经理、处长、局长助理、水电七局副局长。

朱　彤　男，汉族，1942年12月出生，江苏省江都市人。1967年7月毕业于华东水利学院河川系并参加工作，1984年7月加入中国共产党，大学学历，教授级高级工程师，享受国务院政府津贴。历任局技术处副科长、副处长、局副总工程师、项目经理、水电七局总工程师至退休。后聘为局长技术顾问。

张建文　男，汉族，四川省仁寿县人，1965年5月出生，1985年7月毕业于武汉水利电力学院水工系水电工程建筑专业，同年分配到水电七局技术处工作，1992年6月加入中国共产党，大学学历，工学学士，教授级高级工程师。历任技术员、副科长、副处长、项目部副经理、经理、水电七局副局长。

张跃涛　男，汉族，四川省夹江县人，1958年6月出生，1976年8月参加工作，1986年9月毕业于北京师范学院函授部中文专业，1984年11月加入中国共产党，大学学历，高级政工师。历任基层团委书记、党办秘书科长、项目部工委书记兼副总经理、党办副主任、局党委常委、党办主任、局长助理、水电七局副局长、局党委常委、福堂项目经理兼党工委书记、副局长兼龙滩七八葛联营体总经理兼党工委书记。后调中国水利水电建设集团公司四川电力开发有限公司任副总经理。

刘明江　男，汉族，四川省荣县人，1965年7月出生，1986年7月毕业于河海大学水电系水动专业，同年分配到水电七局工作，1996年10月加入中国共产党，大学学历，工学学士，教授级高级工程师。历任技术员、副队长、副科长、科长、副经理、经理、分局长、水电七局副局长兼安装分局分局长、副局长兼龙滩七八葛联营体总经理、局长兼党委副书记。后调中国水利水电建设集团公司四川电力开发有限公司任董事长、党委书记。

申茂夏　男，汉族，湖南省邵东市人，1959年6月出生，1976年7月参加工作，1982年7月毕业于武汉水利电力学院施工专业，1999年11月加入中国共产党，大学学历，工学学士，教授级高级工程师。历任技术员、副科长、总工办主任、局长助理、水电七局副局长、副局长兼总工程师、溪洛渡施工局局长、向家坝施工局局长。

荣其富　男，汉族，四川省荣县人，1965年3月出生，1986年6月加入中国共产党，1986年7月毕业于成都科技大学水工专业，同年分配到水电七局工作，大学学历，工学学士，教授级高级工程师。历任施工员、副科长、科长、副主任、副总工、处长、水电七局副局长。后调中国水利水电建设公司四川电力开发有限公司任总经理、党委副书记。

文加海　男，汉族，四川省射洪县人。1956 年 10 月出生，1982 年 7 月毕业于成都科技大学水工专业，同年分配到水电七局工作。1985 年 10 月加入中国共产党，大学学历，工学学士，教授级高级工程师。历任技术员、副主任、副经理、三峡项目指挥长、水电七局副局长。

李金元　男，汉族，四川省仁寿县人，1963 年 5 月出生，1982 年 7 月毕业于湖南省电力学校电力财会专业，同年分配到水电七局工作，1986 年 9 月～1988 年 7 月在浙江电大审计专业学习，取得大专学历，1995 年 7 月加入中国共产党，高级会计师。历任工程处财务科会计员、副科长，项目联营体会计师、总会计师，局副总会计师兼财务处处长、局长助理、副总会计师兼财务部主任。2002 年 9 月任水电七局总会计师。

王富建　男，汉族，四川省仁寿县人，1955 年 9 月出生，1974 年 8 月参加工作，1984 年 5 月加入中国共产党，大学学历，高级政工师。历任文书、团支书、局团委副书记、书记，基础分局党委书记、局党委常委、组织部长、局党委常委兼党工部副主任、组干处长等职务。2002 年 10 月任水电七局工会主席。

（六）中国水电建设集团第十工程局

陈瑞峰　男，汉族，河北省香河市人，1934 年 12 月出生，大专文化程度，1950 年 3 月参加工作，1956 年 3 月加入中国共产党，高级工程师。1987 年 2 月任中国水利水电第十工程局局长。1994 年退休。

陈海全　男，汉族，四川省长寿县人，1933 年 4 月出生，初中文化程度，1950 年 10 月参加工作。1955 年 3 月加入中国共产党，高级政工师。1987 年 2 月任中国水利水电第十工程局党委书记，1993 年 8 月退休。

容加利　男，汉族，历任中国水利水电第十工程局副局长、局长，1994 年 4 月调任中国水利水电闽江工程局局长。

王国华　男，历任中国水利水电第十工程局党委副书记、党委书记、水电十局代局长，2001 年 11 月 24 日病逝。

马世绵　男，汉族，山东省龙口县人，1941 年 7 月出生，大学文化程度，1965 年 9 月参加工作，1981 年 2 月加入中国共产党，教授级高级工程师。历任水电十局副局长、局长，2001 年 7 月退休。

文端超 男，汉族，湖南省湘潭市人，1962 年 11 月出生，大学文化程度，1981 年 8 月参加工作。1986 年 6 月加入中国共产党，高级工程师。历任水电十局机电安装处结构厂副厂长，水电十局机电安装处副处长、分局长、分局长兼党委书记，水电十局副局长，1999 年 4 月任水电十局局长。

刘均宏 中国水利水电第十工程局党委书记（2001 年 4 月至今）。

李光宽 中国水利水电第十工程局副局长，1991 年 8 月因病在峨边县西河水电站工地逝世。

汪伯雄 男，汉族，上海市人，1931 年 8 月出生，大学文化程度，1953 年 4 月参加工作。1984 年 1 月加入中国共产党，高级经济师，中国水利水电第十工程局总经济师，1992 年 3 月退休。

钟永为 男，汉族，重庆市江津县人，1939 年 1 月出生，大学文化程度，1958 年 10 月参加工作。中共党员，教授级高级工程师，中国水利水电第十工程局总工程师，1999 年退休。

秦锡祥 中国水利水电第十工程局副局长，1996 年 8 月调三峡总公司。

王官俸 男，汉族，四川省南充市人，1933 年 2 月出生，中专文化程度，1950 年 10 月参加工作。1954 年 7 月加入中国共产党，高级政工师，中国水利水电第十工程局工会主席。1994 年退休。

邓积瑜 男，汉族，四川省乐池县人，1942 年 11 月出生，中专文化程度，1960 年 1 月参加工作，1992 年 10 月加入中国共产党，高级工程师。1993 年 6 月～1995 年 8 月任水电十局总经济师，中国水利水电第十工程局副局长。2003 年 7 月退休。

郇永宁 男，汉族，四川省成都市人，1939 年 6 月出生，高中文化程度，1958 年 9 月参加工作，1983 年 10 月加入中国共产党，高级政工师，中国水利水电第十工程局工会主席。1999 年 6 月退休。

刘高峰 1993 年 6 月～1998 年 7 月，任中国水利水电第十工程局总会计师，1998 年 7 月任水电十局咨询。2001 年 3 月退休。

张长源　1993年6月～1998年7月任中国水利水电第十工程局副局长兼任总工程师。2000年6月调四川杂谷脑水电开发有限责任公司。

廖朝富　中国水利水电第十工程局副局长（1995年7月～1997年9月）。

杜学泽　男，汉族，四川省阆中县人，1965年2月出生，武汉水利电力大学毕业，1996年11月加入中国共产党，1985年7月参加工作，教授级高级工程师。历任水电十局二处技术科长、水电十局二分局总工、水电十局局长助理、老挝项目经理，1997年12月任水电十局副局长。

彭　勇　男，汉族，四川省成都市人，1955年2月出生，华北水利水电学院毕业，1980年1月参加工作，1985年10月加入中国共产党，教授级高级工程师。历任水电十局三处技术员工程师、水电十局二处副队长、水电十局二分局副分局长、分局党委书记。1999年4月任水电十局副局长。

袁智能　男，汉族，四川省新都县人，1949年10月出生，大学文化程度，高级政工师，1970年7月参加工作，中共党员。历任水电十局二处政办主任，水电十局一处党委副书记、党委书记。1993年6月～1999年4月任水电十局党委副书记兼纪委书记。

王坤任　男，汉族，四川省中江县人，1955年12月出生，大学文化程度，1975年12月参加工作，1979年5月加入中国共产党，高级工程师。历任水电十局二处团委书记、二处机电队党支部书记、二处党委副书记、副处长，水电十局人事劳动处长。1998年7月任水电十局工会主席。

雷中平　男，汉族，重庆市长寿县人，1949年6月出生，中专文化程度，高级政工师，1968年8月参加工作，中共党员。历任水电十局党委组织部科长、党委工作部主任、水电十局二分局党委书记，1999年6月任水电十局党委副书记兼纪委书记。

丁永泉　中国水利水电第十工程局总会计师，2003年2月调中国水利水电建设集团公司任资金结算中心主任。

柳赋渊　男，汉族，湖北省黄坡县人，1953年11月出生，武汉测绘学院大学毕业，1972年1月参加工作，1986年6月加入中国共产党，教授级高级工程师。历任水电十局测量队技术员、副队长、设计院副院长、院长，2001年3月任水电十局副局长。

何其刚 男，汉族，四川省眉山市人，1965年4月出生，河海大学毕业，1987年8月参加工作，1996年10月加入中国共产党，高级经济师。历任水电十局二分局总经济师、水电十局第一副总经济师，2001年3月任总经济师。

杜亚玲 女，汉族，四川省成都市人，1952年6月出生，成都工学院毕业，1969年2月参加工作，1979年12月加入中国共产党，教授级高级工程师。历任水电十局技术处副科长、水电十局太平驿项目副指挥长、水电十局总工办主任、水电十局副总工程师。2001年4月任水电十局副局长。

（七）武警水电第三总队

方长铨 女，汉族，四川省乐山市人，1937年1月出生，1957年7月毕业于成都工学院水工专业后参加工作，1966年10月入伍，1985年5月加入中国共产党，大学学历，技术5级，教授级高级工程师，武警大校警衔。历任四川省水电局技术员，基建工程兵第六十一支队技术科技术员、工程师，武警水电一总队副总工程师，武警水电工程指挥所总工程师，1991年6月任武警水电第三总队总队长，1996年3月任武警水电第三总队正师职咨询。1997年7月退休。

冉贤厚 男，土家族，重庆市黔江区人，1952年2月出生，1969年12月入伍，1971年5月加入中国共产党，1977年8月毕业于同济大学工程机械专业，大专学历，高级工程师，武警大校警衔。历任基建工程兵第六〇一大队（团）助理技术员、技术员，第六〇六团助理工程师、六〇三团司令部工程股副股长、六〇三团副团长，武警水电第三支队副支队长，武警水电第一总队第二指挥所主任，武警水电第三支队支队长，武警水电第三总队副总队长、代总队长、总队长，1999年9月调任武警水电指挥部副参谋长。现任武警水电指挥部总工程师，武警少将警衔。

李创坚 男，汉族，广东省潮阳县人，1953年12月出生，1972年12月入伍，1974年7月加入中国共产党，1978年8月毕业于华北水利水电学院工程机械专业，大专学历，技术7级，高级工程师，武警大校警衔。历任基建工程兵第六〇三大队（团）技术员，水电第一总队第二指挥所后勤组副组长、组长，武警水电第三支队副支队长、代支队长、支队长，武警水电第一总队副总队长。1999年9月任水电三总队总队长，2001年8月免职养病。

刘松林 男，汉族，陕西省武功县人，1954年7月出生，1970年12月入伍，1972年11月加入中国共产党，1978年9月毕业于华北水利电力学院机械专业，大专学历，技术7级，高级工程师，武警大校警衔。历任基建工程兵第六〇四运动队（团）技术员、助工、工程师，武警水电第四支队副参谋长，武警水电第二支队副支队长、支队长，武警水电第一总队参谋长。2001年8月任武警水电第三总队总队长，2004年1月任水电一总队总队长。

林友汉　男，汉族，福建省仙游市人，1957年9月出生，1975年9月参加工作，1981年11月加入中国共产党，1982年2月毕业于武汉水利电力学院工程机械专业后入伍，大学学历，技术七级，高级工程师，武警大校警衔。历任基建工程兵第六十一支队司令部机电科科员、助理工程师，武警水电第一总队后勤部装备处工程师、第一指挥所后勤组副组长、副主任兼后勤组长，武警水电指挥部后勤部装备物资处副处长、处长，武警水电指挥部后勤部总经济师。

林振和　男，汉族，四川省隆昌县人，1949年9月出生，1969年4月入伍，1971年11月加入中国共产党，大专学历，武警大校警衔。历任基建工程兵第六十一支队后勤部供应科出纳、助理员、会计员，基建工程兵第六〇一大队（团）财务股副股长、股长、后勤处处长，基建工程兵第六十一支队后勤部部长，武警水电第五支队政治委员，武警水电第一总队后勤部副部长，武警水电三总队副政治委员兼纪委书记。1992年10月任武警水电第三总队政治委员，1998年4月调任水电指挥部后勤部副部长。

孟凡富　男，汉族，天津市人，1945年7月出生，1965年1月入伍，1966年4月加入中国共产党，大专学历，武警大校警衔。历任铁道兵第十二师五十七团政治处文书、干部股干事，第十二师政治部干部科干事、地铁指挥部政工组干事、基建工程兵北京市办公室组织处干事、干部处干事，老干部办公室副主任，武警水电指挥部干部处副处长、处长，武警水电指挥部纪委书记、机关党委书记。1996年6月任武警水电第三总队第二政治委员，1998年4月任武警水电第三总队政治委员，1999年9月调任武警水电指挥部政治部副主任，2000年10月退休。

关明生　男，汉族，四川省南江县人，1949年3月出生，1969年12月入伍，1970年12月加入中国共产党，大专学历，武警大校警衔。历任基建工程兵第六〇三大队（团）排长、副政治指导员，基建工程兵第六十一支队潘家口工程指挥部铁管处政工组干事、组长、政治部干部科干事，武警水电一总队政治部干部处干事、副处长、处长，武警水电第十三支队副政治委员，武警水电第十四支队政治委员，武警水电第三总队政治部主任、总队政治委员，2000年12月任武警水电指挥部政治部副主任。

刘洪卫　男，汉族，四川省纳溪县人，1950年5月出生，1969年3月入伍，1971年4月加入中国共产党，大专学历，武警大校警衔。历任基建工程兵第六〇二大队战士、排长，基建工程兵第六二一大队（团）五中队副政治指导员、指导员，司令部训练股副股长，武警水电第七支队副参谋长、参谋长、副支队长、政治委员，武警水电第二总队政治部副主任、总队副政治委员，武警水电三峡工程指挥部副政治委员兼政治部主任、副指挥长，2000年12月任武警水电第三总队政治委员。

李永胜 男，汉族，内蒙古自治区达拉特人，1955年8月出生，1973年10月加入中国共产党，大学学历，武警大校警衔。历任基建工程兵第六十一支队战士、司令部机要科参谋、副科长，武警水电第一总队司令部政治处副主任、外事办公室主任、政治处主任；武警水电第二支队副政委兼政治处主任、政治委员，武警水电技术学校政治委员，武警水电第三总队副政治委员、政治委员。

（八）国电大渡河流域水电开发有限公司

刘金焕 男，1962年3月出生，汉族，湖北省石首县人，研究生毕业，教授级高级工程师。1981年11月在葛洲坝工程局浇筑分局参加工作，1986年7月加入中国共产党，历任质检科副科长、劳资科副科长、分局副局长，一公司质量安全处处长、公司副总经理、一公司董事长、总经理、集团公司副总经理兼任三峡指挥部指挥长、党委书记等职务，现任国电大渡河流域水电开发有限公司总经理、党委副书记兼瀑布沟水电站建设分公司总经理职务。

付兴友 男，1955年12月出生，汉族，四川省射洪县人，1984年11月加入中国共产党，研究生毕业，教授级高级工程师。1971年12月在雅砻江水运局参加工作，历任映秀湾水力发电总厂工程师、车间副主任、主任、副厂长、厂长，都江电力设备厂厂长兼党委书记等职务，现任国电大渡河流域水电开发有限公司党委书记兼常务副总经理职务。

马文举 男，1955年11月出生，回族，四川省隆昌县人，1983年12月加入中国共产党，大学毕业，高级政工师。1974年7月下乡知青，1977年8月从成都水电校毕业分配到龚嘴水力发电厂工作。历任副主任、主任、总厂党委副书记、党委书记、国电大渡河流域水电开发有限公司党委书记等职务，现任国电大渡河流域水电开发有限公司党委副书记、纪委书记、工会主席。

张建华 男，1962年10月出生，汉族，河北省晋州市人，1992年8月加入中国共产党，研究生毕业，教授级高级工程师。1982年8月在水电五局参加工作，历任工程技术负责人、技术处主任、副科长、科长、分局副局长兼总工程师、分局局长、水电五局副总工程师兼工程部主任、水电五局副局长兼总工程师等职务，现任国电大渡河流域水电开发有限公司副总经理。

向　进 男，1960年4月出生，汉族，四川省合江县人，研究生毕业，高级工程师。1981年8月在龚嘴水力发电总厂参加工作，1986年11月加入中国共产党。历任副主任、检修公司副总经理、总厂副厂长、厂长、党委书记等职务，现任国电大渡河流域水电开发有限公司副总经理。

王春云 男，1963年5月出生，汉族，江苏省吴江县人，研究生毕业，高级工程师。1983年8月在成都勘测设计院参加工作，1986年10月加入中国共产党，历任副主任、主任、副处长、处长、四川省延边县副县长、国电大渡河流域水电开发有限公司战略发展部副经理、总经理助理等职务，现任国电大渡河流域水电开发有限公司副总经理。

（九）二滩水电开发有限责任公司

孙中弼 男，1937年6月出生，汉族，上海市人，1960年12月天津大学水道及港口专业毕业参加工作，1979年8月加入中国共产党，教授级高级工程师。历任水电五局隧洞大队施工组长、水电五局三工区生产组组长、副主任工程师，水电五局总工程师室技术负责人、总工程师、副局长、局长，二滩水电开发公司筹备组组长、二滩水电开发有限责任公司总经理、党委书记、常务副董事长。

林 椿 男，1934年2月出生，汉族，浙江省温岭县人，1954年9月天津大学水利技术建筑专业毕业参加工作，1981年8月加入中国共产党，教授级高级工程师。历任水电七局南桠河分局生技科副科长、副主任工程师、副总工程师、副局长，水电七局副总工程师、副局长、局长，二滩水电工程公司总经理兼总工程师，二滩水电开发有限责任公司副总经理兼总工程师。

王音辉 男，1943年10月出生，汉族，河北省定县人，1968年1月清华大学河川枢纽及水电站建筑专业毕业参加工作，1982年6月加入中国共产党，教授级高级工程师。曾在济南军区昌邑4807部队锻炼，历任水电一局技术科副科长、施工处副处长，鲁布革水电工程管理局工程处处长、局总工程师，二滩水电工程公司工程师代表、总经理，二滩水电开发有限责任公司副总经理。

春廷彦 男，1934年1月出生，汉族，河南省郾城市人，1958年10月中南财经学院财政专业毕业参加工作，1973年7月加入中国共产党，教授级高级会计师。历任河南三门峡工程局财务处副科长，水电七局财务科副科长，水电七局南桠河分局财务科副科长、科长，水电七局财务处副处长、处长、局副总会计师、总会计师，二滩水电开发有限责任公司财务处处长，二滩水电开发有限责任公司总会计师。

冉以祥 男，1938年11月出生，汉族，四川省云阳市人，1962年10月重庆大学电机专业毕业参加工作，1981年12月加入中国共产党，教授级高级工程师。历任四川新庄发电厂副总工程师、副厂长兼总工程师，四川省渡口电业局副局长、局长，二滩水电开发公司筹备组办公室负责人、临时党委副书记，二滩水电开发有限责任公司党委副书记。

刘俊峰 男，1944年2月出生，汉族，辽宁省喀左县人，1965年10月加入中国共产党，1967 年 7 月大连工学院河川枢纽及水电站建筑专业毕业参加工作，教授级高级工程师。历任水电一局白山电站浇筑队队长，水电一局开挖大队队长、支模队队长、第一工程处副处长、红石分局局长、党委书记、水电一局副局长、局长，二滩水电开发有限责任公司总经理、党委书记，二滩水电开发有限责任公司独立董事。

宋宏启　男，1943 年 3 月出生，汉族，浙江省奉化县人，1949 年 10 月参加工作，1955 年 1 月杭州水力发电专科学校机械专业毕业，教授级高级工程师。历任水电总局机电安装公司副工段长，水利部青铜峡“五七干校”三连副连长，水电部第六工程局生产指挥部机电组组长，水电部基建司机械处工程师、水利部基建总局机械处工程师，水利水电建设总局机械处机械管理组长、工厂组组长、水电部建设局机械处工厂组组长，能源部水电开发司建设处副处长，电力部水电农电司水电建设协调处处长，二滩水电开发有限责任公司副总经理。

蔡新鉴　男，1938 年 8 月出生，汉族，四川省成都市人，1962 年 9 月陕西工业大学河川枢纽及水电站建筑专业毕业参加工作，1982 年 8 月加入中国共产党，教授级高级工程师。历任水电三局调度室副主任、计划处处长、总经济师，中水公司阿尔及利亚布库尔丹水库指挥部副总经理兼总经济师，水电三局代总经济师、总经济师，二滩水电开发有限责任公司总经理办公室主任、二滩水电开发有限责任公司副总经理。

黄新生　男，1942 年 8 月出生，土家族，贵州省铜仁县人，1963 年 12 月贵州工学院河川枢纽及水电站水工建筑专业毕业参加工作，1985 年 10 月加入中国共产党，教授级高级工程师。历任水电部昆明勘测设计院水工处副处长，二滩水电开发有限责任公司技术处处长、二滩水电开发有限责任公司副总工程师、二滩水电开发有限责任公司总工程师。

金洪生　男，1936 年 1 月出生，汉族，江苏省吴江市人，1959 年 8 月清华大学河川结构及水电站水工建筑专业毕业参加工作，1983 年 10 月加入中国共产党，教授级高级经济师。历任富春江工程局计划处、工程处工程师，水电十二局副总会计师，长江三峡论证投资估算专家组专家，水电十二局总经济师，二滩水电开发有限责任公司总经济师。

张玉祥　男，1947 年 6 月出生，汉族，吉林省梨树县人，中共党员，1968 年 12 月参加工作，1985 年 7 月西南财经大学财务会计专业毕业，1976 年 7 月加入中国共产党，高级会计师。历任水电一局财务处成本科副科长、科长、审计处处长，鲁布革工程管理局财务处副处长，二滩水电开发有限责任公司财务处副处长、处长、公司财务部部长、副总会计师、公司总会计师、专职监事、公司锦屏建设管理局总会计师。

陈云华 男，1962 年 6 月出生，汉族，浙江省余姚市人，1983 年 5 月加入中国共产党，1983 年 7 月三峡大学水工专业毕业参加工作，教授级高级工程师，管理学博士。历任国家能源部投资公司计划部水电计划处副处长，国家开发银行电力信贷局计划处处长、西南信贷局局长助理、云南省分行筹备组副组长、云南省分行副行长、投资业务局副局长兼中瑞合作基金管理人，二滩水电开发有限责任公司总经理、党委书记。

马德民 男，1947 年 12 月出生，汉族，云南省大理市人，1969 年 1 月参加工作，1982 年 1 月西安交通大学电机系高压专业毕业，1985 年 7 月加入中国共产党，教授级高级工程师。历任云南滇西电业局实验室主任、滇西电业局副局长，云南漫湾水电厂厂长，云南省电力局劳动工资处处长，二滩水电开发有限责任公司二滩水力发电厂厂长、二滩水电开发有限责任公司副总经理。

史洪德 男，1948 年 11 月出生，汉族，河南省洛阳市人，1968 年 9 月参加工作，1983 年 7 月武汉水利水电学院电子技术专业毕业，1982 年 6 月加入中国共产党，教授级高级工程师。历任二滩水电开发有限责任公司成都办事处副主任、公司机电部副经理、经理，二滩水电开发有限责任公司副总经理。

张肇刚 男，1965 年 2 月出生，汉族，四川省合江县人，1987 年清华大学水利机械专业毕业参加工作，2000 年 6 月加入中国共产党，教授级高级工程师，管理学硕士。历任二滩水电开发有限责任公司机电部副经理、机电项目部工程师代表，二滩水电开发有限责任公司副总经理。

张玉齐 男，1964 年 9 月出生，汉族，重庆市永川县人，1985 年 10 月加入中国共产党，1989 年 7 月成都科技大学水工专业毕业参加工作，教授级高级工程师，工学硕士。历任四川省投资公司电力处副处长、二滩项目主管，华能宝兴河公司董事、副总经理，四川省投资公司能源项目部经理，四川省电力开发公司副经理，嘉阳电力公司董事，川投二滩项目经理，四川省投资集团公司基础产业部副经理、经理，川投集团党委第三党支部书记，川投马边河公司监事、紫兰坝开发公司董事、紫坪铺开发公司董事、田湾开发公司筹备组组长，二滩水电开发有限责任公司副总经理。

王宏亮 男，1960 年 11 月出生，汉族，河南省荥阳县人，1977 年 9 月参加工作，1982 年 7 月武汉水利水电学院水利水电工程施工专业毕业，1982 年 7 月加入中国共产党，教授级高级工程师，工程硕士。历任水电四局质检处科长、水电四局引大入秦工程指挥部总工程师，二滩水电开发有限责任公司厂房项目部工程师代表助理、合同部经理、公司党委副书记、工会主席。

（十）中国华能集团公司四川分公司

尹洪路　1941年2月出生，男，汉族，山东省荣成县人，1965年7月北京地质学院地球物理勘探专业大学毕业，1965年9月参加工作，1966年10月加入中国共产党，工程师。历任建工部西南综合勘察院技术员，四川省基本建设委员会技术员、工程师，四川省城乡建设环境保护厅科技处副处长、副厅长、党组成员，四川省建设委员会副主任、党组成员，中国华能集团公司四川分公司总经理兼四川华能太平驿水电厂董事长（法人代表）、四川华能东西关水电厂董事长（法人代表）、兼四川华能宝兴河电力股份有限公司董事长（法人代表）、兼四川华能实业公司总经理、兼四川华能康定水电有限责任公司董事长（法人代表），中国华能集团公司四川分公司经理、党委书记。

马积泉　1943年4月出生，男，满族，辽宁省东沟县人，1967年9月参加工作，1967年8月天津大学水利工程系大学毕业，1979年8月加入中国共产党，教授级高级工程师。历任水电部第一工程局一处技术员、技术科副科长、科长、一处副处长、处长、兼华水水电工程建设公司总经理，水利水电工程总公司第十工程局副局长，中国华能集团公司四川分公司副总经理、兼四川华能东西关水电股份有限公司董事长（法定代表人）、兼四川华能嘉陵江水电有限责任公司董事长、中国华能集团公司四川分公司副经理。

田永澜　1943年8月出生，男，汉族，四川省射洪县人，1966年7月重庆大学动力系热能专业大学毕业，1966年7月参加工作，1987年6月加入中国共产党，高级工程师。历任成都热电厂技术员、专职工程师、生技科科长、副厂长、厂长、党委书记，华能国际电力开发公司成都分公司经理、党委书记、中国华能集团公司四川分公司副经理。

张　伟　1963年2月出生，男，汉族，黑龙江省通河县人，1983年11月加入中国共产党，1984年7月成都科技大学水电工程系水工专业大学毕业，1984年7月参加工作，工学学士，教授级高级工程师。历任水利电力部成都勘测设计院干部，中国华能集团公司四川分公司干部，中国华能集团公司四川分公司华能宝兴河项目副经理（副处级），中国华能集团公司四川分公司雨城电站项目副经理（正处级），中国华能集团公司四川分公司副总经理兼四川华能宝兴河电力股份有限公司董事长。

张小鸣　1952年10月出生，男，汉族，浙江省海宁县人，1969年2月参加工作，1978年12月加入中国共产党，1985年2月四川财经学院工业经济系企业管理大专毕业，2000年9月西南财经大学企业管理研究生课程进修班结业，高级会计师。历任四川映秀湾发电厂值班员、值长、厂团委副书记、书记、企业改革办公室副主任，川西电力局审计科负责人，华能国际电力开发公司成都分公司财务部干部、财务部会计师、副主任、主任、公司副经理、兼华能明台电力有限责任公司经理、华能明台水电站工程指挥部常务副指挥长，华能国际电力开发公司成都分公司副经理兼纪委书记，中国华能集团公司四川分公司副经理。

（十一）四川省港航开发有限责任公司

刘龙铸　男，1944年出生，重庆市铜梁县人，中共党员，上海海运学院水运管理专业专科毕业，高级经济师。1960年3月参加工作，历任四川省轮船公司经理，四川省交通厅港航监督局局长、局分党组书记，四川省交通厅航务管理局局长、局分党组书记。现任四川省港航开发有限责任公司董事长、总经理、党委书记。

赖忠泉　男，1963年出生，四川省成都市人，中共党员，成都市财经学院财会专业专科毕业，高级会计师。1982年7月参加工作，历任四川省交通厅航务管理局财务处处长等职，现任四川省港航开发有限责任公司董事、副总经理。

李远琳　女，1953年出生，四川省内江县人，中共党员，武汉水运学院计划统计专业专科毕业，高级经济师。1969年1月参加工作，历任四川省交通厅航务管理局计划统计处处长等职，现任四川省港航开发有限责任公司董事、副总经理、工会主席。

曾崇勇　男，1967年出生，四川省邛崃县人，中共党员，河海大学港口航道和四川省工商学院工商管理专业毕业，硕士研究生，高级工程师。1991年8月参加工作，历任四川省交通厅航务管理局港口航道处处长等职，现任四川省港航开发有限责任公司董事、副总经理。

王建中　男，1955年出生，河北省邢台市人，中共党员，解放军经济管理学院本科毕业。1970年11月参加工作，历任四川省交通厅港航监督局、四川省交通厅航务管理局办公室主任、法规处处长等职，现任四川省港航开发有限责任公司董事、党委副书记、纪委书记。

（十二）紫坪铺开发有限责任公司

李　洪　男，1963年5月4日出生，汉族，河南省新野县人，毕业于四川大学水利学及河流动力学专业，博士研究生，中共党员，高级工程师（正高）。历任水利部第五工程局技术员、施工技术科副科长，四川省电力局基建处工程师、水电处副处长，宝珠寺水电建设管理局常务副局长、局长，四川省紫兰坝水电开发有限责任公司总经理，四川省紫坪铺开发有限责任公司副总经理、总经理、党委书记。

（十三）地方电力系统

罗育民　男，汉族，1925年10月出生，河南省长坦县人，1944年5月参加工作，1944年12月加入中国共产党。历任河南省长垣县文印收发、区文教助理员、县委宣传、组织干事；后随军南下和西进，曾任区委副书记、书记、地委副科长、科长等职；西南局党校党建、哲学教研室研究员；西南直属机关党委办公室主任；四川省农业组水利组组长、政治处办公室主任；省水电勘测设计院党委书记、院长；省水电厅党组成员、副厅长、顾问。曾于1990年被国家计委、水利部授予先进工作者称号；筹建四川省地方电力企业管理协会并任常务副会长，被中国水利电力企业管理协会评为1988年度优秀企协工作者；为四川省地方电力企业管理协会第二届理事会理事，被中国水利水电企业管理协会聘为副会长。

续俊海 男，汉族，1931年9月出生，山西省定襄县人，1952年8月加入中国共产党，1947年7月参加工作，成都工学院水利系毕业，高级工程师。历任四川省川北区卫生科干事、西南军政委员会卫生部防疫队干事、川北行政公署门诊部干事，省水电厅第一工程局总工程师室技术员，省水利水电勘测设计院技术员、办公室副主任、院生产组组长、技术室主任、院革委副主任、副院长、副书记、书记，省水电厅党组成员、副厅长、厅长、党组书记。

陈德静 男，汉族，1940年12月出生，四川省南部人，1960年5月加入中国共产党，1956年9月参加工作，大专文化，第九届省人大代表和全国人大代表。历任南部县流马乡碾垭小学教员、教导主任，南部县建兴公社、县委调研室、农工部、县委办、人委办干事、秘书，南充行署农办、农林局干事、农工部秘书科副科长，广安县委副书记、南充地委农工部副部长、武胜县委书记、南充县委书记，四川省农牧厅党组成员、副厅长，省农业科学院党委书记，省水电厅党组副书记、副厅长、党组书记、厅长。

杨 建 男，汉族，1934年12月出生，湖南省长沙市人，1956年4月加入中国共产党，1954年9月参加工作，先后毕业于西南水利学校和成都工学院河川枢纽及水电站水工建筑专业，教授级高级工程师。历任四川省水电厅基建处、生技处、总工程师室技术员、工程师，升钟水库现场指挥部技术负责人、总工程师兼技术处长，四川省水电厅总工程师。

廖 杰 男，汉族，1939年8月出生，四川省涪陵县人，1980年12月加入中国共产党，1960年2月参加工作，成都工学院电机系发电厂电力网及电力系统专业毕业，大学文化，工程师。历任四川省地方电力公司副经理、经理，四川省水电厅党组成员、副厅长。

彭志立 男，汉族，1939年12月出生，四川省达县人，1965年9月参加工作，1978年5月加入中国共产党，成都工学院发输配电专业毕业，高级工程师，第八届省政协委员。历任达县地区水电局副科长，达县地区电力公司副经理、党委书记、地区行署副专员、代理专员、党组书记，四川省水电厅党组成员、副厅长。其中曾兼任四川省地方电力局局长。

王道延　男，汉族，1938年9月出生，四川省成都市人，1964年8月参加工作，四川大学（原成都工学院）河川枢纽及水电站建筑专业毕业，高级工程师。历任四川省水利电力厅规划处规划一队技术员，四川省水利院规划一队、规划室、第二综合室技术员，四川省水电厅规划设计处技术员、工程师、规划组组长、规划处副处长、四川省水电厅副总工程师、规划处处长、省水电厅总工程师。

朱家清　男，汉族，1946年2月出生，四川省三台市人，1979年7月加入中国共产党，1969年9月参加工作。成都工学院水工建筑专业毕业，历任四川省三台县百里渠管理站技术员，四川省三台县水利工程队副队长、水电局基建股副股长、副局长、永安电厂党委书记，四川省三台县水电局党委副书记、副县长、副书记、县长、县委书记，四川省水电厅党组成员、副厅长。

孙砚方　男，汉族，1946年7月出生，四川省邛崃县人，1981年11月加入中国共产党，1965年10月参加工作，成都科技大学水工建筑专业毕业，工学学士。历任省煤田地质勘探公司135地质队地质员，都江堰崇庆管理站任管理员，省外江管理处工程科、统计组助工、处长，省水电厅办公室副主任、主任、省水电厅党组成员、副书记、副厅长、党组书记、厅长。

杨树良　男，汉族，1944年11月出生，四川省威远县人，中共党员，成都工学院发电厂电力网及电力系统专业毕业，教授级高级工程师。历任凉山州昭觉供电所副所长（主持工作），四川省地方电力公司（局）生技科副科长、副经理、副局长，四川省地方电力局党委副书记、副局长、局长（副厅级）、党委书记。

张忠孝　男，1948年11月23日出生，汉族，大学文化程度，中共党员，四川省通江县人。1968年参加工作，历任通江县委办公室主任、副县长、副书记、县长、县委书记，巴中地委委员（常委）、秘书长，四川省水利厅党组成员，四川省水产局局长，四川省地方电力局局长，四川省水电投资经营集团副董事长、总经理。

张志远　男，汉族，1957年7月出生，重庆市开县人，1980年12月加入中国共产党，1980年12月参加工作，四川大学城市经济专业毕业，在职研究生，高级工程师。历任横山庙电站技术员、站长，四川省玉溪河灌区管理处副处长、处长，四川省地方电力局副局长、党委书记，其中曾任四川水电产业集团公司总经理。

大 事 记

大 事 记

（1991～2002年）

1991年

2月4日 四川省电力工业局工作会、局党委一届六次全委扩大会和安全生产会在成都召开。会议传达了中共十三届七中全会、省委五届八次全委会和全国能源工作会议精神，安排部署1991年全局工作。四川省副省长蒲海清到会讲话，会议于7日结束。

2月6日 河门口发电厂荣获“安全文明生产创水平达标电厂”称号，成为能源部首批“双达标”电厂，也是四川省电力系统首家获此殊荣的电厂。

4月26日 四川省电力工业局一届三次职代会在成都召开。204名职工代表出席会议，会议审议了刘金龙局长所作的《为实现我省电力工业“八五”计划和十年规划而努力奋斗》的工作报告，审议并通过了《效益工资浮动与升级的试行办法》，会议于29日结束。

5月1日 四川电网省级调度实现安全调度无考核事故十周年。

6月1日 白鹤发电厂成立。

6月16日 在巴基斯坦从事输电线路施工突遭当地武装匪徒绑架的四川省送变电公司员工朱正清、李刚、戴世友三人回到成都。绑架案发生后，国内从四川省电力工业局到能源部、外交部都开展了全力营救。

7月11日 经四川省电力工业局与广汉市政府协商决定，在广汉市51家用户试行峰谷分时电价改革。

7月17日 四川省电力工业局环境监测研究中心站和豆坝发电厂分别荣获全国水电工会和能源部授予的“全国电力工业环境保护先进集体”和“全国电力工业环境保护先进单位”称号。

7月18日 四川都江电力修造厂生产的高效节能产品重力式钢——水热管及换热器，在深圳“全国火炬高新技术及产品展交会”上获得金奖，是能源部系统参展项目中唯一获此奖项的产品。

8月31日 国家“七五”期间电力扶贫工程——四川白鹤发电厂第1台5万千瓦火力发电机组建成投产。

9月14日 二滩水电站正式开工建设。该电站总装机容量为330万千瓦，混凝土双曲拱坝，高240米，水库容量为58亿米^3，装机6台，年发量为170亿千瓦·时。

10月10日 四川省电力工业局科技工作会闭幕。会议总结了“七五”期间四川省电力系统的科学技术发展情况。“七五”期间全局共取得科技革新成果4592项，年创直接经济效益6571万元，共获国家级奖2项，部、省级奖38项，其中达国际水平的2项，属国内首创9项，达国内先进水平31项。

11 月 4 日 四川省电力工业局多种经营局成立。

11 月 6 日 黄桷庄发电厂正式开工建设。该电厂位于四川省宜宾市金沙江边，规划总装机容量为 120 万千瓦，一期工程安装两台 20 万千瓦机组，总投资 5.78 亿元。

11 月 15 日 中共四川省电力工业局委员会党校正式成立。

11 月 22 日 四川省电力工业局农电局正式成立。

11 月 23 日 宝珠寺发电厂主体工程正式开工建设。该电厂总装机容量为 70 万千瓦，库容为 25.2 亿米^3。

12 月 3 日 万县电业局成立。

12 月 10 日 二滩—自贡 500 千伏超高压输电线路工程可行性研究报告通过专家评估。该线路全长 470 千米，预计建设 4 回 500 千伏输电线路，年输电量为 170 亿千瓦·时。

12 月 江油发电厂 2×33 万千瓦机组扩建工程建成投产发电。

1992 年

1 月 11 日 能源部能源任〔1992〕7 号文任命石万俭为四川省电力工业局局长，免去刘金龙四川省电力工业局局长职务。

1 月 22 日 因连日浓雾，空气湿度大，0 点 56 分四川电网 220 千伏网络输电线路发生有史以来最严重的“污闪”事故。全省 15 条 220 千伏线路先后多次跳闸，6 个 220 千伏变电站先后失压，四川电网被迫解列成 5 块小系统运行，川西北地区出现大面积停电的危急局面。经抢修 1 月 23 日 21 时 39 分四川电网全面恢复正常运行。

4 月 四川省人民政府发出紧急通知，大力开展社会节电工作，要求进一步强化各项社会节能措施。

5 月 19 日 四川省电力工业局党委在广汉召开常委扩大会，学习邓小平同志《南巡讲话》，并就加快四川省电力发展和改革开放步伐等重大问题进行研究。会议统一了党委一班人的思想并作出了深化改革的六项决定。

5 月 22 日 自贡—重庆（四川省自贡市洪沟至重庆市陈家桥）500 千伏超高压输电线路工程通过初设审查。该线路全长 162 千米，为四川省第一条 500 千伏线路。审查会于 24 日结束。

9 月 3 日 四川省电力工业局电力规划工作会议在成都市召开。会议讨论并作出了《四川省电力未来三十年发展规划》，会议于 4 日结束。

9 月 四川省电力工业局机关劳动、人事、工资三项制度改革和定机构、定人员、定岗位、定职责“四定”实施方案正式颁发，机关实行职工上岗双向选择聘任制。

10 月 4 日 铜街子水电站首台机组于 11 时 35 分并网发电。该电站总装机容量为 60 万千瓦，首台机组单机容量为 15 万千瓦。

10 月 5 日 33 万千瓦火电机组仿真机系统通过验收并投入运行。该仿真机的真度达到 20 世纪 90 年代国际先进水平，由亚洲仿真控制系统工程公司和四川省电力工业局共同合作研制，从法国 Alstom 公司引进。

10 月 13 日 四川电力超高压输变电公司正式成立，与四川省电力工业局超高压输变电办公室合署办公。

10 月 四川省电力工业局开始试行全员劳动合同制。

11 月 四川省电力工业局机关干部、人事制度改革结束。改革后机关处室由 29 个减少到 22 个，减少 24%，机关人员由 391 人减少到 285 人，减少 27%，处级干部平均年龄由 51 岁降到 48 岁。

12 月 11 日 二滩水电站成功截流。

1993 年

1 月 19 日 宜宾发电总厂正式成立。总厂下设黄桷庄电厂、豆坝发电厂、宜宾电厂。总装机容量为 70 万千瓦。

2 月 10 日 四川电力工程公司，四川电建一、二、三公司，以及送变电建设公司联合组建成立四川电力建设集团公司。该公司隶属四川省电力工业局，是具有法人资格的全民所有制企业，公司各成员单位均具有独立的法人资格，实行自主经营、自负盈亏、独立核算。

2 月 11 日 四川省人民政府在攀枝花市召开四川水电开发研讨会，电力部、水利部、农业银行总行、国家能源投资公司等单位参加了会议，会议于 12 日结束。

2 月 28 日 蜀润磨房沟一级水电站工程开工建设。磨房沟一级电站位于凉山州冕宁县境内，总装机 2×1.25 万千瓦，年发电量为 1.4 亿千瓦·时，总投资 8620 万元人民币。该电站是由四川蜀润电力开发有限公司筹资建设的四川省第一座中外合资电站。

3 月 1 日 自—渝 500 千伏输电线路全线开工建设。该线路起于自贡市洪沟变电站，止于重庆市陈家桥变电站，全长 148.77 千米。

3 月 26 日 四川省电力公司正式成立。该公司是根据国务院颁发的《电力工业管理体制改革方案》，结合四川省实际，经能源部能源政发〔1993〕307 号文批准成立的。公司属于全民所有制企业，是自主经营、自负盈亏、独立核算的经济实体，具有独立的法人地位。公司成立后，四川省电力工业局同时保留，代能源部和四川省行使四川省电力行业的管理职能。

4 月 10 日 四川省电力工业局二届一次职代会和四川省电力工会第三次会员代表大会在成都市召开。会议审议了《局长工作报告》、《厂长责任目标考核管理办法》、《职代会工作报告》、《工会工作报告》等。选举产生了由 35 人组成的电力工会第三届委员会和 8 名（包括特邀 1 名）出席四川省工会九次代表大会代表。会议于 15 日结束。

5 月 4 日 以中国电力企业联合会副理事长游吉寿为团长、原水电部副部长张凤祥为副团长的 65 人考察团历时 15 天的“金沙江中、下游梯级水电开发考察活动”圆满结束。考察团经过实地考察后一致认为“要重新认识金沙江，早日开发金沙江”。

5 月 16 日 内江发电总厂正式成立。该厂总装机容量为 70 万千瓦，年发电量为 40 亿千瓦·时，下辖白马发电厂、高坝发电厂和内江电力修造厂。

6 月 2 日 四川省电力工业局决定投资 821 万元整改井研县农村电网。计划用 3 年时间按国家标准，将井研县建成电气化县。

6 月 24 日　国家“七五”重点建设项目铜街子水电站，装机 15 万千瓦的 2 号机组 23 时 32 分并网发电。

7 月　中国对外贸易经济合作部批准四川省电力公司经营进出口业务。

8 月 31 日　二滩电站送出工程通过专家评估。该工程总投资 40 多亿元，包括 4 回 2502 千米长的 500 千伏输电线路，5 座 500 千伏变电站，1 座开关站，总容量 475 万千伏安。评审会于 15 日结束。

10 月 16 日　广安发电厂正式成立。一期工程装机总容量为 60 万千瓦（2×30 万千瓦）。

10 月 30 日　中华全国总工会授予成都热电厂工会委员会“全国模范职工之家”荣誉称号。

11 月 21 日　黄桷庄发电厂一期工程首台 20 万千瓦机组 11 时 45 分并网发电。该电厂设计总装机容量为 120 万千瓦。

1994 年

1 月 1 日　四川华蓥山发电厂受到系统污闪事故冲击，厂内重要设备的控制信号失效，造成 1 台 5 万千瓦发电机报废，2 台 10 万千瓦发电机转子严重受损的重大设备损坏事故。

3 月　宝珠寺水电站建设管理开始实行业主责任制。四川省电力工业局作为宝珠寺工程的业主，负责宝珠寺工程建设的进度、质量、造价控制、电站经营及投资偿还。

5 月　四川省电力工业局宝珠寺水电建设管理局成立。代四川省电力工业局行使业主职能。

5 月　江油发电厂电运五班、内江电业局资中供电局线路运行班，以及都江电力修造厂热管车间分别荣获全国电力工业系统先进集体。

6 月 6 日　东方电机股份有限公司的 1.70 亿股 H 股在香港联合交易所挂牌上市。

6 月 24 日　四川电力股份有限公司成立。该公司主要从事电力生产建设和经营，注册资本为 3.93 亿元，是由四川省电力公司、巴蜀电力开发公司、蜀润电力开发有限公司等 7 家电力系统单位共同发起，通过定向募集方式组建的大型电力股份制企业。四川省电力公司为控股单位。

6 月　四川省人民政府授予华能太平驿电站“重点建设先进单位”称号。

8 月 18 日　内江循环流化床锅炉示范电站正式开工。

9 月 15 日　中共电力部党组任命晏玉清为四川省电力工业局（公司）副局长（副总经理）兼总工程师。

9 月　国务院授予华能太平驿电站“全国民族团结先进模范单位”称号。

10 月 28 日　黄桷庄发电厂 2 号机组并网发电。至此，总装机容量为 40 万千瓦、总投资为 11.08 亿元的黄桷庄电厂一期工程建成全部完成。

11 月　五通桥发电厂技改工程正式开工建设。该电厂为蜀润电力开发有限公司承担的“气改煤”工程、总投资 2.3 亿元。

12月8日 成都首座综合自动化无人值班变电站——成都110千伏南郊变电站投运，成都市副市长朱永明、孙家掦，省电力工业局局长石万俭到场祝贺。

12月16日 铜街子水电站4号机并网发电。该电站由成都勘测设计院设计、中国水利水电第七工程局施工。至此，总装机60万千瓦的铜街子电站全部建成投产。

12月31日 四川省电力工业基层单位劳动、人事、工资三项制度改革通过考评认定的达到51家；有9个电业局对16个县（市）电力公司实行了联营或委托管理。

1995年

1月12日 四川省电力公司利用世界银行2.73亿美元贷款，用于修建二滩水电站500千伏输变电工程的谈判圆满结束。

1月18日 四川省电力工业局电力工作会暨二届三次职代会召开，石万俭局长作《转机制、抓管理、练内功、增效益为全面完成1995年各项工作而奋斗》的工作报告，会议于21日结束。

2月9日 东方电气集团有限公司被列为四川省人民政府进行实业化、集团化、国际化经营的“三化”试点的13户企业之一。

2月16日 自贡—重庆500千伏输电线路全线贯通。该线路为四川省第一条500千伏输电线路，长149千米，铁塔351基。

4月17日 由电力部副部长汪恕诚、国家开发投资公司总经理王文泽为首的一行62人的专家考察团，考察了金沙江的水力资源。考察活动于24日结束。

4月28日 黄桷庄电厂一期工程全面竣工。

4月 经国家教委批准，建于1953年的重庆电力学校升级为重庆电力高等专科学校，受电力工业部和四川省政府双重领导。

5月20日 由陆惠根、向乾、张芸组成的四川省电力工业局代表队，在来自全国电力系统基建、生产、修造30个代表队78名选手参加的电力部第七届焊工技术比赛上获“焊接能手”称号。

5月24日 《四川省电力工业志（1905～1990）》、《四川省志·电力工业志（1905～1990）》两部志书公开出版发行。这两部志书是四川省电力工业发展史上首部行业志书。

6月11日 新庄发电厂实现安全生产1000天，名列全川火电厂第一位。

6月22日 四川电网调度自动化系统实用化通过电力部验收。电力工业部副部长陆延昌、四川省副省长李蒙到场祝贺。

7月4日 四川省电力工业局召开干部工作会，会议讨论了《四川电力局党委关于加强培养选拔优秀年轻干部的意见》。会议于6日结束。

7月12日 共青团四川省电力工业局第四次代表大会召开，180名团员代表参加了大会，会议选举产生了共青团四川省电力工业局第四届委员会，会议向全川电力青年发出了争做世纪之交优秀人才的倡议书。

8月24日 由四川省电力工业局负责建设的西藏昌都电网改造工程正式投入生产运行。该工程为西藏自治区30周年大庆建设项目之一，是中共中央、国务院交给电力部的一项援藏任务。

9月7日　由中国科学院、中国工程院19名院士组成的考察团到四川省电力系统考察。代表团成员包括水利专家张光斗、天津大学校长史绍熙、中科院电工所所长严陆先、电科院总工周孝信、航天工业元勋梁守磐等。

10月15日　全国人大常委会委员长乔石视察四川华能太平驿电站。

11月3日　德阳电业局绵竹供电局农电班班长李福德，荣获“全国职业道德十佳标兵”荣誉称号，为全国200万电力职工中唯一获此称号者。

12月　四川省电力系统三项制度改革基本完成。这次改革，有7.16万名职工依法与用人单位签订了劳动合同，签约人数占全民职工总数的98%。

1996年

1月19日　重庆发电厂20万千瓦机组技术改造工程投产发电。

1月31日　四川省电力工作会暨二届四次职代会在成都召开。会议总结了“八五”期间的工作，提出了“九五”期间的工作目标。电力部副部长汪恕诚，四川省副省长马麟、李蒙出席会议。

3月25日　中日合作的成都热电厂电子束脱硫工程正式开工。

3月25日　四川省政府在成都举行宣传贯彻《电力法》新闻发布会。四川省政府、省电力工业局的领导参加了新闻发布会。同时，省电力工业局组织50多人的队伍在成都街头广泛宣传《电力法》和《电力供应与使用条例》，全省范围也组织了大规模的宣传活动。

4月11日　内江循环流化床锅炉示范电站并网发电。

5月12日　白马发电厂20万千瓦机组技改工程正式建成投产。该电厂由西南电力设计院设计，四川电建三公司施工，总投资7.6亿元。

5月26日　电力部批准四川电力股份有限公司列为电力部股份制试点企业。

6月16日　四川省电力工业局首届职工运动会开幕，全川电力系统53个代表团，3400名职工将参加9个大项共70个单项比赛。

6月25日　中国四川省业余电力艺术团出访活动取得圆满成功。艺术团由35名电力职工业余演出人员组成，四川省电力工业局副局长何荣钦任团长，工会主席邓绍康任副团长。此次活动是受中国文联、电力部文协委派，应俄罗斯、乌克兰、波兰等国家邀请而举办的。先后共出访了3个国家，参加了5个城市的国际民间艺术节活动。

8月19日　四川省电力工业局双文明单位建设工作会在成都召开。石万俭局长作题为《以两个转变为动力，以电力发展为目标，推进全局双文明单位建设再上新台阶》的报告。会议表彰了首批获电力部双文明单位，四川省电力十大杰出青年和四川省电力系统最佳文明单位。

8月21日　成都热电厂2×14.2万千瓦技改工程举行开工典礼。该工程总投资22亿人民币，为省电力工业局最大的中外合资项目，由四川省电力工业局（公司）与新加坡科技能源公司合资兴建。

9月25日 二滩500千伏输变电线路工程全面开工。该工程总投资129亿元，线路总长2072千米，为世界少有的大规模超高压输电工程，被喻为四川省的“电力高速公路”。

12月22日 宝珠寺水力发电厂正式挂牌成立。该电厂由中国水电建设第五工程局承建，历时15年。总装机容量为70万千瓦。于10月12日下闸蓄水，12月26日首台机组（17.5万千瓦）并网发电。

1997年

1月 白马发电厂技改工程20万千瓦机组正式投入发电生产。

1月27日 四川省电力工业局党委全委（扩大）会、电力工作会和二届五次职代会召开，电力部副部长汪恕诚，四川省副省长李蒙、邹广严到会，石万俭局长作工作报告。局长石万俭和工会主席邓绍康分别在“四川省电力公司集体合同”上签字，会议于30日结束。

3月26日 长寿—万县500千伏线路和万县500千伏变电站工程开工仪式在万县举行。总投资275.32亿元的三峡输变电工程从此正式开工建设。

3月 成都水电学校、成都电业局、电建一公司、重庆电业局、绵阳电业局、江油发电厂、内江发电总厂、龚嘴水力发电总厂、南桠河电厂分别荣获省级“最佳文明单位”称号。

5月28日 中共井研县委、井研县政府发布，井研县建成四川主网区域内的第一个农村电气化县。

6月6日 重庆市电力工业局（重庆市电力公司）正式挂牌成立，原四川电网分为四川和重庆两个电网，统称川渝电网。

重庆市电力工业局（重庆市电力公司）隶属电力工业部，受电力部和重庆市政府双重领导，是重庆市政府管电办电的职能部门，原四川省电力工业局（四川省电力公司）所辖的重庆、万县两个电业局，重庆、白鹤、狮子滩3个电厂，重庆电力职工大学、重庆电力专科学校、重庆电力高级技工学校3所学校和四川电建一公司9个单位划归重庆市电力工业局（重庆市电力公司），共有职工16911人，装机容量为105万千瓦，年发电量为57.4亿千瓦·时。

6月12日 国务院总理李鹏视察二滩水电站。

6月25日 四川省电力工业局局长、党委书记石万俭当选为出席中国共产党第十五届全国代表大会的代表。

6月27日 宝珠寺水电站2号机组（17.5万千瓦）并网发电。

6月28日 成都热电厂扩建工程正式开工。该工程由香港恒基集团出资51%，四川省电力公司出资49%，总投资25亿元，装机2×14.2万千瓦。

8月8日 国家电力公司党组任命甘德一任中共四川省电力工业局（电力公司）委员会常委、副书记，王龙陵任四川省电力工业局（电力公司）总工程师、中共四川省电力工业局（电力公司）委员会常委，邓天杰任四川省电力工业局（电力公司）工会委员会主席、中共四川省电力工业局（电力公司）委员会常委。

9月9日　四川省电力公司荣获“四川工业企业最大规模首强”称号，公司法人代表、总经理石万俭荣获“任内卓越经营业绩”称号。

9月10日　成都热电厂电子束脱硫示范工程竣工。

9月24日　四川电网直供区最后一个无电村——青川县瓦乐乡上洞村正式合闸送电。至此，全面实现“四川电网直供区村村通电”目标。

10月21日　广安发电厂一期工程正式开工。该电厂规划总装机容量为240万千瓦，其中一期工程60万千瓦（2×30万千瓦），投资32.4亿元。

10月28日　成都水电学校举行建校80周年庆典。该校建校80年，共培养3万余名专业技术人才。

11月4日　四川省电力工业局机关通过“省级文明单位”考评验收。

11月27日　中共四川省电力工业局第二次代表大会在成都召开，会议选举产生了由21名委员组成的新一届党委会，石万俭任书记，晏玉清、甘德一任副书记；同时选举产生了由13名委员组成的新一届纪律检查委员会，宋丕为书记，甘和全为副书记。会议于29日结束。

12月2日　四川省电力工业局荣获“援藏工程先进集体”称号。

12月9日　宝珠寺水电厂3号机组投产发电。

12月14日　四川省人民政府发布《四川省流域梯级水电站间水库调节效益偿付管理办法》。

1998年

1月17日　二滩—自贡1回500千伏输电线路全线架通。该线路长468千米，铁塔998基。

3月5日　二滩电站500千伏送出工程启动领导小组和启动委员会在成都成立。石万俭任领导小组组长，李成玉任启动委员会主任。

3月10日　二滩—自贡1回500千伏输变电工程启动验收会议在西昌召开。至此，该工程开始从建设转入全线验收阶段。

4月1日　省委副书记黄寅逵、副省长王恒丰率省委、省政府职能部门到电力局现场办公，局长石万俭作了汇报。

4月9日　电力部党组决定免去杨大礼四川省电力工业局（省电力公司）副局长（副总经理）职务。

4月21日　龚嘴水力发电总厂实现安全生产1000天，创建厂以来历史最高纪录。

4月24日　全国政协副主席扬汝岱视察在建中的宝珠寺水电站。

5月1日　二滩水电站下闸蓄水成功。

5月11日　四川省人民政府组织对大渡河干流水电开发考察。国家电力公司、国家开发银行、国家开发投资公司、水利部水利水电规划设计总院，四川省计委、建委、电力工业局等单位参加了考察。考察活动于16日结束。

6月24日 宝珠寺水电站4号机组正式并网发电。

7月1日 四川省电力工业局（公司）大胆改革用电管理体制，决定从7月1日起实行9项增供扩销措施。

7月16日 四川省电力工业局（公司）召开科技工作会，对获全国劳模的科技工作者给予奖励，奖金分别为一等奖20000元，二等奖10000元，三等奖6000元。

7月21日 二滩500千伏输变电一期工程于13时30分全线零起升压成功。

7月29日 四川省电力工业局系统的江油发电厂等13个单位被国家电力公司评为双文明单位。

8月1日 二滩500千伏输变电一期工程的1厂、3站、4条线路于17时41分通过系统调试。19个微波站、系统载波、程控电话、市话通信、微机监控和微机防误装置全部投入运行。

8月4日 四川省城乡电网建设与改造工作会在成都市召开。计划用3年时间、投资94亿元，完成四川地区在国家电网供区内的城乡电网建设与改造任务。

8月13日 二滩水电站首台发电机组（55万千瓦）正式并网运行。

8月26日 巴中电业局正式挂牌成立。

9月3日 国家计委颁布《四川省电网丰枯、峰谷电价暂行规定》。

9月3日 江油发电厂共青团号机组、德阳电业局新市变电站、自贡电业局沿滩营业厅、攀枝花电业局青龙山变电站被共青团中央、国家电力公司联合授予“青年文明号”称号。

9月4日 铜街子水电站枢纽工程（总装机容量为60万千瓦）通过国家专项竣工验收。

10月1日 四川省政府决定从10月1日起至12月31日止，对全省71家高耗能企业实行优惠电价。

10月2日 四川电力送变电公司在500千伏自渝2回线路工程施工中，由于越权指挥、违章作业，导致N433号挂门塔横担电坠落，造成5死工伤的重大事故。

10月21日 国家电力公司和四川岷江水电开发公司签订设立四川杂谷脑水电开发有限责任公司发起人协议书。国家电力公司副总经理汪恕诚、四川省省长宋宝瑞等出席了签字仪式。

10月29日 四川省电力工业局召开党的建设和精神文明建设会议。会议对国家电力公司13个双文明单位、省局11个最佳文明单位、“十佳”文明服务窗口、“十佳”用电服务能手和4个“全国青年文明号”进行了表彰。会议于30日结束。

12月1日 中共四川省委、省政府在二滩水电站召开二滩水电站暨送出工程表彰会。全国人大常委会副委员长邹家华、全国政协副主席扬汝岱，中共四川省省委书记谢世杰、省长宋宝瑞等有关领导参加了表彰会。四川省电力工业局副总工程师方文弟，四川送变电建设公司季尚炯、金跃荣，四川电力建设（集团）公司刘贞云荣获“四川省劳动模范”称号。

1999 年

1 月 1 日　四川省电力工业局内部模拟电力市场正式启动。

2 月 8 日　四川省电力工业局工作会暨二届七次职代会在电力疗养院召开。四川省副省长邹广严出席会议，局长石万俭作了《把握大局、突出重点、知难而进、为夺取改革与发展的新胜利而努力奋斗》的工作报告。会议于 10 日结束。

3 月 1 日　四川省电力工业局颁发增供促销新政策，对高耗能企业、生产用电、低谷时段用电、城市光彩工程等用电实行优惠政策，鼓励用电。

3 月 6 日　二滩水电站 4 号机组并网发电。

3 月 18 日　由四川蜀达电力电子仪表有限公司研制开发的“低压电力线载波自动集中抄表系统”通过国家电力公司组织的技术鉴定。至此，被烦琐工序和手续困惑的供电部门职工将告别一家一户上门抄取电能数据的历史。

3 月 28 日　四川白马电厂 30 万千瓦循环流化床示范工程项目建议书获国家计委批准。

4 月 19 日　中共中央总书记江泽民视察二滩水电站。

4 月 21 日　RCC′1999 碾压混凝土筑坝技术国际讨论会在四川电力疗养院召开。水利部部长汪恕诚致开幕词，来自 17 个国家的近 200 位专家、学者出席了会议。

4 月 28 日　四川省电力系统冯长富、李明节、兰苑（女）、王成烈、张晓林、代先荣、朱白桦、曹元忠、叶小莲（女）、罗乾良荣获国家电力公司授予的“劳动模范”称号。同时公司还有 4 个单位荣获国家电力公司授予的“先进集体”称号。

4 月　全省 12 个县（市、区）被列入“两改一同价”试点，要求年前实现生活用电城乡同价。

5 月 5 日　四川省电力公司劳模表彰会在成都召开。会议对全国五一劳动奖章获得者蒋兆荣、甄威，以及四川省劳模、国家电力公司系统劳模、四川省电力系统劳模和先进单位、先进集体进行了表彰。

5 月 10 日　四川宜宾发电总厂豆坝电厂 2 号机组获全国“青年文明号”称号；成都电业局和江油发电厂通过四川省电力工业局“一流供电企业”和“一流火力发电厂”验收，是四川省电力系统首批省公司一流企业。考评活动于 14 日结束。

5 月 18 日　攀枝花发电公司成立。该公司由原河门口发电厂、新庄发电厂和攀枝花发电厂合并组成。

5 月 20 日　四川省省委书记谢世杰会见到川公干的国家电力公司总经理高严，共谋四川省电力发展大计。

5 月　四川省电力公司荣获 1996～1998 年度“四川省思想政治工作优秀企业”称号。

5 月 21 日　国家电力公司 1999 年度工作会议在四川电力疗养院召开。国家电力公司总经理高严、副总经理赵希正、查克明、陆延昌等参加了会议，会议提出了国家电力公司 1999 年的工作目标。会议于 25 日结束。

6 月 3 日　二滩水电站 3 号机组（55 万千瓦）正式并网发电。

6月3日　四川省首套综合自动化变电站及控制中心仿真系统装置在成都电业局通过验收并投入使用。

6月11日　四川省召开关停小火电机组电视会议，会议决定关闭单机容量在5万千瓦以下的常规燃煤机组，关闭机组容量共计200多万千瓦。其中四川省电力工业局关闭机组39台，容量为112.5万千瓦。

6月13日　全省农电改造基建检查活动结束。此次活动从5月开始，由四川省电力工业局农电局牵头，财务、审计、纪检、基建等部门参加组成的检查团，对已下达的农村电网改造项目实施了全面大检查。

6月21日　四川省人民政府委托四川省电力公司在成都举办首次全省范围内上网发电企业“水火电量置换”市场交易会。

6月24日　宜宾发电厂3台6000千瓦机组正式关停。

7月1日　四川省试行上网发电企业发电市场优化配置管理办法。此前，四川省电力公司受省人民政府委托，于6月21～22日在成都举办了全省范围内上网发电企业置换电量市场交易会，全省40多家独立电力公司参加了交易会，成交7月置换电量1.75亿千瓦·时。交易会于22日结束。

7月12日　四川省电力工业局召开“开拓电力市场、深化企业改革”研讨会，所属各单位党政一把手参加了会议。会议于17日结束。

8月11日　四川省电力工业局授予江油发电厂为省公司“一流发电厂”，成都电业局为省公司“一流供电企业”称号。

9月16日　四川省电力工业局与美国安然公司合作经营成都热电厂2×14.2万千瓦技改工程合同在成都举行了签字仪式。该工程1993年12月由国家经贸委批准立项，1997年6月18日开工建设，总投资23亿元，年发电量为15亿千瓦·时。美国安然公司占股份51%，四川省电力工业局占股份49%。

9月16日　内江发电总厂、成都电业局青羊供电局荣获中央文明委授予的“全国精神文明建设单位”和“创建文明行业先进单位”称号。

9月20日　总投资32.4亿元，装机60万千瓦的国家“九五”能源重点建设项目——广安电厂一期工程1号机组（30万千瓦）并网发电。

10月15日　四川送变电建设公司荣获四川省“AAA级施工企业”信誉称号。

12月4日　二滩水电站一号机组并网发电，装机容量330万千瓦的二滩水电站全部建成投产。至此，四川省水电装机总容量超过1000万千瓦，成为全国水电装机第一大省。

2000年

1月1日　四川省电力市场开始运营，全省32家电厂竞价上网。

1月25日　四川省电力工业局工作会暨二届八次职代会在四川电力疗养院召开。党委书记、局长石万俭作《解放思想、抓住机遇、开拓进取、为实现我局跨世纪战略目标而奋斗》的工作报告，并同47名基层党委书记签订了“四川省电力工业局2000年党风廉政责任书”。会议于27日结束。

2月12日　在四川省常委扩大会议上，省委、省政府、省人大有关领导对“西电东送”发展战略达成共识，决定把“西电东送”列为西部大开发战略五大基础产业之首。

2月25日　广安发电厂2号机组（30万千瓦）并网发电。

3月3日　四川省人民政府召开电力建设新闻座谈会，副省长邹广严在讲话中指出：“西电东送时机已经成熟，中国水电基地呼之欲出。”

3月7日　出席九届全国人大三次会议的四川省代表团全体会议上，150余名代表一致同意将“西电东送”作为集体议案上报全国人大。

3月9日　为迎接西部大开发，保证“西电东送”项目的顺利实施，四川省电力公司、中国银行四川省分行在成都签署总额为50亿元的银企合作贷款协议。

4月6日　为全力抓紧抓好电网建设，四川省电力公司在疗养院召开电网建设与改造工作会议。四川省城网建设与改造项目涉及17个城市，总投资64.37亿元，农村电网建设与改造项目涉及62个县，总投资42.75亿元。会议于7日结束。

4月26日　四川电力送变电建设公司金跃荣、四川省电力公司调度中心李明节、江油发电厂阎红兵、西昌电业局李祖平、广安发电有限责任公司荀伟、成都电业局严树康、绵阳电业局梁云飞荣获四川省人民政府授予的“四川省劳动模范”称号；成都电业局、四川电力建设三公司荣获“四川省先进单位”称号。

4月27日　国家电力公司系统青年工作暨创新创效工作会在成都召开。四川省电力公司3个青年集体被命名为全国“青年文明号”。会议于28日结束。

5月10日　四川电力调度局李明节、四川电力送变电建设公司金跃荣荣获“全国劳动模范”称号，受到国务院的表彰。

5月18日　广安发电厂一期工程全面竣工。该工程2台30万千瓦机组分别于1999年9月和2000年2月投产发电。

5月31日　四川省电力公司召开机关机构改革动员会，正式启动机关机构改革。会上宣布了《四川省电力公司机关机构设置方案》和《四川省电力公司机关职工竞聘上岗办法》。

6月2日　四川省省委书记周永康考察内江发电总厂，对白马30万千瓦循环流化床示范工程的建设表示支持。

6月10日　国务院总理朱镕基视察冷竹关水电站。

6月27日　国家电力公司副总经理周大兵考察瀑布沟水电站。

6月29日　四川杂谷脑水电开发有限责任公司在成都市成立。该公司由国家电力公司控股。

6月30日　四川省电力公司机关机构改革基本结束。通过竞聘的29名部门正职、50名副职和218名管理和专业技术人员正式上岗。

7月12日　四川省省委书记周永康、副省长邹广严及省委办公厅、省经委、省计委、省物价局有关领导到省电力公司调研，实地考察了电力调度中心，听取了省电力公司主要领导的汇报，并就四川省电力建设规划、西电东送、减轻农民负担和二滩水电问题进行了商谈。

7月13日 国电大渡河流域水电开发有限公司技术协议书在成都市签订。国家电力发展股份有限公司、四川省投资集团有限责任公司和四川省电力公司投资比例分别为51%、10%、39%。以龚嘴水力发电总厂为基础对大渡河流域进行滚动梯级开发，首期开发建设的瀑布沟电站装机330万千瓦，具有综合利用较好的控制性水库。

7月16日 中共四川省委书记周永康亲自过问资中县“天价”电费（3.79元/千瓦·时）问题，并作出重要批示。省委宣传部为此在全省组织了一场题为《“三个代表”的要求怎样落实》的大讨论。“天价电费”相关人员受到严肃处理。

7月24日 四川省主网网供负荷达610万千瓦，日发电量为1.09亿千瓦·时，首次突破1亿千瓦·时大关。

8月3日 由工商银行四川省分行向四川省电力公司在往后5年内提供60亿元人民币贷款额度的《银企合作协议》在成都市签字。这笔贷款将主要注入四川省“西电东送”计划中的南桠河流域梯级开发等重点电源建设。

8月16日 四川白马循环流化床示范电站有限责任公司在内江成立。该公司由国家电力公司、四川省电力公司、巴蜀电力开发公司、四川省投资集团公司共同组建。电站将新建1台30万千瓦循环流化床发电机组。

8月26日 成都电业局通过国家电力公司“一流供电企业”验收，成为四川省电力系统第一个国家电力公司一流供电企业。

8月29日 四川省电力公司与建设银行四川省分行签署200亿元人民币合作协议书。该贷款将用于瀑布沟电站和杂谷脑河的开发。

9月8日 什邡市成立全国首家供电联营股份制公司——什邡明珠电力有限责任公司。

9月26日 四川省电力公司召开多经工作会议。会议确定对多经工作作出战略性调整，通过对现有多种产业改组，逐步完善规模化产业结构，全力打造“启明星”品牌。

10月7日 中共中央政治局常委、全国人大常委会委员长李鹏在四川省省委书记周永康、省长张中伟的陪同下，考察拟建的向家坝水电站。

10月10日 “西电东送”计划中的三峡—万县500千伏输电线路工程正式开工。该线路全长306.70千米，既是三峡送出工程的重要组成部分，也是“西电东送”的重要走廊。

10月22日 在四川省成都市召开的2000年中国西部论坛会上，国家电力公司副总经理周大兵作了题为《实施西电东送、促进西部开发》的演讲。

10月20日 在年初实行若干电价优惠措施的基础上，四川电网进一步降低电网销售电价。调整后的电价为0.25元/千瓦·时，是丰水期全国最低电价。

10月24日 国家电力公司任命陈晓林为四川省电力公司（电力工业局）副总经理（副局长）、中共四川省电力公司（局）委员会常委。

11月22日 四川省电力公司成立了由39人组成的专家委员会。

11月25日 四川省颁布《四川省〈中华人民共和国节约能源法〉实施办法》，该《办法》的出台，将使环境保护和实施可持续发展战略增加法制保障。

12月20日 国电集团公司大渡河流域水电开发有限公司在成都市挂牌成立。公司注册资本15.8亿元，国电电力发展股份有限责任公司和四川省电力公司分别占注册资本的51%和49%。公司即将兴建的瀑布沟水电站装机330万千瓦，年平均发电量为145.82亿千瓦·时，水库总库容为51.77亿米^3。

12月22日 四川省电力公司团委荣获共青团中央授予的“全国五四红旗团委”称号。

12月31日 四川省电力公司所属生产、基建、修造企业首次实现二十多年来全年人身死亡事故“零”目标。

2001年

1月9日 国家电力公司副总经理赵希正考察四川省电力调度中心。

1月9日 宝珠寺电站枢纽工程通过由国家计委、经贸委、国家电力公司等单位组成验收组的专项竣工验收。宝珠寺水电建设管理局将宝珠寺电站正式移交宝珠寺电厂。验收活动于11日结束。

1月16日 以中共四川省委书记周永康为团长的省委、省政府春节慰问团赴位于甘孜州的华能冷水关水电站进行视察和慰问。

2月4日 由四川电力进出口公司与格鲁吉亚菲里公司合资建设的格鲁吉亚卡杜里水电站正式开工。格鲁吉亚总统谢瓦尔德纳泽和四川省电力公司总经理石万俭出席开工典礼并剪彩。该项目总投资2599.1万美元，四川省电力公司占93%，菲里公司占7%。

2月7日 万源发电厂撤销［根据《国务院办公厅转发国家经贸委关于关停小火电机组有关问题意见的通知》及《四川省电力公司关停小火电机组实施细则》（川电发电〔2000〕63号）的要求，万源电厂已于2000年底关停］。

2月9日 二滩500千伏输变电工程最后一个配套项目，变电容量为75万千伏安的攀枝花石板箐500千伏变电站动工兴建，该站是四川电网第三座500千伏变电站。

2月13日 四川省电力公司与加拿大法索普兰国际工程公司合作成立的合资咨询工程公司协议签字仪式在北京举行。

2月15日 四川省电力公司“光明工程”正式启动。公司颁发了《贯彻执行〈国家电力公司优质服务年提高供电可靠率指导性意见〉实施细则》等4个办法和对用户供电服务的8项承诺。公司所属15个电业局、89个县级供电局、946个乡镇供电所全面展开“光明工程”活动。

2月22日 国家经贸委的和国经贸电力〔2001〕172号文批复四川省经济贸易委员会，同意撤销四川省电力工业局。

2月26日 国家电力公司经征得四川省委同意后任命薛嘉璋为四川省电力公司副总经理，免去陈文彬同志四川省电力公司副总经理职务。

3月1日 四川省农网建设与改造工作会召开，省农网建设与改造领导小组组长、副省长王金祥出席会议，省计委、经贸委、水利厅、物价局、农业银行、审计厅等派代表出席大会，会议对三年农网建设与改造最后一年的工作提出了要求。四川省电力公司1999～2000

年共完成48个县的农网改造任务，受到国家电力公司的表彰。

3月9日 四川省电力公司聘请包括省政府、省政协、省新闻媒体，以及大、中、小客户代表在内的17名“电力市场整顿和优质服务年活动”社会用电服务质量监督员。

3月13日 四川省电力公司实行“经营者年薪制”。经考核，有25个2000年进入内部电力市场单位经营者的年薪全部兑现，年薪最高与最低的差距为5.6倍。

3月29日 成都紫坪铺水利枢纽工程举行开工典礼。该枢纽工程装机76万千瓦(4×19万千瓦)，总投资62.36亿元，坝高156米，库容为11.12亿米^3。

4月19日 广安发电厂一期工程（2×30万千瓦机组）被国家电力公司命名为“基建移交生产达标投产机组”。

5月1日 四川省电力公司调度中心实现“安全调度运行20年”。

5月10日 四川省电力公司召开工作会和二届九次职代会。公司总经理石万俭作《为开创公司工作新局面而努力奋斗》的工作报告。会议总结了2000年的工作，提出了“十五”和2001年的发展目标和工作重点。会议于12日结束。

5月22日 南充500千伏输变电工程可研设计通过审查，该工程总投资15.49亿元，计划建设容量为75万千伏安的变电站1座，以及南充至自贡洪沟和南充经德阳至成都龙王等的500千伏线路及配套工程。

5月22日 四川英惠燃气发电有限责任公司成立。该公司由四川启明星水电开发有限公司与英惠投资有限公司合资组建，总投资1.4亿元，启明星公司和英惠投资公司分别占49%和51%。建设和经营规模为四川江油电厂2×2.5万千瓦燃气发电机组。

5月28日 二滩—攀枝花500千伏输电工程正式开工。该线路全长34.75千米，铁塔71基。

6月4日 四川省电力公司（四川省电力公司和电力试验研究院主持）采用米-171直升飞机对二滩500千伏输电线路中高海拔、重冰区、易滑坡和易产生泥石流的路段实施巡检维护试飞成功。

6月6日 福堂水电站正式开工。该电站总装机容量为36万千瓦，总投资19.5亿元，位于岷江上游干流的汶川县，是国家扶持阿坝藏族羌族自治州实施天然林保护的“以电代材”的替代项目。

6月7日 中共四川省委、四川省人民政府发布《关于加快水电支柱产业发展的意见》。

6月9日 朱镕基总理率国务院相关部门领导50余人在中共四川省委书记周永康、省长张中伟的陪同下，到华能冷水关水电站视察。

6月12日 四川省电力公司颁发《四川省电网侧内部电力市场实施细则》。

6月15日 四川省电建三公司实现连续安全生产2000天安全施工历史新纪录。省公司给予了通报表彰和20万元的奖励。

6月22日 四川省政府召开全省保护电力设施和反窃电集中整治的电视电话会议，由省政府部署，公安、经贸、电力联合出击，整治用电环境，规范社会用电秩序。

7月5日 四川电网负荷和供电量再上新高，电网负荷达665万千瓦，日供电量达到

1.21 亿千瓦·时，均创川渝电网分开以来的新高。

7 月 23 日 由国家电力公司、中国电力企业联合会等单位联合主办的“全国电力成就暨水能兴邦”摄影展在成都市的四川美术展览馆开展。四川省电力公司《水能兴邦——走向新世纪的四川电力工业》影展参加了展出。

8 月 24 日 由国家电力公司电力规划设计总院“川电外送”课题组正式提交所承担的《四川电网外送规划研究报告》。报告包括市场预测、川电外送能力、外区市场空间、外送方案、环境影响、川电外送竞争能力等。

8 月 28 日 四川电力设计咨询有限责任公司成立。该公司是在原四川电力勘察设计院的基础上改制组建而成的。

9 月 10 日 四川南桠河流域水电开发有限责任公司投资建设的南桠河一期工程姚河坝水电站 1 号和 2 号机组分别于 10 日和 11 日并网发电。该电站装机 32 万千瓦（3×4.4 万千瓦），工程于 1998 年 8 月开工建设。

10 月 10 日 四川省电力行风评议组与四川省电力公司领导和各电业局负责人面对面地交流，对四川省电力行风进行评议。省电力行风评议组一行 10 人通过 1 个半月对四川省电力公司 15 个电业局、26 个供电局、18 个供电所进行调研，明察暗访，召开 20 次 1360 人的“背对背”客户座谈会后，认为四川省电业行风纠建工作基本做到了让人民满意、政府放心。

10 月 15 日 全国政协能源战略调研组通过对金沙江、雅砻江和大渡河的考察，非常赞同四川省扩大电力需求，把四川省建成全国最有竞争力的、最大的水电基地的规划。考察活动于 29 日结束。

10 月 20 日 四川宜宾电厂主厂房和高 50 米的烟囱拆除爆破成功，宣告始建于 1939 年的该厂小火电厂房及机组已成为历史，并为首台国产 10 万千瓦循环流化床示范电站的建设打下了基础。

10 月 31 日 重庆陈家桥—长寿的 500 千伏输电工程竣工。该线路全长 80 千米，是三峡工程送出联网的重要组成部分。

10 月 四川省人民政府和甘孜州人民政府分别授予华能康定开发公司“‘九五’重点建设先进单位”称号。

11 月 12 日 四川电力送变电公司在四川省“九五”重点建设表彰大会上荣获“重点建设先进单位”称号，以表彰该公司在国家重点建设项目——二滩 500 千伏输变电工程建设中作出的突出贡献。

11 月 14 日 中国长江三峡工程开发总公司在四川省宜宾市召开的金沙江水电前期工作会议上宣布，将对长江上游主干流金沙江流域滚动开发，兴建 4 座梯级电站。装机 1260 万千瓦的溪洛渡电站可研报告已基本完成，建设条件已经成熟。

11 月 20 日 四川攀枝花发电公司和华蓥山发电厂两火电技改项目经国家经贸委批准立项。两项目分别投资 8.74 亿元和 1.93 亿元，改造建设 2 台 13.5 万千瓦超高压机组和 2 台 450 吨、1 台 410 吨循环流化床锅炉。

11 月 27 日 四川省电力公司荣获四川省“行业作风合格单位”称号。

11月30日 西昌电业局对500千伏二自线带电作业，成功完成线路检修任务，实现了四川省电力系统500千伏线路带电作业“零”的突破。

12月3日 国家电力公司任命胡柏初为四川省电力公司总会计师。

12月5日 中国机械工业联合会、中国机械工程学会表彰一批科学技术成果，东方电气响洪甸水电站40/50抽水蓄能机组研制和二滩水轮发电机制造技术获一等奖。

12月25日 全国首家电表抄表公司在成都市成立。

12月26日 四川省电力公司眉山、资阳公司正式挂牌成立。

12月26日 四川龚嘴水力发电总厂隆重庆祝发电30周年。

12月31日 四川省电力公司隆重庆祝全面完成国家电力公司下达的城网改造任务目标。农网改造任务共投资59亿元，完成户表工程44万户、一期农网投资42.75亿元和62个竣工县的任务目标。

2002年

1月1日 国家电力公司调度中心向四川省电力公司发贺电，对四川电网2001年超额完成二滩电厂发输电任务所作出的努力和贡献进行了充分的肯定。2001年二滩电厂计划发电量为127亿千瓦·时，实际发输电量127.05亿千瓦·时，超计划523万千瓦·时。

2月10日 国家电力公司任命朱长林为四川省电力公司总经理（法人代表）、党委副书记。

2月27日 四川省政府召开全省农村电网建设与改造电视电话工作会议，省委书记周永康、省长张中伟出席会议并讲话，四川省二期农网建设与改造工程从此拉开大幕。

2月28日 四川省电力行业协会成立。协会是由四川省电力公司、四川省投资集团公司、华能集团四川分公司、二滩水电开发有限责任公司和四川省地方电力企业管理协会组成的。二滩水电开发有限责任公司和四川省地方电力企业管理协会作为筹备发起单位，现有会员单位112个。协会是经四川省经贸委批准，省民政厅注册登记的社团法人。

3月7日 黄桷庄电厂二期扩建规模确定，首选方案是2×30万千瓦循环流化床机组。

3月25日 南充500千伏变电站破土动工。该变电站一期工程投资11亿元，占地8.67公顷，变电容量为75万千伏安，建设500千伏线路490千米。这是四川省第4座500千伏变电站。

3月30日 国家计委及有关部门再次考察金沙江溪洛渡电站，认为溪洛渡电站开工条件成熟。该工程预计2002年6月完成立项，争取2003年底国家批复可研报告，2005年主体工程开工。

4月5日 成都电业局共产党员服务队在全国率先成立。

4月25日 历时四天的“川电东送”工程系统调试启动圆满结束。“川电东送”工程是实现西电东送工程，以及南北互供、全国联网战略的重要组成部分，是加快建设“西电东送”中部通道的关键一步，标志着全国联网进入了一个新的阶段，使“川电东送”变成现实。

5月9日 四川电力职业技术学院与澳大利亚职业技术学院的中澳联合办学协议正式签字。该院已先后与加拿大合作创办了“成都蒙特利尔国际商务培训中心”和“成都菲斯洛外语培训中心”。

5月20日 中共中央总书记、国家主席江泽民在中共中央政治局候补委员、书记处书记曾庆红，四川省省委书记周永康、省长张中伟的陪同下视察了紫坪埔水利水电工程。

5月27日 四川省政府举行川电东送新闻发布会，宣布川电东送华东地区成功。省委书记周永康、省长张中伟出席了新闻发布会。

川电东送输电通道北起四川省龙王500千伏变电站，途经四川电网、重庆电网及川渝电网，进入湖北省、江西省所在的华中电网，再经华东电网的江苏省、浙江省和安徽省，最终到达上海市南桥500千伏变电站，全长2525千米，创下了全国500千伏超高压输电通道的最长纪录。

6月13日 四川省电力公司系统荣获中共四川省委、省政府授予的“四川省文明行业”称号。省公司系统所属单位全部建成地市级的文明单位，其中38个省级文明单位，占80%，24个单位被命名为四川省最佳文明单位。

7月12日 四川电网水力发电量首次突破1亿千瓦·时大关，达到1.012亿千瓦·时，比2001年最高水力发电量9720.5万千瓦·时增加4.11%，创下了崭新的历史纪录。

7月15日 四川电网日发购电量达到1.72亿千瓦·时，最大负荷为873.5万千瓦，创造了历史新高。

8月15日 四川省电力公司开通全省统一的“95598”供电服务电话。

8月17日 二滩水电通过500千伏石板箐变电站成功并入攀枝花电网。二滩部分水电并入攀枝花电网，将改善攀枝花电网的结构，提高供电能力，结束了攀枝花电网与四川主网仅有220千伏联网的历史。

8月19日 四川省省委书记周永康视察紫兰坝水电站坝址。紫兰坝水电站位于广元市宝轮镇紫兰村白龙江干流，距上游宝珠寺电站14千米，总库容为3.5亿米^3，安装3台容量为3.4万千瓦灯泡贯流式机组，总装机容量为10.2万千瓦，年平均发电量为4.4亿千瓦·时。

8月21日 国家电力公司副总经理贺恭在省电力公司总经理朱长林、副总经理马怀新的陪同下视察内江白马循环流化床示范电站。

9月9日 四川省电力公司和四川省电机工程学会邀请在成都市参加2002年中国科学技术协会学术年会的中国科协副主席、中国电机工程学会理事长陆延昌，中国电力科学研究院名誉院长邓键超，中国电力科学研究院总工程师周孝信，清华大学电机系卢强院士，国家电力公司东北公司总工程师黄其励院士，中国科学院电工研究所顾国彪院士，上海交通大学饶芳权院士，南京自动化研究院薛禹胜院士等国内知名专家到四川电力疗养院，为四川省电力公司的发展规划献计献策。四川省电力公司总经理朱长林代表省公司就四川省电力发展的种种问题向专家请教。

9月10日 经两年建设，五年试运，中日合作的成都热电厂电子束脱硫示范项目由日本荏原制作所将脱硫设备正式无偿移交中方。该项目是四川省电力公司和日本荏原制作所具体实施的环保国际合作项目，1996年3月开工建设，1997年7月建成并投入试运行。国家电力公司副总经理赵希正、四川省副省长邹广严出席了移交仪式。

9月18日 “西电东送”基础设施建设中的重要工程——眉山市思蒙区张坎220千伏开关站破土动工。

9月28日 冶勒水电站截流成功。该电站是南桠河规划一库六级开发中具有多年调节能力的龙头水库电站，大坝为沥青混凝土心墙堆石坝，最大坝高为125.5米，电站总库容为2.98亿米^3，装机2台，设计装机容量为24万千瓦，年平均发电量为6.47亿千瓦·时。该工程于2000年11月正式开工建设，计划2004年底第一台机组发电，2005年底全部建成。

10月1日 截至0时11分，四川电网丰水期向华东地区输送电量14.2亿千瓦·时，基本实现预期目标，“川电东送”首战告捷。“川电东送”是从5月27日开始，通过川渝电网、华中电网并网运行向华东电网输电的工程。

10月15日 溪洛渡、向家坝水电站经国务院批准正式立项。溪洛渡电站位于四川省雷波县和云南省永善县交界处；向家坝水电站位于四川省宜宾县和云南省水富县交界处。两个电站的设计总装机容量超过了三峡电站的总装机容量。

10月18日 四川省电力公司召开党委常委扩大会暨中心组学习会，认真传达学习十六大精神。全国电力系统九位出席十六大的代表之一，省公司党委书记石万俭作了讲话。

11月8日 四川岷江火力发电有限责任公司挂牌成立。该公司由四川送变电公司、四川启明星发电有限责任公司、四川电建二公司、四川电建三公司、四川国华荏原环境工程有限责任公司、四川电力设计咨询有限责任公司共同发起建设，投资5.3亿元。

11月14日 四川省电力公司党委书记石万俭作为中国共产党第十六次全国代表大会的代表参加了党的十六大。

11月18日 由中国国家电力公司和中国煤炭工业协会承办的亚太经济合作组织(APEC)第9届煤流研讨会暨第10届洁净化石能源技术研讨会在四川省都江堰电力疗养院召开。来自美国、澳大利亚、加拿大、日本、韩国、菲律宾、泰国、越南和中国等国家的能源专家和学者160余人参加了会议。会议于20日结束。

11月18日 四川省电力公司党委召开常委会和“十六”大报告学习会，对四川省电力系统学习贯彻十六大精神作出了安排和部署。

11月21日 四川省电力公司向邓小平故居保护区捐赠人民币100万元，作为邓小平同志百年诞辰献礼。

11月22日 成都电业局与招商银行成都分行联合开发的“电子银行代收电费便民服务”正式投入运营。

11月23日 紫坪铺水电站截流成功。该电站装机76万千瓦，总投资69.76亿元，年平均发电量为34.17亿千瓦·时，总库容为11.12亿米^3。

11月28日 中国电力企业联合会会员部和四川省电力行业协会在成都市联合举办“西部电力论坛——国家电力体制改革与电力企业投融资论坛”。论坛会于29日结束。

12月2日 绵阳电业局的江油供电局和成都电业局的双流供电局荣获国家电力公司“一流县级供电企业”称号。

12月28日 紫兰坝水电站前期工程开工。

12月29日 中国电力新组建（改组）公司成立大会在人民大会堂召开，中共中央政治局委员、国家发展计划委员会主任曾培炎出席大会并讲话。新成立的电力公司包括国家电网公司、中国南方电网有限公司、中国华能集团公司、中国大唐集团公司、中国华电集团公司、中国国电集团公司、中国电力投资集团公司、中国电力工程顾问集团公司、中国水电工程顾问集团公司、中国水利水电建设集团公司和中国葛洲坝集团公司。四川省电力公司隶属于国家电网公司。

12月30日 总投资23亿元的四川广安电厂二期230万千瓦扩建工程，获得国家开发银行8亿元、中国农业银行6亿元和中国工商银行4亿元的贷款支持。该工程前期工作已准备就绪，预计2003年2月土建开工，8月首台机组发电，12月第2台机组发电。广安电厂二期工程的建成投产，将为枯水期缺电的四川电网年新增发电量72亿千瓦·时。四川省副省长邹广严和四川省电力公司总经理朱长林等领导出席签字仪式。

专　　记

专　记

1991～2002 年，随着国民经济的发展和西部大开发战略的实施，四川省电力工业发展迅速。由于四川省所处的地理位置和资源分布状况特殊，期间又经历了川渝电网分开和川电外送，既为四川省电力工业的跨越式发展带来挑战和机遇，也形成全国少有的大电网（国家电网）和小电网（地方电网）的并存和协调问题。为总结经验，资政当代，启示后人，本志特设专记以阐述川渝电网分开、川电东送、大小电网的关系和对四川省电力工业发展若干问题的再认识。

一、川渝电网划分综记

1997 年，八届全国人大五次会议审议通过设立重庆直辖市的议案。重庆直辖市成立后，原四川电网也因此分为四川和重庆两个电网，统称“川渝电网”。

（一）川渝电网划分概况

20 世纪 90 年代，随着中国经济发展战略由东向西延伸，中共中央相继提出并实施了长江经济带开发战略、三峡建设工程和西部大开发战略。从“九五”计划开始，中央又确立了中西部发展战略。地处长江上游的重庆市，位于中国西部资源富集区的结合部，处于三峡经济区的中心，在国家中西部发展战略中具有承东启西、左传右递的枢纽作用。加上四川省人口过多，管理跨度大，20 世纪 80 年代初就有把重庆市从四川省划出来的构想。随着中西部发展战略的推进和三峡工程百万移民安置问题的提出，对设立重庆直辖市的问题，便逐步提上党中央和全国人大的议事日程。1997 年 3 月 14 日，八届全国人大五次会议审议通过了关于设立重庆直辖市的议案，下发了《关于批准设立重庆直辖市的决定》，对四川省行政区划进行调整，将重庆市、万县、涪陵市和黔江地区划出四川省，设立中央直辖市——重庆市。

1997 年 5 月 9 日，电力工业部史大桢部长在重庆电力干部会上，宣布成立重庆市电力工业局（公司）筹备组。组长叶明，成员李承的、赵贤正、张文金。

1997 年 6 月 6 日，隶属电力工业部的重庆市电力工业局（重庆市电力公司）正式挂牌成立。重庆市电力工业局（公司）受电力部和重庆市政府双重领导，是重庆市政府管电办电的职能部门。

1997 年 6 月 18 日重庆直辖市正式成立，原四川电网从此分为四川和重庆两个电网，统称“川渝电网”，由四川省电力工业局（公司）调度局对“川渝电网”实行统一调度管理。重庆市直辖后，四川省电力工业局（公司）于当年 6 月对重庆市电力工业局的资产、人员等进行了划转，即从原四川省电力工业局（公司）所属的企业中划出 9 个企事业单位、16911 名职工，组成新的重庆市电力工业局（公司）。对于重庆市电力工业局（公司）所辖企业和人员的划转，是按照国家对四川省行政区划调整时，以新的四川省和新的重庆市区划范围进行的，将调整后的重庆市区域范围内原属四川省电力工业局（公司）管辖的所有企事业单位和电力设施全部划归重庆市电力工业局（公司）。划入重庆市电力工业局（公司）的9个企事业单位是重庆发电厂、白鹤发电厂、狮子滩水电总厂、重庆电力专科学校、重庆电力职工大学、重庆高级技工学校、重庆电业局、万县电业局、四川电力建设一公司（改名重庆电力建设总公司）。上述单位划归重庆市电力工业局（公司）后，四川省电力工业局（公司）有电力工业、建筑安装、制造、设计、科研、调试、教育、医疗等全资企业54个，职工57485人。

地方电力部分，按行政区划直接由重庆市地方电力系统管辖。

对于国家电力部分的资产划分，原则上是以新重庆市行政区划为准，凡位于重庆市区划内的发供电设备全部划入重庆市电力工业局（公司）。同时对输变电的连接线和变电站的归属，电网边沿系统和自动设备及继电保护设施，资产和负债及所有者权益，人员和工资及劳保，基本建设工程，以及调度关系等全面进行了清理、交割和划转。电力行政管理机构及发电、供电、基建、学校等于1997年6月正式交接，而电网调度则由于某些特殊原因，到1998年才正式分开调度。

虽然正式划分时间是在1997年6月，但有关划分工作从1996年就已经开始准备，划分时对发供电设备容量的统计也是按1996年底的统计数为准进行的。划分时归四川电网所属的发供电设备容量及划分后四川电网的发电装机容量构成，以及购电和售电量情况见专表1～专表3。

专表1 川渝电网划分时四川电网发电装机容量和年发电量统计

分类	1995年		1996年	
	装机容量（万千瓦）	年发电量（亿千瓦·时）	装机容量（万千瓦）	年发电量（亿千瓦·时）
原四川省合计	1215.16	575.94	1356.94	618.00
其中：水电	559.04	245.34	642.40	268.80
火电	656.12	330.60	714.52	349.20
新四川省合计	925.66	446.80	1056.69	475.52
其中：水电	481.73	213.98	559.14	233.66
火电	443.93	232.82	497.55	241.86
部属电厂	542.41	279.32	597.91	285.96
其中：水电	219.91	101.77	244.46	101.45
火电	322.50	177.55	353.45	184.51
华能电厂	10.50	0.41	33.40	9.17
其中：水电	10.50	0.41	33.40	9.17
火电	0.00	0.00	0.00	0.00
自备电厂	108.62	47.71	132.15	49.65
其中：水电	18.14	7.80	21.54	9.03
火电	90.48	39.91	110.61	40.62
地方电厂	264.13	119.36	293.24	130.74
其中：水电	233.18	104.00	259.75	114.01
火电	30.95	15.36	33.49	16.73

专表2　川渝电网划分时四川电网购、售电量统计　单位：亿千瓦·时

分　类	1996年实际		1997年计划	
	售电量	购电量	售电量	购电量
原四川省电力工业局（公司）合计	387.76	115.32	416.00	126.10
1. 地方		42.13		
2. 自备		18.27		
3. 贵州		4.16		4.00
4. 华能		48.61		36.06
珞璜		32.71		34.00
5. 西北		2.15		3.00
新四川省电力工业局（公司）合计	282.05	69.83	303.08	77.2
1. 地方		40.75		
2. 自备		12.87		
3. 贵州		2.15		
4. 华能		14.06		
重庆送四川		9.99		
重庆市电力工业局（公司）合计	105.71	45.50	112.20	48.90
其中：重庆电业局	100.66		106.60	
万县电业局	5.05		5.60	
1. 地方		1.38		
2. 自备		5.41		
3. 贵州		4.16		4.00
4. 华能		34.55		36.06
珞璜	32.71	34.20		34.20
四川送重庆		29.33		

专表3　川渝电网划分时四川电网输变电线路和变压器统计

分　类	国电公司公用变电站			国电公司属输电线路		
	座	台	容量（万千伏安）	条	杆路长度（千米）	回路长度（千米）
原四川省电力工业局（公司）合计	495	817	2084.22	970	18632.20	19165.00
其中：500千伏				1	147.70	147.70
220千伏	40	69	821.60	130	5242.20	5530.80
110千伏	211	361	1025.78	392	8019.10	8250.70
35千伏	244	387	236.84	447	5223.20	5235.80

续表

分　　类	国电公司公用变电站			国电公司属输电线路		
	座	台	容量（万千伏安）	条	杆路长度（千米）	回路长度（千米）
新四川省电力工业局（公司）合计	378	612	1465.87	747	14451.70	14709.50
其中：500 千伏	0	0	0	1	70.60	70.60
220 千伏	29	51	590.60	104	4196.00	4342.70
110 千伏	149	248	679.48	287	6116.50	6215
35 千伏	200	313	195.79	355	4068.60	4081.20
重庆市电力工业局（公司）合计	117	204	618.36	224	4180.50	4455.50
其中：重庆电业局	105	190	595.20	206	3655.80	3869.70
万县电业局	12	14	23.16	18	524.70	585.70
其中：500 千伏				1	77.10	77.10
220 千伏	11	18	231	26	1046.20	1188.10
110 千伏	62	113	376.30	105	1902.60	2035.70
35 千伏	44	73	41.06	92	1154.60	1154.60

川渝电网划分时，1996 年底新四川省发电装机容量构成为：部属电厂占 56%、地方电厂占 28%、自备电厂占 13%、华能电厂占 3%。

（二）川渝电网划分后对四川电网的影响

原四川电网，东部（重庆地区）与西部在电源点和电网建设，以及生产管理上，一直是一个整体，水电、火电互补性极强，东部地区的电源以火电为主，西部地区则以水电为主。丰水期东部地区需要依靠西部的水电，枯水期西部则要依赖于东部的火电。行政区划调整后，四川省地理格局发生了重大变化，导致用电负荷重点地区和经济发展战略随之发生较大变化。虽然四川省在行政区划调整前的“七五”计划和“八五”计划期间无论装机容量和年发电量的增长率都比全国平均水平高（1996 年四川省的发电装机容量比全国平均水平高 2.61 个百分点，长期缺电局面得到缓解），但是四川省是一个人口众多的省份，无论是从人均占有发电装机容量、年发电量还是从全省电源、电网建设上看，四川省与全国平均水平相比，差距都很大。主要反映在以下方面：①1996 年四川省人均占有发电装机容量 126 瓦，仅为全国平均数的 65.28%，人均占有发电量 548 千瓦·时，仅为全国平均数的 62.13%；②根据《四川省国民经济和社会发展“九五”计划和 2010 年远景目标纲要》，对用电量的要求按当时电源点建设项目的安排测算，虽然在 2000 年前后电力供求矛盾得到缓解，但到 2003 年后，四川省又可能再次出现严重缺电的局面，预计到 2010 年全省最大电力缺额为 212 万千瓦，年缺电量为 21.2 亿千瓦·时；③川渝电网划分后，新的川东北（南充、巴中、达县）电网成了孤立电网，给区域性供电带来重大影响，需要架设从四川省腹地至川东北的高压、超高压输变电工程。同时，以前四川省丰水期向重庆供电、枯水期向重庆调电，两地可水电、火电互补。分开后，四川省的水电、火电比例发生较大变化，水电与火电比例由原来的47.3∶52.7改变为52.9∶42.1，水电比重大幅度上升。到2000年随着几个大水电站建成投产，水电所占比重迅速上升为64.38%，而四川省的水电站中多数为径流式电站，缺乏调节能力，枯水期出力有限，形成高峰期缺电力，枯水期既缺电力又缺电量。加之四川电网中小水电、小火电所占比重大，1997年初，全省2.5万千瓦以下的小火电装机容量占了火电总装机容量的36.5%，10万千瓦以下的中小火电机组占总装机容量的62.6%，20万千瓦及以上的装机容量仅占总装机容量的37.3%。中小火电厂发电，不仅浪费能源，加剧环境污染，兼之径流小水电站在丰水期大量电量涌入电网，大水电站大量弃水，给电网调峰、运行都带来困难。

自1998年1月1日起，川渝电网调度正式分家，将原由四川省电力工业局（公司）管辖的重庆市范围内的5座发电厂（重庆、珞璜、重庆燃机、白鹤、狮子滩）共185.89万千瓦装机容量，11座220千伏变电站（东兴村、界石堡、双山、黄荆堡、巴山、来苏、金家岩、朱家坝、梅花山、凉亭、綦江）共240万千伏安变电容量，以及1座500千伏降压运行的开关站（陈家桥）划归重庆市电力工业局（公司）管辖。四川省电力工业局（公司）管辖新的四川电网，重庆市电力工业局（公司）管辖重庆电网。按《川渝电网联络线送受电力电量管理考核办法》，国家电网调度中心授权四川省调对川渝电网间220千伏联络线（林苏线、园苏南北线、长代东西线、降压运行的洪陈线）进行调度管理，并负责调整川渝电网频率，重庆市调负责调整网间联络线潮流。

由于川渝电网发展的历史背景，两网联系十分紧密，电源投入是按照统一电网的思路规划建设的，重庆电网发电厂以火电为主，而四川电网水电资源极其丰富，在两网作为统一的独立电网运行时，相互间的资源互补，枯水期重庆电网的火电向四川主网输送，丰水期四川电网的水电向重庆输送，既能有效利用自然资源，又有充足的时间安排发电设备的检修。两网分开后，四川电网丰水期存在大量的水电无法送出造成弃水，枯水期，重庆电网富余的火电不能送往四川电网造成四川地区缺电，资源配置利用受到一定影响。

川渝电网分家后的初期，新四川电网的运行十分困难。电网原来的规划设计是丰水期水电主送重庆，其中二滩电厂发电量由重庆电网消纳三分之二，四川电网消纳三分之一。但是自1998年6月二滩电站投产后，重庆电网只消纳了二滩电站不足三分之一的发电量，使得丰水期需要四川电网消纳的水电比重急剧增大，由于四川电网的水电站除宝珠寺电厂外几乎全是无调节能力的径流式电站，在安排火电出力为最大调峰的方式下，仅靠宝珠寺电厂调峰是远远不够的，被迫只有采取弃水调峰的方式来满足电网调峰的需要。同时由于用电结构不同，四川电网负荷率大幅度下降，峰谷差增大，1998年四川电网日平均负荷率为74.1%，较1997降低3.7个百分点，使得四川电网调峰相当困难。

川渝电网分开调度后，由于重庆电网消纳丰水期水电电量的大幅度降低，使四川电网开机方式有了极大变化。丰水季节，为了让水电大发，不得不停运大量火电机组，极端方式下，成都、江油、白马、黄桷庄电厂8台20万千瓦及以上大型火电机组仅开1台。火电机组大量停运，使得新四川电网的潮流分布发生很大变化，向川西方向的联络线在丰水期发生过载，形成220千伏平九线、铜范线、白凉东西线构成断面的薄弱环节。尤其平九线是LGJQ-300型的老线路，在龚嘴和铜街子水电站出力较多时，超热稳定极限运行，不但给电网安全运行带来很多新问题，而且使四川电网发电厂年综合利用小时仅为4304小时，较1997年下降11.69%。

（三）电力建设布局的调整

川渝电网分开后，为了保证四川省电力工业健康持续发展，四川省电力工业局（公司）按照《四川国民经济和社会发展“九五”计划及2010年远景目标的建议》要求，及时制定了“大力发展具有调节能力的水电，鼓励流域、梯级、滚动开发，控制径流式水电，适当发展大型火电，主网覆盖区杜绝新建小火电，规划发展核电，加快发展电网，大力改造城网，不断满足市场需要”的电力发展战略，并提出“广开门路，落实资金，确保规划落实”的要求。1998年又拟定了新的《四川电力发展规划提纲》，《规划提纲》在电力与国民经济发展比例、重点电力建设项目，以及电力发展战略等方面提出了详尽设想。

《规划提纲》指出，四川省电力工业在与国民经济发展的比例上，应当按照全省国民经济增长速度，保持一定的电量增长比例。以电力弹性系数0.8计算，四川省的电量增长率应当保持在“九五”计划期间为7.88%，“十五”计划期间为6.78%。

按照原有安排，在二滩水电站、宝珠寺水电站、广安发电厂和成都电厂扩建项目，以及地方已开工的一些发电项目投产后，到2001年四川省就再无大的投产项目了。四川省电力工业局为确保四川省国民经济发展目标的实现，在1997年提出要在“九五”计划、“十五”计划期内新开工一批水电和火电工程项目的规划。规划安排“九五”计划期间新开工的发电项目为331.7万千瓦，其中水电149.2万千瓦，火电182.5万千瓦；“十五”计划期间新开工的发电项目为552万千瓦，水电372万千瓦，火电180万千瓦。具体项目见专表4和专表5。

专表4　“九五”计划期间计划新开工的项目安排

项　目	计划装机（万千瓦）	计划开工时间（年．月）	1996年进展情况
水电：	149.2		
南桠河一期工程	37.2	1998.1	已具备开工条件
宝兴河二期工程	42.4	1997.12	已具备开工条件
冷竹关水电站	16.5	1997.12	已具备开工条件
福堂坝水电站	36	1998.6	完成可研上报项目建议
紫兰坝水电站	10.2	2000.1	完成可研上报项目建议
杂谷脑河一期工程	6.9	2000.1	红叶二级完成可研
火电：	182.5		
岷江电厂技改工程	12.5	1998	项目已批可研待批
宜宾电厂技改工程	10	1999	已报项目建议书
黄桷庄二期工程	60	1999	已报项目建议书
江油电厂四期工程	60	1999	项目建议书待批
白马电厂	30	1999	项目建议书待批
内江高坝电厂扩建工程	10	2000	可研阶段

专表5　　“十五”计划期间计划新开工的项目安排

项　目	计划装机（万千瓦）	计划开工时间（年）	1996年进展情况
水电：	372		
南桠河二期工程	18	2002	完成可研
瀑布沟电站	330	2001	完成可研
官地电站	24	2002	可研阶段
火电：	180		
泸州电厂	120	2004	可研阶段
广安电厂	60	2005	可研阶段

“九五”计划期间，随着宝珠寺等大型水电站的建成投产，特别是装机容量330万千瓦的二滩水电站相继在1998年和1999年集中并网发电后，适逢经济结构调整，社会经济不景气，厂矿企业开工不足，全省用电增长速度减缓，四川省的电力出现暂时性富余，加之建设资本金不足等，上述建设项目未能完全如期进行。

1997年以后，在加快电源点建设的同时，根据过去四川电网建设滞后和新四川电网的具体情况，四川省电力公司把电力建设重点放到电网建设上，电网建设项目总投资高达197亿元。投资的项目包括：①以二滩送出工程为契机，新增500千伏输电线路；②针对电网“卡脖子”问题建设一部分220千伏输电线路；③加大城乡电网建设与改造力度。“九五”计划期间，新增500千伏线路1885.9千米，变电容量225万千伏安，220千伏线路2682千米，变电容量369万千伏安，110千伏线路1942千米，变电容量470万千伏安。截至2000年底，全省有公用变电容量3724万千伏安，110千伏及以上线路总长度45569千米，初步形成了以500千伏为主网架的全省输电网络，电网结构薄弱局面得到基本改善，提高了安全输电能力。电网“卡脖子”现象基本得到扭转。

电源的迅速增长和电网的迅速发展、完善，使四川省电力工业开始进入调整资产结构、优化资源配置的历史新阶段，为“川电外送”打下了基础。

二、“川电东送”战略的提出与实施

“川电东送”是川电人多年来的一个梦想。在国家实施“西电东送”战略大背景下，2002年5月27日上午10时，国家计委和国家电力公司发布调度命令，“西电东送”输电通道，即由四川通过川渝电网、华中电网向华东地区送电工程合闸运行。“西电东送”输电通道北起四川省龙王500千伏变电站，途经川渝电网（四川省、重庆市），进入湖北省、江西省所在的华中电网，再经华东电网的江苏省、浙江省、安徽省，最终到达上海市南桥500千伏变电站，全长2525千米，创下了当时全国500千伏超高压输电通道的最长纪录。“川电东送”工程是实现“西电东送”工程、南北互供、全国联网战略的重要组成部分，是加快建设“西电东送”中部通道的关键一步。这标志着全国联网进入了一个新阶段，“川电东送”由梦想变为现实，是四川省电力工业近百年发展史上的一座里程碑。

（一）“川电东送”的历史进程

四川省是一个缺煤少油富水电的省份，水能资源不仅丰富，而且有许多突出的优点：

(1) 大部分河流水量丰沛而稳定，落差大而集中。金沙江、雅砻江及大渡河等主要河流天然落差都在两三千米以上，其众多支流也都坡陡流急，落差达数百米至一两千米。四川省气候湿润，降雨量大，许多河流源头都是雪山，径流稳定，年内和年际丰枯变化不大。

(2) 省内1300多条大小河流密布，既有修建高坝水库的电源点，也有修建引水式电站的坝址，可以修建不同类型的大中型水电站。

(3) 电站水库淹没少，对生态环境影响不大。

(4) 多数水电站距四川省负荷中心成都市和重庆直辖市只有200～600千米。

早在20世纪60年代，西南电力指挥部根据中国能源资源分布情况就提出了“西电东送，北煤南运”的主张。80年代初期，中国的水电专家们根据西部地区丰富的水能资源，尤其是四川省金沙江、雅砻江、大渡河这“三江”上富集的水能资源，提出了“西电东送”的设想，并规划这“三江”作为全国“西电东送”的主要基地。90年代初，四川省相继邀请全国水电专家对“三江”水能资源进行了多次较大规模的考察，但是在当时全国缺电的大背景下，四川省自身都是一个全国闻名的缺电省份，到枯水季节，工厂企业用电得“停二开五”，甚至“停三开四”，更无以提电力东送，“川电东送”只是一个遥远的梦想。

为了改变缺电状况，四川省加快了电力建设，尤其是加快了水电建设步伐。1986年底，全省水电装机容量仅有250万千瓦，1994年就达到500万千瓦，8年翻了一番；到1999年水电装机容量跃上了1000万千瓦的台阶，5年又翻了一番。到2001年，全省发电装机1791万千瓦，其中水电1153万千瓦，使四川省成为全国水电第一大省。电力的快速发展，改变了四川省持续多年的缺电局面，并且在丰水期出现了富余，从而为“川电东送”提供了前提条件。

1999年6月，江泽民总书记在西部考察时提出了西部大开发的战略构想。中共中央决定实施西部大开发战略，为“西电东送”带来了历史性的机遇。2000年1月，在国务院召开的西部大开发会议上，四川省向国务院提出了加快“西电东送”的建议。在中共中央、国务院转发的国家计委《关于实施西部大开发战略初步设想的报告》中，作出了要积极发展水电，统筹考虑“西电东送”的安排。在这难得的机遇面前，2000年2月12日，中共四川省委书记周永康同志在省委常委（扩大）会议上提出，要把开发水电资源、实施“西电东送”作为四川省工业六大支柱产业之一，积极做好工作。2001年6月7日，中共四川省委、四川省人民政府联合以川委发〔2001〕18号文件《关于加快水电支柱产业发展的意见》。该《意见》提出：“到2005年四川省发电装机容量达到2000万千瓦，其中水电装机容量达到1300万千瓦，外送电力250万千瓦。到2010年，全省发电装机达到3000万千瓦左右，力争水电装机容量翻一番，达到2200万千瓦左右，川电外送能力力争达到800万～1000万千瓦。”从此，发展水电产业、实施“川电东送”成为省委、省政府的一个工作重点，成为全省人民的一个共同心愿，成为全省电力职工的一个奋斗目标。会后，四川省电力公司领导立即率队赴北京向国家电力公司汇报，争取各方面的支持，到上海向华东电力集团公司争取市场。在随后召开的全国“两会”上，四川省代表团向全国人大九届三次会议提出的

1号议案就是《关于加快四川水电开发，实施“西电东送”的议案》，全国政协九届三次会议唯一的一个现场提案是《开发西南水电，实施“西电东送”》。“西电东送”在“两会”期间成为焦点、热点，各主要媒体积极支持，广为报道。

中央领导也非常重视四川省的水电发展和外送工作。江泽民总书记于1991年4月18日和1999年4月19日两次视察二滩水电站。2000年10月7日，李鹏委员长考察了金沙江上拟建的向家坝水电站。2001年6月10日，朱镕基总理考察了建设中的冷竹关水电站，并对川电外送表示出极大的关注。进入21世纪后，江泽民总书记更为关心四川省的水电发展，在2001年的全国人大会议上听取了周永康书记、张中伟省长的汇报，2002年5月20日来川又考察了建设中的紫坪铺水利枢纽工程。正是在中央领导的关心、全国人民的关注下，“川电东送”加快了进程。2000年10月10日，三峡—重庆万州500千伏输电线路工程在国家电力公司的积极支持下正式开工，标志着“川电东送”的输电通道建设进入了关键阶段。在此之前，四川省的500千伏超高压输电通道已由自贡市经重庆市直达万州区，湖北省葛洲坝至上海市也有500千伏直流输电通道，两大电网之间被群山峡谷阻隔，急需连接起来。经过上千名建设者近一年半的紧张施工，三峡至万州380千米长的500千伏输电线路于2002年3月20日全线竣工，4月25日又在国家电力公司总工程师张贵行的亲自指挥下，完成了“川电东送”工程系统调试。至此，“川电东送”通道全线贯通，具备了送电条件。

“川电东送”通道创下了我国500千伏超高压输电系统的多项纪录，具体如下：

（1）输电距离最长。从四川省的500千伏交流输电通道直达华中电网，再由500千伏直流输电线路送至华东地区，总长度达2525千米，是国内当时最长的输电通道，这种远距离的输电在国外也是罕见的。

（2）该通道是全国最大的电网安全稳定控制系统。“川电东送”工程需要川渝电网和华中电网联网运行，仅通过1回500千伏输电线路完成。这种大功率、长距离输电的运行状况，通常会导致电网的稳定水平下降。为了保证电网的安全稳定运行，四川省电力公司建成了当时国内规模最大的安全稳定控制系统，由7个500千伏厂、站，以及近30个220千伏厂、站组成，面积覆盖了整个川渝电网的重要电源支撑点，为整个川渝电网的安全稳定运行提供了重要的技术保证。

（3）最复杂的一项工程。“川电东送”工程途经四川、重庆、华中、华东电网，工程涉及配合协调的单位之多，地域跨度之广，在国内电网工程中是很少有的。

在抓紧输电通道建设的同时，2001年6月，四川省政府领导还带队到北京市，与国家电力公司领导就“川电东送”的方案和送电时间达成了共识。在国家计委的协调下，确定2002年丰水期四川电网向华东电网输送60万千瓦负荷，15亿千瓦·时电量，其中送上海市7.5亿千瓦·时，送浙江省7.5亿千瓦·时。另外，川电还长期外送重庆市，2002年计划送重庆市49亿千瓦·时电量，加上送华东的15亿千瓦·时，2002年川电外送规模达64亿千瓦·时电量，使四川省成为全国“西电东送”通道的重要基地之一。

（二）“川电东送”对国民经济建设发挥的作用

从2002年丰水期起，四川省电量不仅外送重庆市，而且东送华东，实现了历史性的突破，这对四川省乃至全国都有着重要的现实意义。

（1）“川电东送”是四川省发展水电产业、实现资源优势变为经济优势的基本途径。四川省水能富甲天下，每平方千米可开发的年水电量为全国平均数的5倍，全世界平均数的14倍，水能资源具有量大、集中、开发条件优越的优点。但是，资源优势要转变成经济优势，既要有开发能力，又要有市场容量。在市场经济条件下，市场需求是配置资源最主要的因素。对于四川省丰富的水电潜能，必须着眼于全国大市场，犹如山西的煤炭不能只在山西消化，中东的石油不能只在中东消化一样。四川省的水能资源既是四川省的财富，更是全国的财富，要在全国的能源资源配置中发挥重要的作用。要把水能资源优势变为经济优势，要使水电作为全省的支柱主业，就必须要实现“川电东送”并不断扩大送电规模。

（2）“川电东送”是促进全国联网，实现跨区域资源优化配置的重要组成部分。实施“西电东送”战略，是中国的能源资源分布和电力负荷分布不均衡这一基本国情决定的。中国国土面积辽阔，能源资源分布极不平衡。全国煤炭65%集中在山西省、陕西省、内蒙古自治区西部这3处地区；水电资源则有70%集中在西南的云、贵、川、藏4省区，四川省一省就占了全国水电资源的25%，而华东、华北、东北和中南地区20余个省市的水能资源只占全国的22.3%，并且开发率已超过50%。尤其是华东地区，既缺煤炭又缺水能，地处华东三省一市的水能资源仅占全国的1.8%，而其创造的国内生产总值占全国的20%以上。西部有丰富的水能资源，东部有强大的电力市场需求。这一基本国情，决定了必须从全国范围进行能源资源的优化配置。

在全国电网联网规划中，规划了“西电东送”的三大通道，其中最主要的是由川渝、华中、华东和福建电网构成的中部通道。三大通道相互连接，形成“西电东送、南北互供、全国联网”的战略格局。2002年5月27日，“川电东送”是川渝电网与华中、华东电网第一次联网运行，标志着全国联网进入了一个新的阶段，全国跨区域资源优化配置进入了一个新的时期。

（3）“川电东送”是调整电力产业结构，实现可持续发展的大局所在。资源的有效利用和环境保护问题，已成为当今世界经济发展所面临的主要课题。在中国人口众多、资源相对不足的国情背景下，尤其要重视有效利用可再生资源，加强环境保护，实施可持续发展战略。

水电是一种清洁能源，不会给环境带来污染。水电又是一种可再生的能源，江河之水，自然所赐，取之不尽，源源不绝。优先开发水能资源是世界经济发达和较发达国家的共同选择。

中国在实施可持续发展战略中，也明确提出了在保持生态的前提下优先发展水电的方针，并采取积极措施关停浪费资源、污染环境的中小燃煤、燃油发电机组。随着电力结构调整力度和环保压力增大，新建火电厂的投资越来越高，必然为水电发展带来机遇，也必然会为西部水电进入东部市场提供广阔的空间。

同时还要看到，随着可持续发展的观念深入人心，随着人们对资源与环境的关注日益加深，社会的消费将更趋于理性化，人们会意识到每个人都有责任支持使用可再生的洁净能源。全国政协副主席钱正英在全国政协九届三次会议的“西电东送”提案现场办案会上呼吁，“西部地区已经向全国人民承诺退耕还林、保护生态环境，东部地区也应该向全国人民承诺为保护环境而少用煤电多用水电”。这是一种大局意识，也是一种社会责任。

（4）“川电东送”是缓解四川电网丰、枯期矛盾，实现东、西部优势互补的“双赢”战略。从2002年的丰水期开始，四川省的富余水电通过500千伏三万线，借华中、华东电网的输电线路，最终送至上海市南桥500千伏变电站。

借助于川电东送通道的建成，川渝电网实现与华中、华东、南方电网的联网运行，提高了电网稳定运行水平，有利于发挥四川省和省外电网水电、火电互济优势，在很大程度上缓解了四川省枯水期季节性缺电的矛盾。

实施“西电东送”战略，也是东部华中和华东地区的客观需要，有助于减轻东部环境污染的压力，提高电网效益。尤其是作为同处于长江流域的地区，上游干支流的四川省西部的“三江”流域，矿产资源和生物资源都很丰富，同时该流域也是四川省少数民族的聚居地，水能资源的开发能够大力带动其他资源的开发，对于促进民族地区经济发展，实现各族人民共同繁荣，具有重要作用。同时，也有利于这些地区的水源涵养和水土保持，加快林业基地和畜牧业基地建设，促进生态良性循环，有利于提高三峡水电站的保证出力和泥沙防治，减轻长江中下游的洪涝灾害。并且，四川省的水电富余主要在丰水期，而华东的用电高峰也主要在夏季，时间正好重合，近期“川电东送”主要是送丰水期的水电，从而起到了优势互补的作用。因此，“川电东送”是一个东部和西部“双赢”的战略。

（三）“川电东送”推动了四川省建成全国最大水电基地的步伐

中共四川省委第八次代表大会提出建设西部经济强省的目标，并要求以发展水电为重点，抓好川电外送，形成稳定高效的能源保障体系。按照国民经济和社会发展“九五”计划和2010年远景目标的《建议》要求，四川省电力工业的发展战略是：大力发展具有调节能力的水电，鼓励流域、梯级、滚动开发，控制径流式水电。适当发展大型火电，杜绝小火电，规划发展核电，同步发展电网。坚持电力开发与节约并举，要把节约放在首位。充分注意保护环境，依靠科技进步，加大电力工业“以大代小”技术改造的力度，合理配置资源，提高资源利用率，使电力工业与经济、社会、环境协调发展。

根据电力电量平衡，2001～2002年，必须安排一定的电源项目投产，以满足国民经济发展的需要。在安排电源建设项目时，要充分考虑四川省能源资源构成及特点（特别是四川省现有水电调节能力差），“九五”期末和“十五”期间四川电网电源建设安排，应优先考虑带有龙头水库的梯级水电站和大型火电项目的建设。

根据四川省“十五”计划和国家有关规划，计划从“十五”开始的20年内，要重点抓好“三江”水电基地的建设。金沙江要重点开发下游河段内的溪洛渡、向家坝、白鹤滩、乌东德4级电站，总装机容量达3670万千瓦，相当于2个三峡电站；大渡河要重点开发瀑布沟等10个梯级电站，总装机容量1206万千瓦；雅砻江要重点开发锦屏等8个梯级电站，总装机容量1234万千瓦。在电源点建设的基础上，四川省的电力将大规模外送，真正成为全国最大的水电基地。

在西部大开发的战略前提下，随着电力体制改革，厂、网分开的实施，多家办电，开发水电的热潮很快形成，为加快四川省水电基地的建设迎来契机。

2001 年 11 月，中国长江三峡工程开发总公司在四川省宜宾市召开的金沙江水电前期工作会议上宣布，将对长江上游主干流金沙江流域进行滚动开发，拟兴建 4 座梯级电站。

2002 年 10 月，溪洛渡、向家坝水电站经国务院批准正式立项。装机容量为 1260 万千瓦，年平均发电量为 571.2 亿千瓦·时的溪洛渡电站位于四川省雷波县和云南省永善县交界处。装机容量为 600 万千瓦，年平均发电量为 307 亿千瓦·时的向家坝水电站，位于四川省宜宾县和云南省水富县交界处。2 个电站的正式立项，标志着西部大开发战略的“西电东送”工程重头戏，在川滇交界的金沙江拉开帷幕。此次总装机容量超过三峡的 2 个电站的建成，将使川西南建成中国最大的水电基地。

三、四川大小电网的形成与现状

四川省从 20 世纪 60 年代开始就存在所谓“大电网”（即国家电网）与“小电网”（地方电网）两个不同的管理系统。所谓“大电网”与“小电网”在四川省是相对而言的。大电网是指由国家电力公司负责管理的电网，主要覆盖大中城市和工业集中地区；小电网是指由四川省水利电力部门负责管理的电网，主要是为县及县以下办工业和广大农村提供群众生产、生活用电的。大电网是全省电力能源的主导力量。在电力工业发展过程中，大小电网始终存在着并存和矛盾协调的问题，矛盾协调的核心是职责和权益，实质是中央和地方的关系。长期以来，大小电网并举共存，各有侧重协调发展，这是由四川省自然地理条件和社会经济发展状况，以及国情、省情决定的。

（一）小电网发展概况

四川省地域辽阔，人口众多，水电资源丰富，适宜于开发小水电。中华人民共和国成立后，随着国民经济的发展，电力需求量不断增长。为了发挥地方办电积极性，满足日益增长的用电需求，在“大电网”迅速发展的同时，由四川省水利电力厅主管的以小水电为主的“小电网”也迅速发展起来。

为了贯彻《全国农业发展纲要》提出的“从 1956 年起，在 12 年内尽可能与水利灌溉相结合，基本上做到一个乡或两个乡建立一座小型水电站”的要求，四川省于 1958 年初召开农村水电工作会议（邀请南方水电资源丰富的 11 个省、市派代表参加），拟订了小水电发展规划，确定四川省农村水电站装机容量在 12 年内（到 1968 年）争取达到 10 万千瓦，1958 年建成 1 万千瓦。“大跃进”期间，在中央提出的“群众办电”口号下，四川省拟订了“小型为主，社队为主，服务生产为主”的地方电力办电方针，并从政策上给予了大力扶持，地方电力实行“自建、自管、自用”原则，地方小水电电价按照计划外电量参与市场调节，“高来高去”，以电养电，滚动发展。地方电网全部收益，扣除生产费用和按计划还贷外，全部用于发展小水电和地方电网，从而促使以小水电为主的地方电力迅速发展起来。到 1997 年四川省行政区划调整时，地方电力发电装机容量已经达到 293.24 万千瓦，占全省总装机容量的 27.75%，其中水电 259.75 万千瓦，占全省水电发电装机容量的 46.46%。到 2000 年，新四川省地方电力装机容量已经达到 413 万千瓦，年发电量 150 亿千瓦·时，分别占全省的 38.25%和 26.96%。

地方电力在进行电源建设的同时，为满足广大农民和县以下城乡工农业生产用电需要，不断加强电网建设，逐步形成自成体系的地方地网。到20世纪60年代中期，进一步发展为跨县并与国家电网一点或多点连接的地区地方电网。到2000年，地方电网已经建成110千伏以下电网11个，在全省181个县（市、区）中，由地方电网负责供电或管理的县有89个（其中由省水电部门管理的自供自管县78个，趸售县11个），国家电网与地方电网共同供电的交叉供电县22个，拥有高压线路12万千米，35千伏及以上变电容量593万千伏安。地方电网所及县（市），占全省总县（市）数的61.33%左右。

1991～2002年，地方电力坚持科学发展观，以市场为导向、发展为主题、改革为核心、资产为纽带、科技为动力、三大效益为目标，在体制改革、行业管理、电源开发、电网完善、生产经营、管理现代化等方面都取得了重大突破。全省地方电力的投产装机、发电总量、销售收入、实现税利、农民增收等主要经济指标均名列全国前茅。地方电力产权改革、小水电代燃料试点、农村电气化县建设成为全省地方电力建设的“三大亮点”。

（二）大小电网之间的矛盾

由于大小电网管理体制和经济利益的不同，长期以来，二者之间既并存，又存在着矛盾和协调问题。这些矛盾的存在给全省电力建设带来不利影响。

1. 大小电网间的购、售电关系

四川省的大电网（国家电网）与小电网（地方电网）之间，在电网形成之后就一直有不同程度的购、售电关系。20世纪90年代末，大电网每年购小电网电量约在50亿千瓦·时，趸售给小电网的电量约40亿千瓦·时。由于存在地区间的差异，大电网与地方电网间的购、售电行为有时是同时发生的，即在向一个地方电网售电的同时又向另一个地方电网购电，更多的时段是季节性购售关系。

在这样一种购、售电情况下，便形成四川大、小电网之间独有的特点，即在夏季丰水期，地方小水电大发，地方电网电力富裕，小水电特别是在低谷时段大量涌入大电网，迫使大电网内电厂降低工作出力以保持电网平衡。在冬季枯水期，小水电大幅减少，地方小电网电力短缺，从大电网大量购电，反过来又增加了大电网内电厂的工作出力，于是大电网实际上承担了为地方电网反调峰的任务。二滩水电站投产初期，由于川渝电网分家，重庆市原计划接纳二滩水电站的电力和电量为65%，实际下降为27%。丰水期由于水电上网失控，多发的电量涌入大电网，直接冲击大电网，影响大电网的用电水平，给二滩水电站电量的消纳雪上加霜。

2. 大小电网之间存在的主要矛盾

由于历史的原因，四川大小电网之间在供电管理和经济利益方面一直存在着矛盾。特别是在20世纪80年代进入改革开放后，随着农村经济加速发展，用电量急剧增长，电力紧缺问题日益突出，围绕用户为了用电得到保障和供电部门为了争取更多用户等问题，进一步加剧了矛盾的发展。主要表现在由于大小电网多头管理，给大范围的电源、电网建设统一规划、合理布局带来困难，重复建设现象严重。在一些大小电网交叉的地方，有的公路两侧，一边是大电网的变电站和线路，另一边则是小电网的变电站和线路，甚至有的一个用户也是由大小电网交叉供电。这种重复建设花费的资金，在一个县少则数百万元，多则上千万元。大小电网分头管理，给电力统一调度分配带来困难。四川省的水电站多为径流电站，调节库容小，由于水电占绝大部分，存在着丰枯出力不均的矛盾，相互调节的余地也较小。加之多数地方小电网用电负荷主要是地方工业、乡镇企业和居民生活，连续性生产负荷不多，供电普遍存在较大峰谷差的矛盾。在春季四五个月的提灌高峰期，正是枯水季节，小电网无法正常供电；到丰水期和夜间，小电网电力又无处可送，只得弃水造成资源浪费，也影响小水电站企业的经济效益。这种分头管理使小电网在操作规范、电能质量方面不能与大电网同步发展，也给用电安全带来一定隐患。

（三）理顺大小电网关系，确保四川省电力工业健康稳定发展

四川省大小电网之间的矛盾，最根本的是体制和经济利益上的矛盾。为了解决这一矛盾，四川省从20世纪80年代开始，在部分县（市）对理顺大小电网关系进行了改革和探索。改革内容主要是实行供电联营和代管。

1. 联营与代管

四川省大小电网之间的矛盾，根本上还是经济利益的矛盾。为解决矛盾，顺应经济发展的客观需要，四川省从20世纪80年代开始，从管理体制入手，在理顺大小电网关系方面进行了一些改革与探索，主要是实行了供电联营和委托代管及股份制改革。

1988年，什邡县政府和县电力公司为解决什邡小电网供区内供电存在的问题，同德阳电业局多次协商，在不触动体制、不触动各方资产的前提下，只在供电这一领域实行联合经营，以打破大小电网之间供电的界线，缓冲大小电网之间“一边亮，一边黑”的局面。达成了在“四不变”（即双方体制、隶属关系、资金解交和人员归属不变）和“四统一”（即统一供电、统一调度、统一经营和统一县内电网规划建设）基础上建立供电联合经营体协议，成立了什邡供电联营公司。什邡供电联营公司成立后，首先实现了全县电力联合调度，在全县范围内组织用户避峰用电，提高用电负荷率，缩小用电峰谷差，大小电网基本实现了供电平衡，“一边亮，一边黑”成为历史。同时因为大电网通过组织高来高去、引进边远地区小水电上网，增加了供区电力来源，在电力计划经济的管理体制下，引进了电力市场经济，为电力的经营注入了生机。而且由于采用了电价杠杆，用户负担合理，联营后的第三年，报经上级物价部门批准，除按国家规定实行优价的农排和部分化工用电外，一律实行“多种电价进，综合电价出”，将购进“高价电”的负担实行合理分担，多用多出，少用少交。并且由于实现了全县电网的统一规划建设，优化了电网结构，增强了地方电力的经济实力，促进了小电网供区的经济发展，利国利民。

1992年，中江县政府将中江县电力公司（小电网）委托德阳电业局（大电网）管理。随后，各地小电网相继交由大电网代管，成都、绵阳、乐山、南充、泸州、达川等地的一些县政府纷纷将其县电力公司（小电网）委托当地电业局（大电网）代管或进行供电联营。截至1993年底，大电网代管的地方电力企业共有13个县（大邑、崇庆、蒲江、郫县、彭州、新都、温江、中江、什邡、安县、乐至、仪陇、达县）；全省179个县（市、区）中（不含重庆市），有36个县（市、区）由大电网直供，92个县（市、区）以地方电网供电为主，其中5个县（市、区）的地方电网由大电网代管，其余51个交叉供电县中，有8个县（市、区）的地方电网由大电网代管。凡代管或联营的县（市），首先将地方电力公司改组为当地电业局所属的供电局（供电公司或联营公司），供电局既受当地政

府领导，行使政府管电办电的行业职能，同时又受四川省电力工业局（公司）在当地的电业局领导，承担辖区内的供电职责。供电局对辖区内的电网实行统一规划建设、统一调度、统一经营、统一管理。县、乡、村办的电站，仍按并网协议上网，县供电公司按物价部门核定价格收购。通过代管或联管，减少了重复建设，改善了供电关系，提高了电网管理水平和地方供电企业的经济效益，增强了经济发展的主动性，促进了地方电力的发展。联营或代管的地方小水电效益均有所增长，县（市）、乡办电的积极性大大增强。

联营或代管虽然对于解决大小电网之间的矛盾起到了较好作用，但由于代管或联营从本质上说，很大程度上是一种政府行为，只能解决“管”的问题。随着市场经济和电力体制改革的深入发展，代管与联营的不足也逐步显露出来。

由于代管或联营本身没有以资产为纽带形成强有力的联合体，没有实现利益共享，联营的两个单位在人、财、物各方面都没有实现统一，不能形成合力，因此投资兴建骨干电站的积极性不高。同时，由于在代管的地方基本上都是实行趸售，而趸售与直供之间存在差价，大电网经济效益被降低。随着电力体制改革的深入发展，这种不是以资产为纽带、而是以政府行为组建起来的代管体制，不仅投资主体不明，产权关系不清，而且在大电网经过体制改革不再行使行政职能之后，代管与联营也就失去了存在的依据。

到2000年底，四川省电力公司已对39个县电力公司实行了联营或代管。通过联营和委托代管，解决了长期困扰当地政府领导的多家管电问题，加强了当地农村电力的统一管理，促进了当地经济的发展和大小电网共同发展。特别是德阳市和成都市，全面实现了国家电网对县级以下农村电力的直管和代管，对促进农村用电和经济发展发挥了重要作用。供电联营与代管是解决大小电网矛盾的一种过渡性办法，它治了标，但还没有治本。联营的成果要得到巩固和发展，还必然继续改革，按市场经济和电力工业发展规律再探索。1999年，联营双方及主管部门达成共识，实施股份制改造，并终止了供电联营体制。

2. 大小电网协调发展

为确保大小电网健康、稳定发展，中共四川省委、省人民政府根据《中华人民共和国电力法》并结合四川省实际，针对大小电网矛盾，在通过组织专题调查研究后，于1996年11月25日印发了《关于处理好大小电网关系，促进四川经济发展的通知》。文件要求：①解决和理顺大小电网关系，必须坚持两条基本原则，一是要从大局和整体利益出发，有利于促进四川省经济、社会发展；二是要提倡、鼓励、支持各级、各方面办电的积极性，有利于促进大小电网相互支持、共同发展。②按照市场经济原则，提倡、支持不同产权、不同隶属关系和不同所有制的具有独立法人资格的电力生产企业、小电网与大电网并网运行。在总的体制关系尚未根本解决之前，上网和并网不改变产权关系、财政解交渠道、“以电养电”政策。凡是小网已有完整供区的地方，除新增加的特殊用电大户外，大小电网并网运行后，大网在这类地区不发展直供户，采取趸售办法解决供电问题。③不再推行“代管”模式。已经“代管”的，一定要按“企业性质、固定资产所有权、财政解交渠道、‘以电养电’政策”四不变的原则执行。对于“代管”企业，水电部门仍有行业管理、业务指导、企业产权监管权限。未经省水电厅和地方政府同意，不得出售产权。1999年根据国经贸厅电力〔1999〕103号文件《趸售县供电企业代管办法（试行）的通知》规定，国家电网在扊售县内经与地方政府共同协商，按照政策要求继续进行国家电网对地方小电网的“代管”工作。

1999 年，国务院批准国家经贸委《关于加快农村电力体制改革加强农村电力管理意见》的通知下发后，四川省人民政府随即颁发了《加快农村电力体制改革加强农村电力管理实施方案》的通知。按照通知精神，全省加快了农村电力体制改革步伐，以求从根本上解决大小电网之间存在已久的矛盾。

按照国家有关要求，四川省将农村电力体制改革的指导思想规定为：按照社会主义市场经济体制和建立现代化企业制度要求，围绕电力为农业、农民、农村经济发展服务的目标，坚持以“县为实体”、“一县一公司”和“县乡电力一体化”管理的改革方向，开拓电力市场，理顺大小电网关系，建立“产权明晰、权责明确、政企分开、管理科学、运作规范”，适应县域经济发展要求的县级供电管理体制。在这个思想指导下，将各县级供电企业体制改革作为省电力公司体制改革的一个重要组成部分，统一规划，综合配套，分步实施，有序进行。在县级供电体制改革的过程中进行规范化的公司制改革，坚持“县为实体，一县一公司”和“县乡电力一体化”管理原则，以资产为纽带，按照公司法要求组建县供电公司。

在实行代管或联营的同时，四川省还通过电力市场实行竞价上网等多种方式对各类电厂实行统一调度，以加强对全省电网统一管理。到 2000 年底，在全省 6000 千瓦以上电厂的 1524.18 万千瓦的发电设备容量中，参加统一调度的为 1330.97 万千瓦（其中水电 804.09 万千瓦，火电 562.87 万千瓦），占 6000 千瓦以上电厂容量的 87.32%，占全省总发电设备容量的 77.84%。在小电网电厂的 361.15 万千瓦设备容量中，参加统一调度的为 70.07 万千瓦，仅占地方属电厂总设备容量的 19.40%；在自备电厂的 106.16 万千瓦的总设备容量中，参加统一调度的为 55.00 万千瓦，占自备电厂总设备容量的 51.81%。在四川电网的装机中，小水电、小火电占了很大比例，平均单机容量仅 1300 千瓦，投资主体的分散和多元化，对“三公”调度和供电优质服务提出了很高的要求。①切实维护电力系统安全，保证调度系统指挥畅通。②严格执行调度规则和市场运营规则，切实维护正常的市场秩序。③加强信息发布管理，主动接受电力监管。④做好与各发电企业的联系沟通，建立良好的网厂关系，定期召开三公调度监督员会议。主动听取意见，真诚为发电企业服务。⑤坚持科学调度，合理配置电力资源。大电网“三公”调度工作得到了各发电企业的认可和高度评价，在发电矛盾突出的情况下，实现了零投诉。

实践证明，四川省在水电建设上采取的大、中、小型电站并进的结果，已充分体现出它的优越性。大、中型电站，由于装机容量大，发电能力强，成为对负荷集中的大中城市供电的主力和“川电外送”的重点电源，电站自身经济效益也好。而小水电站由于分散在全省各地，单个投资少，建设周期短，电站数量多，对负荷分散、点多面广、离大电网较远的地区进行供电，能弥补大电网之不足，对农村电气化建设更具有重要意义。在实行多家办电中，注意理顺电力管理体制，加强电网统一调度，特别是在四川省这样长期存在大小电网的地区，如何兼顾大小电网双方利益，处理好大小电网之间的矛盾，对电力工业发展有着十分重要的意义。

附　　录

附　录　一

中华人民共和国国家经济贸易委员会文件

国经贸电力〔2001〕172号

关于撤销四川省电力工业局的批复

四川省经济贸易委员会：

你委《关于电力行政管理职能移交工作的请示》（川电经贸电力〔2001〕45号）收悉。经研究，批复如下：

一、撤销四川省电力工业局，自发文之日起施行。

二、请你委严格按照中编办、国家经贸委关于调整电力行政管理职能有关文件精神，实行政企分开，做好职能交接工作，确保衔接有序、平稳过渡，切实履行好电力行政管理职能。

三、政企分开后，你委和省电力公司要相互支持、相互配合，结合本省实际，不断深化电力工业改革，促进全省电力工业的持续、稳定、健康发展。

中华人民共和国国家经济贸易委员会（印）

二〇〇一年二月二十二日

附 录 二

中华人民共和国能源部文件

能源政法〔1993〕307 号

关于成立四川省电力公司的批复

四川省电力工业局：

你局《关于成立四川省电力公司的请示》（川电劳〔1993〕38 号）收悉，经研究，批复如下：

根据国务院关于印发电力工业管理体制改革方案的通知（国发〔1988〕2 号文）规定和要求，结合四川省电力生产经营和发展的实际需要，同意成立四川省电力公司，并批准公司章程。请按有关规定，向工商行政管理部门办理登记手续。

附件：四川省电力公司章程

中华人民共和国能源部（印）

一九九三年三月二十六日

四川省电力公司章程

第一章 总 则

第一条 根据国家有关法律、法规，根据国务院批准的《电力工业管理体制改革方案》，结合四川电力工业的实际，制定本章程。

第二条 公司中文名称为“四川省电力公司”，法定地址：四川省成都市东风路二段十七号。公司的英文名称：Sichuan Provincial Power CorPorat ion（缩写：SCPPE）。

第三条 公司是依法自主经营、独立核算、自负盈亏、具有法人资格的全民所有制企业。对国家授权由其经营管理的资产享有占有、使用和依法处分的权利，其合法权益受法律保护，并以其经营管理的资产承担民事责任。

第四条 公司的宗旨：按照发展社会主义市场经济的要求，合理开发、利用四川能源资，保证电网安全稳定、经济供电，开展集资办电，加速四川电力工业的发展，以应国民经济和社会发展的需要。

第五条 公司的主管部门是国务院电力工业主管部。

第六条 公司注册资金共计 373551.5 万元，其中固定资金 356886.9 万元。全部注册资金由主管部核拨。

第二章　经营范围和管理职责

第七条　经营范围

（一）主营：

1. 水、火、油、气、核、地热等电厂（站）和电网的统一调度、生产运行、检修维护、技术改造，电、热购销及发、供、用电管理。

2. 国内外水、火、核、油、气、地热电厂（站）及输、变、配电等工程的建筑、安装、调试、验收或建设总承包。

3. 电力建设项目规划、评估咨询、勘测设计、资金筹措、招标投标、施工建设管理。

4. 发电厂（站）及输、变、配电等的辅机、备品、配件、器材的技术咨询、设计、制造、加工、销售。

5. 设备、材料、原料、燃料、油料等各类物资供销和进出口贸易。

6. 电力科学试验研究、技术开发、增长率培训。

（二）兼营：主营以外的其他一、二、三产业的多种经营。

第八条　经营方式

生产、制造、加工、设计、咨询、建筑、安装、销售、联营、服务、投资。

第九条　公司依据国务院批准的《电力工业管理体制改革方案》，接受国家电力主管部和省政府委托，行使以下管理职责：

1. 负责全省电力建设和集资办电工作、并实行基建项目业主责任制。按照国家规定、合同规定或接受其他单位、企业的委托，经营、管理有关的电力企业和电力基本建设。

2. 对四川电力工业的发展实行统一规划。编制四川省电力中、长期发展规划；编报年度生产、建设计划，引进先进技术和利用外资计划及技改计划，科技进步发展规划，并组织实施；编报和审查国家大中型电力项目的初步可行性、可行性研究报告和初步设计，做好参建前期工作。

3. 对四川电网实行统一调度、分级管理。组织并网电力工程方案的审定、评估咨询，确保电网安全、稳定、经济运行。

4. 负责境内、外各种形式的电力联合开发，管理合资、合作经营企业。

5. 负责管理直属电力生产、基建、修造、科研、设计、学校等基层单位、并根据国家有关规定和生产经营的实际需要，决定局直属单位的设立、调整、撤销或更名，核定其编制定员，聘任和管理所属基层单位的厂（局）级领导干部。

第三章　组　织　机　构

第十条　公司的生产经营、基本建设、多种经营，按统一领导、分级管理原则，建立以总经理为中心的生产、建设、经营管理指挥系统。公司设总经理一人，副总经理四人，设总工程师、总会计师、总经济师。总经理、副总经理、总工程师、总会计师、总经济师按国家有关规定任免。

第十一条　生产、建设、经营管理机构根据高效、精简的原则，结合实际需要，公司设置办公室、计划规划、政策法规、生产技术，基本建设、水电、安全监察、财务、审计、用电管理、科学技术、干部、劳动工资、教育、公安等职能机构。

第十二条　法定代表人产生程序和职权。

总经理是公司的法定代表人、由国家电力主管部任免。总经理享有法律赋予的各种职权，对本公司的生产、建设、经营管理等项工作全面负责。

第四章　经　营　管　理

第十三条　公司执二行国家统一颁发的财务会计制度及核算办法，并依据国家有关财务法规，制定若干实施细则。

第十四条　公司按照国家有关规定，依法纳税和上缴利润，并提留和支配各项基金。

第十五条　公司对联营企业、集资（合资、合作）建设的电厂或机组和代管的电厂或机组实行分账核算、自负盈亏，并按国家有关规定纳税及提留、使用各项基金。

第十六条　公司根据国家及省有关价格政策和审批权限，测算、申报、审批并执行多种电（热）价和其他产品价格。

第十七条　公司对所属基层单位的经营活动及财务进行监督、检查，并接受上级有关部门的监督、检查。

第十八条　公司依照国家有关规定，自主确定招工决定用工形式，实行合理劳动组合，依照法律、法规和公司的规章制度，解除劳动合间，辞退、开除职工。

第十九条　公司自主行使人事管理权，对管理人员和技术人员实行聘任、聘用制、考核制。

第二十条　按国家有关规定，在国家核定的承包工资总额基数范围内，有权自主使用、自主分配工资和奖金。

第二十一条　公司保障职工依法享有的教育培训、劳动保护、劳动保险、生活福利、退休养老保险等方面的权利和待遇。

第二十二条　公司依照国家有关规定，自主决定内部机构的设置、调整和撤销，决定其人员编制。

第二十三条　公司按照国家和部、省有关规定，制定本企业的各项规章制度和管理办法。

第二十四条　公司和所属各单位依照《全民所有制工业企业法》，建立健全职工代表大会制度，加强企业民主管理，充分发挥职工的主动性、积极性和创造性。

第五章　附　　则

第二十五条　本章程经主管部批准，工商行政管理部门核准登记注册之日起生效，修改时同。

第二十六条　本章程未尽事宜和内容，如与国家法律、法规相抵触时，按国家规定执行。

第二十七条　本章程由国家电力主管部解释。

编　后　记

《四川省电力工业志》即将出版发行了。它是《四川省电力工业志》的第一次续修本，是四川省电力工业发展史上的第二部全行业专业志书，是中华人民共和国电力工业志丛书的一个有机组成部分。

20世纪80年代，按照水利电力部编辑出版“中华人民共和国电力工业志丛书”的统一部署，四川省电力工业局组织力量，从1986年开始《四川省电力工业志》的首次编纂工作，经过长达8年的努力，分别于1994年12月和1995年1月出版、发行了四川省电力工业发展史上第一部《四川省电力工业志》。该志的出版发行，受到各方好评，对全省电力行业“资政、教化、存史”发挥了重要作用，成为不少电力工作者案头必备的工具书。本次编纂是对上一部《四川省电力工业志》的续修。

2001年5月11日，中共四川省委办公厅、四川省人民政府办公厅联合发文，要求开展四川省志的续修工作，并于11月行文将《电力工业志》列为省的试点单位。

2002年9月18日，中国电力企业联合会经国家电力公司同意，决定立即开展续志工作，并印发了《关于开展电力工业志续志工作的通知》，要求在3年内完成。

根据中电联和四川省政府要求，四川省电力工业局随即组织力量开展工作，提出了续志工作方案，草拟了编纂大纲。由于在电力体制改革中，撤销四川省电力工业局，成立四川省电力公司，实行厂网分开后，在续志资料的收集，续志编辑人员、工作经费等方面都出现了新的问题，遇到新的困难，续志工作被搁置下来。

2004年10月，四川省电力公司与四川省地方志编纂委员会主要领导协商达成共识，确定成立由在川各电力管理机构主要领导参加的新的四川省电力工业史志编纂委员会，请分管能源的副省长杨志文担任编委会主任，省地方志编纂委员会党组书记、常务副主任秦安禄担任第一副主任，编辑部设在四川省电力公司，编辑部人员和编纂出版所需经费由四川省电力公司承担。

经过半年多时间的反复协商，在全川人民热烈庆祝四川有电100周年之际，新的四川省电力工业史志编纂委员会于2005年6月27日正式成立，并于7月18日在成都市召开第一次编纂委员会工作会议，会议通过了《编纂大纲》，落实了资料收集任务，续志工作得以正式开展。

这次《四川省电力工业志》的续修，包括了中华人民共和国电力工业志丛书《四川省电力工业志》（1991～2002）和《四川省志·电力工业志》（1986～2005）两部志书的续修。志书编纂工作，经历了培训编写人员、资料收集、编纂出版资料长编、志书稿总纂、分级审查等阶段。

在收集资料阶段，在川各电力单位对入志资料收集给予了高度重视，大多数单位抽调了专门人员，有的单位还设立了专门机构从事资料编写工作。凡提供到编辑部的资料都经过了原单位领导审查修改，从而为志稿编纂打下了良好基础。

为了将更多有价值的资料保存下来，编辑部决定在资料收集整理的同时，以内部资料方式编辑出版《四川电力志资料长编》。《资料长编》共分 12 卷，从 2006 年初开始编纂，2008 年 7 月全部出齐，共约 2484 千字。

2008 年 3 月，《四川省电力工业志》的续志工作由资料整理转入志稿总纂阶段。总纂工作由编辑部 4 名专职编辑人员组成的总纂班子共同完成。其分工是：姚国寿承担序言、概述、电源建设、规划与设计、基建管理与施工企业、发电的编纂；卓正昌承担电网建设、供电、用电、电网管理与电力调度、设备修造、科技与教育和人物的编纂；魏秀云承担多种经营与医疗卫生、管理、党群工作和专记的编纂；陆远兴承担凡例、地方电力、大事记、编后记等编纂并负责全书总纂统稿。

2008 年，当《四川省电力工业志》编纂工作进入资料收集和志稿编纂最紧张、最关键的时刻，2 月和 5 月四川省接连遭受特大冰雪和特大地震灾害袭击。两次特大自然灾害给四川省造成了巨大损失。四川省电力行业特别是四川省电力公司系统的经济损失和人员伤亡都十分惨重。四川省电力公司和在川各单位本着为历史负责的精神，一面抗灾，一面坚持支持电力工业志的续修工作，确保了总纂工作的顺利进行。编辑部全体编辑人员发扬“众志成城，抗震救灾”精神，战严寒，斗酷暑，排除干扰，潜心续志，终于在 2008 年 8 月 20 日北京 2008 年奥运会期间，全面完成书稿总纂统稿任务。

编委会在组织有关专家对书稿进行初审，并由编辑部根据审查意见进行了补充修改后，报请华中电网续志工作协作组（湖北、湖南、河北、江西、四川、重庆五省一市电力公司）复审。由华中电网公司所属各省、市电力公司 39 名专家组成的评审组，在成都市对书稿进行了复审。专家们对志稿进行了认真评审，并提出了许多很好的修改意见。编辑部根据协作组复审意见再次补充收集资料，于 2009 年 9 月底全面完成志稿调整、补充、完善修改工作，10 月经编委会领导批准，报送中国电力工业史志编辑委员会终审。

2010 年 5 月 21 日，中国电力工业史志编纂委员会在北京召开中国电力工业史志丛书《四川省电力工业志》（1991～2002）终审会议，会议对书稿进行了认真评审，并提出了一些补充修改意见。编辑部按照终审会议要求，组织力量对书稿进行认真补充修改后，于 2010 年 8 月送电力出版社出版发行。

《四川省电力工业志》的编纂，是在四川省电力公司党委、行政领导的大力支持下，在中国电力史志编辑委员会正确指导下进行的。在编纂过程中，得到了全川电力行业各单位极大的关注与支持，直接参加资料编写的人员多达 242 人。正是由于大家的共同努力，才使此书得以成稿，可以说《四川省电力工业志》是一部四川电力人的集体著述。值此志书即将出版问世之际，谨向关心、支持本书编纂工作的单位和个人，向为本书问世付出辛勤劳动的同志们表示衷心的感谢和诚挚的敬意！

四川电力工业史志编辑部

二〇一一年七月

图书在版编目（CIP）数据

四川省电力工业志：1991～2002/四川省电力公司新闻中心编. —北京：中国电力出版社，2011.5
（中国电力工业志丛书）
ISBN 978-7-5123-1663-8

Ⅰ.①四…　Ⅱ.①四…　Ⅲ.①电力工业-工业史-四川省-1991～2002　Ⅳ.①F426.61

中国版本图书馆 CIP 数据核字（2011）第 083434 号

中国电力出版社出版、发行
（北京市东城区北京站西街 19 号　100005　http://www.cepp.sgcc.com.cn）
北京盛通印刷股份有限公司印刷
各地新华书店经售
*
2011 年 7 月第一版　　2011 年 7 月北京第一次印刷
787 毫米×1092 毫米　16 开本　42 印张　965 千字　26 插页
定价 **200.00** 元